HERZLICHEN GLÜCKWUNSCH

Und Dankeschön für den Kauf
dieses Buches. Als besonderes
Schmankerl* finden Sie unten
Ihren persönlichen Code, mit dem
Sie das Buch exklusiv und
kostenlos als eBook erhalten.

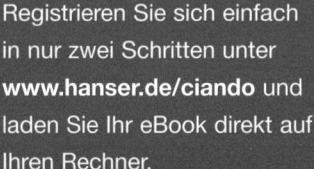

Registrieren Sie sich einfach
in nur zwei Schritten unter
www.hanser.de/ciando und
laden Sie Ihr eBook direkt auf
Ihren Rechner.

KOMPETENZ · GEWINNT · HANSER

*Bayrisch für eine leckere Kleinigkeit; ein Leckerbissen

Kalista

C++ für Spieleprogrammierer

Heiko Kalista

C++ für Spieleprogrammierer

3., aktualisierte Auflage

HANSER

Der Autor:

Heiko „The Wanderer" Kalista, Rodgau

Alle in diesem Buch enthaltenen Informationen, Verfahren und Darstellungen wurden nach bestem
Wissen zusammengestellt und mit Sorgfalt getestet. Dennoch sind Fehler nicht ganz auszuschließen.
Aus diesem Grund sind die im vorliegenden Buch enthaltenen Informationen mit keiner Verpflich-
tung oder Garantie irgendeiner Art verbunden. Autoren und Verlag übernehmen infolgedessen keine
juristische Verantwortung und werden keine daraus folgende oder sonstige Haftung übernehmen, die
auf irgendeine Art aus der Benutzung dieser Informationen – oder Teilen davon – entsteht.
Ebenso übernehmen Autoren und Verlag keine Gewähr dafür, dass beschriebene Verfahren usw. frei
von Schutzrechten Dritter sind. Die Wiedergabe von Gebrauchsnamen, Handelsnamen, Warenbe-
zeichnungen usw. in diesem Buch berechtigt deshalb auch ohne besondere Kennzeichnung nicht zu
der Annahme, dass solche Namen im Sinne der Warenzeichen- und Markenschutz-Gesetzgebung als
frei zu betrachten wären und daher von jedermann benutzt werden dürften.

Bibliografische Information Der Deutschen Nationalbibliothek
Die Deutsche Nationalbibliothek verzeichnet diese Publikation in der
Deutschen Nationalbibliografie; detaillierte bibliografische Daten sind im
Internet über http://dnb.d-nb.de abrufbar.

© 2009 Carl Hanser Verlag München
Gesamtlektorat: Fernando Schneider
Sprachlektorat: Sandra Gottmann, Münster-Nienberge
Herstellung: Stefanie König
Coverconcept: Marc Müller-Bremer, www.rebranding.de, München
Coverrealisierung: Stephan Rönigk
Datenbelichtung, Druck und Bindung: Kösel, Krugzell
Ausstattung patentrechtlich geschützt. Kösel FD 351, Patent-Nr. 0748702
Printed in Germany

ISBN 978-3-446-42140-0

www.hanser.de/computer

Für meine Mutter.

———————

Für den Glauben an die einfachen Dinge.
Für Unterstützung und Hilfe in schlechten Zeiten.
Für Verständnis und Vertrauen.

———————

Aus einer schlechten Nachricht wurde eine Wiedergeburt,
was zeigt, wie ein erstes Urteil trügen kann.

———————

Danke

Inhalt

Geleitwort

Die Entwicklung von Computerspielen unterliegt seit ihren Anfängen vor rund 25 Jahren einem rasanten Wandel. Während die ersten zehn Jahre vor allem von einzelnen "Freaks" und Multitalenten geprägt waren, so wurden in den vergangenen 10 Jahren die Entwicklungsteams immer größer und professioneller – ein Trend, der vermutlich noch lange nicht abgeschlossen ist. Der einzelne Programmierer oder Grafiker arbeitet an einem immer spezialisierteren Bereich, und an manchen Spielen arbeiten mehr als 100 Menschen.

Es ist richtig, dass man als einzelner Programmierer, Grafiker oder Designer nicht mehr so viel bewegen kann wie früher. Aber auf der anderen Seite werden die Spiele auch von viel mehr Menschen gespielt und vermitteln intensive Erlebnisse, von denen man früher nur träumen konnte.

Ein Vorteil beim Programmieren ist, dass das erlernte Wissen und die Erfahrungen trotz dieser kurzlebigen Branche von dauerhaftem Wert sind, denn die eigentliche Programmiersprache ist nur das Mittel zum Zweck und letztlich austauschbar, wenn man die Grundlagen des Programmierens beherrscht.

Dieses Buch ist ein idealer Einstieg in die Kunst des Programmierens und vermittelt die ersten Schritte bis hin zu mehrseitigen Programmen sehr anschaulich und verständlich. Die lebhafte und direkte Ausdrucksweise des Autors und der Verzicht auf unnötig komplizierte Erklärungen stellt ein unterhaltsames Erlernen von C++ sicher.

Ich hatte mich schon in meiner Jugend der Entwicklung von Computerspielen verschrieben, und das Hobby wurde noch in der Schulzeit zum Beruf – eine Entscheidung die ich bis heute nie bereut habe. Auffällig ist, dass fast alle Spieleentwickler gerne in dieser Branche arbeiten und ihr treu bleiben.

Volker Wertich
Creative Director, Phenomic Game Development

Vorwort

Hallo und herzlich willkommen! Du möchtest also gerne das Spieleprogrammieren lernen und hast Dich für dieses Buch entschieden. Genau jetzt, wenn Du diese Zeilen liest, befindest Du Dich auf den ersten Metern eines langen Weges, den es sich jedoch definitiv lohnt zu gehen.

Vor über zwei Jahrzehnten brach eine neue Ära an, als die Homecomputer die heimischen Wohnzimmer eroberten. Recht schnell fanden viele Leute Gefallen daran, nicht nur fertige Computerspiele zu spielen, sondern selbst herauszufinden, wie man solche eigenständig entwickeln kann. „Herauszufinden" trifft dabei den Nagel auf den Kopf, denn Medien wie das Internet waren zu dieser Zeit nicht vorhanden und Buchmaterial war kaum bis gar nicht in den Regalen der Buchhandlungen zu finden. Aus diesem Grund trennte sich schnell die Spreu vom Weizen, und manche gaben auf. Manche klemmten sich jedoch so lange dahinter, bis die gewünschten Resultate über den Bildschirm flackerten. Genau dieser „Forschergeist" ist es, der einen Spieleprogrammierer ausmacht. Man muss Geduld haben, bereit sein zu lernen und einen unermüdlichen Drang besitzen, sein Vorhaben in die Tat umzusetzen. Dazu könnte es keine bessere Zeit geben als die heutige. Im Internet gibt es eine Fülle von Informationen, Hilfestellungen und sogar ganze Communities, die sich mit dem Thema Spieleprogrammierung befassen. Früher bestanden die Quelltexte (Programmcodes) von Spielen noch aus einer endlosen Reihe von kryptischen, meist aus drei Buchstaben bestehenden Befehlen und unübersichtlichen Sprunganweisungen. Heute hingegen hat man mit C++ eine mächtige Hochsprache in der Hand, die leicht zu erlernen ist und viele Dinge einfacher und logischer macht. Informationen sind leichter zugänglich, und Spieleprogrammierer sind längst keine kleine Gruppe mehr, die sich gut gehütete Geheimnisse teilt. Heute ist es jedem möglich, sich selbst mit dieser Thematik zu befassen, solange er bereit ist, sich intensiv damit auseinander zu setzen.

Sicherlich ist mit der wachsenden Leistung der Computer und den immer höher werdenden Anforderungen an das System auch die Komplexität gestiegen. Dabei bleiben jedoch bestimmte Grundlagen immer gleich. Wer schon eine Programmiersprache beherrscht oder sich generell bereits mit der Thematik des Programmierens befasst hat, wird hier einige Dinge antreffen, die ihm bekannt vorkommen werden. Trotzdem ist Stillstand der größte Feind eines Spieleprogrammierers. Deshalb ist es enorm wichtig, die mittlerweile unglaublich ergiebige Informationsflut im Internet zu nutzen und immer auf dem neuesten Stand zu bleiben. Schneller als je zuvor kann man sich heute über das Internet die gewünschten Informationen beschaffen. Jedoch birgt diese Möglichkeit der Informationssuche auch eine Gefahr: Man lässt sich schnell verleiten, den eigenen Kopf zugunsten einer Suchmaschine auszuschalten. Deshalb möchte ich an dieser Stelle unbedingt darauf hinweisen, dass man zuerst selbst versuchen sollte, ein Problem zu lösen, und erst dann auf Diskussionsforen oder Ähnliches zugreift, wenn man selbst wirklich nicht mehr anders weiterkommt. Diese Vorgehensweise ist enorm wichtig, um auf lange Sicht Erfolg zu haben. Oftmals findet man selbst eine bessere oder effektivere Lösung, wenn man darüber nachdenkt, statt andere für sich denken zu lassen. Nutze deshalb das Internet als Werkzeug und nicht, um den eigenen Kopf zu ersetzen.

Viele Bücher über die Spieleprogrammierung setzen an einem Punkt an, an dem schon weitreichende Vorkenntnisse der Programmiersprache C++ gefordert sind, oder bieten nur einen kleinen Crash-Kurs im Programmieren an. Andere Bücher befassen sich zwar mit der Programmiersprache C++, ohne dabei jedoch einen Bezug zur Spieleprogrammierung herzustellen. Dieses Buch versucht nun, diese Lücke zu schließen und den Grundstein zu legen, der auf dem Weg zum Spieleprogrammierer nötig ist: Das Erlernen der Programmiersprache C++. Nach dem Durcharbeiten dieses Buches solltest Du also über das essenzielle Grundlagenwissen verfügen, das nötig ist, um erfolgreich Spiele zu entwickeln.

In diesem Sinne: Let´s code!

Anmerkungen zur zweiten Auflage

Die vielen positiven Resonanzen zur ersten Auflage dieses Buches und die wertvollen Vorschläge der Community führten zu der Idee, das Buch nicht einfach nur nachzudrucken, sondern es in einer Neuauflage auch gleich um drei Kapitel zu erweitern. So wünschten sich viele Leser beispielsweise ein Kapitel über die Grundlagen der Windows-Programmierung und ein Kapitel, in dem zumindest ein kleines Spiel entwickelt wird. Diese beiden Themen sind nun Bestandteil der zweiten Auflage und machen dieses Buch nun noch etwas interessanter. Zudem habe ich mich dazu entschieden, noch ein weiteres Kapitel zu schreiben, in dem einige fortgeschrittene Techniken vorgestellt werden, die nicht mehr zu den absoluten Grundlagen gehören, aber dennoch wichtig sind. Dabei stellte sich die Frage, ob die bestehenden Kapitel um diese Techniken erweitert werden sollten oder ob man sie in ein separates Kapitel packt. Die Entscheidung, diesen Themen ein eigenes Kapitel zu widmen, wurde gefällt, weil es einfach mehr Sinn macht, den Einstieg so kompakt wie möglich und so ausführlich wie nötig zu halten. Wer nach dem Lesen der ersten elf Kapitel mehr wissen möchte, kann sich dann in Ruhe diesen Themen widmen.

Die dritte Auflage

Während sich C++ im Laufe der Jahre kaum verändert, ändern sich die verschiedenen Entwicklungsumgebungen umso rasanter. Ständig gibt es neue, bessere Tools mit immer mächtigeren Funktionen. Welche Entwicklungsumgebung man benutzt, hängt nicht nur vom verwendeten Betriebssystem ab, sondern auch vom persönlichen Geschmack und den an das Projekt gestellten Anforderungen. In den vorherigen Auflagen dieses Buches wurden Microsoft Visual Studio 6.0 und Microsoft Visual Studio .net 2003 verwendet. Gerade Letzteres ist immer noch weit verbreitet und wird von vielen Entwicklern benutzt. Dennoch ist es nun an der Zeit, sich einmal eine neuere Version dieser Entwicklungsumgebung anzuschauen, nämlich Microsoft Visual Studio 2008 Express Edition. Diese Entwicklungsumgebung wurde gewählt, da sie gleich mehrere Vorteile bietet. Der wohl wichtigste Vorteil ist, dass es eine kostenlose, leicht abgespeckte, aber für unsere Zwecke völlig ausreichende Version gibt, die auf der beigelegten Begleit-DVD zu finden ist. Damit haben wir ein mächtiges Werkzeug in der Hand, mit dem sämtliche in diesem Buch abgedruckten Beispiele kompiliert und ausgeführt werden können.

Da wir uns in diesem Buch hauptsächlich mit dem Erlernen der Programmiersprache C++ beschäftigen, werde ich nicht auf alle Funktionen und Möglichkeiten von Microsoft Visual Studio 2008 Express Edition eingehen. Natürlich wird überall dort wo es nötig ist genau erklärt, wie man diese Entwicklungsumgebung bedient und wie man vorgehen muss. Das ist etwa dann der Fall, wenn wir uns unseren ersten Arbeitsbereich erstellen, später den Debugger kennen lernen oder gegen Ende des Buches spezielle Projekteinstellungen vornehmen.

Nun mag man denken, dass es eigentlich keinen Grund gibt, in dieser Auflage eine neue Entwicklungsumgebung zu verwenden. Doch hier irrt man sich. Wer dieses Buch durchgearbeitet hat und sich dann mit weiterführenden Themen beschäftigen möchte, der hat gleich das richtige Werkzeug dazu und muss sich natürlich auch nicht erst auf eine andere Entwicklungsumgebung umstellen.

Sicherlich gibt es viele Leute, die eine komplett andere Entwicklungsumgebung benutzen möchten. Natürlich spricht nichts dagegen, im Gegenteil: Wer sich mit mehreren verschiedenen Entwicklungsumgebungen auskennt, kann sich später schneller in ein bestehendes Projekt eines Teams einarbeiten. Allerdings sollte es verständlich sein, dass ich in diesem Buch nicht auf alle möglichen Entwicklungsumgebungen eingehen kann. Der Quelltext wurde so geschrieben, dass er im Grunde ohne Änderungen mit anderen Entwicklungsumgebungen kompiliert werden kann. Wie man in diesem Fall einen neuen Arbeitsbereich anlegt oder den Debugger verwendet, muss dann in den entsprechenden Dokumentationen und Anleitungen nachgelesen werden.

Danksagung

Bevor es nun losgeht, möchte ich mich an dieser Stelle bei allen Leuten bedanken, die mich beim Schreiben dieses Buches unterstützt haben und mithalfen, es zu verwirklichen. Marc Kamradt und Jörg Winterstein haben sich mühsam durch alle Kapitel geackert und mir überall dort auf die Finger geklopft, wo es angebracht war. Jörg hat es dabei immer wieder geschafft, mich mit seinem unverwechselbaren Humor in seinen Kommentaren zum Lachen zu bringen. Ohne Eure Hilfe wäre dieses Buch nicht zustande gekommen. Danke, Jungs!

Für das Motiv auf dem Umschlag und den Grafiken des kleinen Demo-Spiels möchte ich mich bei Thomas Schreiter und seiner gestalterischen Zauberhand bedanken, die mich immer wieder verblüfft.

Matthias Gall und Mathias Ricken hatten immer dann ein offenes Ohr, wenn eine Frage auftauchte und beantwortet werden musste.

Peter Schraut und David Scherfgen haben sich ebenfalls einige Kapitel vorgenommen und mit vielen nützlichen Hinweisen und Vorschlägen zu diesem Buch beigetragen. Euch beiden ein dickes Dankeschön hierfür. Und David: öle Deine Maus und mach die Tastatur startklar...bald geht ein gewisses Spiel in eine neue Runde. Ach ja, Peter: warum liegt denn da Stroh rum?

Fernando Schneider vom Hanser Verlag hat mir mit Rat und Tat zur Seite gestanden, wenn es um dieses Buchprojekt ging, und uns auf der Dusmania hilfreich unter die Arme gegriffen. Das nächste Mal bin ich dann mit Bezahlen dran, wenn es in die Essbar Schulze geht!

Weiterhin möchte ich mich bei Monika Kraus, Brigitte Aurnhammer, Sandra Gottmann und Stefanie König sowie allen anderen Mitarbeitern des Hanser Verlages für die gute Zusammenarbeit bedanken. Besonderer Dank geht hierbei an Monika Kraus für die Unterstützung im Kampf gegen seltsame Schriftarten und Absätze, die ein Eigenleben entwickelt hatten.

Der größte Dank gilt meiner Mutter und allen Freunden, die daran geglaubt haben, dass die Idee dieses Buches auch in die Tat umgesetzt wird.

1 Grundlagen

1.1 Einleitung

1.1.1 An wen richtet sich dieses Buch?

Dieses Buch ist für alle gedacht, die sich für die Thematik der Spieleprogrammierung interessieren und noch keinerlei Vorkenntnisse haben. Der Schwierigkeitsgrad beginnt bei null und steigert sich langsam, aber stetig im Verlauf der einzelnen Kapitel. Weiterführende Bereiche wie etwa die Grafikprogrammierung werden in diesem Buch zwar auch behandelt, aber für dieses Thema ist „nur" ein Kapitel vorgesehen, das Dich ein wenig tiefer in die Materie einführen soll. Das Buch bezieht sich ausschließlich auf die Programmiersprache C++ und fokussiert dabei die Spieleprogrammierung.

Im Grunde spricht jedoch nichts dagegen, dieses Buch als Nachschlagewerk zu verwenden. Generell ist es für jeden nützlich, der die Programmiersprache C++ erlernen oder vertiefen will.

1.1.2 Welche Vorkenntnisse werden benötigt?

Um mit diesem Buch arbeiten zu können, werden keinerlei Programmierkenntnisse benötigt. Das Einzige, was man beherrschen sollte, ist der Umgang mit Windows. Wer weiß, wie man einen Computer einschaltet, Programme startet und mit Dateien arbeitet, ist fast schon überqualifiziert. Es wird erklärt, welche Programme man benötigt und wie man mit ihnen Quelltexte (Programmcode) erstellt, diese kompiliert (in eine für den Computer verständliche Sprache verwandelt) und schließlich lauffähige Programme erzeugt.

Solltest Du bereits über Programmierkenntnisse einer beliebigen anderen Sprache verfügen, so wird dies sicherlich nützlich sein, ist aber – wie schon erwähnt – nicht notwendig.

1.1.3 Wie arbeitet man am effektivsten mit diesem Buch?

Das Buch ist so gestaltet, dass die einzelnen Kapitel aufeinander aufbauen. Jedes Kapitel erfordert es, dass man die Themen aus den vorangegangenen Kapiteln durchgearbeitet und auch verstanden hat.

In den meisten Kapiteln wird es ein paar Aufgabenstellungen geben, die helfen sollen, das bisher Gelernte zu festigen. Dabei werden zu jeder einzelnen Aufgabe verschiedene Tipps gegeben, wie man sich am besten an die Lösung heranmacht. Es soll keinesfalls der Eindruck entstehen, dass es sich wie in der Schule um Hausaufgaben handelt. Vielmehr soll Dir hier die Möglichkeit gegeben werden, selbst zu kontrollieren, ob Du die bisher erklärten Themen wirklich verstanden hast. Praxis ist und bleibt eben ein wichtiger Aspekt, wenn nicht gar der wichtigste.

Am besten schaust Du Dir die jeweilige Aufgabe an und liest die dazugehörigen Tipps durch. Danach überlegst Du, wie man am besten diese Aufgabe lösen könnte. Gib nicht gleich auf, sondern versuche wirklich, zum Ziel zu kommen. Der Schwierigkeitsgrad ist so gewählt, dass man ohne Weiteres zur Lösung kommt, wenn man die vorhergehenden Kapitel gelesen und verstanden hat.

Direkt im Anschluss erfolgt eine Musterlösung, die Du Dir auch dann anschauen solltest, wenn Du die Aufgabe erfolgreich gelöst hast. Auf keinen Fall solltest Du Dir diese Lösung anschauen, bevor Du nicht selbst versucht hast, die Aufgabe zu lösen. Es ist ein gewaltiger Unterschied, ob man sagt „ja klar, so hätte ich das auch gemacht" oder ob man es tatsächlich erst mal selbst versucht. Es ist zwar nicht zwingend erforderlich, sich mit diesen Aufgaben zu beschäftigen, um die nächsten Kapitel zu verstehen, dennoch ist Eigeninitiative der Schlüssel zum Erfolg.

Zu gegebener Zeit wird es auch sogenannte Fehlerquelltexte geben. Das sind kleine Programmbeispiele, die typische Fehler enthalten, wie sie häufig vorkommen. Das Ganze hat den Sinn, ein Gespür dafür zu entwickeln, wo überall etwas schiefgehen kann, welche Arten von Fehlern es gibt (Compilerfehler, Laufzeitfehler, Warnungen). Jeder wird früher oder später selbst mal die vertracktesten Fehler in seinen Quelltext einbauen und sich dann kopfkratzend auf die Suche danach machen. Da es gerade am Anfang nicht immer gleich ersichtlich ist, wo ein Fehler stecken könnte, halte ich es für sinnvoll, so früh wie möglich darauf einzugehen, wie man in einem solchen Fehlerfall am besten vorgeht. Die Fehlerquelltexte in diesem Buch enthalten diverse kleine Gemeinheiten und natürlich auch Hilfestellungen, wie man sich am besten auf die Suche begibt. Auch ein noch so erfahrener Programmierer ist nicht vor solchen Dingen gefeit. Allerdings kommt mit der Zeit die Erfahrung, solche Fehler schneller einzugrenzen.

Wie auch schon bei den Aufgabenstellungen wird es im Anschluss eine korrigierte Fassung des Quelltextes geben. Dabei wird erklärt, wie man den einzelnen Fehlern schnellstmöglich auf die Schliche kommt und wie man sie hätte vermeiden können. Diese Übungen sind fast noch wichtiger als die Aufgabenstellungen, da es sehr ärgerlich ist, einen Quelltext, den man in fünf Minuten geschrieben hat, zwei Stunden lang nach Fehlern zu durchforsten.

1.1.4   Geduld, Motivation und gelegentliche Tiefschläge

Ich möchte hier nicht um den heißen Brei herumreden, aber gelegentliche Tiefschläge gehören nun leider dazu. Früher oder später kommt jeder mal an den Punkt, an dem einfach nichts klappen will und das Programm nicht das macht, was es eigentlich soll. Genau an diesem Punkt gibt es zwei Wege, die angehende Programmierer einschlagen können: Die einen geben frustriert auf und werfen den Compiler samt PC und Monitor aus dem Fenster.

Danach wird mächtig über die Programmiersprache geschimpft: Sie ist zu schwer, zu kompliziert, man muss ja studiert haben, um das zu verstehen und so weiter.

Die anderen jedoch werfen nicht gleich die Flinte ins Korn und bleiben stattdessen hartnäckig am Ball. Natürlich ist das nicht immer einfach, jedoch gibt es auch hier Tricks, wie man sich ganz schnell wieder motiviert. Manchmal ist es ganz nützlich, den Compiler auszuschalten und sich mit anderen Dingen zu beschäftigen, sei es nun an den See zu gehen oder ein paar coole Spiele mit bombastischen Effekten zu spielen. Gerade wenn man sich auf den Homepages von Hobbyentwicklern umschaut und sich deren Resultate ansieht, ist man schnell wieder motiviert und denkt sich: „Hey, die haben das doch auch hinbekommen, warum sollte mir das nicht auch gelingen?"

Man sollte sich auch vor Augen halten, dass die heute professionellen Entwickler auch nichts in den Schoß gelegt bekommen haben. Alle haben sie mit einem winzig kleinen Programm angefangen, das ein simples „Hallo Welt" auf dem Bildschirm ausgibt. Damit hat es sogar etwas ganz Besonderes auf sich: Irgendwie ist es zur Gewohnheit geworden, dass viele Bücher über diverse Programmiersprachen mit einem Beispiel beginnen, das den Text „Hallo Welt" auf dem Bildschirm ausgibt. Das geht nun sogar so weit, dass man mit Microsoft Visual C++-Arbeitsumgebungen automatisch ein solches Beispielprogramm erzeugen kann.

Wenn man also an einem solchen Tiefpunkt angelangt ist, sollte man definitiv nicht von „Scheitern" reden. Es scheitert nur der, der aufgibt. Es gibt im Internet eine ganze Fülle von Diskussionsforen und Chats, in denen sich Programmierer austauschen und gegenseitig helfen können. Scheue Dich nicht davor, dort Fragen zu stellen. Schneller als Du denkst, wirst Du nicht nur Fragen stellen, sondern sie auch beantworten. Im letzten Kapitel gibt es unter anderem eine Auflistung der bekanntesten Internetseiten für Spieleentwickler. Außerdem werden hier Tipps gegeben, wie man am schnellsten in die sogenannte „Szene" einsteigen kann und was es zu beachten gibt. Es ist also keine schlechte Idee, dieses Kapitel schon etwas früher aufzuschlagen und sich mal mit den eben angesprochenen Internetseiten vertraut zu machen.

Mir ist es nun schon einige Male passiert, dass mich jemand darum gebeten hat, mal seinen Quelltext durchzuschauen und nachzusehen, wo der Fehler liegt. Oft war es so, dass ich den Fehler nach recht kurzer Zeit gefunden habe. Wenn man dann gefragt wird, wie man so schnell das Problem eingegrenzt hat, gibt es eigentlich nur eine einzige Antwort: Ich habe diesen Fehler oft genug selbst gemacht! Zwar habe ich zu diesem Zeitpunkt auch mit dem Gedanken gespielt, der CPU jedes Beinchen einzeln auszureißen, Kaffee in die Tastatur zu kippen oder die Aerodynamik meines Monitors im freien Fall zu testen. Da so etwas aber auf die Dauer recht teuer wird, ist es sinnvoller, sich mit dem Problem zu befassen, um es letzten Endes auch zu lösen.

Das alles hört sich schlimmer an, als es ist, aber ich finde es wichtig, auch auf diese Dinge hinzuweisen. Lass Dich auf keinen Fall dadurch entmutigen, sondern behalte das eben Gesagte einfach im Hinterkopf – es kann und wird sich als nützlich erweisen.

1.1.5 Die beigelegte CD

Auf der beigelegten CD befinden sich unter anderem sämtliche Quelltexte, die hier im Buch zu finden sind. Wie Du diese Beispiele mit deinem Compiler laden und verwenden kannst, erkläre ich Dir in Abschnitt 1.4.3. Alle Quelltexte wurden mit Microsoft Visual Studio 2008 Express Edition getestet und kompiliert und sollten in der Regel auch mit jedem anderen Compiler verwendet werden können.

Weiterhin findest Du auf der CD die kostenlose Version von Microsoft Visual Studio 2008 Express Edition, die Du zu den bei der Installation angegebenen Lizenzbedingungen verwenden kannst.

Weitere Informationen und Installationsanweisungen zu den auf der Buch-CD vorhandenen Programmen findest Du in der Datei `readme.txt`, die sich ebenfalls auf der CD befindet. Lies Dir diese Datei bitte durch, bevor Du mit der CD arbeitest.

1.1.6 Fragen zum Buch

Wenn es rund um das Buch Fragen, Kritik oder Anregungen gibt, dann schaue auf der Seite *www.spieleprogrammierer.de* vorbei. Dort findest Du ein Diskussionsforum, Neuigkeiten über das Buch und vieles mehr.

1.2 Die Programmiersprache C++

Nach dieser kleinen Einleitung möchte ich Dir nun einen kurzen Einblick in die Entstehungsgeschichte der Programmiersprache C++ geben. Es soll klar werden, welche Idee hinter dieser Sprache steckt und was man unter objektorientiertem Programmieren versteht. Begriffe wie „OO" oder „ANSI-Standard" sollten nach diesem Kapitel zumindest keine böhmischen Dörfer mehr sein, auch wenn böhmische Dörfer durchaus sehr hübsch sind.

1.2.1 Von Lochkarten zu C++

C++ ist eine sogenannte Hochsprache. Um zu verstehen, was eine Hochsprache eigentlich ist, muss man ein klein wenig die Zeit zurückdrehen und sich die Programmiersprachen der früheren Tage anschauen. Zu den Zeiten des Commodore 64 und des Amigas (beide waren die bekanntesten und beliebtesten Homecomputer der 80er- und 90er-Jahre) war Assembler noch die vorherrschende Sprache. Assembler ist eine sogenannte „maschinennahe" Sprache und zeichnet sich durch einen vergleichsweise geringen Befehlssatz aus. Das bedeutet, dass die zur Verfügung stehenden Befehle nicht gerade mächtig sind. Aus diesem Grund benötigt man sehr viele von ihnen, was zur Unübersichtlichkeit und Komplexität beiträgt. Man hat in der Regel nur Rechenoperationen zur Verfügung und Befehle, um Speicherstellen zu beschreiben oder auszulesen. Weiterhin sind solche Assembler-Programme mit Sprungbefehlen durchsetzt, was die Lesbarkeit noch um einiges verschlechtert. Der Assembler-Befehlssatz des Commodore C64 bot nicht einmal die Möglichkeit, zwei Zahlen einfach so zu multiplizieren oder zu dividieren.

Glücklicherweise haben sich die Zeiten geändert, und die Programmiersprachen sind weitaus komfortabler geworden. Während man früher den Computer mit Lochkarten gefüttert hat, um ihn zu programmieren, stehen einem heute mächtige und sehr leistungsfähige Programmiersprachen zur Verfügung. Eine der Etappen zwischen reiner Maschinensprache und C++ waren sogenannte Interpreter, die es bis heute gibt. Die Programmiersprache Basic vom Commodore C64 wäre hier als Beispiel zu nennen. Man verfügte über einen größeren Befehlssatz und konnte gewisse Aufgaben wesentlich einfacher und schneller bewältigen. Die Ausgabe von Grafik, Text und Musik war um einiges leichter. Dass es sich um einen Interpreter handelte, bedeutete allerdings, dass das Basic-Programm zur Laufzeit – also während das Programm ausgeführt wird – Zeile für Zeile in Maschinencode umgewandelt wurde (jede Hochsprache muss generell in Maschinencode umgewandelt werden). Dieser Vorgang kostete natürlich eine ganze Menge Zeit, und flüssig laufende Spiele konnte man mit Basic kaum erstellen.

C++ ist nun eine Sprache, die nicht mehr zur Laufzeit in Maschinencode umgewandelt (interpretiert) wird. Stattdessen erledigt ein sogenannter Compiler diese Arbeit schon vor dem Ausführen des eigentlichen Programms. Natürlich besteht das endgültige, ausführbare Programm immer noch aus einer schier endlos langen Folge von Nullen und Einsen. Jedoch brauchen wir nicht mit dem Locher vor dem PC zu sitzen und uns unsere Spiele aus Papierstreifen zu erstellen, der Compiler nimmt uns diese Arbeit ab. Der gesamte C++-Quelltext wird also in einen für den Computer verständlichen Maschinencode verwandelt, und eine .exe-Datei (ausführbare Datei) entsteht. Der Vorteil liegt auf der Hand: Man hat eine für den Menschen leicht lesbare, logisch aufgebaute Programmiersprache, die vom Compiler in rasanten Maschinencode umgewandelt wird. Wir brauchen uns keine Sorgen mehr zu machen, dass die Geschwindigkeit stark beeinträchtigt wird, und gleichzeitig sind wir davon entbunden, uns mit kryptischen Maschinenbefehlen herumzuschlagen.

Allerdings gab es noch einen Vorgänger der Programmiersprache C++, nämlich einfach nur „C". C++ ist nun nicht eine völlig neue Sprache, sondern eine Erweiterung von C. Der eigentliche und wichtigste Unterschied liegt darin, dass C++ „objektorientiert" ist. Was dies genau bedeutet, klären wir im nächsten Abschnitt.

Trotz all diesen tollen Vorteilen schreibt sich ein Programm natürlich nicht von selbst, und es wird schon gar nicht von alleine strukturiert, ordentlich und lesbar werden. Letztendlich liegen diese Dinge immer noch beim Programmierer selbst, und das wird wohl auch immer so bleiben. Natürlich kann man sämtliche Regeln des guten Programmierstils außer Acht lassen und weiterhin „Spaghetti-Code", sprich unlesbaren, wirren Code, schreiben. Doch dies liegt dann am Programmierer und nicht an der Programmiersprache.

1.2.2 Objektorientiertes Programmieren

Um zu verstehen, was objektorientierte Programmiersprachen ausmachen, muss man noch mal eine kleine Zeitreise machen. Wie oben schon erwähnt, bestanden Quelltexte früher meist aus Rechenoperationen, Vergleichsanweisungen und Sprungbefehlen. Wenn etwa geprüft werden sollte, ob ein gegnerisches Raumschiff noch über genügend Energie verfügt, mussten Speicherbereiche ausgelesen und ausgewertet werden. Je nach Inhalt dieser Speicherstellen wurde dann an andere Stellen im Programm verzweigt. In kleineren Programmen war dies nicht unbedingt dramatisch, jedoch raufte man sich bei großen Projekten meist die Haare, wenn man sämtliche Verzweigungen in einem Programm nachvollziehen musste. Wollte man nun eine Vielzahl von Gegnern verwalten, hatte man eine Menge Arbeit vor sich. Mit dem recht spartanischen Befehlssatz war es teilweise eine echte Qual, sämtliche Positionen, Lebensenergien und so weiter sinnvoll zu verwalten. Im Grunde mussten jeder Gegner und jedes im Spiel vorkommende Objekt getrennt behandelt werden.

Die Programmiersprache C++ stellt hingegen eine Menge Möglichkeiten zur Verfügung, um Objekte zu gruppieren, ihnen ihre eigenen individuellen Daten und Funktionen zuzuweisen und sie strukturierter zu verwalten. Später wirst Du lernen, was Klassen, Strukturen und Funktionen sind und wie man sinnvoll mit ihnen umgeht.

Ziel der objektorientierten Programmierung ist (nicht nur in meinen Augen) das Zusammenfassen von zusammengehörenden Dingen in immer wiederverwertbare Teile und Abschnitte. Das bedeutet, dass dem Programmierer die Arbeit enorm erleichtert wird, wenn er einmal gewisse grundlegende Eigenschaften festgelegt hat. Er kann beispielsweise festlegen, wie sich ein Raumschiff allgemein verhalten soll, und später davon ein spezielles Raumschiff ableiten, ohne viel im Quelltext zu ändern. In den späteren Kapiteln werde ich noch etwas genauer darauf eingehen, da es ohne pragmatische Beispiele nur schwer möglich ist, das Konzept der objektorientierten Programmierung sinnvoll zu verdeutlichen.

1.2.3 Der ANSI-Standard

Wie Du sicherlich weißt, haben Menschen den Drang, alles zu vereinheitlichen, allen Dingen einen Namen zu geben und alles Mögliche zu standardisieren, was ja auch einen Sinn hat (damit Raumschiffe an eine Station andocken können, müssen sie zum Beispiel eine einheitliche Andockvorrichtung besitzen). Hier bei uns in Deutschland ist die Deutsche Industrie Norm (DIN) das bekannteste Beispiel. In den vereinigten Staaten ist das Äquivalent dazu das „American National Standards Institute" (ANSI).

Irgendwann kam der Zeitpunkt, an dem es jemand für sinnvoll hielt, auch die Programmiersprache C++ zu vereinheitlichen und gewisse Standards festzulegen. Im ersten Moment mag man sich fragen, wozu so etwas nötig ist. Denkt man etwas darüber nach, kommt man zu dem Schluss, dass es verschiedene Hersteller von Compilern (Microsoft, Borland u.v.m.) gibt, die sich noch dazu je nach Betriebssystem unterscheiden (Windows, Linux). Würde nun jeder Compilerhersteller einige Variationen einbauen, wäre das Chaos im wahrsten Sinne des Wortes schon vorprogrammiert, und das Portieren von Quellcode vom einen System auf das andere wäre mit sehr viel Aufwand verbunden. Unter Portierung versteht man das Umsetzen eines Programms auf ein anderes Betriebssystem. Wenn sich nun sowohl die Compilerhersteller als auch die Programmierer an den ANSI-Standard halten, ist die Portierbarkeit sichergestellt, und es gibt wesentlich weniger Probleme. Wie man sieht, eine sehr nützliche Sache.

Ein weiterer Punkt, der für den ANSI-Standard spricht, ist die sogenannte STL (Standard Template Library). Was genau diese STL ist, lässt sich an dieser Stelle noch nicht so einfach erklären. Allgemein kann man sagen, dass es sich um eine Art Funktionsbibliothek handelt, die einem viele nützliche Dinge bietet, die man nicht mehr selbst neu programmieren muss. Da gerade die STL ein sehr wichtiges Thema ist, wurde ihr in diesem Buch gleich ein ganzes Kapitel gewidmet. Doch was hat diese STL nun mit dem ANSI-Standard zu tun? Nun, alle Funktionen in dieser Bibliothek sind streng nach dem ANSI-Standard programmiert und können somit von jedem Compiler fehlerlos verwendet werden (natürlich nur dann, wenn sich dieser auch an den ANSI-Standard hält).

Wer sich gerne genauer mit den Bestimmungen der ANSI-Norm beschäftigen möchte, sollte sich im Internet etwas umschauen. In diesem Buch werde ich nur so weit auf diese Norm eingehen, dass sichergestellt ist, dass sämtliche Code-Beispiele auf den gängigsten Compilern laufen.

1.2.4 Warum gerade C++?

Möglicherweise stellst Du Dir an dieser Stelle die Frage, warum man eigentlich ausgerechnet C++ für die Spieleprogrammierung verwenden sollte. Schließlich gibt es noch eine ganze Reihe anderer Programmiersprachen wie zum Beispiel Visual Basic, Java oder Delphi. Natürlich ist es möglich, auch mit diesen Sprachen ein funktionierendes Spiel zu programmieren. Die entscheidenden Punkte sind jedoch der Komfort der Sprache sowie die Systemnähe. Damit ist gemeint, wie weit es die Sprache zulässt, die Dinge selbst in die Hand zu nehmen. Nicht alle Programmiersprachen unterstützen sogenannte „Zeiger", die für effektives Programmieren und schnelle Programme unerlässlich sind. Was es mit diesen Zeigern auf sich hat, werden wir allerdings erst später klären. (Ja, ja, ich weiß, ich verschiebe dauernd Themen nach hinten.) Leider lässt sich das aber nicht immer vermeiden, wie wir später noch sehen werden. An dieser Stelle möchte ich nur erwähnen, dass diese Zeiger sehr wichtig sind und man sie sich eigentlich nicht mehr aus der Spieleprogrammierung wegdenken kann. Man kann mit ihrer Hilfe zum Beispiel selbst Speicher reservieren, was eine ganze Menge Vorteile bringt.

Weiterhin sind viele SDKs (Software Development Kit) für C++ optimiert. Zwar kann man einige dieser SDKs auch mit Visual Basic oder Delphi verwenden, jedoch eben nicht alle. Als Beispiel könnte man das DirectX-SDK nennen, das sogenannte Bibliotheksdateien und fertigen Quellcode zur Verfügung stellt, um Multimedia-Anwendungen zu programmieren (also die von uns heiß ersehnten eigenen Spiele).

Aus diesen Gründen ist C++ die vorherrschende Sprache bei der Spieleprogrammierung, und sie wird es wohl auch noch eine ganze Weile lang bleiben. Effektivität, eine Menge Freiheiten und die enorme Systemnähe machen C++ zu der Nummer eins der Programmiersprachen, besonders dann, wenn es um das Entwickeln von Spielen geht.

Es gibt eine Menge Leute, die der Meinung sind, dass „Neulinge" erst einmal eine einfachere Sprache als C++ lernen sollen. Davon halte ich nicht viel, denn C++ ist auch nicht schwerer zu erlernen als andere Programmiersprachen. Wenn man sich mit der Thematik beschäftigt, braucht man nicht erst den Umweg über andere Sprachen zu gehen. Warum sollte man lernen, wie man eine Dampflok fährt, wenn der ICE direkt daneben steht? Wenn man C++ von Anfang an lernt und konsequent am Ball bleibt, trifft man in meinen Augen die richtige Entscheidung.

1.3   Jetzt geht es los ... unser erstes Programm

So, nun ist es endlich so weit. Wir haben eine ganze Menge an theoretischem Geschwafel hinter uns gebracht und können uns jetzt endlich unserem ersten Programm widmen. Ich werde im gesamten Buch so verfahren, dass ich zuerst den kompletten Quelltext zeige und danach mit der Erklärung beginne. Alle neuen Befehle und die nötigen Erklärungen dazu erfolgen dann Schritt für Schritt und Zeile für Zeile. Das hat den Sinn, dass man den gesamten Quelltext auf einen Blick hat und nicht die einzelnen Bruchstücke im Kapitel zusammensuchen muss.

Nachdem der Sinn und die Funktionsweise des ersten Programms erklärt wurden, werde ich Dir zeigen, wie man sich einen neuen Arbeitsbereich mit Visual C++ anlegt, das Programm eingibt, kompiliert, linkt und ausführt. Generell ist dieses Buch so geschrieben, dass die darin enthaltenen Quelltexte compilerunabhängig sind, jedoch möchte ich zumindest die wichtigsten Punkte der am meisten verwendeten Compiler abdecken. Solltest Du mit einem anderen als dem hier behandelten Compiler arbeiten, schlage bitte im zugehörigen Handbuch nach oder lies die beigelegten Hilfedateien durch, um zu erfahren, wie Du einen neuen Arbeitsbereich beziehungsweise ein neues Projekt erstellst.

Hinweis:
Um für mehr Übersichtlichkeit zu sorgen, werden die einzelnen Programmzeilen mit Zeilennummern versehen. Diese dürfen nicht mit abgetippt werden, da es sonst zu Fehlern bei der späteren Kompilierung kommt. Natürlich dürfen die Doppelpunkte direkt nach den Zeilennummern auch nicht mit eingegeben werden.

So, nun ist es so weit. Hier kommt der erste Quelltext. Lies hier aber erst weiter, bevor Du Dich dranmachst, das Listing abzutippen. Weiter unten gibt es nämlich noch einige wichtige Erklärungen dazu.

Listing 1.1 Das erste Programm

```
01: // C++ für Spieleprogrammierer
02: // Listing 1.1
03: // Es wird ein Begrüßungstext ausgegeben
04: //
05: #include <iostream>
06:
07: using namespace std;
08:
09: // Hauptprogramm
10: //
11: int main ()
12: {
13:   cout << "Hier kommt die Konkurrenz!\n";
14:   return 0;
15: }
```

Bildschirmausgabe:

```
Hier kommt die Konkurrenz!
```

Tja, das schaut auf den ersten Blick doch ein bisschen verwirrend aus, oder nicht? Im Grunde gibt es hier jedoch nichts, was nicht einem immer wieder gleich ablaufenden Aufbau folgt. Dieses kleine Programm hat eigentlich nur die Aufgabe, einen kurzen Begrüßungstext auf dem Bildschirm auszugeben. Du magst Dich jetzt vielleicht fragen, warum man für eine so kleine Aufgabe denn so viele Zeilen benötigt. Diese Frage ist berechtigt, und es gibt eine recht kurze Antwort darauf: Nur sechs Zeilen dieses Listings sind für den Compiler wirklich wichtig! Die restlichen Zeilen sind sogenannte Kommentare oder Leerzeilen und dienen ausschließlich der Übersichtlichkeit und Lesbarkeit, ohne dabei das eigentliche Programm zu beeinflussen. Was Kommentare sind und wie man sie verwendet, werden wir gleich als Nächstes klären.

1.3.1 Kommentare im Quelltext

Wenn Du Dir den Quelltext genau anschaust, wirst Du feststellen, dass in den Zeilen 1, 2, 3 und 9 Sätze in Klartext stehen. Diese werden beim Kompilieren des Quelltextes einfach ignoriert und haben letztendlich keine Funktion. Der Einzige, den diese Kommentare interessieren, ist derjenige, der mit dem Quelltext arbeitet. In diesem kleinen Beispiel mag es etwas unsinnig erscheinen, alles so genau zu kommentieren. Doch es ist sehr wichtig, sich gleich zu Anfang gewisse Dinge anzugewöhnen. Gerade das vernünftige Kommentieren eines Quelltextes gehört zu den wichtigsten Dingen beim Programmieren überhaupt. Dabei wird man zu Beginn recht häufig denken, dass man dieses oder jenes ja nicht zu kommen-

9

tieren braucht, da ja alles so wunderbar selbsterklärend ist. Allerdings wird man recht schnell die Erfahrung machen, dass ein Quelltext, den man seit einigen Wochen nicht mehr angerührt hat, plötzlich die Eigenart aufweist, unverständlich zu erscheinen. Dann ist das Malheur passiert, und man muss sich wieder in Erinnerung rufen, warum man damals etwas so gemacht hat und was man hier und da eigentlich bewirken wollte. Durch sauberes Kommentieren erspart man sich letzten Endes eine Menge Arbeit.

Damit der Compiler „weiß", dass es sich um einen solchen Kommentar handelt, muss man vor den Klartext zwei Slashes stellen (//). Alles, was in dieser Zeile nach den Slashes steht, wird beim Kompilieren des Programms einfach ignoriert. Nun kann es ja auch vorkommen, dass ein Kommentar so ausführlich ist, dass er über mehrere Zeilen geht. Es wäre ja jetzt etwas mühsam, jede Kommentarzeile mit zwei Slashes zu beginnen. Aus diesem Grund gibt es noch eine zweite Möglichkeit, Kommentare zu erstellen. Man stellt einfach zu Beginn eines Kommentarblockes die Zeichenfolge /* voran, schreibt seinen Text und beendet den Block mit der Zeichenfolge */. Und so schaut das Ganze dann aus:

```
01: // Dies wäre eine sehr
02: // umständliche Art, lange
03: // Kommentare zu schreiben,
04: // oder etwa nicht?
01: /*
02: So ist das Ganze
03: doch schon um einiges
04: einfacher, oder?
05: */
```

Diese Art der Kommentierung kann noch auf eine andere Weise nützlich sein. Stell Dir vor, Du hast ein Spiel programmiert (ziemlich coole Vorstellung, oder?). Nun hast Du einen Programmteil, den Du aus irgendeinem Grund von der Kompilierung ausschließen möchtest. Du brauchst aber die betreffenden Programmzeilen nicht zu löschen, sondern Du kannst sie einfach mit der oben gezeigten Methode „auskommentieren".

Hinweis:

Verwende Kommentare großzügig. Sie zu schreiben ist nicht halb so viel Arbeit, wie einen unkommentierten Quelltext mühsam zu entziffern. Versuche dabei jedoch, Dich auf sinnvolle Kommentare zu beschränken und diese aussagekräftig zu halten.

1.3.2 Die #include-Anweisung

Nachdem die Kommentarzeilen nun abgehakt sind, können wir uns den Programmzeilen widmen, die für die eigentliche Funktion des Programms wichtig sind. In der Zeile 5 gibt es auch schon gleich eine kleine Besonderheit, nämlich das Doppelkreuz (#). Dieses Zeichen ist für den Compiler von besonderer Bedeutung. Jeder Befehl, der mit einem solchen Doppelkreuz beginnt, ist ein sogenannter Präprozessor-Befehl, auch Präprozessor-Direktive genannt. Wenn Dein Quelltext kompiliert wird, dann passiert das nicht in einem

Rutsch, sondern in mehreren Schritten. Der erste Schritt ist dabei die Behandlung aller Präprozessor-Befehle. Davon gibt es eine ganze Reihe, die wir im Verlauf des Buches noch kennenlernen werden. Diese Befehle haben im Grunde nichts mit dem fertig kompilierten Programm zu tun. Die `#include`-Anweisung in der Zeilen 5 dient nun dazu, bereits vorhandene Quelltextdateien zu Deinem Quelltext hinzuzufügen (einzubinden). Die Datei „iostream" gehört dabei zum Lieferumfang Deines Compilers und enthält alles, was nötig ist, um einfache Textausgaben zu realisieren. Was genau diese Datei beinhaltet, lässt sich aus dem Namen herauslesen. Das „io" steht für „*input/output*", und „`stream`" bedeutet übersetzt etwa so viel wie „Strom", wobei damit der Datenstrom gemeint ist. Dir stehen mit dem Einbinden dieser Datei somit viele Möglichkeiten zur Verfügung, um Datenströme zu verwalten. Das beinhaltet sowohl die Ausgabe von Text auf dem Bildschirm als auch die Eingabe von Text über die Tastatur. Würde man diese Datei nicht einbinden, wüsste der Compiler mit dem Befehl in Zeile 12 nichts anzufangen.

Es gibt eine ganze Reihe dieser Dateien, zum Beispiel für verschiedene Mathematikfunktionen oder auch zum Zeichnen von Grafiken. Im Verlauf des Buches wirst Du auch lernen, wie Du Dir solche Dateien selbst erstellen und verwenden kannst.

Nun noch ein Wort zu den spitzen Klammern (`<` `>`), in die der Dateiname eingeschlossen ist. Gibt man den Dateinamen in Anführungszeichen ein, dann sucht der Compiler die Datei im aktuellen Arbeitsverzeichnis. Bei den spitzen Klammern hingegen sucht er in einem speziellen Verzeichnis, das in der Regel im Installationsordner des Compilers zu finden ist. Dadurch erspart man es sich, die gewünschte Datei extra ins angelegte Arbeitsverzeichnis kopieren zu müssen.

Hinweis:

Alle Dateien, die mit `#include` eingebunden werden und nicht von uns selbst stammen oder separat installiert wurden, müssen in spitzen Klammern (`<>`) stehen.

Jetzt noch ein paar Worte zu Zeile 7. In C++ gibt es die Möglichkeit, sogenannte Namensbereiche festzulegen. Dies wird zum Beispiel dann gemacht, wenn man mit mehreren Quellcodedateien arbeitet. Da man Funktionen und Variablen Namen geben kann, kann es dabei recht leicht zu Konflikten kommen, wenn zwei verschiedene Dinge aus verschiedenen Dateien den gleichen Namen haben. Gerade dann, wenn mehrere Leute an einem Projekt arbeiten, kann dies zum Problem werden. Aus diesem Grund kann man bestimmte Teile eines Quelltextes in einen Namensbereich gruppieren. Möchte man nun Funktionen oder Variablen aus diesem Namensbereich verwenden, so muss man dies dem Compiler mitteilen. Und genau das tun wir hier in Zeile 7. Wir sagen dem Compiler, dass wir den Namensbereich **std** (was für „Standard" steht) verwenden möchten. Die in den eingebundenen Dateien enthaltenen Funktionen und Variablen befinden sich allesamt in diesem Namensbereich.

Es gibt sicherlich noch eine ganze Menge zu den Namensbereichen zu sagen, jedoch müsste man dazu einfach zu weit ausholen. Deshalb belassen wir es hier einfach mal bei der Tatsache, dass diese Zeile benötigt wird.

1.3.3 Die main-Funktion

An dieser Stelle muss ich leider etwas vorgreifen, da Funktionen erst im dritten Kapitel behandelt werden. Um die Zeilen 11 bis 15 verstehen zu können, muss man jedoch wissen, was eine Funktion in etwa ist. Mit C++ hat man die Möglichkeit, häufig verwendete Programmteile in einer sogenannten Funktion zusammenzufassen. Man kann einer solchen Funktion einen Namen geben und sie dann bei Bedarf aufrufen. Ein Beispiel wäre eine Funktion, die eine komplexe Rechenoperation durchführt. Dazu kann man der Funktion Werte (Parameter) übergeben (zum Beispiel zwei Zahlen, mit denen man irgendeine komplexe Berechnung durchführen möchte). Außerdem kann eine Funktion auch einen Wert zurückgeben (in diesem Fall wäre es das Ergebnis der Berechnung).

Nun benötigt jedes C++-Programm zumindest **eine** Funktion, nämlich die main-Funktion. Diese dient als Einsprungpunkt des Programms. Das bedeutet einfach, dass beim Programmstart zuerst die main-Funktion aufgerufen wird. Deshalb werden wir auch unseren Quellcode erst einmal komplett innerhalb dieser Funktion schreiben. Wenn diese Funktion nicht vorhanden ist, wird es schon beim Kompilieren eine Fehlermeldung geben. Die Schreibweise ist hier ebenfalls sehr wichtig. C++ ist case-sensitive, was bedeutet, dass nach Groß- und Kleinbuchstaben unterschieden wird. Schreibt man etwa Main, mAin oder MAIN, so wird es ebenfalls zu einer Fehlermeldung kommen, da der Compiler die erwartete main-Funktion nicht finden kann.

Wie oben bereits erwähnt, kann eine Funktion Werte übernehmen und zurückgeben. Das int bedeutet nun, dass die Funktion einen Wert des Typs int zurückliefert. Was genau es mit diesem Datentyp auf sich hat, werden wir in Kapitel 2 klären. Bis dahin sei nur gesagt, dass die Funktion dadurch angeben kann, ob alles richtig funktioniert hat. Hat alles ohne Probleme geklappt, liefert die Funktion eine 0 (Null) zurück, andernfalls einen anderen Wert. Dies zu entscheiden liegt damit in unserer Hand. Aber wir sind einfach so dreist und sagen immer, dass alles glattging (indem wir eine 0 zurückliefern).

Diese Rückgabe findet in Zeile 14 statt. Einen Wert (Parameter) gibt man immer mit dem Schlüsselwort return zurück. Ich werde später noch etwas genauer darauf eingehen. Wichtig ist allerdings noch, dass return nicht nur die Rückgabe eines Parameters bewirkt, sondern auch die Funktion beendet, in der das return steht. Würden nun also nach Zeile 13 noch weitere Befehle folgen, so würden diese nicht ausgeführt.

Das Klammernpaar hinter main enthält – wie man sieht – keine Werte. Das bedeutet einfach, dass die Funktion keine Parameter (Werte) erwartet. Wenn an dieser Stelle noch etwas unklar ist, was eine Funktion ist und wie sie arbeitet, dann ist das nicht weiter tragisch. Im dritten Kapitel werden wir noch genau genug darauf eingehen.

Bleibt noch zu klären, was es mit den beiden geschweiften Klammern auf sich hat. Jede Funktion besteht aus einem Funktionskopf (in diesem Fall int main()) und einem Funktionsrumpf. Im Funktionsrumpf steht der gesamte Code, der zu der Funktion gehört. Dieser wird dabei mit geschweiften Klammern begonnen und beendet (Zeilen 12 und 15).

Dir ist sicherlich aufgefallen, dass die Befehle in den Zeilen 13 und 14 etwas eingerückt sind. Dies hat ausschließlich den Grund, den Quelltext übersichtlicher zu gestalten und lesbarer zu machen. An dieser Stelle wird das noch nicht so deutlich, da es sich nur um ein sehr kleines Programm handelt. Spätestens bei den größeren Beispielen wird jedoch deutlich, dass es Sinn macht, den Quellcode an gewissen Stellen einzurücken. Zu welchem Zeitpunkt man wie einrücken sollte, wird später noch genauer erklärt.

Hinweis:
Bei C++ kannst Du so viele Leerzeichen und Leerzeilen verwenden, wie Du möchtest. Dadurch hast Du die Möglichkeit, deinen Code lesbar zu gestalten. Das gilt natürlich nicht innerhalb von Befehlen. Schau Dir andere Quelltexte an, und such Dir einen Aufbau heraus, der für Dich am besten lesbar ist.

1.3.4 „cout" und einige mögliche Escape-Zeichen

Jetzt kommen wir endlich zu dem „Befehl", der auch mal etwas auf den Bildschirm bringt. Der Befehl cout dient dazu, Text oder Zahlen auf dem Bildschirm auszugeben oder in eine Datei zu schreiben. Schaut man etwas genauer hin, erkennt man, dass das Wort „out" in diesem Befehl steckt. Das „c" steht dabei für „*console*", was für die Textkonsole steht. Im Ganzen heißt das also „*console out*". Um diesen Befehl verwenden zu können, haben wir ja in der Zeile 5 die Datei **iostream** eingebunden.

Eigentlich hat sich hier ein kleiner Fehler in die Erklärung eingeschlichen, denn cout ist in diesem Sinne kein wirklicher Befehl. Um jedoch beim Thema zu bleiben, werden wir cout erst einmal wie einen Befehl behandeln.

Die Syntax, die hier verwendet wird, ist recht simpel. Direkt nach cout folgt der sogenannte Umleitungsoperator <<. Wenn Du nun also schreibst cout << „Text"; , dann sagt der Umleitungsoperator aus, dass die Zeichenfolge „Text" direkt an cout geleitet werden soll (die Klammern zeigen in Richtung des Befehls). Vorhin habe ich ja etwas über Datenströme erzählt, und genau so einen Datenstrom haben wir hier nun. Es wird ein Text über cout auf dem Bildschirm ausgegeben. Dieser Text muss in Anführungszeichen stehen.

Wie Du siehst, steht am Ende dieser Befehlszeile ein Semikolon. Jede Befehlszeile muss mit einem Semikolon abgeschlossen werden, damit der Compiler erkennt, dass die Befehlszeile zu Ende ist. Bei Präprozessor-Direktiven (also alles, was mit # beginnt) und Funktionsköpfen darf allerdings kein Semikolon stehen. Solltest Du mal vergessen, das Semikolon zu setzen (und das wird garantiert passieren, es passiert einfach **jedem**), dann wird Dich der Compiler höflich, aber bestimmt darauf hinweisen, dass etwas nicht stimmt.

Hinweis:
Jede Befehlszeile muss mit einem Semikolon abgeschlossen werden. Dies gilt jedoch nicht für Präprozessor-Direktiven und Funktionsköpfe.

So, was ist das jetzt für eine seltsame Zeichenfolge am Ende des Textes in Zeile 13? Die Zeichenfolge \n ist ein sogenanntes Escape-Zeichen. Diese Escape-Zeichen werden immer dann verwendet, wenn man etwas ausgeben möchte, was kein darstellbares Zeichen ist. Dazu gehören zum Beispiel Zeilenumbrüche, Tabulatoren oder Backspace. Die Zeichenfolge \n bewirkt hier ein sogenanntes Carriage Return, was nichts anderes ist als ein Zeilenumbruch.

Man kann einen Zeilenumbruch auch noch auf eine andere Weise erzeugen, und zwar durch den sogenannten Manipulator `endl`. Dabei ist `endl` die Kurzform von „end of line“, also im Deutschen „Ende der Zeile“. Zeile 13 könnte man folglich auch so schreiben (wie man sieht, kann der Umleitungsoperator << auch mehrfach verwendet werden):

```
cout << "Hier kommt die Konkurrenz! " << endl;
```

Es gibt eine ganze Menge solcher Escape-Zeichen. Gerade wenn es darum geht, Text zu formatieren, sind sie unerlässlich. Die wichtigsten von ihnen findest Du in der folgenden Tabelle. Wenn Du nachher den Quellcode kompilierst, teste einfach einige von ihnen, um ihre Wirkung zu sehen.

Tabelle 1.1 Escape-Zeichen

Escape-Zeichen	Bedeutung
\n	Carriage Return (Zeilenumbruch)
\t	Horizontaler Tabulator
\v	Vertikaler Tabulator
\r	Zum Zeilenanfang zurückkehren
\b	Ein Zeichen zurück (Backspace)
\"	Anführungszeichen einfügen
\\	Backslash einfügen
\a	Beep (Signalton)

1.4 Die Entwicklungsumgebung

Im Folgenden werde ich Dir zeigen, wie man sich einen neuen Arbeitsbereich erstellt, das Programm eingibt, kompiliert und ausführt. Diese Erklärung gilt für die der Buch-CD beiliegende Version von Microsoft Visual Studio 2008 Express Edition. Solltest Du einen anderen Compiler verwenden, schlage bitte im zugehörigen Handbuch nach, um zu erfahren, wie man einen Arbeitsbereich beziehungsweise ein Projekt erstellt.

1.4.1 Erstellen eines neuen Arbeitsbereiches

Starte Microsoft Visual Studio 2008 Express Edition, wähle im Menü den Punkt **Datei** und klicke dann auf **Neu->Projekt**. Im nun erscheinenden Fenster wählst Du zunächst in der linken Liste (*Projekttypen*) den Punkt **Visual C++** und dort den Unterpunkt **Win32**. Im rechten Teil des Fensters wählst Du bei **Vorlagen** den Punkt **Win32-Konsolenanwendung**.

Nachdem Du diese Einstellungen vorgenommen hast, kannst Du dem Projekt einen Namen geben. Tippe dazu im Feld „*Name*" den gewünschten Projektnamen ein (beispielsweise „*Listing_1*". Im Eingabefeld direkt darunter wird der Speicherort für das neue Projekt gewählt. Wo Du Deine künftigen Projekte speicherst, bleibt Dir selbst überlassen. Allerdings solltest Du darauf achten, dass Du als Speicherort immer den gleichen Ordner wählst, damit Deine Projekte nicht quer auf der Festplatte verteilt sind. Ich habe es mir angewöhnt, direkt im Root-Verzeichnis ein Verzeichnis namens Projekte anzulegen, in das sämtliche Projekte wandern. Selbstverständlich sorgt Microsoft Visual Studio 2008 Express Edition automatisch dafür, dass für jedes Projekt ein neuer Unterordner angelegt wird.

Deaktiviere nun noch das Häkchen bei **Projektmappenverzeichnis erstellen**, damit nicht noch ein zusätzlicher zweiter Ordner gleichen Namens angelegt wird, und bestätige Deine Einstellungen mit dem Button **OK**.

Wähle nun im nächsten Fenster den Menüpunkt **Anwendungseinstellungen** auf der linken Seite. Achte darauf, dass in der Kategorie **Anwendungstyp** der Punkt **Konsolenanwendung** angewählt ist. Aktiviere nun noch das Häkchen **Leeres Projekt** in der Kategorie **Zusätzliche Optionen**. Das sorgt dafür, dass wir nur das absolute Grundgerüst eines neuen Projektes angelegt bekommen, ohne dass weitere für uns erst einmal uninteressante Dateien erzeugt werden. Durch einen Klick auf **Fertigstellen** wird nun das vorhin gewählte Verzeichnis angelegt, und alle für das Projekt notwendigen Dateien werden erzeugt. Diese beinhalten unter anderem die gewählten Projekteigenschaften und weitere von der Entwicklungsumgebung benötigten Informationen. Diese Dateien sollten nicht von Hand verändert werden.

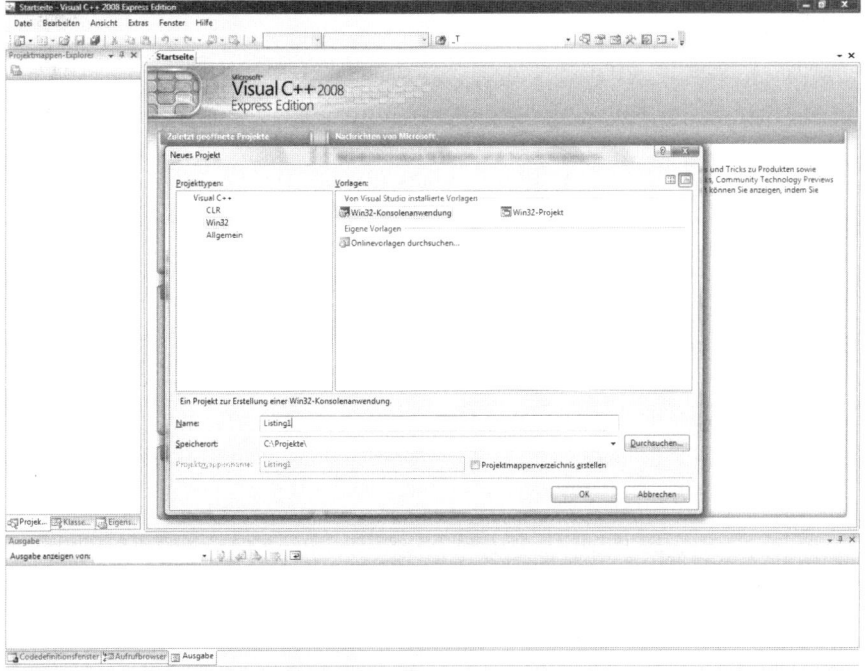

Abbildung 1.1 Erstellen eines neuen Arbeitsbereiches

Was jetzt noch fehlt, ist die eigentliche Quellcodedatei, in der später der Quellcode stehen wird. Klicke dazu im Projektmappen-Explorer mit der rechten Maustaste auf den Ordner **Quelldateien** und wähle den Punkt **Hinzufügen->Neues Element**. Es erscheint wieder ein neues Fenster, in dessen linkem Auswahlmenü (*Kategorien*) der Punkt **Code** ausgewählt sein muss. Wähle nun im Bereich **Vorlagen** den Punkt **C++-Datei(.cpp)** und gib im Eingabefeld nun als Dateinamen beispielsweise *Listing_1* ein. Den im zweiten Eingabefeld gewählten Pfad solltest Du nicht mehr ändern, damit alles schön seine Ordnung behält. Klicke nun den Button **Hinzufügen**, damit die Quellcodedatei erzeugt und zum Projekt hinzugefügt wird.

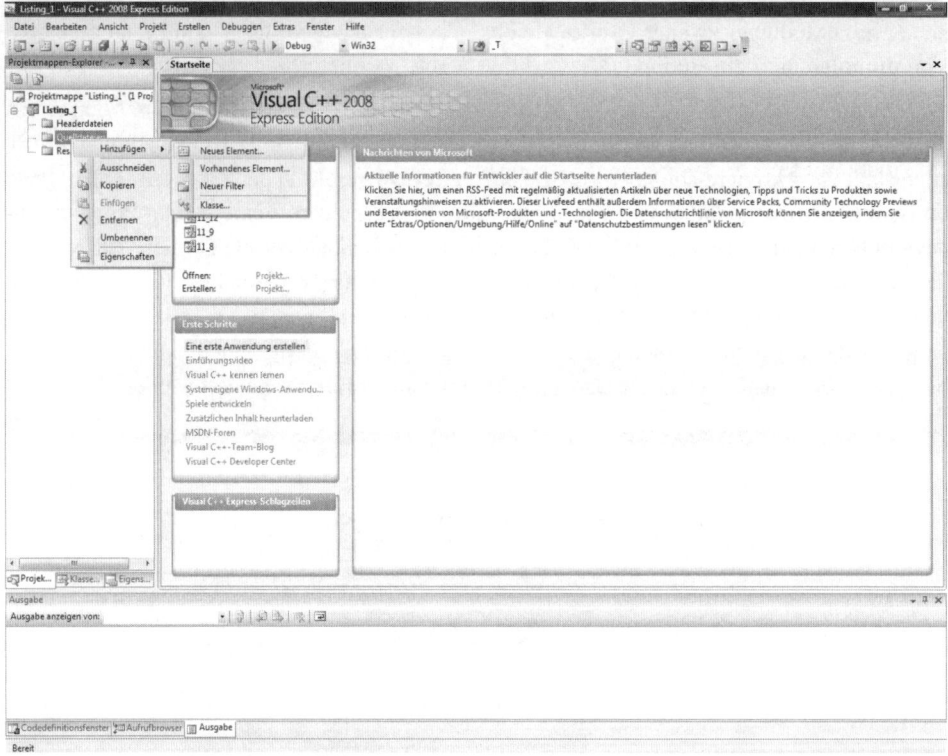

Abbildung 1.2 Hinzufügen einer neuen Quellcodedatei

Damit sind alle nötigen Vorbereitungen für unser erstes eigenes Programm getroffen, und Du kannst gleich damit loslegen, den Quelltext abzutippen. Das funktioniert folgendermaßen:

1.4.2 Das Programm mithilfe des Quelltexteditors eingeben

Jetzt ist es so weit: Du kannst nun das Beispiel Zeile für Zeile abtippen. Denk bitte daran, dass Du die Zeilennummern nicht mit eingeben darfst. Der Quelltexteditor lässt sich im Grunde genauso einfach bedienen wie ein gewöhnliches Textverarbeitungsprogramm, weshalb es relativ wenige Schwierigkeiten beim Eingeben des Quellcodes geben sollte.

Was allerdings etwas anders im Gegensatz zu einem „normalen" Textverarbeitungsprogramm ist, ist die Tatsache, dass gewisse Textabschnitte automatisch eingefärbt werden. Kommentare werden automatisch grün, Schlüsselwörter (feste Bestandteile der Programmiersprache C++) blau eingefärbt. Das sorgt nicht nur für mehr Übersichtlichkeit, sondern es hilft auch dabei, Fehler zu vermeiden. Wenn Du einen Kommentar oder ein Schlüsselwort eingibst und es sich nicht einfärbt, so hast Du definitiv etwas falsch gemacht. So sieht man auf den ersten Blick, ob etwas nicht stimmt, und muss nicht erst warten, bis man beim Kompilieren eine Fehlermeldung erhält.

Wenn Du die Klammer in Zeile 9 eingegeben und Return gedrückt hast, wirst Du feststellen, dass die nächste Zeile automatisch eingerückt wird. Dies ist auch ein Feature, das Dir der Quelltexteditor bietet. Sobald man eine öffnende, geschweifte Klammer eingibt, werden die folgenden Codezeilen automatisch um eine Tabulatorbreite eingerückt. Wenn man die Klammer schließt, geht der Cursor in der nächsten Zeile um eine Tabulatorbreite zurück. Solltest Du eigene Einrückungen bevorzugen, dann erzeuge diese mit der Tab-Taste und nicht mit Leerzeichen, denn das spart Arbeit.

In einigen Dingen mag sich der Quelltexteditor von normalen Textverarbeitungsprogrammen unterscheiden, jedoch gewöhnt man sich recht schnell daran und lernt die zusätzlichen Features zu schätzen. Grundsätzliche Dinge wie Suchen und Ersetzen funktionieren ähnlich wie bei herkömmlichen Programmen.

Nimm Dir einfach etwas Zeit und experimentiere ein wenig mit dieser neuen Umgebung. Versuche das Beispiel genau so einzugeben, wie in Listing 1.1 dargestellt.

1.4.3 Laden der Programmbeispiele von CD

Auf der CD befinden sich selbstverständlich sämtliche Programmbeispiele, damit man nicht alles von Hand abtippen muss. Trotzdem ist es ratsam, wenigstens die ersten Quelltexte von Hand einzugeben und den Arbeitsbereich selbst zu erstellen, um etwas Übung im Umgang mit der Arbeitsumgebung zu gewinnen.

Im Ordner „*Source*" findest Du jeweils in einem Unterordner sämtliche benötigten Dateien für die Beispiele. Dies sind die .cpp- und .hpp-Dateien, die den eigentlichen Quelltext enthalten. Weiterhin findest Du pro Beispiel eine .sln-Datei, die den Arbeitsbereich für unsere Entwicklungsumgebung darstellt. Diese Dateiendung ist mit unserer Entwicklungsumgebung verknüpft und kann somit durch einen Doppelklick geöffnet werden. Alternativ kannst Du auch im Menü den Punkt **Datei** wählen und dort über **Öffnen->Projekt/Projektmappe** zur entsprechenden .sln-Datei browsen und diese öffnen.

Solltest Du eine andere Entwicklungsumgebung verwenden, dann kannst Du zuerst einmal versuchen, ob sich die .sln-Datei damit öffnen und gegebenenfalls automatisch konvertieren lässt. Ist dies nicht der Fall, dann schaue in der Dokumentation Deiner Entwicklungsumgebung nach, wie sich ein Arbeitsbereich einrichten lässt und wie man Quellcodedateien hinzufügen kann.

1.4.4 Das Programm kompilieren und linken

Wie entsteht nun aus einem Quelltext ein lauffähiges Programm? Dazu sind einige Schritte notwendig, um die wir uns zum Glück nicht selbst kümmern müssen. Alles, was dazu notwendig ist, um aus einem Quelltext ein lauffähiges Programm zu erzeugen, erledigt der Compiler für uns. Doch vom Quellcode bis zur ausführbaren Datei ist es für unseren Compiler ein langer Weg. Zuerst einmal werden sämtliche Präprozessor-Direktiven abgearbeitet. Es entsteht eine temporäre Quelltextdatei, in der sämtlicher Quellcode (also auch die eingebundenen Dateien) vertreten ist. Diese wird dann kompiliert, und es entstehen eine oder mehrere Objektdateien. Beim Kompilieren wird der Quelltext in eine für den Computer verständliche Sprache umgewandelt. Welche das ist, kann man leicht erraten, wenn man vorhin alle Abschnitte gelesen und nicht übersprungen hat: Assembler. Diese Objektdateien sind natürlich noch keine ausführbaren Programme. Vielmehr handelt es sich um „Bruchstücke", die noch miteinander verbunden werden müssen. Diese Aufgabe erledigt der Linker. Er führt sozusagen sämtliche Bruchstücke zu der endgültigen ausführbaren Datei zusammen (.exe). Es werden gegebenenfalls diverse Libraries (Bibliotheksdateien) mit eingebunden. Diese Bibliotheksdateien stellen Sammlungen von Funktionen dar, die zum Teil dem Compiler beiliegen oder auch speziell von diversen Anbietern aus dem Internet heruntergeladen werden können. Es gibt zum Beispiel Bibliotheksdateien zum Abspielen von MP3-Dateien, die fertige Funktionen zum einfachen Gebrauch zur Verfügung stellen und vieles mehr.

Bei der hier im Buch vorgestellten Entwicklungsumgebung braucht man sich keine Gedanken über diese einzelnen Schritte zu machen, da alles für uns erledigt wird. Durch Anwählen eines Menüpunktes oder durch Drücken eines Shortcuts (Tastenkürzel) wird aus unserem Quelltext ein ausführbares Programm (solange der Quelltext keine schweren Fehler enthält, die dies verhindern).

Du solltest jetzt einen Arbeitsbereich und den Quelltext aus dem ersten Beispiel vor Dir haben. Wie man darauf ein lauffähiges Programm erzeugt, wird nun erklärt.

Schau Dir mal im Menü den Punkt Erstellen an. Dort findest Du gleich mehrere Punkte, die für uns interessant sind. Wie so oft, kommt man auch hier durch mehrere Wege ans Ziel. Man kann selbst bestimmen, ob zuerst nur kompiliert werden soll und dann die ausführbare Datei separat erstellt wird. Alternativ kann man auch alles auf einmal erstellen lassen (kompilieren und linken in einem Rutsch).

Fürs Erste wählen wir einfach den Punkt **Erstellen->Projektmappe neu erstellen**. Nun beginnt der Compiler seine Arbeit. Wenn dieser fehlerlos die Objektdateien erstellen konnte, tritt der Linker in Aktion und erstellt endlich die lang ersehnte .exe-Datei.

Hinweis:

Wie der Name schon sagt, bewirkt **Erstellen->Projektmappe neu erstellen**, dass sämtliche Quelltextdateien neu kompiliert werden, selbst wenn keine Änderungen darin vorgenommen wurden. Das mag bei unserem ersten Beispiel noch nicht dramatisch sein, jedoch wird es bei großen Projekten sehr lange dauern und unnötig Zeit rauben. Deshalb sollte man nur die Dateien kompilieren lassen, die man auch tatsächlich verändert hat.

Möchte man diese Schritte einzeln anschauen, so kann man auch zuerst auf **Erstellen->Kompilieren** klicken (alternativ Strg+F7 drücken) und danach **Erstellen->Listing_1 erstellen** wählen.

Wenn es nichts zu beanstanden gab und Du alle Schritte richtig ausgeführt hast, sollte unten im Ausgabefenster folgender Text stehen:

```
1>------ Neues Erstellen gestartet: Projekt: Listing_1, Konfiguration:
Debug Win32 ------
1>Die Zwischen- und Ausgabedateien für das Projekt "Listing_1" mit der
Konfiguration "Debug|Win32" werden gelöscht.
1>Kompilieren...
1>Listing_1.cpp
1>Manifest in Ressourcen wird kompiliert...
1>Microsoft (R) Windows (R) Resource Compiler Version 6.1.6723.1
1>Copyright (C) Microsoft Corporation.  All rights reserved.
1>Verknüpfen...
1>Das Manifest wird eingebettet...
1>Microsoft (R) Windows (R) Resource Compiler Version 6.1.6723.1
1>Copyright (C) Microsoft Corporation.  All rights reserved.
1>Das Buildprotokoll wurde unter "fi-
le://c:\Projekte\Listing_1\Debug\BuildLog.htm" gespeichert.
1>Listing_1 - 0 Fehler, 0 Warnung(en)
========== Alles neu erstellen: 1 erfolgreich, Fehler bei 0, 0 über-
sprungen ==========
```

Die ersten beiden Sätze sagen aus, dass sämtliche temporäre Dateien (etwa die Objektdateien und die ausführbare .exe-Datei) gelöscht werden. Diesen Schritt kann man auch durch den Menüpunkt **Erstellen->Projektmappe bereinigen** manuell herbeiführen. Das macht etwa dann Sinn, wenn beim Kompilieren etwas unerwartet schiefgeht. Manchmal liegt es daran, dass veraltete Objektdateien verwendet werden. Durch Auswählen dieses Menüpunktes wird alles gelöscht und muss dann zwingend neu erstellt werden.

Nun wird angezeigt, dass alle im Projekt enthaltenen Quellcodedateien kompiliert werden. Bei uns ist das erst mal nur *Listing_1.cpp*. Sollte dabei ein Fehler auftauchen, würde man das direkt in der Ausgabe sehen.

Wenn alles geklappt hat, tritt direkt im Anschluss der Linker in Aktion, was man an der Ausgabe „*Verknüpfen...*" sehen kann. Auch hier sind Fehler möglich, selbst wenn der gesamte Quellcode ohne Probleme kompiliert werden konnte.

Die letzte Zeile ist nun wohl die wichtigste. Hier bekommt man zusammenfassend angezeigt, ob es Fehler oder Warnungen gab oder nicht. Bei einem Fehler wird das Erstellen unterbrochen, bei Warnungen hingegen nicht. (Man kann allerdings einstellen, dass Warnungen wie Fehler behandelt werden. In diesem Fall würde dann ebenfalls abgebrochen werden.) Auf Warnungen kommen wir im nächsten Kapitel noch zu sprechen.

Wenn Deine Ausgabe so ausschaut wie oben gezeigt, dann ging alles glatt, und Du hast Deine erste ausführbare Datei erstellt. Diese kannst Du durch Drücken von Strg+F5 starten.

1.4.5 Ausführen des Programms

Man kann das Programm immer direkt nach dem Kompilieren aus der Entwicklungsumgebung heraus starten, ohne die Datei extra aufrufen zu müssen. Dies bietet uns zumindest bei den Microsoft-Compilern einen Vorteil: Wenn man eine Konsolenanwendung aus einer Microsoft-Entwicklungsumgebung heraus aufruft, so wird automatisch nach Beenden des Programms eine „Press any key to continue"-Meldung im Konsolenfenster erzeugt. Diese Meldung bewirkt, dass das Konsolenfenster erst dann geschlossen wird, wenn man eine beliebige Taste drückt. Ruft man die erstellte .exe-Datei außerhalb des Compilers auf, so erscheint diese Meldung nicht. Das hat zur Folge, dass man bei der Ausführung des ersten Beispiels nichts weiter sieht als ein kurz aufblitzendes Fenster. Warum das so ist, lässt sich leicht erklären: Das Programm wird ja stur von Anfang bis Ende abgearbeitet. Nachdem nun unser kleiner Text ausgegeben wurde, folgt kein weiterer Befehl, und das Programm wird beendet. Somit wird das Konsolenfenster so schnell geschlossen, dass man nur ein kurzes Aufblitzen bemerkt. Somit muss in jedem Fall als Letztes etwas geschehen, was eine Tastatureingabe erfordert, damit das Programm weiterhin aktiv bleibt.

Wie man dieses kleine Problem umgeht, werden wir klären, wenn der `cin`-Befehl an die Reihe kommt. Bis dahin solltest Du die Beispiele direkt aus der Entwicklungsumgebung heraus starten. Achte hier allerdings darauf, dass Du das Programm mit Strg+F5 oder dem Menüpunkt **Debuggen->Starten ohne Debugging** startest. Nur dann ist gewährleistet, dass beim Programmende noch auf eine Tastatureingabe gewartet wird.

Wenn Du das Programm startest, solltest Du ein typisches DOS-Fenster mit schwarzem Hintergrund sehen, auf dem folgende Ausgabe zu lesen ist:

```
Hier kommt die Konkurrenz!
Press any key to continue
```

Okay, zugegeben: Das ist nicht gerade das, was man spektakulär nennen würde. Trotzdem wird mit diesem kleinen Beispiel sozusagen ein Grundstein gelegt. Man ist nun in der Lage, ein eigenes Programm zu schreiben, und sei es noch so klein und unscheinbar. Fast alle, die sich mit dem Programmieren von Spielen oder Anwendungsprogrammen beschäftigen, haben einmal mit einem solchen kleinen Programm angefangen. Text auf dem Bildschirm auszugeben ist zu Beginn das Wesentlichste, was man beherrschen muss. Wie Du sehen wirst, ist diese Voraussetzung die Grundlage, die in den folgenden Kapiteln unerlässlich ist.

Jetzt ist es an der Zeit, etwas mit dem Beispiel herumzuexperimentieren. Füge weitere Zeilen hinzu, in denen mehr Text ausgegeben wird, und mache rege von den Escape-Zeichen aus Tabelle 1.1 Gebrauch. Denk daran, dass jede Zeile mit einem Semikolon abgeschlossen werden muss, um Fehler zu vermeiden.

Hinweis:

Es ist sehr wichtig, immer mit den Beispielen zu experimentieren. Einfach nur die Listings zu kompilieren und sich das Resultat anzuschauen, genügt eben nicht. Versuche den Quelltext etwas abzuändern, ohne jedoch da bei dem Thema vorzugreifen. Dadurch wird man schneller mit den erklärten Themen vertraut, und der Lerneffekt ist größer.

1.4.6 Der Unterschied zwischen Debug und Release

Weiter oben wurde ja bereits erwähnt, dass es verschiedene Konfigurationen gibt, um Deinen Quellcode zu kompilieren. Die Standardeinstellung, die wir bisher verwendet haben, nennt sich „Debug“. Die andere Konfiguration nennt sich „Release“. Doch was ist nun der Unterschied zwischen beiden? Um dies herauszufinden, stellst Du jetzt am besten einfach mal die andere Konfiguration um. Benutze dazu einfach das entsprechende Drop-down-Feld oben in der Toolbar und wähle dort **Release**. Alternativ kannst Du auch im Menü auf **Erstellen->Konfigurations-Manager** klicken und im daraufhin erscheinenden Fenster unter **Konfiguration der aktuellen Projektmappe** den Eintrag **Release** wählen.

Wenn Du diese Einstellung vorgenommen hast, musst Du das Projekt neu kompilieren. In Deinem Arbeitsverzeichnis wird jetzt der Ordner „Release“ erzeugt, in dem die .exe-Datei zu finden sein wird. Vergleichst Du nun die Größe der beiden .exe-Dateien (in den Ordnern „Debug“ und „Release“), dann wirst Du feststellen, dass die Release-Version um einiges kleiner ist. Der Grund dafür ist recht einfach: Die Debug-Version enthält eine Fülle von Informationen, die beim Debuggen des Programms nützlich sind. Unter „Debuggen“ versteht man die gezielte Fehlersuche in einem Programm, wenn man es beispielsweise im Einzelschrittmodus laufen lässt. Doch dazu mehr in Kapitel 8. Dort wird es einen Abschnitt geben, der zeigt, wie man einen Quelltext debuggen kann.

Die Debug-Version ist auch um einiges absturzsicherer, da bestimmte Fehler einfach abgefangen werden (natürlich bekommt man auch recht einfach die Debug-Version zum Crashen, wenn man sich nur etwas Mühe gibt). Es kann also durchaus vorkommen, dass die Debug-Version fehlerfrei läuft und die Release-Version den gesamten Rechner zum Absturz bringt. Der Preis für diese etwas stabilere und mit Informationen gespickte Debug-Version sind sowohl die Dateigröße als auch der Geschwindigkeitsunterschied. Bezogen auf die Beispiele in diesem Buch wird sich wohl kaum ein Geschwindigkeitsunterschied messen lassen, da eigentlich nichts Rechenintensives passiert. Deshalb kann man das hier erst einmal vernachlässigen. Wenn man allerdings ein richtiges Spiel programmiert, dann kommt es auf jedes Fitzelchen Geschwindigkeit an, da bringt dann das Umstellen von Debug auf Release wirklich noch einen großen Geschwindigkeitsvorteil.

Generell sollte man während der Entwicklungsphase die Debug-Konfiguration eingestellt lassen. Sobald das Programm fertiggestellt ist und fehlerfrei funktioniert, sollte man auf die Release-Konfiguration umstellen. Wird das Programm zum Download bereitgestellt oder sogar verkauft, sollte immer nur die Release-Version verwendet werden, unter anderem auch, weil in der Debug-Version oft noch Teile des Quellcodes des Programms vorhanden sind, die dann einfach so gelesen werden könnten.

Hinweis:
Wenn Du an einem Projekt arbeitest, das mehrere Tage, Wochen oder gar Monate Entwicklungszeit in Anspruch nimmt, dann teste dieses gelegentlich auch mit der Release-Version. So ersparst Du Dir das leidige Suchen, wenn Du einen Fehler eingebaut hast, der in der Debug-Version nicht zum Tragen kommt. Um ganz sicherzugehen, solltest Du jedoch so oft wie möglich beide Versionen testen.

So, das war nun also das erste Kapitel. Möglicherweise war es an einigen Stellen etwas trocken, aber wie so oft müssen gewisse Grundlagen einfach sein. Dafür wird das nächste Kapitel auch wesentlich praxisorientierter, versprochen!

Wenn Du noch nicht mit dem Quellcode aus Listing 1.1 experimentiert hast, solltest Du das jetzt nachholen. Wichtig ist, dass Du mit der Entwicklungsumgebung vertraut bist und den `cout`-Befehl beherrschst, bevor Du Dich ans nächste Kapitel machst.

1.5 Aufgabe

Die erste Aufgabe in diesem Buch unterscheidet sich ein wenig von den anderen Aufgaben, denn es gibt in diesem Sinne keine Lösung und auch keinen Quelltext dafür. Da wir bisher noch nicht sonderlich viel über das eigentliche Programmieren gelernt haben, besteht diese Aufgabe eigentlich nur aus der „Festigung" der elementaren Grundlagen.

Es liegt natürlich an Dir, ob Du die Aufgaben in diesem Buch wahrnimmst und versuchst, sie zu lösen. Dennoch kann ich Dir nur empfehlen, das zu tun. Wenn man etwas liest, meint man schnell, alles verstanden zu haben, und ist der Meinung, Aufgaben wären an dieser Stelle unnötig. Schnell stellt man aber fest, dass es schon anders ausschaut, wenn man etwas selbstständig machen soll.

In diesem Kapitel ging es bisher ja darum, einen neuen Arbeitsbereich anzulegen und mithilfe von `cout` Text auf dem Bildschirm auszugeben. Dazu gehörten auch die `main`-Funktion und das Einbinden der nötigen Header-Dateien. Und genau darum geht es bei dieser Aufgabe. Versuche mal selbstständig, ohne viel nachzuschlagen, einen neuen Arbeitsbereich zu erstellen, die nötigen Header einzubinden und etwas Text auszugeben. Nutze dabei auch die in Tabelle 1.1 gezeigten Escape-Sequenzen. Programmieren ist zwar nicht das stumpfe Auswendiglernen von allen möglichen Dingen, jedoch sollte man die Grundlagen so weit beherrschen, dass man nicht immer wieder nachschlagen muss.

2 Variablen

2.1   Was sind Variablen, und wozu dienen sie?

Im vorigen Kapitel hast Du gelernt, wie man einen neuen Arbeitsbereich anlegt und das erste Programm erstellt. Dir sollten die Grundlagen nun bestens vertraut sein, und Text auf dem Bildschirm auszugeben ist keine große Schwierigkeit mehr. Nun ist es an der Zeit, etwas tiefer in die Materie einzusteigen und die Möglichkeiten, die man beim Programmieren hat, besser kennenzulernen. Text auf dem Bildschirm auszugeben ist nun wirklich nicht sonderlich aufregend, nicht wahr? Wirklich viel anfangen kann man mit dem bisherigen Wissen nicht, dennoch stellt es die Grundlage für das folgende Thema dar: Variablen!

Ohne Variablen könnte man keine veränderlichen Werte in einem Programm haben. Das bedeutet, dass es nicht möglich wäre anzugeben, wie viele Leben der Spieler noch besitzt oder welche Punktzahl er erreicht hat. Nicht einmal seine Position auf dem Bildschirm könnte man ohne sie festlegen.

Eine Variable kannst Du Dir etwa wie eine Schublade vorstellen. Du beschriftest eine Schublade mit einem passenden Namen und legst den entsprechenden Inhalt hinein. Anhand der Beschriftung kannst Du den gewünschten Inhalt jederzeit wiederfinden und benutzen. Ein konkretes Beispiel wäre jetzt etwa die Lebensenergie des Spielers. Man erstellt eine Variable und gibt ihr einen Namen (Schublade beschriften). Nun bestimmt man, dass der Spieler 100 Lebenspunkte besitzen soll, und legt in die Schublade einen Zettel, auf dem „100" steht. Trifft der Spieler nun ungeschickterweise auf ein Hindernis, sucht man anhand des Namens (Lebensenergie) die richtige Schublade heraus, radiert auf dem Zettel die „100" weg und schreibt den neuen Wert darauf, also die restliche Energie des Spielers.

2.2 Datentyp, Variablenname und Wert

Behalten wir erst mal das Beispiel mit der Schublade bei. Logischerweise muss man sich, bevor man etwas in eine Schublade legen will, Gedanken darüber machen, wie viel Platz man braucht. Zu große Dinge passen nicht in eine kleine Schublade, zu kleine Dinge würden Platz verschwenden. Man muss also zu Beginn festlegen, wie viel Platz benötigt wird. Genauso ist das auch bei den Variablen in C++. Der sogenannte Variablentyp oder auch Datentyp bestimmt, was und wie viel eine Variable aufnehmen kann. Es gibt zahlreiche Datentypen, die wir verwenden können. Einige können nur kleine, ganze Zahlen aufnehmen, andere nur positive Zahlen und wieder andere negative und positive Fließkommazahlen. Bei einer Fließkommazahl handelt es sich banal gesagt um eine Kommazahl. Dabei ist es so, dass die Genauigkeit und der Wertebereich sozusagen automatisch angepasst werden, je nachdem, wie viele Stellen hinter dem Komma benötigt werden.

Um nun eine Variable mit C++ zu erzeugen, muss man dem Compiler erst einmal mitteilen, von welchem Typ diese Variable denn sein soll. Danach folgt der Variablenname.

2.3 Deklarieren und definieren von Variablen

Die wichtigsten Begriffe in diesem Kapitel sind „*definieren*" und „*deklarieren*". Geht man wie oben beschrieben vor und teilt dem Compiler mit, von welchem Typ eine Variable ist und welchen Namen sie haben soll, so hat man eine Variable **deklariert**. Weist man der Variablen danach einen Wert zu, so hat man die Variable **definiert**. Es ist wichtig, diese beiden Begriffe zu kennen und auseinanderhalten zu können. Sobald man eine Variable deklariert, wird automatisch der benötigte Speicher vom Compiler reserviert und für unsere frisch gebackene Variable zur Verfügung gestellt (natürlich erst dann, wenn das Programm kompiliert wurde).

Deklariert man nun eine Variable, ohne ihr danach einen Wert zuzuweisen, wird ihr Inhalt unbestimmt sein. Würde man sich nun den Wert ausgeben lassen, der momentan in der Variablen steht, so würde man irgendeine wirre Zahl erhalten. Dies hat einfach den Grund, dass der Compiler unserer Variablen einen freien Speicherbereich zuweist. Die Variable enthält nun natürlich den Wert, der zuletzt an dieser Speicherstelle stand.

Damit nun durch nicht initialisierte (definierte) Variablen keine Fehler entstehen können, gibt uns der Compiler in einem solchen Fall eine Warnung aus, die auch beachtet werden sollte. Sicherlich wirst Du früher oder später Bekanntschaft mit dieser Warnung machen, da bin ich mir ganz sicher =)

So, nun ist es an der Zeit, das Ganze mal selbst in einem Beispielprogramm auszuprobieren. Lege Dir dazu entweder wie im ersten Kapitel beschrieben einen neuen Arbeitsbereich an oder überschreibe einfach den Quelltext aus Listing 1.1.

Listing 2.1 Deklarieren und definieren von Variablen

```
01: // C++ für Spieleprogrammierer
02: // Listing 2.1
03: // Deklarieren und definieren von Variablen
04: //
05: #include <iostream>
06:
07: using namespace std;
08:
09: // Hauptprogramm
10: //
11: int main ()
12: {
13:    // Variablen
14:    //
15:    int Lebensenergie;        // Variable deklarieren
16:
17:    Lebensenergie = 100;      // Variable definieren
18:    cout << "Lebensenergie des Spielers: " << Lebensenergie << endl;
19:
20:    return 0;
21: }
```

Bildschirmausgabe:

```
Lebensenergie des Spielers: 100
```

Tja nun, die ersten paar Zeilen sind genau die gleichen wie in Listing 1.1. So weit also nichts Neues. Interessant wird es erst ab Zeile 15. Zu beachten sind auch die Kommentare, die hier zwar auf den ersten Blick etwas überflüssig aussehen, aber dennoch unbedingt empfehlenswert sind. Natürlich wirst Du später nicht jedes Mal „Variable deklarieren" schreiben. Da wir hier aber auf ein neues Thema stoßen, sollte erst mal wirklich jeder Schritt kommentiert werden.

Kommen wir jetzt also zu der ersten Neuerung. In Zeile 15 erzeugen wir nun unsere erste Variable. Wie man relativ leicht erkennen kann, hat die Variable den Namen „Lebens-energie". Wer aufgepasst hat, erkennt, dass das int vor dem Variablennamen wohl den Datentyp angibt. Dabei steht int für „Integer", was das englische Wort für „Ganzzahl" ist. Folglich kann unsere Variable nun nur ganze Zahlen aufnehmen (die sowohl positiv als auch negativ sein können). Welche Datentypen es außer int noch gibt, besprechen wir in Abschnitt 2.4.

In Zeile 17 bekommt unsere Variable nun den Wert 100 zugewiesen, sie wird **definiert**. Um zu beweisen, dass das auch wirklich funktioniert hat, wird in Zeile 18 die Bestätigung ausgegeben. Wie man sieht, funktioniert das mit dem cout-Befehl relativ einfach. Zuerst kommt ein kleiner Text, danach wieder der Umleitungsoperator (<<) gefolgt von unserem Variablennamen. Somit wird direkt nach dem Text der Inhalt unserer Variablen auf dem Bildschirm ausgegeben.

Hinweis:
Man kann mehrere aufeinanderfolgende Textteile und Inhalte von Variablen ausgeben, wenn man den Umleitungsoperator (<<) mehrfach verwendet.

Die Funktionsweise des Beispiels sollte recht einleuchtend sein, da nicht wirklich viel dazugekommen ist. Allerdings gibt es (wie meistens) auch bei diesen kleinen Änderungen einige wichtige Dinge zu beachten. Die Sprache C++ ist „case-sensitiv", was bedeutet, dass zwischen Groß- und Kleinbuchstaben unterschieden wird. Wenn man nun Variablen verwendet, so muss man auf die exakte Schreibweise achten (genau wie schon im ersten Kapitel bei der `main`-Funktion).

Eine für den Compiler uninteressante, aber für uns umso wichtigere Sache ist die Namensgebung der Variablen. Kryptische Abkürzungen oder verwirrende Namen helfen einem nicht wirklich bei größeren Projekten. Deshalb ist es angebracht, den Variablen auch passende Namen zu geben, damit man zu jeder Zeit weiß, wofür welche Variable denn nun gut ist. Besser man macht sich die Arbeit und verwendet einen etwas längeren Namen als eine nichtssagende Abkürzung. Wichtig ist auch, dass man sich nur eine einzige Schreibweise angewöhnt. Möchte man zum Beispiel eine Variable für die vertikale Position des Spielers erzeugen, könnte man etwa „`vertikalePosition`", „`vertikale_Position`" oder „`VertikalePosition`" verwenden. All dies sind gültige Variablennamen. Jedoch sollte man seiner Linie treu bleiben, sobald man sich für eine Schreibweise entschieden hat. Diese kleinen Dinge tragen wesentlich zur Lesbarkeit des Quellcodes bei.

Beginnt man einen Variablennamen mit einer Zahl, so wird uns der Compiler eine Fehlermeldung um die Ohren hauen. Zahlen in Variablennamen sind nur innerhalb des Namens und am Ende gültig, jedoch nicht am Anfang. So wäre „`123Variable`" ungültig, „`Variable123`" oder „`meine123Variable`" jedoch erlaubt.

Gerade anfangs kann es vorkommen, dass man versucht, für einen Variablennamen ein reserviertes Schlüsselwort zu verwenden. Was hier so hochgestochen klingt, ist einfach nur die Tatsache, dass bestimmte „Wörter" für den Compiler reserviert sind. Dies erkennt man im Allgemeinen allerdings recht einfach daran, dass sich der unerlaubte Variablenname blau färbt (so wie das `void` oder das `int`). Sollte das mal vorkommen, dann suchst Du Dir einfach einen etwas anderen Namen aus, bevor Dir der Compiler eine Fehlermeldung hinterher wirft. Gerade diese Kleinigkeiten können zu Beginn zu einigen unerwarteten Fehlermeldungen führen. Doch bekanntlich wird man ja aus Schaden klug, gelle?

Hinweis:
Verwendet man für einen Variablennamen versehentlich ein reserviertes Schlüsselwort, so färbt sich dieses ein. In diesem Fall muss man auf einen anderen Namen zurückgreifen.

Es ist auch möglich, eine Variable gleichzeitig zu deklarieren und zu definieren. Außerdem kann man sogar gleich mehrere Variablen gleichen Datentyps in einem Rutsch erzeugen. Das folgende Beispiel soll nun einige der gebräuchlichsten Methoden vorstellen:

Listing 2.2 Deklarieren und definieren von Variablen 2

```
01: // C++ für Spieleprogrammierer
02: // Listing 2.2
03: // Deklarieren und definieren von Variablen 2
04: //
05: #include <iostream>
```

```
06:
07: using namespace std;
08:
09: // Hauptprogramm
10: //
11: int main ()
12: {
13:    // Variablen
14:    //
15:    int x_Position, y_Position;     // Zwei Variablen deklarieren
16:    int Geschwindigkeit = 100;      // Deklarieren und definieren
17:
18:    x_Position = y_Position = 50;    // Zwei Variablen definieren
19:
20:    cout << "Position x: " << x_Position << endl;
21:    cout << "Position y: " << y_Position << endl;
22:
23:    return 0;
24: }
```

Bildschirmausgabe:

```
Position x: 50
Position y: 50
```

Hier sieht man nun verschiedene Möglichkeiten, wie man Variablen erzeugen und initialisieren kann (deklarieren und definieren). In Zeile 15 werden zwei Variablen gleichzeitig erzeugt, indem einfach nach der Angabe des Datentyps die Auflistung der Variablennamen, getrennt durch ein Komma, erfolgt. Auf diese Weise kann man beliebig viele Variablen gleichen Datentyps in einem Rutsch erzeugen. Dies hat den Vorteil, dass man nicht jedes Mal den Datentyp angeben muss. Ein Nachteil bei dieser Vorgehensweise ist allerdings, dass man etwas Arbeit hat, wenn man plötzlich merkt, dass eine dieser Variablen dann doch einen anderen Datentyp benötigt.

In Zeile 16 wird eine Variable erzeugt und ihr im gleichen Zug ein Wert zugewiesen. Das macht immer dann Sinn, wenn man eine Variable mit einem Startwert initialisieren möchte.

Die Zuweisung in Zeile 18 ist ein Fall, den ich selbst eigentlich so gut wie nie verwende. Hier bekommen zwei Variablen gleichzeitig einen Wert zugewiesen. Man spart sich zwar auf diese Weise eine Zeile, jedoch muss man wieder einiges ändern, wenn man feststellt, dass die Variablen doch anfangs unterschiedliche Werte benötigen. Ich möchte Dir hier nur zeigen, dass es möglich ist, eine solche Zuweisung durchzuführen, aber ich rate trotzdem vom Gebrauch dieser Möglichkeit ab. Lieber eine Zeile mehr geschrieben, als hinterher wieder Änderungen machen zu müssen.

An dieser Stelle wird nun auch deutlich, um was es sich bei dem Rückgabewert der main-Funktion handelt: um einen einfachen int-Wert, also eine ganze Zahl. Wenn später noch die return-Anweisung behandelt wird, sollte das „Mysterium" des Funktionskopfes der main-Funktion endgültig geklärt sein.

2.4 Rechnen mit Variablen

Variablen wären ja nicht gerade nützlich, wenn man nicht mehr mit ihnen anfangen könnte, als ihnen einen Wert zuzuweisen. Mit Variablen kann man jede erdenkliche Rechenoperation von einfacher Addition bis hin zu Sinusfunktionen durchführen. Für die normalen Grundrechenarten kann man die gebräuchlichen Zeichen verwenden, wie man sie vom Taschenrechner her kennt (+, -, *, /, =). Klammern dürfen genauso verwendet werden, wie man es vom Mathematikunterricht schon kennt. Natürlich gilt auch hier die Regel Punkt vor Strich.

Damit das Ganze Gestalt annimmt, folgt hier gleich der nächste Quelltext, der das Rechnen mit Variablen zeigt. Diese grundlegenden Dinge sind enorm wichtig. Nimm Dir deshalb genug Zeit und experimentiere ein wenig, um Dich mit den Rechenoperationen vertraut zu machen.

Listing 2.3 Rechnen mit Variablen

```
01: // C++ für Spieleprogrammierer
02: // Listing 2.3
03: // Rechnen mit Variablen
04: //
05: #include <iostream>
06:
07: using namespace std;
08:
09: // Hauptprogramm
10: //
11: int main ()
12: {
13:    // Variablen
14:    //
15:    int Bonuspunkte, Restzeit, Diamanten;
16:    int Zeitbonus, Diamantenbonus;
17:    int PunkteProDiamant, PunkteProSekunde;
18:
19:    // Variablen initialisieren
20:    Restzeit = 12;
21:    Diamanten = 16;
22:    PunkteProDiamant = 30;
23:    PunkteProSekunde = 15;
24:
25:    // Bonus für Restzeit berechnen und ausgeben
26:    Zeitbonus = Restzeit * PunkteProSekunde;
27:    cout << "Zeitbonus: " << Zeitbonus << endl;
28:
29:    // Bonus für Diamanten berechnen und ausgeben
30:    Diamantenbonus = Diamanten * PunkteProDiamant;
31:    cout << "Diamantenbonus: " << Diamantenbonus << endl;
32:
33:    // Gesamtpunkte berechnen und ausgeben
34:    Bonuspunkte = Zeitbonus + Diamantenbonus;
35:    cout << "Gesamtpunkte: " << Bonuspunkte << endl;
36:
37:    return 0;
36: }
```

Bildschirmausgabe:

```
Zeitbonus: 180
Diamantenbonus: 480
Gesamtpunkte: 660
```

Nun, das schaut doch schon etwas mehr nach einem richtigen Programm aus, oder? Auf den ersten Blick vielleicht etwas kompliziert, aber auf den zweiten Blick erkennt man recht schnell die Parallelen zum guten alten Mathematikheft, nur dass es hier so geschrieben ist, dass es der Compiler auch versteht. Bevor wir uns jetzt aber mit dem Quelltext auseinandersetzen, sollten wir erst klären, was das Programm machen soll. In vielen Spielen bekommt man am Ende eines Levels noch einige Bonuspunkte, je nachdem, was man eingesammelt hat und wie schnell man war. So ein ähnliches Beispiel setzen wir jetzt einfach mal in die Tat um. Dann machen wir uns dran und gehen den Quelltext Schritt für Schritt durch.

Die Zeilen 15 bis 23 beinhalten noch einmal das, was wir weiter oben schon besprochen haben. Wir erstellen uns die Variablen, die wir für unser kleines Bonuspunkteprogramm benötigen. `Restzeit` und `Diamanten` geben an, wie viel Zeit beim Beenden des Levels noch übrig war und wie viele Diamanten man eingesammelt hat. `PunkteProSekunde` und `PunkteProDiamant` bestimmen, wie viele Punkte man pro aufgesammeltem Diamant und pro übrig gebliebener Zeiteinheit bekommt. Diese errechneten Werte werden dann in `Diamantenbonus` und `Zeitbonus` gespeichert. `Bonuspunkte` beinhaltet schließlich die Summe aller zusätzlichen Punkte, die man ergattert hat. Bei den Initialisierungen in den Zeilen 20 bis 23 werden einfach fiktive Werte eingestellt. Der Spieler hat noch 12 Sekunden übrig und 16 Diamanten eingesammelt. Pro Zeiteinheit gibt es 15 Extrapunkte, pro eingesammeltem Diamant 30 Punkte.

In Zeile 26 wird nun die Punktzahl für die restliche Zeit berechnet. Wie man sieht, handelt es sich hier um eine ganz einfache Logik: Zu Beginn steht der Name der Variablen, in der wir das Ergebnis speichern wollen. Darauf folgt das Gleichheitszeichen, das hier einfach wieder als Zuweisung verwendet wird. Direkt im Anschluss steht sozusagen der „Term"; eine einfache Multiplikation. Um zu zeigen, dass die Rechnung korrekt ausgeführt wurde, wird der Inhalt der Variablen Zeitbonus auf dem Bildschirm ausgegeben.

In den Zeilen 30 bis 35 machen wir nun genau das Gleiche, nur eben für den Diamantenbonus und die Gesamtpunktzahl. Alles recht einfach, oder etwa nicht? Um ein bisschen Gefühl für die Sache zu bekommen, solltest Du jetzt ein wenig mit dem Quelltext herumexperimentieren und einige weitere Rechenoperationen hinzufügen, um das Bonuspunktesystem etwas zu erweitern.

2.4.1 Weitere Rechenoperatoren

Es gibt natürlich noch mehr Möglichkeiten, um Rechenoperationen durchzuführen. Auf die wichtigsten davon möchte ich hier noch etwas genauer eingehen.

Zuweisungen finden immer von rechts nach links statt. Zuerst wird der Term rechts vom Gleichheitszeichen berechnet und dann der Variablen links davon zugewiesen. Dies kann man ausnutzen, um vereinfachte Rechnungen durchzuführen, für die man normalerweise eine Variable für einen Zwischenwert bräuchte. Möchte man etwa zu einer Variablen eine andere Variable hinzuaddieren, könnte das wie folgt aussehen:

```
int Punkte, Zwischenwert;
Punkte = 10;
Zwischenwert = Punkte + 20;
Punkte = Zwischenwert;
```

Nicht gerade komfortabel, oder? Da wie gesagt die Zuweisung von rechts nach links erfolgt, ist folgende Rechnung durchaus erlaubt:

```
int Punkte = 10;
Punkte = Punkte + 20;
```

Auf den ersten Blick vielleicht ein wenig verwirrend und für strenge Mathematiklehrer ein Graus; aber für uns eine enorme Erleichterung. Da die Zuweisung immer von rechts nach links erfolgt, wird zuerst intern (also ganz automatisch) der Wert 20 zu dem Wert der Variablen Punkte hinzugezählt. Das Ergebnis wird nun wiederum der Variablen Punkte zugewiesen. Das ist doch gleich eine ganze Ecke einfacher, als immer eine Zwischenvariable verwenden zu müssen. Aber es geht sogar noch einfacher! Um das Gleiche wie eben mit etwas weniger Schreibaufwand zu realisieren, geht man so vor:

```
int Punkte = 10;
Punkte += 20;          // Das ist das Gleiche wie: Punkte = Punkte + 20;
```

Zugegeben, dieses seltsame Rechenzeichen kennt man nicht aus dem Matheheft. Aber in Bezug auf C++ bringt es uns einiges an Arbeitserleichterung. Natürlich funktioniert das nicht nur mit der Addition, sondern auch mit anderen Rechenoperatoren. Gültig sind etwa:

+=, -=, *= und /=,

Möchte man eine Variable einfach nur um eins erhöhen (inkrementieren) oder erniedrigen (dekrementieren), gibt es eine weitere Vereinfachung:

```
int Zaehler = 0;
Zaehler++;           // Variable um eins erhöhen (entspricht Zaehler +=1
                     // oder Zaehler = Zaehler + 1)
Zaehler--;           // Variable um eins verringern (entspricht Zaehler -= 1)
```

Durch diese Art von Rechenoperatoren lassen sich recht einfach Zählervariablen realisieren. Natürlich kann man auch die oben gezeigten Methoden verwenden, das Ergebnis wäre das gleiche. Der Vorteil besteht einfach in der kürzeren Schreibweise und der damit verbundenen besseren Lesbarkeit (sobald man sich daran gewöhnt hat).

Ich kann Dir nur empfehlen, das Listing 2.3 um diese Dinge zu erweitern und damit zu experimentieren, bis alles richtig sitzt. Der Umgang mit Variablen ist beim Programmieren so ziemlich das Wichtigste und sollte deshalb ausführlich geübt werden. In fast allen weiteren Beispielen in diesem Buch kommt man ohne die eben besprochenen Kenntnisse nicht aus.

2.5 Die verschiedenen Datentypen

Vorhin hatte ich ja klammheimlich erwähnt, dass es eine Menge unterschiedlicher Datentypen gibt. Bisher haben wir jedoch nur einen einzigen davon kennengelernt: den Integer. Jetzt wird es Zeit, dass wir auch die anderen Datentypen kennenlernen, die uns zur Verfügung stehen. Sinnigerweise werde ich jetzt nicht für jeden einzelnen Datentyp ein extra Beispiel bringen, denn im Verlauf des Buches kommt deren Verwendung noch oft genug vor. Deshalb gibt es hier nun eine Auflistung der Datentypen samt ihrer Beschreibung.

char-Datentypen dienen zur Speicherung von Zeichen und Buchstaben (char ist die Abkürzung für *charakter*, also Zeichen). Wenn wir Texte, Highscore-Listen oder Ähnliches verwalten möchten, ist dieser Datentyp der richtige für uns. Insgesamt kann man mit einer char-Variablen 256 verschiedene Zeichen darstellen (ein char ist genau ein Byte groß). Uns interessieren jedoch nicht alle dieser 256 Zeichen (zumal nicht alle ein wirklich darstellbares Zeichen repräsentieren).

int-Datentypen können nur ganze Zahlen aufnehmen, die sowohl positiv als auch negativ sein können. Es sei denn, man gibt explizit an, dass nur positive Zahlen verwendet werden sollen. Doch dazu später mehr. Weist man einer Integervariablen trotzdem eine Kommazahl zu, so wird immer nach unten abgerundet, also sozusagen alles hinter dem Komma abgeschnitten.

short-Datentypen stellen, wie ein Integer auch, ganze Zahlen dar. Der Unterschied liegt im Wertebereich. In der Regel besteht ein „normaler" Integer (also int) aus 4 Bytes und ein short aus 2 Bytes. Dies muss jedoch nicht immer so sein. Im Verlauf dieses Kapitels werden wir das noch genauer klären.

long-Datentypen stellen ebenfalls ganze Zahlen dar. Der Wertebereich kann hierbei jedoch größer ausgelegt sein. Auch darauf kommen wir im Verlauf dieses Kapitels noch zu sprechen.

float-Datentypen können ganz banal gesagt „Kommazahlen" speichern. Dabei steht „float" für Fließkommazahl. Mit diesem Datentyp kann mal sowohl positive als auch negative Zahlen speichern. Im Gegensatz zu der gewohnten Schreibweise verwendet man bei C++ jedoch einen Punkt, um die Nachkommastellen zu bestimmen. Wichtig ist, dass der Kommazahl ein kleines f folgen muss, doch das wird später noch deutlicher.

`double`-Datentypen entsprechen im Grunde den `float`-Datentypen. Der wesentliche Unterschied besteht in der Genauigkeit und der Größe des Wertebereiches. Mit einer `double`-Variablen kann man also größere beziehungsweise genauere Zahlen als mit einer `double`-Variablen darstellen. Natürlich belegt eine `double`-Variable dadurch auch mehr Speicherplatz. Wie man genau bestimmen kann, wie viel Speicher dieser Datentyp benötigt, erfährst Du ein paar Punkte weiter unten. Ähnlich wie bei dem `float`-Datentyp muss hier nach der Kommazahl ein kleines d folgen.

`bool`-Datentypen (auch boolean oder boolescher Wert) dienen sozusagen der Wahrheitsfindung. Sie können genau zwei Zustände annehmen: wahr oder falsch. Um diese Information zu speichern, wäre theoretisch ein einziges Bit genug. Da es jedoch zu aufwendig und zu langsam ist, einzelne Bits anzusprechen, belegen auch die `bool`-Datentypen mindestens ein Byte an Speicherplatz (in manchen Fällen sogar mehr). Deshalb gilt in der Regel bei einem Wert von null der Zustand „falsch" (`false`) und bei allen anderen Werten „wahr" (`true`).

Deklariert man sich nun eine `int`-, `float`- oder `double`-Variable, so kann diese standardmäßig sowohl positive als auch negative Zahlen aufnehmen. Dies ist jedoch nicht immer erwünscht. Wenn eine Variable zum Beispiel ein Byte Speicherplatz benötigt, kann die Variable somit 256 verschiedene Werte aufnehmen. Soll diese Variable nun sowohl negative als auch positive Werte darstellen können, wird damit logischerweise der Wertebereich halbiert. Dadurch entsteht natürlich der Nachteil, dass man nur noch Werte von −127 bis +128 darstellen kann (und die Null). Wenn man eh nur positive Zahlen darstellen möchte, wäre diese Einschränkung im Wertebereich ja nicht gerade angebracht. Aus diesem Grund gibt es sogenannte Modifizierer, mit denen man einen Datentyp nach den eigenen Wünschen anpassen kann.

Diese Modifizierer sind `signed` (vorzeichenbehaftet) und `unsigned` (ohne Vorzeichen, somit positiv). Sobald eine Variable vorzeichenbehaftet ist, wird das oberste Bit dieser Variablen als Indikator verwendet, der bestimmt, ob der Wert, der in der Variablen steht, positiv oder negativ ist. Durch dieses nun fehlende Bit entsteht der Nachteil des geringeren Wertebereiches, wie oben schon beschrieben.

Doch wo ein Nachteil ist, ist meist auch irgendwo ein Vorteil. Stell Dir vor, Du möchtest die Punktzahl des Spielers verwalten. In der Regel wird diese ja kaum negativ werden können. Also benötigt man auch keinen vorzeichenbehafteten Datentyp. Somit ist der Wertebereich gleich doppelt so groß.

Die Verwendung dieser Modifizierer schaut in der Praxis so aus:

```
unsigned int Punktezahl = 0;
signed int Temperatur = -20;
```

Die Punktzahl des Spielers kann nun nur noch positive Werte annehmen, und der Wertebereich ist größer als bei einem vorzeichenbehafteten Integer. Eine Temperatur kann natürlich auch negativ sein, somit muss der Datentyp dazu auch `signed` sein. Standardmäßig sind Datentypen vorzeichenbehaftet, wenn man keinen Modifizierer mit angibt. Um klare Verhältnisse und um auf Nummer sicher zu gehen, sollte man jedoch explizit angeben, ob ein Datentyp nun vorzeichenbehaftet ist oder eben nicht. Dies ist vor allem dann wichtig, wenn man seinen Quelltext für verschiedene Betriebssysteme und Compiler auslegt. Je nach Compiler kann es sich nämlich unterscheiden, ob ein Datentyp standardmäßig `signed` oder `unsigned` ist, wenn dies nicht explizit angegeben wird.

2.6   Namenskonventionen

Wenn Du Dir Quelltexte aus verschiedenen Büchern, Online-Foren oder sonstigen Quellen anschaust, wirst Du feststellen, dass viele Variablennamen mit einem Kleinbuchstaben beginnen. Man sieht etwa Namen wie `fSpeed` oder `bActivated`. Auf den ersten Blick schaut das unlogisch und verwirrend aus. Dennoch steckt da ein gewisses System dahinter, nämlich die sogenannte **ungarische Notation**. Wir werden hier in diesem Buch allerdings nur die vereinfachte ungarische Notation verwenden, zumal das meiner Meinung nach auch völlig ausreichend ist. Sinn des Ganzen ist eine Vereinheitlichung bei der Namensgebung von Variablen. Wird die ungarische Notation verwendet, so bezeichnet der erste Buchstabe (das sogenannte Präfix) des Variablennamens immer den Datentyp dieser Variablen. Somit würde man auf Anhieb sehen, dass es sich bei `fSpeed` um eine `float`-Variable handelt und bei `bActivated` um einen `bool`-Wert.

Deklariert man in etwa eine `float`-Variable, so stellt man ihr ein kleines `f` voran. Die beiden bekanntesten und am meisten benutzten Variationen sind folgende:

```
float fVariable;
float f_Variable;
```

Für welche der beiden Schreibweisen Du Dich letztendlich entscheidest, bleibt Dir überlassen. Wichtig ist nur, dass Du dann auch konsequent bei der von Dir gewählten Art bleibst. Nichts ist schlimmer als ein Quelltext, bei dem sich ständig die Art der Schreibweise ändert. An dieser Stelle hat Jörg mich darum gebeten, ihm einen schönen Gruß auszurichten, was wohl damit zusammenhängt, dass er diesen Fehler gemacht hat und gerade bereut. Diesem Wunsch will ich natürlich nachkommen.

Sicherlich ist diese Schreibweise gewöhnungsbedürftig, dennoch macht es sich schnell bezahlt, wenn man sie sich gleich zu Beginn angewöhnt. Man sieht immer sofort, mit welchem Datentyp man es zu tun hat.

Natürlich wird auch hier viel diskutiert, und einige Leute verzichten konsequent auf diese Schreibweise. Das Hauptargument ist dabei, dass es sich bei C++ um eine typensichere Sprache handelt und die ungarische Notation aus diesem Grund unnötig ist. Das Argument mag zwar gelten, wenn man es auf die Verwechslungsgefahr bei Datentypen bezieht, aber eben nicht auf die Übersichtlichkeit. Natürlich bleibt es Dir selbst überlassen, ob Du diese Schreibweise verwendest oder nicht.

Tabelle 2.1 Die ungarische Notation

Datentyp	Präfix	Beispiel
bool	b	bFlag
int	n	nEnergie
char	ch	chSpielername
array	a	aSpielfeld
DWORD	dw	dwSystemzeit
WORD	w	wPunktzahl
Zeiger	p	pZeiger
Instanz einer Klasse	m	mRaumschiff

Ein paar der Datentypen in dieser Tabelle wurden noch nicht besprochen. Aber keine Sorge, den Zeigern und den Klassen ist jeweils ein eigenes Kapitel gewidmet.

Dir wird sicherlich auffallen, dass in den Beispielen dieses Buches für den Integer-Datentypen kein Präfix (also in diesem Fall „n") verwendet wird. Das ist eine kleine Abweichung von der ungarischen Notation, die man recht häufig sieht. Im Laufe der Zeit habe ich es mir angewöhnt, dass ich alle Variablen ohne Präfix als einen Integer ansehe. Wie gesagt sieht man diesen kleinen „Stilbruch" recht häufig.

2.7 Konstanten

Was ist das Gegenteil von variabel? Genau: konstant. Bisher haben wir uns nur mit Variablen beschäftigt. Deren Wert kann jederzeit im Programm geändert werden. Dies ist jedoch nicht immer erwünscht. Manchmal benötigt man Werte, die sich während des gesamten Programmablaufes nicht ändern dürfen. Die Anzahl der Level in einem Spiel wäre da ein gutes Beispiel. Vielleicht fragst Du Dich jetzt, warum man nicht einfach eine Variable dafür nimmt, dieser ein einziges Mal einen Wert zuweist und sie dann niemals wieder ändert. Nun, diese Frage ist berechtigt. Doch schnell ist eine Gegenfrage gefunden: Wer kann garantieren, dass in einem sehr großen Quelltext, an dem womöglich auch noch mehrere Leute arbeiten, wirklich niemand aus Versehen diese Variable doch noch ändert? Natürlich kann das keiner garantieren. Man mag es jetzt nicht glauben, aber solche Fehler passieren sehr schnell. Um so schwieriger ist dann hinterher die Fehlersuche (wie ich oft genug selbst feststellen musste). Konstanten bieten auch noch den Vorteil, dass man einen häufiger vorkommenden Wert nicht immer direkt als Zahl im Quelltext angibt, sondern eben mit einer Konstanten realisiert. Diese kann dann an einer zentralen Stelle geändert werden, und man muss nicht den gesamten Quelltext durchforsten.

Um genau solche Probleme zu vermeiden, gibt es die Möglichkeit, Konstanten zu verwenden. Sobald man versucht, den Wert nach der Zuweisung erneut zuzuweisenoder durch eine Rechenoperation zu verändern, klopft einem der Compiler auf die Finger und wirft einen Fehler aus. Und ein Fehler während des Kompilierens ist weitaus harmloser als ein Fehler zur Laufzeit.

Man hat drei Möglichkeiten, eine Konstante zu erzeugen: einmal durch das Schlüsselwort `const`, einmal durch die Präprozessor-Direktive `#define` und einmal durch das Schlüsselwort `enum`. Gehen wir einfach alle drei Möglichkeiten durch.

2.7.1 Konstanten mit „const" erzeugen

Möchte man eine Konstante erzeugen, so geht man zuerst einmal so vor, wie man das bei den „normalen" Variablen auch tun würde. Man gibt den Datentypen gefolgt vom Namen der Variablen und einem Semikolon an. Um dem Compiler nun mitzuteilen, dass es sich eben nicht um einen variablen Wert, sondern tatsächlich um eine Konstante handelt, schreibt man noch vor dem Datentypen das Schlüsselwort `const`. Das Ganze schaut dann so aus:

```
const int Anzahl_Levels = 10;     // Konstante erzeugen
cout << Anzahl_Levels << endl;    // Wert ausgeben
```

Der Wert, der nun in `Anzahl_Levels` steht, wird nur an diesem einen Punkt angegeben. Versucht man nun, irgendwo im Programm den Wert zu ändern, wirft einem der Compiler einen Fehler hinterher. Somit ist immer sichergestellt, dass keine heimtückischen Fehler passieren. Probier das ruhig einmal aus.

2.7.2 Konstanten mit „#define" erzeugen

Die zweite Möglichkeit, einen konstanten Wert zu erzeugen, bietet uns die Präprozessor-Direktive `#define`, die folgendermaßen funktioniert:

```
#define ANZAHL_LEVELS 10          // Konstanten Wert erzeugen
cout << ANZAHL_LEVELS << endl;    // Wert ausgeben
```

Das `#define` führt einfach nur eine Textersetzung durch, bevor der Quellcode endgültig kompiliert wird. Wie im vorigen Kapitel schon erklärt, werden solche Präprozessor-Direktiven als Erstes behandelt. Überall dort, wo `ANZAHL_LEVELS` steht, wird einfach eine 10 eingesetzt. Wie im vorigen Kapitel schon besprochen, enden solche Präprozessor-Direktiven nicht mit einem Semikolon. Außerdem darf hier auch kein Zuweisungsoperator (`=`) verwendet werden. Man gibt einfach den zu ersetzenden Text gefolgt vom neuen Text an.

Wer etwas aufgepasst hat, der wird jetzt schon wissen, warum diese Variante nicht geeignet ist, um Konstanten zu erzeugen. Da hier einfach nur eine Textersetzung durchgeführt wird, ist dem Compiler natürlich nicht bekannt, um welchen Datentyp es sich handelt. Wie schon einmal gesagt, wird nur eine **Textersetzung** durchgeführt. Wenn wir später zum sogenannten „Casting" kommen, wird noch klar, warum Typensicherheit so wichtig ist. Natürlich meckert auch hier der Compiler, wenn man versucht, ANZAHL_LEVELS zu verändern.

Sicherlich ist Dir aufgefallen, dass ich bei der #define-Version ausschließlich Großbuchstaben verwendet habe. Das ist nicht zwingend notwendig, wird aber sehr oft so gemacht. Die Großbuchstaben haben den Sinn, dass man immer sehen kann, dass es sich um eine mit #define erzeugte Textersetzung handelt.

2.7.3 Konstanten mit „enum" erzeugen

Mit dem Schlüsselwort enum kann man sich sogenannte Aufzählungskonstanten erstellen. Diese sind immer dann nützlich, wenn man mehrere aufeinanderfolgende Konstanten benötigt. Stell Dir vor, in Deinem Spiel würde es unterschiedliche Arten von Raumschiffen geben, und jede Art würde durch eine bestimmte Kennziffer repräsentiert, durch die man sie später unterscheiden kann. Man könnte dies mit unserem bisherigen Wissen etwa folgendermaßen lösen:

```
const int Jaeger = 0;
const int Transporter = 1;
const int Minenleger = 2;
const int Bomber = 3;
```

Im Grunde spricht nichts gegen diese Lösung, jedoch ist sie etwas unkomfortabel. Wir müssen für jeden Raumschifftyp, der eventuell hinzukommt, eine neue Zeile schreiben und eine neue Kennzahl zuweisen. Das Ganze geht jedoch mit enum einfacher und schneller. Und so wird es verwendet:

```
enum Raumschifftyp {Jaeger, Transporter, Minenleger, Bomber};
Raumschifftyp Spieler1 = Minenleger;
```

Mit enum erstellen wir uns also einen eigenen Aufzählungstypen. Wenn wir so vorgehen wie in den zwei Zeilen oben, dann stellen Jaeger, Transporter, Minenleger und Bomber unsere möglichen Raumschifftypen dar. Dabei bekommt jeder dieser Typen automatisch einen Wert zugeteilt, und zwar von 0 beginnend aufwärts. Jaeger hat somit den Wert 0, Transporter den Wert 1, Minenleger den Wert 2 und Bomber den Wert 3. Es handelt sich hier also um Integer.

Wir können unseren Aufzählungstypen nun wie eine normale Konstante verwenden. Somit ist es auch nicht möglich, etwa `Minenleger` einen anderen Wert zuzuweisen, und wir sind auf der sicheren Seite.

Möchte man aus irgendeinem Grund die Werte selbst zuweisen, so kann man dies natürlich tun. Es ist nicht zwingend erforderlich, dass automatisch bei 0 begonnen wird und jeder Folgewert um eins erhöht ist. Man kann auch folgendermaßen vorgehen:

```
enum Raumschifftyp {Jäger = 3, Transporter, Minenleger = 15, Bomber};
```

Nun hat `Jaeger` den Wert 3, `Transporter` den Wert 4, `Minenleger` den Wert 15 und `Bomber` letztlich den Wert 16. Wie man sieht, erfolgt die automatische Durchnummerierung immer dann, wenn man nichts anderes angibt, und zwar immer ab dem zuletzt zugewiesenen Wert.

Dabei ist aber auf jeden Fall zu beachten, dass es sich im Beispiel oben bei `Spieler1` **nicht** um eine Konstante handelt. Es sind nur die eigentlichen Aufzählungen konstant.

2.7.4 Welche der drei Möglichkeiten ist die beste?

Um eine Konstante zu erzeugen, haben wir jetzt also gleich drei verschiedene Möglichkeiten kennengelernt. Logischerweise kommt jetzt die Frage auf, welche davon die beste ist. Um das zu klären, sollte man sich erst mal ein paar Gedanken über die Vor- und Nachteile der einzelnen Varianten machen.

Die Verwendung von `#define` hat den Vorteil, dass kein Speicher verbraucht wird, da ja nur eine Textersetzung durchgeführt wird, anstatt tatsächlich eine Konstante zu erzeugen. Dieser Vorteil hat allerdings nur wenig Gewicht, da Speicherplatz heute nicht mehr so teuer ist wie noch vor einigen Jahren. Außerdem wird man aller Wahrscheinlichkeit nach niemals so viele Konstanten in seinem Programm haben, dass der gesparte Speicher wirklich von Bedeutung wäre.

Eine mit `const` erzeugte Konstante besitzt jedoch etwas, was sofort klarmachen sollte, welche der drei Lösungen die bessere ist: einen echten Datentyp! C++ ist, wie bereits erwähnt, eine typensichere Sprache. Das sollte man nicht durch solche Textersetzungen zunichte machen. Es ist immer besser, wenn man den Datentyp mitführt, was später in diesem Kapitel noch wesentlich deutlicher werden wird.

Möchte man Kennziffern vergeben oder etwas aufzählen, so ist `enum` am sinnvollsten. Man spart sich damit eine Menge Schreibaufwand, und der Quelltext wird um einiges übersichtlicher. Außerdem ist es einfacher, neue Elemente hinzuzufügen.

Konstanten sollte man immer dann verwenden, wenn klar ist, dass sich ein Wert niemals ändert. Das bisschen Mehraufwand an Schreibarbeit lohnt sich allemal, da vertrackte Fehler vermieden werden können. Gewöhne Dir die Verwendung von `const` gleich an, und Dein Code wird um einiges sauberer sein.

2.8   Mach mal Platz: Speicherbedarf der Datentypen

Zu Beginn dieses Kapitels habe ich Variablen ja mit Schubladen verglichen, in die man etwas hineinlegen kann. Dabei war die Größe dieser Schubladen wichtig und wurde durch den Datentyp angegeben. Was jedoch bisher außer Acht gelassen wurde, war die **tatsächliche** Größe der einzelnen Datentypen und ihr Wertebereich. Natürlich könnte ich jetzt hier an dieser Stelle einfach eine Tabelle angeben, in der die Wertebereiche und die Größe der Datentypen aufgelistet wären. Ich verzichte allerdings aus zwei Gründen darauf. Zum einen können sich diese Angaben je nach Computer/CPU/Betriebssystem und Compiler unterscheiden, zum anderen wäre das viel zu einfach. Wir sind ja nicht faul und schreiben uns jetzt selbst ein Programm, das für uns diese Werte ermittelt und auf dem Bildschirm ausgibt.

Es ist wichtig, diese Daten zu kennen, denn es wäre doch peinlich, wenn plötzlich der Punktezähler in Deinem Spiel auf 0 zurückspringt, weil der von Dir gewählte Datentyp keinen genügend großen Wertebereich hat und somit überläuft. Also los, schreiben wir uns ein Programm, um diese Daten zu ermitteln.

Listing 2.4 Programm zum Ermitteln des Speicherbedarfs von Datentypen

```
01: // C++ für Spieleprogrammierer
02: // Listing 2.4
03: // Programm zum Ermitteln des Speicherbedarfs
04: // von Datentypen
05: //
06: #include <iostream>
07:
08: using namespace std;
09:
10: // Hauptprogramm
11: //
12: int main ()
13: {
14:    cout << "Speicherbedarf der Datentypen\n\n";
15:
16:    cout << "bool benoetigt  : " << sizeof (bool)   << " Bytes\n";
17:    cout << "int benoetigt   : " << sizeof (int)    << " Bytes\n";
18:    cout << "short benoetigt : " << sizeof (short)  << " Bytes\n";
19:    cout << "long benoetigt  : " << sizeof (long)   << " Bytes\n";
20:    cout << "char benoetigt  : " << sizeof (char)   << " Bytes\n";
21:    cout << "float benoetigt : " << sizeof (float)  << " Bytes\n";
22:    cout << "double benoetigt: " << sizeof (double) << " Bytes\n";
23:
24:    return 0;
25: }
```

Bildschirmausgabe:

```
Speicherbedarf der Datentypen

bool benoetigt   : 1 Bytes
int benoetigt    : 4 Bytes
short benoetigt  : 2 Bytes
long benoetigt   : 4 Bytes
```

```
char benoetigt   : 1 Bytes
float benoetigt  : 4 Bytes
double benoetigt : 8 Bytes
```

Was hier neu dazugekommen ist, ist das Schlüsselwort `sizeof`, was im Deutschen so viel bedeutet wie „Größe von". Und genau das ist es, was wir hier brauchen. Man kann mit diesem Schlüsselwort nicht nur die Größe von Datentypen ermitteln, sondern auch die Größe von Variablen, Konstanten, Strukturen und vielem mehr. In diesem Beispiel verwenden wir jedoch nur den Datentyp. Dank des flexiblen `cout` können wir alles hübsch der Reihe nach ausgeben.

Jetzt ist die Frage, was wir mit diesen ausgegebenen Werten anfangen können. Na ja, ganz einfach. Wir können damit bestimmen, welchen Wertebereich eine Variable zur Verfügung stellt. Ein `short` hat zum Beispiel 2 Bytes. Pro Byte kann man 256 Werte darstellen (0 bis 255). Somit hat man mit 2 Bytes einen Wertebereich von 256 * 256 = 65536. Das gilt natürlich nur, wenn der `unsigned`-Modifizierer verwendet wurde, ansonsten verschiebt sich der Wertebereich.

2.8.1 Überlauf von Variablen

Ähnlich wie bei dem uns inzwischen verfolgenden Schubladenbeispiel können auch Variablen überlaufen. Wenn man in eine Schublade zu viel hineinpackt, quillt sie irgendwann über, und bei den Variablen ist das nicht viel anders. Wir haben ja vorhin schon über den Wertebereich eines Datentyps gesprochen, der ja die Größe dieser Schublade angibt. Die Frage ist nun: Was passiert, wenn man einer Variablen den maximalen Wert zuweist, den sie aufnehmen kann, und dann trotzdem noch einen Wert hinzuaddiert? Um das herauszufinden, schreiben wir uns einfach ein kleines Programm, welches genau das tut:

Listing 2.5 Überlauf von Variablen

```
01: // C++ für Spieleprogrammierer
02: // Listing 2.5
03: // Überlauf von Variablen
04: //
05: #include <iostream>
06:
07: using namespace std;
08:
09: // Hauptprogramm
10: //
11: int main ()
12: {
13:   // Variable auf Maximalwert setzen
14:   unsigned short Ueberlauf = 65535;
15:   cout << "Vor dem Ueberlauf: " << Ueberlauf << endl;
16:
17:   // Eins hinzuaddieren, damit die Variable überläuft
18:   Ueberlauf++;
19:   cout << "Nach dem Ueberlauf: " << Ueberlauf << endl;
20:
21:   // Zehn abziehen, was ein weiteres Überlaufen verursacht
22:   Ueberlauf -= 10;
23:   cout << "Und zurueck: " << Ueberlauf << endl;
```

```
24:
25:    return 0;
26: }
```

Bildschirmausgabe:

```
Vor dem Ueberlauf: 65535
Nach dem Ueberlauf: 0
Und zurueck: 65526
```

Zu beachten ist erst einmal die Zeile 14. Dort wird eine Variable vom Typ `unsigned short` erzeugt und dieser dann der höchstmögliche Wert zugewiesen. Die Zahl 65535 ergibt sich aus der Tatsache, dass ein `unsigned short` aus zwei Bytes besteht. Pro Byte können 256 Werte dargestellt werden, und 256 * 256 ergibt somit 65536 mögliche Werte. Die Null zählt natürlich auch mit, deshalb ist der höchste Wert 65535.

In Zeile 15 wird uns das Ganze noch einmal als Bestätigung ausgegeben. Nun testen wir in den Zeilen 18 und 19, was passiert, wenn man die Variable noch um eins erhöht. Die Ausgabe, die darauf folgt, ist nicht weiter verwunderlich. Man sieht, dass die Variable nun wieder auf dem Wert null angelangt ist. Hätte man jetzt die Variable nicht um eins, sondern beispielsweise um 10 erhöht, so wäre der Wert nicht auf 0, sondern auf 9 gesprungen.

Wer mit Bits und Bytes nicht so gut vertraut ist, steht hier vielleicht ein bisschen vor einem Rätsel, wieso der Wert eigentlich wieder zurückspringt. Darum möchte ich an dieser Stelle noch mal etwas genauer darauf eingehen. Dazu nehmen wir einfach eine beliebige Variable, die genau ein Byte groß ist, und setzen diese auf ihren Maximalwert von 255. Binär gesehen ist nun jedes Bit gesetzt. Würden wir jetzt noch den Wert 1 hinzuaddieren, würde das Ergebnis theoretisch 256 sein, praktisch aber nicht. Schematisch schaut das so aus:

```
255 im Binärformat:          11111111
256 im Binärformat: 00000001 00000000

Übrig bleibt also :          00000000
```

Man sieht ja nun, dass man zwei Byte bräuchte, um die Zahl 256 korrekt darstellen zu können. Da unsere Variable nun aber nur ein Byte groß ist, wird der Rest sozusagen weggeschnitten. Also bleiben noch acht ungesetzte Bits übrig, was den Wert null ergibt.

In den Zeilen 22 und 23 machen wir es nun umgekehrt. Dort wird der Variablen, die ja zurzeit auf null steht, wieder etwas abgezogen. Ich denke, das Ergebnis erklärt sich nun von selbst. Experimentiere einfach ein wenig mit diesem Beispiel, und behalte Dir auf jeden Fall in Erinnerung, welche Auswirkungen solche Überläufe haben können. Wenn irgendwann einmal ein scheinbar unerklärlicher Fehler in Deinem Programm auftaucht, könnte ein Überlauf daran schuld sein.

2.9 Eingabe von Werten mit „cin"

Bevor ich hier mit Erklärungen beginne, möchte ich zuerst erwähnen, dass es sich bei cin eigentlich nicht um einen Befehl handelt. Diese Bezeichnung ist an dieser Stelle definitiv falsch. Doch genau wie auch bei cout werde ich der Einfachheit halber wieder von einem Befehl sprechen (ja, ja, Rechtfertigung ist eine feine Sache).

Unsere bisherigen Möglichkeiten sind ja noch recht eingeschränkt. Wir können im Augenblick nur Variablen erzeugen, ihnen Werte zuweisen, damit rechnen und sie anschließend wieder ausgeben. Was wir als Nächstes brauchen, ist die Möglichkeit der Eingabe über die Tastatur. Und genau dies bietet uns cin. Es ist nicht schwer zu erraten, was diese drei Buchstaben bedeuten. Das „c" steht wieder für „console" und das „in" für Input.

Wie gehabt, gibt es zuerst wieder ein Listing, und hinterher folgt die genaue Erklärung. Was ich Dir an dieser Stelle vorschlagen würde, wäre, erst mal mit dem folgenden Code zu arbeiten und zu versuchen, Dir das selbst zu erklären. Eigentlich ist das so einfach, dass man keine Erklärung bräuchte. Man braucht sich nur die Unterschiede zwischen der Verwendung von cout und cin zu betrachten.

Listing 2.6 Eingabe von Werten mit cin

```
01: // C++ für Spieleprogrammierer
02: // Listing 2.6
03: // Eingabe von Werten mit cin
04: //
05: #include <iostream>
06:
07: using namespace std;
08:
09: // Hauptprogramm
10: //
11: int main ()
12: {
13:    // Variablen
14:    //
15:    int Runde1, Runde2;
16:    int Gesamtpunkte = 0;
17:
18:    // Eingabe der Werte
19:    cout << "Punkte der ersten Runde eingeben: ";
20:    cin >> Runde1;
21:
22:    cout << "Punkte der zweiten Runde eingeben: ";
23:    cin >> Runde2;
24:
25:    // Berechnung und Ausgabe der Gesamtpunktzahl
26:    Gesamtpunkte = Runde1 + Runde2;
27:    cout << "Erreichte Gesamtpunktzahl: " << Gesamtpunkte << endl;
28:
29:    return 0;
30: }
```

Bildschirmausgabe:

```
Punkte der ersten Runde eingegeben: 3200
Punkte der zweiten Runde eingegeben: 4320
Erreichte Gesamtpunktzahl: 7520
```

Und? Alles selbst rausgefunden? Bis inklusive Zeile 19 ist alles alter Tobak und sollte für uns inzwischen so gut lesbar sein wie dieser Text hier. Das, was nun neu dazugekommen ist, sind die Zeilen 20 und 23. Dort verwenden wir zum ersten Mal cin. Schaut man genau hin, so sieht man, dass der Umleitungsoperator diesmal in Richtung der Variablen zeigt (>>). Das bedeutet also, dass das Ergebnis von cin (also was wir über die Tastatur eingeben) an die Variable weitergeleitet wird. Der Wert, den man in der Konsolenanwendung eingibt, wird also sofort in der zugehörigen Variablen gespeichert und kann somit weiterverwendet werden.

In diesem Beispiel werden nun also die erreichten Punkte für Runde 1 und Runde 2 abgefragt und schließlich addiert und ausgegeben. Schön wäre es, wenn man in richtigen Spielen auch noch mal gefragt würde, wie viele Punkte man denn erreicht hat ;)

Zwar gibt es zu diesem Beispiel nicht sonderlich viel zu sagen, aber dennoch ist es wichtig zu wissen, dass man auch hier Fehler machen kann. Der Fehler, der hier schlummert, ist besser versteckt, als man zuerst annehmen möchte. Denn cin beachtet nicht den Datentyp. Was das bedeutet, kann man ganz einfach selbst sehen, wenn man versucht, Kommazahlen oder Buchstaben einzugeben. Das Programm gerät ein wenig aus den Fugen, und es kommt zu sehr seltsamen Ausgaben. Man kann das zwar abfangen und umgehen, aber das soll hier erst einmal nicht von Interesse sein.

Experimentiere ein wenig mit dem Beispiel und ergänze es ein wenig. Wichtig ist wieder, dass Du mit dem neu Hinzugekommenen (auch wenn es nicht viel ist) vertraut bist.

2.10   Casting: Erzwungene Typenumwandlung

Beim sogenannten Casting in C++ geht es nicht darum, Schauspieler oder Nachwuchssänger zu sichten, sondern um die erzwungene Umwandlung von einem Datentypen in einen anderen. Wozu das dient und warum es wichtig ist, soll folgendes kleine Codefragment zeigen:

```
int Punkte = 15;
float Faktor = 2.5f; // Das kleine "f" kennzeichnet einen float
int Gesamtpunkte;

Gesamtpunkte = Punkte * Faktor;

cout << "Gesamtpunktzahl: " << Gesamtpunkte << endl;
```

Hier soll einfach eine Punktzahl mit einem Faktor multipliziert und das Ergebnis in Gesamtpunkte gespeichert werden. Das Problem, das nun auftaucht, ist die Tatsache, dass hier unterschiedliche Datentypen miteinander vermischt werden. Bei der Variablen Faktor handelt es sich um einen float, wobei das Endergebnis vom Typ int ist. Das Ergebnis der Rechnung kann nun jedoch auch eine Kommazahl sein. Da diese ja dann in einem int-Datentypen (Gesamtpunkte) gespeichert werden soll, wird es wohl oder übel zu Problemen kommen. Um zu sehen, was passiert, solltest Du das kleine Codefragment mal abtippen und kompilieren lassen. Der Compiler wird nicht abbrechen, sondern eine lauffähige Version erzeugen. Jedoch wird er eine Warnung ausgeben, die (zumindest bei den Microsoft-Compilern) folgendermaßen ausschaut:

```
warning C4244: '=' : Konvertierung von 'float' in 'int',
möglicher Datenverlust
```

Dass diese Warnung begründet ist, zeigt sich, wenn man das Programm ausführt. Das korrekte Ergebnis wäre 37.5, aber es wird 37 ausgegeben. Die Warnung sagt etwas über einen möglichen Datenverlust, und genau das ist es, was wir hier haben. Da das Ergebnis einem int zugewiesen wird, kann es unmöglich eine Kommazahl sein. Aus diesem Grund wird das Ergebnis einfach gerundet. Der Compiler rundet immer ab, nicht auf, da eigentlich nur die Nachkommastellen abgeschnitten werden. Genau genommen kann man hier eigentlich nicht von Runden sprechen.

Dieses Problem kann sowohl unbeabsichtigt als auch beabsichtigt auftauchen. Wenn wir ein wenig geschlafen haben und versehentlich mit falschen Datentypen jonglieren, so ist die entsprechende Warnung vom Compiler für uns hilfreich, und wir können unseren Fehler beheben. Doch kann es natürlich auch sein, dass wir ein solches Vorgehen beabsichtigen und eben wollen, dass das Ergebnis gerundet wird. Dies könnte beispielsweise der Fall sein, wenn wir Bildschirmkoordinaten von unseren Spielfiguren berechnen. Dabei kann es vorkommen, dass bei einer Berechnung Kommazahlen auftauchen. Logischerweise wird eine Bildschirmposition aber nur aus ganzen Zahlen bestehen. Runden ist in diesem Fall also kein Fehler und beabsichtigt.

Es wäre ja jetzt wirklich etwas nervig, wenn der Compiler einen mit Dutzenden solcher Warnungen zuwirft, obwohl wir uns im Klaren darüber sind und genau wissen, was wir tun. Genau hier kommt das Casting an die Reihe. Wenn man vom Casten einer Variablen spricht, meint man immer das beabsichtigte Umwandeln von einem Datentypen in einen anderen. Wir sagen also dem Compiler, dass wir ohne Rücksicht auf Verluste und mit voller Absicht handeln und er uns doch bitte mit Warnungen verschonen möchte, so gut sie auch gemeint sind. Nun gibt es mehrere Möglichkeiten, wie man Variablen casten kann. Zwei davon schauen wir uns nun im Detail an.

2.10.1 Casting im C-Stil

Die Art des Castens, die hier nun vorgestellt wird, ist sozusagen out of date. Man sollte sie nicht mehr verwenden, da es in C++ einfach wesentlich bessere Möglichkeiten gibt. Trotzdem sieht man noch sehr häufig deren Verwendung und sollte sie deshalb auch kennen. Schauen wir uns das mal an einem Beispiel an:

Listing 2.7 Casting im C-Stil

```
01: // C++ für Spieleprogrammierer
02: // Listing 2.7
03: // Casting im C-Stil
04: //
05: #include <iostream>
06:
07: using namespace std;
08:
09: // Hauptprogramm
10: //
11: int main ()
12: {
13:    // Variablen
14:    //
15:    int Punkte = 0;
16:    float Faktor = 2.5f;
17:    int Gesamtpunkte = 0;
18:
19:    // Eingabe der Punktzahl
20:    cout << "Erreichte Punktzahl eingeben: ";
21:    cin >> Punkte;
22:
23:    // Gesamtpunkte ausrechnen und Ergebnis casten
24:    Gesamtpunkte = (int) (Punkte*Faktor);
25:
26:    // Ausgabe des Ergebnisses
27:    cout << "Gesamtpunkte: " << Gesamtpunkte << endl;
28:
29:    return 0;
30: }
```

Bildschirmausgabe:

```
Erreichte Punktzahl eingeben: 15
Gesamtpunkte: 37
```

Die einzige Zeile, die wirklich neu ist, ist Zeile 24. Hier passiert genau das, wovon wir vorhin gesprochen haben. Was auf den ersten Blick vielleicht etwas seltsam ausschaut, ist auf den zweiten Blick jedoch logisch. Die eigentliche Berechnung findet innerhalb der beiden rechten Klammern statt, was, wie wir später sehen werden, einen bestimmten Grund hat. Innerhalb der linken Klammern steht der Datentyp, in den wir das Ergebnis gerne casten möchten. Erinnere Dich etwas zurück, als wir zum ersten Mal mit Variablen gerechnet haben. Dort wurde gesagt, dass Zuweisungen immer von rechts nach links stattfinden. Wir sagen also dem Compiler, dass er uns erst das Ergebnis von Punkte*Faktor berechnen und dieses dann in einen Integer casten soll. Somit wurde Entwarnung gegeben, und wir versichern dem Compiler, dass wir wirklich wissen, was wir hier tun.

Jetzt noch einmal zu den Klammern zurück. Auf den ersten Blick würde es ja genügen, wenn wir einfach nur die Variable Faktor in einen Integer casten. Wenn man das dann ausprobiert, stellt man fest, dass der Compiler nicht meckert und man glaubt, alles richtig gemacht zu haben. Also wäre folgende Möglichkeit vermutlich auch korrekt:

```
Gesamtpunkte = Punkte * (int)Faktor;
```

Leider ist das nun aber dennoch falsch. Gehen wir einfach mal ein Beispiel durch. Punkte soll den Wert 15 haben, und Faktor beträgt 2,5. Mit der Rechnung in Listing 2.7 wird zuerst multipliziert und dann gecastet. Wir erhalten also 15 * 2,5 = 37,5. Da durch das Casten der Wert abgerundet wird, erhalten wir als finales Ergebnis den Wert 37.

Machen wir das Gleiche jetzt, indem wir zuerst die Variable Faktor casten, so wird diese zuerst abgerundet. Aus 2,5 wird nun also 2. Und 15 * 2 ergibt 30.

Wie man sieht, ist es ähnlich wie bei der Punkt-vor-Strich-Rechnung. Man muss genau darauf achten, was man zuerst macht. Wenn wir nicht casten, warnt uns der Compiler vor möglichen Datenverlusten. Indem wir casten, versichern wir dem Compiler, dass wir wissen, was wir tun. Dies hat jedoch den Preis, dass wir auch wirklich auf uns selbst gestellt sind. Wenn man also castet, sollte man lieber zwei Mal hinschauen, was man genau tut. Oft schleicht sich ein Fehler ein, der im Nachhinein nur recht schwer zu finden ist.

2.10.2 Casting mit C++

An dieser Stelle ist es nicht einfach zu erklären, warum man die nun folgende Art des Castings verwenden sollte. In unserem Beispiel ist es im Grunde Jacke wie Hose, ob man im C-Stil castet oder eben im C++-Stil, jedenfalls was die Funktionalität betrifft. Doch gerade wenn sogenannte Zeiger ins Spiel kommen (Kapitel 6), sieht man, dass das C-Stil-Casting nicht ungefährlich ist. Für den Augenblick sollten wir uns einfach mit der Tatsache begnügen, dass die C++-Variante übersichtlicher ist und logischer ausschaut.

Nun folgt noch einmal fast das gleiche Listing wie unter Abschnitt 2.9.1, jedoch mit einer anderen Art des Castens. Schauen wir uns das an:

Listing 2.8 Casting mit C++

```
01: // C++ für Spieleprogrammierer
02: // Listing 2.8
03: // Casting mit C++
04: //
05: #include <iostream>
06:
07: using namespace std;
08:
09: // Hauptprogramm
10: //
11: int main ()
12: {
13:     // Variablen
14:     //
15:     int Punkte = 0;
16:     float Faktor = 2.5f;
17:     int Gesamtpunkte = 0;
18:
19:     // Eingabe der Punktzahl
20:     cout << "Erreichte Punktzahl eingeben: ";
21:     cin >> Punkte;
22:
23:     // Gesamtpunkte ausrechnen und Ergebnis casten
24:     Gesamtpunkte = static_cast<int> (Punkte*Faktor);
25:
26:     // Ausgabe des Ergebnisses
27:     cout << "Gesamtpunkte: " << Gesamtpunkte << endl;
```

```
28:
29:    return 0;
30: }
```

Bildschirmausgabe:

```
Erreichte Punktzahl eingeben: 15
Gesamtpunkte: 37
```

Der einzige Unterschied zu Listing 2.7 besteht in der Zeile 24, das Ergebnis bleibt allerdings trotzdem das gleiche. Einer der Vorteile ist schon mal die blaue Einfärbung von static_cast (zumindest bei Microsoft-Entwicklungsumgebungen). Und die Syntax ist auch nicht weiter schwer zu verstehen. So gibt static_cast einfach nur an, dass wir einen Datentyp in einen anderen casten wollen. Dabei steht innerhalb der spitzen Klammern der Zieltyp und innerhalb der runden Klammern der Term oder Quelltyp.

Auch hier gibt es eigentlich wieder eine ganze Menge mehr zu sagen, wobei wir uns, wie meistens, nur auf das Wesentliche beschränken. Andere Arten des Castings wären etwa dynamic_cast oder reinterpret_cast. Für unsere Zwecke sind diese aber noch nicht von Belang.

2.11 Fehlerquelltext

Wie zum Laufenlernen das Hinfallen gehört, gehören Fehler zum Programmieren. Jedoch mit dem Unterschied, dass ein Programmierer im Allgemeinen weniger stolpert, als dass er Fehler macht (was allerdings davon kommt, dass er meistens sitzt).

Um bestimmte Fehler wird man anfangs gar nicht herumkommen, es macht sie einfach jeder. Je mehr Erfahrung man hat, desto weniger Fehler macht man. Allerdings passiert es selbst dem Erfahrensten, dass sich mal ein Fehler einschleicht. Das kann entweder schlichtweg ein Syntaxfehler sein, den man schon beim Kompilieren erkennt, oder eben ein schwereres Problem, das erst zur Laufzeit auftritt. Ich wage es zu behaupten, dass es keinen Menschen gibt, der ein größeres Programm ohne einen einzigen (Tipp-)Fehler auf die Beine stellen kann.

Die Kunst ist es nun, nicht nur Fehler nach Möglichkeit zu vermeiden, sondern sie auch schnell zu finden und auszumerzen, wenn sie auftauchen. Gerade zu Beginn können einen die Meldungen des Compilers ganz schön frustrieren, da nicht immer sofort klar ist, was eigentlich jetzt nicht stimmt. Um das Ganze etwas besser in den Griff zu bekommen, gibt es wie bereits vorhin schon erwähnt gelegentlich Quelltexte, in die ich ganz bewusst Fehler eingebaut habe. Diese zu finden und zu eliminieren ist ein wichtiger Punkt, den Du wahrnehmen solltest.

Die Vorgehensweise ist dabei ähnlich wie bei den anderen Programmbeispielen auch. Allerdings wird hier zuerst erklärt, was das Programm tun soll. Danach kommt der Quelltext, gefolgt von der Lösung und der Erklärung dazu. Ich kann Dir an dieser Stelle nur noch einmal raten, Dir erst selbst Gedanken über die Lösung zu machen und zu versuchen, es selbst zu lösen. Erst wenn es Dir entweder gelungen ist oder Du absolut nicht mehr weiterkommst, solltest Du Dir die Lösung anschauen. Also gut, legen wir los.

2.11.1 Was soll das Programm eigentlich tun?

Die Aufgabe dieses Programms ist eigentlich recht simpel. Es wird ein Blitzgerät simuliert, das zu schnell fahrenden Autofahrern einen Strafzettel verpassen soll. Dies könnte etwa in einem 3D-Autorennspiel vorkommen. Zugegeben, so ganz authentisch ist das Ganze nicht, aber für unsere Zwecke völlig ausreichend. Es gibt ein vorher festgelegtes Tempolimit, und die Geschwindigkeit des Fahrers wird ebenfalls zu Beginn angegeben. Daraufhin wird berechnet, wie hoch die Geschwindigkeitsübertretung war, und eine entsprechende Meldung ausgegeben.

Sobald versucht wird, den Quelltext zu kompilieren, werden drei Fehlermeldungen beziehungsweise Warnungen ausgegeben. Sind diese korrigiert, taucht eine weitere Fehlermeldung auf. Erst wenn auch dieser Fehler behoben wurde, ist das Programm lauffähig.

Achte bei auftauchenden Fehlern generell darauf, dass ein Fehler auch Folgefehler haben kann. Das bedeutet, dass im Ausgabefenster unter Umständen Dutzende Fehler angezeigt werden, obwohl im Quelltext tatsächlich nur eine Kleinigkeit nicht stimmt. Diese verschwinden in der Regel, wenn der erste Fehler behoben wird. Aus diesem Grund ist es keine schlechte Idee, das Programm neu zu kompilieren, nachdem man einen Fehler gefunden und behoben hat. Meistens ändern sich dann auch die Meldungen im Ausgabefenster.

Listing 2.9 Fehlerquelltext

```
01: // C++ für Spieleprogrammierer
02: // Listing 2.9
03: // Fehlerquelltext
04: //
05: #include <iostream>
06:
07: using namespace std;
08:
09: // Hauptprogramm
10: //
11: int Main ()
12: {
13:   // Variablen
14:   //
15:   const int Tempolimit = 100;
16:   float Geschwindigkeit = 130.8f;
17:   int Differenz
18:
19:   // Versuchen, den Blitzer zu überlisten
20:   Tempolimit = 150;
21:
22:   // Übertretene Geschwindigkeit berechnen
23:   Differenz = Geschwindigkeit - Tempolimit;
24:
25:   // Ausgabe des Strafzettels
26:   cout << "Hier sind " << Tempolimit << " km/h erlaubt\n";
27:   cout << "Sie sind " << Geschwindigkeit << " km/h gefahren\n";
```

```
28:    cout << "Sie sind " << Differenz << " km/h zu schnell gefahren\n";
29:
30:    return 0;
31: }
```

Gewünschte Bildschirmausgabe:

```
Hier sind 100 km/h erlaubt
Sie sind 130.8 km/h gefahren
Sie sind 30 km/h zu schnell gefahren
```

2.11.2 Lösung zum Fehlerquelltext

Na, alles rausgefunden? So schwer sollte es ja nicht gewesen sein. Fangen wir mit der ersten Fehlermeldung an, die uns entgegengeworfen wird, und zwar:

```
fehlerquelltext_2_9.cpp(20): error C2146: Syntaxfehler: Fehlendes ';' vor
Bezeichner 'Tempolimit'
```

Es ist nicht sonderlich schwierig herauszufinden, um was es hier geht. Ein Semikolon fehlt, und zwar noch vor dem Bezeichner „Tempolimit" in Zeile 20. Um es uns etwas einfacher zu machen, können wir auf die Fehlermeldung doppelklicken, und schon bringt uns die Entwicklungsumgebung in die betreffende Zeile. Wie man sieht, muss der Fehler nicht immer in der Zeile liegen, die uns der Compiler anzeigt. Wenn man allerdings etwas genauer auf den Text achtet, sieht man ja, dass der Fehler vor dieser Zeile liegen muss. Also schauen wir in Zeile 17 nach, und siehe da: Dort fehlt das Semikolon. Der erste Fehler ist damit schon ausgemerzt. Also auf zur nächsten Meldung:

```
fehlerquelltext_2_9.cpp(20): error C3892: "Tempolimit": Einer Variablen,
die konstant ist, kann nichts zugeordnet werden.
```

Auch hier ist nicht sonderlich schwer zu erraten, welcher Fehler aufgetreten ist. Sollte es dennoch Schwierigkeiten mit dem Verständnis der Meldung geben, gibt es (zumindest bei den Microsoft-Compilern) eine nützliche Schnelltaste. Wählt man die Fehlermeldung unten im Ausgabefenster an und drückt anschließend F1, so erfolgt eine Erklärung, was es mit dieser Art von Fehler auf sich hat (dazu muss die MSDN Library installiert sein). Meist wird sogar noch ein kleines Beispiel dazu gezeigt. Hier wird also versucht, eine als const deklarierte Variable nachträglich zu verändern. Wie Du in Abschnitt 2.6.1 gelernt hast, ist so etwas jedoch verboten und führt eben genau zu diesem Fehler. Also können wir uns den Trick, um den Blitzer zu überlisten, gleich wieder abschminken. Es bleibt uns nichts anderes übrig, als diese Zeile zu löschen.

Als Letztes bleibt vorerst noch folgende Warnung zu beachten:

```
fehlerquelltext_2_9.cpp(23): warning C4244: '=': Konvertierung von 'flo-
at' in 'int', möglicher Datenverlust
```

Das kennen wir doch noch aus dem letzten Abschnitt über das Casten. Wir ziehen hier ein int von einem float ab und weisen das Ergebnis wiederum einem int zu. Dadurch entstehen natürlich Rundungsfehler, worauf uns der Compiler richtigerweise hinweist. Es gibt nun zwei Möglichkeiten, wie man das umgehen kann. Die erste ist, folgendermaßen zu casten:

```
Differenz = static_cast<int> (Geschwindigkeit - Tempolimit);
```

Dadurch gehen wir so vor, wie es vorhin beschrieben wurde. Wir sagen dem Compiler, dass wir genau wissen, was wir hier tun, und dass Rundungsfehler uns nichts anhaben können. Die so berechnete Differenz kann also nur eine Ganzzahl sein. Wenn uns das jedoch nicht genau genug ist, so können wir auch noch eine zweite Möglichkeit anwenden, indem wir einfach float statt int für alle Variablen verwenden.

Sind alle diese kleinen Fehler behoben, lässt uns der Compiler leider immer noch nicht in Ruhe und prahlt gleich mit einer weiteren Fehlermeldung. Diese kann je nach Version von Microsoft Visual C++ ein wenig anders ausschauen und hat etwa das folgende Aussehen:

```
Listing 2_9 error LNK2019: Nicht aufgelöstes externes Symbol '_main',
verwiesen in Funktion '_mainCRTStartup'

Listing 2_9 fatal error LNK1120: 1 unaufgelöste externe Verweise
```

Schaut ganz schön wuchtig aus, was? So schlimm ist es allerdings gar nicht. Was uns der Compiler hier sagen möchte, ist, dass er eine Funktion namens main sucht, die allerdings nirgends gefunden werden kann. Wenn Du kurz ans erste Kapitel zurückdenkst, wirst Du Dich erinnern, dass es sich bei C++ um eine „case-sensitive" Sprache handelt. Das bedeutet, dass Groß- und Kleinschreibung wichtig sind. Schaut man sich jetzt Zeile 11 an, so stellt man fest, dass dort Main statt main steht. Somit kann der Compiler den Einsprungpunkt für unser Programm nicht finden und haut uns das gleich mit schweren Worten um die Ohren. Sobald das geändert wurde, lässt sich das Listing ohne Weiteres kompilieren und funktioniert anstandslos. Eine korrigierte Version findest Du ebenfalls auf der beiliegenden CD-ROM, dennoch werde ich sie hier noch einmal abdrucken:

Listing 2.10 Korrigierter Fehlerquelltext

```
01: // C++ für Spieleprogrammierer
02: // Listing 2.10
03: // Korrigierter Fehlerquelltext
04: //
05: #include <iostream>
06:
07: using namespace std;
08:
```

```
09: // Hauptprogramm
10: //
11: int main ()
12: {
13:    // Variablen
14:    //
15:    const int Tempolimit = 100;
16:    float Geschwindigkeit = 130.8f;
17:    int Differenz;
18:
19:    // Übertretene Geschwindigkeit berechnen
20:    Differenz = int (Geschwindigkeit - Tempolimit);
21:
22:    // Ausgabe des Strafzettels
23:    cout << "Hier sind " << Tempolimit << " km/h erlaubt\n";
24:    cout << "Sie sind " << Geschwindigkeit << " km/h gefahren\n";
25:    cout << "Sie sind " << Differenz << " km/h zu schnell gefahren\n";
26:
27:    return 0;
28: }
```

Bildschirmausgabe:

```
Hier sind 100 km/h erlaubt
Sie sind 130.8 km/h gefahren
Sie sind 30 km/h zu schnell gefahren
```

Tja, das war schon alles in diesem Kapitel. Es ist einiges Neues dazugekommen, was man am besten durch Ausprobieren und Übung festigen kann. Mit der Verwendung von Variablen haben wir nun eines der elementarsten Themen der Programmierung behandelt, auch wenn es dazu noch eine ganze Menge mehr zu sagen gäbe. Ich habe bewusst einige Themenbereiche dazu ausgelassen, um erst mal nur beim eigentlichen Kernpunkt zu bleiben. Wenn Du mit allen Beispielen dieses Kapitels zurechtkommst und alles verstanden hast, kann es mit dem nächsten Kapitel weitergehen.

3 Schleifen und Bedingungen

3.1   Was sind Schleifen und Bedingungen, und wozu dienen sie?

Wenn Du Dir die Möglichkeiten betrachtest, die man mit dem Wissen aus den ersten beiden Kapiteln hat, so wirst Du feststellen, dass diese immer noch recht beschränkt und wenig ergiebig sind. Wir können jetzt zwar Werte über die Tastatur eingeben, mit diesen rechnen und sie wieder ausgeben, aber das war es auch schon. Unsere Programme laufen zurzeit ausschließlich linear ab, was bedeutet, dass wir keine Verzweigungen haben und auch keine Entscheidungen treffen können. Würden wir jetzt etwa ein Programm schreiben, das den Spieler nach dem gewünschten Schwierigkeitsgrad fragt, so könnten wir nicht überprüfen, ob sich der eingegebene Wert in einem vorher festgelegten Bereich befindet. Die Lösung für dieses Problem heißt hier ganz schlicht: Bedingungen. Bedingungen kennt man ja aus dem „echten" Leben zur Genüge. Man bekommt sie gestellt, stellt selber welche und trifft seine Entscheidungen entsprechend. Täglich treffen wir irgendwelche Entscheidungen, wählen verschiedene Möglichkeiten aus und handeln entsprechend. Man zählt zum Beispiel sein Geld zusammen und entscheidet dann, ob man sich ein neues Computerspiel kauft oder nicht. Genau das Gleiche kann man auch mit C++ machen, wenn man sich nur an die vorgegebenen Regeln dafür hält.

Was uns ebenfalls noch fehlt, ist die Möglichkeit, bestimmte Programmteile beliebig oft wiederholen zu können. Angenommen, wir würden ein Eingabefeld programmieren, in dem jeder Spieler seinen Namen eingeben und eine Spielfigur wählen kann. Nun wären wir ja ganz schön aufgeschmissen, wenn wir für jeden Spieler immer wieder den gleichen Programmteil neu schreiben müssten. Praktischer wäre es doch, diesen Teil so oft wiederholen zu lassen, wie es Spieler gibt.

Und genau um diese Dinge geht es in diesem Kapitel: Bedingungen zu stellen und mittels Schleifen Programmteile wiederholen zu lassen.

3.2   Boolesche Operatoren (==, <, >, !=)

Bevor wir uns jetzt darum kümmern, wie solche Bedingungen in C++-Syntax ausschauen, müssen wir erst mal klären, nach welchen Kriterien man überhaupt Entscheidungen treffen kann. Dazu eignet sich wieder ein Beispiel aus der Realität. Wenn man etwa in einem Laden steht und sich ein Computerspiel kaufen möchte, zählt man ja erst sein Geld zusammen und schaut dann, ob man es sich leisten kann. Wenn nicht, kann man sich ja auch noch ein billigeres Spiel kaufen. Konkret würde man sagen: „**Wenn** *ich mehr als 40 Euro habe*, **dann** *kaufe ich mir Spiel A.* **Ansonsten** *nehme ich eben Spiel B*". Diese Bedingung lässt sich auch so umformulieren, dass sie anders klingt, aber trotzdem ihre Gültigkeit behält und auf das gleiche Resultat hinausläuft: „**Wenn** *ich weniger als 40 Euro habe,* **dann** *kaufe ich Spiel B.* **Ansonsten** *kann ich mir Spiel A leisten*".

Ähnlich wie in der Realität kann man nun auch in C++ zwei Werte nach Kriterien wie **kleiner**, **größer**, **gleich** und **ungleich** miteinander vergleichen. Uns stehen einige sogenannte Vergleichsoperatoren zur Verfügung, die wir nutzen können. Fangen wir mit dem „gleich" an, was schon eine kleine Besonderheit bietet. Man könnte meinen, dass unser Compiler in diesem Fall ein normales „="-Zeichen verlangt, doch liegt man damit falsch. Bei C++ steht das einfache „=" immer für eine Zuweisung. Wenn man also zwei Werte (Variablen oder Konstanten) miteinander vergleichen möchte, muss man zwei Gleichheitszeichen in Folge verwenden. Wir werden uns das später noch genau anschauen. Wichtig ist jedoch, sich diese Tatsache gut einzuprägen, denn wenn man versehentlich statt eines Vergleichs (==) eine Zuweisung (=) verwendet, können leicht Fehler entstehen, die schwer zu entdecken sind.

Hinweis:
Verwechsle nicht Vergleich mit Zuweisung. Ein einfaches Gleichheitszeichen (=) bedeutet bei C++ **immer** eine Zuweisung. Bei einem Vergleich werden generell zwei Gleichheitszeichen benötigt (==).

Die restlichen Vergleichsoperatoren werde ich jetzt in einer Tabelle zusammenstellen.

Tabelle 3.1 Vergleichsoperatoren

Gewünschter Vergleich	Operator
Gleich	==
Größer	>
Größer gleich	>=
Kleiner	<
Kleiner gleich	<=
Ungleich	!=

Das Ganze ist eigentlich recht einfach zu merken, da es sehr viel Ähnlichkeit mit der mathematischen Schreibweise hat, die man von der Schule her schon kennt. Bisher nützen uns diese Operatoren allerdings noch herzlich wenig, denn noch wissen wir nicht, wie man sie verwenden kann. Und das werden wir jetzt ändern.

3.3 Die if-Bedingung

Auch an dieser Stelle gibt es jetzt erst mal wieder ein kleines Codebeispiel, das wie gewohnt direkt im Anschluss besprochen wird.

Listing 3.1 if-Bedingungen

```
01: // C++ für Spieleprogrammierer
02: // Listing 3.1
03: // if-Bedingungen
04: //
05: #include <iostream>
06:
07: using namespace std;
08:
09: // Hauptprogramm
10: //
11: int main ()
12: {
13:   // Variablen
14:   int Highscore = 32500;      // Bisheriger Highscore
15:   int EigenePunkte = 0;       // Punktzahl des Spielers
16:
17:   // Alten Highscore anzeigen
18:   cout << "Bisheriger Highscore: " << Highscore << endl;
19:
20:   // Erreichte Punktzahl abfragen
21:   cout << "Wie viele Punkte wurden erreicht: ";
22:   cin >> EigenePunkte;
23:
24:   // Ist der Highscore höher als die erreichten Punkte?
25:   if (EigenePunkte < Highscore)
26:     cout << "Leider kein neuer Highscore " << endl;
27:
28:   // Sind die erreichten Punkte höher als der Highscore?
29:   if (EigenePunkte > Highscore)
30:     cout << "Glueckwunsch. Platz 1! " << endl;
31:
32:   // Sind die erreichten Punkte gleich dem Highscore?
33:   if (EigenePunkte == Highscore)
34:     cout << "Das war knapp! " << endl;
35:
36:   return 0;
37: }
```

Bildschirmausgabe:

```
Bisheriger Highscore: 32500
Wie viele Punkte wurden erreicht: 34200
Glueckwunsch. Platz 1!
```

Dieses kleine Beispiel stellt eine typische Highscore-Abfrage dar, wie sie in ähnlicher Form in sehr vielen Spielen vorkommt. Es wird geprüft, ob der bisherige Highscore geknackt wurde oder nicht. Um es gleich vorwegzunehmen, die Lösung, die wir hier verwenden, ist etwas umständlich. Wie man das auch einfacher machen kann, sieht man dann im nächsten Abschnitt.

Die Zeilen 25, 29 und 33 sind nun der Kernpunkt des Programms. Das neu hinzugekommene Schlüsselwort `if` kommt völlig überraschend aus dem Englischen und bedeutet „wenn" oder „falls". Somit haben wir in unserem Quelltext drei `if`-Bedingungen, die alle nach dem gleichen Muster funktionieren. Zuerst kommt das Schlüsselwort `if`, gefolgt von der Bedingung innerhalb von runden Klammern, die aus den Vergleichsoperatoren aus Tabelle 3.1 bestehen kann. Wichtig ist, dass nach den runden Klammern **kein** Semikolon folgen darf. Setzt man dennoch ein Semikolon, wird der Compiler folgende Warnung ausgeben:

```
warning C4390: ';': Leere kontrollierte Anweisung aufgetreten; ist dies
beabsichtigt?
```

Um zu verstehen, warum diese Warnung erscheint, muss man sich erst mal mit der genauen Funktionsweise der `if`-Bedingung auseinandersetzen. Trifft die Bedingung innerhalb der Klammern zu, so wird die Zeile direkt nach der `if`-Bedingung ausgeführt. Ist die Bedingung nicht erfüllt, so wird die nächste Zeile übersprungen. Wenn die Variable `Eigene-Punkte` einen kleineren Wert enthält als die Variable `Highscore`, dann trifft die Bedingung in Zeile 25 zu (`EigenePunkte < Highscore`), und Zeile 26 wird ausgeführt. Trifft die Bedingung **nicht** zu, so wird Zeile 26 einfach übersprungen.

Hinweis:
Beachte, dass eine if-Bedingung niemals mit einem Semikolon enden darf. Setzt man dennoch ein Semikolon, funktioniert die Bedingung nicht, und es kommt zu Fehlern.

Dass Zeile 26 etwas eingerückt ist, hat den einfachen Grund, dass man sich dadurch mehr Übersichtlichkeit verschafft. Es wird nun klarer, dass der eingerückte Quellcode zu der darüber stehenden Bedingung gehört. Dieses Einrücken sollte man sich am besten gleich angewöhnen, da es eigentlich jeder so macht. Gerade bei größeren Programmen mit vielen solcher `if`-Bedingungen wird deutlich, warum man Einrückungen verwenden sollte.

Schau Dir nun folgenden Code-Ausschnitt an, und überlege Dir, was wohl das Ergebnis davon wäre:

```
01: int MeineVariable = 250;
02:
03: if (MeineVariable > 200)
04:    cout << "Wert ist groesser als 200" << endl;
05:    cout << "Bitte kleineren Wert eingeben ";
06:    cin >> MeineVariable;
07:
08: cout << "Weiter im Programm" << endl;
```

Man könnte ja nun annehmen, dass die Zeilen 4, 5 und 6 nur dann ausgeführt werden, wenn MeineVariable kleiner oder gleich 200 ist. Diese Annahme ist allerdings komplett falsch. Weiter oben habe ich ja erwähnt, dass bei Zutreffen der Bedingung die nächste Zeile ausgeführt, ansonsten übersprungen wird. Das bezieht sich also nur auf eine einzige Zeile. Egal, ob die Bedingung in Zeile 3 nun wahr ist oder nicht, die Zeilen 5 und 6 werden immer ausgeführt, da nur Zeile 4 direkt von der if-Bedingung abhängig ist. Um nun trotzdem zum gewünschten Ergebnis zu kommen, können wir Codeblöcke verwenden. Wie Du sicherlich noch aus dem ersten Kapitel weißt, wird ein Codeblock immer von geschweiften Klammern umschlossen. Verwendet haben wir einen solchen Block ja bereits, und zwar für die main-Funktion. Hier können wir nun ähnlich vorgehen, indem wir die Anweisungen in den Zeilen 4, 5 und 6 einfach mittels geschweifter Klammern in einen Codeblock verpacken. Das Ganze schaut dann so aus:

```
01: int MeineVariable = 250;
02:
03: if (MeineVariable > 200)
04: {
05:   cout << "Wert ist groesser als 200" << endl;
06:   cout << "Bitte kleineren Wert eingeben ";
07:   cin >> MeineVariable;
08: }
09:
10: cout << "Weiter im Programm" << endl;
```

Durch die hier gezeigte Vorgehensweise können wir also ganze Codeblöcke als Folge einer Bedingung ausführen lassen. Dass dies wichtig ist, wird schnell klar, denn in den meisten Fällen ist der zu der if-Bedingung gehörende Quellcode eben mehr als eine Zeile lang. Natürlich kann man auch eine einzelne Zeile mit geschweiften Klammern umschließen, nötig ist es jedoch nur, wenn man mehrere Zeilen benötigt. Wenn man möchte, kann man trotzdem immer geschweifte Klammern verwenden, da man es dann bei einer eventuellen Erweiterung des Quelltextes etwas einfacher hat.

3.4 Mittels „else" flexibler verzweigen

So weit, so gut. Die Möglichkeiten, die uns die if-Bedingungen bisher bieten, sind ja schon mal nicht schlecht. Wir sind nun in der Lage, durch Vergleiche und Bedingungen unseren Programmablauf zu steuern. Allerdings muss man zugeben, dass es zum Teil etwas unkomfortabel sein kann oder gar unlogisch. In Abschnitt 3.2 hatten wir ja ein theoretisches Beispiel, bei dem es um die Entscheidung ging, ein Computerspiel zu kaufen. Dabei ging es um **wenn** und **ansonsten**, doch bisher haben wir uns ja nur mit dem **wenn**, also if beschäftigt. Schauen wir uns an, was man sonst noch so machen kann.

Listing 3.2 Programmsteuerung mit if und else

```
01: // C++ für Spieleprogrammierer
02: // Listing 3.2
03: // Programmsteuerung mit if und else
04: //
05: #include <iostream>
06:
07: using namespace std;
08:
09: // Hauptprogramm
10: //
11: int main ()
12: {
13:    // Variablen
14:    //
15:    int Highscore = 32500;      // Bisheriger Highscore
16:    int EigenePunkte = 0;       // Punktzahl des Spielers
17:
18:    // Alten Highscore ausgeben und Punkte abfragen
19:    cout << "Bisheriger Highscore: " << Highscore << endl;
20:    cout << "Welche Punktzahl wurde erreicht: ";
21:    cin >> EigenePunkte;
22:
23:    // Highscore-Vergleich nur mit if
24:    cout << "\nVerzweigung ausschliesslich mit if:" << endl;
25:
26:    if (EigenePunkte <= Highscore)
27:      cout << "Highscore nicht geknackt" << endl;
28:
29:    if (EigenePunkte > Highscore)
30:      cout << "Highscore wurde geknackt" << endl;
31:
32:    // Highscore-Vergleich mit if und else
33:    cout << "\n\nVerzweigung mit if und else:" << endl;
34:
35:    if (EigenePunkte <= Highscore)
36:      cout << "Highscore nicht geknackt" << endl;
37:    else
38:      cout << "Highscore wurde geknackt" << endl;
39:
40:    return 0;
41: }
```

Bildschirmausgabe:

```
Bisheriger Highscore: 32500
Wie viele Punkte wurden erreicht: 31800

Verzweigung ausschliesslich mit if:
Highscore nicht geknackt

Verzweigung mit if und else:
Highscore nicht geknackt
```

Wie bereits erwähnt, gebe ich Dir den Tipp, erst selbst das Programm zu analysieren und zu überlegen, wie das Ganze funktioniert. Oft erklärt sich ein bisher unbekanntes Schlüsselwort ganz von selbst.

Bis zur Zeile 31 gibt es eigentlich nichts Neues. Man hat die Möglichkeit, einen Punktestand einzugeben, der dann mit dem aktuellen Highscore verglichen wird. Je nachdem, ob der Highscore geknackt wurde oder nicht, erscheint eine entsprechende Meldung. Die Zeilen 26 bis 30 erfüllen zwar ihren Zweck, sind aber bei genauerer Betrachtung etwas umständlich. In Zeile 26 prüfen wir ja, ob die erreichten Punkte kleiner oder gleich dem Highscore sind, und geben, wenn diese Bedingung zutrifft, einen Text aus. Die Bedingung in Zeile 29 ist nun logischerweise überflüssig. Wenn die eigenen Punkte weder kleiner noch gleich dem Highscore sind, so müssen sie ja zwangsläufig größer sein. Trotzdem bleibt uns mit dem bisherigen Wissen nichts anderes übrig, als dies doch noch einmal separat zu prüfen. Das ist wirklich unsinnig, wenn man es sich genau überlegt.

Wie man das eleganter lösen kann, zeigen die Zeilen 35 bis 38. Dort kommt zum ersten Mal das Schlüsselwort `else` zur Anwendung, was allerdings nichts mit einer bekannten Hausmeisterin zu tun hat. Aus dem Englischen übersetzt bedeutet `else` wörtlich „sonst" oder „andernfalls". Und genau das ist es, was wir hier brauchen. Wir prüfen eine Bedingung und führen Zeile 36 aus, wenn diese Bedingung zutrifft. Ansonsten führen wir eben Zeile 38 aus.

Man spart sich zwar durch die Verwendung von `else` hier in diesem Beispiel keine Zeilen ein, aber wir können auf das Testen einer Bedingung verzichten, die sowieso nur noch zutreffen kann. Dadurch wird der Quelltext etwas logischer und besser lesbar. Sollte es mal nötig sein, die Bedingung zu ändern, so braucht man dies dann auch nur an einer Stelle zu tun statt an zweien.

3.5 else if und verschachtelte if-Bedingungen

Früher oder später wird man einen weiteren Stolperstein finden, der mit den bisherigen Mitteln nicht so einfach aus dem Weg zu räumen ist. Stell Dir wieder vor, Du hättest ein Spiel programmiert, das man entweder alleine oder zu mehreren spielen kann. Nun müsstest Du je nach Anzahl der Spieler die verschiedenen Spielmodi zur Auswahl stellen. Wenn es nur einen Spieler gibt, dann hat dieser nur die Möglichkeit, gegen den Computer zu spielen. Sind es zwei Spieler, so würden diese gegeneinander spielen. Wären nun vier Spieler zusammengekommen, so könnten diese entweder Teams bilden oder jeder gegen jeden spielen. Mit den Möglichkeiten, die wir bisher kennengelernt haben, lässt sich diese Aufgabe nur schwer beziehungsweise gar nicht lösen. Und wie so oft im Leben gibt es auch hier mehr als nur einen Weg, der zum gewünschten Ziel führt.

Listing 3.3 else if und verschachtelte if-Bedingungen

```
01: // C++ für Spieleprogrammierer
02: // Listing 3.3
03: // else if und verschachtelte if-Bedingungen
04: //
05: #include <iostream>
06:
07: using namespace std;
08:
09: // Hauptprogramm
10: //
11: int main ()
```

```
12: {
13:     // Variablen
14:     //
15:     int Spieleranzahl;     // Anzahl der Spieler
16:     char chAuswahl;        // Menüauswahl
17:
18:     // Anzahl der Mitspieler abfragen
19:     cout << "Wie viele Mitspieler: ";
20:     cin >> Spieleranzahl;
21:
22:     // Falsche Eingabe?
23:     if (Spieleranzahl == 0)
24:     {
25:         cout << "Falsche Eingabe" << endl;
26:     }
27:     // Singleplayer?
28:     else if (Spieleranzahl == 1)
29:     {
30:         cout << "Du spielst gegen den Computer" << endl;
31:     }
32:     // Multiplayer?
33:     else
34:     {
35:         cout << "Multiplayer-Spiel\n\n";
36:         cout << "(j)eder gegen jeden oder (t)eamspiel: ";
37:         cin >> chAuswahl;
38:
39:         // Jeder gegen jeden?
40:         if (chAuswahl == 'j')
41:         {
42:             cout << "Jeder gegen jeden" << endl;
43:         }
44:         // Teamspiel?
45:         else if (chAuswahl == 't')
46:         {
47:             cout << "Teamspiel " << endl;
48:         }
49:         // Falsche Eingabe?
50:         else
51:         {
52:             cout << "Falsche Eingabe" << endl;
53:         }
54:     }
55:
56:     return 0;
57: }
```

Bildschirmausgabe:

```
Wie viele Mitspieler: 2
Multiplayer-Spiel

(j)eder gegen jeden oder (t)eamspiel: t
Teamspiel
```

Ganz schöner Brocken, was? Bevor wir das jetzt auseinanderpflücken, erst mal ein paar Worte zur Funktion des Programms. Wie weiter oben schon angedeutet, geht es hier darum, eine Auswahl für die Anzahl der Mitspieler und des Spielmodus bereitzustellen. Zuerst wählt man aus, wie viele Mitspieler es gibt. Wenn es nur einen Spieler gibt, so wird festgelegt, dass dieser gegen den Computer spielen soll. Sind es mehrere Mitspieler, kann man sich entscheiden, ob jeder gegen jeden spielen soll oder ob ein Teamspiel bevorzugt wird. Wird eine falsche Eingabe gemacht, erscheint eine entsprechende Meldung, und das Programm wird beendet.

Um komplexere Verzweigungen besser zu verstehen, hilft es, wenn man sich ein Ablaufdiagramm, auch Flussdiagramm genannt, zeichnet. Man könnte nun ein eigenes Kapitel über diese Diagramme schreiben oder es sich auch etwas einfacher machen. An dieser Stelle möchte ich nicht näher auf die Regeln für das Anlegen solcher Diagramme eingehen, sondern eine Art vereinfachte Darstellung verwenden. Aktionen im Code werden durch Rechtecke repräsentiert und Verzweigungen durch Rauten. Schauen wir uns das einfach mal an:

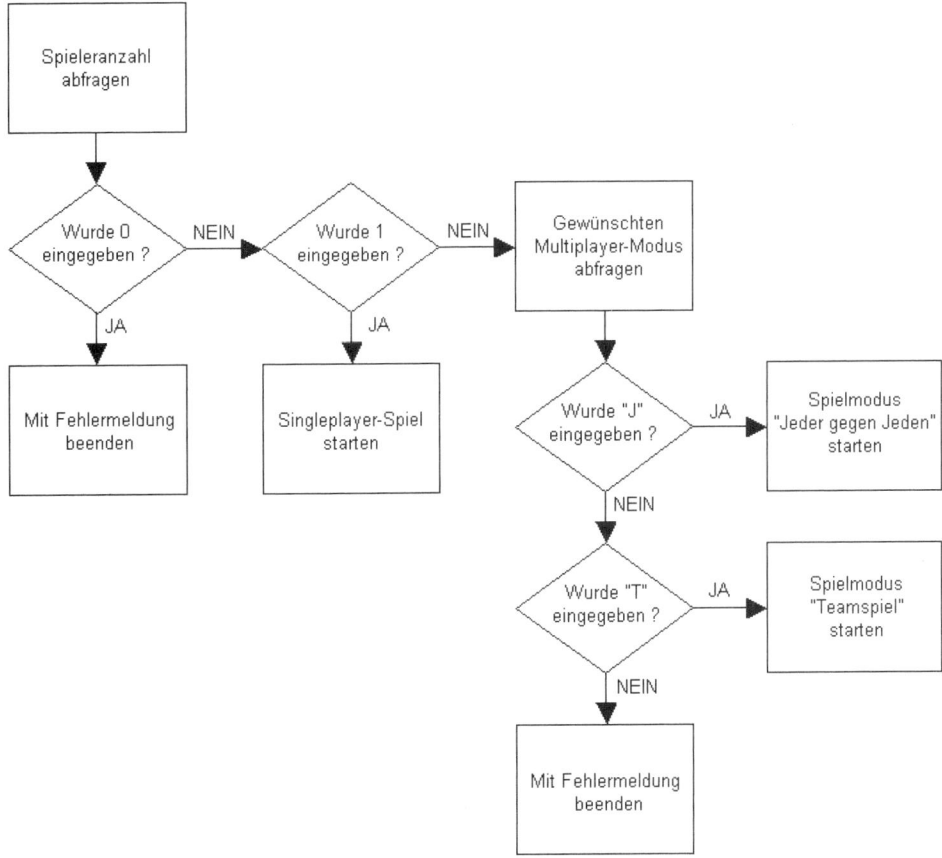

Abbildung 3.1 Flussdiagramm zu Listing 3.3

Durch ein solches Diagramm wird gleich viel deutlicher, wann was passiert und vor allem warum. Durch diese vereinfachte Darstellung sollte es für Dich kein Problem darstellen, eigene Diagramme zu zeichnen, falls es Dir nötig erscheint.

Gerade wenn man bisher noch nie programmiert hat, auch nicht in einer anderen Programmiersprache wie etwa Basic, kann einen dieser Quellcode dezent verwirren. Mit etwas Übung und Blick für die Sache erscheint das Ganze jedoch sehr logisch. Was uns hier enorm weiterhilft, ist das schon oft angesprochene Einrücken der Codeblöcke. Die beste Strategie, den Quellcode zu analysieren und zu verstehen, ist, wenn man die Codeblöcke von außen nach innen durchgeht. Man geht also nicht Zeile für Zeile durch den Quellcode, sondern schaut sich erst die einzelnen Bereiche an und geht erst danach ins Detail. Also gut, versuchen wir das einmal.

Nachdem in Zeile 20 die gewünschte Anzahl der Spieler abgefragt wurde, erfolgt in Zeile 23 die erste Abfrage. Hier wird geprüft, ob etwa aus Versehen die Zahl null eingegeben wurde. Zwar wird bei Zutreffen dieser Bedingung nur eine einzige Zeile ausgeführt, doch lassen wir diese erst mal außen vor und beachten sie nicht. Theoretisch könnte dieser Codeblock ja wesentlich größer sein und sich nicht nur auf eine simple Textausgabe beschränken. Schließlich wollen wir ja erst die äußeren Codeblöcke behandeln.

In Zeile 28 gibt es nun die erste Neuerung zu sehen: ein `else` direkt gefolgt von einem `if` mit der zugehörigen Bedingung. Übersetzt man das in Klartext, kommt man auf „ansonsten wenn", was auch sofort logisch erscheint. War die Anzahl der Spieler nicht null, so wird geprüft, ob sie vielleicht genau eins war. Trifft dies zu, tritt der Codeblock für den Singleplayer-Modus in Aktion, der uns hier allerdings ja noch nicht interessiert.

Nun zu Zeile 33. Dort steht ein einfaches `else`. Der darauffolgende Codeblock wird also nur dann ausgeführt, wenn die Anzahl der Spieler weder null noch eins ist. Somit ist klar, dass ein Multiplayer-Spiel gestartet werden soll, und der zugehörige Codeblock wird ausgeführt.

Damit haben wir nun also die äußeren Codeblöcke durchgearbeitet und somit die allgemeine Logik und den groben Ablauf analysiert. Man kann nun hergehen und die wichtigsten Zeilen (23, 28 und 33) noch einmal als Klartext zusammenfassen. Dies würde etwa so lauten: „**Wenn** die Anzahl der Spieler null ist, gib eine Fehlermeldung aus. Ansonsten **prüfe**, ob die Anzahl der Spieler genau eins ist, und starte in diesem Fall den Singleplayer-Modus. **Ansonsten** starte ein Multiplayer-Spiel."

Sobald man den äußersten Codeblock analysiert und verstanden hat, kann man mehr ins Detail gehen und sich nacheinander die inneren Blöcke vornehmen. Die Behandlungen für eine falsche Eingabe und für den Singleplayer-Modus braucht man hier wohl kaum noch zu erklären, da es sich um einfache Textausgaben handelt. Richtig interessant wird es erst ab Zeile 33, wo der Multiplayer-Modus behandelt wird. Wie man sieht, befindet sich hier innerhalb des `else`-Blockes ein weiteres `if–else`-Konstrukt. Natürlich ist so etwas machbar, denn es wird ja nicht vorgeschrieben, was wir innerhalb eines Codeblockes machen dürfen und was nicht. Diese Bedingung innerhalb einer Bedingung nennt man **Verschachtelung**, wie man ja aus der Überschrift dieses Abschnittes schon hat erraten können. Verschachtelungen müssen sich allerdings nicht nur auf Bedingungen beziehen, wie wir später noch sehen werden.

Weiter geht's mit dem Block in den Zeilen 34 bis 54. Dieser wird ausgeführt, wenn es mehr als nur einen Spieler gibt. Wie man in Zeile 37 sehen kann, erwarten wir keine Zahl als Eingabe, sondern einen Buchstaben. Nun schauen wir in Zeile 40 nach, ob ein „j" für „jeder gegen jeden" eingegeben wurde. Ist das nicht der Fall, wird nun in Zeile 45 geprüft, ob eventuell ein „t" für das Teamspiel eingegeben wurde. Wenn beides nicht der Fall war, sorgt der dem `else` zugehörige Codeblock ab Zeile 50 für die Ausgabe einer entsprechenden Fehlermeldung.

Was hier noch auffällt ist die Tatsache, dass in den Zeilen 40 und 45 beim Vergleich keine Anführungszeichen verwendet werden, sondern Hochkommas. Dies wird uns vom Compiler so vorgeschrieben, und man muss sich einfach daran halten. Allerdings gilt das nur, wie hier im Beispiel, für einzelne Zeichen und Buchstaben. Später, wenn wir `char`-Arrays besprechen, sehen wir noch eine Ausnahme.

Wie immer rate ich Dir hier auch, Dich so lange mit dem Quelltext auseinanderzusetzen, bis alles richtig sitzt. Dabei hilft es natürlich, zu experimentieren und den Quelltext zu erweitern.

3.6 Logische Operatoren

In Abschnitt 3 hatten wir ja die booleschen Operatoren besprochen. Diese waren uns bisher nützlich und haben uns dabei geholfen, unsere Vergleiche durchzuführen. Beschäftigt man sich nun jedoch genauer mit dem Listing 3.3, so fällt schnell ein großes Manko auf. Startet man das Programm und gibt bei der Auswahl des Spielmodus statt einem „j" oder „t" Großbuchstaben ein, so erscheint die Meldung „Falsche Eingabe". Um das zu verbessern, müssten wir also eine weitere Abfrage einbauen, die auch die Großbuchstaben behandelt. Doch schon nach kurzer Überlegung stellt man fest, dass die Zahl der `if`-Bedingungen dadurch rapide zunimmt und im gleichen Zug die Übersichtlichkeit schwindet. In diesem konkreten Fall wäre der zusätzliche Aufwand noch vertretbar, doch kann es ja auch noch komplexere Situationen geben.

Jetzt wäre es praktisch, wenn man eine Bedingung etwa so formulieren könnte: *„Wenn* `t` **oder** `T` *eingegeben wurde, führe ein Teamspiel aus."* Mit den binären Operatoren lässt sich das bisher jedoch leider nicht realisieren. Und hier kommen nun die logischen Operatoren ins Spiel.

Diese logischen Operatoren bieten uns nun die Möglichkeit, unsere Bedingungen durch „**und**" und „**oder**" zu erweitern, und zwar mit einer extrem einfachen Syntax. Schnappen wir uns einen kleinen Ausschnitt aus Listing 3.3 und erweitern ihn ein wenig.

Listing 3.4 Logische Operatoren

```
01: // C++ für Spieleprogrammierer
02: // Listing 3.4
03: // Logische Operatoren
04: //
05: #include <iostream>
```

```
06:
07: using namespace std;
08:
09: // Hauptprogramm
10: //
11: int main ()
12: {
13:    // Variablen
14:    //
15:    char chAuswahl;        // Menüauswahl
16:
17:    cout << "(J)eder gegen jeden oder (T)eamspiel: ";
18:    cin >> chAuswahl;
19:
20:    // Jeder gegen jeden?
21:    if ((chAuswahl == 'j') || (chAuswahl == 'J'))
22:    {
23:      cout << "Jeder gegen jeden" << endl;
24:    }
25:    // Teamspiel?
26:    else if ((chAuswahl == 't') || (chAuswahl == 'T'))
27:    {
28:      cout << "Teamspiel" << endl;
29:    }
30:    // Falsche Eingabe?
31:    else
32:    {
33:      cout << "Falsche Eingabe" << endl;
34:    }
35:
36:    return 0;
37: }
```

Bildschirmausgabe:

```
(J)eder gegen jeden oder (T)eamspiel: t
Teamspiel
```

Was Du hier siehst, ist einfach ein Teil aus Listing 3.3, der ein wenig erweitert und verbessert wurde. Nun ist es egal, ob man bei der Eingabe Groß- oder Kleinbuchstaben verwendet. Kernpunkte sind diesmal die Zeilen 21 und 26, in denen erstmals der neue Operator auftaucht. Bei den zwei vertikalen Strichen (auch Pipes genannt) handelt es sich um den Operator für ein logisches **Oder**. Jetzt könnte man sich fragen, was denn das Gegenteil eines logischen Oders ist. Nun, diese Frage ist recht einfach zu beantworten: ein binäres Oder. Der Unterschied ist der, dass sich ein logisches Oder tatsächlich nur auf Ausdrücke und Bedingungen bezieht und genau so funktioniert, wie man es erwartet. Ein binäres Oder bezieht sich auf einzelne Bits und ist in diesem Sinne ein Rechenoperator und kein Vergleichsoperator. Unterschieden werden diese beiden anhand der unterschiedlichen Schreibweise. Während ein logisches Oder aus **zwei** Pipes besteht, wird für ein binäres Oder nur **ein** Pipe verwendet. Weiter gehen wir allerdings an dieser Stelle nicht auf das binäre Oder ein. Ein Pipe erstellt man übrigens mit der Tastenkombination **Alt Gr** und der Taste, auf der sich auch die spitzen Klammern befinden.

Uns interessiert in erster Line, wie man diesen neuen Operator nun verwendet. Schaut man sich die betreffenden Zeilen an, sollte es einem eigentlich schon von selbst klar werden:

Man verwendet ihn im Prinzip genauso wie die bisher behandelten Operatoren. Was dabei jedoch unbedingt zu beachten ist, ist die Vorrangregelung. Das ist so ähnlich wie bei der Punkt-vor-Strich-Regelung. Bestimmte Operatoren werden einfach zuerst behandelt. Schaut man genau hin, sieht man, dass in den Zeilen 21 und 26 die Vergleiche noch mal separat in runde Klammern gefasst wurden. Funktionstechnisch ist das zwar unnötig, da der direkte Vergleich (==) sowieso einen höheren Rang als das **Oder** hat. Die Klammern dienen in diesem Fall also nur der Übersichtlichkeit. Dennoch kann ich eine solche Schreibweise nur empfehlen, da es den Quelltext auch weniger fehleranfällig macht. Selbst wenn man die Vorrangregelung nicht auswendig kennt, kann man so genau sehen, was zuerst passiert.

Fasst man jetzt zum Beispiel Zeile 21 wieder in Klartext, wäre die Aussage folgende: „Wenn ein t **oder** ein T eingegeben wurde, starte ein Teamspiel", und das ist ja genau das, was wir haben wollten.

Das Gleiche funktioniert natürlich nicht nur mit einem **Oder**, sondern auch mit einem logischen **Und**. Statt den zwei Pipes (||) schreibt man einfach zwei Mal das kaufmännische Und (&&). Auch hier haben die bisher bekannten Operatoren Vorrang. Natürlich kann man sämtliche Operatoren, die wir bisher kennengelernt haben, miteinander kombinieren. Durch die Kombination mit `if` und `else` stehen uns somit eine ganze Menge Möglichkeiten zur Verfügung, um durch komplexe Bedingungen den Programmablauf zu steuern.

Hinweis:
Gerade zu Anfang können diese ganzen Vergleichsoperatoren und logische Operatoren einen sehr verwirren. Wenn es Dir schwerfällt, eine bestimmte Bedingung zu erzeugen, dann hilft es weiter, wenn man sich diese erst als Klartext aufschreibt und dann nach und nach in Programmcode umwandelt.

3.7 Verzweigen mit switch und case

Mit `if`, `else` und `else if` haben wir nun also einige Möglichkeiten, um unser Programm je nach Belieben verzweigen zu lassen. Schreibt man nun aber Programme, in denen sehr viele dieser Bedingungen nacheinander folgen, so stellt man rasch fest, dass dies nicht die beste Lösung ist. Der Quelltext wird schnell unübersichtlich. Doch C++ wäre nicht C++, wenn es nicht eine elegantere Möglichkeit zu bieten hätte. Die Alternative zu `if` nennt sich `switch`, was im Deutschen etwa so viel bedeutet wie „Schalter". Zu jedem `switch` gehören mehrere sogenannte `case`-Zweige. Das `case` bedeutet hier nun einfach „falls".

Das System, das dahinter steckt, funktioniert nun so, dass die zu prüfende Variable quasi als Schalter wirkt. Die einzelnen `case`-Zweige repräsentieren dann sozusagen die einzelnen Schaltzustände. Damit das Fragezeichen, das hier gerade im Raum schwebt, nicht noch größer wird, gibt's hier erst mal wieder ein Beispiel, das wir danach wie gewohnt in seine Einzelteile zerlegen werden.

Listing 3.5 switch und case

```
01: // C++ für Spieleprogrammierer
02: // Listing 3.5
03: // switch und case
04: //
05: #include <iostream>
06:
07: using namespace std;
08:
09: // Hauptprogramm
10: //
11: int main ()
12: {
13:    // Variablen
14:    //
15:    char chAuswahl;        // Menüauswahl
16:
17:    // Auswahlmenü darstellen und Eingabe abfragen
18:    cout << "(I)ntro, (S)pielen, (O)ptionen, (B)eenden: ";
19:    cin >> chAuswahl;
20:
21:    // Je nach Auswahl verzweigen
22:    switch (chAuswahl)
23:    {
24:      // Intro?
25:      case ('i'):
26:      {
27:        cout << "Das Intro wird abgespielt" << endl;
28:      } break;
29:
30:      // Spiel starten?
31:      case ('s'):
32:      {
33:        cout << "Das Spiel wird gestartet" << endl;
34:      } break;
35:
36:      // Optionen?
37:      case ('o'):
38:      {
39:        cout << "Einstellen der Optionen" << endl;
40:      } break;
41:
42:      // Spiel beenden?
43:      case ('b'):
44:      {
45:        cout << "Spiel wird beendet" << endl;
46:      } break;
47:
48:      // Alles andere gilt als Fehler
49:      default:
50:      {
51:        cout << "Falsche Eingabe" << endl;
52:      }
53:    }
54:
55:    // Hier geht es nach break weiter
56:    cout << "Ende" << endl;
57:
58:    return 0;
59: }
```

Bildschirmausgabe:

```
(I)ntro, (S)pielen, (O)ptionen, (B)eenden: o
Einstellen der Optionen
Ende
```

Dieses Beispiel stellt wieder ein Menü dar, das nun allerdings etwas mehr Auswahlpunkte bietet. Natürlich hätte man das auch mit `if` und `else` lösen können, allerdings nicht so elegant. Gerade in größeren Beispielen fällt der Vorteil von `switch` und `case` stark ins Gewicht.

Doch kommen wir jetzt zur Erklärung des Ganzen. Bis zur Zeile 19 gibt es mal wieder nichts Neues, und der Sinn und Zweck dieser Zeilen sollten selbsterklärend und einleuchtend sein. In Zeile 22 folgt nun der vorhin schon angesprochene „Schalter", der durch das Schlüsselwort `switch` realisiert wird. Die Syntax hierbei ist recht einfach. Man schreibt einfach die Variable, nach der man verzweigen will, innerhalb von runden Klammern direkt nach dem Schlüsselwort `switch`. Wie man nun sieht, gehört der Codeblock von Zeile 23 bis 53 zu eben dieser `switch`-Anweisung. Innerhalb dieses Blocks befinden sich nun die `case`-Zweige, die nötig sind, um unsere Menüpunkte zu verwalten. Bei der `case`-Anweisung gibt es nun schon mehr zu beachten. Zuerst einmal sollte deutlich sein, dass die Bedingung, im Gegensatz zu einer `if`-Bedingung, **nicht** innerhalb von zwei runden Klammern stehen muss. In dem Beispiel wurden allerdings trotzdem Klammern verwendet (verboten ist es ja nicht). Das hat einfach den Grund, dass damit die Syntax ähnlich wie die einer `if`-Bedingung ist. Natürlich bleibt es Dir hier wieder selbst überlassen, wie Du es letztendlich machst. Dem Wert hinter `case` muss nun ein Doppelpunkt folgen, um den darauffolgenden Codeblock anzuzeigen. Weiterhin gilt es zu beachten, dass das Schlüsselwort `case` keine Bedingung im Stil einer `if`-Bedingung erfordert. Man kann sagen, dass es sich hier um eine verschobene Bedingung handelt. Die Variable, nach der verzweigt werden soll, steht in der `switch`-Anweisung, die Inhalte jedoch werden von `case` behandelt. Beim `if` war es ja so, dass beides direkt innerhalb der runden Klammern behandelt wurde.

Der nächste Unterschied sind die geschweiften Klammern, die in unserem Beispiel jeden `case`-Block umschließen. Bei der `if`-Bedingung waren diese Klammern zwingend notwendig, wenn mehrere Zeilen behandelt werden sollten. Hier ist dies allerdings nicht nötig. Sämtliche Zeilen, die auf ein `case` folgen, werden immer dann ausgeführt, wenn die Bedingung für den entsprechenden Zweig erfüllt ist, egal, ob sie innerhalb von geschweiften Klammern stehen oder nicht. Ich für meinen Teil verwende diese Art der Klammerung allerdings trotzdem, da man so einfach Klarheit schafft und der Code übersichtlicher wird. Der zugehörige Codeblock wird somit etwas hervorgehoben und klar abgesteckt. Wie gesagt, jeder macht das anders und hat unterschiedliche Begründungen dafür. Für welche Möglichkeit Du Dich entscheidest, bleibt Dir selbst überlassen, denn es gibt einfach keine Musterlösung (außer meiner natürlich).

Als Nächstes wirst Du feststellen, dass jedem Codeblock das Schlüsselwort `break` folgt, was im Deutschen so viel bedeutet wie Abbruch oder abbrechen. Dieser Befehl macht nun nichts anderes, als einfach aus dem aktuellen Codeblock herauszuspringen. Um das etwas zu verdeutlichen, habe ich in Zeile 55 einen entsprechenden Kommentar gesetzt. Jedes `break` in diesem Beispiel veranlasst also einen Sprung in genau diese Zeile. Diese Vorgehensweise ist für den korrekten Programmablauf zwingend notwendig. Würde man das `break` weglassen, so würde jeder nachfolgende `case`-Zweig ausgeführt, egal welchen Inhalt die Variable hat. Probier das am besten gleich mal selbst aus und schau dir das Ergebnis an.

> **Hinweis:**
> Wenn ein switch-case-Block sich unvermutet seltsam verhält, prüfe zuerst, ob nicht eventuell irgendwo ein break vergessen wurde. Dies ist eine der häufigsten Fehlerquellen.

Zeile 49 bringt uns die letzte Neuerung in diesem Beispiel. Das Schlüsselwort `default` macht genau das, was man schon vermuten kann: Es fängt einfach alle anderen Möglichkeiten ab, die nicht durch einen entsprechenden `case`-Zweig behandelt werden. Der `default`-Zweig wird also immer dann ausgeführt, wenn keine der `case`-Bedingungen zutrifft. Wir nutzen diese Tatsache hier aus, um falsche Menüeingaben abzufangen. Ein solcher `default`-Zweig ist zwar nicht zwingend nötig, doch sollte man es sich angewöhnen, ihn **immer** einzubauen. Es ist einfach sinnvoll, wenn man dort einfach eine simple Textausgabe per `cout` macht, dass keine der vorherigen Bedingungen zugetroffen hat. Oft kommt nämlich genau das vor, obwohl man sich sicher ist, an alles gedacht zu haben. Durch Verwendung des `default`-Zweiges findet man etwaige Fehler somit einfach schneller. Im Gegensatz zu den `case`-Zweigen ist beim `default`-Zweig kein `break` nötig. Wozu auch? Es handelt sich ja um den letzten Codeblock, dem keine weiteren Befehle und Zweige mehr folgen.

Dieses Beispiel hätte man ohne Weiteres auch mit `if`-Bedingungen programmieren können. Doch spätestens wenn die Anzahl der Abfragen größer wird, macht eine `switch`/`case`-Verzweigung deutlich mehr Sinn. Die Übersichtlichkeit steigt, und man kann einfacher Änderungen am Code vornehmen. Außerdem gibt es noch einen weiteren Bonus, den diese Art von Verzweigung bietet. Dazu ein kleiner Code-Ausschnitt:

```
case (2):
case (3):
case (4):
{
  cout << "Multiplayer" << endl;
} break;
```

Wie man hier sieht, beschränkt sich ein case-Block nicht nur auf eine einzige Bedingung. Es ist durchaus möglich, mehrere Bedingungen gleichzeitig zu prüfen. Angenommen, der Spieler hätte die Möglichkeit zu entscheiden, gegen wie viele Mitspieler er antreten möchte. Bei nur einem Gegner (`case (1)`) würde der Codeblock für das Spiel gegen den PC ausgeführt, bei zwei, drei oder vier Gegnern eben der Block für die Mehrspieler-Variante. Dies wäre dann ein typischer Kandidat für mehrere aufeinanderfolgende case-Marken.

3.8 Immer und immer wieder: for-Schleifen

Möglicherweise hast Du schon etwas mit den vorigen Beispielen herumexperimentiert und geschaut, was man damit so machen kann. Dabei wird Dir aufgefallen sein, dass es bisher nicht möglich ist, einen bestimmten Programmteil mehrfach wiederholen zu lassen. Möchte man einen Wert mehrfach ausgeben oder mehrere Eingaben vom Benutzer abfragen, bleibt uns bisher immer noch nichts anderes übrig, als den betreffenden Programmteil mehrmals hintereinander zu schreiben. Das riecht doch förmlich danach, dass es auch dafür eine Lösung geben muss. Genau gesagt, gibt es sogar mehr als eine Lösung, um Programmteile wiederholen zu lassen. Schauen wir uns die erste Möglichkeit an, die sogenannte for-Schleife.

Listing 3.6 for-Schleifen

```
01: // C++ für Spieleprogrammierer
02: // Listing 3.6
03: // for-Schleifen
04: //
05: #include <iostream>
06:
07: using namespace std;
08:
09: // Hauptprogramm
10: //
11: int main ()
12: {
13:    // Variablen
14:    //
15:    int RundenAnzahl = 0;    // Anzahl der Runden
16:    int RundenPunkte = 0;    // Punkte einer Runde
17:    int GesamtPunkte = 0;    // Gesamt erreichte Punkte
18:
19:    // Anzahl der Runden ermitteln
20:    cout << "Wie viele Runden sollen gespielt werden: ";
21:    cin >> RundenAnzahl;
22:
23:    // Runden durchlaufen
24:    for (int i=0; i<RundenAnzahl; i++)
25:    {
26:      // Aktuelle Runde berechnen
27:      cout << "Runde " << i+1 << " wird gespielt" << endl;
28:      cout << "Wie viele Punkte wurden erreicht: ";
29:      cin >> RundenPunkte;
30:
31:      GesamtPunkte += RundenPunkte;
32:
33:      cout << "Zwischenstand: " << GesamtPunkte << "\n\n";
34:    }
35:
36:    // Endergebnis ausgeben
37:    cout << "\nNach " << RundenAnzahl << " Runden wurden insgesamt ";
38:    cout << GesamtPunkte << " Punkte erreicht" << endl;
39:
40:    return 0;
41: }
```

Bildschirmausgabe:

```
Wie viele Runden sollen gespielt werden: 3
Runde 1 wird gespielt
Wie viele Punkte wurden erreicht: 20
Zwischenstand: 20

Runde 2 wird gespielt
Wie viele Punkte wurden erreicht: 32
Zwischenstand: 52

Runde 3 wird gespielt
Wie viele Punkte wurden erreicht: 18
Zwischenstand: 70

Nach 3 Runden wurden insgesamt 70 Punkte erreicht
```

Bevor es jetzt an die Erklärung der Neuerungen geht, sollten wir erst den Sinn und Zweck dieses Programms besprechen. Hier geht es darum, dass eine frei wählbare Anzahl von Runden „gespielt" werden kann. In jeder Runde gibt es Punkte, die vom Benutzer einfach erst mal nur eingegeben werden können. Nach jeder einzelnen Runde wird ein Zwischenstand ausgegeben und die aktuelle Punktzahl berechnet. Zum Ende des Programms wird die endgültige Punktzahl nochmals ausgegeben.

Bis zur Zeile 21 ist nichts Neues hinzugekommen, und der Quelltext sollte relativ selbsterklärend sein. Bis dahin werden nur die Variablen deklariert, die wir benötigen, und die Anzahl der zu spielenden Runden abgefragt. Was wirklich neu ist, ist Zeile 24. Diese Zeile ist der Kernpunkt des Beispiels und schon alles, was man benötigt, um einen Programmteil mehrfach wiederholen zu lassen. Was sicherlich sofort auffällt, ist der Codeblock innerhalb der Zeilen 25 bis 34, denn dieser scheint ja eindeutig zur Zeile 24 zu gehören. Und das scheint nicht nur so zu sein, sondern es ist auch so. Obwohl noch nicht erklärt ist, wie Zeile 24 genau funktioniert, können wir schon mal sagen, dass es sich bei dem Codeblock von Zeile 25 bis 34 um den Block handelt, der mehrfach wiederholt werden soll. Wie diese sogenannte `for`-Schleife funktioniert, werden wir jetzt genau klären.

Dazu gehen wir von außen nach innen vor. Zuerst kommt das Schlüsselwort `for`, gefolgt von runden Klammern. Innerhalb dieser Klammern steht sozusagen die Beschreibung, wie genau sich die Schleife verhalten soll. Zwischen den Klammern befinden sich nun drei Teile: **Initialisierungsteil**, **Bedingungsteil** und der **Aktionsteil**. Jeder dieser Teile wird mit einem Semikolon von dem jeweils nächsten Teil getrennt.

3.8.1 Initialisierungsteil

Beim ersten Erreichen von Zeile 24 wird zuerst der Initialisierungsteil ausgeführt, der in unserem Beispiel wie folgt aussieht: `int i=0;`. Eigentlich ist das ja nichts Neues für uns, denn es wird einfach nur eine Variable namens `i` deklariert und definiert. Ein wesentlicher Unterschied zum „normalen" Deklarieren und Definieren ist, dass die Variable **nur** innerhalb der Zeilen 25 bis 34 für den Compiler bekannt ist und verwendet werden kann, also dem zur `for`-Schleife zugehörigen Codeblock. Außerhalb dieses Blockes verliert die Variable ihre Gültigkeit. Auf die sogenannten Gültigkeitsbereiche kommen wir später noch ausführlicher zu sprechen. Wichtig ist auch, dass diese Initialisierung unserer Variablen nur ein einziges Mal stattfindet und nicht in jedem Durchlauf der Schleife. Natürlich ist man hier nicht auf den Integer-Datentypen beschränkt, sondern kann zum Beispiel auch ein `float` oder jeden anderen Typen verwenden.

Wenn Du jetzt ein Kapitel zurückschaust, wirst Du meinen Rat finden, dass man Variablen immer einen aussagekräftigen Namen geben sollte. Aber jetzt wird ja hier genau das Gegenteil gemacht, denn `i` ist nun wirklich kein sehr vielsagender Name. Nun, das hat einfach den Grund, dass sogenannte Zählvariablen in der Regel nur aus einem Buchstaben, beginnend bei `i`, bestehen. Das hat sich im Laufe der Zeit so eingebürgert und wird eigentlich immer so gemacht (bei einigen älteren Programmiersprachen konnten nur bestimmte Variablennamen als Schleifenzähler verwendet werden).

3.8.2 Bedingungsteil

Beim zweiten Teilstück der `for`-Schleife handelt es sich um den Bedingungsteil (`i<RundenAnzahl`). Dieser wird im Gegensatz zum Initialisierungsteil nicht nur einmal aufgerufen, sondern bei jedem Durchlaufen der Schleife. Dies ist eigentlich der Kernpunkt einer jeden `for`-Schleife, da hier festgelegt wird, wie oft die Schleife laufen soll. Der Codeblock, der zur Schleife gehört, wird so lange ausgeführt, bis die Bedingung nicht mehr wahr ist, sie also nicht mehr zutrifft. Hier wird nun also verglichen, ob die Zählvariable `i` kleiner ist als die Anzahl der Runden. Wenn dies zutrifft, wird der zugehörige Codeblock ausgeführt. Ist die Zählvariable gleich oder größer der Anzahl der Runden, so wird die Schleife unterbrochen, und es geht in Zeile 35 weiter.

Was hier nun allerdings noch beachtet werden muss, ist die Tatsache, dass die Zählvariable `i` nicht wirklich der aktuellen Rundenzahl entspricht, sondern um 1 niedriger ist. Das liegt daran, dass wir `i` mit dem Wert 0 initialisiert haben. Bei fünf Runden zählt `i` also von 0 bis 4 (aus diesem Grund wird in Zeile 27 auch die Ausgabe des Wertes korrigiert). Da in C++ generell bei Zählern (später auch bei Arrays) bei 0 und nicht bei 1 begonnen wird, ist es wichtig, gleich auf diese Tatsache zu achten.

Im Bedingungsteil können alle logischen Vergleiche durchgeführt werden wie auch bei den `if`-Bedingungen. Diese werden bei jedem Durchlaufen der Schleife erneut geprüft und bestimmen somit die Anzahl der Wiederholungen.

3.8.3 Aktionsteil

Der dritte und letzte Teil der `for`-Schleife ist der sogenannte Aktionsteil. Dieser wird genau wie der Bedingungsteil auch bei jedem Durchlauf der Schleife wiederholt. An dieser Stelle kann nun die Zählervariable `i` beeinflusst werden. Auch hier sind natürlich wieder alle bekannten Rechenoperatoren erlaubt, wobei + und - wohl am häufigsten verwendet werden.

3.8.4 Zusammenfassung

Es gibt also drei Teile, aus denen eine `for`-Schleife besteht. Dazu kommt noch der zugehörige Codeblock, der ausgeführt wird, solange die Schleife aktiv ist. Zuerst folgt der Initialisierungsteil, der nur ein einziges Mal pro Schleife aufgerufen wird. Danach folgt der Bedingungsteil, der prüft, ob die Schleife weiterhin ausgeführt werden soll. Im Anschluss daran wird der Codeblock ausgeführt. Erst **danach** wird im Aktionsteil die Zählvariable verändert. Ist dies passiert, so geht es wieder beim Bedingungsteil weiter. Das Spielchen wiederholt sich so lange, bis die Bedingung nicht mehr erfüllt ist und die Schleife damit abgebrochen wird. Wie man sieht, ist diese ganze Schleifendreherei kein Hexenwerk, und wenn man es ein paar Mal gemacht hat, ist es ganz einfach zu verstehen.

3.9 Eine weitere Rechenoperation: Modulo

Als ich vorhin die verschiedenen Rechenoperationen vorgestellt habe, habe ich mich nur auf die Grundrechenarten beschränkt. Allerdings gibt es noch eine weitere, sehr wichtige Rechenoperation namens Modulo. Die einen von Euch kennen dies vielleicht noch aus der Schule, die anderen wiederum nicht. Aus diesem Grund gibt es hier an dieser Stelle ein kleines Beispiel dazu. Doch um was geht es beim Modulo genau? Nun, wenn man eine Zahl durch eine andere teilt, gibt es zwei Möglichkeiten: Entweder die Rechnung geht glatt auf, oder es bleibt ein Rest übrig (wir reden hier jetzt von Variablen des Integer-Datentyps). Bisher haben wir keine (vernünftige) Möglichkeit festzustellen, ob bei einer Division ein Rest übrig bleibt. Klar, wir könnten das mit floats lösen und mittels Subtraktion nachschauen, ob ein Rest bleibt. Aber da uns das nicht elegant genug ist, wählen wir einen anderen Weg. Es gibt nämlich eine vorgefertigte Operation, um dieses Problemchen in den Griff zu bekommen.

Im Normalfall teilen wir ja eine Zahl durch eine andere mittels des Divisionsoperators (/). Das Ergebnis, das dabei herauskommt, sagt uns jedoch nichts darüber aus, ob es einen Rest gab oder nicht. Verwenden wir stattdessen nun ein Prozentzeichen (%), erhalten wir automatisch den Rest, der bei einer Division herauskommt. Schauen wir uns dazu ein kleines Beispiel an:

Listing 3.7 Die Rechenoperation „Modulo"

```
01: // C++ für Spieleprogrammierer
02: // Listing 3.7
03: // Die Rechenoperation "Modulo"
04: //
05: #include <iostream>
06:
07: using namespace std;
08:
09: // Hauptprogramm
10: //
11: int main ()
12: {
13:    // Variablen
```

```
14:    //
15:    int Zahl;
16:    int Divisor;
17:
18:    // Eingabe der Werte
19:    cout << "Bitte eine Zahl eingeben: ";
20:    cin >> Zahl;
21:
22:    cout << "Bitte den Divisor eingeben: ";
23:    cin >> Divisor;
24:
25:    // Berechnung des Ergebnisses samt Rest
26:    cout << "Ergebnis: " << Zahl/Divisor << endl;
27:    cout << "Rest: " << Zahl%Divisor << endl;
28:
29:    return 0;
30: }
```

Bildschirmausgabe:

```
Bitte eine Zahl eingeben: 20
Bitte den Divisor eingeben: 3
Ergebnis: 6
Rest: 2
```

Bevor Du dieses Programm ausprobierst, solltest Du wissen, dass es abstürzt, sobald man für den Divisor 0 eingibt (was ja logisch ist, denn eine Division durch null ist nicht erlaubt). Du kannst das ruhig ausprobieren, außer einem Fenster mit einer Fehlermeldung passiert nichts Drastisches. Man könnte das natürlich mit einer if-Bedingung verhindern, aber das ist hier erst mal nicht so wichtig. In den Zeilen 15 und 16 deklarieren wir uns zwei Variablen, die wir für unsere Rechnung benötigen. Die Zeilen 18 bis 23 dienen dazu, die beiden Variablen mit Werten zu füllen.

Etwas Neues gibt es in den Zeilen 26 und 27. Dort sieht man, dass man bei cout auch direkt Rechnungen durchführen kann und nicht nur auf einfache Variablen beschränkt ist. Diese Tatsache nutzen wir aus und sparen uns so das Anlegen von Zwischenwerten, da wir ja nur ein Ergebnis ausgeben wollen, ohne dieses noch einmal weiterzuverwerten. Die eigentliche Verwendung des Modulo-Operators findet nun in Zeile 27 statt. Wie man sieht, gibt uns diese Zeile den ganzzahligen Rest der Rechnung aus. Spektakulär ist das zwar nicht, jedoch enorm wichtig. Dieser kleine Operator wird in einem der späteren Beispiele noch enorm wichtig werden. Und in bestimmten Situationen ist er einfach nicht wegzudenken.

3.10   Aufgabenstellung

Es ist mal wieder Zeit für eine kleine Aufgabe, um das bisher Gelernte noch etwas zu festigen. Dieses Mal geht es um einen Countdown, den Du programmieren sollst. Der „Spieler" soll einen Startwert eingeben, bei dem der Countdown zu zählen beginnt. Danach soll durch eine Schleife, die rückwärts läuft, der aktuelle Stand des Countdowns ausgegeben werden. Wenn die Hälfte der Zeit abgelaufen ist, soll eine entsprechende Meldung erscheinen. Nun wäre es ja möglich, dass der Benutzer eine gerade Zahl eingibt und so nicht genau die Hälfte der Zeit ermittelt werden kann. Aus diesem Grund sollen gerade Werte abgefangen werden. In diesem Fall soll ein Hinweis darauf ausgegeben und das Programm beendet werden.

3.10.1 Wie geht man an die Aufgabe heran?

Diese Aufgabe ist ein kleines bisschen komplexer als die erste, aber nicht wirklich viel. Wenn Du die bisherigen Beispiele durchgearbeitet und verstanden hast, solltest Du keine großen Schwierigkeiten haben, diese Aufgabe zu lösen.

Am besten schreibst Du Dir den Ablauf des Programms erst auf Papier auf. Es werden definitiv if-Bedingungen benötigt, also macht es Sinn, wenn Du Dir mittels Kästchen und Linien ein kleines Ablaufdiagramm malst, in dem ersichtlich wird, wann welcher Programmteil aufgerufen wird und wann welche Bedingung abgefragt werden muss.

Wenn Du Dir so weit sicher bist, alles gut durchdacht zu haben, solltest Du erst das „Grundgerüst" des Programms schreiben. Am besten fängst Du damit an, die main-Funktion zu erstellen und die benötigten Variablen zu deklarieren. Nachdem Du diesen Schritt erledigt hast, solltest Du das Programm kompilieren, um zu sehen, ob bisher alles richtig läuft (sprich: keine Syntaxfehler eingebaut wurden). Im Anschluss baust Du die Abfrage für die Werte der Variablen ein. Wenn auch das fehlerfrei läuft, kümmerst Du Dich um die Schleife, die nur den Countdown-Zähler ausgibt. Sobald auch das reibungslos funktioniert, kümmerst Du Dich um die nötigen Bedingungen, die testen, ob der eingegebene Wert gerade, beziehungsweise ob die Hälfte der Zeit bereits abgelaufen ist. Du solltest weiterhin auch darauf achten, Deinen Quelltext gut durchzukommentieren.

Das klingt jetzt vielleicht alles ein bisschen komplex, ist es aber nicht. Im Gegenteil: Alles, was für die Lösung der Aufgabe benötigt wird, wurde weiter oben schon besprochen und erklärt. Insofern solltest Du keine Probleme haben, die Aufgabe zu lösen. Wichtig ist nur, dass Du konsequent am Ball bleibst und es alleine versuchst. Also nicht heimlich schon vorher in die Lösung schauen ☺.

3.10.2 Lösungsvorschlag

So, alle Haare noch auf dem Kopf? Nicht gegen die Wand gelaufen? Wunderbar! Dann gehen wir das Ganze zusammen durch. Ich werde wie bei der Lösung zur Aufgabe des letzten Kapitels auch zuerst einmal meinen Lösungsansatz zeigen und danach Zeile für Zeile durchgehen. Vergleiche den folgenden Quelltext mit Deinem, und achte besonders darauf, welche Unterschiede bestehen. Wie Du sehen wirst, existiert tatsächlich eine ganze Menge an möglichen Lösungswegen.

Solltest Du Probleme mit der Lösung dieser Aufgabe gehabt haben, dann lies Dir am besten dieses Kapitel noch einmal von Anfang an durch. Es ist sehr wichtig, alles richtig verstanden zu haben.

Also los geht's, hier der Quelltext:

Listing 3.8 Lösungsvorschlag zur Aufgabe in Kapitel 3

```
01: // C++ für Spieleprogrammierer
02: // Listing 3.8
03: // Lösungsvorschlag zur Aufgabe in Kapitel 3
04: //
05: #include <iostream>
06:
07: using namespace std;
08:
09: // Hauptprogramm
10: //
11: int main ()
12: {
13:   // Variablen
14:   //
15:   int CountdownStart; // Startwert des Countdown
16:
17:   // Abfrage des Startwertes
18:   cout << "Startwert des Countdowns: ";
19:   cin >> CountdownStart;
20:
21:   // Bei geradem Wert das Programm verlassen
22:   if (CountdownStart%2 == false)
23:   {
24:     cout << "Es wurde ein gerader Wert eingegeben " << endl;
25:   }
26:   // Ansonsten weiter
27:   else
28:   {
29:     // Schleife für den Countdown
30:     for (int i=CountdownStart; i>=0; i--)
31:     {
32:       cout << "Countdown: " << i << endl;
33:
34:       // Meldung, wenn die Hälfte erreicht wurde
35:       if (i == CountdownStart/2 + 1)
36:         cout << "Die Haelfte ist vorbei" << endl;
37:     }
38:   }
39:
40:   return 0;
41: }
```

Bildschirmausgabe:

```
Startwert des Countdowns: 5
Countdown: 5
Countdown: 4
Countdown: 3
```

Um den Startwert des Countdown-Zählers zu speichern, benötigen wir natürlich eine entsprechende Variable. Deren Deklaration findet in Zeile 15 statt. Die Zeilen 18 und 19 sollten uns auch recht bekannt vorkommen, es handelt sich hierbei um die Abfrage des gewünschten Wertes.

Ob dieser Wert gerade ist oder nicht, wird in Zeile 22 geprüft. Wurde ein gerader Wert eingegeben, so wird die Meldung ausgegeben, dass ein ungerader Wert verlangt wird, und das Programm beendet.

In Zeile 30 haben wir nun die Schleife, die für das Rückwärtszählen des Countdowns verantwortlich ist. Auch hier gibt es nicht sonderlich viele Neuigkeiten, die uns überraschen würden. Die Zählvariable i wird mit dem Startwert des Countdowns initialisiert. Die Bedingung dieser Schleife ist, dass die Zählvariable i größer oder gleich null ist. Bei jedem Durchlauf der Schleife wird diese Zählvariable nun jeweils um eins heruntergezählt (dekrementiert). Dabei gibt uns die Zeile 32 den aktuellen Wert des Zählers auf dem Bildschirm aus. In den Zeilen 35 und 36 findet nun die Abfrage statt, ob die Hälfte des Countdowns bereits erreicht wurde. Man kann hier sehr schön sehen, dass auch innerhalb einer if-Bedingung ein Wert berechnet werden kann. Auf diese Weise spart man sich das Anlegen einer Variablen für den Zwischenwert. So, wenn Du Dir jetzt sicher bist, alles richtig verstanden zu haben, kannst Du Dich zum nächsten Absatz beamen. Ansonsten geh einfach alles noch einmal Schritt für Schritt durch, bis es wirklich sitzt.

3.11 Schleifen mit while und do-while

Neben den eben besprochenen for-Schleifen gibt es noch zwei weitere Möglichkeiten, einen bestimmten Teil des Quelltextes mehrmals wiederholen zu lassen. Die erste dieser beiden Möglichkeiten ist der if-Bedingung gar nicht mal so unähnlich. Genauer gesagt, handelt es sich hierbei quasi um eine Mischung aus if und for. Da ein pragmatisches Beispiel allerdings mehr sagt als tausend Worte, schauen wir uns das anhand einer kleinen Menüauswahl an:

Listing 3.9 while-Schleifen

```
01: // C++ für Spieleprogrammierer
02: // Listing 3.9
03: // while-Schleifen
04: //
05: #include <iostream>
06:
07: using namespace std;
08:
09: // Hauptprogramm
10: //
11: int main ()
12: {
13:     // Variablen
14:     //
15:     int Auswahl = 0; // Aktuell ausgewählter Menüpunkt
16:
17:     // Codeblock so lange ausführen, wie nicht
18:     // der Wert 3 (Spiel beenden) eingegeben wurde
19:     while (Auswahl != 3)
20:     {
```

```
21:        cout << "Menue: " << endl;
22:        cout << "------" << endl;
23:        cout << "1: Spiel starten" << endl;
24:        cout << "2: Optionen" << endl;
25:        cout << "3: Spiel beenden" << endl;
26:
27:        cout << "Deine Wahl: ";
28:        cin >> Auswahl;
29:        cout << endl;
30:
31:        if (Auswahl == 1)
32:          cout << "> Das Spiel wird gestartet <" << endl;
33:        else if (Auswahl == 2)
34:          cout << "> Optionen werden eingestellt <" << endl;
35:        else if (Auswahl == 3)
36:          cout << "> Spiel wird beendet <" << endl;
37:        else
38:          cout << "> Falsche Eingabe! <" << endl;
39:
40:        cout << "\n\n\n";
41:      }
42:
43:    return 0;
44: }
```

Bildschirmausgabe:

```
Menue:
------
1: Spiel starten
2: Optionen
3: Spiel beenden
Deine Wahl: 2

> Optionen werden eingestellt <

Menue:
------
1: Spiel starten
2: Optionen
3: Spiel beenden
Deine Wahl: 3

> Spiel wird beendet <
```

Ich denke, inzwischen sollten wir weit genug sein, dass man nicht mehr jede Zeile in diesem Quelltext erklären muss, sondern sich auf die wesentlichen Neuerungen beschränken kann. Doch zuerst mal zur Funktion des Programms, das ein einfaches Auswahlmenü darstellt. Wir hatten zwar schon ein solches Menü programmiert, allerdings mit der Einschränkung, dass wir es nicht beliebig oft wiederholen konnten. Mit einer for-Schleife kommen wir hier nicht weit, denn das Menü soll so lange laufen, bis der Spieler den Punkt „Spiel beenden" wählt. Nach kurzer Überlegung zeigt sich, dass hier in der Tat etwas anderes als eine for-Schleife benötigt wird. Und genau das passiert in Zeile 19. Was man hier sieht, ist eine sogenannte while-Schleife. Man kann sagen, dass es sich um eine „abgespeckte" Version der for-Schleife handelt, denn es fehlen der Initialisierungsteil und der Aktionsteil. Eine while-Schleife besteht somit nur aus einer Bedingung und einem zugehörigen Codeblock, der in diesem Beispiel innerhalb der Zeilen 20 und 41 steht. Die Schleife läuft nun also so lange, bis die Auswahl des Spielers auf „3" fällt, was dem Menüpunkt „Spiel beenden" entspricht. Erst danach geht es in Zeile 42 weiter.

Wie Du siehst, ist die `while`-Schleife sogar einfacher zu verstehen als die `for`-Schleife, da sie nur aus einem Bedingungsteil besteht.

Jetzt kennen wir ja schon zwei verschiedene Arten, einen Programmteil definiert wiederholen zu lassen. Damit stehen uns schon einige Möglichkeiten zur Verfügung, um die meisten Anforderungen und Aufgaben zu meistern. Dennoch gibt es Situationen, in denen man mit keiner der bisher besprochenen Schleifen effektiv arbeiten kann (wie oft haben wir diesen Satz jetzt schon in diesem Kapitel gehört). Stell Dir dazu vor, dass man einen Startwert vorgibt und eine Schleife so lange laufen soll, bis der Startwert null erreicht hat. Innerhalb der Schleife soll der Wert ausgegeben und danach dekrementiert (also verringert) werden. Ist aus irgendeinem Grund der Startwert von Anfang an schon null, so wird die Schleife erst gar nicht ausgeführt, und somit fällt auch die Ausgabe des Wertes flach. Bei der `while`-Schleife wird ja **zuerst** die Bedingung geprüft und **dann** erst je nach Ergebnis der Codeblock ausgeführt (oder eben übersprungen). Was man jetzt also bräuchte, wäre eine Schleife, die zuerst den Codeblock ausführt und dann erst die Bedingung prüft. Genau dafür sind die sogenannten `do-while`-Schleifen vorgesehen. Schauen wir uns das einfach mal an einem kleinen Beispiel an:

Listing 3.10 do-while-Schleifen

```
01: // C++ für Spieleprogrammierer
02: // Listing 3.10
03: // while-Schleifen
04: //
05: #include <iostream>
06:
07: using namespace std;
08:
09: // Hauptprogramm
10: //
11: int main ()
12: {
13:     // Variablen
14:     //
15:     int Zaehler;   // Zählvariable
16:
17:     // Startwert abfragen
18:     cout << "Bitte einen Startwert eingeben: ";
19:     cin >> Zaehler;
20:
21:     // Zähler auf 0 herunterzählen
22:     do
23:     {
24:       cout << "Wert des Zaehlers: " << Zaehler << endl;
25:       Zaehler--;
26:     } while (Zaehler > 0);
27:
28:     cout << "\n\nProgrammende" << endl;
29:
30:     return 0;
31: }
```

Bildschirmausgabe 1:

```
Bitte einen Startwert eingeben: 5
Wert des Zaehlers: 5
Wert des Zaehlers: 4
Wert des Zaehlers: 3
Wert des Zaehlers: 2
Wert des Zaehlers: 1

Programmende
```

Bildschirmausgabe 2:

```
Bitte einen Startwert eingeben: 0
Wert des Zaehlers: 0
Programmende
```

Dieses Beispiel stellt wieder einen Countdown-Zähler dar, wie wir ihn in ähnlicher Form schon einmal programmiert hatten. In Zeile 19 wird ein Startwert für den Zähler abgefragt, der in den Zeilen 24 ausgegeben und heruntergezählt wird. Gegenüber einer „normalen" while-Schleife ist hier allerdings die Reihenfolge vertauscht, in welcher der Codeblock und die Bedingung behandelt werden. Unabhängig vom Startwert des Zählers wird zuerst der Codeblock in den Zeilen 23 bis 26 ausgeführt, ohne vorher eine Bedingung zu prüfen. Diese Prüfung, also die Abbruchbedingung der Schleife, findet erst in Zeile 26 mit dem while-Schlüsselwort statt.

Der Aufbau einer solchen do-while Schleife ist also recht einfach zu verstehen. Dem anführenden Schlüsselwort do folgt der zu der Schleife gehörende Codeblock, der wie immer von einer öffnenden und einer schließenden, geschweiften Klammer eingegrenzt wird. Dieser Codeblock wird also immer zuerst ausgeführt. Nach der schließenden, geschweiften Klammer kommt das Schlüsselwort while, gefolgt von der Bedingung innerhalb von runden Klammern. Abgeschlossen wird das Ganze diesmal jedoch von einem Semikolon. Nachdem also der Codeblock ausgeführt wurde, wird die Bedingung geprüft. Solange diese wahr ist, dreht die Schleife weiter munter ihre Runden. Das while muss nicht zwangsläufig in der gleichen Zeile stehen wie die schließende geschweifte Klammer, allerdings sollte man es wegen der Übersichtlichkeit so machen, wie im Beispiel gezeigt. Dadurch wird einfach deutlicher, zu was die Bedingung gehört.

Wie man hier sieht, gibt es im Grunde für jedes Problem eine darauf zugeschnittene Lösung. Gerade am Anfang ist es nicht immer gleich ersichtlich, wann man welche Schleife verwenden soll. Aber mit der Zeit bekommt man einfach ein Gefühl dafür. Schließlich macht man seine Erfahrungen nur durch ausreichend Praxis.

3.12   Verschachtelte Schleifen

Genau wie if-Bedingungen kann man auch Schleifen verschachteln. Damit ist gemeint,
dass eine Schleife innerhalb einer anderen Schleife läuft. Doch wozu braucht man so etwas? Wenn man zum Beispiel ein rechteckiges Spielfeld zeichnen möchte, könnte die eine
Schleife die Zeilen, die andere die Spalten malen. Dabei wäre die äußere Schleife für die
Zeilen verantwortlich, die innere dagegen für die Spalten. Hier also der Code dazu:

Listing 3.11 Verschachtelte Schleifen

```
01: // C++ für Spieleprogrammierer
02: // Listing 3.11
03: // Verschachtelte Schleifen
04: //
05: #include <iostream>
06:
07: using namespace std;
08:
09: // Hauptprogramm
10: //
11: int main ()
12: {
13:   // Variablen
14:   //
15:   int Breite, Hoehe;
16:
17:   // Breite und Höhe des Rechtecks abfragen
18:   cout << "Breite: ";
19:   cin >> Breite;
20:
21:   cout << "Hoehe: ";
22:   cin >> Hoehe;
23:
24:   // Rechteck zeichnen
25:   for (int y=0; y<Hoehe; y++)
26:   {
27:     for (int x=0; x<Breite; x++)
28:     {
29:       cout << "X";
30:     }
31:
32:     // Zeile ist abgeschlossen, also per Zeilenumbruch
33:     // eine neue Zeile beginnen
34:     cout << endl;
35:   }
36:
37:   return 0;
38: }
```

Bildschirmausgabe:

```
Breite: 6
Hoehe: 4
XXXXXX
XXXXXX
XXXXXX
XXXXXX
```

Wie Du siehst, gibt es hier zwei Schleifen, die ineinander verschachtelt sind. Nachdem durch die Zeilen 18 bis 22 die Werte für Breite und Höhe abgefragt wurden, ist die `for`-Schleife der Zeile 27 bis 30 dafür zuständig, so viele „X" zu zeichnen, wie das Rechteck breit sein soll. Die äußere Schleife ist für die Höhe zuständig und erzeugt mit Zeile 34 immer einen Zeilenumbruch. Man sieht hier recht deutlich, wie beide Schleifen zusammenarbeiten, da die innere Schleife so oft ausgeführt wird, wie es die äußere vorgibt.

Egal ob man nun wie hier im Beispiel ein Rechteck durch simple Buchstaben erzeugt oder später in richtigen Spielen durch Grafik: Das Prinzip bleibt dabei das gleiche. Solche verschachtelten Schleifen kommen sehr oft vor. Dabei ist man natürlich nicht auf zwei Schleifen beschränkt. Es können durchaus mehrere sein.

3.13 Fehlerquelltext

Gerade bei Schleifen ist die Wahrscheinlichkeit groß, dass anfangs einige Fehler gemacht werden. Deshalb ist es sinnvoll, an dieser Stelle wieder einen Fehlerquelltext zu zeigen, den es zu korrigieren gilt. In ihm werden typische Fehler versteckt sein, wie sie häufig bei der Programmierung von Schleifen auftauchen. Auch hier ist es wieder ratsam, erst mal selbst zu versuchen, alle Fehler zu finden und zu beheben.

3.13.1 Was soll das Programm eigentlich tun?

Für den Fehlerquelltext habe ich Listing 3.11 genommen und es ein bisschen erweitert. Es soll wie bisher auch ein Rechteck gezeichnet werden, dessen Breite und Höhe frei wählbar sind. Allerdings soll das Rechteck jetzt durch zwei „Trennlinien" in vier Bereiche aufgeteilt werden, in dem es sowohl horizontal als auch vertikal einmal geteilt wird (wie das genau gemeint ist, sieht man etwas weiter unten bei der gewünschten Bildschirmausgabe). Dazu muss sichergestellt sein, dass es sich bei der eingegebenen Höhe und Breite um ungerade Werte handelt, da sich sonst nicht exakt die Mitte feststellen lässt. Dies lässt sich ja durch ein Modulo ermitteln, das wir schon in Abschnitt 3.9 kennengelernt haben. Wird nun innerhalb der Schleife die Hälfte der Höhe oder der Breite erreicht, soll kein „X", sondern ein „-" gezeichnet werden.

Hier nun also der Quelltext, in den sich ein paar kleine, aber gemeine Bugs eingeschlichen haben:

Listing 3.12 Fehlerquelltext

```
01: // C++ für Spieleprogrammierer
02: // Listing 3.12
03: // Fehlerquelltext
04: //
05: #include <iostream>
06:
07: using namespace std;
08:
09: // Hauptprogramm
```

```
10:  //
11:  int main ()
12:  {
13:    // Variablen
14:    //
15:    int Breite, Hoehe;
16:
17:    // Breite und Hoehe des Rechtecks abfragen
18:    // und testen, ob es sich um ungerade Werte handelt
19:    do
20:    {
21:      cout << "Breite: ";
22:      cin >> Breite;
23:
24:      cout << "Hoehe: ";
25:      cin >> Hoehe;
26:
27:    } while ((Breite % 2 == 0) || (Hoehe % 2 == 0))
28:
29:    // Rechteck zeichnen
30:    for (int i=0; i<Hoehe; i++)
31:    {
32:      for (int j=0; j<Breite; i++)
33:      {
34:        // Prüfen, ob es sich um die Mitte handelt
35:        if ((j = Breite / 2) || (i = Hoehe / 2))
36:          cout << "-";
37:        else
38:          cout << "X";
39:      }
40:
41:      cout << endl;
42:
43:    }
44:
45:    return 0;
46:  }
```

Gewünschte Bildschirmausgabe:

```
Breite: 5
Hoehe: 5
XX-XX
XX-XX
-----
XX-XX
XX-XX
```

3.13.2 Lösung zum Fehlerquelltext

Dieses Mal war es schon etwas knackiger, oder? Aber mit etwas Geduld und Spucke kann auch in diesem Quelltext jeder Fehler gefunden und behoben werden. Fangen wir beim einfachsten der insgesamt vier Fehler an, bei dem es sich um einen Syntaxfehler handelt, der schon beim Kompilieren angezeigt wird:

```
Listing3_12.cpp(30) : error C2143: Syntaxfehler: Es fehlt ';' vor 'for'
```

Offenbar haben wir hier irgendwo ein Semikolon noch vor der Zeile 34 vergessen. Schaut man etwas genauer hin, stellt man fest, dass die `while`-Bedingung in Zeile 27 nicht, wie erforderlich, mit einem Semikolon abgeschlossen wurde. Dass dies notwendig ist, habe ich ja in Abschnitt 3.11 bereits erklärt.

Nach Behebung dieses Fehlers lässt sich das Programm immerhin schon mal kompilieren und ausführen. Allerdings wird kein Rechteck gezeichnet, sondern die Schleife immer und immer wiederholt, ohne dass diese irgendwann einmal abbricht. Irgendwo ist also ein Fehler, der zu einer Endlos-Schleife führt. Je nachdem, welchen Compiler man benutzt und wie dieser konfiguriert ist, bekommt man für die Zeile 35 eine Warnung ausgegeben oder nicht. Hier soll ja geprüft werden, ob die Hälfte der Spalte/Zeile schon erreicht wurde. Was aber wirklich geschieht, ist eine Zuweisung, denn es wurde „=" statt „==" geschrieben. Somit werden den beiden Zählvariablen `i` und `j` Werte zugewiesen, was dazu führt, dass die Schleife nicht richtig funktioniert. Diese beiden Variablen dürfen nur innerhalb der runden Klammern nach dem `for`-Schlüsselwort verändert werden, wenn man wirklich auf der sicheren Seite sein will.

Nachdem dieser Fehler behoben wurde, funktioniert das Programm allerdings immer noch nicht richtig und bleibt weiterhin in einer Endlos-Schleife stecken. Also muss noch etwas in einer der beiden Schleifen falsch sein. Zugegeben, dies ist der gemeinste der eingebauten Fehler, da er wirklich leicht übersehen werden kann. Zudem gibt kein Compiler hier eine Warnung, geschweige denn eine Fehlermeldung aus. Es handelt sich um einen reinen Laufzeitfehler, der schwer zu entdecken ist. Dieses kleine gemeine Biest hat sich in Zeile 32 versteckt und kommt meistens durch einen Tippfehler zustande (es ist erstaunlich, wie oft man diesen Fehler macht). Schaut man genau hin, so stellt man fest, dass im Aktionsteil der `for`-Schleife die Variable `i` statt der Variablen `j` inkrementiert (erhöht) wird. Somit bleibt die Zählvariable `j` immer gleich, und die innere Schleife wird endlos ausgeführt, da die Abbruchbedingung niemals erfüllt werden kann.

Ist auch dieser Fehler korrigiert, läuft das Programm ohne Probleme. Sollte jetzt trotzdem noch unklar sein, an welchen Stellen sich die Fehler versteckt hatten, vergleiche einfach den folgenden, korrigierten Quelltext mit Listing 3.12, und achte genau auf die Unterschiede.

```
01: // C++ für Spieleprogrammierer
02: // Listing 3.12
03: // Fehlerquelltext
04: //
05: #include <iostream>
06:
07: using namespace std;
08:
09: // Hauptprogramm
10: //
11: int main ()
12: {
13:    // Variablen
14:    //
15:    int Breite, Hoehe;
16:
17:    // Breite und Hoehe des Rechtecks abfragen
```

```
18:    // und testen, ob es sich um ungerade Werte handelt
19:    do
20:    {
21:      cout << "Breite: ";
22:      cin >> Breite;
23:
24:      cout << "Hoehe: ";
25:      cin >> Hoehe;
26:
27:    } while ((Breite % 2 == 0) || (Hoehe % 2 == 0));
28:
29:    // Rechteck zeichnen
30:    for (int i=0; i<Hoehe; i++)
31:    {
32:      for (int j=0; j<Breite; j++)
33:      {
34:        // Prüfen, ob es sich um die Mitte handelt
35:        if ((j == Breite / 2) || (i == Hoehe / 2))
36:          cout << "-";
37:        else
38:          cout << "X";
39:      }
40:
41:      cout << endl;
42:
43:    }
44:
45:    return 0;
46: }
```

So, damit ist auch das dritte Kapitel abgeschlossen. Mit dem bisherigen Wissen lässt sich schon einiges anstellen, und man hat einige neue Möglichkeiten kennengelernt. Wie bereits in den anderen Kapiteln solltest Du viel mit den Beispielquelltexten experimentieren und versuchen, eigene kleine Programme zu schreiben. Wenn irgendein Thema dieses Kapitels noch nicht richtig sitzen sollte, dann scheu Dich nicht, noch einmal ein paar Seiten zurückzublättern und das betreffende noch mal durchzuarbeiten.

Im nächsten Kapitel wird am Schluss sogar ein richtiges kleines Spiel entwickelt, um alles bis dahin Gelernte richtig in der Praxis zu sehen. Es lohnt sich also.

4 Funktionen

4.1   Was sind Funktionen, und wozu dienen sie?

Fasst man zusammen, was man in den bisherigen Kapiteln alles gelernt hat, so kommt man schon auf eine recht ansehnliche Zahl an Möglichkeiten. Wir können uns eigene Variablen erzeugen, über die Tastatur deren Werte zur Laufzeit eingeben und mit ihnen rechnen. Durch Bedingungen können wir entscheiden, wie sich unser Programm verhalten soll, und somit Entscheidungen treffen. Außerdem können wir mittels unterschiedlicher Arten von Schleifen Teile unseres Programms kontrolliert wiederholen lassen. Mit diesen Möglichkeiten können wir schon recht brauchbare Programme schreiben und fast jede Problemstellung lösen. Trotzdem fehlt uns bisher noch ein extrem wichtiger Punkt der C++-Programmierung: die Verwendung von Funktionen. Doch bevor wir jetzt zur Erklärung übergehen, was eine Funktion ist und wie man sie verwendet, nehmen wir uns erst mal noch ein theoretisches Beispiel vor:

Blätter ein Kapitel zurück, und schau Dir das Listing 3.5 an. Dort haben wir uns ein kleines Menü programmiert, wie es in ähnlicher Form auch in einem richtigen Spiel vorkommen könnte. Im Grunde gibt es bei diesem Beispiel nichts auszusetzen, denn es erfüllt ja seinen Zweck, nämlich dass man die verschiedenen Menüpunkte anwählen kann. Nun ist es aber so, dass man dieses Menü nicht nur ein einziges Mal aufruft. Wenn man etwa das Spiel verloren hat oder fertig ist mit dem Einstellen der Optionen, muss man ja zu dem Menü zurückkehren können. „*Kein Problem*", magst Du jetzt denken, „*wir haben ja Schleifen.*" Schaut man sich dann Listing 3.9 an, so sieht man, dass wir ja schon mal ein Menü so lange haben laufen lassen, bis man den Punkt „Spiel beenden" gewählt hatte. Also könnte man nun hergehen und die Codeblöcke der einzelnen Menüpunkte einfach erweitern und dort den ganzen Code einbauen, der nötig ist, um die Optionen einzustellen und das komplette Spiel laufen zu lassen.

Man merkt aber recht schnell, dass dies wohl nicht die beste Möglichkeit ist. In den beiden eben angesprochenen Listings bestand die eigentliche Aktion der einzelnen Menüpunkte ja nur aus einer einfachen Textausgabe. Stell Dir jetzt einfach mal vor, wie Dein Quellcode ausschauen würde, wenn du jetzt einfach Dein gesamtes Spiel direkt innerhalb der jeweiligen case-Blöcke programmieren würdest. Das würde einfach in unübersichtlichem Chaos enden, bei dem bald kein Mensch mehr durchblicken könnte.

Genau an dieser Stelle kommen die sogenannten **Funktionen** ins Spiel. Man kann sich das so vorstellen, dass man einen häufig verwendeten Codeteil separat programmiert, verpackt und ihm einen Namen gibt. Jedes Mal, wenn man diesen Codeteil benötigt, ruft man ihn einfach anhand seines Namens auf.

Wie immer ist es besser, wenn man sich das in der Praxis anschaut, bevor man zu einer detaillierten Erklärung übergeht. Hier jetzt also ein kleines Programm, das die Verwendung von Funktionen zeigt:

Listing 4.1 Die erste Funktion

```
01: // C++ für Spieleprogrammierer
02: // Listing 4.1
03: // Die erste Funktion
04: //
05: #include <iostream>
06:
07: using namespace std;
08:
09: // meineFunktion
10: //
11: void meineFunktion ()
12: {
13:    cout << "Funktion wurde aufgerufen" << endl;
14: }
15:
16: // Hauptprogramm
17: //
18: int main ()
19: {
20:    meineFunktion ();    // Funktion aufrufen
21:
22:    return 0;
23: }
```

Bildschirmausgabe:

```
Funktion wurde aufgerufen
```

Das ist sie nun also: unsere erste Funktion in aller gebotenen Kürze. Kompiliere das Programm erst mal, und führe es aus. Bevor man jetzt mit der Erklärung beginnt, sollte man sich noch mal an Kapitel 1 zurückerinnern. Dort wurde gesagt, dass der Einsprungspunkt eines Programms **immer** die main-Funktion ist. Wenn man das hier gezeigte Listing also startet, so ist Zeile 20 die erste Zeile, die ausgeführt wird.

Doch was passiert hier genau? Nun, die Zeilen 11 bis 14 stellen unsere Funktion dar. Eine Funktion besteht aus einem sogenannten **Funktionskopf** und dem dazugehörigen **Funktionsrumpf**. Im Grunde kennen wir das ja schon von der main-Funktion, denn da ist es ja genau so. Wie genau der Funktionskopf aufgebaut ist, soll uns hier nicht interessieren. Das besprechen wir dann im nächsten Abschnitt. Wichtig ist, dass wir damit unserer Funktion einen Namen geben können. Der Funktionsrumpf muss, genau wie auch bei der `main`-Funktion, durch eine öffnende und eine schließende, geschweifte Klammer markiert werden. Innerhalb dieses Blockes steht nun also der gesamte Quellcode, den die Funktion ausführen soll. Somit schaffen wir uns also ein wiederverwertbares Stück Quellcode, das an jeder beliebigen Stelle im Programm beliebig oft aufgerufen werden kann. Ein solcher Aufruf findet nun in Zeile 20 statt. An dieser Stelle geben wir sozusagen an, dass wir hier gerne den Code ausführen möchten, der in der Funktion `meineFunktion` steht.

Nachdem nun das allgemeine Prinzip der Funktionen erklärt ist, sollten wir uns etwas genauer mit dem Aufbau einer Funktion beschäftigen.

4.2 Aufbau des Funktionskopfes

Ein Funktionskopf besteht aus den folgenden drei Elementen: Rückgabetyp, Funktionsname und Parameterliste. Schreibt man sich einen Funktionskopf, so müssen diese drei Elemente in der eben gezeigten Reihenfolge angegeben werden, damit unser Compiler keinen Grund hat, uns anzumeckern. Gehen wir also mal die einzelnen Elemente durch:

4.2.1 Rückgabetyp

Eine Funktion kann natürlich mehr, als – wie in unserem Beispiel – nur Text auszugeben. Wenn man etwa eine komplexere Formel benötigt, um einen Wert auszurechnen, so könnte man dies in eine Funktion packen und sich über den Rückgabewert mit dem entsprechenden Datentyp das Ergebnis zurückliefern lassen. Im Grunde haben wir so etwas ja schon in jedem der bisherigen Beispiele getan, nämlich mit der Zeile `return 0;`. Wir werden uns das später noch genauer anschauen und an dieser Stelle erst mal mit der Tatsache begnügen, dass man beim Funktionskopf einen Rückgabetypen angeben muss. Da wir in unserem ersten Beispiel keinen Wert zurückliefern wollen, geben wir hier also `void` an. Diese Bezeichnung kommt wieder aus dem Englischen und bedeutet so viel wie *leer*, *ungültig* oder *nichtig*. Damit sagen wir dem Compiler, dass es keinen Rückgabewert gibt.

Eine Funktion kann immer nur einen einzigen Rückgabetypen besitzen, das Zurückliefern von mehreren Werten funktioniert auf eine andere Weise, die hier an dieser Stelle (mal wieder) uninteressant ist. Spätestens jetzt sollte auch die `main`-Funktion keine Rätsel mehr aufgeben, da nun auch der Sinn und die Verwendung des Rückgabetyps geklärt sind.

4.2.2 Funktionsname

Der Funktionsname wird auf die gleiche Weise wie ein Variablenname gewählt, es gelten die gleichen Regeln und Grundsätze. Er darf nicht mit einer Zahl beginnen, die Groß-

/Kleinschreibung muss auf jeden Fall beachtet werden, und er sollte, wie ein Variablenname auch, klar und aussagekräftig sein. Eine Funktion erfüllt ja immer eine klar abgesteckte Aufgabe. Deshalb sollte der Funktionsname dies auch in einem unmissverständlichen Namen widerspiegeln.

Natürlich muss man auch hier darauf achten, kein für C++ reserviertes Schlüsselwort zu verwenden, denn das würde in einem Fehler bei der Kompilierung enden. Wenn man versehentlich ein solches Schlüsselwort verwendet, erkennt man das meist daran, dass sich dieses einfärbt (in der Regel blau).

4.2.3 Parameterliste

Genau wie eine Funktion einen Wert zurückliefern kann, kann sie auch Werte übergeben bekommen. Mit diesen Werten kann die Funktion dann weiterarbeiten. Im Gegensatz zu der Rückgabe ist man hier nicht auf einen einzigen Wert beschränkt, sondern kann nahezu beliebig viele Werte übergeben. Dabei stehen sämtliche Angaben innerhalb von runden Klammern.

Wie man die Parameterliste genau angibt und was es dabei zu beachten gibt, besprechen wir etwas später. In diesem Beispiel übergeben wir keine Werte und können somit die Parameterliste leer lassen oder einfach `void` innerhalb der runden Klammern schreiben. Beides ist gültig, und man kann sich wieder mal frei entscheiden, welche Möglichkeit man in diesem Fall bevorzugt.

4.3 Aufrufen einer Funktion

Wenn man sich nun eine Funktion geschrieben hat, möchte man ja auch etwas damit anfangen können. Das Aufrufen einer Funktion ist erfreulicherweise sehr einfach. Wie Du in Zeile 20 siehst, braucht man nichts anderes zu tun, als den Namen der Funktion, gefolgt von runden Klammern und einem Semikolon, anzugeben. Innerhalb der runden Klammern stehen die Parameter, die man der Funktion übergeben möchte. Da unsere Funktion ja keine Parameter besitzt, können wir das einfach leer lassen.

Wenn die Funktion aufgerufen wird, springt das Programm automatisch in die erste Zeile der Funktion und läuft dort so lange weiter, bis deren Ende erreicht wurde. Wenn also in unserem Beispiel Zeile 20 ausgeführt wird, springt das Programm in Zeile 13, führt dort die Textausgabe aus und kehrt dann in Zeile 21 zurück.

Das Ganze ist also nicht weiter schwer. Vielleicht leuchten zu diesem Zeitpunkt der Sinn und Zweck von Funktionen nicht ganz ein, da wir noch keinen sinnvollen Anwendungsfall hatten und unsere erste kleine Funktion nur einen Text ausgibt. Spätestens beim nächsten Beispiel sollte allerdings der Aha-Effekt eintreten.

4.3.1 Funktionsprototypen

Vielleicht hast Du Dich gewundert, dass wir unsere Funktion vor die main-Funktion gepackt haben. Gerade wenn man mehrere Funktionen schreibt, kann es sehr schnell unübersichtlich werden, wenn sie alle vor der main-Funktion stehen. Doch wenn Du jetzt einfach hingehst und die Funktion hinter die main-Funktion kopierst, wird der Compiler meckern. Um zu verstehen, warum das nicht funktioniert, muss man wissen, wie der Compiler genau vorgeht. Beim eigentlichen Kompiliervorgang wird Zeile für Zeile vorgegangen. Wird nun ein Funktionsaufruf gefunden, schaut unser Compiler erst nach, ob er die aufzurufende Funktion überhaupt kennt. Wenn diese aber nun erst später folgt, beschwert sich der Compiler zu Recht, denn er weiß ja an dieser Stelle noch gar nicht, dass es diese Funktion tatsächlich gibt.

Wir müssen dem Compiler also irgendwie vorher klarmachen, dass die betreffende Funktion tatsächlich existiert und später im Quelltext auch wirklich noch zu finden ist. Das Ganze funktioniert über einen sogenannten Funktionsprototypen, auch Vorwärtsdeklaration genannt. Schauen wir dazu mal eine veränderte Version von Listing 4.1 an:

Listing 4.2 Funktionsprototypen

```
01: // C++ für Spieleprogrammierer
02: // Listing 4.2
03: // Funktionsprototypen
04: //
05: #include <iostream>
06:
07: using namespace std;
08:
09: void meineFunktion ();  // Prototyp
10:
11: // Hauptprogramm
12: //
13: int main ()
14: {
15:    meineFunktion ();      // Funktion aufrufen
16:
17:    return 0;
18: }
19:
20: // meineFunktion
21: //
22: void meineFunktion ()
23: {
24:    cout << "Funktion wurde aufgerufen" << endl;
25: }
```

Bildschirmausgabe:

```
Funktion wurde aufgerufen
```

Die Ausgabe bei diesem Beispiel ist die gleiche wie im vorherigen Beispiel auch. An der grundsätzlichen Funktionsweise hat sich nichts geändert. Was jedoch neu ist, ist der Funktionsprototyp in Zeile 9. Diese Zeile dient dazu, dem Compiler mitzuteilen, dass eine

Funktion namens meineFunktion wirklich existiert und später im Quelltext noch folgen wird. Dazu muss man einfach den Funktionskopf zu Beginn des Listings, abgeschlossen durch ein Semikolon, einmal separat aufführen.

Das Ganze funktioniert ähnlich wie bei den Variablen. Da müssen wir ja auch strikt zwischen Deklaration und Definition unterscheiden. Zeile 9 ist somit unsere Funktionsdeklaration, und die Zeilen 22 bis 25 stellen die Funktionsdefinition dar. Nun sollte auch der vorhin genannte Begriff Vorwärtsdeklaration klar werden.

4.4 Gültigkeitsbereiche

Nun wissen wir, wie eine Funktion aufgebaut ist und wie man sie aufrufen kann. Es ist also an der Zeit, etwas tiefer einzusteigen und die einzelnen Elemente einer Funktion mal genauer unter die Lupe zu nehmen. Fangen wir einfach beim Rückgabewert sowie den Begriffen **global** und **lokal** an. Dazu ein kleines Beispiel:

Listing 4.3 Rückgabewert, globale und lokale Variablen

```
01: // C++ für Spieleprogrammierer
02: // Listing 4.3
03: // Rückgabewert, globale und lokale Variablen
04: //
05: #include <iostream>
06:
07: using namespace std;
08:
09: int berechnePunkte ();        // Prototyp
10: int Bonus = 500;
11:
12: // Hauptprogramm
13: //
14: int main ()
15: {
16:    // Variablen
17:    //
18:    int Punkte;
19:
20:    Punkte = berechnePunkte ();  // Funktion aufrufen
21:
22:    cout << "Punkte: " << Punkte << endl;
23:    cout << "Davon Bonuspunkte: " << Bonus << endl;
24:
25:    return 0;
26: }
27:
28: // berechnePunkte
29: //
30: int berechnePunkte ()
31: {
32:    int Punkte;
33:
34:    cout << "Erreichte Punkte: ";
35:    cin >> Punkte;
36:
37:    Punkte += Bonus;
38:
39:    return Punkte;
40: }
```

Bildschirmausgabe:

```
Erreichte Punkte: 5200
Punkte: 5700
Davon Bonuspunkte: 500
```

Dieses kleine Programm ist von seiner Aufgabe her nichts Besonderes. Es wird einfach eine Funktion aufgerufen, welche die Punktzahl abfragt, einen Bonus hinzurechnet und das Ergebnis zurückliefert. Allerdings gibt es hier viel Neues, gerade was Variablen anbelangt.

4.4.1 Lokale Variablen

Bisher haben wir unsere Variablen ja allesamt innerhalb der main-Funktion deklariert. Ohne es zu wissen, haben wir damit jedoch eine **lokale** Variable erzeugt. Das bedeutet, dass diese nur innerhalb des Codeblockes existiert, in dem sie erzeugt wurde. In den bisherigen Fällen war das also die main-Funktion. Außerhalb dieses Codeblockes (in unserem Fall jetzt außerhalb der main-Funktion) verliert diese Variable ihre Gültigkeit und ist dem Compiler nicht bekannt. Deklarieren wir uns jetzt beispielsweise eine Variable namens highscore innerhalb der main-Funktion, so können wir sie auch nur dort verwenden. Alle anderen Funktionen außerhalb können nicht darauf zugreifen. Erzeugen wir aber einen Codeblock innerhalb der main-Funktion, ist die Variable dort natürlich weiterhin gültig.

 Hinweis:
Variablen sind immer nur in dem Codeblock, in dem sie erstellt wurden, und den dort enthaltenen Codeblöcken gültig. Außerhalb dieses Blockes verliert die Variable ihre Gültigkeit und kann nicht verwendet werden. Es handelt sich um eine lokale Variable.

Um das Ganze noch etwas deutlicher zu machen, habe ich im aktuellen Beispiel gleich zwei Mal die Variable Punkte deklariert, einmal in der main-Funktion (Zeile 18) und einmal in der Funktion berechnePunkte (Zeile 32). Dass das erlaubt ist, wird dadurch deutlich, dass uns der Compiler nicht anmeckert, weil wir versuchen, eine bereits deklarierte Variable ein zweites Mal zu deklarieren. Gerade anfangs mag das etwas verwirrend sein, da wir zwei Variablen mit dem gleichen Namen haben, die im Grunde keine Verbindung miteinander haben.

Man kann sich die Zusammenhänge etwas verdeutlichen, wenn man sich Funktionen sozusagen als Blackboxes vorstellt. Das bedeutet, dass die genauen Abläufe innerhalb einer Funktion nach außen hin unsichtbar sind. Wenn wir uns nun eine Funktion wie im obigen Beispiel schreiben (berechnePunkte), so weiß die main-Funktion nichts von deren „Innereien". Es ist nur bekannt, wie die Funktion heißt, welche Parameter sie erwartet und welchen Datentyp sie zurückliefert. Alles andere ist Geheimsache der betreffenden Funktion.

Wichtig ist, dass man sich im Klaren darüber ist, dass in diesem Beispiel **zwei** Variablen mit dem Namen Punkte existieren. Jede dieser beiden Variablen ist voneinander unabhängig und besitzt ihren eigenen Wert. Wenn wir die Variable Punkte ändern, die innerhalb der Funktion `berechnePunkte` deklariert ist, so ändert sich dabei nichts an der Variablen `Punkte` innerhalb der `main`-Funktion und umgekehrt.

4.4.2 Globale Variablen

So, schauen wir uns Zeile 10 etwas genauer an. Dort wird eine Variable namens `Bonus` deklariert und definiert. Im Grunde nichts Neues, nur dass wir das dieses Mal außerhalb der `main`-Funktion machen. Dadurch, dass diese Variable nicht innerhalb eines Codeblockes deklariert wurde, wird sie zu einer **globalen** Variable. Das bedeutet, dass sie überall verfügbar ist, auch in unserer selbst geschriebenen Funktion.

Da unsere Variable global ist, können wir sie einfach und ohne Aufwand überall dort verwenden, wo wir sie benötigen. Hätten wir sie dagegen innerhalb der `main`-Funktion deklariert, wäre sie nicht innerhalb der Funktion `berechnePunkte` bekannt, und wir hätten somit nicht damit arbeiten können. Der einzige Ausweg aus dieser Misere wäre gewesen, die Variable als Parameter zu übergeben (wie das genau funktioniert, sehen wir dann später). Aber warum umständlich, wenn's auch einfach geht?

4.4.3 Das wäre ja zu einfach gewesen: globale Variablen am Pranger

Dass die Variable `Bonus` in diesem Beispiel global ist, hat uns etwas Arbeit erspart. Tatsächlich spricht rein von der Funktionalität her nichts dagegen, dass man eine Variable global erzeugt, um sie überall verwenden zu können. Doch was hier wie eine gute Lösung klingt, ist in Wirklichkeit gar nicht mal so ungefährlich. Stell Dir dazu einfach vor, dass Du ein sehr großes Programm geschrieben hast, das sich über mehrere Tausend Codezeilen erstreckt. Ganz am Anfang hast Du eine globale Variable deklariert, die ja nun überall im Programm verändert werden kann. Nun verhält sich Dein Programm plötzlich anders als erwartet, und irgendwie zickt die globale Variable herum. Sicherlich ist Dir klar, dass das dann eine Menge Arbeit bei der Fehlersuche bedeutet, da grundsätzlich jede Funktion und jede Programmzeile daran schuld sein könnte.

Das ist in etwa so, als ob Du Dein Auto offen auf die Straße stellst, mit dem Schild auf dem Dach *„jeder darf mich fahren"*. Eines Morgens steht das Auto verbeult vor Deinem Haus, und der Schuldige könnte einer von Hunderten sein. Genauso schwer gestaltet sich die Suche auch, wenn es um globale Variablen geht. Wenn jede Funktion und jede Programmzeile eine Variable verändern können, so ist die Fehlersuche gleich bedeutend schwieriger.

Natürlich ist es etwas mehr Arbeit, wenn man ohne globale Variablen arbeitet und stattdessen Variablen als Parameter übergibt (ja, ja, dazu kommen wir gleich). Aber dieser Aufwand lohnt sich auf Dauer, auch wenn das hier an dieser Stelle vielleicht noch nicht so ersichtlich ist. Man verschafft sich auf diese Weise einfach mehr Überblick und gibt Funktionen dadurch explizit Zugriffsrechte auf bestimmte Variablen.

Zugunsten der Einfachheit werde ich allerdings fürs Erste weiterhin globale Variablen verwenden. Wie wir noch sehen werden, kann man nämlich nicht so ohne Weiteres eine Variable in einer Funktion verändern, wenn diese nur als Parameter übergeben wurde.

4.5 Verwenden der Funktionsparameter

Nachdem es bisher viel theoretisches Blabla rund um die Funktionen gab, wenden wir uns jetzt wieder etwas mehr der Praxis zu. Beim Funktionskopf haben wir ja bisher immer den Bereich für die Funktionsparameter ausgelassen, und es ist jetzt an der Zeit, das zu ändern. Um gleich ein sinnvolles Beispiel zu liefern, wird eine Funktion geschrieben, die eine Punktzahl ausrechnet und dabei sowohl Werte übergeben bekommt, als auch einen Wert zurückliefert. Schauen wir uns das einfach mal an:

Listing 4.4 Funktionsparameter verwenden

```
01: // C++ für Spieleprogrammierer
02: // Listing 4.4
03: // Funktionsparameter verwenden
04: //
05: #include <iostream>
06:
07: using namespace std;
08:
09: int berechnePunkte (int Punkte, int Restzeit, int Zeitfaktor);
10:
11: // Hauptprogramm
12: //
13: int main ()
14: {
15:    // Variablen
16:    //
17:    int Gesamtpunkte = 0;   // Punkte, die insgesamt erreicht wurden
18:    int Punkte = 0;         // Punkte bisher
19:    int Restzeit = 0;       // Restzeit in Sekunden
20:    int Zeitfaktor = 0;     // Punktebonus pro Sekunde
21:
22:    // Abfragen der benötigten Werte
23:    cout << "Wie viele Punkte wurden bisher erreicht: ";
24:    cin >> Punkte;
25:
26:    cout << "Restzeit in Sekunden: ";
27:    cin >> Restzeit;
28:
29:    cout << "Punktebonus pro Sekunde: ";
30:    cin >> Zeitfaktor;
31:
32:    // Gesamtpunkte durch Aufrufen der Funktion berechnen
33:    Gesamtpunkte = berechnePunkte (Punkte, Restzeit, Zeitfaktor);
34:
35:    // Gesamtpunkte anzeigen
36:    cout << "\nInsgesamt wurden " << Gesamtpunkte;
37:    cout << " Punkte erreicht! " << endl;
38:
39:    return 0;
40: }
41:
42: // berechnePunkte
43: //
44: int berechnePunkte (int Punkte, int Restzeit, int Zeitfaktor)
```

```
45: {
46:    int Temp;    // Zwischenwert
47:
48:    // Berechnung der Gesamtpunktzahl
49:    Temp = Punkte + Restzeit * Zeitfaktor;
50:
51:    // Rückgabe des Ergebnisses
52:    return Temp;
53: }
```

Bildschirmausgabe:

```
Wie viele Punkte wurden bisher erreicht: 5200
Restzeit in Sekunden: 14
Punktebonus pro Sekunde: 25
Insgesamt wurden 5550 Punkte erreicht!
```

Der allgemeine Ablauf des Programms sollte im Grunde einleuchtend sein, da nicht wirklich viel Neues hinzugekommen ist. Wir erzeugen einfach in den Zeilen 16 bis 19 die nötigen Variablen, um die Punkte, den Zeitbonus und so weiter zu speichern. Dann fragen wir in den Zeilen 23 bis 30 die Werte ab. In Zeile 33 rufen wir nun zum ersten Mal eine Funktion auf, der wir einige Parameter übergeben, und speichern den Rückgabewert der Funktion in der Variablen Gesamtpunkte. Was **intern** genau passiert, wenn man Parameter übergibt, klären wir gleich im Anschluss.

Die eigentliche Funktion innerhalb der Zeilen 44 bis 53 ist vom Ablauf her nicht sonderlich aufregend. Es wird einfach in Zeile 49 das Ergebnis berechnet und in Zeile 52 per return-Befehl zurückgegeben. Was hier (und im Prototyp in der Zeile) auffällt, ist die Tatsache, dass wir für den Rückgabewert nur den Datentyp angeben, für die Parameter allerdings Datentyp und einen Namen. Nach kurzem Überlegen kommt man allerdings von selbst drauf, warum das so ist: Es kann ja immer nur ein einziger Rückgabewert existieren, aber dafür beliebig viele Parameter. Logischerweise muss man diese irgendwie unterscheiden können, und das passiert eben wie bei „normalen" Variablen auch per Name.

Möglicherweise findest Du irgendwann einen Quellcode, in dem bei einem Funktionsprototyp keine Namen, sondern nur Datentypen als Parameter angegeben wurden. Das ist eine durchaus gängige Technik, die auch erlaubt ist. Für den Prototyp ist es ja nur wichtig, dass man angibt, welche Datentypen übergeben werden sollen. Die Namen sind hier unerheblich und spielen nur in der eigentlichen Funktionsdefinition eine Rolle. Ich für meinen Teil verwende jedoch grundsätzlich immer Namen im Prototyp, denn damit wird der Quellcode noch mal ein Stückchen übersichtlicher. Später, wenn wir Funktionsdeklaration und Funktionsdefinition in zwei separate Dateien unterteilen, wird das etwas deutlicher.

 Hinweis:
Achte unbedingt darauf, dass Du die Parameter beim Aufrufen einer Funktion genau in der gleichen Reihenfolge angibst, wie sie im Funktionsprototyp/Funktionskopf aufgeführt sind. Der Compiler unterscheidet hier nicht von selbst nach Namen oder Typ, sondern allein anhand der Reihenfolge.

4.5.1 Der Stack

Am besten, Du holst Dir jetzt mal was zu trinken, denn dieser Absatz wird nun etwas trocken und ziemlich theoretisch. Als kleiner Ausgleich dafür ist er auch nicht allzu lang. Dennoch ist es wichtig zu wissen, was intern genau passiert, wenn eine Funktion aufgerufen wird.

Im obigen Beispiel haben wir ja der Funktion berechnePunkte die Parameter Punkte, Restzeit und Zeitfaktor übergeben. Diese haben wir ausschließlich zur Berechnung der Gesamtpunktzahl verwendet, ohne sie dabei zu verändern. Nun könnte man meinen, dass, wenn man die Variable Punkte innerhalb der Funktion berechnePunkte verändert, sich auch die Variable Punkte innerhalb der main-Funktion ändert. Auf den ersten Blick wäre das logisch, da wir diese Variable der Funktion zur weiteren Verwendung übergeben. Um zu verdeutlichen, um was es hier genau geht, mal ein kleines Beispiel:

Listing 4.5 Funktionen intern: der Stack

```
01: // C++ für Spieleprogrammierer
02: // Listing 4.5
03: // Funktionen intern: Der Stack
04: //
05: #include <iostream>
06:
07: using namespace std;
08:
09: void erhoehePunkte (int Punkte);
10:
11: // Hauptprogramm
12: //
13: int main ()
14: {
15:    // Variablen
16:    //
17:    int Punkte = 1000;   // Punkte
18:
19:    cout << "Punkte vor Funktionsaufruf : " << Punkte << endl;
20:
21:    erhoehePunkte (Punkte);
22:
23:    cout << "Punkte nach Funktionsaufruf: " << Punkte << endl;
24:
25:    return 0;
26: }
27:
28: // erhoehePunkte
29: //
30: void erhoehePunkte (int Punkte)
31: {
32:    Punkte+=100;
33: }
```

Bildschirmausgabe:

```
Punkte vor Funktionsaufruf : 1000
Punkte nach Funktionsaufruf: 1000
```

Um genau zu verstehen, was passiert, wenn wir Werte an eine Funktion übergeben, gibt es nichts Besseres, als das einfach mal auszuprobieren. Wir erzeugen uns in Zeile 17 eine Variable namens `Punkte` und weisen dieser einfach mal den Wert 1000 zu. In Zeile 19 geben wir diesen Wert noch zur Bestätigung aus. Jetzt rufen wir in Zeile 21 die Funktion `erhoehePunkte` auf und übergeben dieser unsere oben erzeugte Variable. Schaut man sich jetzt diese Funktion an, so sieht man, dass die übergebene Variable um den Wert 100 erhöht wird. Nun wird in Zeile 23 noch der Wert der Variablen `Punkte` ausgegeben. Erstaunlicherweise ist der Wert trotzdem gleich geblieben. Man fragt sich jetzt, wieso das so ist und warum es keine Änderung gab.

Kurz und bündig gesagt, ist der Grund dafür der, dass die Variable nicht wirklich übergeben, sondern nur eine lokale Kopie innerhalb der Funktion erzeugt wird. Das bedeutet, dass in der Funktion tatsächlich eine neue Variable erzeugt wird, die außer ihrem Wert mit unserer übergebenen Variablen nicht wirklich etwas zu tun hat. Damit das funktioniert, wird der Wert unserer originalen Variablen auf den sogenannten Stack gelegt und dann in der Funktion wieder von diesem abgeholt. Doch was ist eigentlich ein Stack? Der Stack ist ein eigener Speicherbereich, der eben für solche und andere Operationen verwendet wird. Das Besondere am Stack ist sein Funktionsprinzip, das „*Last in first out*" genannt wird. Dieser mal wieder aus dem Englischen stammende Begriff bedeutet auf Deutsch so viel wie „*Zuerst rein, zuletzt raus*". Übersetzt man jetzt auch noch den Begriff „*Stack*" ins Deutsche, geht einem vielleicht ein Licht auf, denn Stack bedeutet einfach **Stapel**. Und genauso verhält sich dieser auch. Stell Dir vor, Du nimmst ein paar Teller und stapelst diese aufeinander. Der letzte Teller, der oben drauf gelegt wurde, wird auch als erster wieder vom Stapel genommen, wenn er gebraucht wird. Der erste Teller, der hingelegt wurde (also jetzt der unterste), ist somit auch der letzte, der dem Stapel entnommen wird.

Wenn wir nun in Zeile 21 unsere Funktion `erhoehePunkte` aufrufen, dann wird der Inhalt der übergebenen Variablen `Punkte` (also momentan der Wert 1000) auf den Stack gelegt und dann zu der Funktion in Zeile 30 gesprungen. Da dort ja sowohl ein Name als auch ein Datentyp im Funktionskopf stehen, wird eine neue Variable erzeugt. Nun wird der oberste Eintrag auf dem Stack (also der Wert, der beim Aufrufen hineingeschoben wurde), wieder vom Stapel heruntergeholt und unserer frisch erzeugten Variablen zugewiesen. Wir haben nun also eine Kopie erzeugt, die zwar den gleichen Datentyp und auch den gleichen Wert wie das Original hat, aber eben kein Original **ist**. Somit spielen sich Änderungen an dieser Variablen auch nur innerhalb der Funktion ab und beeinflussen die Originalvariable innerhalb der `main`-Funktion nicht.

Es ist (wie immer) wichtig, dieses Prinzip verstanden zu haben. Zumindest sollte klar sein, dass man eine auf diese Weise übergebene Variable nicht innerhalb der Funktion ändern kann, da es sich um eine lokale Kopie handelt.

4.6 inline-Funktionen

Wenn wir eine Funktion schreiben, so generiert unser Compiler für diese Funktion den entsprechenden Assembler-Code natürlich nur einmal und ruft diesen dann jedes Mal auf, wenn wir die Funktion aufrufen. Das ist logischerweise auch sinnvoll, denn es wäre ja Unsinn, jedes Mal wieder den Assembler-Code zu kopieren, wenn eine Funktion aufgerufen wird. Was hier allerdings Speicher spart, hat den entscheidenden Nachteil der langsameren Geschwindigkeit. Es muss jedes Mal bei Aufrufen einer Funktion der Stack in Anspruch genommen und verzweigt werden. Gerade bei kleineren Funktionen kann dies eine unnötige Verschwendung von Rechenzeit sein. Und bei Computerspielen zählen bekanntermaßen jeder Taktzyklus und jede Rechenoperation der CPU.

Wenn man sich nun einige Funktionen geschrieben hat, kann man sich diejenigen heraussuchen, die recht kurz gehalten sind und sehr häufig aufgerufen werden, und diese `inline` deklarieren.

Dadurch teilt man dem Compiler mit, dass diese Funktion nicht als separater Assembler-Code erzeugt werden soll, sondern jedes Mal tatsächlich neu eingefügt wird, wenn sie aufgerufen wird. Der Compiler baut seinen Code also nun so, dass es intern keine echte Funktion mehr ist, sondern so kompiliert wird, als ob der Code der Funktion tatsächlich an der Stelle steht, an der er aufgerufen wird.

Was hier recht komplex klingt, ist für uns allerdings einfach zu handhaben, da uns der Compiler die eigentliche Arbeit abnimmt. Wir sagen nur, dass eine bestimmte Funktion `inline` sein soll, und der Rest geschieht automatisch. Und so schaut das Ganze aus:

Listing 4.6 inline-Funktionen

```
01: // C++ für Spieleprogrammierer
02: // Listing 4.6
03: // inline-Funktionen
04: //
05: #include <iostream>
06:
07: using namespace std;
08:
09: // testeHighscore
10: //
11: inline void testeHighscore (int Punkte, int Highscore)
12: {
13:   if (Punkte > Highscore)
14:     cout << "Highscore wurde geknackt !" << endl;
15:   else
16:     cout << "Leider kein neuer Highscore" << endl;
17: }
18:
19: // Hauptprogramm
20: //
21: int main ()
22: {
23:   // Variablen
24:   //
25:   int Punkte = 0;        // Erreichte Punkte
26:   int Highscore = 6510;  // Bisheriger Highscore
27:
28:   // Punkte abfragen
```

```
29:    cout << "Erreichte Punktzahl: ";
30:    cin >> Punkte;
31:
32:    // Testen, ob neuer Highscore erreicht wurde
33:    testeHighscore (Punkte, Highscore);
34:
35:    return 0;
36: }
```

Bildschirmausgabe:

```
Erreichte Punktzahl: 1500
Highscore wurde geknackt !
```

Nicht wirklich viel Neues, oder? Stimmt, bis auf das Schlüsselwort inline, das immer vor dem Rückgabetypen stehen muss, gibt es hier eigentlich nichts, was wir nicht schon kennen. Trotzdem gibt es zu diesem einen kleinen Wörtchen eine Menge zu sagen. Zuerst einmal ist es wichtig zu wissen, dass die Definition der eigentlichen Funktion noch **vor** der Stelle erfolgen muss, an der sie aufgerufen wird. Das liegt daran, dass unser Compiler den eigentlichen Quelltext der Funktion schon einmal „gesehen" haben muss, **bevor** er ihn inline verwenden kann. Wenn wir hier, so wie in den anderen Beispielen, einen Prototyp verwendet hätten und die eigentliche Definition **nach** der main-Funktion erfolgt wäre, dann würde unser Compiler zwar nicht meckern, aber die Funktion würde trotzdem „normal" kompiliert, statt inline eingebaut zu werden.

Die zweite Sache, die beachtet werden muss, ist die, dass nicht wie erwartet **wir** es sind, die entscheiden, ob die Funktion letzten Endes wirklich inline sein wird, sondern der Compiler. Wenn wir das Schlüsselwort inline verwenden, so teilen wir dem Compiler lediglich mit, dass wir vorschlagen, diese Funktion eben inline zu machen. Da der Geschwindigkeitsvorteil in direktem Zusammenhang mit der Größe des fertigen Programms steht, können wir leicht eine Fehlentscheidung treffen. Man mag denken, durch die inline-Funktion Zeit gespart zu haben, aber unser Compiler weiß es eben einfach besser und entscheidet letzten Endes selbst, wie er vorgeht. Ist man sich aber sicher, selbst die beste Entscheidung getroffen zu haben, so kann man dem Compiler eine inline-Funktion auch einfach aufzwingen. Durch das Schlüsselwort __forceinline (zwei Unterstriche) sagen wir dem Compiler, dass wir der Meinung sind, es besser zu wissen, und er uns gefälligst diese Entscheidung nicht abnehmen soll. Allerdings gibt es auch hier Ausnahmen, bei denen der Compiler dann trotzdem das letzte Wort hat. Diese sind hier an dieser Stelle allerdings nicht von Belang. Man muss jedoch beachten, dass __forceinline nicht dem ANSI-Standard entspricht. Somit ist nicht garantiert, dass dies mit jedem Compiler funktioniert.

Zu guter Letzt gibt es noch eine weitere Sache, die beachtet werden muss: Im Debug-Modus gibt es normalerweise keine inline-Funktionen, sosehr wir auch auf Knien herumrutschen und unserem Compiler sämtliche Schlüsselwörter hinterherwerfen. Das liegt daran, dass im Debug-Modus die Optimierungen ausgeschaltet sind. Und eine inline-Funktion ist ja eine solche Optimierung.

4.7   Wann setzt man Funktionen ein?

Die bisherigen Beispiele zeigen zwar, wie man Funktionen verwendet, aber richtig nützlich waren diese Funktionen nun wirklich nicht. Der Grund dafür liegt auf der Hand: Es ging bisher erst mal darum zu verstehen, wie man mit Funktionen arbeitet, wobei der Quellcode natürlich so einfach wie möglich gehalten wurde, um beim Kern zu bleiben.

Bei solchen Beispielen ist natürlich die Gefahr groß, dass man den wirklichen Nutzen und das Einsatzgebiet von Funktionen nicht gleich erkennt, denn bisher hätten wir die Beispiele auch ohne die Verwendung von Funktionen schreiben können und dabei sogar noch Platz gespart. Schaut man aber nun einen Schritt nach vorne, so erkennt man, dass es nicht immer bei so vergleichsweise kleinen Programmen bleiben wird. In einem richtigen Spiel hat man Tausende von Programmzeilen und einfach auch komplexeren Quellcode. Ich denke, Du weißt, worauf ich hinauswill: Die in einem solchen Projekt verwendeten Funktionen sind um einiges umfangreicher als die bisher hier gezeigten Beispiele.

Nun stellt sich jetzt die Frage, wann es sinnvoll ist, einen Teil des Quellcodes in eine Funktion zu packen, und wann nicht. In den bisherigen Beispielen war es sicher nicht sinnvoll, extra eine Funktion zu schreiben, um etwa einen Zeitbonus auf die aktuelle Punktzahl zu rechnen. Doch wie entscheidet man nun, wann es angebracht ist, eine Funktion zu schreiben? Im Grunde gibt es dafür nur eine einzige, recht kurze und leicht zu merkende Regel:

Hinweis:
Wenn ein gewisser Codeteil häufig wiederholt wird, ohne dass wesentliche Änderungen auftreten, und dieser Codeteil aus mehreren Zeilen besteht, dann ist er ein potenzieller Kandidat für eine Funktion.

Damit sollte deutlich werden, wann eine Funktion angebracht ist und wann nicht. Natürlich gehört da auch ein kleines bisschen Erfahrung und Praxis dazu, aber man erkennt schnell, wann man sich für welche Lösung entscheidet.

Sicherlich kommt es auch mal vor, dass eine Funktion mit der Zeit recht groß wird, da einem immer wieder etwas Neues einfällt, was man noch einbauen könnte. Hier gilt dann ebenfalls die Faustregel etwas weiter oben. Man sollte sich auch hier Gedanken machen, welche Teile man vielleicht in eine weitere Funktion auslagern könnte. Natürlich spricht nichts dagegen, dass eine Funktion eine andere Funktion aufrufen kann.

Genau wie bei den Schleifen und Bedingungen kann man hier auch „verschachteln". Es ist nämlich durchaus erlaubt (und oft sinnvoll), eine Funktion innerhalb einer anderen Funktion aufzurufen.

4.7.1   Und wann soll's inline sein?

Die nächste Frage, die sich stellt, ist die, wann eine Funktion `inline` sein soll und wann nicht. Natürlich könnte man nun hergehen und einfach alle Funktionen standardmäßig als inline deklarieren, da ja letzten Endes der Compiler entscheidet, ob dies auch tatsächlich umgesetzt wird. Dies ist allerdings keine wirklich gute Lösung, da selbst zu denken trotz eines intelligenten Compilers noch gefragt ist. Außerdem wird dadurch der Quellcode wieder unübersichtlicher. Auch hier gibt es eine kleine Faustregel, die man sich merken sollte:

Hinweis:
Wenn eine Funktion nur aus wenigen kurzen Zeilen besteht und nicht an übermäßig vielen Stellen im Programm aufgerufen wird, dann riecht es verdächtig nach inline. Wenn diese Funktion nun auch noch sehr häufig pro Programmdurchlauf aufgerufen wird, dann macht inline in der Regel Sinn.

Hier handelt es sich, wie schon gesagt, um Faustregeln. Diese treffen meist zu, sind aber in diesem Sinne nicht unumstößlich. Sicherlich gibt es Situationen, in denen man noch einmal separat und unter anderen Gesichtspunkten abwägen muss.

4.8 Überladene Funktionen

Überladene Funktionen? Was ist denn das nun wieder? Etwa Funktionen, die so groß sind, dass sie überladen wirken? Nun, das mag es zwar auch geben, aber das hat dann nichts mehr mit dieser Überschrift hier zu tun. Überladene Funktionen sind recht nützlich, machen vieles einfacher und sind nicht schwer zu erstellen. Aber um zu sehen, wozu man sie braucht, schauen wir uns erst mal ein Beispiel an, bei dem wir ohne überladene Funktionen auf ein kleineres Problem stoßen:

Listing 4.7 Bereichsabfrage

```
01: // C++ für Spieleprogrammierer
02: // Listing 4.7
03: // Bereichsabfrage
04: //
05: #include <iostream>
06:
07: using namespace std;
08:
09: bool testeBereich (int Position, int Min, int Max); // Prototyp
10:
11: // Hauptprogramm
12: //
13: int main ()
14: {
15:   // Variablen
16:   //
17:   int Minimum = 0;
18:   int Maximum = 800;
19:   int xPosition;
20:
21:   cout << "Spielerposition auf der x-Achse: ";
22:   cin >> xPosition;
23:
24:   if (testeBereich (xPosition, Minimum, Maximum) == true)
25:     cout << "Spieler ist noch auf dem Bildschirm" << endl;
26:   else
27:     cout << "Spieler ist ausserhalb des Bildschirms" << endl;
```

```
28:
29:    return 0;
30: }
31:
32: // testeBereich
33: //
34: bool testeBereich (int Position, int Min, int Max)
35: {
36:    if ((Position >= Min) && (Position < Max))
37:      return true;
38:    else
39:      return false;
40: }
```

Bildschirmausgabe:

```
Spielerposition auf der x-Achse: 900
Spieler ist ausserhalb des Bildschirms
```

Dieses Beispiel hat jetzt noch nichts mit überladenen Funktionen zu tun, aber es bringt uns dennoch einiges Neues. Die Aufgabe, die dieses Programm erfüllt, ist im Prinzip recht einfach. Stell Dir vor, Du hast eine Spielfigur, die sich in einem 2D-Spiel frei über den Bildschirm bewegen kann. Nun muss man natürlich feststellen, ob sich die Figur noch im erlaubten Bereich befindet. Dieser Bereich ist in diesem Fall einfach der Bildschirm. Der Einfachheit halber prüfen wir allerdings nur auf die horizontale Position, also die Position auf der x-Achse. In den Zeilen 17 und 18 erzeugen wir uns deshalb einfach zwei Variablen, die den linken und rechten Rand angeben (Minimum und Maximum). Direkt im Anschluss fragen wir dann ab, auf welcher Position sich der Spieler gerade befindet. Was wir jetzt brauchen, ist ein bisschen Quellcode, der für uns ermittelt, ob sich der angegebene Wert innerhalb des festgelegten Bereiches befindet. Da wir ja gut im Vorausdenken sind, entscheiden wir uns, diese Aufgabe in eine Funktion zu packen, die in den Zeilen 34 bis 40 definiert ist. Schließlich ist es sehr wahrscheinlich, dass wir so eine Bereichsprüfung auch noch für andere Dinge gebrauchen können.

Die eigentliche Funktionsweise von testeBereich braucht hier sicher nicht mehr weiter erklärt zu werden, denn es ist dort nichts Neues oder Unbekanntes zu finden. Das einzig Interessante an dieser Funktion ist, dass sie einfach true oder false, je nach Ergebnis der Prüfung, zurückliefert. Dadurch kann man schön zeigen, dass man Funktionen auch innerhalb von Bedingungen aufrufen kann, wie es in Zeile 24 der Fall ist. In diesem Fall spart uns das einfach das Anlegen einer Zwischenvariablen, in der wir sonst den Rückgabewert der Funktion hätten speichern müssen. Im Grunde kann man fast überall dort, wo man eine Variable verwenden kann, auch einen Funktionsaufruf verwenden, wenn dieser einen Rückgabewert liefert. Sogar das Einsetzen als Parameter einer Funktion ist möglich, wenn auch nicht unbedingt immer sinnvoll und übersichtlich.

Gut, kommen wir mal zurück zu den überladenen Funktionen, die zwar schon angesprochen, aber noch nicht behandelt wurden. Wir haben uns jetzt unsere tolle Funktion geschrieben, die prüft, ob ein Wert innerhalb eines bestimmten Bereiches liegt. Für dieses

Beispiel war das ja noch ausreichend und hat tadellos funktioniert. Jetzt überleg Dir aber, was Du machen würdest, wenn plötzlich eine Situation auftritt, in der man eine solche Bereichsabfrage nicht nur für Integer-Werte braucht, sondern beispielsweise für floats. Tritt dieser Fall ein, so steht man vor dem Problem, dass unser schöner Funktionsname `teste-Bereich` schon vergeben ist, und zwar für die Funktion, um `int`-Werte zu prüfen. Man könnte nun natürlich hergehen und für jeden Datentyp eine solche Funktion schreiben, also `testeBereichInt` und `testeBereichFloat`. Es sollte einleuchtend sein, dass dies wohl nicht die beste Lösung ist. Zum einen werden die Funktionsnamen unleserlich, man muss mehr tippen, und es geht ein gewisser Grad an Einheitlichkeit verloren. Gut wäre es, wenn es eine Möglichkeit gäbe, wenn man ein und denselben Funktionsnamen, nur eben mit unterschiedlichen Parametern, mehrfach verwenden könnte, oder? Und noch besser wäre es, wenn der Compiler beim Aufrufen automatisch erkennt, welche Funktion er denn aufrufen soll. Bei allem, um was wir uns bisher selbst kümmern mussten, klingt das schon fast wie ein bisschen zu viel Luxus. Doch erfreulicherweise ist genau das möglich: Wir können mehrere Funktionen mit dem gleichen Namen definieren, solange diese sich in ihrer Parameterliste unterscheiden. Den Rest macht der Compiler automatisch!

Was hier so toll klingt, ist nicht nur praktisch, sondern auch sehr einfach umzusetzen. Um zu beweisen, **wie** einfach das geht, schauen wir uns einfach mal das folgende Beispiel an:

Listing 4.8 Überladene Funktionen

```
01: // C++ für Spieleprogrammierer
02: // Listing 4.8
03: // Überladene Funktionen
04: //
05: #include <iostream>
06:
07: using namespace std;
08:
09: void testeBereich (int Wert, int Min, int Max);          // Prototyp
10: void testeBereich (float Wert, float Min, float Max); // Prototyp
11:
12: // Hauptprogramm
13: //
14: int main ()
15: {
16:    // Variablen
17:    //
18:    int Minimum = 0;
19:    int Maximum = 800;
20:    int Wert = 560;
21:
22:    float fMinimum = 100.0f;
23:    float fMaximum = 1000.0f;
24:    float fWert = 23.5f;
25:
26:    testeBereich (Wert, Minimum, Maximum);
27:    testeBereich (fWert, fMinimum, fMaximum);
28:
29:    return 0;
30: }
31:
32: // testeBereich (für Integer-Werte)
33: //
34: void testeBereich (int Wert, int Min, int Max)
35: {
36:    if ((Wert >= Min) && (Wert <= Max))
```

```
37:      cout << "(int) Wert innerhalb des Bereichs" << endl;
38:    else
39:      cout << "(int) Wert ausserhalb des Bereichs" << endl;
40: }
41:
42: // testeBereich (für float-Werte)
43: //
44: void testeBereich (float Wert, float Min, float Max)
45: {
46:    if ((Wert >= Min) && (Wert <= Max))
47:      cout << "(float) Wert innerhalb des Bereichs" << endl;
48:    else
49:      cout << "(float) Wert ausserhalb des Bereichs" << endl;
50: }
```

Bevor wir nun endgültig zu den überladenen Funktionen kommen, erst mal eine kleine Anmerkung zu diesem Beispiel: Wie Du sicherlich schon bemerkt hast, schaut unsere testeBereich-Funktion nun ein wenig anders aus. Die Ausgabe, ob der Wert innerhalb des Bereiches ist, erfolgt nun direkt innerhalb der Funktion. Damit machen wir es uns einfach ein bisschen leichter und blähen das Beispiel nicht unnötig auf.

Ansonsten ist alles recht ähnlich wie im vorherigen Beispiel. Was neu hinzugekommen ist, ist eine zweite Funktion, die sich zwar auch testeBereich nennt, aber eine andere Parameterliste aufweist. Wir haben jetzt also zwei Funktionen, eine mit Integern und eine mit Floats als Datentypen für die übergebenen Werte. Die Prototypen dazu stehen in den Zeilen 9 und 10.

In den Zeilen 34 bis 50 findet man jetzt die Definitionen unserer überladenen Funktionen; für jeden Datentyp eine separate Funktion.

Genau das ist das Prinzip der überladenen Funktionen. Man schreibt eine Funktion mehrmals mit dem gleichen Namen, aber einer unterschiedlichen Parameterliste. Ruft man nun die Funktion auf, so erkennt der Compiler anhand der übergebenen Datentypen automatisch, welche Funktion er nun wirklich aufrufen muss.

Um das zu beweisen, erzeugen wir uns in den Zeilen 18 bis 20 drei Integer-Variablen sowie in den Zeilen 22 bis 24 drei float-Variablen. In Zeile 26 rufen wir jetzt die Funktion testeBereich auf und übergeben dieser drei Integer-Variablen. In Zeile 27 wird ebenfalls wieder die Funktion testeBereich aufgerufen, nur dass dieser eben drei float-Variablen übergeben werden. Wie man dann anhand der Bildschirmausgabe sehen kann, wird in beiden Fällen die korrekte Funktion aufgerufen (um das deutlich zu machen, wurde in der jeweiligen Funktion noch der Datentyp mit ausgegeben).

Nun, das ist eigentlich schon fast der ganze Zauber. Wie gesagt: fast. Denn es gibt noch einige kleine Anmerkungen, die man beim Überladen von Funktionen beachten muss. Zum einen ist dies die Tatsache, dass eine Funktion nur anhand ihrer Parameterliste überladen werden kann. Dazu müssen sich Anzahl und/oder Art der Datentypen unbedingt und ohne Verwechslungsgefahr unterscheiden. Nur die Namen der Parameter auszutauschen bringt nichts, da sie im Grunde eh nicht relevant sind. Nur dann, wenn sich die Parameterlisten wirklich unterscheiden, kann eine Funktion überladen werden.

Der zweite, aber wohl wichtigste Punkt ist, dass man Funktionen nicht anhand ihres Rückgabewertes überladen kann. Wenn man also zwei Funktionen hat, die eine identische Parameterliste haben und sich **nur** anhand ihres Rückgabewertes unterscheiden, wird der Compiler sich strikt weigern, das zu kompilieren. Allerdings ist es erlaubt, unterschiedliche Rückgabetypen zu verwenden, wenn sich die Parameterliste mindestens in einem Punkt unterscheidet.

Wow, eine ganze Menge Regeln auf einmal. Das schreit gerade danach, noch einmal in aller gebotenen Kürze zusammengefasst zu werden:

Hinweis:

Funktionen können nur überladen werden, wenn sich die Parameterlisten anhand der Datentypen oder der Anzahl an Parametern unterscheiden. Möglich ist dabei auch, dass sich der Rückgabetyp unterscheidet. Verboten ist, eine Funktion nur anhand des Rückgabewertes zu überladen.

Das war eigentlich schon fast alles, was es zu den überladenen Funktionen zu sagen gibt. Schnell erklärt, eine einfache Sache und nicht weiter schwer zu verstehen. Aber die Möglichkeiten, sich das Leben als Programmierer damit einfacher zu machen, sind enorm. Man hat ein einziges Mal einen etwas erhöhten Schreibaufwand, wenn man eine Funktion quasi doppelt deklariert und definiert, doch dafür braucht man sich später auch nicht mehr um unterschiedliche Datentypen zu kümmern.

Um das Ganze etwas zu üben und zu festigen, gibt es bekanntlich nichts Besseres als eine kleine ...

4.9   Aufgabenstellung

Dieses Mal geht es um eine Aufgabe, wie man sie beim Programmieren eines Rollenspiels erwarten könnte. Auch wenn Rollenspiele nicht unbedingt Dein Ding sind, sollte bekannt sein, dass ein Charakter in einem solchen Spiel verschiedene Attribute und Fähigkeiten besitzt, die er im Laufe der Zeit verbessern kann. Dazu gehören etwa Stärke, Intelligenz und Geschwindigkeit, um nur einige zu nennen. Jedes Mal, wenn der Charakter einen Level aufsteigt, können diese Werte um einen Gewissen Prozentsatz gesteigert werden. Bei dieser Aufgabe vereinfachen wir das Ganze ein bisschen und beschränken uns auf zwei Werte: Stärke und Geschwindigkeit. Die Stärke soll dabei ein `int`-Wert sein, die Geschwindigkeit ein `float`-Wert. Diese beiden Werte sollen nun durch eine Funktion um einen gewissen Prozentsatz erhöht werden können. Dazu sollen zuerst Stärke, Geschwindigkeit und der Prozentsatz für die Steigerung abgefragt werden. Danach sollen die neuen Werte berechnet und ausgegeben werden.

4.9.1 Wie geht man an die Aufgabe heran?

Diese Aufgabe ist leichter, als man auf den ersten Blick annehmen möchte, denn alles, was dazu gebraucht wird, haben wir vorhin ja schon besprochen. Dass Stärke und Geschwindigkeit zwei unterschiedliche Datentypen sind, die jedoch die gleiche Rechnung durchlaufen sollen, schreit ja förmlich nach einer überladenen Funktion. Da bietet es sich doch an, dass man, nachdem man das Grundgerüst des Programms geschrieben hat, gleich zwei Funktionen deklariert. Ein passender Name wäre etwa `addProzent` als Kürzel für „*addiereProzent*". Eine der beiden Funktionen soll ja einen `int`-Wert um eine gewisse Prozentzahl erhöhen. Somit ist es sinnvoll, dieser Funktion den Originalwert und die Prozentzahl zu übergeben. Das berechnete Ergebnis ist ebenfalls ein `int`-Wert, weshalb der Rückgabetyp auch ein `int` sein sollte.

Die zweite Funktion soll den neuen Wert für die Geschwindigkeit berechnen, der vom Typ `float` ist. Somit ist klar, dass man ihr den Originalwert ebenfalls als `float` übergibt sowie die Prozentzahl als `int`. Das Ergebnis, das zurückgeliefert wird, ist damit logischerweise auch wieder ein `float`.

Alles Weitere sollte kein größeres Problem darstellen. Wir brauchen ja schließlich nur ein paar Variablen zu deklarieren, diese über eine Abfrage zu füllen, danach die entsprechenden Funktionen aufzurufen und letztendlich die neuen Werte auf dem Bildschirm auszugeben.

Auch hier kann es recht hilfreich sein, wenn Du Dir vorher ein Ablaufdiagramm zeichnest und die einzelnen Punkte dann Schritt für Schritt durch Quellcode ersetzt. Solltest Du an einer Stelle nicht weiterkommen, kann es nichts schaden, einfach ein paar Seiten zurückzublättern und den einen oder anderen Absatz noch einmal zu lesen.

4.9.2 Lösungsvorschlag

Na? Was macht Dein virtueller Charakter? Steigert er seine Werte wie geplant, oder verhält er sich unverhofft seltsam und ist immer noch so schwach und langsam wie zu Beginn seines Abenteuers? Ich schätze einfach mal, dass er genau das tut, was er soll. Nichtsdestotrotz schauen wir uns eine „Musterlösung" an. Natürlich ist es nicht Ziel der Aufgabe, dass Deine Lösung hundertprozentig dem hier vorgestellten Quelltext entspricht. Wichtig ist nur, dass das Resultat das gleiche ist.

Na dann, lass uns den Lösungsvorschlag anschauen und besprechen. Vergleiche Deinen Quelltext einfach mit Listing 4.9 und achte auf Unterschiede. Auch wenn Du die Aufgabe richtig gelöst hast, schadet es nicht, einen eventuell anderen Lösungsweg zu sehen.

Listing 4.9 Lösungsvorschlag zur Aufgabe in Kapitel 4

```
01: // C++ für Spieleprogrammierer
02: // Listing 4.9
03: // Lösungsvorschlag zur Aufgabe in Kapitel 4
04: //
05: #include <iostream>
06:
```

```
07: using namespace std;
08:
09: int addProzent (int Wert, int Prozent);
10: float addProzent (float Wert, int Prozent);
11:
12: // Hauptprogramm
13: //
14: int main ()
15: {
16:    // Variablen
17:    //
18:    int Staerke;
19:    float Geschwindigkeit;
20:    int Steigerung;
21:
22:    // Abfrage der Werte
23:    cout << "Bisherige Staerke des Charakters: ";
24:    cin >> Staerke;
25:
26:    cout << "Bisherige Geschwindigkeit des Charakters: ";
27:    cin >> Geschwindigkeit;
28:
29:    cout << "Steigerung in Prozent: ";
30:    cin >> Steigerung;
31:
32:    // Neue Werte berechnen
33:    Staerke = addProzent (Staerke, Steigerung);
34:    Geschwindigkeit = addProzent (Geschwindigkeit, Steigerung);
35:
36:    // Ausgabe der neuen Werte
37:    cout << "\nNeue Charakterwerte: " << endl;
38:    cout << "Staerke: " << Staerke << endl;
39:    cout << "Geschwindigkeit: " << Geschwindigkeit << endl;
40:
41:    return 0;
42: }
43:
44: // addProzent (für Integer-Werte)
45: //
46: int addProzent (int Wert, int Prozent)
47: {
48:    int neuerWert;
49:    neuerWert = Wert + (Wert*Prozent)/100;
50:    return neuerWert;
51: }
52:
53: // addProzent (für float-Werte)
54: //
55: float addProzent (float Wert, int Prozent)
56: {
57:    float neuerWert;
58:    neuerWert = Wert + (Wert*Prozent)/100.0f;
59:    return neuerWert;
60: }
```

Bildschirmausgabe:

```
Bisherige Staerke des Charakters: 150
Bisherige Geschwindigkeit des Charakters: 10.5
Steigerung in Prozent: 20

Neue Charakterwerte:
Staerke: 180
Geschwindigkeit: 12.6
```

Wie man sieht, war's gar nicht so schwer gewesen, wenn man etwas Prozentrechnung beherrscht (falls nicht, sollte man das nachholen, denn das wird immer wieder gebraucht). In den Zeilen 9 und 10 deklarieren wir unsere überladenen Funktionen zum Berechnen der neuen Charakterwerte. Die Definitionen findet man entsprechend in den Zeilen 44 bis 60. Der Inhalt beider Funktionen ist, abgesehen von den unterschiedlichen Datentypen, identisch. Es wird eine Zwischenvariable namens `neuerWert` angelegt, in der das Ergebnis der Prozentrechnung gespeichert wird. Dieser Wert wird dann per `return` zurückgegeben. Natürlich ist es nicht zwingend notwendig, diese Zwischenvariable anzulegen. Genauso gut hätte man Folgendes schreiben können:

```
return (Wert + (Wert*Prozent)/100.0f);
```

Dies hätte zwar einige Zeilen eingespart, allerdings auf Kosten der Übersichtlichkeit. Auch hier liegt es natürlich wieder an Dir, wie Du solche Situationen handhabst. Beide sind korrekt, und beide funktionieren.

Die Zeilen 18 bis 41 sind im Grunde trivial und brauchen eigentlich kaum noch eine Erklärung. Lediglich die Zeilen 33 und 34 sind ein wenig interessanter, da man hier noch mal schön sehen kann, dass wir uns tatsächlich nicht darum kümmern müssen, dass die richtige Funktion aufgerufen wird. Der Compiler nimmt uns an dieser Stelle die Arbeit ab und erleichtert uns das Programmiererdasein erheblich.

4.10 Der sinnvolle Aufbau des Quellcodes

Die Beispiele, die wir bisher gesehen haben, sind im Vergleich zu „richtigen" Programmen ja noch extrem klein und haben nur wenig Quellcode. Es ist durchaus nichts Besonderes, wenn der Quellcode kommerzieller Spiele mehrere Hunderttausend Programmzeilen enthält. Da stellt sich natürlich die Frage, wie man es gewährleistet, ein Maximum an Übersicht zu behalten. Unser Quelltext stand bisher komplett in einer einzigen Datei. Stellt man sich nun vor, eine Datei zu haben, die Tausende Quellcodezeilen hat, kommt man schnell zu dem Schluss, dass das nicht die beste Lösung sein kann. Was wir nun brauchen, ist eine Möglichkeit, Ordnung ins Chaos zu bringen. Und das auf eine einfache Weise.

Genau genommen kennen wir eigentlich schon die Lösung, denn wir haben sie bisher in jedem Beispiel verwendet: Include-Dateien! Die Datei `iostream` haben wir immer eingebunden, damit wir Zugriff auf `cout` und `cin` haben. Der Compiler kann also andere Quellcode-Dateien einbinden und den darin enthaltenen Code dem unseren hinzufügen. Dabei ist man natürlich nicht auf die Dateien beschränkt, die zur Entwicklungsumgebung dazugehören, sondern wir können uns eigene Dateien erstellen und somit unseren Quellcode sinnvoll gliedern.

Bevor wir das jetzt in der Praxis sehen, sollte erst geklärt werden, dass es mehrere Arten von Dateien gibt, die wir erzeugen und einbinden können. Wir beschränken uns jetzt allerdings erst mal auf die zwei wichtigsten davon: Header-Dateien und Quellcodedateien. Wozu jeweils die Header-Datei und die Quellcodedatei dienen, lässt sich am besten anhand der Funktionen erklären, die wir in diesem Kapitel besprochen haben. Um eine Funktion zu schreiben, haben wir ja zuerst einen Prototyp erstellt und dann, nach dem Quellcode der `main`-Funktion, die Definitionen der Funktionen geschrieben. Dieses Prinzip passt zu Header- und Quellcodedateien wie die Faust aufs Auge. Header-Dateien werden in der Regel dazu verwendet, um Prototypen zu deklarieren. In der zugehörigen Quellcodedatei finden sich dann die Definitionen. Daraus lässt sich schon schließen, dass Header- und Quellcodedateien zusammengehören.

Damit das Ganze etwas verständlicher wird, nehmen wir einfach mal an, dass wir verschiedene Funktionen geschrieben haben, die sich beispielsweise alle auf das Spielmenü beziehen. Das könnten Funktionen sein, die das Menü darstellen, die Eingaben abfragen, auswerten, Fehlermeldungen ausgeben und so weiter. Diese Funktionen kann man somit alle einer Gruppe zuordnen (Menü). Und genau hier ist ein Punkt erreicht, an dem es sinnvoll ist, diese Funktionen quasi „auszulagern", sprich, in separate Dateien zu schreiben, die wir dann einbinden können. Dadurch verhindern wir, dass einzelne Dateien übermäßig groß werden und der gesamte Quellcode somit unleserlich würde.

Schauen wir uns das jetzt in der Praxis an. Dazu nehmen wir den Quellcode aus Listing 4.9 und teilen diesen in mehrere Dateien auf. Das hat den Vorteil, dass wir uns darauf konzentrieren können, unsere Dateien zu erzeugen und einzubinden, ohne noch zusätzlichen neuen Quellcode erklären zu müssen. Um zum gewünschten Ziel zu kommen, sind die folgenden zwei Schritte notwendig:

4.11 Erstellen und Hinzufügen der neuen Dateien

Bevor wir uns daranmachen, unseren Quellcode aufzuteilen, brauchen wir erst mal zwei neue Dateien, die erzeugt und dem Projekt hinzugefügt werden müssen. Da unsere Funktionen dazu dienen, neue Charakterwerte zu berechnen, nennen wir die neuen Dateien sinnigerweise „*Charakter.hpp*" und „*Charakter.cpp*". Was sofort auffällt, sind die beiden Dateiendungen. In „purem" C hätte man diese Dateien einfach „*Charakter.h*" und „*Charakter.c*" genannt. Somit wird deutlich, ob eine Datei aus reinem C-Code besteht oder eben C++-Code. Nun ja, zumindest solange sich jeder daran hält.

Um diese Dateien nun zu erzeugen und unserem Projekt hinzuzufügen, sind nur einige wenige Schritte notwendig. Wie das funktioniert, wissen wir ja schon seit dem ersten Kapitel. Dort haben wir die Quellcodedatei erzeugt, in die wir unseren Code schreiben. Blätter einfach mal ins erste Kapitel zurück, und schau Dir das noch einmal an. Genau auf diese Weise erzeugen wir uns nun die Dateien „*charakter.hpp*" und „*charakter.cpp*", wobei man beim Hinzufügen der .hpp-Datei natürlich den entsprechenden Ordner **Headerdateien** im Projektmappen-Explorer mit rechts anklicken muss. Dabei gibt es allerdings eine Kleinigkeit zu beachten. Wenn man als neuen Dateitypen eine .cpp-Datei auswählt, genügt es, einfach einen Namen dafür anzugeben. Das „*.cpp*" wird automatisch angehängt. Bei einer Header-Datei ist das jedoch ein wenig anders. Gibt man dort einfach nur einen Namen an, so wird automatisch ein „*.h*" angehängt. Das ist zwar prinzipiell nicht schlimm, da es dem

Compiler in der Regel egal ist, ob man eine .h- oder eine .hpp-Datei verwendet. Da wir aber in C++ programmieren, sollen unsere Header-Dateien auch mit .hpp enden. Also gibt man das im Feld, in dem man den Namen der Datei hineinschreibt, einfach noch mit an. Schreibt man nämlich eine Dateiendung, so wird diese auch verwendet, anstatt dass der Compiler eine erzeugt.

Hinweis:

Es ist wichtig, dass .cpp-Dateien IMMER zum Projekt hinzugefügt werden, da sie sonst nicht kompiliert werden. Verwendest Du also eine fertige .cpp Datei, die aus einem anderen Projekt stammt, so muss diese dem Projekt auch hinzugefügt werden. Es genügt nicht, wenn sich diese Datei nur im Projektordner befindet.

Nachdem diese Dateien erzeugt wurden, können sie einfach per Doppelklick im Projektmappen-Explorer angewählt werden. Es strahlt uns dann eine leere Datei entgegen, die nur darauf wartet, von uns gefüllt zu werden. Und genau das werden wir jetzt tun. Der nun folgende Quelltext entspricht bis auf eine kleine Änderung dem Listing 4.9.

Listing 4.10 Header-Dateien

```
Datei: Listing 4_10.cpp

01: // C++ für Spieleprogrammierer
02: // Listing 4.10
03: // Verwenden von eigenen .hpp- und .cpp-Dateien
04: //
05: #include <iostream>
06: #include "charakter.hpp"
07:
08: using namespace std;
09:
10: // Hauptprogramm
11: //
12: int main ()
13: {
14:   // Variablen
15:   //
16:   int Staerke;
17:   float Geschwindigkeit;
18:   int Steigerung;
19:
20:   // Abfrage der Werte
21:   cout << "Bisherige Staerke des Charakters: ";
22:   cin >> Staerke;
23:
24:   cout << "Bisherige Geschwindigkeit des Charakters: ";
25:   cin >> Geschwindigkeit;
26:
27:   cout << "Steigerung in Prozent: ";
28:   cin >> Steigerung;
29:
30:   // Neue Werte berechnen
31:   Staerke = addProzent (Staerke, Steigerung);
32:   Geschwindigkeit = addProzent (Geschwindigkeit, Steigerung);
33:
34:   // Ausgabe der neuen Werte
35:   cout << "\nNeue Charakterwerte: " << endl;
36:   cout << "Staerke: " << Staerke << endl;
37:   cout << "Geschwindigkeit: " << Geschwindigkeit << endl;
38:
```

```
39:   return 0;
40: }
```

Datei: charakter.hpp

```
01: int   addProzent (int Wert,   int Prozent);
02: float addProzent (float Wert, int Prozent);
```

Datei: charakter.cpp

```
01: #include "charakter.hpp"
02:
03: // addProzent (für Integer-Werte)
04: //
05: int addProzent (int Wert, int Prozent)
06: {
07:   int neuerWert;
08:   neuerWert = Wert + (Wert*Prozent)/100;
09:   return neuerWert;
10: }
11:
12: // addProzent (für Float-Werte)
13: //
14: float addProzent (float Wert, int Prozent)
15: {
16:   float neuerWert;
17:   neuerWert = Wert + (Wert*Prozent)/100.0f;
18:   return neuerWert;
19: }
```

Wie bereits erwähnt, entspricht dieser Code dem Listing 4.9. Das Einzige, was neu hinzugekommen ist, ist die include-Anweisung in Zeile 6 der Datei Listing_4_10.cpp. Diese bindet die Datei charakter.hpp ein. Beim Kompilieren werden ja, wie im ersten Kapitel schon erklärt, aus den .cpp-Dateien sogenannte Objektdateien erzeugt. Damit der Compiler damit keine Schwierigkeiten hat und über jede Funktion informiert ist, binden wir in Zeile eins der Datei charakter.cpp wieder die Datei charakter.hpp ein. Was hier möglicherweise verwirrend klingt, ist auf den zweiten Blick allerdings logisch. In der Datei charakter.hpp deklarieren wir ja unsere Funktionen, erstellen also somit unsere Funktionsprototypen. Diese Prototypen sind, wie in diesem Kapitel schon erklärt, sehr wichtig, damit der Compiler weiß, welche Funktionen tatsächlich existieren. Überall dort, wo wir diese Funktionen nun benutzen wollen, müssen wir logischerweise auch die entsprechende Header-Datei einbinden. Und genau das tun wir in den Dateien Listing_4_10.cpp und charakter.cpp.

Es mag sein, dass zu diesem Zeitpunkt der Sinn und Zweck dieser Aufteilung des Quellcodes nicht sinnvoll erscheinen, sondern eher mehr Aufwand als Nutzen mit sich bringen. Allerdings ist es bei größeren Projekten unumgänglich, den Quellcode in einzelne Dateien aufzuteilen. Bei einem solch kleinen Beispiel wie eben mag das noch etwas unnötig erscheinen, aber bei richtigen Spielen und großen Programmen kommt man ohne eine solche Aufteilung nicht wirklich weiter.

Wie immer ist es etwas Übungssache, bis es mit dem Erstellen und Einbinden dieser Dateien richtig klappt.

4.12 Das Schlüsselwort „extern"

Jetzt geht es um ein Schlüsselwort, das im ganzen Buch nicht verwendet wird, dem aber dennoch ein Abschnitt gewidmet ist: extern. In der objektorientierten Programmierung sollte dieses unscheinbare Schlüsselwort nach Möglichkeit vermieden werden, da es im Grunde ein Verbündeter der globalen Variablen ist (die ja nicht im Sinne der Objektorientierung sind). Dennoch findet man dieses Schlüsselwort recht häufig in Quelltexten, und es muss sogar in einigen Fällen verwendet werden, wenn man alten Code in purem C verwenden will oder muss.

So wie bisher eigentlich immer, gibt es auch bei unserem aktuellen Thema mal wieder ein kleines Problem, das sich bisher nicht lösen lässt. Dieses kleine Problemchen hat sich allerdings gut versteckt und ist uns noch nicht begegnet. Eigentlich sollten wir ja froh sein, wenn Schwierigkeiten gar nicht erst auftauchen, doch das sind wir nicht. Im Gegenteil, wenn das Problem nicht zu uns kommt, kommen wir eben zu ihm und beschwören es absichtlich herauf. Füge einfach eine globale Variable in den Quellcode der Datei Listing_4_10.cpp aus dem vorherigen Beispiel ein. Beispielsweise könnte das so aussehen, dass man die bisher leere Zeile 9 mit folgendem Inhalt füllt:

```
09: int Testvariable = 1234;
```

Jetzt versuche mal, diese Variable in der Datei charakter.cpp zu verwenden, indem Du sie einfach in eine der Rechnungen einbeziehst. Die Rechnung muss dabei keinen Sinn ergeben, wichtig ist nur, dass die Variable verwendet wird. Bei der ersten Überlegung sollte man meinen, dass dies ohne Weiteres funktioniert, da es sich ja um eine globale Variable handelt. Doch weit gefehlt, unser Compiler spuckt folgenden Fehler aus:

```
charakter.cpp(7) : error C2065: 'Testvariable': nichtdeklarierter Be-
zeichner
```

Bei genauerer Überlegung findet man allerdings den Grund für diese Fehlermeldung. Unser Compiler kompiliert ja jede .cpp-Datei einzeln und erstellt jeweils eine Objektdatei. Wenn wir nun in einer Datei eine globale Variable deklarieren, so kennt der Compiler diese Variable auch nur in dieser einen Datei. Wird die Variable nun auch an anderer Stelle benötigt, so muss man dem Compiler „sagen", dass die betreffende Variable auch tatsächlich existiert. Das ist im Prinzip so ähnlich wie mit den Funktionsprototypen.

Es ist jetzt nicht sonderlich schwer zu erraten, wozu das Schlüsselwort extern dient. Es wird in einer wie eben beschriebenen Situation eingesetzt, um dem Compiler mitzuteilen, dass die zu verwendende Variable existiert, jedoch in einer anderen Datei deklariert wurde. Die Verwendung ist dabei ganz einfach und schaut folgendermaßen aus:

```
Datei: charakter.cpp

01: extern int Testvariable;
02:
03: #include "character.hpp"
04:
05: // addProzent (für Integer-Werte)
    .
    .
    .
```

Man geht einfach genauso vor, als würde man die Variable deklarieren, stellt jedoch das Schlüsselwort extern davor. Das ist eigentlich schon alles. Es gibt dabei nur eine Kleinigkeit zu beachten (war ja nicht anders zu erwarten): Wenn man diese Variable gleichzeitig deklariert und definiert (int Testvariable = 1234;), darf dies nicht bei der externen Deklaration genauso gemacht werden. Man kann nur extern deklarieren, aber nicht definieren.

4.13 Ein kleines Spiel: Zahlenraten

Sicherlich kennst Du die Situation, wenn man in der Schule sitzt (bei manchen ist das schon lange her), an die Tafel starrt und dem wild gestikulierenden Mathelehrer dabei zuschaut, wie er Dreiecke, Formeln und anderen wirren Kram an die Tafel malt. Es wird erklärt, wie man Winkel berechnet, Seitenlängen bestimmt, die Fläche berechnet und so weiter und so fort. Man versteht zwar, wie es funktioniert, aber wenn man fragt, wozu man das lernt, heißt es meistens: „Das braucht ihr irgendwann später mal." Anstatt Aufgabe um Aufgabe ins Matheheft zu kritzeln, wäre es doch wesentlich schöner, wenn man mit dem gerade angesprochenen Mathe-Thema nach draußen geht und es in der Praxis anwendet, damit man einfach mal einen pragmatischen Bezug bekommt.

Bisher war es mit den Kapiteln ja recht ähnlich. Es wurden nach und nach kleine Themenbereiche besprochen, Beispiele dazu durchgegangen und Aufgaben gestellt. Was bisher jedoch fehlt, ist ein größeres Beispiel, das alle bisherigen Themen zusammenfasst und eine sinnvolle Aufgabe hat. Ich habe bewusst mit einem solchen Beispiel gewartet, da es einfach mehr Sinn macht, vorher die wichtigsten Grundlagen zu schaffen. Mittlerweile sollten wir allerdings weit genug sein, um ein richtiges kleines Spiel zu programmieren. Sicherlich dürfte klar sein, dass es sich dabei nicht unbedingt um den Verkaufsschlager des nächsten Jahres handelt, aber das ist auch nicht Sinn und Zweck. Viel wichtiger ist es, alles bisher Gelernte vereint in einem Programm und somit in der praktischen Anwendung zu sehen.

Dieses Kapitel schließt nun mit einem kleinen Zahlenratespiel ab, das trotz seiner Einfachheit schon eine ganze Menge Elemente, wie zum Beispiel ein Menü und einen gesteuerten Spielablauf, enthält. Doch bevor das Listing kommt, erst mal ein paar Erläuterungen zum Spiel:

Das Spielprinzip ist nicht gerade innovativ, aber einfach umzusetzen. Es wird zufällig eine Zahl ausgewählt, die man erraten muss. Lag man daneben, so bekommt man einen Tipp, ob die gesuchte Zahl niedriger oder höher ist, und man darf noch einmal raten. Das geht so lange, bis man die richtige Zahl erraten hat. Um ein klein wenig mehr Abwechslung ins Spiel zu bringen, kann man Schwierigkeitsgrad von eins bis zehn selbst wählen. Je höher der Schwierigkeitsgrad, desto größer der Bereich, aus dem die Zufallszahl ausgewählt wird. In Level eins wird eine Zahl von eins bis zehn ausgesucht, in Level zwei von eins bis zwanzig und so weiter.

Nachdem man die Zahl erraten hat, bekommt man Punkte. Je weniger Versuche man hatte und je höher der gewählte Schwierigkeitsgrad, desto mehr Punkte gibt es. Als kleinen Anreiz gibt es einen Highscore, den man knacken kann. Im Menü hat man die Möglichkeit, sich den aktuellen Highscore anzeigen zu lassen. Vorerst gibt es nur einen einzigen Eintrag statt einer ganzen Highscore-Liste. Um so etwas zu realisieren, fehlt uns noch etwas, was erst im nächsten Kapitel behandelt wird.

Der Quellcode zu diesem kleinen Spiel ist zwar im Vergleich zu den anderen Beispielen schon recht groß, jedoch verzichte ich hier darauf, einzelne Teile davon in separate .hpp- und .cpp-Dateien zu packen. In diesem Beispiel würde das einfach noch nicht viel Sinn ergeben. Weiterhin gibt es noch ein paar kleine Neuerungen, die wie immer im Anschluss erklärt werden. Jetzt aber erst mal der gesamte Quellcode:

Listing 4.11 Zahlenraten

```
001: // C++ für Spieleprogrammierer
002: // Listing 4.11
003: // Zahlenraten
004: //
005: #include <iostream>
006: #include <windows.h>
007:
008: using namespace std;
009:
010: #pragma comment (lib, "winmm.lib")
011:
012: // Funktionsprototypen
013: //
014: int Spielen (int Level);
015: int WaehleLevel (int Level);
016: int TesteHighscore (int Punkte, int Highscore);
017: void ZeigeInfos ();
018:
019: // Hauptprogramm
020: //
021: int main ()
022: {
023:   // Variablen
024:   //
025:   char Auswahl;          // Gewählter Menüpunkt
026:   int Level = 5;         // Aktueller Level
027:   int Highscore = 100;   // Aktueller Highscore
028:
029:   // Zufallsgenerator initialisieren
030:   srand (timeGetTime ());
031:
032:   // Verarbeitung des Menüs
033:   do
034:   {
035:     // Menü ausgeben
036:     //
```

```
037:        cout << "Zahlenraten - Menue" << endl;
038:        cout << "--------------------" << endl;
039:        cout << "(N)eues Spiel starten" << endl;
040:        cout << "(L)evel waehlen" << endl;
041:        cout << "(H)ighscore anzeigen" << endl;
042:        cout << "(I)nfo" << endl;
043:        cout << "(B)eenden\n\n";
044:
045:        // Eingabe abfragen
046:        cout << "Auswahl: ";
047:        cin >> Auswahl;
048:
049:        // Je nach Eingabe verzweigen
050:        switch (Auswahl)
051:        {
052:          // Neues Spiel starten?
053:          case ('n'):
054:          case ('N'):
055:          {
056:            // Spielen
057:            int Punkte;
058:            Punkte = Spielen (Level);
059:
060:            Highscore = TesteHighscore (Punkte, Highscore);
061:
062:          } break;
063:
064:          // Level wählen?
065:          case ('l'):
066:          case ('L'):
067:          {
068:            Level = WaehleLevel (Level);
069:
070:          } break;
071:
072:          // Highscore anzeigen?
073:          case ('h'):
074:          case ('H'):
075:          {
076:            cout << "Der aktuelle Highscore liegt bei ";
077:            cout << Highscore << " Punkten\n\n";
078:
079:          } break;
080:
081:          // Informationen anzeigen?
082:          case ('i'):
083:          case ('I'):
084:          {
085:            ZeigeInfos ();
086:
087:          } break;
088:
089:          // Spiel beenden?
090:          case ('b'):
091:          case ('B'):
092:          {
093:            cout << "Spiel beendet." << endl;
094:
095:          } break;
096:
097:          // Falsche Eingabe?
098:          default:
099:          {
100:            cout << "Falsche Eingabe!\n\n";
101:
102:          }
103:        }
104:
105:    } while (Auswahl != 'b' && Auswahl != 'B'); // Spiel beenden?
106:
```

```
107:     cout << "Bis zum nächsten Mal" << endl;
108:
109:     return 0;
110: } // main
111:
112: // ZeigeInfos
113: //
114: // Aufgabe: Informationen zum Spiel anzeigen
115: //
116: void ZeigeInfos ()
117: {
118:     cout << "Zahlenraten V1.0" << endl;
119:     cout << "Beispiel aus \"C++ fuer Spieleprogrammierer\"";
120:     cout << "\n\n";
121: } // ZeigeInfos
122:
123: // WaehleLevel
124: //
125: // Aufgabe: Neuen Level auswählen
126: //
127: int WaehleLevel (int Level)
128: {
129:     int NeuerLevel;
130:
131:     do
132:     {
133:        // Neuen Level wählen
134:        cout << "Aktueller Level: " << Level << endl;
135:        cout << "Neuer Level (1 - 10): ";
136:        cin >> NeuerLevel;
137:
138:        // Ungültigen Level gewählt?
139:        if (NeuerLevel < 1 || NeuerLevel > 10)
140:        {
141:           // Fehlermeldung ausgeben
142:           cout << "Ungueltiger Level-Wert" << endl;
143:        }
144:
145:     } while (NeuerLevel < 1 || NeuerLevel > 10);
146:
147:     // Gewählten Level zurückgeben
148:     return NeuerLevel;
149: } // WaehleLevel
150:
151: // Spielen
152: //
153: // Aufgabe: Das eigentliche Spiel spielen
154: //
155: int Spielen (int Level)
156: {
157:     int Zufallszahl;          // Zufallszahl, die erraten werden muss
158:     int GerateneZahl = 0;     // Zahl, die der Spieler eingibt
159:     int Bereich = Level*10;   // Bereich der Zufallszahl
160:     int Versuche = 0;         // Anzahl der bisherigen Versuche
161:     int Punkte = 0;           // Punktzahl
162:
163:     // Zufallszahl ermitteln
164:     Zufallszahl = (rand()%Bereich)+1;
165:
166:     // Bereich ausgeben, in dem geraten wird
167:     cout << "\nDie gesuchte Zahl liegt zwischen 1 und ";
168:     cout << Bereich << endl;
169:
170:     // So lange raten, bis die Zahl gefunden wurde
171:     while (GerateneZahl != Zufallszahl)
172:     {
173:        cout << "Dein Tipp: ";
174:        cin >> GerateneZahl;
175:
176:        Versuche++;
```

```
177:
178:       // Zahl hat nicht gestimmt, also Hinweis ausgeben
179:     if (GerateneZahl < Zufallszahl)
180:       cout << "Die gesuchte Zahl ist groesser" << endl;
181:     if (GerateneZahl > Zufallszahl)
182:       cout << "Die gesuchte Zahl ist kleiner" << endl;
183:   }
184:
185:   // Die Zahl wurde erraten!
186:   cout << "\nGeschafft ! " << endl;
187:   cout << "Du hast die Zahl nach " << Versuche;
188:   cout << " Versuchen erraten !\n\n";
189:
190:   // Punkte berechnen
191:   // Desto weniger Versuche und desto höher das Level,
192:   // je mehr Punkte werden vergeben
193:   //
194:   Punkte = Bereich - Versuche + 1;
195:   Punkte *= Level;
196:
197:   // Wenn mehr Versuche benötigt wurden, als es Zahlen gibt,
198:   // kann das Ergebnis negativ sein.
199:   //
200:   if (Punkte < 0)
201:     Punkte = 0;
202:
203:   // Punkte ausgeben
204:   cout << "Punkte: " << Punkte << endl;
205:
206:   // Punkte zurückgeben
207:   return Punkte;
208: } // Spielen
209:
210: // TesteHighscore
211: //
212: // Aufgabe: Prüfen, ob der Highscore geknackt wurde
213: //
214: int TesteHighscore (int Punkte, int Highscore)
215: {
216:   // Prüfen, ob der Highscore geknackt wurde
217:   if (Punkte > Highscore)
218:   {
219:     cout << "Glueckwunsch. Neuer Highscore !\n\n";
220:     Highscore = Punkte;
221:   }
222:   else
223:   {
224:     cout << "Leider kein neuer Highscore\n\n";
225:   }
226:
227:   // Highscore zurückgeben
228:   return Highscore;
229: } // TesteHighscore
```

Na, wenn das mal kein Listing ist! Etwas größer als die Beispiele zuvor, doch hoffentlich auch etwas aufschlussreicher. Dieses Beispiel fügt fast alles bisher Gelernte zu einem Ganzen zusammen und zeigt, wie einzelne Dinge zusammenarbeiten und dadurch ein Spiel ergeben. Kompiliere zuerst einmal dieses Beispiel, und spiele ein wenig damit herum, ohne dabei groß auf den Quellcode zu achten. Wenn klar ist, was das Programm macht, schau Dir den Quellcode an, den wir jetzt mal zusammen durchgehen.

4.13.1 Zufallszahlen und Bibliotheken

Was sicherlich zuerst auffällt, ist die zusätzliche `#include`-Anweisung in Zeile 6. Dort binden wir die Datei „`windows.h`" ein, die uns eine Funktion zur Verfügung stellt, die wir für die Erzeugung von Zufallszahlen benötigen. Doch bevor wir uns damit weiter beschäftigen, sollte erst mal geklärt werden, wie ein Computer Zufallszahlen erzeugen kann. Das Problem dabei ist, dass ein Computer nicht einfach so eine solche Zufallszahl ermitteln kann, schließlich handelt es sich ja immer noch um eine „logisch denkende Maschine", die nichts dem Zufall überlässt. Die einzige Möglichkeit ist, einen Generator für solche Zufallszahlen zu schreiben, der Zahlen liefert, die auf den ersten Blick keiner bestimmten Logik folgen. Natürlich steckt da immer noch ein Muster dahinter, doch ist dieses Muster eben so komplex, dass uns das Ergebnis wie purer Zufall vorkommt. Nun ist es allerdings so, dass eine solche Rechnung ja immer irgendwo beginnen muss. Lässt man sich nun eine Zufallszahl erzeugen und ausgeben, bekommt man beim nächsten Programmstart wieder das gleiche Ergebnis. Das ist deshalb so, weil der Zufallsgenerator eben wieder an der gleichen Stelle anfängt, seine Zahlen zu ermitteln. Natürlich gibt es auch dafür eine Lösung, denn es wäre ja wirklich unpraktisch, wenn jedes Mal die gleichen Zahlen zu raten wären. Es gibt die Möglichkeit, den Startwert für den Zufallsgenerator festzulegen, und zwar mit der Funktion `srand`, die in Zeile 30 Verwendung findet. Diese Funktion legt eben diesen Startwert fest (der sogenannte *Seed*). Jetzt stellt sich nur noch die Frage, welchen Wert man denn am besten als Startwert verwendet. Nimmt man eine Konstante, so hat man das Problem ja immer noch nicht gelöst, da man dann immer noch die gleiche Reihe an Zufallszahlen bekommt. Man muss den Seed also bei jedem Programmstart anders setzen. Da beißt sich die Katze auch schon in den Schwanz: Wie soll man das machen, wenn es doch keine echten zufälligen Werte gibt? Es klingt tatsächlich nach einem kleinen Paradoxon, wenn man einen Zufallsgenerator mit einem Zufallswert starten soll, damit Zufallszahlen dabei herauskommen.

Nun, die Lösung ist einfacher, als man zunächst annehmen möchte. Welcher Wert ist wohl bei jedem Programmstart garantiert anders? Richtig, die **Zeit**. Die Funktion `timeGetTime`, die wir in Zeile 30 verwenden, liefert uns die Zeit in Millisekunden, die seit dem Booten des Systems vergangen ist. Damit haben wir einen Wert, der garantiert bei jedem Programmstart anders ist. Somit wird der Zufallsgenerator auch immer mit einem anderen Wert initialisiert, und wir haben, was wir wollen: eine Zufallszahl, die keinem erkennbaren Muster mehr folgt.

Die nächste Neuerung findest Du in Zeile 10. Diese Zeile bindet eine sogenannte Library, zu Deutsch Bibliotheksdatei, ein. Da stellt sich doch gleich die Frage, was das ist und wozu man es braucht. Bisher kennen wir ja die Möglichkeit, etwa Funktionssammlungen über eine Header-Datei einzubinden. Zu dieser Header-Datei, die ja nur die Deklarationen enthält, gehörte bisher auch immer eine .cpp-Datei, in der man den eigentlichen Quelltext findet. Nun ist es so, dass es nicht immer erwünscht ist, den gesamten Quelltext öffentlich zu machen. Man möchte den Leuten seine Funktionen zur Verfügung stellen, ohne jedoch gleich dazu sämtlichen Quelltext zu veröffentlichen. Für solche Fälle gibt es unter anderem die Möglichkeit, die eben angesprochenen Libraries zu verwenden. In einer solchen Library steht dann der bereits kompilierte Code und nicht mehr der originale Quelltext. Um diese Library verwenden zu können, muss man diese wie in Zeile 10 gezeigt einbinden. Natürlich muss auch die entsprechende Header-Datei mit eingebunden werden. Weiter gehen wir da jetzt allerdings nicht drauf ein. Es genügt fürs Erste, das mal gesehen zu haben und zu wissen, wie man solche Bibliotheksdateien einbindet, falls sie benötigt werden. Genau genommen gibt es noch eine weitere Möglichkeit, eine solche Datei einzubinden, nämlich über die Projekteigenschaften. Aber auch das ist an dieser Stelle nicht wirklich wichtig. In Kapitel 12 werden wir darauf noch etwas genauer eingehen.

Nachdem unser Zufallsgenerator nun sauber initialisiert ist, können wir ihn auch endlich vernünftig verwenden. Das tun wir einfach, indem wir die Funktion `rand()` aufrufen. Diese liefert uns als Ergebnis eine Zufallszahl zwischen 0 und 32767. Natürlich ist dieser Bereich nicht unbedingt immer brauchbar, weshalb man sich die zurückgegebene Zahl noch „zurechtbiegen" muss. Jetzt kommt wieder das Modulo (`%`) ins Spiel, das wir ja schon verwendet haben. Durch das Modulo bekommt man den ganzzahligen Rest einer Division, und genau das ist es, was man braucht. Es genügt, einfach Folgendes zu schreiben, wenn man etwa eine Zahl zwischen 1 und 50 haben möchte:

```
int Zahl = (rand()%50)+1;
```

Auf diese Weise kannst Du selbst bestimmen, innerhalb welchem Bereich die Zufallszahl liegen soll. Die `+1` ist nötig, da der ganzzahlige Rest, den das Modulo liefert, ja immer nur zwischen 0 und dem Maximalwert liegen kann. Durch diese kleine Addition bringt man nun den Wert dahin, wo man ihn haben will. Möchte man Zufallszahlen ermitteln, die größer sind als 32767, so muss man entsprechend mit einem Faktor multiplizieren.

So, das waren eigentlich auch schon alle Neuerungen, die es gab. Da es sich allerdings um einen ganzen Batzen an Codezeilen handelt, gehen wir einfach noch mal alles der Reihe nach durch.

4.13.2 Die Hauptfunktion (main)

Die `main`-Funktion im Listing 4.11 ist dafür zuständig, das Menü auszugeben, den gewünschten Menüpunkt abzufragen und je nach Ergebnis weiter zu verzweigen. Dazu erzeugen wir uns in Zeile 25 eine `char`-Variable, die in Zeile 47 mit dem Buchstaben gefüllt wird, den der Spieler eingegeben hat.

In den Zeilen 26 und 27 erzeugen wir zwei weitere, wichtige Variablen, zum einen die Variable `Level` zum Speichern des Schwierigkeitsgrades und zum anderen die Variable `Highscore`, die, o Wunder, die höchste erreichte Punktzahl speichert. Initialisiert werden diese beiden Variablen mit einem passenden Standardwert.

Nach der Ausgabe des Menüs und der Abfrage des Menüpunktes folgt eine `do-while`-Schleife, wie Du sie in ähnlicher Form schon im letzten Kapitel kennengelernt hast. Diese Schleife läuft so lange, wie die Eingabe weder ein „`b`" noch ein „`B`" war (Zeile 105). Innerhalb dieser Schleife sorgen `switch` und `case` für die richtigen Verzweigungen, je nach Eingabe des Spielers. Hier ist die zentrale Stelle, an der das eigentliche Menü gesteuert wird. Im Grunde sollte jeder `case`-Block selbsterklärend sein. Die einzige Ausnahme könnte jedoch der Block in den Zeilen 55 bis 62 bilden, da hier mehr passiert, als nur eine Funktion aufzurufen. Hier wird noch eine lokale Variable namens `Punkte` erzeugt, die mit dem Rückgabewert der Funktion `Spielen` gefüllt wird. Da globale Variablen grundsätzlich vermieden werden sollen, richten wir unsere Funktionen gleich so aus, dass sie die benötigten Werte eben einfach übergeben bekommen beziehungsweise zurückliefern. Die Funktion `Spielen` (die besprechen wir gleich noch) benötigt etwa die Variable `Level`, damit je nach Schwierigkeitsgrad ein anderer Bereich für die Zufallszahlen verwendet wird. Als Gegenzug liefert uns diese Funktion die erreichten Punkte zurück, die wir in der Zeile 58 eben zwischenspeichern.

Zeile 60 ist zugegebenermaßen ein wenig unschön, da das doppelte Vorkommen der Variablen `Highscore` etwas verwirren kann. Zurzeit gibt es allerdings noch keine wesentlich bessere oder schönere Lösung, weshalb man sich erst einmal damit begnügt. In dieser Zeile wird nun also die Funktion `TesteHighscore` aufgerufen, die dafür zuständig ist zu ermitteln, ob der Highscore geknackt wurde oder nicht. Man übergibt dieser Funktion die erreichten Punkte und den momentanen Highscore und bekommt den neuen Highscore zurück. Wurde kein neuer Highscore erreicht, wird der alte Wert zurückgeliefert.

Eine ähnliche Vorgehensweise findest Du in der Zeile 68. Dort wird die Funktion `WaehleLevel` aufgerufen. Auch hier übergeben wir eine Variable, die wir gleich darauf vom Rückgabewert der Funktion überschreiben lassen. Die Funktion benötigt diesen Wert, da sie noch den aktuellen Schwierigkeitsgrad ausgibt. Zurück kommt dafür der neue, vom Spieler gewählte Wert.

Die nächsten `case`-Blöcke sind im Grunde recht unspektakulär, da sie entweder nur einen Text ausgeben oder eine parameterlose Funktion aufrufen. Es wäre etwas Overkill gewesen, wenn man für die Ausgabe des Highscores eine eigene Funktion geschrieben hätte, da dies mit zwei einfachen Zeilen erledigt werden kann (Zeilen 76 und 77).

4.13.3 Die Funktion „WaehleLevel"

Was an den Funktionen dieses Beispiel als Erstes auffällt, ist die vierzeilige „Überschrift" aus Kommentarzeilen. Erst wird der Funktionsname angegeben, dann eine kurze Beschreibung. Das dient einfach der Übersichtlichkeit und verdeutlicht noch einmal, wofür die Funktion gut ist. Auch ein sehr geschickt gewählter Funktionsname ersetzt keine komplette Beschreibung. Gerade wenn ein Programm umfangreich ist, sollte man solche Überschriften aus Kommentaren verwenden. Sinnvoll ist es auch, dort etwa eine Beschreibung der einzelnen Parameter mit anzugeben, falls diese nicht wirklich zu 100% selbsterklärend sind. Es gibt Dutzende Arten dieser „Funktionsüberschriften", die sich in Formatierung und Details unterscheiden. Auch hier ist es, wie so oft, dir selbst überlassen, wie Du diese Überschriften gestaltest und welche Informationen Du hineinpackst.

Weiterhin fällt auf, dass direkt hinter der schließenden, geschweiften Klammer des Funktionsrumpfes noch einmal der Funktionsname als Kommentar angehängt ist. Das hat einfach den Vorteil, dass man erkennt, um welche Funktion es sich handelt, selbst wenn der Funktionskopf nicht sichtbar ist (etwa wenn er nach oben hinaus gescrollt ist). Diese zusätzliche Kommentierung macht sich schon nach kurzer Zeit bezahlt, gerade wenn die Funktionen recht lang sind.

Aber zurück zu der Funktion WaehleLevel. Diese sorgt zu unserem Erstaunen dafür, dass ein anderer Schwierigkeitsgrad gewählt werden kann. In Zeile 129 wird deshalb eine lokale Variable namens NeuerLevel erzeugt. Die darauf folgende do-while-Schleife läuft nun so lange, bis der Spieler einen Wert im Bereich von 1 bis 10 eingegeben hat (nur diese Level sind gültig). Um das zu prüfen, ist die if-Bedingung in den Zeilen 139 bis 143 zuständig. Die gleiche Bedingung findet man auch in der Zeile 145 als Abbruchbedingung der do-while-Schleife. In Zeile 148 wird dann der aktuelle Schwierigkeitsgrad als Integer zurückgegeben und die Funktion damit beendet.

4.13.4 Die Funktion „Spielen"

Diese Funktion ist wohl der wichtigste Teil dieses Beispiels, da hier das eigentliche Spiel ausgeführt wird. Wie man anhand der Parameterliste erkennen kann, erwartet diese Funktion die Übergabe des Levels, also des Schwierigkeitsgrades. Als Rückgabewert liefert die Funktion die erreichten Punkte.

Gleich zu Beginn werden fünf lokale Variablen erzeugt, alle vom Typ int. Die ersten beiden Variablen dürften selbsterklärend sein, da die Kommentierung eigentlich schon alles aussagt. Die Variable Bereich wird aus dem aktuellen Level berechnet, das einfach mit 10 multipliziert wird. Bei Level 5 wird also eine Zufallszahl zwischen 1 und 50 ermittelt, bei Level 8 zwischen 1 und 80 und so weiter. Die nächsten beiden Variablen sollten auch wieder selbsterklärend sein, da sie einfach nur Zähler für die bisherigen Versuche und die Punkte darstellen.

In Zeile 164 wird nun die Zufallszahl ermittelt, die geraten werden soll. Für die Modulo-Rechnung wird die Variable Bereich verwendet, die ja dem Level multipliziert mit zehn entspricht. Wurde also beispielsweise Level 4 gewählt, hat die Variable Bereich den Wert 40. Somit wird die ermittelte Zufallszahl irgendwo zwischen 1 und 40 liegen.

Die while-Schleife in den Zeilen 171 bis 183 läuft nun so lange, bis der Spieler die richtige Zahl erraten hat. Dazu ist es wichtig, dass die Variable GerateneZahl in Zeile 158 gleich mit dem Wert 0 initialisiert wurde. Dadurch ist sichergestellt, dass die Bedingung in Zeile 171 beim ersten Mal auf jeden Fall zutrifft. Natürlich hätte man das auch mit einer do-while-Schleife lösen können. Nachdem der Spieler seinen Tipp eingegeben hat, wird in Zeile 176 die Variable Versuche um eins erhöht. Diese Variable ist später für die Berechnung der Punkte wichtig. Lag der Spieler mit seinem Tipp falsch, so bekommt er durch die Zeilen 179 bis 182 Informationen darüber, ob die gesuchte Zahl höher oder niedriger war.

Sobald der Spieler die richtige Zahl erraten hat, wird die `while`-Schleife verlassen und die Anzahl der benötigten Versuche auf dem Bildschirm ausgegeben. Im Anschluss daran findet die Berechnung der Punkte statt. Dazu wird vom Bereich die Anzahl der Versuche abgezogen. Je mehr Versuche benötigt wurden, desto weniger Punkte gibt es also. Das Hinzuzählen von eins ist dafür zuständig, dass der Spieler die volle Punktzahl bekommt, wenn er nur einen Versuch benötigt hat (0 Versuche gibt es ja nicht, deshalb braucht man einen Korrekturwert). Danach wird das Ergebnis noch mit dem Level multipliziert, da es umso mehr Punkte gibt, desto höher der Schwierigkeitsgrad war.

Nun könnte es ja sein, dass der Spieler mehr Versuche benötigt hat, als es Zahlen im Bereich gibt. Das ist natürlich sehr unwahrscheinlich, aber eben nicht ausgeschlossen. Es ist sehr wichtig, dass Du Deinen Programmcode für alle Eventualitäten „rüstest". Nicht selten versuchen nämlich Spieler herauszufinden, was passiert, wenn man „unvorhergesehene Dinge" tut, etwa irgendwo aus einer Begrenzung herauszulaufen oder einen Zähler überlaufen zu lassen. Genau diesen Fall fangen wir in den Zeilen 200 und 201 ab. Wenn der Spieler mehr Versuche benötigt, als es Zahlen im Bereich gab, so wird die Punktzahl negativ (das kannst Du ja mal selbst nachrechnen). Wenn dieser Fall eintritt, wird einfach der Punktestand auf 0 gesetzt.

Am Ende der Funktion wird einfach noch der Punktestand auf dem Bildschirm ausgegeben und der Wert per `return` zurückgeliefert.

Alle hier nicht besprochenen Funktionen bestehen entweder nur aus einfachen Textausgaben oder kleinen Vergleichen. Diese sollten inzwischen selbsterklärend sein und kein Hindernis mehr darstellen.

4.13.5 Was gibt es an diesem Listing zu kritisieren?

Wenn man dieses Listing einem erfahrenen Spieleprogrammierer zeigen würde, so würde dieser wahrscheinlich anmerken, dass die Strukturierung und der Aufbau des Quelltextes nicht unbedingt astrein sind. Zu unserer Verteidigung können wir allerdings sagen, dass wir momentan noch nicht die Mittel und Wege kennen, wie man dieses kleine Spiel „sauberer" programmieren könnte.

Mit den Möglichkeiten, die Du bisher kennst, bleiben einfach nicht viele Lösungen übrig, wie man das Programm schöner hätte aufbauen können, denn die eigentliche Objektorientierung wurde bisher ja noch nicht besprochen.

Natürlich wird durch diese Tatsache das Beispiel 4.11 nicht weniger wert. Es erfüllt genau den Zweck, den es auch erfüllen soll: Es zeigt fast alles bisher Gelernte, vereint in einem kleinen, aber voll funktionsfähigen Spiel. Und auch wenn später die Objektorientierung dazukommt, werden Kenntnisse über Variablen, Funktionen, Schleifen und Bedingungen wichtig sein, da sie quasi die Grundlage von C++ bilden. Das einzige Manko stellt bisher die „Verpackung" dar, und genau darum werden wir uns später noch kümmern.

5 Arrays und Strukturen

5.1 Was sind Arrays, und wozu dienen sie?

Wenn wir bisher Variablen deklariert haben, konnten diese ja immer nur einen Wert aufnehmen. Möchte man jetzt aber zum Beispiel Tabellen anlegen, so müsste man für jeden Tabelleneintrag eine neue Variable deklarieren. Das ist sicher nicht die beste Lösung, und schon gar nicht die bequemste. Was man bräuchte, wäre eine Möglichkeit, um gleich eine ganze Reihe von Variablen anzulegen, die man am besten noch mit einem Index ansprechen, also sozusagen durchnummerieren kann. Natürlich gibt es auch dafür eine passende Lösung, die sich Array nennt. Diese Arrays bieten uns auch die Möglichkeit, ganze Texte in Variablen zu speichern. Bisher war es nur möglich, einen einzelnen Buchstaben in einer char-Variablen unterzubringen. Erzeugt man jetzt ein char-Array, hat man Platz genug, um Wörter und Texte zu speichern.

Arrays sind ein wesentlicher Bestandteil von C++ und bieten uns Möglichkeiten, die wir sonst nur sehr schwer realisieren könnten. Der Nachteil, den Arrays mit sich bringen, liegt darin, dass ein einziger Programmierfehler schon zu den tollsten Abstürzen führen kann. Gerade anfangs macht man schnell Fehler, die noch dazu schwierig zu finden sind. Wenn man allerdings von Beginn an richtig an die Sache herangeht, lassen sich solche Fehler recht gut vermeiden. Also schauen wir uns diese Arrays mal in der Praxis an.

5.2 Ein Array erzeugen

Ein Beispiel für die Verwendung eines Arrays wäre etwa ein Bonuspunkte-System, das dafür sorgt, dass man in jedem Level unterschiedlich viele Punkte als Bonus bekommt. Das Ganze schaut dann etwa so aus:

Listing 5.1 Ein Array erzeugen

```
01: // C++ für Spieleprogrammierer
02: // Listing 5.1
03: // Ein Array erzeugen
04: //
05: #include <iostream>
06:
07: using namespace std;
08:
09: // Hauptprogramm
10: //
11: int main ()
12: {
13:    // Variablen
14:    //
15:    int Bonus[5];
16:    int Level;
17:
18:    // Bonuspunkte für jeden Level festlegen
19:    Bonus[0] = 100;
20:    Bonus[1] = 150;
21:    Bonus[2] = 250;
22:    Bonus[3] = 400;
23:    Bonus[4] = 600;
24:
25:    // Level abfragen
26:    do
27:    {
28:      cout << "Welcher Level: ";
29:      cin >> Level;
30:    } while (Level < 1 || Level > 5);
31:
32:    // Bonuspunkte anzeigen
33:    Level--;  // Index korrigieren
34:
35:    cout << "Bonuspunkte: " << Bonus[Level] << endl;
36:
37:    return 0;
38: }
```

Bildschirmausgabe:

```
Welcher Level: 3
Bonuspunkte: 250
```

Hier sieht man, dass der eigentliche Umgang mit Arrays nicht weiter schwer zu verstehen ist. In Zeile 15 wird ein solches Array deklariert, das Platz für fünf Integer-Variablen bietet. Dazu erstellt man wie gewohnt eine Variable, nur dass man eben direkt dahinter in eckigen Klammern angibt, wie viele Einträge, oder besser gesagt Felder, das Array zur Verfügung stellen soll. Die Zuweisungen finden dann in den Zeilen 19 bis 23 statt. Und genau hier sieht man auch den Grund, warum gerade zu Anfang viele Fehler bei der Verwendung von Arrays passieren. Die einzelnen Felder werden nämlich nicht mit 1 bis 5 angesprochen, wie man zuerst denken könnte, sondern mit 0 bis 4. Die Zahl innerhalb der eckigen Klammern gibt dabei den gewünschten Index an. Es ist also falsch anzunehmen, dass Bonus[5] der letzte Eintrag im Array ist, wenn es fünf Felder groß ist. Gezählt wird immer beginnend bei 0.

Die `do-while`-Schleife in den Zeilen 26 bis 30 sorgt nun dafür, dass eine Zahl abgefragt wird, die den gewünschten Level darstellt. Hier lassen wir einfach alle Werte von 1 bis 5 zu, da es für einen Menschen eben logischer ist, von eins an beginnend zu zählen. Wenn es fünf Level gibt, fängt ja kein Mensch bei 0 an zu zählen. Um diesen Wert allerdings verwenden zu können, wird er in Zeile 33 um eins dekrementiert. Das ist deshalb wichtig, weil diese Variable ja den Index darstellt, mit dem wir auf die Bonuspunkte-Tabelle zugreifen werden. Man könnte das lösen, ohne die Index-Variable zu verändern, indem man einfach in Zeile 35 Folgendes schreibt: `Bonus[Level-1];`

Der eigentliche Zugriff auf das Array erfolgt in Zeile 35, in der die Höhe der Bonuspunkte ausgegeben wird, die passend zum gewählten Level ist. Hier kann man deutlich sehen, wie einfach man auf die einzelnen Werte innerhalb eines Arrays zugreifen kann. Es ist nicht nur möglich, die Indexwerte wie in den Zeilen 19 bis 23 direkt anzugeben, sondern man kann auch Variablen einsetzen. Dabei muss man nur darauf achten, den richtigen Datentyp zu verwenden. Ein `float` oder `bool` lässt sich logischerweise nicht als Index gebrauchen, es muss sich also auf jeden Fall um einen ganzzahligen Datentyp handeln.

Zu der Deklaration des Arrays in Zeile 15 gibt es allerdings noch etwas Wichtiges zu sagen: Die Größe, die das Array haben soll, gibt man ja innerhalb der eckigen Klammern an. Dieser Wert darf allerdings nicht variabel sein. Dagegen ist es ohne Weiteres möglich, eine Konstante, die mit `const` oder `#define` erzeugt wurde, einzusetzen. Das liegt einfach daran, dass der Compiler ja genau wissen muss, wie viel Speicher er reservieren muss. Gibt man nun einen variablen Wert an, ist der Compiler ein wenig verwirrt und bringt das auch mit einer Fehlermeldung zum Ausdruck. Natürlich gibt es auch hier eine Möglichkeit, wie man Arrays mit einer variablen Größe erzeugen kann, aber das verschieben wir auf einen späteren Zeitpunkt und begnügen uns mit festen Größen.

5.3 Ein Array gleichzeitig deklarieren und definieren

Wenn man mit einem Array eine Tabelle erzeugen möchte, so kann es recht umständlich sein, dies auf die in Listing 5.1 gezeigte Weise zu tun. Ein kleines Array lässt sich zwar noch recht übersichtlich und einfach erzeugen, jedoch schaut das wieder ganz anders aus, wenn das Array Dutzende Felder groß ist. Außerdem kann es recht einfach zu Fehlern kommen, wenn man plötzlich feststellt, dass man noch ein paar zusätzliche Felder benötigt. Es passiert schneller, als man denkt, dass man vergisst, die Größe bei der Deklaration zu ändern, obwohl man mehr Einträge verwendet.

Für solche Fälle ist folgende Vorgehensweise wesentlich praktischer:

Listing 5.2 Ein Array gleichzeitig deklarieren und definieren

```
01: // C++ für Spieleprogrammierer
02: // Listing 5.2
03: // Ein Array gleichzeitig deklarieren und definieren
04: //
05: #include <iostream>
```

```
06:
07: using namespace std;
08:
09: // Hauptprogramm
10: //
11: int main ()
12: {
13:   // Variablen
14:   //
15:   int Bonus[] = {100, 150, 250, 400, 600,
16:                   850, 1150, 1500, 1900};
17:
18:   int AnzahlFelder = sizeof (Bonus) / sizeof (int);
19:
20:   for (int i=0; i<AnzahlFelder; i++)
21:   {
22:     cout << "Bonuspunkte fuer Level " << i+1;
23:     cout << " : " << Bonus[i] << endl;
24:   }
25:
26:   return 0;
27: }
```

Bildschirmausgabe:

```
Bonuspunkte fuer Level 1 : 100
Bonuspunkte fuer Level 2 : 150
Bonuspunkte fuer Level 3 : 250
Bonuspunkte fuer Level 4 : 400
Bonuspunkte fuer Level 5 : 600
Bonuspunkte fuer Level 6 : 850
Bonuspunkte fuer Level 7 : 1150
Bonuspunkte fuer Level 8 : 1500
Bonuspunkte fuer Level 9 : 1900
```

Was hier zuerst auffällt, ist die fehlende Größenangabe für das Array Bonus in Zeile 15. Diese Angabe ist auch gar nicht nötig, da der Compiler selbst ermittelt, wie groß das Array ist. Dazu geht er einfach sämtliche Elemente durch, die innerhalb der geschweiften Klammern stehen, und zählt diese. Somit „weiß" der Compiler, wie viel Speicher er für das Array reservieren muss.

Diese Art der Deklaration und Definition ist relativ einfach zu verstehen. Man lässt die Größenangabe weg und schreibt alle Werte der „Tabelle" innerhalb der geschweiften Klammern, durch Kommata getrennt. Man sieht hier auch nochmals eine Tatsache, die schon im ersten Kapitel angesprochen wurde, nämlich dass man fast beliebig Leerzeichen und Zeilenumbrüche verwenden kann. Die Tabelle lässt sich so auf einfache Art und Weise beliebig erweitern.

Der Vorteil ist hierbei, dass der Compiler automatisch die Größe des Arrays berechnet, weshalb man die Tabelle ganz einfach ändern kann. Fügt man Werte hinzu oder löscht welche heraus, so braucht man sich nicht selbst um die neue Größe zu kümmern, da der Compiler diese beim nächsten Kompilieren einfach selbst berechnet.

Nun ist es ja in der Regel so, dass man die Anzahl der verwendeten Felder kennen muss, wenn man etwa mit einer Schleife jedes Feld durchlaufen möchte. Natürlich kann man sich einfach seinen Quellcode anschauen und die Elemente zählen. Aber man erkennt schnell, dass das keine gute Lösung ist. Wenn man sich nur einmal verzählt, funktioniert das Programm nicht mehr richtig und stürzt mit hoher Wahrscheinlichkeit sogar ab. Außerdem ist es extrem zeitraubend und nervtötend, wenn man sehr lange Tabellen durchzählen müsste.

Wenn Du kurz zu Kapitel 2 zurückblätterst, findest Du dort das Beispiel, in dem wir mittels sizeof den Speicherbedarf der einzelnen Datentypen ermittelt haben. Genau dieses kleine, aber feine Schlüsselwort hilft an dieser Stelle wieder weiter, denn mit ihm kann man auch den Speicherbedarf eines Arrays ermitteln. Allerdings bekommt man so noch nicht raus, aus wie vielen Feldern das Array besteht, sondern ermittelt nur den gesamten Speicherverbrauch des Arrays. Möchte man nun die Anzahl der Felder berechnen, muss man nur die Größe des Gesamtspeichers durch die Größe des verwendeten Datentyps teilen. Genau das machen wir in Zeile 18 und erhalten so die tatsächliche Anzahl an Feldern.

Diese Anzahl wird in der for-Schleife dazu verwendet, sämtliche Einträge im Array auf dem Bildschirm auszugeben. Dadurch, dass wir selbst die Anzahl der Felder im Array berechnen, ist das Beispiel so flexibel, dass man einfach Werte hinzufügen oder herausnehmen kann, ohne etwas anderes ändern zu müssen.

5.4 Fehler beim Verwenden von Arrays

Wie etwas weiter oben schon gesagt, kann es fatale Auswirkungen haben, wenn man bei der Verwendung von Arrays Fehler macht. Das Problem ist, dass zur Laufzeit nicht geprüft wird, ob der verwendete Index auch wirklich gültig ist. Wenn man beispielsweise ein Array mit fünf Feldern erzeugt und dann versucht, auf das sechste Feld zuzugreifen, ist es nicht vorherzusehen, was passiert. Bei der Erzeugung des Arrays wird genau so viel Speicher reserviert, wie benötigt wird. Versucht man nun, außerhalb dieses reservierten Speichers zu lesen oder, noch schlimmer, zu schreiben, so muss man mit ziemlich seltsamen Ergebnissen oder gar Abstürzen rechnen.

Der häufigste Fehler, der meist zu Beginn gemacht wird, ist das falsche Zählen der Indizes. Wenn man zehn Felder reserviert, wird von 0 bis 9 gezählt, nicht von 1 bis 10. Häufig wird diese Tatsache aber vergessen. Natürlich muss das nicht zwangsweise zu einem Absturz führen. Es kann genauso gut passieren, dass sich plötzlich die Werte anderer Variablen verändern. Der Compiler versucht nämlich, sämtlichen Speicher möglichst in zusammenhängenden Bereichen zu reservieren. Steht nun der Speicher einer Variablen direkt hinter dem Speicher eines Arrays, so kann es vorkommen, dass bei Überschreitung der Feldgrenze der Speicher der nachfolgenden Variable verändert wird.

Gerade solche Fehler sind sehr schwer ausfindig zu machen, da man meist an einer anderen Stelle sucht und recht wenige Anhaltspunkte hat, um den tatsächlichen Fehler zum Vorschein zu bringen. Das kann recht frustrierend sein und eine Menge Zeit kosten. Weiterhin sind dies Fehler, die nicht immer sofort und an der gleichen Stelle auftreten. Oft tauchen sie nur gelegentlich auf und machen es somit noch schwieriger, deren Ursache zu finden.

Aufgrund solcher Dinge ist es enorm wichtig, dass man dieses Thema und somit dieses Kapitel sorgfältig durcharbeitet und viel mit den Beispielen experimentiert. Nichts ist ärgerlicher als Daten, die verloren gehen, weil man sie aufgrund eines Absturzes nicht mehr speichern konnte.

5.5   char-Arrays

Arrays können nicht nur mit Zahlen gefüllt und als Tabellen verwendet werden, sondern auch, um Wörter und Sätze zu speichern. Eine char-Variable stellt ja einen Buchstaben dar, weshalb nichts dagegen spricht, ein Array aus char-Datentypen zu erstellen. Auf diese Weise lassen sich sogenannte Strings erzeugen, mit denen wir sozusagen Wörter und Sätze wie Variablen verwenden können. Es gibt natürlich auch einfachere Methoden dafür, als jedes Mal ein solches Array anlegen zu müssen, aber dazu später mehr. Schauen wir uns erst mal ein kleines Beispiel an:

Listing 5.3 char-Arrays

```
01: // C++ für Spieleprogrammierer
02: // Listing 5.3
03: // char-Arrays
04: //
05: #include <iostream>
06:
07: using namespace std;
08:
09: // Hauptprogramm
10: //
11: int main ()
12: {
13:   // Variablen
14:   //
15:   char Zeichenfolge1[] = "String 1";
16:   char Zeichenfolge2[9] = "String 2";
17:   char Zeichenfolge3[20] = "Teil 1\0Teil 2";
18:
19:   // Ausgabe der Strings
20:   cout << Zeichenfolge1 << endl;
21:   cout << Zeichenfolge2 << endl;
22:   cout << Zeichenfolge3 << endl;
23:
24:   for (int i=0; i<20; i++)
25:     cout << Zeichenfolge3[i];
26:
27:   cout << endl;
28:
29:   return 0;
30: }
```

Bildschirmausgabe:

```
String 1
String 2
Teil 1
Teil 1 Teil 2
```

Hier sieht man jetzt gleich drei unterschiedliche Vorgehensweisen, um ein char-Array zu erzeugen. Die Methode in Zeile 15 kennen wir ja bereits aus dem letzten Beispiel. Hier wird keine feste Größe angegeben, sondern es wird dem Compiler überlassen, diese selbst zu berechnen. Um dieses char-Array nun mit einem Text zu füllen, wird dieser einfach innerhalb von Anführungszeichen gesetzt und mit dem Zuweisungsoperator (=) zugewiesen.

In Zeile 16 machen wir genau das Gleiche, nur dass dieses Mal eben die Größe des Arrays mit angegeben wird. Man überlässt es damit nicht dem Compiler, die benötigte Größe zu bestimmen, sondern tut dies selbst. Zählt man jetzt aber die Anzahl der Buchstaben nach, aus denen der zuzuweisende String besteht, so kommt man auf acht. Die Größe wurde aber mit neun Feldern angegeben. Natürlich fragt man sich jetzt, warum das so gemacht wurde.

Nun, die Antwort ist relativ einfach: Der Compiler sorgt automatisch dafür, dass ein String, der auf diese Art zugewiesen wird, mit einer sogenannten Nullterminierung abgeschlossen wird. Auch char-Arrays bestehen intern aus Zahlen. Um nun das Ende eines Strings zu markieren, wird einfach die Zahl 0 angehängt, was der Escape-Sequenz „\0" entspricht. Diese Nullterminierung, also Endekennung des Strings, benötigt ja auch Platz (genau ein Byte). Und genau deswegen ist die Größe des Arrays um ein Feld größer als der eigentliche String, der zugewiesen wird.

Das char-Array in Zeile 17 ist nun größer als der eigentliche String, der dem Array zugewiesen wird. Das ist natürlich erlaubt, denn es kann ja vorkommen, dass man den String erweitern will oder die Größe vorher nicht genau bekannt ist (etwa bei Namenseingaben oder Ähnlichem).

Der in Zeile 17 zugewiesene String besteht aus zwei Teilen, die durch eine Null-Terminierung voneinander getrennt sind (Teil 1 und Teil 2). Das wurde deshalb so gemacht, damit man bei der Ausgabe die Wirkung einer solchen Null-Terminierung auch auf dem Bildschirm sieht. Der im Array enthaltene Text wird nur bis zu der eingefügten Null-Terminierung ausgegeben und alles, was sich dahinter befindet, ignoriert.

Dass die Ausgabe der Strings (char-Arrays) unabhängig von der Erzeugung immer gleich funktioniert, sieht man in den Zeilen 20 bis 22. Dank des flexiblen cout-Befehls kann man diese String ohne Weiteres ausgeben, genau so, wie man es von den Variablen her schon gewohnt ist. Bei der Ausgabe in Zeile 22 fällt jedoch auf, dass tatsächlich nur der erste Teil des char-Arrays Zeichenfolge3 ausgegeben wird, was an der oben angesprochenen Null-Terminierung liegt. Es gibt tatsächlich Situationen, in denen diese Tatsache wirklich von Nutzen sein kann. Wenn man etwa einem char-Array neuen Text zuweist, der kürzer ist als der vorherige, so wird durch die Null-Terminierung automatisch der überbleibende Rest bei der Ausgabe ignoriert. Durch die Zuweisung wird ja nicht das ganze Array vorher gelöscht, sondern nur neuer Inhalt hineinkopiert.

Eine andere Art, den Inhalt eines char-Arrays auszugeben, sieht man in den Zeilen 24 und 25. Hier wird das Array einfach nur Feld für Feld durchlaufen und jedes einzelne Element durch die Verwendung des Index ausgegeben. Hier wird nun auch der komplette String ausgegeben, da ja alle Elemente durchlaufen werden (somit wird **nicht** mehr automatisch bei der Null-Terminierung abgebrochen).

5.6   Eingabe von Strings über die Tastatur

Wie schon bei den „normalen" Variablen in Kapitel 2 gibt es natürlich auch hier die Möglichkeit, die Werte über die Tastatur abzufragen. Allerdings würde es, wenn man einfach nur `cin` verwendet, einige Probleme geben. Zum einen könnte man keine Texte mit Leerzeichen eingeben, da ein Leerzeichen automatisch als Null-Terminierung interpretiert wird. Das zweite Problem ist weitaus gravierender: Wenn man sich ein char-Array mit beispielsweise 50 Feldern erzeugt und dann über die Konsole einen Text eingibt, der länger ist, haben wir das Problem wie schon in Abschnitt 5.4. Es würde dann über die Grenze des Arrays hinausgeschrieben, und der Absturz des Programms wäre nicht weit entfernt. Um diesen beiden Mankos aus dem Weg zu gehen, bietet uns `cin` eine bessere Möglichkeit, die wie folgt funktioniert:

Listing 5.4 Eingabe von Strings

```
01: // C++ für Spieleprogrammierer
02: // Listing 5.4
03: // Eingabe von Strings
04: //
05: #include <iostream>
06:
07: using namespace std;
08:
09: // Hauptprogramm
10: //
11: int main ()
12: {
13:    // Variablen
14:    //
15:    char Name[50];
16:
17:    // Abfrage des Namens
18:    cout << "Bitte Namen eingeben: ";
19:    cin.get (Name, 49);
20:
21:    // Ausgabe des Namens
22:    cout << "Der Eingabestring lautet: ";
23:    cout << Name << endl;
24:
25:    return 0;
26: }
```

Bildschirmausgabe:

```
Bitte Namen eingeben: Karlsson auf dem Dach
Der Eingabestring lautet: Karlsson auf dem Dach
```

Wenn Du jetzt wissen möchtest, wozu der Punktoperator in Zeile 19 gut ist, muss ich Dich leider enttäuschen. Was das genau ist und wie es funktioniert, wird erst im Kapitel über Klassen genau erklärt. Bis dahin muss es erst mal genügen zu wissen, dass es sich bei dem `get` sozusagen um eine „Unterfunktion" von `cin` handelt. Bis das also geklärt ist, begnügen wir uns einfach damit, dass wir auf diese Weise eine Funktion haben, die einen String über die Tastatur einliest und damit unser char-Array füllt.

Diese Funktion erwartet zwei Parameter. Der erste ist das char-Array, das den eingegebenen Text enthalten soll. Der zweite gibt die Länge des Textes an. Dabei muss man darauf achten, dass man hier nicht genau die Größe des char-Arrays angeben darf, sondern ein Element weniger. Dieses wird, wie man sich schon denken kann, wieder für die Null-Terminierung verwendet. Der Vorteil an der Funktion ist die Tatsache, dass automatisch geprüft wird, ob der eingegebene String auch tatsächlich nicht die angegebene Größe überschreitet. Ist das dennoch der Fall, so wird der Rest einfach abgeschnitten, und es kommt nicht zu einem „Überlaufen" des Arrays. Man hat also eine sichere Funktion, die man (fast) bedenkenlos benutzen kann, sofern man die richtige Größe übergibt.

Was jetzt noch auffällt, ist die Tatsache, dass hier kein Rückgabetyp verwendet wird. Eigentlich hätte man ja annehmen müssen, dass man das char-Array für den Rückgabewert verwendet. Jedoch wird es hier als Parameter übergeben. Das scheint wohl zu bedeuten, dass auch ein Parameter, den man einer Funktion übergibt, verändert werden kann. Allerdings muss ich das wieder auf das nächste Kapitel verschieben und mit der Erklärung noch ein wenig warten. Bis dahin sollte man das einfach mal so akzeptieren ☺.

5.7 Mehrdimensionale Arrays

Es gibt Situationen, in denen man mit einfachen Arrays, wie wir sie eben kennengelernt haben, nicht wirklich sinnvoll weiterkommt. Hat man etwa vor, ein Strategie- oder Rollenspiel mit 2D-Ansicht zu programmieren, so muss man sich früher oder später über den Aufbau und die Programmierung der Karte Gedanken machen. Bei solchen Spielen ist das Prinzip, mit dem eine Karte erstellt wird, eigentlich fast immer das gleiche. Eine solche Karte kann man im Grunde mit einem Schachbrett vergleichen, das ja eine bestimmte Anzahl an Feldern hat. Diese werden quasi durch Indizes angesprochen, indem man für jede Richtung einen Wert angibt (z.B. H5, D3, A7 usw.). Eine Karte in einem Strategie- oder Rollenspiel ist nun genau nach diesem Prinzip aufgebaut, denn sie hat, genau wie ein Schachbrett auch, eine bestimmte Ausdehnung in zwei Richtungen. Jedes Feld kann dabei über ein einfaches Koordinatenpaar angesprochen werden.

Mehrdimensionale Arrays sind gut geeignet, um genau solche Dinge zu realisieren. Wie man sich jetzt schon denken kann, ist es möglich, Arrays zu erstellen, die wie ein solches Schachbrett aufgebaut sind. Dass das Ganze nicht weiter kompliziert ist, zeigt folgendes Beispiel:

Listing 5.5 Mehrdimensionale Arrays

```
01: // C++ für Spieleprogrammierer
02: // Listing 5.5
03: // Mehrdimensionale Arrays
04: //
05: #include <iostream>
06:
07: using namespace std;
08:
09: // Hauptprogramm
```

```
10: //
11: int main ()
12: {
13:   // Konstanten
14:   //
15:   const int Breite = 3; // Breite der Karte
16:   const int Hoehe = 3;  // Hoehe der Karte
17:
18:   // Variablen
19:   //
20:   int Karte[Breite][Hoehe];  // Zweidimensionales Array für die Karte
21:   int x, y;                  // Schleifenzähler
22:   int Zaehler = 0;           // Zum Füllen der Karte
23:
24:   // Karte mit Werten füllen
25:   for (y=0; y<Hoehe; y++)
26:   {
27:     for (x=0; x<Breite; x++)
28:     {
29:       Karte[x][y] = Zaehler;
30:       Zaehler++;
31:     }
32:   }
33:
34:   // Karte ausgeben
35:   for (y=0; y<Hoehe; y++)
36:   {
37:     for (x=0; x<Breite; x++)
38:     {
39:       cout << Karte[x][y];
40:     }
41:
42:     cout << endl;
43:   }
44:
45:   return 0;
46: }
```

Bildschirmausgabe:

```
012
345
678
```

Wie man sieht, ist es genauso einfach, ein mehrdimensionales Array zu erzeugen, wie weiter oben bereits erwähnt. Man gibt einfach noch eine zweite Größenangabe an, und schon hat man ein Array, das sich gewissermaßen über zwei Dimensionen aufspannt. Für die Größenangaben werden dieses Mal Konstanten verwendet (Zeilen 15 und 16). Um das Array zu füllen, werden in den Zeilen 25 bis 32 zwei verschachtelte Schleifen verwendet. Die eine zählt die Breite, die andere die Höhe der Karte durch. In Zeile 29 erfolgt nun die Zuweisung der einzelnen Array-Felder, indem für den Index jeweils der Schleifenzähler angegeben wird. Damit jeder Eintrag einen anderen Wert bekommt, wird die Variable zaehler einfach immer nach jeder Zuweisung um eins erhöht. Man erhält nun also ein zweidimensionales Feld, das drei Felder hoch und drei Felder breit ist.

Nun werden wieder zwei Schleifen (Zeilen 35 bis 43) durchlaufen, um den Inhalt des Arrays auf dem Bildschirm auszugeben. Wie man sieht, wurden alle neun Einträge korrekt gesetzt und ausgegeben.

Würde man nun zum Beispiel ein Schachspiel programmieren, so würde man sich ein 8 x 8 Felder großes Integer-Array erzeugen, das alle 64 Felder repräsentiert. Dann könnte man sich etwa mit einem `enum` alle Spielfiguren erzeugen. Diese könnten dann auf einfache Weise den einzelnen Feldern im Array zugewiesen werden.

Prinzipiell ist dies auch die Vorgehensweise, die beim Anlegen von zweidimensionalen Karten in Strategie- oder Rollenspielen verwendet wird. So kann recht leicht festgelegt werden, wie die Karte ausschaut, indem man durch konstante Werte eben Wasser, Berge, Graslandschaften und so weiter vordefiniert und dann mit einem Editor dieses Array füllt. Genauso kann man auch festlegen, welche Felder betreten werden dürfen oder wo Gegner stehen. Auch eine Highscore-Liste kann auf diese Weise erzeugt werden (was wir später auch noch tun werden).

Wie man sieht, bieten solche mehrdimensionalen Arrays eine ganze Menge Möglichkeiten, die sich relativ einfach in Spielen verwenden lassen.

Natürlich ist man dabei nicht auf zwei Dimensionen beschränkt, sondern kann auch drei-, vier- oder fünfdimensionale Arrays erzeugen, falls das gebraucht wird.

5.8 Arrays und Speicherbedarf

Arrays, ob ein- oder mehrdimensional, sind eine tolle und nützliche Sache, wenn man auf die in Absatz 5.4 angesprochenen Dinge achtet. Allerdings gibt es noch eine weitere Sache, die man bei der Verwendung von Arrays beachten muss und keinesfalls vernachlässigen sollte: den Speicherbedarf.

Gerade mehrdimensionale Arrays werden schneller zum Speicherfresser, als man denkt. Dabei kommt es natürlich auf den für das Array verwendeten Datentyp an. Ein Array aus `double`-Variablen benötigt eben doppelt so viel Speicher wie eines aus `float`-Variablen. Sobald dann noch eine zusätzliche „Dimension" hinzukommt, erhöht sich der Speicherbedarf natürlich auch wieder um ein Vielfaches.

Später in diesem Kapitel, wenn Strukturen besprochen werden, wird noch deutlich, dass man Arrays nicht nur mit einfachen Variablen füllen kann. In solchen Fällen können mehrdimensionale Arrays durchaus eine enorme Größe erreichen, wenn man unbedacht an die Sache herangeht. Es ist sehr wichtig, seine Arrays so zu gestalten, dass diese nach Möglichkeit nur so groß sind, dass der gewünschte Inhalt hineinpasst. Ist man zu großzügig, so verschwendet man Speicher, der auch in der heutigen Zeit noch zu wertvoll ist, als dass man ihn sinnlos verschleudert.

Um sich ein Bild davon zu machen, kann man hergehen und ein paar Arrays erzeugen. Dann lässt man sich einfach deren Größe mit dem Schlüsselwort `sizeof` ausgeben, um zu sehen, wie hoch der Speicherbedarf ist. Manchmal ist man dann doch ein wenig überrascht.

5.9   Was sind Strukturen, und wozu dienen sie?

Wenn wir bisher Variablen erzeugt haben, so geschah das meistens direkt am Anfang der main-Funktion. Alle Variablen wurden untereinander geschrieben, ihnen wurde ein passender Name gegeben und eventuell noch ein Kommentar hinzugefügt. So weit ist das auch nicht verkehrt und hat immer gut funktioniert. Allerdings kann diese Vorgehensweise etwas unübersichtlich werden, wenn man richtig viele Variablen verwendet. Was hier praktisch wäre, wäre eine Möglichkeit, bestimmte Variablen zu Gruppen zusammenzufassen. Man könnte dann etwa eine Gruppe erstellen, die sämtliche für die Spielfigur wichtigen Variablen zusammenfasst. Dies könnten dann die Lebensenergie, die Punktezahl und der Name des Spielers sein. Man würde also damit beginnen, seine Variablen zu *strukturieren*. Diese Möglichkeit werden wir nun kennenlernen und dabei sogar noch einen weiteren Vorteil entdecken, der uns bisher nicht zur Verfügung stand. Packt man nämlich ein paar Variablen zu einer sogenannten Struktur zusammen, so erzeugt man sich damit sozusagen einen neuen Datentypen, den man beliebig oft verwenden kann. Das Ganze funktioniert folgendermaßen:

Listing 5.6 Strukturen erzeugen und verwenden

```
01: // C++ für Spieleprogrammierer
02: // Listing 5.6
03: // Strukturen erzeugen und verwenden
04: //
05: #include <iostream>
06:
07: using namespace std;
08:
09: // Hauptprogramm
10: //
11: int main ()
12: {
13:    // Strukturen
14:    //
15:    struct S_Spieler
16:    {
17:      int Energie;
18:      char Name[30];
19:    };
20:
21:    // Variablen
22:    //
23:    S_Spieler Spieler1;
24:    S_Spieler Spieler2;
25:
26:    // Daten der Spieler abfragen
27:    cout << "Name des ersten Spielers: ";
28:    cin.get (Spieler1.Name, 29);
29:
30:    cout << "Energie des ersten Spielers: ";
31:    cin >> Spieler1.Energie;
32:
33:    cin.ignore ();
34:
35:    cout << "Name des zweiten Spielers: ";
36:    cin.get (Spieler2.Name, 29);
37:
38:    cout << "Energie des zweiten Spielers: ";
39:    cin >> Spieler2.Energie;
```

```
40:
41:     cout << endl;
42:
43:     // Ausgabe der Daten
44:     cout << "Spieler 1:" << endl;
45:     cout << "Name: " << Spieler1.Name << endl;
46:     cout << "Energie: " << Spieler1.Energie << "\n\n";
47:
48:     cout << "Spieler 2:" << endl;
49:     cout << "Name: " << Spieler2.Name << endl;
50:     cout << "Energie: " << Spieler2.Energie << "\n\n";
51:
52:     return 0;
53: }
```

Bildschirmausgabe:

```
Name des ersten Spielers: Hinz
Energie des ersten Spielers: 200
Name des zweiten Spielers: Kunz
Energie des zweiten Spielers: 300
Spieler 1:
Name: Hinz
Energie: 200
Spieler 2:
Name: Kunz
Energie: 300
```

Das ist mal wieder ein Beispiel, bei dem es gleich mehrere Neuerungen gibt. Das erste Neue, was auffällt, ist das Schlüsselwort struct in Zeile 15. Die Syntax ist dabei recht einfach. Nach diesem Schlüsselwort folgt der Name, den die zu erzeugende Struktur haben soll, gefolgt von einem Paar geschweifter Klammern und zum Abschluss ein Semikolon. Innerhalb der geschweiften Klammern werden nun sämtliche Variablen deklariert, die zu der Struktur gehören sollen. Hier kann man beliebig viele Variablen sämtlicher Datentypen deklarieren, sogar andere Strukturen können verwendet werden. Der hier für die Struktur gewählte Name s_Spieler deutet durch das vorangestellte s_ darauf hin, dass es sich um eine Struktur handelt. Ein solches Präfix bringt wieder etwas mehr Überblick in den Quellcode, und man sollte es sich so oder zumindest in ähnlicher Form angewöhnen.

Um die erzeugte Struktur verwenden zu können, kann man einfach wie beim Deklarieren von Variablen vorgehen, wie man in den Zeilen 23 und 24 sehen kann. Man hat damit sozusagen zwei „Kopien" dieser Strukturen erstellt, die man frei verwenden kann. Alle Variablen innerhalb der Struktur können nun über den Punktoperator (.) angesprochen und wie normale Variablen verwendet werden. In Zeile 28 sieht man diese Vorgehensweise in Aktion. Man übergibt einfach der get-Funktion als ersten Parameter die Variable Spieler1.Name, damit diese mit dem Eingabestring gefüllt werden kann. In Zeile 31 wird dann der Wert für die Variable Spieler1.Energie abgefragt.

Beim Deklarieren einer Struktur schafft man sich also eine Sammlung an zusammengehörigen Variablen, die allesamt Elemente der Struktur sind. Dieser Struktur wird ein Name vergeben, und schon kann man sich davon so viele Instanzen (also quasi Kopien) erzeugen, wie man möchte. Auf die einzelnen Elemente greift man dann einfach über den

Punktoperator zu. Was unbedingt beachtet werden muss, ist die Tatsache, dass man beim Deklarieren einer Struktur keine Zuweisungen, sprich Definitionen verwenden darf. Würde man also versuchen, dem Element `Energie` innerhalb der Struktur einen Wert zuzuweisen, so würde der Compiler an dieser Stelle streiken und eine Fehlermeldung ausgeben. Das liegt einfach daran, dass man mit dem Schlüsselwort `struct` eine Vorlage, also eine Art Schablone erzeugt. Dadurch wird noch kein Speicher reserviert, sondern erst, wenn man sich eine Instanz davon erzeugt. Folglich können hier auch keine Zuweisungen stattfinden, es sei denn, es handelt sich um statische Konstanten.

In diesem Beispiel erzeugen wir uns also zwei „Spieler", die unabhängig voneinander angesprochen und verwaltet werden können. Und auch, wenn wir noch nicht beim Thema Objektorientierung angelangt sind (was erst richtig in Kapitel 7, „Klassen", startet), so kann man jetzt schon das Prinzip erkennen, das dahintersteckt: zusammengehörige Dinge erzeugen und verallgemeinern. Anstatt Variablen wie etwa `Spieler1_Energie` und `Spieler2_Energie` zu deklarieren, erzeugt man sich eben eine Struktur und fasst alles Nötige zusammen. Wenn wir später zu den Klassen kommen, wird dieser Gedanke noch um einiges weiter vertieft.

Was noch neu hinzugekommen ist, ist das `cin.ignore` in Zeile 33. Würde man diese Zeile weglassen, so würde die Eingabeaufforderung `cin.get` in Zeile 36 nicht richtig funktionieren. Beim Einlesen eines Strings wird ein sogenannter Lesezeiger verwendet, der den String Buchstabe für Buchstabe durchläuft. Wird dabei das Ende erreicht (was durch Drücken von Return passiert), so wird kein weiteres Zeichen eingelesen. Der Nachteil dabei ist, dass dieser Lesezeiger nicht automatisch zurückgesetzt wird. Es gibt nun mehrere Möglichkeiten, wie man das von Hand aus tun kann, wobei darauf jetzt nicht weiter eingegangen werden soll. Fakt ist, dass wir durch die Verwendung von `cin.ignore` dieses kleine Problemchen recht einfach umgehen können.

Zum Thema Strukturen gibt es noch einiges Interessantes zu sagen, was aber, wie schon so oft, etwas nach hinten verschoben wird, da es an dieser Stelle einfach noch keinen Sinn macht, dieses Thema weiter zu vertiefen. Wichtig ist erst mal, dass man das Grundprinzip der Strukturen erkannt hat und sie sowohl erzeugen als auch verwenden kann.

5.10 Spielerverwaltung mit Strukturen und Arrays

Um jetzt die beiden Themen Arrays und Strukturen pragmatisch in einem Beispiel zu sehen, programmieren wir uns eine kleine Verwaltung für vier Spieler. Dazu kann jeder der Spieler seinen Namen eingeben und bestimmen, in welchem Team er gerne spielen möchte. Haben alle vier Spieler ihre „Daten" eingegeben, so kann man sich zusammenfassend anzeigen lassen, welches Team aus welchen Spielern besteht. Und hier das Listing dazu:

Listing 5.7 Spielerverwaltung mit Strukturen und Arrays

```
01: // C++ für Spieleprogrammierer
02: // Listing 5.7
```

```
03:  // Spielerverwaltung mit Strukturen und Arrays
04:  //
05:  #include <iostream>
06:
07:  using namespace std;
08:
09:  // Hauptprogramm
10:  //
11:  int main ()
12:  {
13:    // Strukturen
14:    //
15:    struct S_Spieler
16:    {
17:      int Team;
18:      char Name[30];
19:    };
20:
21:    // Variablen
22:    //
23:    S_Spieler SpielerListe[4];
24:    int Auswahl = 0;
25:
26:    // Abfrage der einzelnen Spielerdaten
27:    for (int i=0; i<4; i++)
28:    {
29:      SpielerListe[i].Team = 0;
30:
31:      // Name abfragen
32:      cout << "Spieler " << i+1 << endl;
33:      cout << "Dein Name: ";
34:      cin.get (SpielerListe[i].Name, 29);
35:
36:      // Team abfragen
37:      do
38:      {
39:        cout << "In welchem Team willst Du spielen (1 oder 2): ";
40:        cin >> SpielerListe[i].Team;
41:
42:      } while (SpielerListe[i].Team != 1 && SpielerListe[i].Team != 2);
43:
44:      cout << endl;
45:      cin.ignore ();
46:    }
47:
48:    // Ausgabe aller Teilnehmer eines Teams
49:    do
50:    {
51:      cout << "Welches Team soll angezeigt werden (0 fuer Ende): ";
52:      cin >> Auswahl;
53:
54:      // Nur ausgeben, wenn ein gültiges Team gewählt wurde
55:      if (Auswahl == 1 || Auswahl == 2)
56:      {
57:        cout << "Team " << Auswahl << " besteht aus:" << endl;
58:
59:        // Alle Spieler durchlaufen
60:        for (int j=0; j<4; j++)
61:        {
62:          // Ist der Spieler im anzuzeigenden Team?
63:          if (SpielerListe[j].Team == Auswahl)
64:          {
65:            cout << "Spielername: " << SpielerListe[j].Name;
66:            cout << endl;
67:          }
68:        }
69:
70:        cout << endl;
71:      }
72:
```

```
73:    } while (Auswahl != 0);
74:
75:    return 0;
76: }
```

Bildschirmausgabe:

```
Spieler 1
Dein Name: Joerg
In welchem Team willst Du spielen (1 oder 2): 1

Spieler 2
Dein Name: Michael
In welchem Team willst Du spielen (1 oder 2): 2

Spieler 3
Dein Name: Thomas
In welchem Team willst Du spielen (1 oder 2): 2

Spieler 4
Dein Name: Heiko
In welchem Team willst Du spielen (1 oder 2): 1

Welches Team soll angezeigt werden (0 fuer Ende): 1
Team 1 besteht aus:
Spielername: Joerg
Spielername: Heiko

Welches Team soll angezeigt werden (0 fuer Ende): 0
```

Dieses Beispiel sollte nun verdeutlichen, dass die „Zusammenarbeit" von Strukturen und Arrays eine durchaus nützliche Sache ist. In den Zeilen 15 bis 19 erzeugen wir uns eine Struktur namens S_Spieler, welche die beiden Elemente Team und Name beinhaltet. Somit haben wir uns eine Beschreibung eines einzelnen Spielers geschaffen, von der wir uns wie immer so viele Instanzen erzeugen können, wie wir wollen. Damit man aber flexibel in der Anzahl der Instanzen bleibt, erzeugen wir uns hier nicht einzelne Instanzen, sondern gleich ein ganzes Array davon. Dass das genauso einfach funktioniert wie bei „normalen" Variablen auch, sieht man in Zeile 23. Dort wird ein Array erzeugt, das Platz für vier Instanzen der S_Spieler-Struktur bietet. Das bringt den Vorteil, dass man einfach über den Index auf jeden Spieler zugreifen, also alle Spieler mit einer Schleife durchlaufen kann. Genau das machen wir auch, und zwar in den Zeilen 27 bis 46. Hier werden alle Spieler der Reihe nach durchlaufen, sodass jeder seinen Namen und das Team, in dem er gerne mitspielen möchte, angeben kann. Diese Vorgehensweise ähnelt ein wenig einer Datenbank, die Schritt für Schritt gefüllt wird. Wie man sieht, wird in Zeile 32 wieder ein Korrekturwert verwendet, damit die Spielernummern nicht von 0 bis 3, sondern von 1 bis 4 gehen, was logischer und einfacher zu verstehen ist.

Natürlich bringt es einem nichts, wenn man diese „Datenbank" nur mit Werten füllt, wenn man sie danach nicht ausliest und verwendet. Deshalb hat man in den Zeilen 49 bis 73 die Möglichkeit, sich alle Teilnehmer eines Teams anzeigen zu lassen. Dazu wird die Nummer des gewünschten Teams abgefragt, wobei die Eingabe von 0 das Programm beendet. Nun werden wieder alle Spieler durchlaufen, jedoch nur diejenigen angezeigt, die sich im entsprechenden Team befinden.

Das einzige Manko, das dieses Programm hat, ist die fehlende Möglichkeit, zur Laufzeit festzulegen, wie viele Spieler es im Ganzen geben soll. Bisher können wir die Größe des Arrays nur zu Beginn fest im Quellcode vorgeben. Um hier eine flexible Größe direkt zur Laufzeit anzugeben, fehlt noch ein wenig Wissen, was erst im nächsten Kapitel vermittelt wird. Man kann das aber fürs Erste umgehen, indem man sich einfach ein Array erstellt, das beispielsweise Platz für 20 Spieler bietet. Dann kann man die Zahl frei wählen, solange sie die 20 nicht übersteigt. Alle ungenutzten Array-Einträge bleiben somit einfach leer, kosten aber dennoch Speicher. Wie man sieht, nicht die schönste Lösung, aber für den Augenblick noch die einzige.

5.11 Aufgabenstellung

Die Aufgabe in diesem Kapitel ist ein wenig umfangreicher als die bisherigen Aufgaben, denn sie beschränkt sich nicht nur auf das neu hinzugekommene Thema. Um die Aufgabe erfolgreich zu lösen, wird fast alles benötigt, was bisher besprochen wurde. Dadurch soll einfach alles ein wenig gefestigt werden.

Ziel ist es, ein zweidimensionales Array zu erzeugen, das auf dem Bildschirm dargestellt werden kann. Dieses Array soll ein Spielfeld darstellen, das zu Beginn komplett leer ist. Um einige Aktionen durchführen zu können, soll folgendes Menü zur Verfügung stehen:

```
1 - Spielfeld anzeigen
2 - Feld besetzen
3 - Felddaten anzeigen
4 - Spielfeld loeschen
5 - Programm beenden
```

Das Spielfeld soll so aufgebaut sein, dass jedes Feld aus einer Instanz einer Struktur besteht (so ähnlich wie in Listing 5.7, nur eben zweidimensional). Diese Struktur soll zwei Elemente enthalten, die Aufschluss über das Feld geben. Zum einen einen bool-Wert, der angibt, ob das Feld besetzt ist oder nicht. Zum anderen einen String, der den Namen des Feldes angibt. Man soll nun durch Eingabe von Koordinaten einem Feld einen Namen zuweisen können, wodurch dieses als besetzt markiert wird. Diese Koordinaten geben einfach die Indizes des zweidimensionalen Arrays an (z.B. x = 2, y = 4). Diese Zuweisung soll durch den Menüpunkt 2 (Feld besetzen) erfolgen.

Analog dazu soll der Menüpunkt 3 (Felddaten anzeigen) ebenfalls ein Koordinatenpaar abfragen und dadurch den Status eines Feldes anzeigen. Wenn es besetzt ist, soll der Name des Feldes ausgegeben werden, ansonsten eine Meldung, dass dieses Feld noch frei ist.

Menüpunkt 1 (Spielfeld anzeigen) soll das Feld auf den Bildschirm malen, ähnlich wie es in Listing 3.11 schon gemacht wurde. Ist ein Feld besetzt, soll ein x gezeichnet werden, ansonsten ein einfacher Punkt. Die Namen der Felder spielen hier keine Rolle und werden nicht mit ausgegeben.

Damit ein bisschen klarer wird, wie das Ganze ausschauen soll, hier mal eine Bildschirm-ausgabe, die mit dem später folgenden Lösungsvorschlag erzeugt wurde:

```
1 - Spielfeld anzeigen
2 - Feld besetzen
3 - Felddaten anzeigen
4 - Spielfeld loeschen
5 - Programm beenden
Auswahl: 2
x-Position (1-5): 2
y-Position (1-5): 3
Name: Berg

1 - Spielfeld anzeigen
2 - Feld besetzen
3 - Felddaten anzeigen
4 - Spielfeld loeschen
5 - Programm beenden
Auswahl: 2
x-Position (1-5): 4
y-Position (1-5): 4
Name: Wasser

1 - Spielfeld anzeigen
2 - Feld besetzen
3 - Felddaten anzeigen
4 - Spielfeld loeschen
5 - Programm beenden
Auswahl: 1

.....
.....
.X...
...X.
.....

1 - Spielfeld anzeigen
2 - Feld besetzen
3 - Felddaten anzeigen
4 - Spielfeld loeschen
5 - Programm beenden
Auswahl: 3
x-Position (1-5): 2
y-Position (1-5): 3
Feld ist besetzt von: Berg
```

Neben der Möglichkeit, das Spielfeld wieder komplett zu löschen, soll es natürlich auch die Option geben, das Programm zu beenden.

Auf jeden Fall ist es wichtig, dass Du darauf achtest, bei der Eingabe der Koordinaten kei-ne ungültigen Werte zuzulassen, da sonst auf ungültige Array-Positionen zugegriffen wird und der Absturz damit in greifbare Nähe rückt. Eine einfache if-Abfrage wirkt hier schon Wunder und macht das Programm um einiges „absturzsicherer".

5.11.1 Wie geht man an die Aufgabe heran?

Zuerst sollte wieder das eigentliche Grundgerüst des Programms erstellt werden. Wenn man sich für die einzelnen Aufgaben (Spielfeld löschen, Feld besetzen usw.) Funktionen schreibt, so kann man ähnlich wie bei dem Beispiel des Zahlenratespiels vorgehen: Man gibt ein Menü aus, fragt die Eingabe ab und verzweigt dann mit `switch` und `case` zu den einzelnen Funktionen. Dabei kann man die Funktionen anfangs leer beziehungsweise einen Text ausgeben lassen, wenn sie aufgerufen wurden. Dadurch sieht man, dass das Grundgerüst funktioniert, und beschränkt sich erst mal auf den groben Rahmen des Programms.

Danach sollte man sich daranmachen, die benötigte Struktur zu deklarieren und das Array anzulegen. Idealerweise gibt man die Größe des Arrays wieder mit Konstanten an, damit man sie ändern kann, ohne quer durch den Quelltext Zahlen ersetzen zu müssen.

Um diese ohnehin umfangreiche Aufgabe nicht unnötig in die Länge zu ziehen, sollte man hier ausnahmsweise darauf verzichten, den einzelnen Funktionen das Array als Parameter zu übergeben. Hier sollte man mal die Ausnahme machen und sowohl die Deklaration der Struktur als auch das Array global halten, damit von jeder Funktion darauf zugegriffen werden kann.

Nun kann man damit beginnen, die einzelnen Funktionen zu schreiben und zu testen. Auch dabei sollte man Schritt für Schritt vorgehen, anstatt zu versuchen, alles auf einmal einzubauen.

Es spricht auch nichts dagegen, Codeteile aus vorhergehenden Beispielen zu kopieren und wieder zu verwenden. Schließlich haben wir schon mehr als einmal ein Menü programmiert und brauchen deshalb auch nicht das Rad neu zu erfinden. Im Grunde ähnelt diese Aufgabe ein wenig dem Zahlenraten, das wir im letzten Kapitel programmiert haben. Dort gab es ja auch ein Menü, das einzelne Funktionen aufgerufen hat. Warum sollte man sich dort nicht fertiger Elemente bedienen und zum Beispiel das Menü herauskopieren und an die neue Aufgabe anpassen?

5.11.2 Lösungsvorschlag

Hat alles funktioniert, oder hat sich der Computer während der Entwicklung des Programms gelegentlich aufgehängt, weil etwas mit den Arrays schiefging? Wenn es ein paar Abstürze gab, so ist das nicht weiter tragisch, denn das gehört einfach (und gerade am Anfang) dazu. Wenn es kein einziges Mal geknallt hat, dann Hut ab.

Hier nun der Lösungsvorschlag:

Listing 5.8 Lösungsvorschlag zur Aufgabe in Kapitel 5

```
001: // C++ für Spieleprogrammierer
002: // Listing 5.8
003: // Lösungsvorschlag zur Aufgabe in Kapitel 5
004: //
005: #include <iostream>
006:
007: using namespace std;
008:
009: // Strukturen
010: //
011: struct S_FeldInfo
012: {
013:   bool Besetzt;
```

```
014:    char Name[30];
015: };
016:
017: // Variablen und Konstanten
018: //
019: const int Breite = 5;
020: const int Hoehe = 5;
021: S_FeldInfo Spielfeld[Breite][Hoehe];
022:
023: // Prototypen
024: //
025: void LoescheSpielfeld ();
026: void ZeigeSpielfeld ();
027: void ZeigeFelddaten ();
028: void BesetzeFeld ();
029:
030: // Hauptprogramm
031: //
032: int main ()
033: {
034:    int Auswahl = 0;
035:
036:    LoescheSpielfeld (); // Spielfeld initialisieren
037:
038:    // Menü anzeigen und Eingabe bearbeiten
039:    do
040:    {
041:      cout << endl;
042:      cout << "1 - Spielfeld anzeigen" << endl;
043:      cout << "2 - Feld besetzen" << endl;
044:      cout << "3 - Felddaten anzeigen" << endl;
045:      cout << "4 - Spielfeld loeschen" << endl;
046:      cout << "5 - Programm beenden" << endl;
047:      cout << "Auswahl: ";
048:      cin >> Auswahl;
049:
050:      switch (Auswahl)
051:      {
052:        // Spielfeld anzeigen?
053:        case (1):
054:        {
055:          ZeigeSpielfeld ();
056:        } break;
057:
058:        // Feld besetzen?
059:        case (2):
060:        {
061:          BesetzeFeld ();
062:        } break;
063:
064:        // Felddaten anzeigen?
065:        case (3):
066:        {
067:          ZeigeFelddaten ();
068:        } break;
069:
070:        // Spielfeld löschen?
071:        case (4):
072:        {
073:          LoescheSpielfeld ();
074:          cout << "Spielfeld wurde geloescht!" << endl;
075:        } break;
076:
077:        // Programm beenden?
078:        case (5):
079:        {
080:          cout << "Programm beendet." << endl;
081:        } break;
082:
083:        // Falsche Eingabe?
```

```
084:        default:
085:          {
086:            cout << "Ungueltiger Menuepunkt!" << endl;
087:          }
088:        }
089:
090:    } while (Auswahl != 5);
091:
092:    return 0;
093: }
094:
095: // LoescheSpielfeld
096: //
097: // Aufgabe: Spielfeld löschen
098: //
099: void LoescheSpielfeld ()
100: {
101:    for (int y=0; y<Hoehe; y++)
102:    {
103:      for (int x=0; x<Breite; x++)
104:      {
105:        Spielfeld[x][y].Besetzt = false;
106:      }
107:    }
108:
109: } // LoescheSpielfeld
110:
111: // ZeigeSpielfeld ()
112: //
113: // Aufgabe: Spielfeld anzeigen
114: //
115: void ZeigeSpielfeld ()
116: {
117:    cout << endl;
118:
119:    for (int y=0; y<Hoehe; y++)
120:    {
121:      for (int x=0; x<Breite; x++)
122:      {
123:        // Wenn das Feld besetzt ist, ein X zeichnen,
124:        // ansonsten einen Punkt
125:        if (Spielfeld[x][y].Besetzt == true)
126:          cout << "X";
127:        else
128:          cout << ".";
129:      }
130:
131:      cout << endl;
132:    }
133: } // ZeigeSpielfeld
134:
135: // BesetzeFeld
136: //
137: // Ein Feld an bestimmten Koordinaten besetzen
138: //
139: void BesetzeFeld ()
140: {
141:    int x = 0;
142:    int y = 0;
143:
144:    // Koordinaten abfragen
145:    do
146:    {
147:      cout << "x-Position (1-" << Breite << "): ";
148:      cin >> x;
149:    } while (x<1 || x>Breite);
150:
151:    do
152:    {
153:      cout << "y-Position (1-" << Hoehe << "): ";
```

```
154:     cin >> y;
155:   } while (y<1 || y>Breite);
156:
157:   // Name abfragen und Felddaten füllen
158:   cout << "Name: ";
159:   cin.ignore ();
160:   cin.get (Spielfeld[x-1][y-1].Name, 29);
161:   Spielfeld[x-1][y-1].Besetzt = true;
162:
163: } // BesetzeFeld
164:
165: // ZeigeFelddaten
166: //
167: // Aufgabe: Felddaten an bestimmten Koordinaten anzeigen
168: //
169: void ZeigeFelddaten ()
170: {
171:   int x = 0;
172:   int y = 0;
173:
174:   // Koordinaten abfragen
175:   do
176:   {
177:     cout << "x-Position (1-" << Breite << "): ";
178:     cin >> x;
179:   } while (x<1 || x>Breite);
180:
181:   do
182:   {
183:     cout << "y-Position (1-" << Hoehe << "): ";
184:     cin >> y;
185:   } while (y<1 || y>Breite);
186:
187:   // Felddaten ausgeben
188:   if (Spielfeld[x-1][y-1].Besetzt == false)
189:   {
190:     cout << "Dieses Feld ist noch nicht besetzt." << endl;
191:   }
192:   else
193:   {
194:     cout << "Feld ist besetzt von: ";
195:     cout << Spielfeld[x-1][y-1].Name << endl;
196:   }
197:
198: } // ZeigeFelddaten
```

Das ist sie nun, die etwas in die Länge geschossene Lösung zur Aufgabe. Wie man sieht, ist die Ähnlichkeit zu Listing 4.11 (Zahlenraten) recht groß. Es gibt wieder einige Funktionen, die mehrfach vorkommende Aufgaben übernehmen, sowie ein Menü, das angezeigt und bearbeitet wird. Das Grundgerüst ist also fast das gleiche, nur dass die einzelnen Funktionen eben andere Aufgaben erfüllen.

Die Struktur S_FeldInfo wird in den Zeilen 11 bis 15 deklariert und enthält die beiden benötigten Elemente Besetzt und Name[30], welche die Informationen eines Feldes repräsentieren. Das eigentliche „Spielfeld" wird in Zeile 21 als zweidimensionales Array angelegt. Dabei werden für die Größe die Konstanten Breite und Höhe verwendet, die in den Zeilen 19 und 20 deklariert und definiert wurden. Überall im Programm, wo die Größe des Arrays benötigt wird, werden diese Konstanten verwendet. Das hat den Vorteil, dass man das Array vor dem Kompilieren noch anpassen kann, falls das gewünscht ist. Diese Variablen und Konstanten sind der Einfachheit halber global deklariert. Es gibt zwar schönere Lösungen, aber damit das Programm im Rahmen bleibt, wurde darauf ausnahmsweise verzichtet.

In der `main`-Funktion wird zuerst die Funktion `LoescheSpielfeld` aufgerufen, damit das Spielfeld bei der ersten Verwendung auch tatsächlich leer ist. Wie auch bei „normalen" Variablen, ist der Speicherbereich, den das Array einnimmt, noch voll mit irgendwelchen Werten, was nicht gerade im Sinne des Erfinders ist. Die Funktion `LoescheSpielfeld` (Zeilen 99 bis 109) durchläuft nun in einer verschachtelten Schleife einfach alle Felder des Arrays und setzt das Element `Besetzt` auf `false`. Das Feld `Name` braucht nicht gelöscht zu werden, da es nur dann von Belang ist, wenn `Besetzt` auf `true` gesetzt ist.

Der Rest der `main`-Funktion ist nun wirklich kein Neuland mehr, da ein Menü im ähnlichen Stil schon mehrfach in Beispielen zu sehen war. Etwas interessanter wird es wieder ab Zeile 115 mit der Funktion `ZeigeSpielfeld`. Hier wird, genau wie in der Funktion `LoescheSpielfeld`, das gesamte Array mittels zweier verschachtelter Schleifen durchlaufen. Dabei wird für jedes Feld geprüft, ob das Element `Besetzt` auf `true` oder `false` steht, und je nach Ergebnis ein „x" oder eben ein Punkt ausgegeben. Auf diese Weise wird das Spielfeld grafisch auf dem Bildschirm angezeigt, und man hat einen Überblick, welche Felder besetzt sind und welche nicht.

Um ein Feld zu besetzen, wird überraschenderweise die Funktion `BesetzeFeld` aufgerufen, die diese Aufgabe erledigt. Dazu werden zuerst die Koordinaten des zu bearbeitenden Feldes abgefragt (Zeilen 141 bis 155). Danach erfolgt die Abfrage des zu vergebenden Namens (Zeilen 158 bis 161). In Zeile 162 wird dann schließlich das Feld als besetzt markiert, indem die Variable `Besetzt` einfach auf `true` gesetzt wird. Interessant ist hier noch der Korrekturwert von −1 bei den Indizes der Arrays. Dieser ist deshalb notwendig, da der erste Eintrag in einem Array ja mit 0 gezählt wird, der „Spieler" aber Werte von 1 bis Endwert eingibt, weil das einfach logischer ist.

Die letzte Funktion im Listing nennt sich `ZeigeFelddaten` und zeigt an, ob ein Feld besetzt ist und, wenn ja, durch welchen Namen. Diese Funktion ist fast genauso aufgebaut wie `BesetzeFeld`. Auch hier werden zuerst die gewünschten Koordinaten abgefragt und auf ihre Gültigkeit überprüft. Ist dies geschehen, wird erst einmal geschaut, ob das Feld besetzt ist (Zeile 188). Je nach Ergebnis wird dann letztendlich ausgegeben, dass das Feld entweder noch frei oder besetzt ist, wobei der entsprechende Name ausgegeben wird.

Und damit wären wir auch schon wieder am Ende des Kapitels angelangt, in dem es gleich um zwei verschiedene Themen ging. Beide sind wichtig bei der Programmierung, und beide sitzen erst dann richtig, wenn man sich ein wenig mit ihnen auseinandergesetzt hat. Deshalb ist es enorm wichtig, dass Du die Beispiele noch einmal durchgehst und ein bisschen mit ihnen experimentierst oder sie erweiterst, bevor Du zum nächsten Kapitel übergehst.

6 Zeiger und Referenzen

6.1 Was sind Zeiger, und wozu dienen sie?

Um eines vorwegzunehmen: Zeiger sind ein Thema für sich, und man sagt ihnen nach, dass sie schwer zu verstehen sind. Allerdings denke ich, dass es eben (wie meistens) darauf ankommt, wie man an die Sache herangeht. Zugegeben, Zeiger haben es, gerade wenn man schon mit Programmiersprachen gearbeitet hat, die keine Zeiger unterstützen, in sich. Allerdings bieten sie enorme Möglichkeiten, den Code schneller und effizienter zu machen. Mit Zeigern können wir einige Probleme lösen, die bisher noch ungelöst im Raum umherschweben. So ist es etwa möglich, dass eine Funktion mehr als nur einen Rückgabewert haben kann. Entgegen den bisherigen Kapiteln gibt es jetzt nicht sofort ein Beispiel, das Zeiger verwendet, sondern eines, das zeigen soll, welche Einschränkungen und Nachteile man ohne sie hat.

Listing 6.1 Nachteile ohne Zeiger

```
01: // C++ für Spieleprogrammierer
02: // Listing 6.1
03: // Nachteile ohne Zeiger
04: //
05: #include <iostream>
06:
07: using namespace std;
08:
09: // Strukturen
10: //
11: struct S_Spieler
12: {
13:    int Energie;
14:    int Punkte;
15:    int xPosition;
16:    int yPosition;
17:    char Name[30];
18: };
19:
20: // Prototypen
21: //
```

```
22: S_Spieler NameAbfragen (S_Spieler Spieler);
23:
24: // Hauptprogramm
25: //
26: int main ()
27: {
28:    // Variablen
29:    //
30:    S_Spieler Spieler1;
31:
32:    // Spieler initialisieren
33:    Spieler1.Energie = 1000;
34:    Spieler1.Punkte = 0;
35:    Spieler1.xPosition = 0;
36:    Spieler1.yPosition = 0;
37:    Spieler1.Name[0] = '\0';
38:
39:    // Name des Spielers abfragen
40:    Spieler1 = NameAbfragen (Spieler1);
41:    cout << "Neuer Spieler: " << Spieler1.Name << endl;
42:
43:    return 0;
44: }
45:
46: // NameAbfragen
47: //
48: // Aufgabe: Name des Spielers abfragen
49: //
50: S_Spieler NameAbfragen (S_Spieler Spieler)
51: {
52:    // Name abfragen
53:    cout << "Name des Spielers: ";
54:    cin.get (Spieler.Name, 29);
55:
56:    return Spieler;
57: } // NameAbfragen
```

Bildschirmausgabe:

```
Name des Spielers: Tobias
Neuer Spieler: Tobias
```

Dieses kleine Beispiel legt eine Struktur an, die einige Spielerdaten besitzt. So etwas könnte in ähnlicher Form auch in einem richtigen Spiel vorkommen, da man ja auf irgendeine Art die Daten eines Spielers verwalten muss. Nun ist es ja so, dass diese Daten auch bearbeitet, ausgelesen und verwaltet werden müssen. Dazu bietet es sich natürlich an, Funktionen für diese Aufgaben zu schreiben. Die Funktion NameAbfragen in den Zeilen 50 bis 57 verdeutlicht das. Was hierbei auffällt, ist die Tatsache, dass sowohl eine Instanz der S_Spieler-Struktur übergeben als auch zurückgeliefert wird. Um zu verstehen, warum das nicht unbedingt vorteilhaft ist, muss man wissen, was „intern" passiert. Und genau das soll nun an dieser Stelle geklärt werden. Erst wenn man sich über diese internen Vorgehensweisen im Klaren ist, kommen die Zeiger ins Spiel, da man dann über eine Art Vergleichsbasis verfügt.

6.1.1 Der Stack

Schaut man sich Zeile 40 an, so sieht man, dass hier eine Funktion aufgerufen wird, der eine Instanz der Struktur s_Spieler übergeben wird. Ist diese Funktion abgearbeitet, liefert sie ebenfalls wieder eine solche Instanz zurück. Worüber wir uns bisher allerdings noch keine Gedanken gemacht haben, ist die Frage, was mit diesen zu übergebenden und zurückzuliefernden Daten eigentlich genau passiert.

Um das genauer unter die Lupe zu nehmen, solltest Du Dir noch einmal Abschnitt 4.4 anschauen, in dem es um die verschiedenen Gültigkeitsbereiche ging. Dort wurde klargestellt, dass eine Variable (und somit auch eine Instanz einer Struktur) nur innerhalb des Codeblockes gültig ist, in dem sie auch deklariert wurde. Die Instanz Spieler1, die in Zeile 30 deklariert wurde, ist somit nur innerhalb der main-Funktion gültig und bekannt.

Wenn diese Instanz nun an eine Funktion übergeben wird, muss sie logischerweise irgendwo zwischengespeichert werden. Man kann sich das etwa so vorstellen wie eine Ansammlung von Wohnungen, deren Eingangstüren alle in einen gemeinsamen Hausflur münden. Die Wohnungen kann man sich dabei quasi als Funktionen vorstellen. Möchte man nun zum Beispiel ein Paket von Wohnung *A* nach Wohnung *B* bringen, so kann man ja schlecht einfach durch die Wand rennen. Im übertragenen Sinne müsste man das Paket in den Flur stellen und beim gewünschten Nachbarn klingeln, damit dieser sich das Paket aus dem Flur abholen kann. Dann kann er damit tun und lassen, was er möchte, und anschließend das Paket wieder in den Flur stellen, damit man es sich selbst wieder abholen kann.

Dieser Zwischenspeicher, der in diesem bildlichen Beispiel der Flur war, nennt sich *Stack*, was zu Deutsch *Stapel* bedeutet, und funktioniert recht ähnlich wie eben beschrieben. Es handelt sich dabei um einen separaten Speicherbereich, um dessen Erstellung und Funktionsweise wir uns nicht selbst kümmern müssen. Dieser sogenannte „Stapelspeicher" funktioniert nach dem Prinzip „*last in, first out*", zu Deutsch „*Zuletzt rein, zuerst raus*". Das muss man sich einfach vorstellen wie Teller, die aufeinander gestapelt werden. Der Teller, der zuerst hingelegt wurde, kann auch nur als letzter wieder heruntergenommen werden.

Wenn wir nun eine Funktion aufrufen, die Parameter übernimmt, so werden diese Parameter vor dem Aufruf der Funktion auf diesen Stapel gelegt. Sobald in die Funktion verzweigt wird, werden diese Werte wieder vom Stapel geholt und lokale Kopien erzeugt, die natürlich vom gleichen Typ sind wie die der übergebenen Variablen. Wenn diese Funktion nun auch noch einen Rückgabewert liefert, funktioniert dies nach dem gleichen Prinzip. Durch das return wird der entsprechende Wert auf dem Stapel abgelegt und von der aufrufenden Funktion wieder abgeholt.

Es wird recht schnell deutlich, dass diese Vorgehensweise zwar gut funktioniert, aber auch mit viel Rechenzeit verbunden ist. Bleibt man bei dem Beispiel mit dem Hausflur, wird das sogar noch deutlicher. Je öfter man Pakete auf den Flur stellt und wieder abholt, desto mehr muss man „arbeiten". Dabei kommt es natürlich auch darauf an, wie groß diese Pakete sind. Eine einfache int-Variable benötigt in der Regel 4 Byte, die bei einem Funktionsaufruf auf dem Stack abgelegt werden müssen, wohingegen die Struktur s_Spieler aus dem obigen Beispiel schon satte 48 Bytes benötigt. Wenn man nun ein richtiges Spiel schreibt, so werden sehr viele (mit hoher Wahrscheinlichkeit auch größere) Strukturen benötigt, es gibt Hunderte von Funktionen und längere Parameterlisten. Gerade bei der Spieleprogrammierung sind Effizienz und Geschwindigkeit jedoch enorm wichtig. Deshalb ist es auch nicht unbedingt sonderlich prickelnd, wenn zu viel von dieser „Stapelei" wertvolle Rechenzeit verbrät. Doch was tun, sprach Zeus.

6.1.2 Vom Flur in den Keller

Wie man sieht, muss hier eine bessere Lösung her. Was man analog zu dem bildlichen Beispiel im letzten Abschnitt bräuchte, wäre ein separater Raum, in dem alle ihren „Kram" abstellen können, etwa ein Keller, der als Lagerraum dient. Es würde dann nicht mehr jeder geheim für sich im eigenen Stübchen arbeiten, sondern alle Pakete (Variablen) wären in einem gemeinsamen Raum. Moment, das gibt es doch bereits, oder etwa nicht? Was ist mit den globalen Variablen? Darauf hat ja jeder uneingeschränkten Zugriff. Nun, das mag zwar stimmen, aber das ist in etwa so, als würde jeder einfach seine Wohnung offen stehen lassen, so damit jeder tun und lassen kann, was er möchte. Globale Variablen sind hier also wohl nicht die Lösung.

Stell Dir jetzt einfach vor, jeder hat in dem großen Keller Schließfächer, die er für sich reservieren kann. Möchte derjenige nun, dass ein anderer den Inhalt dieser Schließfächer anschauen oder verändern soll, so gibt er ihm einfach einen Schlüssel und sagt, an welcher Stelle sich genau dieses Schließfach befindet. Man muss also nur noch den Schlüssel nehmen und das besagte Fach im Keller aufschließen. Es ist nicht mehr nötig, dass jeder alles mühsam in den Flur stellt, was sich jemand anderes aufwendig in die Wohnung schleppen muss. Man nimmt einen kleinen, leichten Schlüssel und macht die Arbeit vor Ort. Überträgt man dieses Beispiel auf die Programmierung, so wäre der Keller ein separater Speicherbereich, der sich *Heap* nennt (*auf Deutsch: Menge, Halde oder Haufen*). Eine bessere Übersetzung ist jedoch „*Freispeicher*". Man kann seine Variablen also dort erzeugen, falls das gewünscht ist.

Es gibt allerdings auch noch eine zweite Möglichkeit, mit der man das Problem angehen kann. Man muss nämlich nicht zwangsläufig seine Variablen auf dem Heap erzeugen (also ein Schließfach im Keller reservieren), sondern kann dies wie gewohnt einfach in einem lokalen Bereich tun. Möchte man nun jemandem erlauben, Zugriff darauf zu haben, so sagt man quasi einfach, wo in der Wohnung sich das entsprechende Paket befindet.

Wenn man eine Variable deklariert (egal ob nun auf dem Heap oder nicht), eines hat diese Variable auf jeden Fall: eine eindeutige Adresse, **wo** genau sie sich im Speicher befindet. Der Speicher ist ja im Grunde nichts anderes als eine lange Reihe aufeinanderfolgender Speicherzellen. Wird nun eine Variable deklariert, so wird zuerst nachgeschaut, wo noch Speicher frei ist und wie viel Speicher die Variable benötigt. Intern ist nun bekannt, an welcher Adresse sich die Variable befindet, damit auch der Zugriff darauf gewährleistet ist. Diese Adresse hat uns bisher nicht interessiert und war auch noch nicht von Belang. Doch genau das ist das Prinzip der Zeiger: Man übergibt beispielsweise einer Funktion nicht die Variable selbst (vielmehr deren Inhalt als temporäre Kopie), sondern einen Zeiger, der angibt, wo im Speicher sich die „Originalvariable" befindet.

6.2 Die Adresse einer Variablen

Um mit Zeigern arbeiten zu können, sind verschiedene Kenntnisse nötig, die jetzt Schritt für Schritt vorgestellt werden. Die ersten Beispiele ergeben noch nicht sonderlich viel Sinn, aber sind für die nötigen Grundkenntnisse einfach wichtig. Zuerst schauen wir uns mal den Adressoperator an, der durch ein kaufmännisches „Und" (&) repräsentiert wird:

Listing 6.2 Anzeige der Adresse einer Variablen

```
01: // C++ für Spieleprogrammierer
02: // Listing 6.2
03: // Anzeige der Adresse einer Variablen
04: //
05: #include <iostream>
06:
07: using namespace std;
08:
09: // Hauptprogramm
10: //
11: int main ()
12: {
13:    // Variablen
14:    //
15:    int Punkte = 500;
16:    int Energie = 1500;
17:
18:    // Adresse der Variablen "Punkte" anzeigen
19:    cout << "Die Adresse der Variablen \"Punkte\" ";
20:    cout << "lautet: " << &Punkte << endl;
21:
22:    // Adresse der Variablen "Energie" anzeigen
23:    cout << "Die Adresse der Variablen \"Energie\" ";
24:    cout << "lautet: " << &Energie << endl;
25:
26:    return 0;
27: }
```

Bildschirmausgabe:

```
Die Adresse der Variablen "Punkte" lautet: 0012FED4
Die Adresse der Variablen "Energie" lautet: 0012FEC8
```

Dieses kleine Beispiel erzeugt einfach zwei Variablen namens Punkte und Energie (Zeilen 15 und 16), die allerdings keine besondere Bedeutung haben und auch nicht weiter verwendet werden. Der Kern dieses Programms liegt in den Zeilen 20 und 24, in denen die jeweiligen Adressen ausgegeben werden, an denen die Variablen im Speicher liegen. Dazu wird einfach der Adressoperator (&) direkt vor die Variable geschrieben.

Hinweis:

Verwende den Adressoperator (&), um die Adresse anzusprechen, an der die betreffende Variable im Speicher liegt.

Wie man sieht, werden die Speicherstellen so reserviert, dass diese nach Möglichkeit nahe beieinanderliegen. Natürlich sind die ausgegebenen Adressen nicht immer gleich, da sie von der Hardware, dem zurzeit bereits verwendeten Speicher und noch vielen anderen Dingen abhängen.

6.3 Die Adresse einer Variablen in einem Zeiger speichern

Wir haben zwar jetzt gesehen, wie man die Adresse einer Variablen ausgibt, aber das bringt uns noch nicht sonderlich viel, denn schließlich möchte man ja diese Adresse auch irgendwann verwenden. Dazu muss diese natürlich irgendwo gespeichert werden, und das geht nun über einen Zeiger. Das Ganze schaut dann folgendermaßen aus:

Listing 6.3 Adressen in Zeigern speichern

```
01: // C++ für Spieleprogrammierer
02: // Listing 6.3
03: // Adressen in Zeigern speichern
04: //
05: #include <iostream>
06:
07: using namespace std;
08:
09: // Hauptprogramm
10: //
11: int main ()
12: {
13:    // Variablen
14:    //
15:    int Punkte = 500;
16:    float fGeschwindigkeit = 20.5f;
17:
18:    int *pPunkte = NULL;            // Zeiger auf "Punkte"
19:    float *pGeschwindigkeit = NULL; // Zeiger auf "Geschwindigkeit"
20:
21:    // Zeiger initialisieren
22:    pPunkte = &Punkte;
23:    pGeschwindigkeit = &fGeschwindigkeit;
24:
25:    // Adresse von "Punkte" ausgeben
26:    cout << "Die Adresse der Variablen \"Punkte\" ";
27:    cout << " lautet: " << pPunkte << endl;
28:
29:    // Adresse von "fGeschwindigkeit" ausgeben
30:    cout << "Die Adresse der Variablen \"fGeschwindigkeit\" ";
31:    cout << " lautet: " << pGeschwindigkeit << endl;
32:
33:    return 0;
34: }
```

Bildschirmausgabe:

```
Die Adresse der Variablen "Punkte" lautet: 0012FED4
Die Adresse der Variablen "fGeschwindigkeit" lautet: 0012FEC8
```

In den Zeilen 15 und 16 werden einfach zwei Variablen deklariert und definiert, deren Adressen später in Zeigern gespeichert werden sollen. Was man dann mit diesem Zeiger machen kann und wie das funktioniert, wird in den nächsten Abschnitten genauer beleuchtet.

Die eigentlichen Zeiger werden in den Zeilen 18 und 19 deklariert. An dem Sternchen (*) erkennt man, dass es sich nicht um „normale" Variablen handelt, sondern eben um Zeiger, in denen man eine Adresse speichern kann. Um das noch etwas deutlicher zu machen, wird hier noch das Präfix „p" verwendet, das für *Pointer*, also *Zeiger* steht. Dadurch weiß man an jeder Stelle im Quelltext, ob man nun eine normale Variable oder eben einen Zeiger hat. Ein Zeiger ist im Prinzip einfach eine Variable, die jedoch für die Aufnahme einer Adresse gedacht ist, wie sie in Listing 6.2 ausgegeben wurde. Man kann diesen Zeigern natürlich auch beliebige andere Werte zuweisen, aber das ist ja nicht im Sinne des Erfinders und würde höchstwahrscheinlich zu den seltsamsten Resultaten führen.

Was ebenfalls wichtig ist, ist der Datentyp des Zeigers. Dieser muss, genau wie bei den Variablen auch, mit angegeben werden. Zuerst könnte man ja denken, dass es für die Aufnahme einer Adresse einen ganz neuen Datentyp geben würde, der extra dafür gedacht ist. Das würde allerdings zu einem Problem führen, da dieser dann zwar eine Adresse speichern kann, aber die Angabe der Größe fehlen würde. Wenn man dann über den Zeiger auf die eigentliche Variable zugreifen wollte, so würde das problematisch werden, da ja nicht bekannt ist, was genau an dieser Adresse gespeichert ist. Deshalb werden Zeiger, genau wie normale Variablen auch, einfach per Datentyp deklariert, nur dass eben noch ein Sternchen (*) dazukommt.

Hinweis:
Achte darauf, dass Du bei der Deklaration eines Zeigers den gleichen Datentyp verwendest, den auch die Variable besitzt, deren Adresse Du in diesem Zeiger speichern willst.

Genau wie bei allen anderen Variablen auch, ist der Wert, der in einem Zeiger steht, anfangs undefiniert. Um eine Adresse zu speichern, ist natürlich auch wieder Speicherplatz notwendig (auf einem 32-Bit-System 4 Byte), der für die Aufnahme der Adresse reserviert wird. Was dort nun anfangs drin steht, lässt sich nicht vorhersagen, da der für den Zeiger reservierte Speicherbereich ja vorher möglicherweise schon anderweitig verwendet wurde und nun wieder frei ist. Würde man nun versehentlich diesen Zeiger verwenden, ohne ihm vorher eine gültige Adresse zugewiesen zu haben, so könnte alles Mögliche und Unmögliche passieren, da einfach die Werte, die zu Beginn im Zeiger stehen, als Adresse interpretiert werden würden. Der Zeiger kann nun also **irgendwo** hinzeigen, nur nicht dorthin, wo wir es erwarten. Verändert man nun den Wert der Speicherstelle, auf die der Zeiger zeigt, so kann es sein, dass man irgendwo einen Pixel im Bild überschreibt, einen „Ton" in einem Sound trifft, irgendeine beliebige Variable verändert oder gar mitten im Programmcode den Assembler-Code durcheinander und das System zum Absturz bringt.

Um dieser Sache vorzubeugen, ist es eine gute Idee, einen Zeiger „sicher" zu initialisieren, indem man ihm dem Wert 0 zuweist. Dafür gibt es sogar schon eine fertige Definition namens „NULL", die einfach nur per #define NULL 0 erzeugt wurde. Einen Zeiger, der so initialisiert wurde, nennt man sinnigerweise Null-Zeiger, und die eben gezeigte Verwendung von NULL macht dies einfach etwas deutlicher. Natürlich kann man auch einfach den Wert 0 verwenden, aber die erste Möglichkeit ist meiner Meinung nach diejenige, die am besten verdeutlicht, was hier genau gemacht wird. Später sehen wir noch genauer, warum es so wichtig ist, einen Zeiger immer gleich bei der Deklaration zu initialisieren.

Hinweis:

Wenn Du einen Zeiger deklarierst, vergiss nicht, ihn sicherheitshalber noch in der gleichen Zeile mit NULL oder 0 zu initialisieren, um Programmabstürze zu vermeiden. Wird das vergessen, so können sich ziemlich gemeine Fehler einschleichen, deren Ursache nicht immer sofort ersichtlich ist. Wenn, wie in diesem Beispiel, von Anfang an bekannt ist, welche Adresse der Zeiger erhalten soll, so kann auf diese NULL-Initialisierung verzichtet werden, wenn die Adresse sofort zugewiesen wird.

In den Zeilen 22 und 23 werden nun den Zeigern die Adressen der Variablen Punkte und Geschwindigkeit zugewiesen, was, genau wie bei der Ausgabe der Adressen in Listing 6.2, einfach durch den &-Operator funktioniert. Wichtig ist hierbei, dass man bei der Zuweisung einer Adresse an einen Zeiger **kein** Sternchen verwenden darf. Der Compiler würde sich daran zwar nicht stören, aber es würde nicht das gewünschte Resultat bringen. Wozu das Sternchen bei einer Zuweisung verwendet wird, sehen wir gleich noch.

Um zu zeigen, dass die Adressen korrekt gespeichert wurden, werden diese in den Zeilen 30 und 31 noch mal ausgegeben. Auch hier darf das Sternchen wieder nicht benutzt werden.

6.3.1 Schreibweisen bei der Deklaration

In den Zeilen 18 und 19 wurde das Sternchen direkt vor den Namen des Zeigers gestellt, was allerdings nicht die einzige Möglichkeit ist, einen Zeiger zu kennzeichnen. Folgende drei Variationen gibt es, die alle das gleiche Ergebnis erzielen:

```
int *pZeiger1 = NULL;
int * pZeiger2 = NULL;
int* pZeiger3 = NULL;
```

Wie man sieht, ist es dem Compiler egal, an welcher Stelle das Sternchen steht, egal ob nun direkt hinter dem Datentyp, vor dem Zeigernamen oder genau mittendrin. Was dem **Compiler** zwar egal ist, kann jedoch eine böse Falle für **uns** sein. Genau wie Variablen können gleich mehrere Zeiger am Stück deklariert werden:

```
int *pZeiger1, *pZeiger2;
int* pZeiger3, pZeiger4;
```

Was hier auf den ersten Blick korrekt ausschaut, ist in Wirklichkeit ganz einfach falsch. Bei pZeiger1, pZeiger2 und pZeiger3 handelt es sich tatsächlich um Zeiger, wohingegen pZeiger4 eben **kein** Zeiger, sondern eine normale Variable ist. Das Sternchen bezieht sich nämlich immer auf den Variablen-/Zeigernamen, egal ob es nun direkt am Datentyp hängt oder nicht. Aus diesem Grund ist es sinnvoll, wenn man sich an die Variante „Datentyp *Zeigername" hält, um solchen Missverständnissen aus dem Weg zu gehen. Wenn man nur eine Variable pro Zeile deklariert, dann kann eigentlich kaum etwas schiefgehen.

6.4 Variablen mittels Zeigern ändern

Jetzt haben wir zwar die Adresse einer Variablen in einem Zeiger gespeichert, aber wirklich viel anfangen können wir damit immer noch nicht. Und um eines schon mal vorwegzunehmen: Auch in diesem Abschnitt machen die Zeiger noch keinen wirklichen Sinn. Vielmehr ist es erst einmal wichtig, wie sie überhaupt verwendet werden und wie man mit ihnen Variablen manipulieren kann. Und genau das schauen wir uns jetzt an:

Listing 6.4 Variablen mittels Zeigern ändern

```
01: // C++ für Spieleprogrammierer
02: // Listing 6.4
03: // Variablen mittels Zeigern ändern
04: //
05: #include <iostream>
06:
07: using namespace std;
08:
09: // Hauptprogramm
10: //
11: int main ()
12: {
13:    // Variablen
14:    //
15:    int Punkte = 500;
16:
17:    int *pPunkte = NULL;
18:
19:    // Zeiger initialisieren
20:    pPunkte = &Punkte;
21:
22:    // Wert der Variablen "Punkte" direkt ausgeben
23:    cout << "Punkte: " << Punkte << endl;
24:
25:    // Wert über den Zeiger ausgeben
26:    cout << "*pPunkte: " << *pPunkte << endl;
27:
28:    // Variable "Punkte" mittels Zeiger verändern
29:    *pPunkte = 1500;
30:
31:    // Wert der Variablen "Punkte" direkt ausgeben
32:    cout << "Punkte: " << Punkte << endl;
33:
34:    return 0;
35: }
```

Bildschirmausgabe:

```
Punkte: 500
*pPunkte: 500
Punkte: 1500
```

In diesem Beispiel tritt nun ein Zeiger erstmals richtig in Aktion, indem er zu mehr verwendet wird, als nur die Adresse der Variablen auszugeben, auf die er zeigt. Die ersten 20 Zeilen sind ähnlich wie in den vorangegangenen Beispielen, allerdings wird hier nur eine einzige Variable erzeugt sowie ein Zeiger auf diese. Zeile 26 bietet nun die erste Neuerung, indem dem Zeiger pPunkte bei der Ausgabe noch ein Sternchen (*) vorangestellt wird. Lässt man dieses Sternchen weg, so wird ja bekanntlich die Adresse ausgegeben, die im Zeiger gespeichert ist (siehe Listing 6.3). Das Sternchen nennt sich Dereferenzierungs- oder Indirektionsoperator und dient dazu, auf den Wert zuzugreifen, der an der Adresse steht, die im Zeiger gespeichert ist. Man greift also *indirekt* auf die eigentliche Variable zu. Verwirrt? Nun, im Prinzip ist es ganz einfach: Deklariert man eine Variable und verwendet dabei ein Sternchen, so erzeugt man sich einen Zeiger, der eine Adresse speichern kann. Lässt man dann bei der Verwendung dieses Zeigers das Sternchen weg, so bezieht man sich immer auf die Adresse, die ausgelesen oder hineingeschrieben werden soll. Nimmt man das Sternchen wieder hinzu, so wird der eigentliche Wert angesprochen, der an der betreffenden Adresse steht. Da der Zeiger pPunkte ja auf die eigentliche Variable Punkte zeigt, wird somit in Zeile 26 der Wert 500 ausgegeben, der ja in der Variablen steht.

Natürlich kann man auf diese Weise nicht nur indirekt Variablen auslesen, sondern diese auch verändern. Wie einfach das geht, zeigt Zeile 29. Auch hier wird wieder der Indirektionsoperator verwendet und so ganz einfach ein neuer Wert an die Speicherstelle geschrieben, auf die der Zeiger gerichtet ist. Somit wird der Wert der Variablen Punkte geändert, ohne dass wir diese Variable auch nur einmal angefasst haben. Um zu beweisen, dass das auch wirklich geklappt hat, geben wir die Variable Punkte in Zeile 32 noch einmal direkt aus.

6.5 Schön und gut, aber wozu wird das gebraucht?

Ich weiß nicht, wie es Dir gerade geht, aber ich war, als ich das erste Mal etwas über Zeiger gelesen habe, recht verwirrt, da mir nicht wirklich klar war, wozu man diese Dinger denn überhaupt braucht. In dem oben gezeigten Beispiel macht man ja absichtlich einen Umweg, anstatt einfach auf die Variable selbst zuzugreifen. Zugegeben, in diesem Beispiel machte das wirklich noch keinen Sinn, aber es ging ja in erster Linie darum, wie ein Zeiger erzeugt und verwendet wird. Und genau das sollte inzwischen geklärt sein. Wenn Du noch Schwierigkeiten hast zu entscheiden, wann man ein Sternchen oder ein kaufmännisches „Und" (&) braucht und wann nicht, dann schau Dir noch mal die Beispiele 6.2 bis 6.4 an, und experimentiere ein wenig mit ihnen. Es ist enorm wichtig, diese Dinge zu beherrschen, da eine falsche Verwendung leicht zu ungeahnten Ergebnissen führen könnte. Um ein wenig Licht ins Dunkel zu bringen, schauen wir uns einfach mal das folgende Beispiel an:

Listing 6.5 Anwendung von Zeigern

```
01: // C++ für Spieleprogrammierer
02: // Listing 6.4
03: // Anwendung von Zeigern
04: //
05: #include <iostream>
06:
07: using namespace std;
08:
09: // Prototypen
10: //
11: void BerechnePunkte (int *pPunkte, int Bonus);
12:
13: // Hauptprogramm
14: //
15: int main ()
16: {
17:    // Variablen
18:    //
19:    int Punkte = 500;
20:    int Bonus = 150;
21:
22:    // Punkte vor Funktionsaufruf ausgeben
23:    cout << "Punkte vor dem Funktionsaufruf: ";
24:    cout << Punkte << endl;
25:
26:    // Es wird die Funktion "BerechnePunkte" aufgerufen,
27:    // der als Parameter die ADRESSE der Variablen
28:    // "Punkte" übergeben wird sowie der Wert der
29:    // Variablen "Bonus"
30:    //
31:    BerechnePunkte (&Punkte, Bonus);
32:
33:    // Punkte nach dem Funktionsaufruf ausgeben
34:    cout << "Punkte nach dem Funktionsaufruf: ";
35:    cout << Punkte << endl;
36:
37:    return 0;
38: }
39:
40: // BerechnePunkte
41: //
42: // Aufgabe: Bonus zu den Punkten hinzuzählen
43: //
44: void BerechnePunkte (int *pPunkte, int Bonus)
45: {
46:    // Mittels Indirektion die Variable "Punkte" ändern,
47:    // deren Adresse als Funktionsparameter übergeben wurde
48:    //
49:    *pPunkte += Bonus;
50:
51: } // BerechnePunkte
```

Bildschirmausgabe:

```
Punkte vor dem Funktionsaufruf: 500
Punkte nach dem Funktionsaufruf: 650
```

Wenn wir bisher eine Variable durch eine Funktion ändern lassen wollten, so mussten wir ihr diese als Wert übergeben und das Ergebnis per `return` zurückliefern. Der Nachteil war dabei, dass eine Funktion auf diese Weise nur einen einzigen Wert ändern konnte, außer wenn gewisse Variablen eben global waren. Dass globale Variablen nicht die beste Lösung sind, da es dadurch eben uneingeschränkten Zugriff auf diese gibt, haben wir ja bereits geklärt. Zeiger ermöglichen uns nun, diesen Nachteil zu umgehen: Eine Funktion kann mittels Zeigern mehrere Werte „zurückgeben", die dazu nicht global sein müssen.

Dieses Beispiel verwendet nun einen Zeiger, um eine Berechnung der Punktzahl des Spielers durchzuführen. Dazu gibt es die Funktion `BerechnePunkte`, die gleich noch genau besprochen wird.

In Zeile 11 findet man nun den Prototypen der Funktion `BerechnePunkte`, dessen Parameterliste eine Neuerung aufweist. Der erste Parameter ist mit einem Sternchen versehen, was dem Compiler sagt, dass hier kein absoluter Wert, sondern eine Adresse übergeben werden soll. Durch das vorangestellte Sternchen wird dieser Parameter als Zeiger gekennzeichnet, und ein Zeiger ist ja bekanntlich dafür da, dass man eine Adresse in ihm speichern kann. Somit kann ein Zeiger auch ein Parameter einer Funktion sein. Der zweite Parameter der Funktion ist einfach ein normaler `int`-Wert, wie wir das schon oft gesehen haben.

In den Zeilen 19 bis 24 werden die beiden Variablen `Punkte` und `Bonus` deklariert und definiert sowie der aktuelle Wert der Variablen `Punkte` auf dem Bildschirm ausgegeben. Bisher sind noch keine Zeiger im Spiel, was hier auch noch nicht nötig ist.

Zeile 31 bildet nun das Kernstück des Quellcodes, um das es hier eigentlich geht. Hier sieht man noch mal, dass die Funktion `BerechnePunkte` keinen Rückgabewert hat, was wohl darauf hinweist, dass wir uns tatsächlich sicher sind, dass wir auch ohne einen Rückgabewert eine lokale Variable verändern können. Dazu wird einfach als erster Parameter die Adresse der lokalen Variablen `Punkte` an die Funktion übergeben, als zweiter Parameter dann der Wert der Variablen `Bonus`. Wenn man den Adressoperator (`&`) verwendet, wird ja nicht der Wert der Variablen, sondern die Adresse, an der sie im Speicher steht, angesprochen. Und genau das ist es, was die Funktion auch verlangt. Dadurch, dass der erste Parameter ein Zeiger ist, muss logischerweise eine Adresse und kein Wert übergeben werden. Die Zeilen 34 und 35 beweisen schließlich, dass der Wert der Variablen `Punkte` tatsächlich von der Funktion `BerechnePunkte` geändert worden ist, obwohl die Variable lokal und somit der Funktion nicht bekannt ist.

Die Funktion selbst ist im Grunde recht unspektakulär und besteht nur aus einer einzigen Rechenoperation. In Zeile 49 wird der Zeiger `pPunkte` durch den Indirektionsoperator dereferenziert. Was so dramatisch klingt, ist im Prinzip ganz einfach, da wir das schon in Listing 6.4 (Zeile 29) gemacht haben. Durch den Indirektionsoperator greifen wir auf den **Wert** zu, der an der im Zeiger gespeicherten Adresse steht, und addieren einfach die Bonuspunkte hinzu. Diese Adresse wurde ja als Funktionsparameter übergeben, und somit können wir den Wert der Variablen `Punkte`, die in der `main`-Funktion lokal erzeugt wurde, innerhalb der Funktion `BerechnePunkte` eben indirekt über den Zeiger `pPunkte` ändern.

Die Parameterliste der Funktion `BerechnePunkte` besteht ja aus zwei unterschiedlichen Arten von Parametern. Zum einen wird ein Zeiger, also eine Adresse, übergeben, zum anderen ein direkter Wert. Dieser direkte Wert wird ja, wie vorhin erklärt, vor dem Funktionsaufruf auf dem Stack abgelegt und dann von der Funktion wieder abgeholt. Dieses Vorgehen nennt man *Call by Value*, was auf Deutsch so viel bedeutet wie *Aufruf per Wert*.

Die Übergabe einer Variablen mit einem Zeiger nennt man *Call by Reference*, zu Deutsch etwa *Aufruf per Referenz*.

Und genau hier liegt der Vorteil der Zeiger. Man kann seine Variablen lokal halten und somit guten Programmierstil praktizieren, diese aber dennoch kontrolliert durch Funktionen ändern lassen, wenn man nur deren Adresse mit einem Zeiger übergibt. Außerdem ist man somit nicht auf einen einzigen Rückgabewert beschränkt.

Wenn man nun ein Spiel programmiert, kann man den Rückgabewert einer Funktion für andere Dinge verwenden. Man kann zum Beispiel von einer Funktion ein `bool` zurückliefern lassen, das angibt, ob die Funktion korrekt ausgeführt wurde. Wenn man sich etwa eine Funktion schreibt, die ermitteln soll, ob ein Joystick angeschlossen ist, kann man den Rückgabewert als Ergebnis dieser Prüfung verwenden. Oder wenn man eine Funktion hat, die etwa Grafiken oder Sounds für das Spiel von der Festplatte lädt, so kann der Rückgabetyp auch wieder als „Fehlerindikator" verwendet werden. Wenn diese Funktionen Werte ändern sollen, so hat man ja die Parameterliste, der man einfach Zeiger auf die zu ändernden Werte übergibt.

6.6 Noch einmal zurück zum Flur

Was bisher nicht wieder zur Sprache kam, war das Beispiel mit den Paketen, dem Flur und dem Lagerraum im Keller. In diesem Beispiel wurde ja erwähnt, dass es für den Prozessor recht zeitraubend sein kann, wenn man ein größeres Objekt (etwa die Instanz einer Struktur) als Parameter übergibt, da diese ja extra auf den Stack gelegt werden muss, damit sich die Funktion diese wieder von dort abholen kann. Listing 6.1 hat das ja noch einmal etwas verdeutlicht.

Dieses Manko der Parameterübergabe per *Call by Value* lässt sich mit Zeigern wunderbar umgehen, da man der Funktion eben nicht die gesamte Instanz der Struktur übergeben muss, sondern stattdessen einfach einen Zeiger verwenden kann. Um zu sehen, wie das genau realisiert wird, gibt es hier noch mal eine verbesserte Version von Listing 6.1:

Listing 6.6 Verbesserte Version von Listing 6.1

```
01: // C++ für Spieleprogrammierer
02: // Listing 6.6
03: // Verbesserte Version von Listing 6.1
04: //
05: #include <iostream>
06:
07: using namespace std;
08:
09: // Strukturen
10: //
11: struct S_Spieler
12: {
```

```
13:    int Energie;
14:    int Punkte;
15:    int xPosition;
16:    int yPosition;
17:    char Name[30];
18: };
19:
20: // Prototypen
21: //
22: void NameAbfragen (S_Spieler *pSpieler);
23:
24: // Hauptprogramm
25: //
26: int main ()
27: {
28:    // Variablen
29:    //
30:    S_Spieler Spieler1;
31:
32:    // Spieler initialisieren
33:    Spieler1.Energie = 1000;
34:    Spieler1.Punkte = 0;
35:    Spieler1.xPosition = 0;
36:    Spieler1.yPosition = 0;
37:    Spieler1.Name[0] = '\0';
38:
39:    // Name des Spielers abfragen
40:    NameAbfragen (&Spieler1);
41:    cout << "Neuer Spieler: " << Spieler1.Name << endl;
42:
43:    return 0;
44: }
45:
46: // NameAbfragen
47: //
48: // Aufgabe: Name des Spielers abfragen
49: //
50: void NameAbfragen (S_Spieler *pSpieler)
51: {
52:    // Name abfragen
53:    cout << "Name des Spielers: ";
54:    cin.get (pSpieler->Name, 29);
55:
56: } // NameAbfragen
```

Bildschirmausgabe:

```
Name des Spielers: Andreas
Neuer Spieler: Andreas
```

Es gibt nur ein paar kleine Änderungen, aber die haben eine ganze Menge sichtbarer und unsichtbarer Auswirkungen. Was als Erstes auffällt, ist der nun fehlende Rückgabetyp. Dieser wird ja nicht mehr benötigt, da wir einfach nur die Adresse der Struktur übergeben. Zeile 40 wird somit um einiges kompakter und übersichtlicher. Der größte Vorteil ist allerdings der, den wir nicht auf Anhieb sehen können: Dieses ganze Hin und Her auf dem Stack fällt flach, da dieses Mal nicht die gesamte Instanz der Struktur dorthin kopiert, von der Funktion abgeholt, geändert, wieder auf den Stack kopiert und von der Hauptfunktion wieder abgeholt wird. Bei einem solch kleinen Beispiel mag das zwar egal sein, aber in einem richtigen Spiel hat man in der Regel eine ganze Menge solcher Objekte, die zudem auch noch wesentlich größer sind. Wenn diese nun alle per *Call by Value* übergeben werden, so macht sich das irgendwann in der Geschwindigkeit des Spiels bemerkbar, was nicht gerade im Sinne eines Spieleprogrammierers, geschweige denn der Spieler ist.

Hinweis:

Wenn man große Objekte oder Instanzen an eine Funktion übergibt, dann sollte das nach Möglichkeit NICHT per Call by Value geschehen, da der dafür nötige, interne Aufwand einfach zu hoch ist. Stattdessen sollte man Zeiger oder Referenzen (wird in diesem Kapitel noch erklärt) verwenden.
Anfangs mag es zwar einfacher erscheinen, Objekte und Instanzen direkt zu übergeben, jedoch zahlt man dafür einen unverhältnismäßig hohen Preis.

Was allerdings sofort auffällt, ist die Änderung in Zeile 54. Dort wird nicht, wie in Listing 6.1, der Punktoperator verwendet, um ein Element der Struktur anzusprechen, sondern ein neuer, bisher unbekannter Operator, der ausschaut wie ein kleiner Pfeil (->). Da es sich bei pSpieler.Name nicht um eine einfache Variable handelt, sondern um ein Element einer Struktur, kann man den Punktoperator nicht mehr ohne eine besondere Klammerung verwenden, wenn man indirekt (also über einen Zeiger) darauf zugreifen möchte. Würde man versuchen, mit *pSpieler.Name den Wert zu verändern, würde der Compiler eine Fehlermeldung ausspucken. Man müsste dazu die folgende, schwer zu lesende und unpraktische Syntax verwenden:

```
cin.get ((*pSpieler).Name, 29);
```

Das braucht an dieser Stelle allerdings noch nicht weiter beachtet zu werden, da wir später noch genauer auf dieses Thema eingehen.

6.7 Was sind Referenzen, und wozu dienen sie?

Wir haben nun die Grundlagen der Zeiger kennengelernt, wissen, wie sie funktionieren und was man mit ihnen anstellen kann. Zeiger geben uns die Möglichkeit, Variablen nicht als Wert, sondern als Referenz zu übergeben. Und jetzt lernen wir Referenzen kennen. Hä? Was läuft denn hier gerade schief? Das klingt ganz so, als ob Referenzen nicht gleich Referenzen wären, was ja irgendwie keinen Sinn ergibt. Oder etwa doch? Tatsächlich gibt es zwei Dinge, die durch diesen Begriff beschrieben werden. Zum einen spricht man von einer Referenz, wenn man einen Zeiger an eine Funktion übergibt, so wie im letzten Beispiel gezeigt wurde. In diesem Fall übergibt man ja keinen „echten" Wert, sondern nur die Adresse der Variablen oder des Objektes. Allerdings kann man sich auch selbst Referenzen erzeugen. Wie das funktioniert, sieht man im nächsten Listing. Danach wird auch deutlicher, was der Unterschied zwischen beiden Begriffen ist und wozu man solche selbst erzeugten Referenzen überhaupt benötigt.

6.7.1 Mit Referenzen arbeiten

Listing 6.7 Mit Referenzen arbeiten

```
01: // C++ für Spieleprogrammierer
02: // Listing 6.7
03: // Mit Referenzen arbeiten
04: //
05: #include <iostream>
06:
07: using namespace std;
08:
09: // Hauptprogramm
10: //
11: int main ()
12: {
13:    // Variablen
14:    //
15:    int Energie = 100;
16:    int &rEnergie1 = Energie;  // Referenz auf Energie
17:    int &rEnergie2 = Energie;  // Referenz auf Energie
18:
19:    // Werte ausgeben
20:    cout << "Energie (Originalwert) : " << Energie << endl;
21:    cout << "Energie (Referenz 1)   : " << rEnergie1 << endl;
22:    cout << "Energie (Referenz 2)   : " << rEnergie2 << "\n\n";
23:
24:    Energie += 50; // Originalwert verändern
25:
26:    // Werte ausgeben
27:    cout << "Energie (Originalwert) : " << Energie << endl;
28:    cout << "Energie (Referenz 1)   : " << rEnergie1 << endl;
29:    cout << "Energie (Referenz 2)   : " << rEnergie2 << "\n\n";
30:
31:    rEnergie1 += 50; // Referenz verändern
32:
33:    // Werte ausgeben
34:    cout << "Energie (Originalwert) : " << Energie << endl;
35:    cout << "Energie (Referenz 1)   : " << rEnergie1 << endl;
36:    cout << "Energie (Referenz 2)   : " << rEnergie2 << "\n\n";
37:
38:    rEnergie2 += 50; // Referenz verändern
39:
40:    // Werte ausgeben
41:    cout << "Energie (Originalwert) : " << Energie << endl;
42:    cout << "Energie (Referenz 1)   : " << rEnergie1 << endl;
43:    cout << "Energie (Referenz 2)   : " << rEnergie2 << "\n\n";
44:
45:    // Und hier der Beweis:
46:    cout << "Adresse von Energie   : " << &Energie << endl;
47:    cout << "Adresse von rEnergie1 : " << &rEnergie1 << endl;
48:    cout << "Adresse von rEnergie2 : " << &rEnergie2 << endl;
49
50:    return 0;
51: }
```

Bildschirmausgabe:

```
Energie (Originalwert) : 100
Energie (Referenz 1)   : 100
Energie (Referenz 2)   : 100

Energie (Originalwert) : 150
```

```
Energie (Referenz 1)   : 150
Energie (Referenz 2)   : 150

Energie (Originalwert) : 200
Energie (Referenz 1)   : 200
Energie (Referenz 2)   : 200

Energie (Originalwert) : 250
Energie (Referenz 1)   : 250
Energie (Referenz 2)   : 250

Adresse von Energie   : 0018F99C
Adresse von rEnergie1 : 0018F99C
Adresse von rEnergie2 : 0018F99C
```

In Zeile 15 wird einfach ein Allerwelts-int deklariert und definiert, was so weit ja nichts Besonderes ist. Die nächsten beiden Zeilen werden dann schon interessanter, da hier der &-Operator auf eine uns bisher unbekannte Weise verwendet wird. Diesen haben wir ja bisher immer dann verwendet, wenn wir die Adresse einer Variablen ansprechen wollten. Dieses Mal verwenden wir ihn allerdings, um einen bestimmten Typen zu kennzeichnen, nämlich eine Referenz. Genau wie der *-Operator nicht immer das Gleiche macht (je nachdem, wann er verwendet wird), macht auch der &-Operator nicht immer das Gleiche. Das kann leicht zu einer Verwechslungsgefahr führen, weshalb man sich so lange mit dem Thema auseinandersetzen sollte, bis wirklich alles sitzt.

Doch was bewirken die Zeilen 16 und 17 denn jetzt genau? Nun, es werden zwei Referenzen auf die Variable Energie erzeugt, die nun sozusagen als „Spiegelbilder" agieren. Es werden dabei jedoch keine Kopien erzeugt, wie man zuerst denke könnte, sondern einfach nur ein sogenannter *Alias*. Das bedeutet, dass sich unsere beiden Referenzen genauso verhalten wie die Originalvariable und somit tatsächlich eine Art Spiegelbild des Originals sind. Ändert man die Variable Energie, so ändern sich auch die beiden Referenzen (im Grunde können sich Referenzen nicht ändern, aber wenn man diese verwendet, spiegelt sich dort auch jede Veränderung wider). Wird der Referenz etwas Neues zugewiesen, so geschieht dies auch mit der Originalvariablen.

Die Zeilen 19 bis 43 machen dies nun etwas deutlicher, indem sowohl die Originalvariable als auch die beiden Referenzen verändert werden. Nach jeder Änderung werden alle Werte auf dem Bildschirm ausgegeben. Wie man sieht, wirkt sich tatsächlich jede Änderung sowohl auf die Originalvariable als auch auf die Referenzen aus.

Den endgültigen Beweis, dass alles so funktioniert, wie man es von Referenzen erwarten kann, liefern die Zeilen 46 bis 48. Dort werden die eigentlichen Adressen auf dem Bildschirm ausgegeben. Die Tatsache, dass alle drei Adressen identisch sind, beweist, dass es sich hier wirklich nicht um Kopien, sondern um „Spiegelbilder" handelt.

6.7.2 Regeln bei der Verwendung von Referenzen

Bei der Verwendung von Referenzen gibt es einige sehr wichtige Dinge zu beachten, damit alles reibungslos funktioniert. Die erste Regel ist, dass eine Referenz immer initialisiert werden muss. Es ist also nicht möglich, zuerst eine Referenz zu deklarieren und später zu definieren. Eine Initialisierung muss, wie in den Zeilen 16 und 17 gezeigt, erzeugt werden. Glücklicherweise ist es nicht dramatisch, wenn man das mal vergisst, da der Compiler in einem solchen Fall sofort eine Fehlermeldung ausspuckt.

Als Zweites muss man beachten, dass man nicht die Adresse der **eigentlichen** Referenz ermitteln kann (also dort, wo sie im Speicher liegt). Wenn man den Adressoperator so wie in den Zeilen 47 und 48 verwendet, erhält man immer nur die Adresse, auf welche die Referenz verweist (also die Variable oder das Objekt).

Die dritte, aber wichtigste Regel lautet: Komm bloß nicht auf die Idee, eine Referenz mehrfach zuzuweisen. Der folgende Code-Ausschnitt verdeutlicht, was damit genau gemeint ist:

```
01: int Energie = 100;
02: int Punkte = 200;
03: int &rReferenz = Energie;
04:
05: rReferenz = Punkte;  // Das ist nur eine normale Wertzuweisung
06: &rReferenz = Punkte; // Das erzeugt einen Compilerfehler
```

Auf den ersten Blick schaut es so aus, als ob man in Zeile 5 der Referenz rReferenz ein neues Ziel zuweist, nämlich die Variable Punkte. Allerdings sieht man bei genauerem Hinschauen, dass hier nicht das passiert, was man zuerst erwarten könnte, sondern dass es sich um eine ganz normale Wertzuweisung handelt. Die Referenz rReferenz wird ja so initialisiert, dass sie sich auf die Variable Energie bezieht und wie ein Spiegelbild agiert. Diese Zeile bewirkt nun also, dass der Variablen Energie der Wert 200 zugewiesen wird. Es ist wichtig, dass man sich unbedingt merkt, dass einer Referenz kein neues Ziel zugewiesen werden kann. Versucht man dies trotzdem, endet man mit einer normalen Wertzuweisung und erzeugt damit Fehler, die nur schwer aufzuspüren sind.

Hinweis:
Man kann einer Referenz kein neues Ziel zuweisen. Wenn man diese Tatsache vergisst, erhält man mit sehr hoher Wahrscheinlichkeit recht unangenehme Fehler, die alles andere als leicht zu finden sind.

Zeile 6 erzeugt einen Compilerfehler, da eine solche Zuweisung erst recht nicht möglich ist. Schau Dir das ruhig zwei Mal an, denn es ist wirklich wichtig, diese Tatsachen zu kennen.

6.8 Referenzen als Funktionsparameter

Wir haben jetzt zwar geklärt, was Referenzen sind und wie man sie erzeugt und verwendet, allerdings wissen wir noch nicht so recht, was man mit ihnen anfangen kann. Nun, das lässt sich eigentlich in einem einzigen Satz erklären: Mit Referenzen kann man genau das Gleiche machen wie mit Zeigern.

Da fragt man sich jetzt allerdings, was das bringt. Wenn man mit Referenzen das Gleiche machen kann wie mit Zeigern, dann bräuchte man sich ja nicht um beide Themen zu kümmern. Es muss also doch irgendwo einen kleinen, aber feinen Unterschied geben. Tatsächlich gibt es einen solchen Unterschied. Dieser spiegelt sich allerdings weniger in der Funktionsweise wider als in der Syntax der Verwendung. Verwendet man Referenzen als Funktionsparameter, um lokale Variablen oder große Objekte an eine Funktion zu übergeben, erreicht man das Gleiche wie mit Zeigern, allerdings mit einer wesentlich leichter zu lesenden Syntax. Schauen wir uns dazu eine veränderte Version von Listing 6.5 an:

Listing 6.8 Referenzen als Funktionsparameter

```
01: // C++ für Spieleprogrammierer
02: // Listing 6.8
03: // Referenzen als Funktionsparameter
04: //
05: #include <iostream>
06:
07: using namespace std;
08:
09: // Prototypen
10: //
11: void BerechnePunkte (int &Punkte, int Bonus);
12:
13: // Hauptprogramm
14: //
15: int main ()
16: {
17:   // Variablen
18:   //
19:   int Punkte = 500;
20:   int Bonus = 150;
21:
22:   // Punkte vor Funktionsaufruf ausgeben
23:   cout << "Punkte vor dem Funktionsaufruf: ";
24:   cout << Punkte << endl;
25:
26:   // Bonuspunkte zur Punktzahl hinzuaddieren
27:   //
28:   BerechnePunkte (Punkte, Bonus);
29:
30:   // Punkte nach dem Funktionsaufruf ausgeben
31:   cout << "Punkte nach dem Funktionsaufruf: ";
32:   cout << Punkte << endl;
33:
34:   return 0;
35: }
36:
37: // BerechnePunkte
38: //
39: // Aufgabe: Bonus zu den Punkten hinzuzählen
40: //
41: void BerechnePunkte (int &Punkte, int Bonus)
42: {
43:   Punkte += Bonus;
44:
45: } // BerechnePunkte
```

Bildschirmausgabe:

```
Punkte vor dem Funktionsaufruf: 500
Punkte nach dem Funktionsaufruf: 650
```

Dieses Beispiel hat die gleiche Funktionalität wie Listing 6.5, jedoch, wie bereits versprochen, mit einer wesentlich einfacheren Syntax. Im Funktionsprototyp in Zeile 11 sowie im eigentlichen Funktionskopf in Zeile 41 hat sich kaum etwas getan. Der *-Operator wurde einfach durch den &-Operator ersetzt, was bedeutet, dass kein Zeiger übergeben wird, sondern eine Referenz. Dies bringt allerdings noch nicht die eben angesprochene Vereinfachung. Diese wird erst in den Zeilen 28 und 43 sichtbar. In Zeile 28 müssen wir nun keinen Adressoperator mehr verwenden, sondern können die Variable Punkte einfach so übergeben, als würde es sich um einen „normalen" Funktionsparameter handeln. Was uns allerdings verborgen bleibt, ist die Tatsache, dass nicht die Variable selbst übergeben wird, sondern nur eine Referenz darauf (was man ja an den &-Operatoren im Prototyp und Funktionsrumpf erkennen kann). Selbst wenn wir auf diese Weise die Instanz einer Struktur wie etwa in Listing 6.6 übergeben, wird nicht die gesamte Instanz der Struktur übergeben, sondern eben wieder nur eine Referenz.

In Zeile 43 hat es auch eine Vereinfachung gegeben, da wir keinen Dereferenzierungsoperator mehr verwenden müssen, sondern einfach so auf die Variable (Referenz) zugreifen können. Dies bringt eine enorm verbesserte Lesbarkeit und ist einfacher zu programmieren. Das Ergebnis ist jedoch genau das gleiche.

6.9 Warum Zeiger nehmen, wenn es Referenzen gibt?

An dieser Stelle sollte die Frage auftauchen, warum man sich eigentlich mit Zeigern herumschlägt, wenn es doch die wesentlich einfacher zu verwendenden Referenzen gibt. Nun, da gibt es einige Gründe, allerdings ist einer der wichtigsten Punkte die Fehleranfälligkeit, die wir mal etwas genauer unter die Lupe nehmen werden.

Stell Dir vor, Du würdest im Team mit einigen anderen Leuten ein Spiel programmieren. Jeder bekommt ein paar Aufgaben zugewiesen und programmiert bestimmte Teile des Spiels. Nun bekommst Du einige Dateien von einem anderen Programmierer mit vielen nützlichen Funktionen geliefert, die Du verwenden kannst. Dazu schaust Du wahrscheinlich zuerst einmal in die Header-Datei, um zu sehen, welche tollen Funktionen es denn so gibt, was diese bewirken und wie Du sie verwenden kannst. Dabei wirst Du auch darauf achten, welche Parameter übergeben werden und ob es sich dabei um Zeiger, Referenzen oder direkte Werte handelt. Wenn Du nun eine der Funktionen verwendest, die einen Zeiger als Parameter verwendet, dann übergibst Du ja, wie weiter oben gezeigt, die Adresse mit dem Adressoperator und kannst somit kaum etwas falsch machen. Du weißt dann, dass die von Dir per Zeiger übergebene Variable möglicherweise von der Funktion verändert werden kann, wenn diese nicht const ist. Wenn Du einer Funktion mit *Call by Value* verwendest, dann kannst Du Dir auch sicher sein, dass der von Dir übergebene Wert garantiert nicht verändert wird.

Anders schaut es allerdings aus, wenn eine Funktion eine Referenz als Parameter übernimmt. Die Übergabe erfolgt aufgrund der einfacheren Syntax auf die gleiche Weise wie bei einem normalen *Call by Value*. Ich denke, Du siehst, worauf ich hinauswill: Es ist nicht ersichtlich, ob die von Dir übergebene Variable verändert wird oder nicht. Es kommt dann häufig vor, dass es in Vergessenheit gerät, ob die übergebenen Parameter nun „normale" Variablen oder eben Referenzen sind.

Dadurch hat man keine sichere Schnittstelle mehr und wirft das Konzept über den Haufen, dass Variablen nicht unkontrolliert überall verändert werden dürfen, um Fehler zu vermeiden. Bei der dann irgendwann nötigen Fehlersuche steht man meist vor einem Rätsel, weil die übergebenen Parameter ja nicht als Zeiger, sondern als „feste" Werte übergeben wurden und sich gar nicht ändern dürften. Irgendwann stellt man dann fest, dass man etwas als Referenz übergeben hat, und ärgert sich über die verlorene Zeit.

Es ist offensichtlich, dass hier so schnell wie möglich eine feste Regelung her muss, wann ein Funktionsparameter als Zeiger, wann als Referenz und wann als Wert übergeben werden soll. Glücklicherweise sind diese Regeln sehr einfach zu merken und sind bei genauerer Betrachtung einfach nur logisch. Schauen wir uns mal diese Regeln an:

Parameterübergabe als Wert

Immer dann, wenn man einen der Standard-Datentypen übergibt und diese nicht von der Funktion verändert werden sollen, übergibt man einen Parameter als Wert. Ob nun dieser Wert oder ein Zeiger darauf auf dem Stack abgelegt wird, bleibt sich von der benötigten Rechenzeit her gleich. Die Übergabe als Zeiger wäre aber unnötiger Schreibaufwand und würde das Programm schwerer lesbar machen.

Parameterübergabe per Zeiger

Wenn eine Variable oder eine Instanz von der Funktion geändert werden soll, an die man diese übergibt, dann ist ein Zeiger angebracht. Man sieht schon beim Funktionsaufruf, dass es sich um einen Zeiger handelt und der Wert seines Ziels geändert werden kann, da man diesen explizit mit dem Adressoperator übergeben muss. Man hat hier also nicht einmal die Chance, etwas falsch zu machen, es sei denn, man gibt sich wirklich Mühe.

Ein weiteres Indiz, das für die Verwendung von Zeigern spricht, ist die Tatsache, dass man einen Zeiger mehrfach zuweisen kann. Soll sich also die Stelle, auf die der Zeiger zeigt, ändern, dann funktioniert dies nicht mit einer Referenz. Später, wenn wir die Operatoren `new` und `delete` kennenlernen, wird das noch etwas deutlicher.

Parameterübergabe als Referenz

Referenzen sollte man dann verwenden, wenn man Instanzen und große Objekte übergibt, die von der aufzurufenden Funktion nicht geändert werden müssen. Durch die Übergabe als Referenz verhindert man, dass eine Kopie erzeugt und auf dem Stack abgelegt werden muss. Es wird, genau wie bei Zeigern, nur eine Adresse auf das Originalobjekt übergeben. Damit der oben beschriebene Nachteil der zwar einfachen, aber fehleranfälligen Syntax umgangen werden kann, sollte man das Schlüsselwort const verwenden. Indem man eine konstante Referenz übergibt, verbindet man den Vorteil der Übergabe per Adresse und der Sicherheit, dass das übergebene Objekt nicht geändert werden kann. Dies funktioniert genauso einfach wie das Erzeugen von Konstanten: Man stellt dem Parameter einfach das Schlüsselwort const voran. Man könnte dies zwar auch mit einem konstanten Zeiger machen, allerdings wäre dies mit etwas mehr Schreibaufwand und schlechter lesbarem Code verbunden.

Hinweis:
Diese drei Regeln sollte man auf jeden Fall auswendig kennen, da sie immer wieder benötigt werden und zur Anwendung kommen. Nimm Dir also die Zeit, und lies Dir diesen Abschnitt notfalls auch mehrmals durch. Wer diese Regeln kennt und beherrscht, wird es auf die Dauer wesentlich einfacher haben.

Wie man sieht, sind dies einfach zu merkende Regeln. Diese sollte man sich auf jeden Fall einprägen, damit man einen möglichst sauberen und sicheren Code erzeugt. Anfangs mag das zwar etwas umständlich erscheinen, denn schließlich könnte man es sich ja einfach machen, indem man durchweg globale Variablen verwendet. Und auch wenn dies wirklich verführerisch ist, sollte man das aufgrund der im Verlauf des Buches gezeigten Argumente nicht tun. Der etwas höhere Schreibaufwand, der damit verbunden ist, ist schon nach der ersten Fehlersuche wieder wettgemacht. Das spart Zeit und Nerven.

6.10 Aufgabenstellung

Da gerade Zeiger und Referenzen – wie schon so oft erwähnt – ein heikles Thema sind, ist es – wie ebenfalls schon so oft gesagt – extrem wichtig, sich damit so lange auseinanderzusetzen, bis alles richtig verstanden wurde. Auf Fehlerquelltexte wurde verzichtet, weil Fehler bei Zeigern in der Regel zu sehr unangenehmen Abstürzen führen können. Trotzdem ist es keine schlechte Idee, an dieser Stelle eine Aufgabe zu stellen, welche die drei eben gezeigten Regeln zum Thema hat. Zu wissen, wann man Werte, Zeiger oder Referenzen auf welche Art verwendet, sollte in Fleisch und Blut übergehen, weshalb sich die jetzige Aufgabe genau damit befasst.

Ziel ist es dieses Mal, drei Funktionen zu schreiben, wobei diese den oben beschriebenen Regeln folgen sollen. Dabei soll also die Parameterübergabe einmal als Wert, einmal mittels Zeiger und einmal mit einer Referenz erfolgen. Dazu legst Du Dir einfach eine Spielerstruktur an, ähnlich wie es sie schon in Listing 6.6 gab. Es genügt allerdings, diese nur mit drei Integer-Variablen zu bestücken: Energie, Punkte und Team. Damit man auch etwas mit dieser Spielerstruktur anfangen kann, soll es drei Funktionen geben. Zum Ersten die Funktion BerechnePunkte, die einfach einen bestimmten Bonusbetrag zu den Punkten des Spielers hinzuzählt. Dann eine Funktion namens `ZeigeSpieler`, welche die aktuellen Werte der drei Elemente der Spielerstruktur auf dem Bildschirm ausgibt. Und zuletzt eine Funktion, die eigentlich nichts mit dem Spieler zu tun hat: `LadeLevel`. Diese soll natürlich nicht wirklich ein Level laden, sondern einfach so frech sein und so tun als ob. Dazu soll ihr als Parameter die Nummer des zu ladenden Levels übergeben werden. Die Funktion gibt dann einfach nur eine entsprechende Meldung aus.

In der `main`-Funktion soll zuerst eine neue Instanz eines Spielers erzeugt und mit beliebigen Werten initialisiert werden. Weiterhin soll es eine Integer-Variable geben, in der eine beliebige Zahl steht, die als Levelnummer dient. Als Erstes soll die Funktion `LadeLevel` aufgerufen werden. Danach sollen die Spielerdaten mit der Funktion `ZeigeSpieler` angezeigt werden, und direkt im Anschluss soll die Funktion `BerechnePunkte` dafür sorgen, dass der Spieler einige Zusatzpunkte bekommt. Zum Schluss sollen die Spielerdaten noch mal mittels der Funktion `ZeigeSpieler` ausgegeben werden, um zu zeigen, dass die Punkte korrekt hinzugezählt wurden. Die Bildschirmausgabe soll etwa das folgende Aussehen haben:

Gewünschte Bildschirmausgabe:

```
Level 1 geladen

Daten des Spielers:
Energie: 1000
Punkte: 0
Team: 1

Es gibt 550 Bonuspunkte

Daten des Spielers:
Energie: 1000
Punkte: 550
Team: 1
```

6.10.1 Wie geht man an die Aufgabe heran?

Es ist nicht sonderlich schwierig, diese gewünschte Funktionalität zu erfüllen, da dazu nicht unbedingt viel Arbeit notwendig ist. Die eigentliche „Schwierigkeit" der Aufgabe liegt darin, eine **gute** Lösung für das Problem zu finden. Wenn man es sich einfach macht und den Spieler global erstellt, dann hat man recht schnell das Ergebnis, was aber nicht Sinn der Sache ist. Es wurden ja bisher drei Möglichkeiten vorgestellt, wie man Parameter an eine Funktion übergeben kann: entweder direkt als Wert, als Zeiger oder per Referenz. Überlege Dir also zuerst, welche der drei Funktionen welche Art von Parameterübergabe verwenden soll. Dazu ist es sinnvoll, sich zuerst zu überlegen, ob die Parameter von der Funktion verändert werden dürfen. Soll keine Veränderung stattfinden, so ist das Schlüsselwort `const` angebracht. Dann solltest Du überlegen, welche Datentypen Du übergibst. Sind es größere Objekte (Instanz der Spielerstruktur) oder einfache Werte (Nummer des zu ladenden Levels)? Basierend auf dieser Entscheidung und durch Anwenden der drei vorhin vorgestellten Regeln sollte schnell deutlich werden, welche Art der Parameterübergabe angebracht ist. Was Du ganz besonders beachten solltest, ist die `const`-Sicherheit. Diese wurde ja im Verlauf des Buches des Öfteren missachtet, um anfangs alles etwas allgemeiner zu halten. Da dies aber ein wichtiger Aspekt ist, sollte er von nun an auch konsequent beachtet werden.

Die Implementierung der einzelnen Funktionen an sich sollte dann auch kein größeres Problem darstellen, da es im Grunde nur darum geht, Variablen zu ändern oder auszugeben. Ansonsten gilt, wie in den vorangegangenen Aufgabenstellungen auch, dass man sich erst mal das grobe Gerüst bauen sollte, bevor man sich an die Details macht.

6.10.2 Lösungsvorschlag

Hat alles so geklappt, wie es sollte? Ich schätze schon, oder? Die Aufgabe sollte wirklich nicht weiter schwierig gewesen sein, wenn man sich mit dem Thema dieses Kapitels auseinandergesetzt hat. Schauen wir uns den Lösungsvorschlag an, der dann wie immer direkt im Anschluss besprochen wird:

Listing 6.9 Lösungsvorschlag zur Aufgabe in Kapitel 6

```
01: // C++ für Spieleprogrammierer
02: // Listing 6.9
03: // Lösungsvorschlag zur Aufgabe in Kapitel 6
04: //
05: #include <iostream>
06:
07: using namespace std;
08:
09: // Strukturen
10: //
11: struct Spieler
12: {
13:    int Energie;
14:    int Punkte;
15:    int Team;
16: };
17:
18: // Prototypen
19: //
20: void BerechnePunkte (Spieler *pSpielerTemp, const int Bonus);
21: void ZeigeSpieler (const Spieler &SpielerTemp);
22: void LadeLevel (const int NeuesLevel);
23:
24: // Hauptprogramm
25: //
26: int main ()
27: {
28:    // Variablen
29:    //
30:    Spieler Spieler1;
31:    int Level = 1;
32:
33:    // Spieler initialisieren
34:    Spieler1.Energie = 1000;
35:    Spieler1.Punkte = 0;
36:    Spieler1.Team = 1;
37:
38:    LadeLevel (Level);
39:    ZeigeSpieler (Spieler1);
```

```
40:     BerechnePunkte (&Spieler1, 550);
41:     ZeigeSpieler (Spieler1);
42:
43:     return 0;
44: }
45:
46: // BerechnePunkte
47: //
48: // Punkte des Spielers mit Bonus verrechnen
49: //
50: void BerechnePunkte (Spieler *pSpielerTemp, const int Bonus)
51: {
52:     // Bonus zu den Punkten des Spielers hinzuzählen
53:     cout << "Es gibt " << Bonus << " Bonuspunkte" << endl;
54:     cout << endl;
55:
56:     pSpielerTemp->Punkte += Bonus;
57:
58: } // BerechnePunkte
59:
60: // ZeigeSpieler
61: //
62: // Spielerdaten anzeigen
63: //
64: void ZeigeSpieler (const Spieler &SpielerTemp)
65: {
66:     // Alle Werte des Spielers auf dem Bildschirm ausgeben.
67:     //
68:     // Spielerwerte können hier nicht verändert werden.
69:     //
70:     cout << "Daten des Spielers:" << endl;
71:     cout << "Energie: " << SpielerTemp.Energie << endl;
72:     cout << "Punkte: " << SpielerTemp.Punkte << endl;
73:     cout << "Team: " << SpielerTemp.Team << endl;
74:     cout << endl;
75:
76: } // ZeigeSpieler
77:
78: // LadeLevel
79: //
80: // Neuen Level laden
81: //
82: void LadeLevel (const int NeuesLevel)
83: {
84:     // An dieser Stelle würde ein Level geladen,
85:     // was hier einfach durch einen Text angezeigt wird.
86:     //
87:     cout << "Level " << NeuesLevel << " geladen" << endl;
88:     cout << endl;
89:
90: } // LadeLevel
```

Die Zeilen 11 bis 16 deklarieren die Spielerstruktur mit ihren drei Elementen, eben so, wie es oben gefordert wurde. In den Zeilen 20 bis 22 findet man quasi schon den Kernpunkt des Programms, nämlich die Prototypen der drei Funktionen, die je nach ihrem Verwendungszweck eine entsprechende Parameterübergabe haben sollen. Hier sieht man nun am deutlichsten, was genau gemeint ist. Die erste Funktion, BerechnePunkte, soll ja etwas am Spieler und somit an der ihr übergebenen Instanz der Spielerstruktur verändern. Weiterhin übergibt man ihr ja ein größeres Objekt (immerhin drei Integer-Variablen), weshalb es nicht so vorteilhaft wäre, wenn man das über *Call by Value* und einen Rückgabewert löst. Also ist hier, laut den oben aufgestellten Regeln, ein Zeiger die richtige Wahl. Dies erlaubt es der Funktion, über Dereferenzierung auf das Originalobjekt zuzugreifen und dieses somit zu ändern. Außerdem übergibt man nur eine Adresse, was wesentlich schneller geht, als wenn man das ganze Objekt übergeben würde. Als zweiten Parameter übernimmt diese Funktion die Bonuspunkte, die zu den Punkten des Spielers hinzugezählt werden sollen. Da es sich hier nur um einen „einfachen" Wert handelt, der zudem nicht geändert werden soll, ist es angebracht, diesen per *Call by Value* zu übergeben. Die Funktion Berech-nePunkte hat keinen Grund (und kein Recht), den Bonus zu verändern, weshalb dieser Parameter im Prototyp mit dem Schlüsselwort const versehen werden sollte, damit man eine potenzielle Fehlerquelle ausschließt. Würde man irgendwann mal den Inhalt der Funktion so abändern, dass diese versucht, den Wert in Bonus zu ändern, so würde man sofort einen Compilerfehler erhalten und wüsste somit, dass hier etwas schiefgelaufen ist.

Die nächste Funktion, ZeigeSpieler, soll nichts anderes tun, als die Elemente einer übergebenen Spielerstruktur auf dem Bildschirm auszugeben. Hier ist es recht offensichtlich, dass eine konstante Referenz die richtige Wahl ist, da man sowohl ein großes Objekt übergibt als auch dieses unverändert lassen will. Man garantiert damit die oft angesprochene const-Sicherheit und erspart sich durch die Verwendung einer Referenz etwas Schreibaufwand. Eine Funktion, die bestimmte Daten einfach nur **anzeigen** soll, schreit förmlich danach, dass der ihr übergebene Parameter mit einem const versehen wird.

Die dritte und letzte Funktion, LadeLevel, übernimmt nur ein einfaches int, das noch nicht einmal verändert werden soll. Es gibt also keinen Grund, warum man dies nicht per *Call by Value* machen sollte, da es einfach unnötig ist, einen Zeiger oder eine Referenz zu verwenden. Da dieser Wert innerhalb der Funktion auch nicht verändert werden darf, sollte auch hier wieder das Schlüsselwort const verwendet werden, um auf Nummer sicher zu gehen.

Die Zeilen 28 bis 36 erzeugen und initialisieren einfach die Variablen/Instanzen, so wie oben beschrieben wurde, was inzwischen schon relativ trivial sein sollte. Die nächsten vier Zeilen sind schon wieder etwas interessanter, da man hier noch mal alle bisher bekannten Möglichkeiten sieht, mit denen Parameter übergeben werden können. Zeile 38 übergibt einfach die Nummer des Levels, das „geladen" werden soll, per *Call by Value*. Die nächste Zeile spiegelt den Nachteil wider, den Referenzen mit sich bringen können: Man kann hier nicht auf den ersten Blick erkennen, ob es sich um eine Übergabe per Referenz oder per *Call by Value* handelt. Somit könnte man das mal vergessen und sich hinterher wundern, warum Spieler1 sich nach dem Funktionsaufruf plötzlich verändert hat. Dagegen haben wir uns ja allerdings abgesichert, indem das Schlüsselwort const im Prototyp und im Funktionskopf verwendet wurde.

Zeile 40 macht anhand des Adressoperators sehr schnell deutlich, dass hier wohl ein Zeiger im Spiel ist, womit man davon ausgehen kann, dass Spieler1 von der Funktion verändert wird. Man erkennt also sofort, dass man aufpassen muss, was diese Funktion eigentlich macht. Hier in diesem Beispiel ist zwar alles noch recht übersichtlich, und man weiß genau, welche Auswirkungen die Funktionen haben, aber bei einem sehr großen Programm mit einigen Tausend oder Zehntausend Zeilen Code ist das eben nicht mehr so.

Die eigentlichen Implementierungen der Funktionen überraschen uns auch nicht weiter, da dort nur Werte ausgegeben oder verändert werden. Alles war schon einmal da gewesen, und nichts davon sollte unbekannt sein. Das Einzige, was noch nicht geklärt ist, ist der Operator `->` in Zeile 56, den wir allerdings schon in einem früheren Beispiel verwendet haben. Im nächsten Kapitel wird seine Bedeutung noch genau geklärt, und bis dahin sollte man ihn einfach als eine andere Art des Punktoperators ansehen und sich fürs Erste damit zufriedengeben, dass er das tut, was man erwartet.

Wie bei jeder Aufgabe gilt auch hier, dass Deine Lösung natürlich nicht zu 100% mit dem hier vorgestellten Lösungsvorschlag übereinstimmen muss. Wichtig ist nur, dass sowohl die Funktionalität gegeben ist als auch die oben besprochenen Regeln richtig umgesetzt wurden. Sollte Dir das dennoch nicht richtig gelungen oder schwergefallen sein, dann geh einfach noch mal die Beispiele dieses Kapitels durch und experimentiere mit ihnen. Zeiger und Referenzen sind eines der wichtigsten Themen überhaupt und sollten deshalb beherrscht werden. Im Grunde ist dieses Thema gar nicht so schwer, sondern nur zu Beginn etwas verwirrend. Mit der Zeit lernt man aber den richtigen Umgang mit Zeigern und Referenzen. Wichtig ist, dass es „klick" gemacht hat, was die Anwendungsgebiete angeht.

7 Klassen

7.1   Was sind Klassen, und wozu dienen sie?

In den vergangenen Kapiteln haben wir die grundlegendsten Eigenschaften und Möglichkeiten von C++ kennengelernt, die uns eine Art Basis bieten, um einfache Programme
schreiben zu können. Tatsächlich kennen wir jetzt die meisten Dinge, die nötig sind, ein
Programm zu schreiben. Was bisher allerdings noch fehlt, aber schon häufig angesprochen
wurde, ist die sogenannte Objektorientierung. Viele der bisherigen Beispiele würden in einem wirklichen Spiel höchstwahrscheinlich etwas anders programmiert, als wir das bisher
getan haben. Wir haben zwar darauf geachtet, dass unsere Programme übersichtlich und
erweiterbar sind, haben dabei aber noch nicht die Vorzüge der Objektorientierung kennengelernt, geschweige denn, sie uns zunutze gemacht. Sorgen machen brauchst Du dir deswegen natürlich nicht. Es ist nicht so, dass wir alles bisher Gelernte über den Haufen werfen und nun was komplett anderes machen. Vielmehr geht es darum, den Code schöner zu
verpacken.

Häufig sieht man zu Beginn nicht die Vorteile, die Klassen bieten, und verzichtet zugunsten der bisher angewandten Techniken darauf, da die Verwendung von Klassen im ersten
Augenblick mit etwas mehr Schreibaufwand verbunden ist. Wie sich aber spätestens am
Ende dieses Kapitels zeigen wird, ist es tatsächlich nur anfangs etwas mehr Aufwand, aber
man spart sich auf längere Sicht eine Menge Arbeit, Zeit und Nerven. Klassen sind, wenn
sie richtig verwendet werden, ein wahrer Segen bei der Programmierung. Sie helfen dabei,
den Quellcode „logischer" zu gestalten, wenn man ihr Wesen verstanden hat.

Doch was sind denn nun die ominösen Klassen? Was bringen sie, und wie werden sie an-
gewendet? Um das zu klären, geht es jetzt erst mal ein wenig theoretisch weiter. Damit das
jedoch nicht in einem staubtrockenen Abschnitt endet, nehmen wir uns als Beispiel die
Entwicklung eines Echtzeitstrategiespiels. Dabei handelt es sich um ein Spiel, bei dem
man eine Basis aufbauen muss, Ressourcen wie etwa Gold, Holz, Nahrung, Steine oder
Ähnliches sammelt, diese verwaltet und schließlich eine Armee aus verschiedenen Einhei-

ten baut, um damit den Gegner anzugreifen. Dies ist ein weit verbreitetes und sehr beliebtes Spielegenre, das auch in der Zeit der 3D-Egoshooter immer noch angesagt ist. Bevor man jetzt mit der Programmierung loslegt, macht man sich ja erst einmal ein paar Gedanken darüber, wie die einzelnen Teile des Spiels aufgebaut und umgesetzt werden. Als Grundlage für eine solche Planung dienen natürlich das bisherige Wissen und die Kenntnisse, die man schon hat. Bei einem solchen Echtzeitstrategiespiel (im Folgenden **RTS** – *Real Time Strategy* – genannt) ist einer der wichtigsten Punkte natürlich das Verwalten der Einheiten, die ein Spieler bauen und steuern kann. Es wird schnell klar, dass es bei der Umsetzung mehrere Probleme gibt, die gelöst werden müssen. Beispielsweise ist etwa die Anzahl der Einheiten nicht immer die gleiche, es gibt viele verschiedene Arten von Einheiten (z.B. Infanterie, Kavallerie, Belagerungswaffen oder in futuristischen Spielen Raumschiffe, Raumstationen und so weiter). Es wird schnell deutlich, dass es eine Menge Verwaltungsaufwand zu erledigen gibt. Die unterschiedlichen Einheiten haben unterschiedliche Eigenschaften, agieren anders und ändern, jede für sich, ihre Werte, wenn sie in einen Kampf verwickelt sind. Wird eine Einheit zerstört oder eine neue Einheit in einer Fabrik gebaut, so muss es folglich irgendeine Art Liste geben, in der die aktuellen Einheiten verwaltet werden. Das riecht nicht nur nach einer ganzen Menge Arbeit, sondern es ist tatsächlich enorm viel Aufwand, wenn man dies mit den uns bisher zur Verfügung stehenden Mitteln umzusetzen versucht.

Man könnte sich natürlich nun eine ganze Reihe verschiedener Strukturen anlegen, die jeweils eine bestimmte Einheit beschreiben. Für jeden Einheitentyp legt man sich dann ein Array an, das groß genug ist, um einen ganzen Fuhrpark davon unterzubringen. Damit man jedem Einheitentyp bestimmte Aktionen erlauben kann (etwa schießen, reiten, Steine schleudern usw.), schreibt man sich dann entsprechende Funktionen, die sich um das Verhalten der Einheiten kümmern. Wie man allerdings recht schnell erkennt, ist das eine sehr umständliche Lösung. Der Quellcode wird früher oder später extrem unübersichtlich, und jede Änderung am Verhalten von Einheiten und deren Zusammenspiel artet in fast unzumutbarer Arbeit aus. Möchte man dann auch noch einen neuen Einheitentyp hinzufügen, weil man vergessen hat, diesen bei der Planung zu berücksichtigen, so muss man sich um eine Vielzahl von Dingen kümmern: Eine neue Struktur anlegen, ein zusätzliches Array erzeugen und neue Funktionen für diese Einheit schreiben. Dabei macht man sich dann in der Regel die doppelte Arbeit, da man für den neu hinzugekommenen Einheitentyp Funktionen schreiben muss, die es in ähnlicher Art schon für andere Einheitentypen gibt. Beispielsweise können sich ja alle Einheitentypen bewegen. Wie diese das tun, unterscheidet sich nur wenig. Das wird etwa dann deutlich, wenn man zum Beispiel ein Katapult programmiert, das Steine schleudert und dann eine Abwandlung dieses Einheitentyps hinzufügen möchte, etwa ein Katapult, das brennendes Pech schleudert. Die Funktionen, die nötig sind, um diese Einheitentypen über die Karte bewegen zu lassen, sind aller Wahrscheinlichkeit nach identisch. Der einzige Unterschied liegt in der Art des Angriffs. Man schreibt also eine Funktion doppelt, da man sich ja um zwei unterschiedliche Strukturen kümmern muss.

Man sieht schnell, dass hier eine bessere Lösung her muss. Strukturen zu erstellen und dann Funktionen zu schreiben, die auf diese Strukturen zugeschnitten sind, scheint wirklich nicht das Gelbe vom Ei zu sein. Wäre es nicht besser, wenn wir die Möglichkeit hätten, eine Struktur und die zugehörigen Funktionen irgendwie miteinander zu verbinden, sodass wir uns richtige Objekte erstellen könnten? Es wäre cool, wenn wir eine Art „Objektbeschreibung" deklarieren könnten, die nicht nur Daten (Variablen in einer Struktur), sondern auch gleich die nötigen Funktionen mit sich bringt.

Genau hier kommen die Klassen ins Spiel. Klassen erlauben es uns, zusammengehörige Dinge in Objekte zu fassen und damit logische Verhältnisse zu schaffen. Im richtigen Leben herrscht ja auch dieses Prinzip: Ein Hund hat zum Beispiel einige Eigenschaften, wie etwa seinen Namen, sein Alter und sein Gewicht. Außerdem kann ein Hund laufen, bellen und fressen. Dieses Prinzip einer „Objektbeschreibung" wird in C++ durch Klassen realisiert. Eine Klasse kann Daten (also Variablen) und Funktionen zu deren Bearbeitung erhalten.

Hier wird das Prinzip der Objektorientierung deutlich. Statt wie bisher Daten und Funktionen getrennt zu halten, fasst man zusammengehörige Dinge zu einem Objekt, also einer Klasse zusammen. Auf das Beispiel des RTS bezogen würde man zum Beispiel einen Reiter mit einer Klasse realisieren. Man beschreibt diesen Reiter, indem man angibt, welche relevanten Daten er besitzt. Dies könnten etwa seine Energie, seine Angriffsstärke und seine Geschwindigkeit sein. Nun fügt man dieser Klasse noch die zugehörigen Funktionen hinzu. Der Reiter kann beispielsweise patrouillieren, angreifen, flüchten und auskundschaften. Sobald man eine solche Objektbeschreibung mittels einer Klasse realisiert hat, kann man sich daraus so viele Reiter erstellen, wie man nur möchte. Man sagt einfach, man möchte ein neues Objekt haben, das dieser Beschreibung entspricht.

Wie einfach das Ganze umzusetzen ist, schauen wir uns jetzt mal Schritt für Schritt an. In den ersten paar Beispielen wird darauf geachtet zu zeigen, wie man eine Klasse erstellt und wie man sich Instanzen davon erzeugt. Diese ersten Beispiele sind vielleicht nicht wirklich pragmatisch, aber im Laufe des Kapitels wird deutlich, wie leistungsfähig Klassen sind.

7.2 Eine einfache Klasse erzeugen und verwenden

Das folgende Beispiel zeigt eine sehr einfache und kompakte Klasse in Aktion, welche die grundlegendsten Elemente einer Klasse besitzt. Dabei werden zwar einige Stilbrüche begangen, aber darum kümmern wir uns später. Schauen wir uns das einfach mal an und gehen das Beispiel dann Schritt für Schritt durch:

Listing 7.1 Eine einfache Klasse erzeugen und verwenden

```
01: // C++ für Spieleprogrammierer
02: // Listing 7.1
03: // Eine einfache Klasse erzeugen und verwenden
04: //
05: #include <iostream>
```

175

```
06:
07: using namespace std;
08:
09: // Klassen
10: //
11: class CRaumschiff
12: {
13:   public:
14:
15:       // Membervariablen
16:       int m_Energie;
17:       int m_Geschwindigkeit;
18:
19:       // Memberfunktionen
20:       void ZeigeDaten ()
21:       {
22:           cout << "Energie        : " << m_Energie << endl;
23:           cout << "Geschwindigkeit: " << m_Geschwindigkeit << endl;
24:       }
25: };
26:
27: // Hauptprogramm
28: //
29: int main ()
30: {
31:     // Variablen
32:     //
33:     CRaumschiff Schiff1;        // Instanz der Klasse Raumschiff
34:     CRaumschiff Schiff2;        // Instanz der Klasse Raumschiff
35:
36:     // Erstes Raumschiff initialisieren
37:     Schiff1.m_Energie = 100;
38:     Schiff1.m_Geschwindigkeit = 50;
39:
40:     // Zweites Raumschiff initialisieren
41:     Schiff2.m_Energie = 150;
42:     Schiff2.m_Geschwindigkeit = 25;
43:
44:     // Ausgabe der Daten
45:     Schiff1.ZeigeDaten ();
46:     cout << endl;
47:     Schiff2.ZeigeDaten ();
48:
49:     return 0;
50: }
```

Bildschirmausgabe:

```
Energie        : 100
Geschwindigkeit: 50
Energie        : 150
Geschwindigkeit: 25
```

Viel Quelltext für wenig Bildschirmausgabe, oder? Nun, dieses Listing bietet wesentlich mehr, als man auf den ersten Blick annehmen könnte, denn es zeigt die grundlegendsten Eigenschaften von Klassen. Um noch einmal das Wesen von Klassen deutlich zu machen: Eine Klasse stellt ein Objekt dar, das festgelegte Eigenschaften hat. Dieses Objekt besteht aus den ihm zugeordneten Variablen und Funktionen, den sogenannten Membervariablen und Memberfunktionen.

In den Zeilen 11 bis 25 deklarieren wir nun unsere erste Klasse. Was sofort auffällt, ist die Ähnlichkeit zu den Strukturen. Dem Schlüsselwort `class` folgt der gewünschte Name der Klasse, worauf innerhalb von geschweiften Klammern die eigentliche Deklaration erfolgt. Abgeschlossen wird das Ganze, wie schon bei den Strukturen, wieder mit einem Semikolon. Auch hier gibt es wieder einige Möglichkeiten, den Klassennamen mit einem Präfix zu versehen. Häufig wird dazu das große `C` verwendet, was für „class" steht. In Zeile 13 gibt es dann wieder ein neues Schlüsselwort zu bestaunen: `public`. Zu Deutsch bedeutet das so viel wie *öffentlich*. Dadurch bestimmt man, dass alle nachfolgenden Deklarationen öffentlich sind, was bedeutet, dass die beiden Membervariablen `m_Energie` und `m_Geschwindigkeit` sowie die Memberfunktion `ZeigeDaten()` ohne Einschränkungen auch von außen verwendet werden dürfen. Was das genau bedeutet und warum das hier nicht unbedingt die beste Lösung ist, klären wir in einem der nächsten Abschnitte.

Die Wörter *Membervariable* und *Memberfunktion* sind nun schon des Öfteren gefallen, weshalb wir jetzt auch mal klären sollten, was sie bedeuten. Im Deutschen bedeutet *Member* unter anderem *Mitglied*. Diese Bezeichnung leuchtet ein, da alle Variablen und Funktionen, die zur Klasse gehören, sozusagen deren Mitglieder sind. Sie gehören nur zu der Klasse und können immer nur in Bezug mit der Klasse verwendet werden. Oftmals werden auch die Bezeichnungen *Elementvariablen* und *Elementfunktionen* (oder auch *Methoden*) verwendet, die natürlich auch gültig sind.

In den Zeilen 16 und 17 deklarieren wir nun zwei Membervariablen für die Klasse, die das Präfix `m_` erhalten, um deutlich zu machen, dass es sich hierbei um Membervariablen handelt, die zu einer Klasse gehören. Man sollte sich das gleich angewöhnen, da dies zum guten Stil gehört und die Dinge etwas mehr verdeutlicht. Diese beiden Variablen sind, wie vorhin schon erwähnt, nur in Bezug mit der Klasse gültig. Was hier auffällt, ist die Tatsache, dass die beiden Variablen nicht initialisiert werden. In der Tat kann man das an dieser Stelle auch nicht auf die bisher bekannte Weise tun. Wenn man versucht, den Variablen innerhalb der Klassendeklaration einen Wert zuzuweisen, bekommt man vom Compiler eine Fehlermeldung um die Ohren geschleudert. Überlegt man sich, was eine Klassendeklaration ist, so wird auch schnell deutlich, warum ein solcher Initialisierungsversuch scheitert: Eine Klassendeklaration beschreibt ein Objekt, indem sie festlegt, welche Variablen und welche Funktionen dieses Objekt beinhalten soll. Es wird hier noch kein Speicher reserviert und auch noch kein solches Objekt erzeugt, da eine Klassendeklaration quasi nur eine Vorlage darstellt. Somit können an dieser Stelle auch noch keine Initialisierungen stattfinden (zumindest nicht mit unseren bisherigen Kenntnissen).

In den Zeilen 20 bis 24 wird nun die Funktion `ZeigeDaten()` implementiert, die dazu dient, den Inhalt der beiden Membervariablen `m_Energie` und `m_Geschwindigkeit` auf dem Bildschirm auszugeben. Diese Funktion kann selbstverständlich auch nur in Bezug auf die Klasse aufgerufen werden, nicht aber separat. Natürlich kann man innerhalb dieser Funktion einfach auf die eigenen Membervariablen zugreifen, wie man in den Zeilen 22 und 23 deutlich sehen kann. Die Funktion gehört ja zur Klasse und hat somit auch Zugriff auf die darin enthaltenen Membervariablen.

Damit ist die Deklaration unserer ersten Klasse abgeschlossen, und wir können sie endlich auch mal verwenden, um zu zeigen, was man damit denn so alles anstellen kann. Der erste Schritt, der dazu nötig ist, ist das Definieren einer Instanz. In den Zeilen 33 und 34 erzeugen wir uns gleich zwei Instanzen, einmal Schiff1 und einmal Schiff2. Das funktioniert genau wie bei normalen Variablen oder Strukturen, indem man einfach den Klassennamen gefolgt vom gewünschten Namen der Instanz schreibt. Nun haben wir uns also zwei „Raumschiffe" erzeugt, die nun bereit zur Verwendung sind. Beide Instanzen besitzen nun also die Membervariablen m_Energie und m_Geschwindigkeit. Wichtig ist, dass jede Instanz ihre eigenen Membervariablen hat, diese also nicht nur einmal existieren. Um das deutlich zu machen, initialisieren wir nun die beiden Instanzen in den Zeilen 37 bis 42. Hier verwenden wir den Punktoperator (.), wie wir es auch schon von den Strukturen her kennen. Hätten wir in der Klassendeklaration nicht durch das Schlüsselwort public angegeben, dass die Elementvariablen öffentlich sind, so könnten wir diese hier auch nicht verwenden. Doch dazu später mehr. Wir haben jetzt also tatsächlich zwei „Raumschiffe", die jeweils ihre eigene Energie und ihre eigene Geschwindigkeit besitzen.

Bisher lief ja alles genauso ab wie schon im letzten Kapitel mit den Strukturen (Klassen und Strukturen sind in C++ bis auf winzige Unterschiede genau das Gleiche, worauf wir später noch genauer zu sprechen kommen). Doch jetzt kommt etwas Neues hinzu, indem wir nicht nur Membervariablen, sondern auch Memberfunktionen verwenden. In den Zeilen 45 und 47 rufen wir nun für die beiden Instanzen die Memberfunktion ZeigeDaten() auf und beweisen somit, dass wir tatsächlich zwei voneinander unabhängige Objekte (Instanzen) haben. Und genau hier zeigt sich, wie mächtig Klassen sind.

Um möglichen Verständnisproblemen zuvorzukommen, hier noch mal das Ganze etwas zusammengefasst: Eine Klasse beschreibt ein Objekt, dient also quasi als Schablone oder Vorlage. Man beschreibt mit einer Klasse, welche Eigenschaften (Membervariablen) ein Objekt hat und was es alles kann (Memberfunktionen). Um das mit dem Beispiel des RTS zu verknüpfen, könnte man etwa einen Ritter mit Schwert beschreiben. Dieser hat einige Eigenschaften (Kampfkraft, Rüstungsstärke, Geschwindigkeit) und kann bestimmte Dinge tun (angreifen, erkunden, flüchten). Haben wir uns einmal eine solche Klassendeklaration erstellt, können wir so viele Objekte (Instanzen) davon erzeugen, wie wir wollen.

Hinweis:
Eine Klasse beschreibt durch ihre Membervariablen und Memberfunktionen die Eigenschaften und Möglichkeiten eines Objektes. Einmal deklariert, kann man sich so viele Objekte (Instanzen) erzeugen, wie man möchte (solange genügend Speicher zur Verfügung steht).

7.3 Ordnung muss sein

Ich hatte bereits zu Beginn des Abschnittes 7.2 erwähnt, dass wir bei unserer ersten Klasse einige Stilbrüche begangen haben. Das wurde bewusst in Kauf genommen, um im ersten Beispiel alles so einfach und kompakt wie möglich zu halten. Einer der Stilbrüche ist das

Definieren von Funktionen innerhalb der Klassendeklaration. Bei kleinen, einzeiligen Funktionen kann man das zwar machen, aber größere Funktionen sollten innerhalb der Klassendeklaration nur deklariert, nicht aber definiert werden. Eine „richtige" Klasse besteht ja in der Regel aus wesentlich mehr Membervariablen und Funktionen als die aus dem vorigen Beispiel. Es ist also offensichtlich, dass man hier bestimmten Regeln folgen sollte, um Ordnung zu halten und die Übersichtlichkeit zu gewähren. Normalerweise schreibt man dazu die Klassendeklaration in eine Header-Datei (.hpp) und die Definitionen der Memberfunktionen in die zugehörige .cpp-Datei. Das sorgt für Übersichtlichkeit und hat noch einen weiteren Vorteil: Man kann, wenn man ein neues Projekt beginnt, einfach seine bereits fertig geschriebenen Klassen wiederverwenden, indem man einfach nur die zusammengehörigen .hpp- und .cpp-Dateien hinzufügt und per `#include` einbindet. Die Klassen in den folgenden Beispielen sind, bis auf wenige Ausnahmen, allerdings recht kompakt, weswegen meist darauf verzichtet wird, diese in separaten Dateien unterzubringen. In komplexeren Beispielen werden wir das allerdings trotzdem tun, weshalb hier gezeigt werden soll, wie das Ganze funktioniert. Dazu nehmen wir jetzt einfach das vorherige Beispiel und bringen Ordnung hinein, indem drei Dateien erzeugt werden. In Kapitel 4 haben wir ja schon besprochen, wie man seinem Projekt diese neuen Dateien hinzufügen kann.

Listing 7.2 Klassen in separaten Dateien

```
Datei: Listing_7_2.cpp

01: // C++ für Spieleprogrammierer
02: // Listing 7.2
03: // Klassen in separaten Dateien
04: //
05: #include <iostream>
06: #include "Raumschiff.hpp"
07:
08: using namespace std;
09:
10: // Hauptprogramm
11: //
12: int main ()
13: {
14:    // Variablen
15:    //
16:    CRaumschiff Schiff1;      // Instanz der Klasse Raumschiff
17:    CRaumschiff Schiff2;      // Instanz der Klasse Raumschiff
18:
19:    // Erstes Raumschiff initialisieren
20:    Schiff1.m_Energie = 100;
21:    Schiff1.m_Geschwindigkeit = 50;
22:
23:    // Zweites Raumschiff initialisieren
24:    Schiff2.m_Energie = 150;
25:    Schiff2.m_Geschwindigkeit = 25;
26:
27:    // Ausgabe der Daten
28:    Schiff1.ZeigeDaten ();
29:    cout << endl;
30:    Schiff2.ZeigeDaten ();
31:
32:    return 0;
33: }
```

Datei: Raumschiff.hpp

```
01: // C++ für Spieleprogrammierer
02: // Listing 7.2 (Datei: Raumschiff.hpp)
03: // Klassen in separaten Dateien
04: //
05: class CRaumschiff
06: {
07:   public:
08:
09:     // Membervariablen
10:     int m_Energie;
11:     int m_Geschwindigkeit;
12:
13:     // Memberfunktionen
14:     void ZeigeDaten ();
15:
16: };
```

Datei: Raumschiff.cpp

```
01: // C++ für Spieleprogrammierer
02: // Listing 7.2 (Datei: Raumschiff.cpp)
03: // Klassen in separaten Dateien
04: //
05: #include "Raumschiff.hpp"
06: #include <iostream>
07:
08: using namespace std;
09:
10: // ZeigeDaten
11: //
12: // Aufgabe: Daten des Raumschiffes anzeigen
13: //
14: void CRaumschiff::ZeigeDaten ()
15: {
16:   cout << "Energie        : " << m_Energie << endl;
17:   cout << "Geschwindigkeit: " << m_Geschwindigkeit << endl;
18: } // ZeigeDaten
```

Zugegeben, das ist jetzt wesentlich mehr Code als in Listing 7.1, was anfangs vermuten lässt, dass diese Einteilung in unterschiedliche Dateien aufwendiger ist. Aber spätestens wenn man mehrere Klassen verwendet und diese dann auch noch um einiges größer sind, macht sich diese Ordnung bezahlt.

Da wir in unserer Klasse zur Bildschirmausgabe ja cout verwenden, müssen wir logischerweise in der .cpp-Datei wieder iostream einbinden und den Namespace std verwenden. Würden wir das nicht tun, würde sich der Compiler beschweren und sich somit unser Programm nicht kompilieren lassen.

Das Einzige, was in Listing 7.2 neu hinzugekommen ist, ist der sogenannte „Binary Scope Resolution Operator" in Zeile 14 der Datei Raumschiff.cpp, der durch zwei Doppelpunkte repräsentiert wird. Dieser ist unter anderem dazu nötig, um Funktionen außerhalb der Klasse zu definieren. Wie man sieht, ist es nicht weiter schwer, eine Memberfunktion außerhalb der zugehörigen Klasse zu definieren. Man schreibt zuerst den Rückgabetyp, danach den Klassennamen, gefolgt vom Namen der Memberfunktion und der zugehörigen Parameterliste. Danach wird die Funktion wie immer einfach innerhalb der geschweiften Klammern implementiert. Innerhalb der Klassendeklaration in der Datei Raumschiff.hpp müssen natürlich die Prototypen sämtlicher Funktionen stehen, wie man in Zeile 14 sehen kann.

7.4 Jetzt wird es privat

Wir haben jetzt schon oft genug auf den armen globalen Variablen herumgehackt und sie schlecht gemacht. Der wesentliche Grund dafür war die uneingeschränkte Verwendbarkeit, die sich irgendwann bitter rächen kann, da man bei sehr großen Programmen nicht mehr nachvollziehen kann, wann und wo welche Variablen geändert werden, wenn man diese global deklariert. Bei Klassen ist das nicht viel anders, wenn man die Membervariablen mit dem Schlüsselwort `public` einfach öffentlich zugänglich, also quasi global macht. Solche Membervariablen können einfach so, ohne Kontrolle und Sicherheit, von außen verändert werden, was natürlich nicht in unserem Sinn ist. Eine Klasse stellt ja, wie schon gesagt, eine Art Objekt dar. Es ist somit natürlich sinnvoll, dass sich das Objekt auch selbst um seine Variablen kümmert. Wenn diese verändert werden sollen, dann sollte das auch nur innerhalb der Klasse geschehen, damit eine Kontrolle gewährleistet werden kann. Um das umzusetzen, verwendet man das Schlüsselwort `private`, was, wie der Name schon sagt, dafür sorgt, dass Variablen „privat" sind und nicht von außen verändert werden können. Da stellt man sich natürlich die Frage, wie man denn solche Variablen überhaupt noch setzen, initialisieren und verändern kann.

7.4.1 Private Membervariablen

Nun, die Lösung ist recht einfach: mit dafür ausgelegten Zugriffsfunktionen. Man sorgt also dafür, dass Membervariablen nicht von außen geändert werden können, und schreibt stattdessen spezielle Funktionen, die diese Änderungen kontrolliert übernehmen. Was hier (mal wieder) nach viel Aufwand klingt, ist in Wirklichkeit eine gute Möglichkeit, Fehler und die dazugehörende, zeitraubende Fehlersuche effizient zu vermeiden. Schauen wir uns das Ganze mal in der Praxis an:

Listing 7.3 Private Membervariablen

```
01: // C++ für Spieleprogrammierer
02: // Listing 7.3
03: // Private Membervariablen
04: //
05: #include <iostream>
06:
07: using namespace std;
08:
09: // Konstanten
10: //
11: const int Bildschirmbreite = 800;
12: const int Bildschirmhoehe = 600;
13:
14: // Klassen
15: //
16: class CRaumschiff
17: {
18:   private:
19:
20:     // Membervariablen
21:     int m_xPos; // x-Position auf dem Bildschirm
22:     int m_yPos; // y-Position auf dem Bildschirm
```

```
23:
24:    public:
25:
26:       void SetzeKoordinaten (const int x, const int y);
27:  };
28:
29:  // SetzeKoordinaten
30:  //
31:  // Aufgabe: Neue Bildschirmkoordinaten setzen
32:  //
33:  void CRaumschiff::SetzeKoordinaten (const int x, const int y)
34:  {
35:     // Prüfen, ob die neuen Koordinaten gültig sind
36:     if (x > 0 && x < Bildschirmbreite &&
37:         y > 0 && y < Bildschirmhoehe)
38:     {
39:        // Wenn ja, dann neue Koordinaten setzen
40:        m_xPos = x;
41:        m_yPos = y;
42:
43:        cout << "Neue Koordinaten gesetzt!" << endl;
44:     }
45:     else
46:     {
47:        // Wenn nicht, Fehlermeldung ausgeben
48:        cout << "Fehler: Koordinaten ausserhalb des Bereichs!";
49:     }
50:
51:     cout << endl;
52:
53:  } // SetzeKoordinaten
54:
55:  // Hauptprogramm
56:  //
57:  int main ()
58:  {
59:     // Variablen
60:     //
61:     CRaumschiff Spieler; // Ein Raumschiff für den Spieler
62:
63:     // Neue Koordinaten setzen
64:     Spieler.SetzeKoordinaten (150, 300);
65:     Spieler.SetzeKoordinaten (180, 620);
66:
67:     return 0;
68:  }
```

Bildschirmausgabe:

```
Neue Koordinaten gesetzt!
Fehler: Koordinaten ausserhalb des Bereichs!
```

Um etwas Platz zu sparen und alles etwas kompakter zu halten, wurde jetzt erst mal darauf verzichtet, die Klasse in separate Dateien zu packen. Allerdings wurde die Memberfunktion SetzeKoordinaten außerhalb der Klasse definiert, was etwas zur Übersichtlichkeit beiträgt.

Ziel dieses Programms ist, einem Raumschiff neue Koordinaten zuzuweisen, an denen es auf dem Bildschirm gezeichnet werden soll. Dazu ist es sinnvoll, die Bildschirmauflösung mit Konstanten festzulegen, damit man dann beim Setzen der Koordinaten prüfen kann, ob sich diese noch innerhalb des Bildschirms befinden. Diese Konstanten werden in den Zeilen 11 und 12 festgelegt.

Wie man sieht, wurde innerhalb der Klassendeklaration sowohl das Schlüsselwort `private` als auch das Schlüsselwort `public` verwendet. Diese Schlüsselwörter beziehen sich auf alles, was nach ihnen folgt, womit klar ist, dass wir vor der Funktion `SetzeKoordinaten` natürlich noch `public` schreiben müssen. Ansonsten könnten wir ja diese Funktion nicht von außen verwenden, was ziemlich unpraktisch wäre. Schau Dir im Anschluss einmal an, was der Compiler für eine Fehlermeldung ausgibt, wenn Du versuchst, innerhalb der `main`-Funktion auf die privaten Membervariablen zuzugreifen.

Für das eigentliche Setzen der Koordinaten schreiben wir uns eine passende Funktion, die in den Zeilen 33 bis 53 zu finden ist. Spätestens jetzt sollte der Vorteil klar sein, den private Membervariablen in Kombination mit entsprechenden Zugriffsfunktionen haben: Man erzeugt sich damit eine kontrollierte Schnittstelle, welche die Fehleranfälligkeit eines Programms senkt. Die Funktion `SetzeKoordinaten()` prüft zuerst, ob die ihr übergebenen Werte innerhalb des gültigen Bereiches sind. Ist das der Fall, werden die neuen Koordinaten gesetzt. Falls nicht, gibt es eine entsprechende Fehlermeldung. Wären die Membervariablen nun öffentlich, so könnte man an jeder Stelle des Programms auf sie zugreifen und ihnen unkontrolliert irgendwelche beliebigen Werte zuweisen. Wenn es dann einen Fehler gibt, darf man den gesamten Quelltext durchforsten, um die verantwortliche Stelle zu finden.

Hinweis:

Man kann es nicht oft genug sagen: Halte Deine Membervariablen mit dem Schlüsselwort „private" geschützt, und schreibe Dir Zugriffsfunktionen, um diese Variablen zu verändern. Das ist anfangs etwas mehr Schreibaufwand, macht sich aber auf Dauer bezahlt.

Wenn eine Membervariable als `private` deklariert wurde (was bei allen Membervariablen der Fall sein sollte), so nennt man im Allgemeinen die entsprechenden Zugriffsfunktionen `get`- und `set`-Funktionen. Das gerät jetzt etwas mit der hier im Buch aufgrund der Einfachheit gewählten deutschen Schreibweise von Variablen und Funktionen in Konflikt. Die meisten Programmierer verwenden englische Begriffe für Variablen und Funktionen, was in der Tat auch die bessere Wahl ist. Da in diesem Buch allerdings die deutsche Schreibweise bevorzugt wurde, wird darauf verzichtet, diese Funktionen etwa „`getCoordinates()`" und „`setCoordinates()`" zu nennen.

7.4.2 Private Membervariablen und Performance

Es gibt erstaunlich viele Leute, die immer wieder betonen, dass durch die Verwendung von Zugriffsfunktionen unnötiger Overhead erzeugt wird, da man ja nicht direkt auf die Membervariablen zugreift, sondern eben jedes Mal eine dafür vorgesehene Funktion aufruft, was Zeit kostet. Natürlich sind, bedingt durch den Funktionsaufruf, einige zusätzliche Schritte notwendig, was sicherlich etwas mehr Zeit kostet, als wenn man die Membervariablen `public` machen und direkt darauf zugreifen würde. So dramatisch, wie das oft geschildert wird, ist das allerdings nicht. Im Vergleich zu wesentlich zeitaufwendigeren Dingen, wie etwa Kollisionserkennung oder Wegfindung, ist dieser zusätzliche Overhead so gering, dass man ihn getrost vernachlässigen kann. Die Sicherheit, die Zugriffsfunktionen bieten, ist allemal mehr wert als die paar Taktzyklen, die man durch `public`-Deklarationen sparen würde.

Wenn man `get`- und `set`-Funktionen, die nur eine einzelne Variable beeinflussen und somit recht klein sind, als `inline`-Funktionen implementiert, ist der Unterschied zu einem direkten Zugriff auf die Membervariable wirklich verschwindend gering. Selbst wenn man bei einem kommerziellen Spiel, das an den Rand der Leistungsfähigkeit der neuesten Computer geht, sämtliche Zugriffsfunktionen durch direkte Zugriffe auf Membervariablen ersetzen würde, hätte man wohl kaum einen merklichen Unterschied in der Framerate. Oft wird versucht, Wasser zu sparen, indem man es verdünnt. Damit ist gemeint, dass häufig an den falschen Stellen im Programm optimiert wird, um möglicherweise etwas Rechenzeit zu sparen. Und einige dieser Stellen sind die Zugriffsfunktionen. Wer diese zugunsten von `public` deklarierten Membervariablen aufgibt, verspielt die von Zugriffsfunktionen gegebene Sicherheit und erhält als Preis eine fast nicht messbare Performance-Steigerung.

7.4.3 Private Memberfunktionen

Natürlich können nicht nur Membervariablen, sondern auch Memberfunktionen `private` deklariert werden. Diese können dann nicht mehr außerhalb der Klasse aufgerufen werden, sondern nur noch innerhalb von anderen Memberfunktionen der Klasse. Im ersten Moment mag das etwas verwirrend sein und scheint kaum Sinn zu machen. Denkt man aber zwei Mal darüber nach, so wird deutlich, dass es tatsächlich Memberfunktionen gibt, die nicht von außen aufgerufen werden sollen. Wenn eine Klasse einige Hilfsfunktionen besitzt, welche von anderen Funktionen aufgerufen werden, aber für sich alleine keinen Zweck erfüllen, so macht es Sinn, diese als `private` zu deklarieren. Schließlich könnte der Benutzer dieser Klasse ja versuchen, eine solche Hilfsfunktion aufzurufen, ohne sich bewusst zu sein, was genau diese Hilfsfunktion macht.

Das kann man sich etwas besser vorstellen, wenn man sich folgende Situation denkt: Man arbeitet mit mehreren Leuten im Team an einem Spiel. Dabei hat jeder der Programmierer unterschiedliche Aufgaben, die er erledigen muss. Einer schreibt etwa ein paar Klassen für diverse Grafikausgaben, ein anderer kümmert sich um das Abspielen von Sound und Musik und wieder ein anderer um das eigentliche Gameplay. Derjenige, der sich um das Gameplay kümmert, bekommt von den anderen beiden Programmierern die Klassen für Grafik- und Soundausgaben und baut diese in das eigentliche Spiel ein. Im Idealfall muss er sich nicht um die internen Funktionsweisen der Klassen kümmern, sondern muss nur wissen, wie er diese *benutzen* kann. Das lässt sich ein wenig mit dem Telefonieren vergleichen: Man muss nur wissen, wie man das Telefon bedient und wo man die Nummer eingibt, um jemanden zu erreichen. Was intern genau im Telefon vorgeht, wie dieses die Verbindung herstellt und auf welche Weise die Sprache bis zum Hörer kommt, ist für den Benutzer egal. Das ist sozusagen das Blackbox-Prinzip. Derjenige, der die Klasse verwendet, braucht sich normalerweise nur die Header-Datei anzuschauen, um zu sehen, welche Funktionalität diese bietet. Alles, was ihn nichts angeht, wird vom Anwender ferngehalten. Bei einem Telefon hat man nur Zugriff auf die Tasten und den Hörer, nicht jedoch auf die internen Schaltkreise.

Genauso ist das eben bei Klassen. Es sollte nur das nach außen gegeben werden, was der Anwender der Klasse wirklich braucht. Funktionen, die er nicht benötigt oder aufrufen darf, werden eben als `private` deklariert. Das ist eben das Wesen der Klassen: Man schafft einen wiederverwertbaren Code-Abschnitt, der eine bestimmte Funktionalität bietet, um deren interne Abläufe sich der Anwender in der Regel nicht zu kümmern braucht.

7.5 Konstruktoren und Destruktoren

Es wurde ja bereits mehrfach gesagt, dass Variablen und Zeiger generell initialisiert werden sollten, da in ihnen direkt nach der Deklaration beliebige Werte stehen. Eine solche Initialisierung ist nicht weiter aufwendig, da es sich nur um eine einfache Wertzuweisung handelt. Doch wie schaut das bei Klassen aus? Bei größeren Klassen haben wir ja sehr viele Membervariablen, die initialisiert werden müssen. Im ersten Beispiel dieses Kapitels hatten wir eine solche Initialisierung der beiden Klasseninstanzen in den Zeilen 37 bis 42 durchgeführt. Rechnet man das jetzt hoch und stellt sich vor, dass man beispielsweise zehn Membervariablen und zehn Klasseninstanzen hat, so kommt man schon auf die beachtliche Anzahl von 100 Zeilen, die nur für die Initialisierungen draufgehen. Das ist natürlich nicht unbedingt gut für die Übersichtlichkeit des Quelltextes. Man bräuchte also eine Möglichkeit, die Membervariablen einer Klasse an einer zentralen Stelle zu initialisieren. Vorhin wurde allerdings festgestellt, dass es nicht möglich ist, innerhalb der Klassendeklaration Wertzuweisungen durchzuführen. Glücklicherweise bietet C++ eine gute Lösung für dieses Problem.

7.5.1 Der Konstruktor

Ohne dass wir es bemerkt haben, wurde immer eine ganz spezielle Memberfunktion aufgerufen, wenn wir Instanzen unserer Klassen angelegt haben: der Standardkonstruktor. Diesen bekommen wir normalerweise nicht zu Gesicht und merken auch nicht, dass er aufgerufen wird. Allerdings können wir diesen Konstruktor sozusagen überschreiben. Wenn wir uns einen eigenen Konstruktor schreiben, so wird dieser automatisch aufgerufen, sobald eine Instanz der Klasse erzeugt wird. Er ersetzt somit den Standardkonstruktor. Schauen wir uns das einfach mal an:

Listing 7.4 Der Konstruktor

```
01: // C++ für Spieleprogrammierer
02: // Listing 7.4
03: // Der Konstruktor
04: //
```

```
05: #include <iostream>
06:
07: using namespace std;
08:
09: // Klassen
10: //
11: class CRaumschiff
12: {
13:   private:
14:
15:     // Membervariablen
16:     int   m_xPos;              // x-Position auf dem Bildschirm
17:     int   m_yPos;              // y-Position auf dem Bildschirm
18:     int   m_Energie;           // Energie des Raumschiffes
19:     float m_fGeschwindigkeit;  // Geschwindigkeit des Raumschiffes
20:
21:   public:
22:
23:     // Memberfunktionen
24:         CRaumschiff ();
25:     void ZeigeDaten  ();
26:
27: };
28:
29: // Konstruktor
30: //
31: // Aufgabe: Werte initialisieren
32: //
33: CRaumschiff::CRaumschiff ()
34: {
35:   cout << "Konstruktor wurde aufgerufen" << endl;
36:
37:   // Startwerte des Raumschiffes festlegen
38:   m_xPos = 0;
39:   m_yPos = 0;
40:   m_Energie = 1000;
41:   m_fGeschwindigkeit = 0.0f;
42:
43:   cout << "Raumschiff wurde initialisiert" << endl;
44: } // Konstruktor
45:
46: // ZeigeDaten
47: //
48: // Aufgabe: Daten des Raumschiffes anzeigen
49: //
50: void CRaumschiff::ZeigeDaten ()
51: {
52:   cout << "Koordinaten    : " << m_xPos << ", ";
53:   cout << m_yPos << endl;
54:   cout << "Energie        : " << m_Energie << endl;
55:   cout << "Geschwindigkeit: " << m_fGeschwindigkeit << endl;
56: } // ZeigeDaten
57:
58: // Hauptprogramm
59: //
60: int main ()
61: {
62:   // Variablen
63:   //
64:   CRaumschiff Spieler; // Ein Raumschiff für den Spieler
65:   CRaumschiff Gegner;  // Ein Raumschiff für den Gegner
66:
67:   cout << "\nSpielerraumschiff:" << endl;
68:   Spieler.ZeigeDaten ();
69:
70:   cout << "\nGegnerraumschiff:" << endl;
71:   Gegner.ZeigeDaten ();
72:
73:   return 0;
74: }
```

Bildschirmausgabe:

```
Konstruktor wurde aufgerufen
Raumschiff wurde initialisiert
Konstruktor wurde aufgerufen
Raumschiff wurde initialisiert
Spielerraumschiff:
Koordinaten   : 0, 0
Energie       : 1000
Geschwindigkeit: 0
Gegnerraumschiff:
Koordinaten   : 0, 0
Energie       : 1000
Geschwindigkeit: 0
```

Diese Klasse hat nun schon vier Membervariablen, was klarmacht, dass eine Initialisierung jeder Instanz von Hand einfach zu viel Arbeit wäre. Das eigentliche Arbeitspferd, der Konstruktor, wird in Zeile 24 deklariert. Was sofort auffällt, ist die Tatsache, dass dieser keinen Rückgabetyp besitzt. Konstruktoren dürfen keinen Rückgabetypen haben, nicht einmal `void`. Damit der Konstruktor auch als solcher erkannt wird, muss er exakt den gleichen Namen wie die Klasse selbst besitzen, man kann ihm also keinen beliebigen Namen verpassen.

Die eigentliche Implementierung des Konstruktors findet nun in den Zeilen 33 bis 44 statt. Viel passiert hier nicht, es werden lediglich zwei Meldungen ausgegeben und die Membervariablen auf ihre Startwerte gesetzt. Die zweite Memberfunktion der Klasse, `ZeigeDaten()`, gibt einfach noch einmal alle Werte des Raumschiffes auf dem Bildschirm aus.

Die `main`-Funktion dient nun dazu zu beweisen, dass unser frisch gebackener Konstruktor auch wirklich von alleine aufgerufen wird, wenn wir eine neue Instanz unserer Klasse erstellen. Dazu werden in den Zeilen 64 und 65 einfach zwei Raumschiff-Instanzen erzeugt, eine für den Spieler und eine für den Gegner. Betrachtet man sich die Bildschirmausgabe, so stellt man fest, dass der Konstruktor tatsächlich für jede Instanz aufgerufen wurde und somit seine Arbeit ordnungsgemäß erledigt hat. Um auch noch die letzten Zweifel auszuräumen, werden in den Zeilen 68 und 71 die Daten des Raumschiffes noch einmal mittels der Funktion `ZeigeDaten()` ausgegeben.

Hinweis:

Wird kein eigener Konstruktor verwendet, so wird automatisch ein Standardkonstruktor aufgerufen, dessen Auswirkungen man jedoch nicht direkt zu Gesicht bekommt. Möchte man für seine Klasse bestimmte Initialisierungen durchführen lassen, so schreibt man sich einen Konstruktor, der diese Aufgaben übernimmt und beim Erzeugen einer Instanz automatisch aufgerufen wird.

7.5.2 Konstruktoren mit Parameterliste

Ein Konstruktor darf, wie bereits erwähnt, keinen Rückgabetyp besitzen. Es spricht jedoch nichts dagegen, einem Konstruktor eine Parameterliste mit auf den Weg zu geben, denn es ist ja nicht immer erwünscht, bei der Initialisierung feste Werte vorzugeben. Möchte man beispielsweise gleich bei der Erzeugung der Raumschiffe (also beim Erstellen der Instanz) bestimmte Koordinaten festlegen, so ist ein Konstruktor mit einer entsprechenden Parameterliste die richtige Wahl. Um das mal in Aktion zu sehen, schauen wir uns einfach eine etwas abgespeckte Version des Listings 7.4 an:

Listing 7.5 Konstruktoren mit Parameterliste

```
01: // C++ für Spieleprogrammierer
02: // Listing 7.5
03: // Konstruktoren mit Parameterliste
04: //
05: #include <iostream>
06:
07: using namespace std;
08:
09: // Klassen
10: //
11: class CRaumschiff
12: {
13:   private:
14:
15:     // Membervariablen
16:     int   m_xPos;             // x-Position auf dem Bildschirm
17:     int   m_yPos;             // y-Position auf dem Bildschirm
18:
19:   public:
20:
21:     // Memberfunktionen
22:         CRaumschiff (int xPos, int yPos);
23:     void ZeigeDaten  ();
24:
25: };
26:
27: // Konstruktor
28: //
29: // Aufgabe: Werte initialisieren
30: //
31: CRaumschiff::CRaumschiff (int xPos, int yPos)
32: {
33:   cout << "Konstruktor wurde aufgerufen" << endl;
34:
35:   // Startwerte des Raumschiffes festlegen
36:   m_xPos = xPos;
37:   m_yPos = yPos;
38:
39:   cout << "Raumschiff wurde initialisiert" << endl;
40: } // Konstruktor
41:
42: // ZeigeDaten
43: //
44: // Aufgabe: Daten des Raumschiffes anzeigen
45: //
46: void CRaumschiff::ZeigeDaten ()
47: {
48:   cout << "Koordinaten    : " << m_xPos << ", ";
49:   cout << m_yPos << endl;
50: } // ZeigeDaten
51:
52: // Hauptprogramm
53: //
54: int main ()
55: {
56:   // Variablen
57:   //
```

```
58:     CRaumschiff Spieler (150, 200); // Ein Raumschiff für den Spieler
59:
60:     cout << "\nSpielerraumschiff:" << endl;
61:     Spieler.ZeigeDaten ();
62:
63:     return 0;
64: }
```

Bildschirmausgabe:

```
Konstruktor wurde aufgerufen
Raumschiff wurde initialisiert
Spielerraumschiff:
Koordinaten    : 150, 200
```

Das Tolle dabei ist, dass der Compiler automatisch erkennt, dass es sich um einen Konstruktor handelt, sobald man als Funktionsnamen den gleichen Namen verwendet, den auch die Klasse selbst hat, egal ob es nun eine Parameterliste gibt oder nicht. Konstruktoren mit einer Parameterliste sind immer dann sinnvoll, wenn man für neue Instanzen nicht immer die gleichen Werte bei der Initialisierung verwenden will, sondern diese individuell festlegen möchte.

Man muss allerdings daran denken, dass in einem Fall wie in Listing 7.5 auch immer die Parameterübergabe erfolgen muss, wenn man eine neue Instanz anlegt. Lässt man die Parameter weg, so meckert der Compiler, dass er keinen geeigneten Standardkonstruktor finden kann. Sobald wir selbst einen Konstruktor schreiben, stellt uns der Compiler nämlich nicht mehr automatisch einen Standardkonstruktor zur Verfügung. Aber auch hier gibt es eine Lösung:

7.5.3   Überladene Konstruktoren

Es ist durchaus sinnvoll, beide Möglichkeiten zur Verfügung zu haben: sowohl einen Standardkonstruktor ohne Parameter als auch einen Konstruktor, der es durch eine Parameterliste ermöglicht, einzelne Instanzen individuell zu initialisieren. Das kann zum Beispiel der Fall sein, wenn es etwa die Regel ist, dass die Energie der Raumschiffe zu Beginn 1000 ist, aber unter bestimmten Umständen auch direkt bei der Initialisierung ein anderer Wert zugewiesen werden kann. Dann müsste man ja nur einen Parameter übergeben, wenn der Startwert der Energie tatsächlich nicht 1000 sein soll. In allen anderen Fällen würde der Standardkonstruktor ausreichen, um sich Schreibarbeit zu sparen. Genauso, wie wir schon in Kapitel 4 unsere Funktionen über eine unterschiedliche Parameterliste überladen haben, können wir auch Konstruktoren überladen. Dabei gelten die gleichen Regeln wie beim Überladen von „normalen" Funktionen: Der Konstruktor kann anhand von sich unterscheidenden Parameterlisten überladen werden.

Also gut, versuchen wir das mal in die Tat umzusetzen. Dazu nehmen wir Listing 7.5, ändern es ein wenig ab und erweitern es um einen zweiten Konstruktor:

Listing 7.6 Überladene Konstruktoren

```
01: // C++ für Spieleprogrammierer
02: // Listing 7.6
03: // Überladende Konstruktoren
04: //
05: #include <iostream>
06:
07: using namespace std;
08:
09: // Klassen
10: //
11: class CRaumschiff
12: {
13:   private:
14:
15:     // Membervariablen
16:     int m_Energie;      // Energie des Raumschiffes
17:
18:   public:
19:
20:     // Memberfunktionen
21:     CRaumschiff ();
22:     CRaumschiff (int Energie);
23:     void ZeigeDaten ();
24:
25: };
26:
27: // Konstruktor (ohne Parameterliste)
28: //
29: // Aufgabe: Standardwerte setzen
30: //
31: CRaumschiff::CRaumschiff ()
32: {
33:   cout << "Konstruktor wurde aufgerufen (ohne Parameter)\n";
34:
35:   // Startwerte des Raumschiffes festlegen
36:   m_Energie = 1000;
37:
38:   cout << "Raumschiff wurde initialisiert" << endl;
39: } // Konstruktor ohne Parameterliste
40:
41: // Konstruktor (mit Parameterliste)
42: //
43: // Aufgabe: Werte initialisieren
44: //
45: CRaumschiff::CRaumschiff (int Energie)
46: {
47:   cout << "Konstruktor wurde aufgerufen (mit Parameter)\n";
48:
49:   // Startwerte des Raumschiffes festlegen
50:   m_Energie = Energie;
51:
52:   cout << "Raumschiff wurde initialisiert" << endl;
53: } // Konstruktor mit Parameterliste
54:
55: // ZeigeDaten
56: //
57: // Aufgabe: Daten des Raumschiffes anzeigen
58: //
59: void CRaumschiff::ZeigeDaten ()
60: {
61:   cout << "Energie : " << m_Energie << endl;
62: } // ZeigeDaten
63:
64: // Hauptprogramm
65: //
66: int main ()
67: {
68:   // Variablen
```

```
69:    //
70:    CRaumschiff Spieler (2000); // Ein Raumschiff für den Spieler
71:    CRaumschiff Gegner;         // Ein Raumschiff für den Gegner
72:
73:    cout << "\nSpielerraumschiff:" << endl;
74:    Spieler.ZeigeDaten ();
75:    cout << endl;
76:    cout << "\nGegnerraumschiff:" << endl;
77:    Gegner.ZeigeDaten ();
78:
79:    return 0;
80: }
```

Bildschirmausgabe:

```
Konstruktor wurde aufgerufen (mit Parameter)
Raumschiff wurde initialisiert
Konstruktor wurde aufgerufen (ohne Parameter)
Raumschiff wurde initialisiert
Spielerraumschiff:
Energie : 2000
Gegnerraumschiff:
Energie : 1000
```

Wie man sieht, ist es recht einfach, den Konstruktor zu überladen. Genau wie bei den „normalen" überladenen Funktionen, sieht der Compiler von selbst, welche der Funktionen aufgerufen werden muss, indem er diese einfach anhand der Parameterlisten unterscheidet. Wie nützlich diese überladenen Konstruktoren sind, sieht man meist erst dann, wenn man größere Programme schreibt, bei denen die Klassen weitaus umfangreicher sind als diejenigen, die hier in den Beispielen verwendet werden. Je nach den Anforderungen und unterschiedlichen Initialisierungsarten können speziell für diese Aufgaben eigene Konstruktoren zugeschnitten werden.

7.6 Der Destruktor

Es gibt neben dem Konstruktor noch eine weitere Funktion, die automatisch aufgerufen wird: der Destruktor. Diese spezielle Funktion wird jedoch nicht beim Erzeugen einer Instanz aufgerufen, sondern wenn diese zerstört wird. Was sich hier nach mächtig Krach und Rauch anhört, ist in Wirklichkeit eine recht harmlose Geschichte. Solange man sich nicht explizit selbst seinen Speicher reserviert (was wir später noch machen werden), wird der Speicher, den Variablen und Klasseninstanzen belegen, automatisch freigegeben. Im Falle von Klasseninstanzen wird bei dieser „Zerstörung" eben der Destruktor aufgerufen, der für abschließende Aufräumarbeiten gedacht ist. Momentan bringt uns dieser Destruktor noch relativ wenig, da wir noch nicht dazu in der Lage sind, uns selbst Speicherbereiche zu reservieren, die wir dann im Destruktor freigeben würden. Die Aufgaben des Destruktors liegen allerdings nicht nur darin, reservierten Speicher wieder freizugeben, sondern es können hier auch beispielsweise Dateien geschlossen werden, die z.B. innerhalb des Kon-

struktors geöffnet wurden. Der Destruktor wird also dazu verwendet, abschließende Aufräumarbeiten durchzuführen. Später in diesem Kapitel kommen wir noch darauf zu sprechen und werden den Destruktor auch mal richtig einsetzen. An dieser Stelle soll jetzt erst
mal gezeigt werden, wie man sich seinen eigenen Destruktor erzeugt. Und das funktioniert
folgendermaßen:

Listing 7.7 Der Destruktor

```
01: // C++ für Spieleprogrammierer
02: // Listing 7.7
03: // Der Destruktor
04: //
05: #include <iostream>
06:
07: using namespace std;
08:
09: // Klassen
10: //
11: class CRaumschiff
12: {
13:   public:
14:
15:     // Memberfunktionen
16:     CRaumschiff ();
17:     ~CRaumschiff ();
18:
19: };
20:
21: // Konstruktor
22: //
23: // Aufgabe: Initialisierungen
24: //
25: CRaumschiff::CRaumschiff ()
26: {
27:   cout << "Konstruktor wurde aufgerufen" << endl;
28:
29: } // Konstruktor
30:
31: // Destruktor
32: //
33: // Aufgabe: Aufräumarbeiten
34: //
35: CRaumschiff::~CRaumschiff ()
36: {
37:   cout << "Destruktor wurde aufgerufen" << endl;
38:
39: } // Destruktor
40:
41: // Hauptprogramm
42: //
43: int main ()
44: {
45:   // Variablen
46:   //
47:   CRaumschiff Spieler; // Ein Raumschiff für den Spieler
48:   CRaumschiff Gegner;  // Ein Raumschiff für den Gegner
49:
50:   return 0;
51: }
```

Bildschirmausgabe:

```
Konstruktor wurde aufgerufen
Konstruktor wurde aufgerufen
Destruktor wurde aufgerufen
Destruktor wurde aufgerufen
```

Das Erzeugen eines eigenen Destruktors ist, wie man hier deutlich sehen kann, auch nicht besonders kompliziert. Man muss nur wieder den gleichen Namen wählen, den auch die Klasse hat, dieses Mal allerdings mit einer Tilde (~) davor. Diese Tilde kennzeichnet, dass es sich um einen Destruktor handelt. Sie muss sowohl bei der Deklaration des Destruktors verwendet werden (Zeile 17) als auch bei dessen Implementierung (Zeile 35). Eine solche Tilde erzeugt man mit der Tastenkombination *Alt Gr* und der Plus-/Mal-Taste. Der Destruktor darf, genau wie der Konstruktor, keinen Rückgabetypen haben. Außerdem kann man einem Destruktor keine Parameter übergeben. Versucht man das trotzdem, wird einen der Compiler noch einmal mit einer Fehlermeldung daran erinnern. Ein Destruktor kann auch nicht überladen werden (geht ja auch schlecht, wenn er keine Parameterliste besitzen darf).

In diesem Beispiel sieht man noch mal sehr deutlich, dass sowohl der Konstruktor als auch der Destruktor wirklich automatisch beim Erzeugen und beim Zerstören der Instanz aufgerufen werden.

Hinweis:

Der Destruktor darf keinen Rückgabetyp und keine Parameterliste besitzen, was bedeutet, dass man ihn auch nicht überladen kann. Wenn man keinen eigenen Destruktor erzeugt, so wird beim „Zerstören" der Instanz automatisch der Standarddestruktor aufgerufen, den wir nicht zu Gesicht bekommen. Dieser erledigt interne Aufgaben, um die wir uns auch in einem eigenen Destruktor nicht kümmern müssen.

7.7   Speicherreservierung

Es wurde ja jetzt schon oft genug davon gesprochen, dass man sich auch seinen eigenen Speicher reservieren kann und dass das eine ganze Menge toller Vorteile bietet. Es wird langsam mal Zeit, das dann auch in die Tat umzusetzen, oder? Also, dann ans Werk.

Fangen wir mit einem kleinen Rückblick zum Thema *Stack* und *Heap* an. Es wurde ja geklärt, dass lokale Variablen auf dem Stack erzeugt werden. Diese werden gelöscht, nachdem der Gültigkeitsbereich, in dem sie erzeugt wurden, verlassen wird. Das hat den Nachteil, dass wir zum Beispiel Probleme bekommen, wenn wir innerhalb einer Funktion eine Instanz einer Klasse erzeugen, die aber nach Verlassen der Funktion weiterhin gültig sein soll. Globale Variablen kommen als Ausweg nicht infrage, also bleibt nur noch die Möglichkeit, die Klasseninstanz über den Rückgabewert an die aufrufende Funktion zu übergeben. Das ist allerdings recht zeitraubend, da wieder eine komplette Kopie der Instanz auf dem Stack abgelegt werden muss. Erschwerend kommt hinzu, dass man ja nur einen einzigen Rückgabewert zur Verfügung hat. Was bleibt also noch übrig? Nichts! Wir geben hier an dieser Stelle auf und widmen uns künftig mehr unserem Garten.

Oder? Moment, na ja, es gibt ja auch noch den Heap, hätte ich fast vergessen. Wenn man nun also Variablen oder Instanzen einer Klasse auf dem Heap statt auf dem Stack erzeugt, so werden diese nach dem Verlassen einer Funktion nicht mehr automatisch gelöscht. Sie behalten ihre Gültigkeit so lange, bis wir sie selbst wieder freigeben.

Wenn man Instanzen auf dem Heap erzeugt, hat man noch einen weiteren, entscheidenden Vorteil: Man kann gleich mit angeben, wie viele Instanzen erzeugt werden sollen. Bisher haben wir ja nur die Möglichkeit, beispielsweise ein Array zu erstellen, um mehrere Instanzen aufzunehmen. Dabei müssen wir aber eine feste Größe für das Array zuweisen, was auch nicht unbedingt die beste Sache ist. Soll zum Beispiel erst zur Laufzeit bestimmt werden, wie viele Instanzen der Klasse „Raumschiff" erzeugt werden sollen, kommen wir mit einem normalen Array nicht weiter. Auch hier hilft wieder das eigene Reservieren von Speicher weiter.

7.7.1 New und Delete

Wenn man Speicher auf dem Heap reservieren will, verwendet man dazu das Schlüsselwort new. Dieses Schlüsselwort reserviert Speicher auf dem Heap und liefert uns direkt den Zeiger auf den Anfang des frisch reservierten Speicherbereiches zurück. Doch ein paar Zeilen Code sagen bekanntlich mehr als tausend Worte:

Listing 7.8 Speicher auf dem Heap reservieren

```
01: // C++ für Spieleprogrammierer
02: // Listing 7.8
03: // Speicher auf dem Heap reservieren
04: //
05: #include <iostream>
06:
07: using namespace std;
08:
09: // Hauptprogramm
10: //
11: int main ()
12: {
13:    // Variablen
14:    //
15:    int *pEnergie = NULL;
16:
17:    // Speicher auf dem Heap reservieren
18:    pEnergie = new int;
19:
20:    // Wertzuweisung
21:    *pEnergie = 1500;
22:
23:    // Ausgabe des Wertes mittels Dereferenzierung
24:    cout << *pEnergie << endl;
25:
26:    // Speicher wieder freigeben
27:    delete pEnergie;
```

```
28:    pEnergie = NULL;
29:
30:    return 0;
31: }
```

Bildschirmausgabe:

```
1500
```

Um eins vorwegzunehmen: Wirklich viel Sinn macht dieses Beispiel nicht, da man in der Regel keine einfachen, einzelnen Datentypen auf diese Weise auf dem Stack erzeugt. Zu einer sinnvolleren Anwendung kommen wir später, jetzt soll erst mal gezeigt werden, wie man sich überhaupt Speicher reservieren kann.

Wie vorhin schon erwähnt, gibt das Schlüsselwort new die Adresse des reservierten Speicherbereiches zurück. Also brauchen wir auf alle Fälle einen Zeiger, in dem wir diese Adresse speichern können. Dieser Zeiger wird in Zeile 15 angelegt und, wie es sich gehört, auf NULL gesetzt. Die eigentliche Speicherreservierung findet völlig unspektakulär in Zeile 18 statt. Das Einzige, was new benötigt, ist der Datentyp, für den man Speicher reservieren möchte. Schließlich muss ja bekannt sein, wie viel Speicher reserviert werden soll. Wenn alles glatt ging (sprich: wenn noch genügend Speicher frei ist), gibt new die Adresse zurück, an der im Heap der Speicher für die Aufnahme eines Integers reserviert wurde. Sollte nicht mehr genügend Speicher zur Verfügung stehen, so liefert new einfach NULL zurück. Das kann zum Beispiel dann vorkommen, wenn viele Anwendungen laufen und man versucht, sehr viel Speicher auf dem Heap zu reservieren. Es kann also nicht schaden, eine entsprechende if-Abfrage einzubauen und eventuell eine Fehlermeldung auszugeben. Natürlich ist es sehr unwahrscheinlich, dass nicht mal mehr genug Platz für eine einzige Integer-Variable vorhanden ist.

Nach der Reservierung und der Zuweisung der Adresse zeigt pEnergie nun auf die Stelle im Heap, wo sich der Speicher für unseren Integer befindet. Jetzt kann man, so wie man es von Zeigern eben kennt, mit dem Dereferenzierungsoperator (*) direkt auf den Wert zugreifen. In Zeile 21 weisen wir also einen Wert für die Energie zu, der in Zeile 24 noch einmal auf dem Bildschirm ausgegeben wird.

Dieser eben reservierte Speicher ist nun, unabhängig von dem Gültigkeitsbereich, in dem er reserviert wurde, überall gültig. Man braucht nur die Adresse zu übergeben, schon hat man Zugriff darauf. Wenn diese Reservierung innerhalb einer Funktion stattfindet, so wird der betreffende Speicher nicht automatisch nach Verlassen der Funktion gelöscht, so wie es bei lokalen Variablen der Fall ist. Für uns bedeutet das, dass wir uns selbst darum kümmern müssen, den Speicher wieder freizugeben, wenn er nicht mehr benötigt wird. Genau das machen wir in Zeile 27 mit dem Schlüsselwort delete. Wenn man reservierten Speicher nicht wieder freigibt, entstehen sogenannte Memory-Leaks, die wir später noch im Detail besprechen werden.

Zeile 28 schaut auf den ersten Blick etwas unnötig aus, denn wozu sollte man einen Zeiger auf NULL setzen, wenn er doch eh nicht mehr verwendet wird? Nun, wenn man jetzt dieses Programm erweitern würde, so hätte man ohne diese NULL-Zuweisung eine potenzielle Fehlerquelle. Würde man versuchen, den Speicher erneut mit delete freizugeben, so würde man einen Absturz des Programms erzeugen. Führt man delete jedoch mit einem NULL-Zeiger aus, ist man auf der sicheren Seite.

Hinweis:

Nach **jedem** delete sollte eine NULL-Zuweisung auf den Zeiger stattfinden, um potenziellen Fehlern aus dem Weg zu gehen. Führt man delete auf einen NULL-Zeiger aus, ist das ungefährlich und führt nicht zu einem Absturz.

7.7.2   Ein sinnvolleres Beispiel

Das letzte Beispiel sollte ja nur verdeutlichen, wie man seinen eigenen Speicher reservieren kann. Warum man auf diese Weise Variablen oder Objekte auf dem Heap erzeugen sollte, wurde durch dieses Beispiel allerdings nicht wirklich klar. Darum gibt es hier nun ein etwas komplexeres Programm, das den Sinn und Zweck der Speicherreservierung etwas verdeutlichen soll:

Listing 7.9 Dynamische Anzahl von Instanzen

```
01: // C++ für Spieleprogrammierer
02: // Listing 7.9
03: // Dynamische Anzahl von Instanzen
04: //
05: #include <iostream>
06:
07: using namespace std;
08:
09: // Klassen
10: //
11: class CSpieler
12: {
13:    private:
14:
15:       // Membervariablen
16:       char m_Name[30];
17:       int  m_Energie;
18:
19:    public:
20:
21:       // Memberfunktionen
22:       void Init ();
23:       void ZeigeDaten ();
24: };
25:
26: // Init
27: //
28: // Aufgabe: Spieler initialisieren
29: //
30: void CSpieler::Init ()
31: {
32:    // Abfrage des Namens
33:    cout << "Bitte Spielernamen eingeben: ";
34:
```

```
35:    cin.ignore ();
36:    cin.get (m_Name, 29);
37:
38:    // Volle Energie
39:    m_Energie = 1000;
40:
41: } // Init
42:
43: // ZeigeDaten
44: //
45: // Aufgabe: Spielerdaten anzeigen
46: //
47: void CSpieler::ZeigeDaten ()
48: {
49:    cout << "Name    : " << m_Name << endl;
50:    cout << "Energie: " << m_Energie << endl;
51:    cout << endl;
52:
53: } // ZeigeDaten
54:
55: // Hauptprogramm
56: //
57: int main ()
58: {
59:    // Variablen
60:    //
61:    CSpieler *pSpielerliste = NULL;
62:    int AnzahlSpieler = 0;
63:
64:    // Anzahl der Spieler abfragen
65:    cout << "Wie viele Spieler: ";
66:    cin >> AnzahlSpieler;
67:
68:    // Instanzen auf dem Heap erzeugen
69:    pSpielerliste = new CSpieler[AnzahlSpieler];
70:
71:    // Namen aller Spieler abfragen
72:    for (int i=0; i<AnzahlSpieler; i++)
73:    {
74:      cout << "Spieler " << i+1 << endl;
75:      pSpielerliste[i].Init ();
76:      cout << endl;
77:    }
78:
79:    // Liste der Spieler ausgeben
80:    cout << "Folgende Spieler sind mit von der Partie:" << endl;
81:
82:    for (int j=0; j<AnzahlSpieler; j++)
83:    {
84:      cout << "Spieler " << j+1 << endl;
85:      pSpielerliste[j].ZeigeDaten ();
86:    }
87:
88:    // Speicher freigeben
89:    delete[] pSpielerliste;
90:    pSpielerliste = NULL;
91:
92:    return 0;
93: }
```

Bildschirmausgabe:

```
Wie viele Spieler: 3
Spieler 1
Bitte Spielernamen eingeben: Largo
```

```
Spieler 2
Bitte Spielernamen eingeben: MagicM

Spieler 3
Bitte Spielernamen eingeben: Skyrider

Folgende Spieler sind mit von der Partie:
Spieler 1
Name    : Largo
Energie: 1000

Spieler 2
Name    : MagicM
Energie: 1000

Spieler 3
Name    : Skyrider
Energie: 1000
```

Dieses etwas längere Listing macht deutlich, wie nützlich es sein kann, eigenen Speicher zu reservieren. Wir haben nun endlich die Möglichkeit, zur Laufzeit die Größe eines Arrays anzugeben, was vorher ja nicht möglich war. Aber fangen wir mal von vorne an und gehen die Neuerungen in dem Listing durch.

In den Zeilen 11 bis 24 deklarieren wir eine Klasse namens CSpieler, die, wie der Name schon sagt, einen Spieler repräsentiert. Um das einfach und kompakt zu halten, werden nur zwei Membervariablen für den Spielernamen und dessen Energie verwendet. Auch auf den Konstruktor und den Destruktor wurde hier verzichtet. Es gibt lediglich zwei einfache Memberfunktionen, die zum einen den gewünschten Spielernamen abfragen und zum anderen die Spielerdaten auf dem Bildschirm ausgeben. Die Implementierung dieser Funktionen findet man in den Zeilen 26 bis 53. Diese Funktionen sollten selbsterklärend sein.

Interessanter wird es dann wieder ab Zeile 61, in der ein Zeiger mit dem Datentyp CSpieler erzeugt wird. Weiterhin gibt es eine Variable, welche die Anzahl der Spieler enthalten wird. Diese Anzahl wird in den Zeilen 65 und 66 abgefragt. Die wohl wichtigste Zeile im ganzen Programm ist Zeile 69. Hier werden nun so viele Instanzen der Klasse CSpieler auf dem Heap erzeugt, wie es Spieler geben soll. Mit new lässt sich, wie man sieht, nicht nur eine einzige Variable beziehungsweise eine einzelne Instanz auf dem Heap erzeugen, sondern so viele wie man eben möchte. Man hat also eine Art dynamisches Array, das sehr einfach zu verwenden ist.

Die Zeilen 72 bis 77 zeigen nun die Verwendung dieses Arrays. Dazu wird einfach eine Schleife durchlaufen, in der für jede Instanz der Klasse CSpieler die Memberfunktion Init() aufgerufen wird. Hier muss man natürlich darauf achten, dass man nicht über die Array-Grenze hinausgeht, da dies wieder die seltsamsten Ergebnisse bis hin zum Absturz verursachen könnte. Dass alles wirklich so geklappt hat, wie man sich das wünscht, zeigen die Zeilen 80 bis 86. In der dortigen Schleife werden wieder alle Instanzen durchlaufen und jedes Mal die Memberfunktion ZeigeDaten() aufgerufen. Am Ende des Programms wird der reservierte Speicher wieder freigegeben (Zeilen 89 und 90). Zeile 89 zeigt dabei eine kleine Besonderheit: die eckigen Klammern direkt hinter dem Schlüsselwort delete. Wenn man diese Klammern weglassen würde, würden nicht alle Instanzen korrekt gelöscht, sondern nur ein einziger Zeiger. Füge einfach dem Beispiel einen Destruktor hinzu, der eine einfache Bildschirmausgabe macht. Vergleiche dann die Bildschirmausgabe, wenn Du die eckigen Klammern weglässt.

Dieses Thema ist nicht gerade leicht verdauliche Kost, gerade wenn man `new` und `delete` erst kennenlernt. Man kann bei der Verwendung einiges falsch machen oder Dinge verwechseln. Deshalb ist es mal wieder besonders wichtig, sich so lange mit dem Thema auseinanderzusetzen, bis man wirklich weiß, was man tut und was genau da vor sich geht. Lieber dieses Kapitel noch einmal lesen, als mit halbem Wissen zum nächsten Abschnitt zu wechseln.

7.7.3 Friss mich, ich bin Dein Speicher

Bei all den Vorteilen, die diese Speicherreservierungen auch bieten mögen, darf man nicht vergessen, dass es einige wichtige Dinge zu beachten gibt, damit diese sich nicht früher oder später in Stolpersteine verwandeln. Dieser Abschnitt wird ausschließlich theoretisch sein, jedoch sind die hier erklärten Tatsachen enorm wichtig, es sei denn, man möchte Spiele programmieren, die nicht stabil laufen.

Sicherlich kennst Du auch folgende Situation: Man spielt gerade seit einigen Stunden sein Lieblingsspiel und ist völlig weltvergessen mitten im Geschehen. Plötzlich wird das Spiel mit jeder Minute langsamer, die Grafik ruckelt, und die Festplatte ist andauernd am Rödeln. Und wenn es grad am schönsten ist, verabschiedet sich das gesamte Spiel, und man kann froh sein, wenn es einen „harmlosen" Absturz gibt. Natürlich kann so etwas sehr viele Ursachen haben, aber gerade wenn ein Spiel nach einigen Stunden immer langsamer wird, sind die sogenannten *Memory-Leaks* die verantwortlichen Übeltäter. Ins Deutsche übersetzt bedeutet das so viel wie *Speicherlecks*, was den Nagel auch wirklich auf den Kopf trifft. Wird beim Reservieren und Freigeben von Speicher nicht gründlich und sauber vorgegangen, so entstehen diese Memory-Leaks, und dem Computer geht langsam, aber sicher der Speicher aus. Wenn schließlich nicht mehr genügend Speicher vorhanden ist, wird die Auslagerungsdatei von Windows extrem beansprucht, was natürlich wirklich schlecht für die Geschwindigkeit des Spiels ist. Doch wie kommen solche Memory-Leaks überhaupt zustande? Um das zu klären, nehmen wir uns noch einmal das Beispiel von vorhin vor, in dem von einem RTS die Rede war.

In einem solchen RTS werden ja ständig neue Einheiten gebaut und in die Schlacht geschickt. Natürlich bleibt eine solche Schlacht nicht ohne Folgen, und die meisten Einheiten scheiden aus der virtuellen Existenz, werden also zerstört. Programmiertechnisch gesehen ist das nicht weiter schwer, zumindest was die prinzipielle Vorgehensweise angeht. Wenn der Spieler eine neue Einheit, also einen Schwertkämpfer, eine Steinschleuder oder ein Raumschiff baut, so würde man einfach eine neue Instanz davon auf dem Heap erstellen. Sobald diese Einheit in einem Kampf zerstört wird, müsste sie dann per `delete` wieder gelöscht werden. Nun könnte es vorkommen, dass man bei der Programmierung etwas geschlafen hat oder einfach aus lauter Zeitdruck einen Fehler einbaut. Beispielsweise könnte man vergessen, delete aufzurufen. Es wird nämlich keine Fehlermeldung erzeugt, wenn man new auf einen bereits initialisierten Zeiger aufruft. Folgendes Codefragment soll das etwas verdeutlichen:

```
CSteinschleuder *pSteinschleuder = NULL;

pSteinschleuder = new CSteinschleuder;

// Hier wurde irgendwann festgestellt, dass die Steinschleuder
// in einem Kampf zerstört wurde. Es kann also eine neue
// gebaut werden.

pSteinschleuder = new CSteinschleuder;
```

Dieser Pseudo-Code zeigt einen typischen Programmierfehler, der vom Compiler nicht bemerkt wird. Auch zur Laufzeit fällt dieser Fehler nicht auf. Doch was genau passiert hier eigentlich? Im Prinzip ist es recht einfach: Wenn man new aufruft, wird Speicher reserviert und die Adresse dieses Speichers zurückgegeben. In dem Code-Ausschnitt wird diese Adresse einfach im Zeiger pSteinschleuder gespeichert. Die zweite Reservierung macht nun genau das Gleiche und überschreibt dabei jedoch die Adresse in pSteinschleuder. Der vorher reservierte Speicherbereich wird dabei allerdings nicht freigegeben. Da wir die Adresse noch dazu überschrieben haben, haben wir auch keinen Zugriff auf diesen Speicher mehr, und somit können wir diesen nicht mal mehr von Hand freigeben. Wenn das nur ein oder zwei Mal während des Programmablaufes vorkommt, ist das nicht weiter tragisch. Sobald so etwas allerdings beispielsweise in einer häufig aufgerufenen Funktion oder gar in einer Schleife auftritt, geht langsam, aber sicher der Speicher aus, und die vorhin beschriebenen Phänomene treten auf. Zur Laufzeit gibt es dann keine Möglichkeit mehr, diesen verlorenen Speicher wieder freizugeben. Dieser Speicher ist natürlich nicht für immer verloren. Nach dem Beenden des Programms, auf gewissen Systemen unter Umständen aber erst nach einem Neustart, ist der Speicher wieder frei verfügbar. Man muss sich also keine Sorgen machen, dass man seine RAM-Bausteine irgendwann mal austauschen muss ☺.

Doch selbst wenn man ein Programm geschrieben hat, das keinen einzigen solchen Fehler aufweist (was bei großen Programmen gar nicht mal so einfach ist), gibt es Probleme, wenn Speicher sehr häufig reserviert und wieder freigegeben wird. Es kann nach einiger Zeit zu Performance-Einbußen kommen, da der Speicher mit der Zeit stark fragmentiert. Das ist im Prinzip das Gleiche wie bei einer Festplatte. Je öfter Dateien gespeichert und gelöscht werden, desto chaotischer schaut am Ende der verbleibende Platz aus. Wenn man new verwendet, wird ja automatisch nach verfügbarem Speicher gesucht, und die Daten werden an entsprechender Stelle abgelegt. Im Idealfall wird alles einfach der Reihe nach hintereinander im Speicher abgelegt. Werden nun bestimmte Teile des Speichers freigegeben, so entstehen quasi „Löcher", die wieder für neue Speicherreservierungen bereitstehen. Um diesem Problem Herr zu werden, ist dann schon etwas mehr Aufwand notwendig, da man sich seine eigene Speicherverwaltung schreiben muss. Dieses Thema würde allerdings den Rahmen dieses Buches bei Weitem sprengen, und bei kleineren Projekten ist das glücklicherweise sowieso ein Thema, um das man sich in der Regel nicht kümmern muss.

Es gibt auch einige gute Lösungen, wie man potenzielle Memory-Leaks schnell erkennen und beheben kann. In der Regel verwendet man bei größeren Projekten einen Memory-Manager, der sozusagen mitverfolgt, wie oft und wo Speicher reserviert wird. Wenn man vergisst, diesen Speicher wieder freizugeben, gibt es entsprechende Meldungen und ein Hinweis auf die Stelle, an der das Memory-Leak auftritt. Aber auch das ist ein Thema, das aus Platzgründen in diesem Buch nicht behandelt wird. Das Internet bringt hier allerdings sehr viele Informationen, wenn man einfach mal nach „Memory-Manager" sucht.

7.8 Aufgabenstellung

Die Aufgabe für dieses Kapitel ist nicht weiter schwer, da man theoretisch einfach nur alles aus den vorherigen Beispielen zusammenkopieren könnte. Das ist zwar eine Möglichkeit, diese Aufgabe zu lösen, bringt einen aber nicht weiter. Ziel ist es, ohne großartig zurückzublättern eine kleine Klasse zu schreiben, es also wirklich selbst zu versuchen, damit man die nötigen Schritte dazu langsam, aber sicher auswendig kennt. Natürlich geht es bei C++ nicht darum, alles komplett auswendig zu können, aber gewisse Dinge sollte man wirklich ohne nachzuschlagen selbst machen können.

Es soll eine einfache Klasse namens CRaumschiff erstellt werden, welche die folgenden Membervariablen besitzen soll: m_xPos, m_yPos, m_Energie, m_fGeschwindigkeit. Für die Initialisierung des Raumschiffes soll es zwei Konstruktoren geben: einen mit Parameterliste und einen ohne. Der Konstruktor ohne Parameterliste soll einfach alle Membervariablen auf null setzen (mit Ausnahme der Energie, diese soll 1000 sein). Dabei soll er eine Meldung ausgeben, damit man sieht, dass er aufgerufen wurde. Der Konstruktor mit Parameterliste soll dazu dienen, das Raumschiff gleich bei der Initialisierung auf die gewünschten Koordinaten zu setzen. Diese Koordinaten sollen dabei auf Gültigkeit geprüft werden (x muss zwischen 0 und 800 sein, y zwischen 0 und 600). Wenn die Koordinaten gültig sind, sollen sie gesetzt und eine Meldung ausgegeben werden. Sind sie nicht gültig, so soll ebenfalls eine Meldung ausgegeben werden, wobei die Koordinaten auf 0 gesetzt werden sollen.

Zusätzlich soll die Klasse noch einen Destruktor besitzen, der einfach nur eine entsprechende Meldung ausgibt, wenn er aufgerufen wird. Weitere Memberfunktionen braucht die Klasse nicht.

In der main-Funktion sollen nun zwei Instanzen dieser Klasse auf dem Heap erzeugt werden (ein Raumschiff für den Spieler und eins für den Gegner). Bevor diese Instanzen erzeugt werden, sollen die Koordinaten abgefragt werden, an denen das Gegnerraumschiff starten soll. Das Spielerraumschiff soll mit dem parameterlosen Konstruktor erzeugt werden, das Gegnerraumschiff dagegen mit den vorher abgefragten Koordinaten durch den überladenen Konstruktor. Am Ende soll der Speicher wieder freigegeben werden.

Die gewünschte Bildschirmausgabe soll etwa folgendes Aussehen haben:

Gewünschte Bildschirmausgabe:

```
x-Position des Gegners: 320
y-Position des Gegners: 610
Raumschiff mit parameterlosem Konstruktor erstellt
Ungueltige Koordinaten
Raumschiff mit ueberladenem Konstruktor erstellt
Raumschiff wurde zerstoert
Raumschiff wurde zerstoert
```

7.8.1 Wie geht man an die Aufgabe heran?

Wie bereits gesagt, kann man sich das ganz leicht aus den vorherigen Beispielen zusammenkopieren, aber dann kann man diese Aufgabe auch gleich überspringen. Eine spezielle Vorgehensweise gibt es im Grunde nicht. Es gelten sozusagen die gleichen „Regeln" wie bei den vorherigen Aufgaben. Am besten baut man sich wieder zuerst das Grundgerüst zusammen, also die Klassendeklaration und die main-Funktion. Danach implementiert man jede einzelne Memberfunktion und testet diese. Solange man Schritt für Schritt vorgeht, kann eigentlich nichts schiefgehen.

7.8.2 Lösungsvorschlag

Na? Alles geklappt? Es sollte wirklich nicht allzu schwer gewesen sein, denke ich mal. Das einzige „Problem" war höchstens, dass man ab und zu überlegen musste, wie genau eine gewisse Syntax ausschaut und wie man bestimmte Dinge umsetzt. Wenn alles geklappt hat, vergleiche einfach Deinen Quelltext mit der folgenden Beispiellösung:

Listing 7.10 Lösungsvorschlag zur Aufgabe in Kapitel 7

```
001: // C++ für Spieleprogrammierer
002: // Listing 7.10
003: // Lösungsvorschlag zur Aufgabe in Kapitel 7
004: //
005: #include <iostream>
006:
007: using namespace std;
008:
009: // Klassen
010: //
011: class CRaumschiff
012: {
013:   private:
014:
015:     // Membervariablen
016:     int   m_xPos;           // x-Position auf dem Bildschirm
017:     int   m_yPos;           // y-Position auf dem Bildschirm
018:     int   m_Energie;        // Energie des Raumschiffes
019:     float m_fGeschwindigkeit; // Geschwindigkeit des Raumschiffes
020:
021:   public:
022:
```

```
023:     // Memberfunktionen
024:     CRaumschiff ();
025:     CRaumschiff (int xPos, int yPos);
026:     ~CRaumschiff ();
027:
028: };
029:
030: // Konstruktor (ohne Parameterliste)
031: //
032: // Aufgabe: Werte initialisieren
033: //
034: CRaumschiff::CRaumschiff ()
035: {
036:   // Standardwerte setzen
037:   m_xPos = 0;
038:   m_yPos = 0;
039:   m_Energie = 1000;
040:   m_fGeschwindigkeit = 0.0f;
041:
042:   cout << "Raumschiff mit parameterlosem Konstruktor erstellt";
043:   cout << endl;
044: } // Konstruktor (ohne Parameterliste)
045:
046: // Konstruktor (mit Parameterliste)
047: //
048: // Aufgabe: Werte initialisieren und Koordinaten festlegen
049: //
050: CRaumschiff::CRaumschiff (int xPos, int yPos)
051: {
052:   // Prüfen, ob die Koordinaten gültig sind
053:   if (xPos >= 0 && xPos <= 800 &&
054:       yPos >= 0 && yPos <= 600)
055:   {
056:     // Ja, dann übernehmen
057:     m_xPos = xPos;
058:     m_yPos = yPos;
059:
060:     cout << "Koordinaten gesetzt" << endl;
061:   }
062:   else
063:   {
064:     // Nein, dann Standardkoordinaten
065:     m_xPos = 0;
066:     m_yPos = 0;
067:
068:     cout << "Ungueltige Koordinaten" << endl;
069:   }
070:
071:   m_Energie = 1000;
072:   m_fGeschwindigkeit = 0.0f;
073:
074:   cout << "Raumschiff mit ueberladenem Konstruktor erstellt";
075:   cout << endl;
076:
077: } // Konstruktor (mit Parameterliste)
078:
079: // Destruktor
080: //
081: // Aufgabe: Aufräumarbeiten
082: //
083: CRaumschiff::~CRaumschiff ()
084: {
085:   cout << "Raumschiff wurde zerstoert" << endl;
086:
087: } // Destruktor
088:
089: // Hauptprogramm
090: //
091: int main ()
092: {
```

```
093:    // Variablen
094:    //
095:    CRaumschiff *pSpieler = NULL; // Ein Raumschiff für den Spieler
096:    CRaumschiff *pGegner = NULL;  // Ein Raumschiff für den Gegner
097:    int xPos, yPos;              // Gewünschte Koordinaten
098:
099:    // Position des Gegnerraumschiffes abfragen
100:    cout << "x-Position des Gegners: ";
101:    cin >> xPos;
102:
103:    cout << "y-Position des Gegners: ";
104:    cin >> yPos;
105:
106:    // Raumschiffe erstellen
107:    pSpieler = new CRaumschiff;
108:    pGegner = new CRaumschiff (xPos, yPos);
109:
110:    // Raumschiffe zerstören
111:    delete pSpieler;
112:    pSpieler = NULL;
113:
114:    delete pGegner;
115:    pSpieler = NULL;
116:
117:    return 0;
118: }
```

Wie bereits gesagt, ist hier nichts Neues hinzugekommen, lediglich bekannte Dinge wurden noch einmal aufgefrischt. Gehen wir das Listing trotzdem durch. Die Klassendeklaration überrascht nicht weiter, und die geforderten überladenen Konstruktoren werden in den Zeilen 24 und 25 deklariert. Direkt darauf folgt schon der Destruktor als letzte Memberfunktion der Klasse. Die Implementierung der beiden Konstruktoren in den Zeilen 30 bis 77 ist nicht weiter kompliziert, denn es werden einfach nur Standardwerte gesetzt beziehungsweise eine Abfrage auf die Gültigkeit der übergebenen Koordinaten durchgeführt. Außerdem werden noch entsprechende Meldungen ausgegeben, damit man sieht, wann welcher Konstruktor aufgerufen wird.

Der Destruktor in den Zeilen 83 bis 87 gibt, wie gefordert, nur eine simple Meldung aus. Das verdeutlicht noch einmal, dass der Destruktor automatisch aufgerufen wird, wenn man die Instanz einer Klasse mittels delete löscht und somit den Speicher an den Heap zurückgibt. Hier würden normalerweise Aufräumarbeiten ausgeführt, wie weiter oben schon erwähnt wurde.

In der main-Funktion werden in den Zeilen 95 und 96 die beiden Zeiger für die auf dem Heap zu erstellenden Instanzen deklariert und auf NULL gesetzt. Nachdem in den Zeilen 99 bis 104 die gewünschten Koordinaten abgefragt wurden, werden in den Zeilen 107 und 108 die eigentlichen Instanzen erzeugt. Die erste, die den Spieler repräsentiert, verwendet dabei den parameterlosen Konstruktor. Beim Erzeugen der zweiten Instanz werden die vorher abgefragten Koordinaten als Parameter verwendet, wodurch der entsprechende Konstruktor aufgerufen wird.

In den Zeilen 111 bis 115 werden die beiden Instanzen schließlich wieder gelöscht, wodurch automatisch deren Destruktor aufgerufen und die entsprechende Meldung auf dem Bildschirm ausgegeben wird.

7.9 Vererbung

Nein, in diesem Kapitel geht es nicht um den berüchtigten steinreichen Onkel, der einen als Alleinerben eingesetzt hat, obwohl man ihn im ganzen Leben noch nicht gesehen hat. Vielmehr geht es um ein Thema, das uns enorme Möglichkeiten bietet, die Dinge einfacher zu halten und noch mehr in Richtung „Objekte" zu denken.

Durch die Verwendung von Klassen haben wir die Möglichkeit, bestimmte Dinge effektiv in „Objekte" zu packen. Eine Klasse kann Memberfunktionen und Membervariablen haben, die ihre Funktionalität repräsentieren. Mit ihrer Hilfe kann man sich ganz einfach alle Objekte, die in einem Spiel vorkommen, deklarieren. Man kann sich Klassen für bestimmte Gegnertypen schreiben. Klassen, die sich um Sound und Musik kümmern und so weiter. Alles, was zusammengehört, kann man somit in ein Objekt verpacken. Nimmt man noch mal das Beispiel eines futuristischen Echtzeitstrategiespieles, so ist es die beste Lösung, die einzelnen Einheitentypen mittels Klassen zu erzeugen. Man schreibt sich eine Klasse für einen Abfangjäger, eine für einen Minenleger, eine für einen Transporter und eine für ein großes Schlachtschiff. Dann verpasst man diesen Klassen ihre passenden Membervariablen, wie beispielsweise die Position auf dem Bildschirm, die verbleibende Energie, die Anzahl der Minen und so weiter. Allerdings hat diese ganze Sache einen kleinen Haken: Diese Raumschifftypen unterscheiden sich zwar voneinander, aber trotzdem gibt es einige grundlegende Dinge, die sie alle gemeinsam haben. So hat beispielsweise jeder dieser Raumschifftypen eine Position auf dem Bildschirm sowie einen bestimmten Energielevel. Auch kann jedes Raumschiff durch die Gegend fliegen. Baut man sich also nun für jeden Typ eine eigene Klasse, so gibt es viele Teile, die in allen Klassen identisch sind. Das ist natürlich nicht unbedingt der beste Weg, da man sich unnötige Arbeit macht.

Natürlich könnte man nun hergehen und eine große Klasse bauen, die eben alle Raumschifftypen vereint. Man hätte nur einmal die Membervariablen für die Position und Energie und nur einmal die Memberfunktion für das Herumfliegen. Um zu unterscheiden, um welchen Raumschifftypen es sich handelt, könnte man einen Identifier als Membervariable hinzufügen, der Werte aus einem enum zugewiesen bekommt. Das hat allerdings zwei entscheidende Nachteile: Zum einen würde die Klasse enorm groß und somit unübersichtlich werden, und zum anderen könnte beispielsweise der Abfangjäger auch auf die Memberfunktion `Lege_Minen()` zugreifen, was sicherlich nicht im Sinne des Erfinders wäre. Man würde ein wesentliches Konzept der Objektorientierung einfach über den Haufen werfen und sich somit deren Vorteile verspielen.

An dieser Stelle hilft die sogenannte „einfache Vererbung" weiter, die wir uns jetzt genauer anschauen werden. Dazu gibt's hier eine schematische Darstellung von drei verschiedenen Raumschiffklassen:

Abfangjäger		Transporter		Minenleger	
Starten	( )	Starten	( )	Starten	( )
Landen	( )	Landen	( )	Landen	( )
Schießen	( )	Einladen	( )	Mine_Legen	( )
Rakete_Feuern	( )	Ausladen	( )	Entschärfen	( )
m_Farbe		m_Farbe		M_Farbe	
m_Position		m_Position		m_Position	
m_Energie		m_Energie		m_Energie	
m_Raketen		m_Ladung		m_Minen	

Abbildung 7.1 Drei Klassen, ohne Vererbung

In Abbildung 7.1 sieht man nun drei Klassen, die jeweils einen bestimmten Raumschifftypen darstellen. Zuerst folgen die Memberfunktionen, danach die Membervariablen. Wie man sieht, sind jeweils die ersten zwei Memberfunktionen (*Starten* und *Landen*) sowie die ersten drei Membervariablen (m_Farbe, m_Position und m_Energie) in jeder Klasse vorhanden. Das ist natürlich recht unpraktisch, da man somit eine Funktion, die für alle Klassen gleich ist, dreimal implementieren muss. Hinzu kommt, dass in diversen Initialisierungsfunktionen beziehungsweise im Konstruktor höchstwahrscheinlich die Zuweisung der Elementvariablen m_Farbe, m_Position und m_Energie auf recht ähnliche Weise funktioniert und man sich damit noch einmal unnötig Arbeit macht. Wenn man nur drei Klassen hat, mag das noch nicht weiter ins Gewicht fallen, aber in der Regel hat man in einem RTS wesentlich mehr Einheitentypen. Es muss also eine Lösung her, die dieses Problem umgeht. Schauen wir uns dazu ein weiteres Schema an:

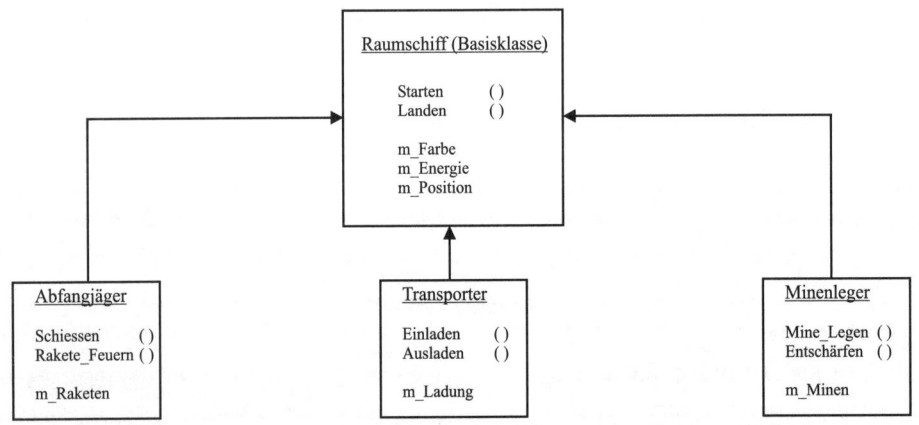

Abbildung 7.2 Eine Basisklasse und drei von ihr abgeleitete Klassen

Was man hier sieht, ist das Prinzip der einfachen Vererbung. Man hat in C++ die Möglichkeit, eine Klasse die Eigenschaften einer anderen Klasse „erben" zu lassen. Die Basisklasse „Raumschiff" enthält nun alle Memberfunktionen und Membervariablen, über die jeder Raumschifftyp verfügen soll. Jedes Raumschiff hat eben eine Farbe, einen Energiewert und eine Position. Genauso kann jedes Raumschiff starten und landen. Sobald man eine solche Basisklasse erstellt hat, kann man „spezialisierte" Klassen schreiben, die ihre eigenen, individuellen Memberfunktionen und Membervariablen besitzen. Lässt man diese Klassen nun von der Basisklasse erben, so erhalten sie automatisch deren Eigenschaften. Die Klasse „Abfangjäger" kann nun auch über sämtliche Funktionen und Variablen der Basisklasse „Raumschiff" verfügen.

Der Vorteil liegt auf der Hand und ist schnell ersichtlich: Anstatt jedes Mal das Rad neu zu erfinden und bereits vorhandene Funktionen neu zu schreiben, überlegt man sich, was für jede Klasse gleich sein soll, und implementiert das in einer Basisklasse. Alle folgenden Klassen bekommen nur noch ihre speziellen Eigenschaften und erben den Rest von der Basisklasse. Somit schafft man sich eine schöne Struktur und eine sauberere, übersichtliche Hierarchie. Man macht sich keine doppelte Arbeit und hat jederzeit die Möglichkeit, sein Programm zu erweitern. Wenn der Spieldesigner nun daherkommt und meint, dem Spiel darf auf gar keinen Fall ein gigantischer Tanker fehlen, an dem die eigenen Schiffe zwischendurch auftanken können, so kann man einfach eine entsprechende Klasse hinzufügen und diese auch von der Basisklasse ableiten (also erben lassen). Nach so viel theoretischem Blabla schauen wir uns mal ein Listing an, das eine solche Vererbung in die Praxis umsetzt:

Listing 7.11 Die einfache Vererbung

```
001: // C++ für Spieleprogrammierer
002: // Listing 7.11
003: // Die einfache Vererbung
004: //
005: #include <iostream>
006:
007: using namespace std;
008:
009: // Klassen
010: //
011:
012: // Basisklasse
013: //
014: class CRaumschiff
015: {
016:   protected:
017:
018:     // Membervariablen
019:     int m_Farbe;
020:     int m_Energie;
021:
022:   public:
023:
024:     // Memberfunktionen
025:     CRaumschiff ()
026:     {
027:       m_Farbe = 0;
028:       m_Energie = 1000;
029:       cout << "Neues Raumschiff erstellt" << endl;
030:     }
031:
032:     void Starten () {cout << "Raumschiff startet!\n";}
033:     void Landen  () {cout << "Raumschiff landet!\n";}
034:
035: };
036:
```

```
037: // Abgeleitete Klasse für den Minenleger
038: //
039: class CMinenleger : public CRaumschiff
040: {
041:   private:
042:
043:     // Membervariablen
044:     int m_Minen;
045:
046:   public:
047:
048:     // Memberfunktionen
049:     CMinenleger ()
050:     {
051:       m_Minen = 10;
052:       cout << "Neuer Minenleger erstellt" << endl;
053:     }
054:
055:     void Mine_Legen ()
056:     {
057:         m_Minen--;
058:
059:         cout << "Mine gelegt. Es sind noch " << m_Minen;
060:         cout << " Minen uebrig." << endl;
061:     }
062:
063: };
064:
065: // Abgeleitete Klasse für den Abfangjäger
066: //
067: class CAbfangjaeger : public CRaumschiff
068: {
069:   private:
070:
071:     // Membervariablen
072:     int m_Raketen;
073:
074:   public:
075:
076:     // Memberfunktionen
077:     CAbfangjaeger ()
078:     {
079:       m_Raketen = 10;
080:       cout << "Neuer Abfangjaeger erstellt" << endl;
081:     }
082:
083:     void Rakete_Feuern ()
084:     {
085:       m_Raketen--;
086:
087:         cout << "Rakete abgefeuert. Es sind noch " << m_Raketen;
088:         cout << " Raketen uebrig." << endl;
089:     }
090: };
091:
092: // Hauptprogramm
093: //
094: int main ()
095: {
096:   // Variablen
097:   //
098:   CMinenleger   Miner;      // Ein Minenleger
099:   CAbfangjaeger Jaeger;     // Ein Abfangjaeger
100:
101:   // Minenleger führt einige Aktionen aus
102:   Miner.Starten ();
103:   Miner.Mine_Legen ();
104:   Miner.Mine_Legen ();
105:   Miner.Landen ();
106:
```

```
107:    // Abfangjaeger führt einige Aktionen aus
108:    Jaeger.Starten ();
109:    Jaeger.Rakete_Feuern ();
110:    Jaeger.Rakete_Feuern ();
111:    Jaeger.Landen ();
112:
113:    return 0;
114: }
```

Bildschirmausgabe:

```
Neues Raumschiff erstellt
Neuer Minenleger erstellt
Neues Raumschiff erstellt
Neuer Abfangjaeger erstellt
Raumschiff startet!
Mine gelegt. Es sind noch 9 Minen uebrig.
Mine gelegt. Es sind noch 8 Minen uebrig.
Raumschiff landet!
Raumschiff startet!
Rakete abgefeuert. Es sind noch 9 Raketen uebrig.
Rakete abgefeuert. Es sind noch 8 Raketen uebrig.
Raumschiff landet!
```

Eine ganze Menge Listing für ein paar Zeilen Bildschirmausgabe, was? Nun, dieses Listing hat mehr zu bieten, als man auf den ersten Blick erkennen mag. Es zeigt nämlich viele Vorteile, die man durch die Vererbung hat. Gehen wir das der Reihe nach durch.

Die Basisklasse CRaumschiff wird in den Zeile 14 bis 35 deklariert und definiert. Vorhin wurde zwar gesagt, dass man Funktionsdefinitionen nicht innerhalb der Klassendeklaration vornehmen soll, aber hier wurde das trotzdem gemacht. Und zwar zugunsten der Länge des Listings. Sinnvoller wäre gewesen, die einzelnen Klassen jeweils in separate .hpp- und .cpp-Dateien aufzuteilen, allerdings wäre das Ganze hier etwas Overkill, weswegen ganz dreist auf guten Stil verzichtet wurde. Die beiden Membervariablen m_Farbe und m_Energie werden im Konstruktor einfach auf beliebige Startwerte gesetzt, wobei noch eine entsprechende Meldung ausgegeben wird, dass der Konstruktor auch wirklich aufgerufen wurde. In den Zeilen 32 und 33 werden die beiden Memberfunktionen Starten() und Landen() implementiert. Man sieht hier eine neue Schreibweise, die aber, wenn man daran denkt, dass man Leerzeichen und Newlines (fast) nach Belieben platzieren kann, selbsterklärend ist. Die einzige Aufgabe, die diese Funktionen erfüllen, ist die Ausgabe eines entsprechenden Textes auf dem Bildschirm. Damit ist die Basisklasse schon komplett fertig.

In den Zeilen 39 bis 63 findet sich nun die Deklaration und Definition unserer ersten abgeleiteten Klasse namens CMinenleger. Diese soll ja bekanntlich von der Basisklasse CRaumschiff erben. Das Erste, was hier auffällt, ist die Deklaration in Zeile 39. Diese hat sich gegenüber allen vorherigen Beispielen mit Klassen geändert und wurde erweitert. Um dem Compiler mitzuteilen, dass diese Klasse von einer anderen Klasse erben soll, muss man die Deklaration entsprechend erweitern. Nach der gewohnten Deklaration muss dazu einfach ein Doppelpunkt, gefolgt vom Typ der Ableitung und dem Namen der Klasse, von der abgeleitet werden soll, hinzugefügt werden. Der Typ der Ableitung ist in diesem Beispiel `public`, was bedeutet, dass es sich um eine öffentliche Vererbung handelt. Es ist auch möglich, hier als Typ `private` zu verwenden. Allerdings werden wir darauf nicht weiter eingehen, sondern nur die öffentliche Vererbung behandeln.

Die nächste Neuerung findet man in der Zeile 16. Hier kommt ein neues Schlüsselwort namens `protected` zum Einsatz, was auf Deutsch *geschützt* bedeutet. Würde man hier wie gewohnt `private` verwenden, so könnten die abgeleiteten Klassen nicht auf die Membervariablen der Klasse `CRaumschiff` zugreifen, was in diesem Fall ja recht unpraktisch wäre. Alle Membervariablen, die als `protected` deklariert wurden, sind weiterhin von außen nicht zugänglich, können aber von allen abgeleiteten Klassen ohne Einschränkung verwendet werden. Auf die gleiche Weise wird auch die letzte Klasse, `CAbfangjaeger`, abgeleitet.

Dass diese ganze Vererbungsgeschichte auch wirklich funktioniert, sieht man in der `main`-Funktion in den Zeilen 94 bis 114. In den Zeilen 98 und 99 werden je ein Abfangjäger und ein Minenleger erzeugt. Was hierbei auffällt, ist die Tatsache, dass sowohl der Konstruktor der Basisklasse als auch der Konstruktor der abgeleiteten Klasse aufgerufen wird.

Direkt im Anschluss beginnen beide damit, ihr Aktionen auszuführen. In Zeile 102 soll der Minenleger starten. Die Memberfunktion `Starten()` gehört ja zur Basisklasse `CRaumschiff` und gibt einfach einen kleinen Bestätigungstext aus. Wie man sieht, funktioniert es tatsächlich: Der Minenleger hat diese Memberfunktion geerbt und kann nun selbst darauf zugreifen. Danach werden zwei Minen gelegt, indem einfach in den Zeilen 103 und 104 die entsprechende Memberfunktion aufgerufen wird. Zum Abschluss soll der Minenleger wieder landen, was in Zeile 105 geschieht. Danach führt der Abfangjäger ebenfalls seine Aktionen aus. Auch er startet zuerst, schießt dann zwei Raketen und landet dann wieder.

Hätte man jetzt sowohl für die Basisklasse als auch für die abgeleiteten Klassen einen Destruktor implementiert, so würden beim Zerstören der Objekte beide Destruktoren aufgerufen. Aus Platzgründen und der Übersichtlichkeit halber wurde allerdings auf diese Destruktoren verzichtet. Es ist aber keine schlechte Idee, wenn Du diese einfach in das Listing mit einbaust, um zu sehen, dass diese wirklich aufgerufen werden.

Durch die Vererbung hat man nun also die Möglichkeit, seine ganzen Objekte, die in einem Spiel vorkommen sollen, in einer sauberen Hierarchie zu erstellen. Es ist dabei auf jeden Fall zu empfehlen, jeder Klasse, ob abgeleitet oder nicht, eigene .hpp- und .cpp-Dateien zu spendieren. Dadurch hat man diese Objekthierarchie nicht nur im Listing, sondern auch im Projektverzeichnis schön sortiert.

7.9.1 Überschreiben von Memberfunktionen

Schon ziemlich praktisch, diese Vererbung. Allerdings gibt es noch einige Dinge, die noch geklärt werden müssen. Dazu stellt man sich einfach mal vor, dass man wieder an einem RTS arbeitet und ein paar neue Raumschifftypen hinzufügt. Man könnte etwa einen speziellen Minenleger konstruieren, der sich von dem im letzten Listing programmierten Minenleger etwas unterscheidet. Beispielsweise könnte er zwei Schächte zum Auswerfen von Minen haben oder auch über eine zusätzliche Laserkanone verfügen. Wenn man nun diesen neuen Minenleger programmiert und vom bereits vorhandenen Minenleger erben lässt, stellt sich die Frage, was passiert, wenn in der neuen, abgeleiteten Klasse die Funktion Mine_Legen() noch einmal auftaucht. Diese Funktion ist ja schon im ersten Minenleger vorhanden.

Ein anderes Beispiel wäre etwa, wenn man sein Spiel so hält, dass man auch ein Standardraumschiff bauen könnte, was quasi als Gerüst für andere Raumschiffe dient. Das kann man sich so vorstellen, dass es im Spiel eine Raumschiffwerft gibt, die ein „blankes" Raumschiff ohne Bewaffnung erzeugt, das später umgebaut und erweitert werden kann. Dazu würde man sich zunächst eine Instanz der Basisklasse CRaumschiff erzeugen. Doch was passiert, wenn sowohl die Basisklasse als auch die abgeleitete Klasse beide eine Funktion namens Starten() oder Landen() haben? Welche Funktion wird aufgerufen, wenn man eine Instanz der abgeleiteten Klasse erzeugt? Nun, bevor wir jetzt lange herumraten, probieren wir es einfach mal aus:

Listing 7.12 Überschreiben von Memberfunktionen

```
01: // C++ für Spieleprogrammierer
02: // Listing 7.12
03: // Überschreiben von Memberfunktionen
04: //
05: #include <iostream>
06:
07: using namespace std;
08:
09: // Klassen
10: //
11:
12: // Basisklasse
13: //
14: class CRaumschiff
15: {
16:   protected:
17:
18:       // Membervariablen
19:       int m_Farbe;
20:       int m_Energie;
21:
22:   public:
23:
24:       // Memberfunktionen
25:       CRaumschiff ()
26:       {
27:         m_Farbe = 0;
28:         m_Energie = 1000;
29:         cout << "Neues Raumschiff erstellt" << endl;
30:       }
31:
32:       void Starten () {cout << "Raumschiff startet!\n";}
33:       void Landen  () {cout << "Raumschiff landet!\n";}
34:
35: };
36:
37: // Abgeleitete Klasse für den Minenleger
38: //
39: class CMinenleger : public CRaumschiff
40: {
41:   private:
```

```
42:
43:     // Membervariablen
44:     int m_Minen;
45:
46:   public:
47:
48:     // Memberfunktionen
49:     CMinenleger ()
50:     {
51:       m_Minen = 10;
52:       cout << "Neuer Minenleger erstellt" << endl;
53:     };
54:
55:     void Starten () {cout << "Minenleger startet!\n";}
56:     void Landen  () {cout << "Minenleger landet!\n";}
57:
58:     void Mine_Legen ()
59:     {
60:       m_Minen--;
61:
62:       cout << "Mine gelegt. Es sind noch " << m_Minen;
63:       cout << " Minen uebrig. " << endl;
64:     }
65:
66: };
67:
68: // Hauptprogramm
69: //
70: int main ()
71: {
72:   // Variablen
73:   //
74:   CRaumschiff Schiff; // Ein Standardraumschiff
75:   CMinenleger Miner;  // Ein Minenleger
76:
77:   // Standardraumschiff führt einige Aktionen aus
78:   Schiff.Starten ();
79:   Schiff.Landen ();
80:
81:   // Minenleger führt einige Aktionen aus
82:   Miner.Starten ();
83:   Miner.Mine_Legen ();
84:   Miner.Landen ();
85:
86:   return 0;
87: }
```

Bildschirmausgabe:

```
Neues Raumschiff erstellt
Neues Raumschiff erstellt
Neuer Minenleger erstellt
Raumschiff startet!
Raumschiff landet!
Minenleger startet!
Mine gelegt. Es sind noch 9 Minen uebrig.
Minenleger landet!
```

Wie man sieht, ist dieses Listing eine etwas abgewandelte und abgespeckte Version von Listing 7.11. Die Klasse CAbfangjaeger wurde herausgenommen, und die Klasse CMinenleger wurde um die Funktionen Starten() und Landen() erweitert. Somit haben wir also sowohl in der Basisklasse (CRaumschiff) als auch in der abgeleiteten Klasse (CMinenleger) jeweils die Funktionen Starten() und Landen().

In der `main`-Funktion werden nun in den Zeilen 74 und 75 je eine Instanz der Basisklasse und der abgeleiteten Klasse erzeugt. Die Zeilen 78 bis 84 rufen nun die Memberfunktionen der Klassen auf. Anhand der Bildschirmausgabe sieht man, dass tatsächlich immer die richtigen Memberfunktionen aufgerufen werden. Beim Standardraumschiff werden die Funktionen `Starten()` und `Landen()` der Basisklasse aufgerufen, beim Minenleger die der abgeleiteten Klasse.

Der Compiler erkennt hier automatisch, welches die richtige Funktion ist, und ruft diese auf. Im Gegensatz zu den Konstruktoren und Destruktoren wird hier tatsächlich nur die Memberfunktion der betreffenden Klasse aufgerufen und nicht, wie man es vielleicht erwartet hat, beide Funktionen (die der Basisklasse und die der abgeleiteten Klasse).

Egal, wie oft man Klassen ableitet: Es wird (zumindest in diesem Beispiel) immer die richtige Memberfunktion aufgerufen, wenn diese in jeder Klasse überschrieben wurde. Die Bezeichnung „überschreiben" trifft hier den Nagel auf den Kopf, da es nach außen hin so ausschaut, als würde die „alte" Funktion tatsächlich einfach überschrieben. Wenn man sich also spezialisierte Klassen schreibt (beispielsweise ein besonderer Typ eines Minenlegers), so kann man in der abgeleiteten Klasse sämtliche Funktionen, die sich von der Basisklasse unterscheiden, einfach neu implementieren, indem man sie auf die oben gezeigte Weise überschreibt. Bestimmte Funktionen, die sich in der abgeleiteten Klasse nicht ändern, brauchen auch nicht wieder neu implementiert zu werden, da diese ja von der Basisklasse mit geerbt werden.

7.9.2   Virtuelle Memberfunktionen

So praktisch die Geschichte mit den überschriebenen Funktionen auch ist, so tückisch ist sie auch. In dem eben gezeigten Beispiel funktioniert alles, wie es soll, und der Compiler erkennt automatisch, welche Memberfunktion er aufrufen muss. Anders schaut das allerdings in folgendem Beispiel aus:

Listing 7.13 Aufruf einer falschen Memberfunktion

```
01: // C++ für Spieleprogrammierer
02: // Listing 7.13
03: // Aufruf einer falschen Memberfunktion
04: //
05: #include <iostream>
06:
07: using namespace std;
08:
09: // Klassen
10: //
11:
12: // Basisklasse
13: //
14: class CRaumschiff
15: {
16:   protected:
17:
18:     // Membervariablen
19:     int m_Farbe;
20:     int m_Energie;
```

```
21:
22:    public:
23:
24:        // Memberfunktionen
25:        CRaumschiff ()
26:        {
27:          m_Farbe = 0;
28:          m_Energie = 1000;
29:          cout << "Neues Raumschiff erstellt" << endl;
30:        }
31:
32:        void Starten () {cout << "Raumschiff startet!\n";}
33:        void Landen  () {cout << "Raumschiff landet!\n";}
34:
35: };
36:
37: // Abgeleitete Klasse für den Minenleger
38: //
39: class CMinenleger : public CRaumschiff
40: {
41:    private:
42:
43:        // Membervariablen
44:        int m_Minen;
45:
46:    public:
47:
48:        // Memberfunktionen
49:        CMinenleger ()
50:        {
51:          m_Minen = 10;
52:          cout << "Neuer Minenleger erstellt" << endl;
53:        };
54:
55:        void Starten () {cout << "Minenleger startet!\n";}
56:        void Landen  () {cout << "Minenleger landet!\n";}
57:
58: };
59:
60: // Hauptprogramm
61: //
62: int main ()
63: {
64:    // Variablen
65:    //
66:    CRaumschiff *Schiff; // Ein Raumschiff
67:
68:    Schiff = new CMinenleger; // Ein Minenleger soll es sein
69:
70:    // Minenleger führt einige Aktionen aus
71:    Schiff->Starten ();
72:    Schiff->Landen ();
73:
74:    delete Schiff;  // Raumschiff zerstören
75:
76:    return 0;
77: }
```

Bildschirmausgabe:

```
Neues Raumschiff erstellt
Neuer Minenleger erstellt
Raumschiff startet!
Raumschiff landet!
```

Hier handelt es sich wieder um eine abgespeckte Version des letzten Listings, denn die Funktion `Minen_Legen()` fehlt hier (warum, klären wir im Anschluss). An den Klassen selbst hat sich nichts geändert, allerdings wird in der `main`-Funktion die Instanz dieses Mal auf dem Heap erzeugt. Die Zeilen 66 bis 68 zeigen nun, dass es auch möglich ist, einen Zeiger auf ein Objekt des Typs `CRaumschiff` zu deklarieren und dann per `new` als `CMinenleger` zu definieren. Was auf den ersten Blick möglicherweise unlogisch ausschaut, ist bei genauerer Betrachtung sinnvoll, denn ein Minenleger **ist** ja ein Raumschiff. Im Klartext könnte man etwa sagen: *„Erstelle mir ein Raumschiff, und zwar von Typ Minenleger.“* Vielleicht fragst Du Dich gerade, warum man hier nicht einfach hergeht und sowohl bei der Deklaration als auch bei der Definition einfach den Typ `CMinenleger` verwendet, schließlich ist ja bekannt, dass wir hier einen Minenleger haben wollen. Für dieses Beispiel mag das zutreffen, aber stell Dir einfach folgende Situation vor: Du hast den RTS schon so weit entwickelt, dass man in einer Werft verschiedene Raumschiffe bauen kann. Der Spieler kann einfach durch das Anklicken von verschiedenen Buttons auswählen, welchen Raumschifftypen er bauen möchte. Dann ist zwar dem Spieler bekannt, was er haben möchte, aber dem Compiler nicht. Es sei denn, man macht jedes Mal eine separate Behandlungsfunktion, was ja nicht im Sinne von gut organisiertem Code ist. Also ist es in einer solchen Situation angebracht, einen Zeiger des Typs `CRaumschiff` zu haben und dann mit `new` und dem jeweils gewünschten Datentyp das Raumschiff zu erzeugen.

Dass das (bisher) richtig funktioniert, zeigen die ersten beiden Zeilen der Bildschirmausgabe, die aus den Meldungen der beiden Konstruktoren bestehen. Es wird sowohl der Konstruktor der Basisklasse als auch der Konstruktor der abgeleiteten Klasse aufgerufen.

In den Zeilen 71 und 72 werden nun die Memberfunktionen `Starten()` und `Landen()` aufgerufen. Doch nun passiert etwas, was man nicht erwartet hat: Es werden nicht die Memberfunktionen der Klasse `CMinenleger`, sondern die der Klasse `CRaumschiff` aufgerufen. Da stellen sich zwei Frage: An was liegt das, und wie kann man das umgehen? Nun, das kann man (vereinfacht) so erklären: Wenn wie in Zeile 66 ein Zeiger auf ein Objekt des Typs `CRaumschiff` erzeugt wird, weiß der Compiler ja nicht, was später mit diesem Zeiger geschieht. Wenn wir jetzt beispielsweise mehrere abgeleitete Klassen hätten, könnten wir ja in Zeile 68 jeden beliebigen Typ verwenden (etwa `CAbfangjaeger`, `CTransporter` und so weiter). Somit hat der Compiler keine Möglichkeit, vorher festzulegen, welche der überschriebenen Funktionen er verwenden soll, und nimmt stattdessen einfach die Memberfunktionen der Klasse, für die ein Zeiger erzeugt wurde. Die Antwort auf die Frage, wie man das umgehen kann, ist recht einfach: virtuelle Funktionen. Und das schauen wir uns jetzt einmal an:

Listing 7.14 Virtuelle Funktionen

```
01: // C++ für Spieleprogrammierer
02: // Listing 7.14
03: // Virtuelle Funktionen
04: //
05: #include <iostream>
06:
07: using namespace std;
08:
```

```
09: // Klassen
10: //
11:
12: // Basisklasse
13: //
14: class CRaumschiff
15: {
16:   protected:
17:
18:     // Membervariablen
19:     int m_Farbe;
20:     int m_Energie;
21:
22:   public:
23:
24:     // Memberfunktionen
25:     CRaumschiff ()
26:     {
27:       m_Farbe = 0;
28:       m_Energie = 1000;
29:       cout << "Neues Raumschiff erstellt" << endl;
30:     }
31:
32:     virtual ~CRaumschiff () {cout << "Destruktor Basisklasse\n";}
33:
34:     virtual void Starten () {cout << "Raumschiff startet!\n";}
35:     virtual void Landen  () {cout << "Raumschiff landet!\n";}
36:
37: };
38:
39: // Abgeleitete Klasse für den Minenleger
40: //
41: class CMinenleger : public CRaumschiff
42: {
43:   private:
44:
45:     // Membervariablen
46:     int m_Minen;
47:
48:   public:
49:
50:     // Memberfunktionen
51:     CMinenleger ()
52:     {
53:       m_Minen = 10;
54:       cout << "Neuer Minenleger erstellt" << endl;
55:     };
56:
57:     ~CMinenleger () {cout << "Destruktor Minenleger\n";}
58:
59:     void Starten () {cout << "Minenleger startet!\n";}
60:     void Landen  () {cout << "Minenleger landet!\n";}
61:
62: };
63:
64: // Hauptprogramm
65: //
66: int main ()
67: {
68:   // Variablen
69:   //
70:   CRaumschiff *Schiff; // Ein Raumschiff
71:
72:   Schiff = new CMinenleger; // Ein Minenleger soll es sein
73:
74:   // Minenleger führt einige Aktionen aus
75:   Schiff->Starten ();
76:   Schiff->Landen ();
77:
78:   delete Schiff;  // Raumschiff zerstören
```

```
79:
80:    return 0;
81: }
```

Bildschirmausgabe:

```
Neues Raumschiff erstellt
Neuer Minenleger erstellt
Minenleger startet!
Minenleger landet!
Destruktor Minenleger
Destruktor Basisklasse
```

Wie? Das soll alles gewesen sein? Ein neues Schlüsselwort, mehr nicht? Ja, tatsächlich, es ist genauso einfach, wie es ausschaut. Durch die Verwendung des Schlüsselwortes `virtual` direkt bei der Deklaration einer Memberfunktion gibt man an, dass damit zu rechnen ist, dass eine abgeleitete Klasse diese Funktion überschreiben wird. Und schon hat man dieses kleine Problemchen gelöst, wie man anhand der Bildschirmausgabe erkennen kann. Es werden tatsächlich die richtigen Memberfunktionen aufgerufen.

Neu hinzugekommen sind auch die beiden Destruktoren in den Zeilen 32 und 57. Ich habe die beiden extra noch hinzugefügt, weil gerade an dieser Stelle eine häufige Fehlerquelle lauert. Wenn man beispielsweise in der abgeleiteten Klasse `CMinenleger` einen Destruktor implementiert, so wird dieser nicht aufgerufen, wenn der Destruktor der Basisklasse nicht virtuell ist. Oft kommt es vor, dass man das vergisst. Der Destruktor der abgeleiteten Klasse mag dann zwar korrekt implementiert sein und auch alle Aufräumarbeiten richtig ausführen. Aber das nützt ja schließlich nichts, wenn er gar nicht erst aufgerufen wird.

Hinweis:

Wenn Du eine Klasse schreibst und weißt, dass Du von dieser Klasse eine andere Klasse ableiten willst, dann verwende einen virtuellen Destruktor, selbst wenn dieser nur aus einem leeren Funktionsrumpf besteht. Werden Instanzen der abgeleiteten Klasse auf dem Heap erzeugt, wird der Destruktor der abgeleiteten Klasse nur dann korrekt aufgerufen, wenn der Destruktor der Basisklasse virtuell ist.

Dass die Memberfunktion `Mine_Legen()` nicht implementiert ist, hat den einfachen Grund, dass man sie in diesem Beispiel nicht aufrufen könnte. Würde man es trotzdem versuchen, würde man eine Fehlermeldung vom Compiler erhalten. Erzeugt man einen Zeiger mit der Basisklasse als Datentyp, so kann man nicht die Funktionen der abgeleiteten Klasse aufrufen. Zumindest nicht, wenn man so wie im Beispiel vorgeht. Natürlich gibt es auch hier Möglichkeiten, die allerdings an dieser Stelle erst mal außen vor gelassen werden.

7.9.3   Vererbung und Performance

Vererbung ist eine tolle Sache, die, richtig eingesetzt, einiges einfacher und logischer machen kann. Aber gerade, wenn virtuelle Memberfunktionen zum Einsatz kommen, kann das Auswirkungen auf die Performance haben. Oft wird das unterschätzt oder ist gar nicht bekannt: Aber virtuelle Funktionen schleppen verhältnismäßig viel Ballast mit sich herum, was an den internen Abläufen liegt, die nötig sind, um die gewünschte Funktionalität zu gewährleisten. Allerdings wird das jetzt hier nicht weiter besprochen, da es sich dabei um ein recht trockenes und sehr theoretisches Thema handelt. Wenn Du genauere Informationen dazu haben willst, dann such im Internet einfach mal nach den Stichwörtern C++, *virtual* und *vtable* (eine vtable ist sozusagen eine Tabelle, die nötig ist, um zu garantieren, dass immer die richtigen Memberfunktionen aufgerufen werden).

Man sieht immer wieder Engines und Sourcecode, wo es mit der Ableitung und den virtuellen Funktionen einfach übertrieben wurde. Plötzlich werden jede Klasse und jedes Objekt zum spezialisierten Sonderfall, was natürlich sofort eine separate Klasse sein muss, die von einer anderen Klasse abgeleitet wird. Sicherheitshalber werden dann gleich noch alle Memberfunktionen als `virtual` deklariert und die Kommentare zur fünfunddreißigsten Ableitung geschrieben. Aber gerade in der Spieleprogrammierung kommt es auf jeden Taktzyklus an, und jedes bisschen Geschwindigkeit zählt. Natürlich bedeutet das nicht, dass man komplett auf Vererbung und virtuelle Funktionen verzichten soll. Vielmehr sollte man sich vor dem eigentlichen Programmieren Gedanken machen, wie der Code denn aufgebaut werden soll. Oft zeigen sich Lösungen, wie man die eine oder andere Ableitung oder virtuelle Funktion ganz einfach umgehen kann, ohne dabei die Lesbarkeit des Programms zu beeinträchtigen. Das ist allerdings ein Thema, das man nicht von heute auf morgen beherrscht. Aber mit der Zeit und der somit gewonnenen Erfahrung bekommt man einfach ein Gefühl dafür.

Es gibt allerdings sehr viele Leute, die an dieser Stelle einer anderen Meinung sind. Oft hört man das Argument, dass die zusätzliche Rechenzeit, die mit dem (teils massiven) Einsatz von virtuellen Funktionen verbunden ist, als Preis für den übersichtlichen Code allemal gerechtfertigt ist. Meistens artet das dann allerdings in einer Vererbungsorgie aus, durch die ein neu zum Projekt hinzugekommener Programmierer erst durchsteigen muss.

Sicherlich lässt sich noch viel über dieses Thema diskutieren (und in den bekannten Foren gibt es mehr als genug Flamewars dazu), aber das ist eben eine Sache, die man selbst entscheiden muss. Wer allerdings einen guten Mittelweg einschlägt und Vererbung sowie virtuelle Funktionen nur dort einsetzt, wo es wirklich sinnvoll ist, kann im Grunde nichts falsch machen.

7.10   Statische Membervariablen

Sicherlich gibt es noch eine ganze Menge mehr zum Thema Klassen zu sagen, da wir gerade erst die Grundlagen dazu gelernt haben. Dieser letzte Abschnitt dieses Kapitels beschäftigt sich nun mit den sogenannten statischen Membervariablen, die einfach zu verstehen und sehr nützlich sind.

Wenn wir bisher Klassen erstellt haben, mussten wir ja unterscheiden zwischen der eigentlichen Klassendeklaration, die für sich genommen noch keinen Speicher benötigt, und den Instanzen von Klassen. Erst wenn man ein Objekt erzeugt, also eine Instanz einer Klasse, wird Speicher reserviert. Egal wie viele Instanzen man sich erzeugt, jede einzelne hat eigene Werte für deren Membervariablen. Manchmal kann es allerdings recht nützlich sein, wenn man eine Membervariable für eine Klasse hat, die bei allen Instanzen gleich ist. Möchte man beispielsweise einen Zähler programmieren, der die aktuelle Anzahl an gebauten Minenlegern enthält, so wäre die einzige Möglichkeit, die wir bisher hätten, eine separate Variable außerhalb der Klasse anzulegen und bei jedem Erstellen und Löschen von Instanzen diese Zählvariable zu verändern. Man erkennt gleich, dass das keine besonders tolle Idee ist, da man diese Zählvariable überall dort im Programm einbauen muss, wo Instanzen erzeugt oder gelöscht werden. Je nach Umfang und Strukturierung des Programms kann das ein ganz schöner Aufwand sein. Vor allem ist das eine sehr fehleranfällige Lösung, da man bei Änderungen keine zentrale Stelle hat, sondern quer durch den Quelltext suchen muss.

Es muss also definitiv eine bessere Lösung her. Statische Membervariablen bringen uns hier genau das, was wir suchen: eine Variable, die nur einmal pro Klasse existiert statt für jede Instanz separat. Hier nun also das letzte Beispiel für dieses Kapitel, schauen wir uns das an:

Listing 7.15 Statische Membervariablen

```
01: // C++ für Spieleprogrammierer
02: // Listing 7.15
03: // Statische Membervariablen
04: //
05: #include <iostream>
06:
07: using namespace std;
08:
09: // Klassen
10: //
11: class CRaumschiff
12: {
13:   protected:
14:
15:       // Membervariablen
16:       int m_Farbe;
17:       int m_Energie;
18:
19:   public:
20:
21:       // Memberfunktionen
22:       CRaumschiff ();
23:       ~CRaumschiff ();
24:
25:       // Statische Membervariablen
26:       static int m_Zaehler;
27:
28: };
29:
30: // Konstruktor
31: //
```

```
32: // Aufgabe: Initialisierung des Raumschiffes
33: //
34: CRaumschiff::CRaumschiff ()
35: {
36:    cout << "Konstruktor aufgerufen" << endl;
37:
38:    m_Farbe = 0;
39:    m_Energie = 0;
40:    m_Zaehler++;
41:
42:    // Ausgabe des Zählers
43:    cout << "Anzahl der Raumschiffe: ";
44:    cout << m_Zaehler << endl;
45:
46: } // Konstruktor
47:
48: // Destruktor
49: //
50: // Aufgabe: Aufräumarbeiten
51: //
52: CRaumschiff::~CRaumschiff ()
53: {
54:    cout << "Destruktor aufgerufen" << endl;
55:    m_Zaehler--;
56:
57:    cout << "Anzahl der Raumschiffe: ";
58:    cout << m_Zaehler << endl;
59:
60: } // Destruktor
61:
62: // Definition der statischen Membervariablen
63: int CRaumschiff::m_Zaehler;
64:
65: // Hauptprogramm
66: //
67: int main ()
68: {
69:    // Variablen
70:    //
71:    CRaumschiff::m_Zaehler = 0;
72:    CRaumschiff *Schiffe = NULL;
73:    int Anzahl = 0;
74:
75:    // Anzahl der zu erzeugenden Raumschiffe abfragen
76:    cout << "Wie viele Raumschiffe: ";
77:    cin >> Anzahl;
78:
79:    // Prüfen, ob es mindestens ein Raumschiff gibt
80:    if (Anzahl < 1)
81:       Anzahl = 1;
82:
83:    // Raumschiffe erzeugen
84:    Schiffe = new CRaumschiff[Anzahl];
85:
86:    // Raumschiffe löschen
87:    delete[] Schiffe;
88:
89:    // Und zum Schluss den Zählerstand ausgeben
90:    cout << "Zaehler: " << CRaumschiff::m_Zaehler << endl;
91:
92:    return 0;
93: }
```

Bildschirmausgabe:

```
Wie viele Raumschiffe: 4
Konstruktor aufgerufen
Anzahl der Raumschiffe: 1
Konstruktor aufgerufen
Anzahl der Raumschiffe: 2
Konstruktor aufgerufen
Anzahl der Raumschiffe: 3
Konstruktor aufgerufen
Anzahl der Raumschiffe: 4
Destruktor aufgerufen
Anzahl der Raumschiffe: 3
Destruktor aufgerufen
Anzahl der Raumschiffe: 2
Destruktor aufgerufen
Anzahl der Raumschiffe: 1
Destruktor aufgerufen
Anzahl der Raumschiffe: 0
Zaehler: 0
```

Was wir hier haben, ist eine noch weiter abgespeckte Version der Klasse CRaumschiff. Es wurden lediglich der Konstruktor und der Destruktor implementiert sowie die beiden alt-bekannten Membervariablen m_Farbe und m_Energie verwendet. In Zeile 26 findet man nun die statische Membervariable m_Zaehler, die zum Zählen der Instanzen verwendet werden soll. Um sich nun also eine Variable zu erzeugen, die für jede Instanz der Klasse gleich ist, muss man nur innerhalb der Klassendeklaration das Schlüsselwort static ver-wenden. Hierbei muss man allerdings beachten, dass damit immer noch kein Speicher für diese Variable reserviert wurde. Auch dann nicht, wenn man eine Instanz der Klasse er-zeugt. Möchte man nun von außerhalb auf diese statische Membervariable zugreifen, so muss man diese erst einmal definieren. Das geschieht in Zeile 63. Man erzeugt diese Vari-able wie jede andere auch, nur mit dem Unterschied, dass man noch den Klassennamen, gefolgt von zwei Doppelpunkten, mit angeben muss. Man muss allerdings beachten, dass dies global geschehen muss, also nicht etwa in der main-Funktion passieren darf. Wenn man eine statische Membervariable verwenden möchte, so muss diese dann auch überall verfügbar sein. Lokale Variablen werden ja zerstört, sobald man den Gültigkeitsbereich wieder verlässt. Und genau das ist natürlich nicht erlaubt. Die main-Funktion ist ja im Grunde eine Funktion wie jede andere auch. Wenn man diese Deklaration nun in einer Funktion machen würde, so ist nicht sichergestellt, dass diese Variable immer existiert.

Im Konstruktor in Zeile 40 und im Destruktor in Zeile 55 wird diese statische Memberva-riable nun dazu verwendet, um die erzeugten beziehungsweise wieder gelöschten Instanzen mitzuzählen. Dabei wird auch der aktuelle Zählerstand auf dem Bildschirm ausgegeben. In der main-Funktion in Zeile 71 wird, noch bevor irgendwelche Instanzen erzeugt werden, diese Zählvariable auf null gesetzt. Im Anschluss wird abgefragt, wie viele Instanzen denn erzeugt werden sollen. Dabei wird sicherheitshalber noch geprüft, dass es mindestens eine Instanz geben wird. Ist das nicht der Fall, so wird die Variable Anzahl auf den Standard-wert eins gesetzt.

In Zeile 84 werden nun die Instanzen erzeugt und in Zeile 87 sofort wieder gelöscht. Die Bildschirmausgabe zeigt an, wie oft der Konstruktor und der Destruktor aufgerufen wurden. Dass es sich bei m_zaehler wirklich nur um eine einzige, von allen Instanzen gemeinsam genutzte Variable handelt, erkennt man anhand des Zählerstandes bei der Bildschirmausgabe.

Man könnte diese statische Variable nun in der main-Funktion dazu verwenden, um festzustellen, ob wirklich alle Instanzen freigegeben wurden oder ob ein Memory-Leak erzeugt wurde. Wenn alles richtig wieder freigegeben wurde, so steht m_zaehler immer auf null. Andernfalls wurde irgendwo eine Instanz nicht freigegeben. Es gibt natürlich bessere Techniken, die einem dann noch anzeigen, wo in etwa das Memory-Leak auftrat, aber für eine grobe Übersicht ist diese Vorgehensweise durchaus ausreichend.

Um das Ganze etwas sauberer zu gestalten, könnte man sich zusätzliche Zugriffsfunktionen für diese statische Membervariable schreiben und somit eine kontrollierte Schnittstelle erzeugen. Das ist übrigens etwas, was sich gut als Übung eignet ;)

8 Fortgeschrittene Themen

8.1   Über dieses Kapitel

In den letzten sieben Kapiteln wurden fast alle grundlegenden Themen zu C++ behandelt. Inzwischen solltest Du für die allermeisten Situationen eine Lösungsmöglichkeit haben, wie bestimmte Dinge umgesetzt werden können. Dennoch gibt es noch viele Dinge zu lernen und vorhandene Techniken zu erweitern und zu verbessern. Beispielsweise wurde noch nicht geklärt, wie man Daten in Dateien schreibt und wieder ausliest. Darum beschäftigt sich dieses Kapitel nun nicht mit einer einzelnen Thematik, sondern mit vielen verschiedenen, aber interessanten und wichtigen Themenbereichen. Jedes Unterkapitel ist dabei in sich abgeschlossen und stellt eine eigene Einheit dar.

Einige dieser Themen sind für das nächste Kapitel sehr wichtig, andere sind eher allgemeingültig und können auch zum Nachschlagen verwendet werden. Auch wenn einige Abschnitte hier nicht unbedingt für das nächste Kapitel wichtig sind, solltest Du sie trotzdem alle durchgehen und mit den darin enthaltenen Beispielen experimentieren.

8.2   printf und sprintf

Um Text auf dem Bildschirm auszugeben, haben wir ja bisher immer `cout` verwendet. Es gibt allerdings noch einige andere Möglichkeiten, um Text auszugeben oder ihn zu manipulieren. Zugegeben, dieses Thema gehört eigentlich nicht zu den fortgeschrittenen Themen, aber sollte trotzdem zumindest mal angeschnitten werden. Schauen wir uns diese Möglichkeiten einmal an.

8.2.1 printf

Der Begriff *print* kommt aus dem Englischen und bedeutet auf Deutsch so viel wie *drucken*. Das *f* steht dabei als Abkürzung für *formatted*, also *formatiert*. Das bezieht sich glücklicherweise nicht auf unsere Festplatte, sondern auf die Art der Ausgabe von Text und Variablen, die mit diesem Befehl durchgeführt wird. Mit printf haben wir die Möglichkeit, den auszugebenden Text zu formatieren, und wir können sogar bestimmen, bis zu welcher Genauigkeit Fließkommazahlen dargestellt werden sollen. Hier nun ein kleines Beispiel dazu:

Listing 8.1 printf verwenden

```
01: // C++ für Spieleprogrammierer
02: // Listing 8.1
03: // printf verwenden
04: //
05: #include <iostream>
06:
07: using namespace std;
08:
09: // Hauptprogramm
10: //
11: int main ()
12: {
13:    // Variablen
14:    //
15:    float fWert = 1.234567f;
16:
17:    // Einen einfachen Text ausgeben
18:    printf ("%s", "Ein normaler Text\n");
19:
20:    // Variable mit Standardgenauigkeit ausgeben (sechs Stellen)
21:    printf ("%f\n", fWert);
22:
23:    // Variable mit drei Stellen Genauigkeit ausgeben
24:    printf ("%.3f\n", fWert);
25:
26:    // Text und Variable ausgeben
27:    printf ("%s %.5f\n", "Der Wert lautet: ", fWert);
28:
29:    return 0;
20: }
```

Bildschirmausgabe:

```
Ein normaler Text
1.234567
1.235
Der Wert lautet:  1.23457
```

In Zeile 15 wird eine float-Variable deklariert und mit einer Zahl mit sechs Stellen hinter dem Komma initialisiert, so weit also erst mal nichts Besonderes. Zeile 18 schaut da schon interessanter aus: Hier wird zum ersten Mal printf verwendet, um einen einfachen Text auf dem Bildschirm auszugeben. Dazu muss gesagt werden, dass es sich bei printf eigentlich nicht um einen Befehl, sondern um eine zum Lieferumfang von C++ gehörende

Funktion handelt. Diese Funktion hat eine ganz besondere Eigenschaft, nämlich eine variable Parameterliste. Das bedeutet, dass nicht festgelegt ist, wie viele Parameter man ihr übergibt. Die Zeichenfolge %s ist einer der sogenannten Formatierungsspezifizierer. Ein solcher Spezifizierer beginnt immer mit dem Prozentzeichen. Danach folgen ein oder mehrere Zeichen, die genau bestimmen, was getan werden soll. Das s steht hierbei für *String*. Das bedeutet, dass in der Parameterliste ein String folgen muss, der dann auf dem Bildschirm ausgegeben werden soll. Dabei ist es egal, ob wir den Text direkt angeben (so wie im Beispiel) oder etwa ein char-Array übergeben.

Der erste Parameter von printf muss also immer eine Zeichenfolge sein, die aus normalem Text und/oder einem oder mehreren Formatierungsspezifizierern besteht. Je nachdem, wie viele Spezifizierer sich innerhalb dieses ersten Parameters befinden (und welche das sind), werden entsprechend viele zusätzliche Parameter erwartet. Folgender Code-Ausschnitt soll das etwas verdeutlichen:

```
printf ("Spieler %s gegen Spieler %s", chName1, chName2);
// Ausgabe: Spieler Joerg gegen Spieler Thomas
```

Im ersten Parameter findet sich zweimal der %s Spezifizierer, wodurch zwei weitere Parameter erwartet werden. Bei dem %s handelt es sich also sozusagen um eine Art Platzhalter, der durch die übergebenen Parameter während der Ausgabe ersetzt wird.

Zeile 21 gibt nun einfach eine float-Variable aus, indem der Spezifizierer %f verwendet wird. Es überrascht nicht, dass das f hier für float steht. Wollte man beispielsweise einen Integerwert ausgeben, so würde man stattdessen eben %i verwenden. Werden hier keine zusätzlichen Angaben gemacht, so werden standardmäßig alle sechs Stellen der float-Variable auf dem Bildschirm ausgegeben. Wichtig ist nur, dass man auch wirklich den Datentyp in der Parameterliste stehen hat, der per Spezifizierer angegeben wurde, denn ansonsten erhält man ziemlich merkwürdige Bildschirmausgaben. Was noch auffällt, ist die Tatsache, dass die Escape-Sequenzen hier natürlich auch noch verwendet werden dürfen. Das machen wir uns zunutze und erzeugen mit \n einen Zeilenumbruch.

Zeile 24 schaut schon ein wenig komplexer aus, aber wenn man genau hinschaut und dabei die Bildschirmausgabe beachtet, ist es fast schon selbsterklärend. Der Spezifizierer wurde einfach noch um .3 erweitert, was dazu führt, dass die in der Parameterliste folgende float-Variable mit nur drei Stellen Genauigkeit hinter dem Komma auf dem Bildschirm ausgegeben wird. Dabei wird die letzte auszugebende Stelle natürlich automatisch gerundet. Das ist recht nützlich, da man bei Bildschirmausgaben ja nicht immer alle sechs Stellen ausgeben möchte. Oft genügt es, einfach nur mit einer oder zwei Stellen zu arbeiten.

Zeile 27 enthält nun im ersten Parameter gleich zwei Spezifizierer: einmal einen Platzhalter für einen String und einmal für eine float-Variable mit fünf Stellen Genauigkeit. Natürlich müssen somit auch zwei weitere Parameter folgen, die hier aus einem einfachen Text und der Variablen Wert bestehen. Wie man anhand der Ausgabe sehen kann, wird der String richtig zusammengebaut und auf dem Bildschirm ausgegeben.

Es gibt natürlich noch mehr solcher Spezifizierer, die aber in der Regel kaum verwendet und somit hier nicht weiter besprochen werden. Um mehr darüber zu erfahren, kannst Du natürlich in der MSDN nachschlagen oder einfach den Cursor irgendwo im `printf` platzieren und F1 drücken, um weitere Informationen zu erhalten.

8.2.2 sprintf

Ein sehr enger Verwandter von `printf` ist `sprintf`. Das s steht dabei für *String* und macht deutlich, dass die Ausgabe nicht auf dem Bildschirm erfolgt, sondern in einen String geschrieben wird. Es gibt zwar andere, weitaus bessere Methoden, um sich einen String zusammenzubasteln (die wir auch noch kennenlernen werden), aber `sprintf` findet man eben noch sehr häufig, da es auch recht einfach zu verwenden ist. Dann werfen wir mal einen Blick darauf:

Listing 8.2 sprintf

```
01: // C++ für Spieleprogrammierer
02: // Listing 8.2
03: // sprintf verwenden
04: //
05: #include <iostream>
06:
07: using namespace std;
08:
09: // Hauptprogramm
10: //
11: int main ()
12: {
13:   // Variablen
14:   //
15:   char Buffer[64]; // Kompletter String
16:   char Name[30];   // String für den Namen
17:   int Punkte = 0;  // Punkte des Spielers
18:
19:   // Name des Spielers abfragen
20:   cout << "Name: ";
21:   cin.get (Name, 29);
22:
23:   // Erreichte Punktzahl abfragen
24:   cout << "Erreichte Punktzahl: ";
25:   cin >> Punkte;
26:
27:   // String zusammenbauen
28:   sprintf (Buffer, "Spieler %s hat %i Punkte erreicht",
29:           Name, Punkte);
30:
31:   // String ausgeben
32:   cout << Buffer << endl;
33:
34:   return 0;
35: }
```

Bildschirmausgabe:

```
Name: Eiswuxe
Erreichte Punktzahl: 6510
Spieler Eiswuxe hat 6510 Punkte erreicht
```

Dieses kleine Programm fragt einfach nur den Namen des Spielers und dessen erreichte Punktzahl ab, um daraus dann einen fertigen String zusammenzubauen. Dazu wird in Zeile 15 ein großer String, ein Buffer, deklariert. Zeile 16 deklariert den String, in den der Spielername eingelesen werden soll, und Zeile 17 deklariert einen einfachen Integer für die erreichte Punktzahl.

Die Zeilen 20 bis 25 dienen nun dazu, sowohl den Namen als auch die Punktzahl abzufragen. Die eigentliche Verwendung von sprintf findet dann in Zeile 28 statt. Genau wie es schon bei printf der Fall war, ist bei sprintf auch nicht festgelegt, wie viele Parameter maximal übergeben werden können, wobei zwei Parameter allerdings auf jeden Fall vorhanden sein müssen: der Zielstring und der Formatstring. Der Formatstring wird dabei auf die gleiche Weise verwendet, wie es schon bei printf der Fall war. Hier kann normaler Text gemischt mit den Formatierungsspezifizierern stehen. Je nach Art und Anzahl dieser Spezifizierer werden dann noch entsprechende weitere Parameter erwartet.

In Zeile 28 wird nun also im Formatstring zuerst der Spezifizierer %s als Platzhalter für einen einzufügenden String verwendet, gefolgt von etwas Text und dem Spezifizierer %i, der einen Platzhalter für eine Integerzahl darstellt. Danach folgen dann als weitere Parameter der String, der den Namen des Spielers erhält, sowie die Variable Punkte.

Zeile 32 gibt nun den frisch erzeugten String-Buffer per cout auf dem Bildschirm aus. Man kann sehen, dass wirklich alles so klappt, wie man es erwartet. Der String wurde korrekt zusammengebaut. Natürlich kann man auch hier noch mehr Spezifizierer verwenden, die, genau wie im vorangegangenen Abschnitt, in der MSDN nachgeschlagen werden können.

Wie bereits erwähnt, wird sprintf recht häufig verwendet, weshalb man sich damit ein wenig auseinandersetzen sollte, bis man den Umgang damit gut beherrscht. Im Grunde ist das ja nicht weiter schwer, wenn man nur die Regeln kennt. Was allerdings auf jeden Fall beachtet werden muss, ist eine potenzielle Absturzquelle. Da man ja für den Zielstring vorher eine Größe festlegt, kann es vorkommen, dass der fertige String eben doch größer ist als erwartet und über die Grenzen des Zielstrings, also über die Grenzen des char-Arrays, hinausgeschrieben wird. Man sollte also vorher gut überlegen, wie groß der String werden könnte, und eventuell einfach ein bisschen mehr Reserve lassen.

8.3 Templates

Wenn wir bestimmte Funktionen haben, die sich recht ähnlich sind und nur anhand der übergebenen Parameter unterscheiden, so konnten wir einfach überladene Funktionen einsetzen, wenn dies sinnvoll war. In bestimmten Situationen gibt es jedoch bessere Lösungen als überladene Funktionen: Templates. *Template* bedeutet auf Deutsch etwa so viel wie *Schablone* oder *Maske*. Dieser Name ist mehr als treffend, da er ziemlich deutlich macht, wofür diese Templates da sind. Um das zu klären, stellt man sich einfach mal die folgende Situation vor: Man schreibt eine bestimmte Funktion, die eine Berechnung durchführt. Diese übernimmt zwei Parameter, die miteinander verrechnet werden sollen, und gibt den Wert per `return` wieder zurück. Nun stellt man fest, dass man diese Berechnung einmal für Integer-Werte und einmal für `float`-Werte benötigt. Mit dem bisherigen Wissen würde man die Funktion einfach zweimal schreiben, sie also durch eine unterschiedliche Parameterliste überladen. Zu einem späteren Zeitpunkt stellt man fest, dass es ja praktisch wäre, wenn diese Berechnung auch mit dem Datentyp `double` funktionieren würde. Also geht man hin und schreibt sich noch eine weitere, überladene Funktion. Im weiteren Verlauf der Entwicklung stellt man allerdings fest, dass man irgendwo einen Fehler in der Berechnung hat. Nun darf man also hingehen und diesen Fehler in allen drei überladenen Funktionen beheben. Je nachdem, wie groß und komplex diese Funktionen sind, hat man damit eine ganze Menge Arbeit, was im Grunde verschwendete Zeit ist. Noch schlimmer wird es, wenn man aus Versehen nur zwei der drei Funktionen anpasst und sich später wundert, dass sich das Programm seltsam verhält. Und genau hier kommen die Templates ins Spiel.

8.3.1 Template-Funktionen

Templates kann man sowohl für Funktionen als auch für Klassen verwenden. Die Syntax ist anfangs vielleicht etwas verwirrend, aber im Grunde gar nicht so schwer, wenn man sich das ein paar Mal angesehen hat. Schauen wir uns also folgendes Beispiel an, das eine Template-Funktion verwendet:

Listing 8.3 Template-Funktionen

```
01: // C++ für Spieleprogrammierer
02: // Listing 8.3
03: // Template-Funktionen
04: //
05: #include <iostream>
06:
07: using namespace std;
08:
09: // Berechnen
10: //
11: // Aufgabe: Eine Rechnung durchführen (Template-Funktion)
12: //
13: template <class T>
14: T Berechnen (T Wert1, T Wert2)
15: {
16:     T Ergebnis;
17:     Ergebnis = Wert1 * Wert2;
```

```
18:
19:     return Ergebnis;
20:
21: } // Berechnen
22:
23: // Hauptprogramm
24: //
25: int main ()
26: {
27:     // Variablen
28:     //
29:     int a = 10;
30:     int b = 20;
31:     int Ergebnis = 0;
32:
33:     float fA = 123.456f;
34:     float fB = 321.654f;
35:     float fErgebnis = 0.0f;
36:
37:     // Ergebnis für int berechnen
38:     Ergebnis = Berechnen (a, b);
39:
40:     // Ergebnis für float berechnen
41:     fErgebnis = Berechnen (fA, fB);
42:
43:     // Ausgabe der Ergebnisse
44:     cout << "Ergebnis fuer int  : " << Ergebnis << endl;
45:     printf ("Ergebnis fuer float: %.4f\n", fErgebnis);
46:
47:     // Ergebnis = Berechnen (a, fB); // Das geht nicht!!!
48:
49:     return 0;
50: }
```

Bildschirmausgabe:

```
Ergebnis fuer int  : 200
Ergebnis fuer float: 39710.1172
```

Ein recht unspektakuläres Ergebnis, oder? Spektakulär ist allerdings die Vereinfachung, die man mit Templates hat. Gehen wir also das Listing mal durch. Los geht es in Zeile 13, die schon die ersten Neuerungen bietet. Zuerst kommt das Schlüsselwort `template`, das angibt, dass es sich bei der nachfolgenden Funktion (oder Klasse) um ein Template handelt. Egal ob man nun eine Funktion oder eine Klasse als Template erstellen will, das folgende `<class T>` muss immer dabei stehen. Dabei ist das `T` sozusagen die Schablone, die für den Datentyp verwendet wird. Es ist nicht zwingend, dass man ein `T` verwendet, man kann genauso gut `X`, `Datentyp` oder `Katzenfutter` hinschreiben, da es sich hier um einen Platzhalter handelt. Allerdings wird das `T` fast immer verwendet, weil sich das im Laufe der Zeit einfach so bewährt hat. Sobald das erledigt ist, kann man einfach überall in der folgenden Funktion das `T` als Datentyp verwenden.

Hinweis:

Oft sieht man bei der Verwendung von Templates statt des Schlüsselworts `class` auch das Schlüsselwort `typename`. Würde man statt `class` in diesem Beispiel `typename` verwenden, so wäre das Ergebnis das gleiche. In diesem Fall sind beide Schlüsselwörter identisch.

229

Zeile 14 zeigt dies nun, indem überall dort, wo normalerweise die altbekannten Datentypen stehen würden, eben das `T` steht (oder `X`, `Datentyp`, `Katzenfutter` oder was man auch immer verwendet). Das bedeutet also, dass der Compiler sowohl bei Rückgabetyp als auch bei den beiden Parametern den Datentyp verwendet, den wir beim Aufruf der Funktion angeben. Wie man in Zeile 16 sieht, kann man das `T` nun auch als Datentyp zum Deklarieren von Variablen verwenden. Genau das machen wir auch, um uns eine Zwischenvariable für das Ergebnis zu erzeugen. In Zeile 17 wird das Ergebnis nun berechnet und in Zeile 19 per `return` zurückgegeben.

In der `main`-Funktion werden zuerst einmal sechs Variablen erzeugt, drei davon vom Typ `int` und drei von Typ `float`. Diese brauchen wir ja, um die frisch gebackene Template-Funktion zu testen. Zeile 38 ruft nun die Funktion `Berechnen` auf und verwendet sowohl für den Rückgabewert als auch für die beiden Parameter Variablen des Datentyps `int`. Der Compiler „weiß" ja, dass es sich bei der Funktion `Berechnen` um ein Template handelt, und verwendet automatisch die richtigen Datentypen. Wenn nun Zeile 41 behandelt wird, so wird auch wieder automatisch der Typ `float` verwendet. Die Zeilen 44 und 45 geben nun die Ergebnisse auf dem Bildschirm aus, wodurch wir sehen können, dass unser Vorhaben tatsächlich geklappt hat.

Durch die Verwendung von Templates sparen wir uns das lästige Überladen von Funktionen und können auf Casting verzichten. Somit umgehen wir die oben genannten Nachteile, die überladene Funktionen in diesem Fall mit sich bringen würden. Natürlich bedeutet das nicht, dass man überladene Funktionen nicht mehr braucht. Es kommt eben immer auf den Anwendungsfall an.

Allerdings muss man auch hier gewisse Dinge beachten, damit man nicht in den Clinch mit dem Compiler gerät. Zeile 47 ist auskommentiert, da sie einen Compilerfehler erzeugen würde. Entferne den Kommentar und schau, was dann passiert. Es wird hier versucht, der Template-Funktion unterschiedliche Datentypen zu übergeben, was allerdings nicht funktioniert, da die Funktionsdeklaration das nicht vorsieht. Natürlich kann man bei Template-Funktionen auch mehrere Datentypen angeben, was dann etwa so ausschauen könnte:

```
template <class X, class Y>
Funktion (X Wert1, Y Wert2)
{
   // Berechnung durchführen
}
```

Man muss also nur für Klarheit sorgen und aufpassen, dass man nichts durcheinanderbringt. Der Compiler nimmt uns zwar eine Menge Arbeit ab, was uns aber nicht vom eigenen Denken befreit. Wenn man sich also Templates erstellt, muss immer klar sein, welche Datentypen in welcher Kombination eingesetzt werden können.

8.3.2   Template-Klassen

Wie bereits erwähnt, können Templates nicht nur für einfache Funktionen, sondern auch für Klassen verwendet werden. Die Syntax ist dabei im Grunde die gleiche, lediglich beim Erzeugen von Instanzen muss man bestimmte Dinge beachten. Auch hier erst mal wieder ein Beispiel:

Listing 8.4 Template-Klassen

```
01: // C++ für Spieleprogrammierer
02: // Listing 8.4
03: // Template-Klassen
04: //
05: #include <iostream>
06:
07: using namespace std;
08:
09: // Klassen
10: //
11: template <class T>
12: class CRaumschiff
13: {
14:   private:
15:
16:     // Membervariablen
17:     T m_Geschwindigkeit;
18:
19:   public:
20:
21:     // Memberfunktionen
22:     void Setze_Geschwindigkeit (T Geschwindigkeit)
23:     {
24:       m_Geschwindigkeit = Geschwindigkeit;
25:
26:       cout << "Neue Geschwindigkeit    : " << m_Geschwindigkeit;
27:       cout << endl;
28:     } // Setze_Geschwindigkeit
29:
30:     void Zeige_Daten ()
31:     {
32:       cout << "Aktuelle Geschwindigkeit: " << m_Geschwindigkeit;
33:       cout << endl;
34:     } // Zeige_Daten
35:
36: };
37:
38: // Hauptprogramm
39: //
40: int main ()
41: {
42:   // Variablen
43:   //
44:   CRaumschiff<int>   Spieler; // Ein Raumschiff für den Spieler
45:   CRaumschiff<float> Gegner;  // Ein Raumschiff für den Gegner
46:
47:   // Geschwindigkeit des Spielers setzen und anzeigen
48:   Spieler.Setze_Geschwindigkeit (1500);
49:   Spieler.Zeige_Daten ();
50:
51:   Gegner.Setze_Geschwindigkeit (960.95f);
52:   Gegner.Zeige_Daten ();
53:
54: }
```

Bildschirmausgabe:

```
Neue Geschwindigkeit    : 1500
Aktuelle Geschwindigkeit: 1500
Neue Geschwindigkeit    : 960.95
Aktuelle Geschwindigkeit: 960.95
```

Über den Sinn und Zweck dieses Beispiels lässt sich sicherlich streiten, aber wichtig ist ja nur, dass man sieht, wie man Templates und Klassen unter einen Hut bringt. Im Prinzip hat sich an der Syntax nicht viel geändert: Direkt über der Klassendeklaration findet man das Schlüsselwort `template` genauso vor, wie es schon bei den Template-Funktionen der Fall war. Auch hier dient das `T` sozusagen als Platzhalter für den später zu verwendenden Datentypen. Jetzt kann in der Parameterliste der Funktion `Setze_Geschwindigkeit` in den Zeilen 22 bis 28 das `T` auf die gleiche Weise verwendet werden, wie es schon im letzten Abschnitt gezeigt wurde.

Was jetzt neu hinzugekommen ist, ist die etwas veränderte Deklaration der beiden Instanzen `Spieler` und `Gegner` in den Zeilen 44 und 45. Bei genauerer Überlegung wird schnell deutlich, was hier passiert: Da man ja eine Instanz der Template-Klasse erzeugt, muss man dem Compiler auf irgendeine Weise mitteilen, welcher Datentyp für das `T` verwendet werden soll. Ansonsten wäre der Typ der Membervariablen `m_Geschwindigkeit` in Zeile 17 ja nicht definiert, was zu einem Compilerfehler führen würde. Deshalb muss beim Erzeugen von Instanzen der Datentyp explizit mit angegeben werden.

Sicherlich ist Dir aufgefallen, dass die Funktionen innerhalb der Klassendeklaration implementiert wurden, was ja, wie schon oft erwähnt, nicht unbedingt der beste Stil ist. Bei Template-Klassen gibt es allerdings ein Problem, wenn man beispielsweise versucht, die Deklaration und Definition in eine .hpp- und eine .cpp-Datei zu schreiben. Nimm einfach Listing 8.4 und definiere die Memberfunktionen außerhalb der Klasse. Als Belohnung gibt es einen Compilerfehler. Es gibt allerdings eine Möglichkeit, wie man das zumindest teilweise umgehen kann. Allerdings ist dazu eine nicht gerade schön zu lesende Syntax notwendig. Und folgendermaßen schaut das dann aus:

Listing 8.5 Template-Klassen in Header-Dateien

```
Datei: Listing_8_5.cpp

01: // C++ für Spieleprogrammierer
02: // Listing 8.5
03: // Template-Klassen in Header-Dateien
04: //
05: #include <iostream>
06: #include "Raumschiff.hpp"
07:
08: using namespace std;
09:
10: // Hauptprogramm
11: //
12: int main ()
13: {
14:     // Variablen
15:     //
```

```
16:    CRaumschiff<int>   Spieler; // Ein Raumschiff für den Spieler
17:    CRaumschiff<float> Gegner;  // Ein Raumschiff für den Gegner
18:
19:    // Geschwindigkeit des Spielers setzen und anzeigen
20:    Spieler.Setze_Geschwindigkeit (1500);
21:    Spieler.Zeige_Daten ();
22:
23:    Gegner.Setze_Geschwindigkeit (960.95f);
24:    Gegner.Zeige_Daten ();
25:
26: }
```

Datei: Raumschiff.hpp

```
01: template <class T>
02: class CRaumschiff
03: {
04:   private:
05:
06:     // Membervariablen
07:     T m_Geschwindigkeit;
08:
09:   public:
10:
11:     // Memberfunktionen
12:     void Setze_Geschwindigkeit (T Geschwindigkeit);
13:     void Zeige_Daten ();
14:
15: };
16:
17: // Setze_Geschwindigkeit
18: //
19: // Aufgabe: Neue Geschwindigkeit für das Raumschiff festlegen
20: //
21: template <class T>
22: void CRaumschiff<T>::Setze_Geschwindigkeit (T Geschwindigkeit)
23: {
24:   m_Geschwindigkeit = Geschwindigkeit;
25:
26:   cout << "Neue Geschwindigkeit     : " << m_Geschwindigkeit;
27:   cout << endl;
28: } // Setze_Geschwindigkeit
29:
30: // Zeige_Daten
31: //
32: // Aufgabe: Daten des Raumschiffes anzeigen
33: //
34: template <class T>
35: void CRaumschiff<T>::Zeige_Daten ()
36: {
37:   cout << "Aktuelle Geschwindigkeit: " << m_Geschwindigkeit;
38:   cout << endl;
39: } // Zeige_Daten
```

Bildschirmausgabe:

```
Neue Geschwindigkeit     : 1500
Aktuelle Geschwindigkeit: 1500
Neue Geschwindigkeit     : 960.95
Aktuelle Geschwindigkeit: 960.95
```

An der `main`-Funktion hat sich nichts geändert, außer dass eben die Datei `Raum-schiff.hpp` eingebunden wurde. Auch an der Funktionsweise des Programms hat sich nichts geändert.

Wie man sieht, ist etwas zusätzlicher Schreibaufwand nötig, um die Memberfunktionen außerhalb der Klassendeklaration zu definieren. Man muss nun also vor jede Funktion noch den Term `template <class T>` schreiben, damit es nicht zu einem Compilerfehler kommt. Weiterhin muss man zwischen dem Klassennamen und den beiden Doppelpunkten auch noch das `<T>` schreiben, damit die Funktion richtig erkannt wird. Das ist zwar nun etwas mehr Tipparbeit und auch etwas schwieriger zu lesen, macht aber den Nachteil wieder wett, den man hat, wenn man die Memberfunktionen direkt in der Klassendeklaration definiert. Allerdings gibt es hier einen sehr wichtigen Punkt zu beachten: Es ist nicht möglich, die Funktionsdefinitionen in eine separate .cpp-Datei zu schreiben. Man hat nur drei Möglichkeiten zur Verfügung, wie man den Code aufbauen kann. Man kann ihn, wie in Listing 8.4 gezeigt, so halten, dass man die Funktionen direkt innerhalb der Klassendeklaration definiert oder aber, wie in Listing 8.5 gezeigt, eben in einer Header-Datei aufteilt. Die dritte Möglichkeit besteht darin, dass man sich beispielsweise eine Datei mit der Endung .inl (steht für Inline) erstellt und dort sämtliche Memberfunktionen hineinschreibt. Diese Datei kann man dann per `#include` direkt nach der Klassendeklaration einbinden.

Hinweis:

Deklaration und Definition von Template-Klassen lassen sich nicht in separaten .hpp- und .cpp-Dateien unterbringen. Ein Compilerfehler ist die Folge. Man kann sich allerdings mit dem Trick weiterhelfen, die Definitionen in eine separate Datei zu schreiben und diese per `#include` direkt nach der Klassendeklaration einzubinden.

Templates sind ein sehr wichtiger Punkt bei der Programmierung mit C++, da sie in vielen Situationen eine enorme Erleichterung bringen können. Im nächsten Abschnitt werden Templates zum Erstellen einer sogenannten Singleton-Klasse verwendet. Wenn Du also noch Schwierigkeiten mit diesem Thema haben solltest, dann arbeite diesen Abschnitt noch einmal durch, da es für den nächsten Abschnitt unerlässlich ist, den Umgang mit Templates zu beherrschen.

8.4 Singletons

Eine weitere, großartige Technik, um sich Arbeit zu sparen, sind sogenannte Singletons. Um zu verstehen, was das ist und wie es uns hilft, versetzen wir uns jetzt ein bisschen in der Zeit nach vorne und stellen uns dabei vor, wir hätten bereits ein Spiel programmiert. Nachdem wir uns an diese coole Vorstellung gewöhnt haben, stellen wir uns zusätzlich vor, dass es im Spiel noch einige Fehler gibt, die aber schwer zu finden sind, und schon ist das Ganze nicht mehr so cool. Also schreiben wir uns eine sogenannte Logfile-Klasse (dazu kommen wir später noch). Eine solche Logfile-Klasse erlaubt es, während des Programmablaufes Statusmeldungen, Inhalte von Variablen und vieles mehr in eine Datei zu schreiben: das Logfile. Später bauen wir uns noch so eine Klasse, aber da wir ja gerade einen kleinen Zeitsprung vollzogen haben, sind wir schon im Besitz dieser Klasse. Jetzt stellt sich allerdings ein kleines Problem. Wenn wir eine Instanz des Logfiles erzeugen, so müssen wir diese Instanz in jeder .cpp-Datei, in der wir sie verwenden wollen, natürlich auch irgendwie bereitstellen. Dazu haben wir bisher zwei Möglichkeiten: Entweder übergeben wir einen Zeiger auf die Logfile-Instanz von Klasse zu Klasse, oder wir verwenden das Schlüsselwort `extern`. Die erste Lösung schreit förmlich nach Overkill und viel zu viel unnötiger Arbeit. Die zweite Variante ist nicht gerade das, was man guten Codestil nennen könnte, da eine globale Variable im Spiel ist.

Dieses Problem tritt im Grunde überall dort auf, wo wir nur eine einzige Instanz einer Klasse haben, diese aber immer auf eine der eben beschriebenen Möglichkeiten weiterreichen müssen, damit diese auch wirklich überall verfügbar ist. Genau hier kommen Singletons ins Spiel, die eine wunderbare Möglichkeit sind, um einzelne Klasseninstanzen überall auf einfache Weise verfügbar zu machen, ohne dass man eine globale Variable dazu verwenden muss, geschweige denn einen Zeiger auf die Instanz weiterreichen zu müssen.

8.4.1 Eine Klasse für Singletons

Es gibt mehrere Möglichkeiten, diese Singletons umzusetzen. Hier beschränken wir uns allerdings nur auf eine Lösung, die meiner Meinung nach eine der einfachsten und außerdem universell einsetzbar ist. Den folgenden Code kannst Du also einfach in jedes bestehende Projekt einfügen. Der Code wird allerdings erst nach der Erklärung in ein richtiges Programm eingebaut:

Listing 8.6 Singletons

```
01: #ifndef TSINGLETON
02: #define TSINGLETON
03:
04: template <class T>
05: class TSingleton
06: {
07:   protected:
08:
09:     // Membervariablen
10:     static T *m_pSingleton;    // Statisches Objekt
11:
12:   public:
13:
14:     // Memberfunktionen
15:
16:     // Destruktor
17:     //
18:     virtual ~TSingleton ()
19:     {
20:     }
21:
22:     // Get
23:     //
24:     // Aufgabe: Wenn nötig, statisches Objekt erzeugen und
25:     // Zeiger darauf zurückgeben
26:     //
27:     inline static T* Get ()
```

```
28:        {
29:           // Existiert schon eine Instanz?
30:           if (!m_pSingleton)
31:             m_pSingleton = new T;    // Nein, dann neue Instanz erzeugen
32:
33:             // Zeiger auf die Instanz zurückgeben
34:             return (m_pSingleton);
35:
36:        } // Get
37:
38:        // Statisches Objekt freigeben
39:        //
40:        static void Del ()
41:        {
42:           // Gab es eine Instanz?
43:           if (m_pSingleton)
44:           {
45:             delete (m_pSingleton);   // Ja, dann freigeben
46:             m_pSingleton = NULL;     // und Zeiger auf NULL setzen
47:           }
48:
49:        } // Del
50:
51: };
52:
53: // Die statische Variable erzeugen
54: //
55: template <class T>
56: T* TSingleton<T>::m_pSingleton = 0;
57:
58: #endif
```

So wenige Zeilen, so viel Leistung und so viel zu erklären. Doch bevor wir dieses etwas kryptische Listing Zeile für Zeile durchgehen, erst einmal ein paar Worte zur Funktion dieses Codes. Zweck dieser Template-Klasse ist es, einen einzelnen Zeiger auf eine Instanz zu speichern. Falls diese Instanz noch nicht existiert, so wird sie erzeugt. Es handelt sich hier also um eine Klasse, die eine Instanz einer beliebigen anderen Klasse erzeugt und diese dann speichert, damit sie weiterverwendet werden kann. Wenn wir also eine Klasse haben, von der wir nur eine einzige Instanz benötigen, so ist diese hier vorgestellte Singleton-Klasse sozusagen ein kleines Verbindungsstück, über das wir später auf die eigentlich zu verwendende Klasse zugreifen werden. Wie man diese Klasse anwendet und welchen Vorteil sie uns bringt, sehen wir dann im nächsten Beispiel. Jetzt also erst zur Erklärung des Codes:

In den ersten beiden Zeilen werden die Präprozessor-Direktiven #ifndef und #define verwendet, um möglichen Mehrfachdeklarationen vorzubeugen, falls die Header-Datei an mehreren Stellen eingebunden wird. In Zeile 58 findet man das zugehörige #endif. Wie man in den Zeilen 4 und 5 sehen kann, handelt es sich um eine Template-Klasse, die den Namen TSingleton trägt. Das T im Namen soll hier noch mal deutlich machen, dass es sich um ein Template handelt.

Das Schlüsselwort protected in Zeile 4 lässt vermuten, dass es wohl geplant ist, dass diese Klasse als Basisklasse dienen wird, von der man später ableiten kann. In der Tat werden wir sämtliche Klassen, die später nur eine einzige Instanz haben sollen, von dieser Klasse ableiten. Genau aus diesem Grund gibt es einen virtuellen Destruktor in den Zeilen 18 bis

20, der momentan noch leer ist und es in diesem Buch auch bleiben wird. Die einzige nötige Membervariable, m_pSingleton, findet man in Zeile 10. Diese wird den Zeiger auf die Instanz der betreffenden Klasse speichern. Da man ja nur eine einzige Instanz speichern muss, ist es sinnvoll, diese Membervariable statisch zu halten. Da man statische Membervariablen ja noch außerhalb der Klasse erzeugen muss, wird das gleich in den Zeilen 55 und 56 getan.

Die Funktion Get in den Zeilen 27 bis 36 ist nun für die zwei möglichen Fälle konzipiert, die auftreten können: In Zeile 30 wird geprüft, ob bereits eine Instanz erzeugt wurde. Falls das nicht der Fall ist, wird diese in Zeile 31 erzeugt. In Zeile 34 wird dann der Zeiger auf die Instanz per return zurückgegeben. Das bedeutet, dass beim ersten Aufruf von Get eine neue Instanz erzeugt wird, bei allen weiteren Aufrufen existiert diese Instanz somit schon, und es wird einfach der Zeiger zurückgeliefert.

Die Zeilen 40 bis 49 definieren nun die Funktion Del, die für das Zerstören der Instanz zuständig ist. Irgendwann geht auch mal das schönste Programm zu Ende, und sämtlicher reservierter Speicher muss freigegeben werden, es sei denn, man möchte gerne Memory-Leaks erzeugen. Deshalb wird beim Aufruf dieser Funktion sicherheitshalber erst geprüft, ob eine Instanz existiert. Wenn das der Fall ist, wird diese mittels des Schlüsselwortes delete freigegeben und der Zeiger auf NULL gesetzt.

8.4.2 Einsatz von Singletons

Wahnsinn, jetzt haben wir eine tolle Klasse und haben sie noch nicht in Aktion gesehen, nicht gerade sehr erbaulich. Dann also nichts wie los und einen Anwendungsfall dafür programmiert. Auch hier wieder zuerst der Quelltext, dann die Erklärung:

Listing 8.7 Einsatz von Singletons

```
01: // C++ für Spieleprogrammierer
02: // Listing 8.7
03: // Einsatz von Singletons
04: //
05: #include <iostream>
06: #include "Singleton.hpp"
07:
08: using namespace std;
09:
10: // Klassen
11: //
12: class CLogfile : public TSingleton<CLogfile>
13: {
14:   public:
15:
16:     // Memberfunktionen
17:
18:     // Konstruktor
19:     //
20:     CLogfile ()
21:     {
22:       cout << "Neues Logfile wurde erstellt." << endl;
23:     } // Konstruktor
24:
25:     // Destruktor
```

```
26:      //
27:      ~CLogfile ()
28:      {
29:        cout << "Logfile wurde geschlossen." << endl;
30:      } // Destruktor
31:
32:      // Pseudo-Funktion
33:      void Statusmeldung ()
34:      {
35:        cout << "Status wird ins Logfile geschrieben\n";
36:      } // Statusmeldung
37: };
38: };
39:
40: // Eine beliebige Funktion
41: void Funktion ()
42: {
43:    // Eine Statusmeldung ins Logfile schreiben
44:    CLogfile::Get()->Statusmeldung ();
45:
46: } // Funktion
47:
48: // Hauptprogramm
49: //
50: int main ()
51: {
52:    // Eine beliebige Funktion aufrufen
53:    Funktion ();
54:
55:    // Logfile schließen
56:    CLogfile::Del ();
57:
58:    return 0;
59: };
```

Bildschirmausgabe:

```
Neues Logfile wurde erstellt.
Status wird ins Logfile geschrieben
Logfile wurde geschlossen.
```

Was wir hier haben, ist sozusagen ein Vorläufer der Logfile-Klasse, die wir später noch richtig implementieren werden. Bisher beschränkt sich das Ganze auf einen Konstruktor, einen Destruktor und eine Pseudo-Funktion, die so tut, als könnte sie was.

In Zeile 12 sieht man nun, dass die Logfile-Klasse von der Singleton-Klasse erbt. Da es sich bei der Singleton-Klasse allerdings um ein Template handelt, muss natürlich der gewünschte Typ mit angegeben werden, und das ist in diesem Fall die Logfile-Klasse selbst. Der Rest der Klasse ist recht unspektakulär, da es sich nur um einfache Textausgaben handelt, die anzeigen sollen, wann welche Memberfunktion aufgerufen wurde.

In den Zeilen 41 bis 46 findet man eine Funktion, die einfach nur den Zweck hat zu zeigen, dass man durch die Verwendung eines Singletons keine Klasseninstanzen mehr per Zeiger oder globalen Variablen hin und her reichen muss. In dieser Funktion wird die Memberfunktion Statusmeldung der Klasse CLogfile aufgerufen. Wie man sieht, gestaltet sich dieser Aufruf ein wenig komplexer. Schaut man sich diesen Aufruf etwas genauer an, so stellt man fest, dass es hier nichts gibt, was noch nicht besprochen wurde. Durch die beiden Doppelpunkte erlangt man direkten Zugriff auf Memberfunktionen und Membervariablen. Wir greifen hier also direkt auf die Funktion `Get` zu. Diese liefert ja einen Zeiger auf die Klasseninstanz zurück. Somit können wir diesen Term (`CLogfile::Get ()`) so verwenden, als hätten wir direkt einen Zeiger verwendet. Also kann man den Zugriffsoperator `->` gleich an dieser Stelle benutzen, um auf die Memberfunktion `Statusmeldung` der Klasse `CLogfile` zuzugreifen. Diese Schreibweise ist allerdings etwas umständlich, vor allem wenn man sie öfter verwenden muss. Später, wenn wir die Logfile-Klasse richtig implementieren, wird ein kleiner Trick gezeigt, wie man sich diese Schreibarbeit etwas einfacher machen kann.

In der `main`-Funktion wird nun in Zeile 53 die oben erklärte Funktion aufgerufen. Da zu diesem Zeitpunkt noch keine Instanz vorhanden ist, erzeugt die `Get`-Funktion eine solche und speichert den Zeiger in der Membervariablen `m_pSingleton`, den sie noch per `return` zurückliefert.

In Zeile 56 wird die Memberfunktion `Del` der Klasse `TSingleton` aufgerufen, um die Instanz freizugeben. Damit ist dieses kleine Programm schon beendet, das die Anwendung von Singletons demonstrieren soll.

Wir haben jetzt also die Möglichkeit, in jeder .cpp-Datei auf das Logfile zuzugreifen, ohne dass wir dazu irgendwelche Zeiger übergeben müssen oder auf globale Variablen angewiesen sind. Wir müssen nur dafür sorgen, dass immer die richtigen Header-Dateien eingebunden werden. Alles in allem also eine sehr praktische Sache, da man die Datei Singleton.hpp nur ein einziges Mal schreiben muss und sie dann immer wieder verwenden kann.

8.5 Dateien: Ein- und Ausgabe

Wir haben uns jetzt mit einer ganzen Menge an Möglichkeiten beschäftigt, wie wir verschiedene Dinge speichern können. Wir haben Variablen kennengelernt, Instanzen von Klassen, Zeiger und den Heap. Das ist zwar alles gut und schön, aber leider nicht dauerhaft. Was bisher noch nicht besprochen wurde, ist die Verwaltung von Daten in Dateien. Fast jedes Spiel verfügt über eine Highscore-Liste und speichert seine Leveldaten in Dateien. Außerdem muss man seinen Spielstand auch irgendwie speichern können. Glücklicherweise gibt es eine sehr einfache Möglichkeit, beliebige Daten in Dateien zu speichern.

8.5.1 Werte in eine Datei schreiben und auslesen

Wie schon so oft, gibt es auch hier mehr als nur eine einzige Lösung, wie man Daten in Dateien schreiben und sie wieder lesen kann. Wir werden hier mit Streams arbeiten, die am gebräuchlichsten und am einfachsten zu verwenden sind. Und hier das erste Beispiel dazu:

Listing 8.8 Dateien: Ein- und Ausgabe

```
01: // C++ für Spieleprogrammierer
02: // Listing 8.8
```

```
03: // Dateien: Ein- und Ausgabe
04: //
05: #include <iostream>
06: #include <fstream>
07:
08: using namespace std;
09:
10: // Hauptprogramm
11: //
12: int main ()
13: {
14:    // Variablen
15:    //
16:    int Highscore = 0;
17:
18:    // Aktuellen Highscore abfragen
19:    cout << "Wie hoch ist der Highscore: ";
20:    cin >> Highscore;
21:
22:    // Datei zum Schreiben öffnen und Highscore hineinschreiben
23:    ofstream Output ("Highscore.hsc", ios::binary);
24:    Output.write ((char*) &Highscore, sizeof (Highscore));
25:
26:    // Datei schließen
27:    Output.close ();
28:
29:    // Neues Spiel, neues Glück. Highscore zurücksetzen
30:    Highscore = 0;
31:
32:    // Datei zum Lesen öffnen und Highscore auslesen
33:    ifstream Input ("Highscore.hsc", ios::binary);
34:    Input.read ((char*) &Highscore, sizeof (Highscore));
35:
36:    // Datei schließen
37:    Input.close ();
38:
39:    // Highscore ausgeben
40:    cout << "Highscore aus der Datei: " << Highscore;
41:    cout << endl;
42:
43:    return 0;
44: }
```

Bildschirmausgabe:

```
Wie hoch ist der Highscore: 98750
Highscore aus der Datei: 98750
```

Dieses Beispiel dient dazu, einen bestimmten Highscore in eine Datei zu schreiben, damit dieser Wert beim nächsten Start des Spiels wieder verfügbar ist.

In Zeile 6 gibt es auch schon die erste Neuerung: Hier wird die Datei fstream eingebunden, die nötig ist, um Zugriff auf die Funktionen zu haben, mit denen wir Dateien bearbeiten können. Bis zur Zeile 20 ist alles ein alter Hut, da wir hier nur den erreichten Highscore abfragen, der später gespeichert werden soll. Richtig los geht es erst in Zeile 23. Um Dateien zu erstellen und darauf (schreibend oder lesend) zugreifen zu können, müssen wir ein sogenanntes Stream-Objekt erzeugen, was wir hier auch tun. Dabei muss man zwischen zwei verschiedenen Objekten unterscheiden: ofstream und ifstream. Möchte man in Dateien schreiben, so verwendet man ofstream, zum Lesen dann entsprechend ifstream. Es ist nicht schwer zu erraten, dass das „*i*" dabei für *input* und das „*o*" für *output* steht. Das erzeugte ofstream- oder ifstream-Objekt kann man benennen, wie man möchte (genauso wie man ja Instanzen von Klassen benennen kann, wie man will). Hier wurde sinnigerweise „Output" als Name gewählt. Direkt beim Erstellen des Objektes werden zwei Parameter an den Konstruktor übergeben: der gewünschte Dateiname und spezielle Flags, wie die Datei behandelt werden soll. Für die Endung des Dateinamens kann man verwenden, was man möchte. Es gibt keine speziellen Vorschriften, wie diese Dateiendung ausschauen muss. In diesem Beispiel wurde *.hsc* gewählt, was eine Abkürzung für „*Highscore*" darstellt.

Das Flag ios::binary sagt aus, dass wir eine Binärdatei haben möchten. Das bedeutet, dass Werte, die hineingeschrieben werden, auch wirklich als Byte-Werte geschrieben werden. Würden wir statt einer Binärdatei eine Textdatei verwenden, so würden beispielsweise Inhalte von Variablen direkt als Text geschrieben (je nachdem, wie man sie in die Datei schreibt, bei der Funktion write wäre das beispielsweise trotzdem nicht der Fall). Schreibt man z.B. den Inhalt einer Variablen, die den Wert 123456 hat, in eine solche Textdatei, dann kann man diesen Wert mit jedem Textverarbeitungsprogramm sofort lesen. Das kostet natürlich mehr Platz. Wenn man eine Binärdatei verwendet, so kann man die dort hineingeschriebenen Werte mit einem normalen Textverarbeitungsprogramm nicht mehr erkennen. Welche Flags es noch gibt und was sie bedeuten, wird später noch erklärt.

Wenn man keine weiteren Flags verwendet, so wird die Datei erzeugt, wenn sie noch nicht existiert. Zeile 23 erzeugt also die Datei *Highscore.hsc* in unserem Arbeitsverzeichnis. Würde man die kompilierte, ausführbare .exe-Datei in ein anderes Verzeichnis kopieren und dort ausführen, so würde die Datei *Highscore.hsc* im gleichen Verzeichnis erstellt, in dem sich auch die .exe-Datei befindet. Achte also darauf, wenn Du mit dem Beispiel experimentierst und öfter einen neuen Namen verwendest, da jedes Mal eine neue Datei erstellt wird. Wenn die Datei allerdings schon existiert, so wird sie einfach überschrieben und ihr gesamter vorheriger Inhalt gelöscht.

Nachdem in den Zeilen 19 und 20 der aktuelle Wert des Highscore abgefragt wird, wird dieser in Zeile 24 in die Datei geschrieben. Die dabei verwendete, zum Stream-Objekt gehörende Funktion write schaut auf den ersten Blick etwas kompliziert aus, ist es aber bei genauerer Betrachtung nicht. Diese Funktion erwartet als ersten Parameter die Adresse, an der die zu schreibenden Daten im Speicher stehen. Allerdings erwartet die Funktion einen Zeiger des Datentyps char. Wir wollen jedoch ein Integer in die Datei schreiben, weshalb wir dessen Adresse in einen char-Zeiger casten müssen. Natürlich braucht die Funktion auch die Angabe, wie groß das zu schreibende Objekt ist. Das kann man ja bekanntlich einfach mit den Schlüsselwort sizeof herausfinden. Mit diesen Informationen kann diese Funktion nun die gewünschten Daten in die Datei schreiben. Man könnte natürlich jetzt noch mehr Variablen erzeugen und diese ebenfalls auf die gleiche Weise in die Datei schreiben. Sie würden dann einfach direkt angehängt.

Was sehr wichtig ist und nicht vergessen werden sollte, ist das Schließen der Datei, wenn man mit dem Schreiben beziehungsweise Lesen fertig ist. Wird es dennoch vergessen, so kann nicht sichergestellt werden, dass alle Daten korrekt geschrieben wurde oder die Datei unbeschädigt ist. Deshalb sollte man beim Schreiben des Programms am besten gleich, nachdem man sein Stream-Objekt erstellt hat, dessen `close`-Funktion aufrufen, so wie es in Zeile 27 gemacht wird.

Natürlich bringt es nicht viel, Daten in Dateien zu schreiben, wenn man sie nicht irgendwann auch wieder ausliest. Das Auslesen funktioniert dabei genauso einfach wie schon das Schreiben. Bevor wir nun allerdings unseren Highscore wieder auslesen, setzen wir ihn in Zeile 30 auf 0 zurück, damit man hinterher sehen kann, ob das Auslesen wirklich funktioniert hat. In Zeile 33 erzeugen wir uns nun ein `ifstream`-Objekt, das zum Auslesen von Dateien verwendet wird. Dabei gehen wir genauso vor wie schon beim `ofstream`-Objekt, indem wir den Dateinamen und ein Flag als Parameter übergeben. In Zeile 34 wird nun die Funktion `read` des `ifstream`-Objektes aufgerufen, um Daten aus der Datei auszulesen. Das funktioniert glücklicherweise genauso einfach wie das Schreiben, auch hier muss wieder in einen `char`-Zeiger gecastet werden, damit alles seine Richtigkeit hat. Zum Schluss wird noch in Zeile 37 die Datei geschlossen, so wie es sich gehört.

In den Zeilen 40 und 41 wird schließlich noch der Inhalt der Variablen `Highscore` ausgegeben, um zu beweisen, dass dieser Wert korrekt aus der Datei ausgelesen wurde.

8.5.2 So viel Zeit muss sein: Fehlerabfrage

Das letzte Beispiel funktioniert zwar und verrichtet seine Arbeit ganz so, wie es soll, aber eine entscheidende Sache fehlt noch: die Fehlerabfrage. Natürlich kann es immer mal vorkommen, dass eine Datei nicht korrekt geöffnet werden kann, beispielsweise weil man einen falschen Dateinamen angegeben hat oder versucht, in eine schreibgeschützte Datei zu schreiben. Fängt man diese Fehler nicht ab, so erhält man die tollsten Resultate, nur eben nicht die, die man erwartet. Aus diesem Grund sollte man sich die Mühe machen und eine kleine Abfrage einbauen, die prüft, ob das Öffnen funktioniert hat. Wie einfach das ist, zeigt folgendes Beispiel:

Listing 8.9 Dateien: Fehlerabfrage

```
01: // C++ für Spieleprogrammierer
02: // Listing 8.9
03: // Dateien: Fehlerabfrage
04: //
05: #include <iostream>
06: #include <fstream>
07:
08: using namespace std;
09:
10: // Hauptprogramm
11: //
12: int main ()
13: {
14:    // Variablen
15:    //
16:    int Highscore = 0;
17:
18:    // Datei zum Lesen öffnen und Highscore auslesen
19:    ifstream Input ("Highscore.shc", ios::binary);
20:
```

```
21:    if (Input == NULL)
22:    {
23:       cout << "Datei konnte nicht geoeffnet werden." << endl;
24:    }
25:    else
26:    {
27:       Input.read ((char*) &Highscore, sizeof (Highscore));
28:
29:       // Highscore ausgeben
30:       cout << "Highscore aus der Datei: " << Highscore;
31:       cout << endl;
32:    }
33:
34:    // Datei schließen
35:    Input.close ();
36:
37:    return 0;
38: }
```

Bildschirmausgabe:

```
Datei konnte nicht geoeffnet werden.
```

Dieses Beispiel ähnelt sehr stark dem vorigen, nur dass keine Datei zum Schreiben geöffnet wird, sondern ausschließlich zum Lesen. Dabei wurde „versehentlich" die Dateiendung mit *.shc* statt mit *.hsc* angegeben, was zweifelsfrei zu einem Fehler führen wird. Wie leicht es ist festzustellen, ob etwas schiefgelaufen ist, zeigt Zeile 21. Wenn eine Datei nicht korrekt geöffnet werden konnte, so ist das Stream-Objekt NULL. Man macht also eine simple if-Abfrage, ob das Stream-Objekt richtig erzeugt wurde oder nicht. Generell sollte man diese Abfrage immer einbauen, wenn man mit Dateien arbeitet.

8.5.3   Instanzen von Klassen in Dateien schreiben

Wenn man eine große Struktur oder Klasse mit vielen Membervariablen hat, ist es ja recht mühsam, wenn man jedes einzelne Element mit write in eine Datei schreiben und dann per read wieder auslesen müsste. Das geht zwar, ist aber erstens umständlich und zweitens nicht gerade die beste Lösung, wenn irgendwann neue Membervariablen hinzukommen. Natürlich muss klar sein, dass man darauf achten muss, welche Version eine Datei hat. Wenn man etwas am Format ändert (also beispielsweise den Inhalt von einer Klasse erweitert), so hat man logischerweise ein neues Fileformat, und die älteren Versionen werden Probleme machen, wenn man sie einliest. Glücklicherweise ist es möglich, ganze Objekte (sprich Klasseninstanzen) auf einen Rutsch in eine Datei zu schreiben beziehungsweise wieder auszulesen. Schau Dir dazu das folgende Beispiel an:

Listing 8.10 Instanzen in Dateien schreiben und auslesen

```
01: // C++ für Spieleprogrammierer
02: // Listing 8.10
03: // Dateien: Instanzen in Dateien schreiben und auslesen
04: //
```

```
05: #include <iostream>
06: #include <fstream>
07:
08: using namespace std;
09:
10: // Klassen
11: //
12: class CRaumschiff
13: {
14:    // Membervariablen der Einfachheit wegen öffentlich
15:    public:
16:
17:       int Energie;
18:       int Farbe;
19:       int Team;
20:       float Geschwindigkeit;
21:
22: };
23:
24: // Hauptprogramm
25: //
26: int main ()
27: {
28:    // Variablen
29:    //
30:    CRaumschiff Spieler;    // Ein Raumschiff für den Spieler
31:
32:    // Ein paar Startwerte festlegen
33:    Spieler.Energie = 1000;
34:    Spieler.Farbe = 3;
35:    Spieler.Team = 1;
36:    Spieler.Geschwindigkeit = 250.35f;
37:
38:    // Datei zum Schreiben öffnen
39:    ofstream Output ("Spielstand.sps", ios::binary);
40:
41:    if (Output == NULL)
42:    {
43:      cout << "Datei konnte nicht geoeffnet werden." << endl;
44:
45:      // Mit Fehler zurück
46:      return 3;
47:    }
48:
49:    // Instanz in die Datei schreiben
50:    Output.write ((char *) &Spieler, sizeof (Spieler));
51:
52:    // Datei schließen
53:    Output.close ();
54:
55:    // Daten des Raumschiffes wieder löschen
56:    Spieler.Energie = 0;
57:    Spieler.Farbe = 0;
58:    Spieler.Team = 0;
59:    Spieler.Geschwindigkeit = 0.0f;
60:
61:    // Datei zum Lesen öffnen
62:    ifstream Input ("Spielstand.sps", ios::binary);
63:
64:    if (Input == NULL)
65:    {
66:      cout << "Datei konnte nicht geoeffnet werden." << endl;
67:
68:      // Mit Fehler zurück
69:      return 3;
70:    }
71:
72:    // Instanz aus der Datei lesen
73:    Input.read ((char *) &Spieler, sizeof (Spieler));
74:
```

```
75:     // Werte ausgeben
76:     cout << "Energie        : " << Spieler.Energie << endl;
77:     cout << "Farbe          : " << Spieler.Farbe << endl;
78:     cout << "Team           : " << Spieler.Team << endl;
79:     cout << "Geschwindigkeit: " << Spieler.Geschwindigkeit << endl;
80:
81:     // Datei schließen
82:     Input.close ();
83:
84:     return 0;
85: }
```

Bildschirmausgabe:

```
Energie        : 1000
Farbe          : 3
Team           : 1
Geschwindigkeit: 250.35
```

In diesem Beispiel wurde eine ganz einfache Klasse ohne Memberfunktionen erstellt, deren Membervariablen der Einfachheit wegen öffentlich gehalten wurden. In Zeile 30 wird eine Instanz dieser Klasse erstellt und in den Zeilen 33 bis 36 mit ein paar beliebigen Werten initialisiert. Als Nächstes wird die Datei *Spielstand.sps* geöffnet (die ja automatisch erstellt wird, falls sie noch nicht existiert) und danach geprüft, ob alles glattging. Wie bereits zu Anfang des Buches erwähnt, gibt die `main`-Funktion den Wert 0 zurück, wenn alles korrekt funktioniert hat. Wenn trotzdem ein Fehler auftaucht, kann man einen sogenannten *Error-Code* (Fehlercode) zurückgeben, dessen Wert man selbst bestimmen kann. Für uns ist das eigentlich unwichtig, da dieser Error-Code nur dann zum Tragen kommt, wenn er auch geprüft wird. Trotzdem geben wir im Falle eines Fehlers den Wert 3 zurück. Würde man diesen Wert nun prüfen (etwa aus einer Batch-Datei heraus), so könnte man festlegen, dass die 3 bedeutet, dass ein io-Fehler stattgefunden hat, und eine entsprechende Meldung ausgeben.

Wenn das Öffnen der Datei richtig funktioniert hat, so wird in Zeile 50 die Instanz in die Datei geschrieben und in Zeile 53 die Datei wieder geschlossen. Wie man sehen kann, macht es für die `write`-Funktion keinen Unterschied, ob man nun eine einfache `float`-Variable oder eine ganze Instanz verwendet, solange man nicht vergisst, diese in einen `char`-Zeiger zu casten.

Da wir ja von Grund auf misstrauisch sind und nicht einfach alles glauben, was hier steht, prüfen wir natürlich sofort nach, ob die Instanz auch wirklich komplett in die Datei geschrieben wurde. Dazu setzen wir einfach alle Membervariablen der Instanz auf 0, öffnen die Datei erneut und lesen die Instanz aus. Danach geben wir sämtliche Werte auf dem Bildschirm aus. Und siehe da: Es funktioniert tatsächlich so einfach, wie es versprochen wurde.

8.5.4   Weitere Flags und ihre Bedeutung

Für den zweiten Parameter der `write`- beziehungsweise `read`-Funktion haben wir ja bisher immer nur das Flag `ios::binary` verwendet. Wie bereits erwähnt, gibt es noch weitere Flags, mit denen sich tolle Sachen anstellen lassen. Schauen wir uns mal einige der wichtigsten davon an. Natürlich kann man auch mehrere Flags auf einmal verwenden, indem man sie einfach mit einem logischen *Oder* verknüpft (beispielsweise `ios::binary | ios::app`). Alle weiteren Flags findest Du in der MSDN.

ios::binary

Dieses Flag bestimmt, dass es sich bei der Datei um eine Binär-Datei handelt. Werte, die hineingeschrieben werden, werden nicht als Klartext, sondern als Bytecode geschrieben. Die Werte können nicht mit einem Texteditor eingesehen werden. Standardmäßig ist der Textmode eingestellt, wenn man dieses Flag nicht verwendet.

ios::nocreate

Wenn noch keine Datei mit dem betreffenden Dateinamen existiert, wird diese standardmäßig automatisch erstellt. Verwendet man jedoch dieses Flag, so wird keine Datei erstellt, und sämtliche Zugriffe schlagen somit fehl. Allerdings muss man beachten, dass dieses Flag nicht zum Standard gehört, was bedeutet, dass nicht jeder Compiler es auch wirklich unterstützt. Falls es nicht unterstützt wird, kann man beispielsweise versuchen, die Datei zuerst mit einem `ifstream`-Objekt zu öffnen und dann das Resultat auszuwerten.

ios::app

Wenn man dieses Flag verwendet, so werden alle Daten, die in die Datei geschrieben werden (sofern diese natürlich vorhanden ist), einfach ans Ende der Datei angehängt. Wenn das File bereits existiert, wird dessen Inhalt also nicht überschrieben.

8.6   Eine nützliche Logfile-Klasse

Vorhin wurde ja schon gesagt, dass wir in diesem Kapitel noch eine ganze Logfile-Klasse implementieren werden. Nun ist es also so weit, und es liegt ein ganzes Stück Arbeit vor uns. Das Resultat kann sich aber sehen lassen und wird sich bei größeren Projekten als wirklich nützlich erweisen. Die hier vorgestellte Logfile-Klasse kannst Du in Deinen eigenen Projekten gerne verwenden und sie auch erweitern, wenn Du möchtest. Zugegeben, für die kleinen Beispiele in diesem Buch braucht man nicht wirklich ein Logfile, aber später, bei den ersten richtigen Spielen, ist eine solche Klasse unverzichtbar. Verwendet man kein Logfile, programmiert man quasi „blind", denn wenn das Spiel bei einem Tester abstürzt, hat dieser keine Möglichkeit, Dir mitzuteilen, was schiefging. Wird dagegen ein Logfile erstellt, so gestaltet sich die Fehlersuche wesentlich einfacher.

8.6.1 Die Header-Datei der Logfile-Klasse

Die hier vorgestellte Logfile-Klasse verwendet HTML statt einfacher Textdateien. Das hat den Vorteil, dass man die Ausgaben schön formatieren kann, Texte eingefärbt und sogar Listen ausgegeben werden können. Allerdings werden hier die HTML-Tags nicht weiter erklärt, da dies den Rahmen des Buches sprengen würde. Schauen wir uns zuerst einmal die Header-Datei an:

Listing 8.11 Logfile.hpp

```
01: #ifndef __CLOGFILE
02: #define __CLOGFILE
03:
04: // Includes
05: //
06: #include <windows.h>
07: #include <stdio.h>
08: #include "Singleton.hpp"
09:
10: // Defines
11: #define MAX_BUFFER 1024          // Maximale Größe für den Buffer
12: #define L_FAIL false             // Funktion war erfolgreich
13: #define L_OK    true             // Funktion ist fehlgeschlagen
14: #define g_pLogfile CLogfile::Get () // Makro zur einfachen Verwendung
15:
16: // Farben für den Text
17: enum FONTCOLORS
18: {
19:    BLACK,
20:    RED,
21:    GREEN,
22:    BLUE,
23:    PURPLE
24: };
25:
26: // Klassendeklaration
27: //
28: class CLogfile : public TSingleton<CLogfile>
29: {
30:    // Memberfunktionen
31:    public:
32:
33:        CLogfile        ();
34:        ~CLogfile       ();
35:    void CreateLogfile  (const char *LogName);
36:    void WriteTopic     (const char *Topic, int Size);
37:    void Textout        (const char *Text);
38:    void Textout        (int Color, const char *Text);
39:    void Textout        (int Color, bool List, const char *Text);
40:    void fTextout       (const char *Text, ...);
41:    void fTextout       (int Color, const char *Text, ...);
42:    void fTextout       (int Color, bool List, const char *Text, ...);
43:    void FunctionResult (const char *Name, bool Result);
44:
45:    // Membervariablen
46:    private:
47:
48:        FILE *m_Logfile;
49:
50: };
51:
52: #endif
```

Wie man auf den ersten Blick sehen kann, erbt diese Logfile-Klasse von `TSingleton`. Das hat sowohl einen Vorteil als auch einen Nachteil. Der Vorteil ist die einfachere Verwendung, da man nur eine einzige Instanz hat, die man nicht mal selbst zu Gesicht bekommt und um die man sich auch nicht weiter kümmern muss. Der Nachteil liegt darin, dass man logischerweise auch nur ein einziges Logfile erstellen kann. Manchmal kann es sinnvoll sein, mehrere Logfiles zu haben. Beispielsweise ein generelles und eines für alle netzwerkspezifischen Dinge in einem Multiplayer-Spiel. In diesem Fall ist es natürlich angebracht, die Logfile-Klasse nicht als Singleton zu implementieren.

Wie vorhin versprochen, gibt es hier einen Trick, wie man sich das lästige Aufrufen von `Get` sparen kann. In Zeile 14 erzeugen wir uns ein Makro, das uns eine Menge Arbeit und Schreibaufwand abnimmt und gleichzeitig hilft, den Code lesbarer zu gestalten. Man schreibt nun nicht mehr `CLogfile::Get()->Funktion();`, sondern einfach `g_pLogfile->Funktion ();`. Das ist doch wirklich einfacher, oder?

Die Zeilen 12 und 13 sind für die später erklärte Funktion `FunctionResult` von Bedeutung. Dieser wird man ein Flag übergeben können, das je nach Wert ins Logfile schreibt, ob die Funktion fehlerfrei war oder nicht. Dazu kommen wir später noch genauer.

In den Zeilen 17 bis 24 erfolgt die Aufzählung aller Farben, die wir im Logfile verwenden werden. Wenn wir schon ein html-Logfile verwenden, so sollten wir auch die Tatsache nutzen, verschiedene Farben verwenden zu können. Rot kann beispielsweise für Fehlerausgaben verwendet werden, Grün, wenn etwas glattging, Blau für allgemeine Statusmeldungen und so weiter. Wenn man mehr Farben benötigt (was eigentlich nicht der Fall sein sollte), so kann man diese Aufzählung natürlich erweitern, wobei man später nur eine einzige Funktion etwas abändern muss.

In Zeile 48 taucht ein neuer Typ namens `FILE` bei den Membervariablen auf. Vorhin wurde ja schon erwähnt, dass es mehrere Möglichkeiten gibt, Dateien zu verwalten. Damit man auch mal eine Alternative zu den Streams aus dem vorherigen Absatz gesehen hat, wird hier eine weitere Möglichkeit verwendet, auf die nachher noch genauer eingegangen wird.

Sämtliche Prototypen aller Memberfunktionen findet man nun in den Zeilen 33 bis 43. Wie man sieht, sind viele dieser Funktionen überladen, und man bemerkt, dass wirklich eine ganze Menge Funktionalität geboten wird. Betrachten wir mal, was diese einzelnen Funktionen so alles leisten:

Konstruktor

Bisher noch leer. Das Logfile wird über eine separate Funktion erzeugt.

Destruktor

Der Destruktor gibt eine Ende-Meldung im Logfile aus und schließt dieses. Das Logfile bleibt also während des gesamten Programmablaufes geöffnet.

CreateLogfile (char *Logname)

Mit dieser Funktion wird das Logfile erzeugt, wobei ein eventuell bereits vorhandenes altes Logfile mit gleichem Namen einfach überschrieben wird. Wichtig ist, dass man die Dateiendung .htm oder .html verwendet, damit man das Logfile später im Browser anschauen kann.

WriteTopic (const char *Topic, int Size)

Diese Funktion dient dazu, grau hinterlegte Überschriften ins Logfile zu schreiben und somit Ordnung hineinzubringen. Wenn man etwa ein Level lädt oder das Soundsystem initialisiert, sollte man vorher eine entsprechende Überschrift platzieren. Dabei kann man die Größe der Überschrift angeben, um eventuell Unterpunkte kenntlich zu machen.

Textout (const char *Text)

Diese Funktion wird auch von den anderen Memberfunktionen der Logfile-Klasse verwendet. Sie gibt einen einfachen, schwarzen und unformatierten Text im Logfile aus. Hierbei handelt es sich um die „schlichteste" Funktion der gesamten Klasse.

Textout (int Color, const char *Text)

Hier kommt nun etwas Farbe ins Spiel. Für alle einfachen, unformatierten Meldungen, die man farbig ins Logfile schreiben möchte, ist dies der richtige Kandidat. Dabei kann man natürlich alle Farben verwenden, die in der Aufzählung vorhanden sind.

Textout (int Color, bool List, char *Text)

Wenn das Flag List auf true gesetzt ist, erzeugt diese Funktion einen farbigen Listeneintrag. Bei allen Aufzählungen und Listen ohne Wertausgabe ist diese Funktion angebracht.

fTextout (const char *Text, ...)

Dies ist die Standardfunktion für alle formatierten Textausgaben. Sie funktioniert genau so, wie man es schon von printf her kennt. Man kann also Formatierungsspezifizierer mit in den Text packen und somit den Inhalt von Variablen ins Logfile schreiben. Diese drei Punkte, die als zweiter Parameter angegeben sind, werden später noch genauer erklärt.

fTextout (int Color, const char *Text, ...)

Formatierter Text soll natürlich auch farbig möglich sein. Als ersten Parameter braucht man hier nur eine der in der Aufzählung angegebenen Farben zu übergeben, schon hat man formatierten, farbigen Text.

fTextout (int Color, bool List, const char *Text, ...)

Der letzte Vertreter der Textausgabefunktionen. Hier sind nun alle Möglichkeiten in einer einzigen Funktion vereint: farbige, formatierte Textausgabe in einer Liste.

FunctionResult (const char *Name, bool Result)

Diese Funktion erweist sich immer dann als nützlich, wenn man prüfen möchte, ob eine bestimmte Funktion erfolgreich ausgeführt wurde oder nicht. Es versteht sich von selbst, dass die zu prüfende Funktion natürlich einen Rückgabewert haben muss, an dem man prüfen kann, ob die Funktion erfolgreich war. Beispielsweise könnte ja das Laden von Grafiken in einer Funktion stattfinden. Wenn die Grafik erfolgreich geladen wurde, gibt die Ladefunktion beispielsweise `true` zurück, andernfalls `false`. Nun prüft man den Rückgabewert und ruft die Funktion `FunctionResult` auf, indem man dieser den Namen der aufgerufenen Funktion übergibt sowie das Flag `L_FAIL` oder `L_OK`. Natürlich kann man auch gleich den Rückgabewert der aufgerufenen Funktion übergeben.

Das Resultat ist eine kleine Tabelle mit drei Spalten, die ins Logfile geschrieben wird. Die erste Spalte enthält den Namen der Funktion, die zweite Spalte das farbige Ergebnis. Die dritte Spalte wird in diesem Beispiel nicht verwendet, kann aber erweitert werden. Sie dient dazu, eine genaue Fehlerbeschreibung mit anzugeben, die hier aber leer gelassen wird.

8.6.2 Die Implementierung der Logfile-Klasse

Da die Implementierung der Logfile-Klasse recht lang ist, wird das Listing hier dieses Mal nicht komplett an einem Stück gezeigt, sondern in kleinen Teilen und Schritt für Schritt. Was man auch beachten sollte, ist die englische Schreibweise für Variablen und Funktionsnamen, die dieses Mal gewählt wurde. Die Logfile-Klasse ist dazu gedacht, sie in späteren Projekten einzusetzen, bei denen wie vorhin erwähnt die englische Schreibweise bevorzugt werden sollte. Es gibt viel zu tun, also packen wir's an:

Listing 8.12 Implementierung der Logfile-Klasse (Teil 1)

```
001: #include "Logfile.hpp"
002:
003: // Konstruktor
004: //
005: // Aufgabe: Bisher noch keine
006: //
007: CLogfile::CLogfile ()
008: {
009:
010: } // Konstruktor
011:
012: // Destruktor
013: //
014: // Aufgabe: Gibt Ende-Meldung aus und schließ das Logfile
015: //
016: CLogfile::~CLogfile ()
017: {
018:    // Logfile-Ende schreiben und Datei schließen
```

```
019:    Textout ("<br><br>End of logfile</font></body></html>");
020:    fclose (m_Logfile);
021:
022: } // Destruktor
023:
024: // CreateLogfile
025: //
026: // Aufgabe: Logfile erstellen und Kopf schreiben
027: //
028: void CLogfile::CreateLogfile (const char *LogName)
029: {
030:    // Logfile leeren und Kopf schreiben
031:    m_Logfile = fopen (LogName, "w");
032:    Textout ("<html><head><title>Logfile</title></head>");
033:    Textout ("<body><font face='courier new'>");
034:    WriteTopic ("Logfile", 3);
035:
036:    // Aktuelle Build-Konfiguration ausgeben
037:    #ifdef _DEBUG
038:      Textout ("BUILD: DEBUG<br>");
039:    #else
040:      Textout ("BUILD: RELEASE<br>");
041:    #endif
042:
043:    // Link für E-Mail-Adresse schreiben
044:    Textout ("<a href='mailto:support@meineURL.de?subject=Logfile'>");
045:    Textout ("Send E-Mail to me</a><br><br>");
046:
047:    // Logfile schließen und mit append wieder öffnen
048:    fclose (m_Logfile);
049:    m_Logfile = fopen (LogName, "a");
050:
051: } // CreateLogfile
052:
```

Also gut, fangen wir mit den ersten drei Memberfunktionen an, von denen die erste (der Konstruktor) leer ist. Gut, weniger Arbeit für uns. Der Destruktor ist aber keinesfalls leer, sondern schließt das Logfile und gibt vorher noch eine entsprechende Meldung aus. Für die Ausgabe der Meldung wird die Memberfunktion Textout verwendet, die wir uns später noch genauer anschauen. Auf die Bedeutung der html-Tags wird hier, wie schon gesagt, nicht weiter eingegangen.

Da wir hier ja nicht mit Streams arbeiten, funktioniert auch das Schließen einer Datei etwas anders. In Zeile 20 wird dazu die Funktion fclose verwendet, die man zur Verfügung hat, wenn man stdio einbindet (sieht man in der Header-Datei). Dieser Funktion muss man nur das FILE-Objekt übergeben, das in der nächsten Funktion erzeugt wird.

Die nächste Funktion, CreateLogfile, dient nun dazu, ein neues Logfile zu erstellen beziehungsweise ein vorhandenes zu überschreiben. Dazu muss zuerst ein neues FILE-Objekt erstellt werden, was in Zeile 31 passiert. Man ruft einfach die Funktion fopen auf und übergibt dieser sowohl den gewünschten Dateinamen als auch einen String, der bestimmt, wie die Datei gehandhabt wird. Dabei steht das w für *write*, also *schreiben*. Natürlich sollte man den zurückgelieferten Zeiger noch auf Gültigkeit prüfen, bevor man fortfährt, was aber hier einfach aus Platzgründen nicht gemacht wurde. Es ist keine schlechte Idee, das als kleine Übung noch einzubauen. Die Zeilen 32 bis 34 dienen nun dazu, den Kopf des Logfiles zu erstellen (also die Überschrift des Browserfensters und die erste große Überschrift im Logfile selbst).

Manchmal kann es sich als nützlich erweisen, wenn man anhand des Logfiles sehen kann, ob man gerade mit einem debug-Build oder einem release-Build arbeitet. Dazu gibt es glücklicherweise bereits eine „vorgefertigte" Definition, die wir einfach nur, wie in den Zeilen 37 bis 41 gezeigt, abfragen müssen. Das Ergebnis wird dann einfach ins Logfile geschrieben. Und damit man uns auch im Falle eines Fehlers erreichen kann, wird durch die Zeilen 44 und 45 noch unsere E-Mail-Adresse ins Logfile geschrieben, die man dann nur noch anklicken muss.

Die Zeilen 48 und 49 dienen nun dazu, das Logfile zu schließen und direkt danach wieder zu öffnen, diesmal allerdings im append-Modus. (Alle geschriebenen Daten werden ans Ende der Datei angehängt.) Somit ist das frisch gebackene Logfile fertig zur Benutzung.

Listing 8.13 Implementierung der Logfile-Klasse (Teil 2)

```
053: // WriteTopic
054: //
055: // Aufgabe: Überschrift erzeugen
056: //
057: void CLogfile::WriteTopic (const char *Topic, int Size)
058: {
059:    // Überschrift schreiben und flushen
060:    Textout ("<table cellspacing='0' cellpadding='0' width='100%%' ");
061:    Textout ("bgcolor='#DFDFE5'>\n<tr>\n<td>\n<font face='arial' ");
062:    fTextout ("size='+%i'>\n", Size);
063:    Textout (Topic);
064:    Textout ("</font>\n</td>\n</tr>\n</table>\n<br>");
065:    fflush (m_Logfile);
066:
067: } // WriteTopic
068:
069: // Textout
070: //
071: // Aufgabe: Text ins Logfile schreiben (schwarz)
072: //
073: void CLogfile::Textout (const char *Text)
074: {
075:    // Text schreiben und flushen
076:    fprintf (m_Logfile, Text);
077:    fflush (m_Logfile);
078:
079: } // Textout (schwarz)
080:
081: // Textout
082: //
083: // Aufgabe: Text ins Logfile schreiben (farbig)
084: //
085: void CLogfile::Textout (int Color, const char *Text)
086: {
087:    Textout (Color, false, Text);
088:
089: } // Textout (farbig)
090:
091: // Textout
092: //
093: // Aufgabe: Text ins Logfile schreiben (farbig, Liste)
094: //
095: void CLogfile::Textout (int Color, bool List, const char *Text)
096: {
097:    // Listen-Tag schreiben
098:    if (List == true)
099:       Textout ("<li>");
100:
101:    // Farbtag schreiben
```

```
102:    switch (Color)
103:    {
104:      case BLACK:
105:        Textout ("<font color=black>");   break;
106:      case RED:
107:        Textout ("<font color=red>");     break;
108:      case GREEN:
109:        Textout ("<font color=green>");   break;
110:      case BLUE:
111:        Textout ("<font color=blue>");    break;
112:      case PURPLE:
113:        Textout ("<font color=purple>"); break;
114:    };
115:
116:    // Text schreiben
117:    Textout (Text);
118:    Textout ("</font>");
119:
120:    if (List == false)
121:      Textout ("<br>");
122:    else
123:      Textout ("</li>");
124:
125: } // Textout (farbig, liste)
126:
```

Die Funktion WriteTopic in den Zeilen bis 57 bis 67 gibt uns die Möglichkeit, eine grau hinterlegte Überschrift mit frei wählbarer Größe ins Logfile zu schreiben. Die Zeilen 60 bis 64 erledigen das zuverlässig. Neu ist der Aufruf der Funktion fflush in Zeile 65. Diese kleine, unscheinbare Funktion ist extrem wichtig, wenn man ein Logfile haben möchte, das auch bei einem Programmabsturz noch die zuletzt ausgegebenen Informationen erhält. Schreibt man etwas auf die in der nächsten Funktion erklärten Weise in eine Datei, so muss das nicht zwangsläufig sofort geschehen. Daten, die an eine Datei gesendet werden, werden sozusagen gesammelt und dann zu einem bestimmten Zeitpunkt hineingeschrieben. Durch den Aufruf der Funktion fflush erzwingt man das sofortige Schreiben aller noch anstehenden Daten und erhält somit ein immer aktuelles Logfile. Würde man das nicht tun, so kann es vorkommen, dass bei einem Absturz des Programms nicht wirklich alle an das Logfile gesendeten Daten geschrieben werden. Das erschwert nicht nur die Fehlersuche, sondern behindert sie sogar, da man ja davon ausgeht, dass der Fehler irgendwo dort passiert ist, wo die letzte Meldung ausgegeben wurde. Schreibt man etwa den Text „*Lade Grafik: hintergrund.bmp*", und das Programm stürzt direkt danach ab, ist es sehr wahrscheinlich, dass dieser Text nicht mehr im Logfile stehen wird, und man hat kaum einen Anhaltspunkt, was schiefgelaufen ist. Es sei denn, man ruft nach jeder Textausgabe die Funktion fflush auf.

Die nächste Funktion, Textout, ist eines der Herzstücke der Logfile-Klasse. Sie schreibt einen einfachen, schwarzen Text ins Logfile. Dazu wird die Funktion fprintf verwendet, die genauso funktioniert wie die vorhin erklärte Funktion sprintf. Der einzige Unterschied besteht darin, dass fprintf eben nicht in einen String, sondern in eine geöffnete Datei schreibt. Dazu übergibt man ihr als ersten Parameter den Zeiger auf das FILE-Objekt, der natürlich gültig sein muss. Danach kann man einen beliebigen Text übergeben, der auch Formatierungsspezifizierer enthalten darf. Danach können, wie auch bei sprintf, noch zusätzliche Parameter folgen. Nach der Textausgabe in die Datei wird in Zeile 77 wieder fflush aufgerufen, damit der Text auch wirklich sofort geschrieben wird.

Als Nächstes kommt die überladene Funktion von Textout dran, die als zusätzlichen Parameter noch eine Farb-ID erwartet. Da diese Funktion genauso aufgebaut ist wie der letzte Vertreter der Textout-Funktionen, können wir uns hier Arbeit und Quellcode sparen, indem wir einfach die dritte Textout-Funktion aufrufen und angeben, dass keine Liste verwendet werden soll. Diese Funktion in den Zeilen 95 bis 125 macht nun nichts anderes, als den übergebenen Text auszugeben und je nach den Werten der Parameter noch die entsprechenden Tags für die Farben und die Auflistung ins Logfile zu schreiben.

Listing 8.14 Implementierung der Logfile-Klasse (Teil 3)

```
127: // fTextout
128: //
129: // Aufgabe: formatierten Text ins Logfile schreiben (schwarz)
130: //
131: void CLogfile::fTextout (const char *Text, ...)
132: {
133:     TCHAR buffer[MAX_BUFFER];   // char-Buffer
134:     va_list pArgList;            // Liste der übergebenen Argumente
135:
136:     // String aus den Argumenten erstellen
137:     va_start (pArgList, Text);
138:     vsprintf (buffer, Text, pArgList);
139:     va_end (pArgList);
140:
141:     // Erzeugten String schreiben
142:     Textout (buffer);
143:
144: } // fTextout (schwarz)
145:
146: // fTextout
147: //
148: // Aufgabe: formatierten Text ins Logfile schreiben (farbig)
149: //
150: void CLogfile::fTextout (int Color, const char *Text, ...)
151: {
152:     TCHAR buffer[MAX_BUFFER];   // char-Buffer
153:     va_list pArgList;            // Liste der übergebenen Argumente
154:
155:     // String aus den Argumenten erstellen
156:     va_start (pArgList, Text);
157:     vsprintf (buffer, Text, pArgList);
158:     va_end (pArgList);
159:
160:     // Erzeugten String schreiben
161:     Textout (Color, buffer);
162:
163: } // fTextout (farbig)
164:
165: // fTextout
166: //
167: // Aufgabe: formatierten Text ins Logfile schreiben (farbig, Liste)
168: //
169: void CLogfile::fTextout (int Color, bool List,const char *Text, ...)
170: {
171:     TCHAR buffer[MAX_BUFFER];   // char-Buffer
172:     va_list pArgList;            // Liste der übergebenen Argumente
173:
174:     // String aus den Argumenten erstellen
175:     va_start (pArgList, Text);
176:     vsprintf (buffer, Text, pArgList);
177:     va_end (pArgList);
```

```
178:
179:    // Erzeugten String schreiben
180:    Textout (Color, List, buffer);
181:
182: } // fTextout (farbig, Liste)
183:
184: // FunctionResult
185: //
186: // Aufgabe: OK oder ERROR für Funktionsaufruf ausgeben
187: //
188: void CLogfile::FunctionResult (const char *Name, bool Result)
189: {
190:    if (L_OK == Result)
191:    {
192:      Textout("<table width='100%%' cellSpacing='1' cellPadding='5'");
193:      Textout(" border='0' bgcolor='#C0C0C0'><tr><td bgcolor=");
194:      fTextout("'#FFFFFF' width='35%%'>%s</TD>", Name);
195:      Textout("<td bgcolor='#FFFFFF' width='30%%'><font color =");
196:      Textout("'green'>OK</FONT></TD><td bgcolor='#FFFFFF' ");
197:      Textout("width='35%%'>-/-</TD></tr></table>");
198:    }
199:    else
200:    {
201:      Textout("<table width='100%%' cellSpacing='1' cellPadding='5'");
202:      Textout(" border='0' bgcolor='#C0C0C0'><tr><td bgcolor=");
203:      fTextout("'#FFFFFF' width='35%%'>%s</TD>", Name);
204:      Textout("<td bgcolor='#FFFFFF' width='30%%'><font color =");
205:      Textout("'red'>ERROR</FONT></TD><td bgcolor='#FFFFFF' ");
206:      Textout("width='35%%'>-/-</TD></tr></table>");
207:    }
208:
209: } // FunctionResult
```

Hier sind sie nun, die letzten vier Funktionen. Die drei überladenen fTextout-Funktionen sind so programmiert, dass wir sie genauso komfortabel wie die printf-Funktion verwenden können, da sie über eine flexible Parameterliste verfügen. Das geht sogar recht einfach. Das Einzige, worum wir uns kümmern müssen, ist das Zusammenbauen des fertigen Strings, den wir dann einfach ins Logfile schreiben. Wie einfach das geht, zeigen die Zeilen 133 bis 139. Wie man sieht, gibt es schon vorgefertigte Datentypen und Funktionen, die uns das Zusammenbauen des Strings sehr einfach machen. Man muss sich nur an die im Listing gezeigte Vorgehensweise halten, um den fertigen String zu erhalten, den man dann wie gewohnt ins Logfile schreiben kann. Die Größe dieses Strings ist in diesem Beispiel auf 1024 Bytes begrenzt, wie man anhand des Defines in der Header-Datei (Zeile 11) erkennen kann. Wer gut aufgepasst hat, wittert hier eine potenzielle Fehlerquelle, die sogar zu einem Absturz führen kann. Schließlich kann nicht ausgeschlossen werden, dass der finale String tatsächlich größer als 1024 Zeichen sein kann. Aus diesem Grund sollte man hier sicherheitshalber mittels sizeof noch eine Fehlerabfrage einbauen, auf die mal wieder aus Platzgründen verzichtet wurde.

Recht unspektakulär ist die Funktion FunctionResult, wenn man mal vom HTML-Gewirr absieht. Allerdings ist hier ein kleiner, gut versteckter Tipp enthalten, den man auf den ersten Blick vielleicht nicht gleich erkennen kann. Im Prinzip wäre es ja egal, ob man als Bedingung in Zeile 190 „L_OK == Result" oder eben „Result == L_OK" verwendet. Allerdings kann es recht schnell passieren, dass man aus Versehen statt eines Vergleichs (==) eine Zuweisung (=) verwendet. Da es sich bei L_OK um eine Konstante handelt, würde das allerdings sofort zu einem Compiler-Fehler führen, wenn die Reihenfolge wie eben gezeigt erfolgt.

8.6.3 Anwendung der Logfile-Klasse

Jetzt liegt ein ganzes Stück Arbeit hinter uns, und wir haben immer noch kein Resultat davon gesehen. Das ändern wir jetzt und wenden unsere frisch gebackene Klasse an, indem wir ein Logfile erzeugen und jede Funktion der Klasse benutzen. Hier nun also die main-Funktion:

Listing 8.15 Anwendung der Logfile-Klasse

```
01: // C++ für Spieleprogrammierer
02: // Listing 8.15
03: // Anwendung der Logfile-Klasse
04: //
05: #include <iostream>
06: #include "Logfile.hpp"
07:
08: using namespace std;
09:
10: // Hauptprogramm
11: //
12: int main ()
13: {
14:    // Variablen
15:    //
16:    float Kontrolle = 123.456f; // Variable zum Testen
17:
18:    // Neues Logfile erstellen
19:    g_pLogfile->CreateLogfile ("Logfile.html");
20:
21:    // Überschrift erzeugen
22:    g_pLogfile->WriteTopic ("Unformatierter Text", 2);
23:
24:    // Unformatierten Text ausgeben
25:    g_pLogfile->Textout ("Normaler, schwarzer Text<br>");
26:    g_pLogfile->Textout (RED, "Farbiger Text");
27:    g_pLogfile->Textout (BLUE, "Farbiger Text in Liste (1)");
28:    g_pLogfile->Textout (BLUE, "Farbiger Text in Liste (2)");
29:    g_pLogfile->Textout (BLUE, "Farbiger Text in Liste (3)");
30:
31:    // Überschrift erzeugen
32:    g_pLogfile->WriteTopic ("Formatierter Text", 2);
33:
34:    // Formatierten Text ausgeben
35:    g_pLogfile->fTextout ("Kontrollvariable: %f<br>", Kontrolle);
36:    g_pLogfile->fTextout (RED, "Kontrollvariable: %f", Kontrolle);
37:    g_pLogfile->fTextout (GREEN, true, "Liste Kontrolle: %f",
38:                          Kontrolle);
39:    g_pLogfile->fTextout (GREEN, true, "Liste Kontrolle: %f",
40:                          Kontrolle*2.0f);
41:    g_pLogfile->fTextout (GREEN, true, "Liste Kontrolle: %f",
42:                          Kontrolle*4.0f);
43:
44:    // Eine erfolgreiche und eine fehlgeschlagene Funktion
45:    g_pLogfile->FunctionResult ("Funktion_Eins", L_OK);
46:    g_pLogfile->FunctionResult ("Funktion_Zwei", L_FAIL);
47:
48:    // Logfile schließen
```

```
49:    g_pLogfile->Del ();
50:
51:    return 0;
52: }
```

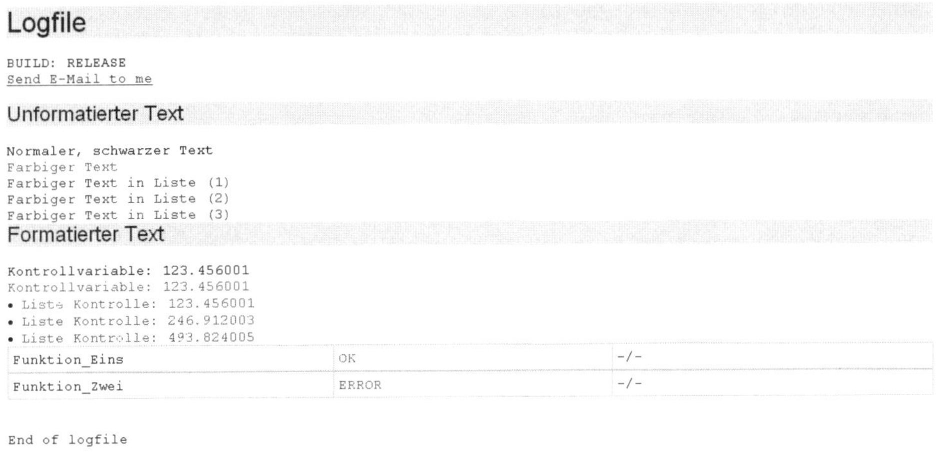

Logfile

BUILD: RELEASE
Send E-Mail to me

Unformatierter Text

Normaler, schwarzer Text
Farbiger Text
Farbiger Text in Liste (1)
Farbiger Text in Liste (2)
Farbiger Text in Liste (3)

Formatierter Text

Kontrollvariable: 123.456001
Kontrollvariable: 123.456001
• Liste Kontrolle: 123.456001
• Liste Kontrolle: 246.912003
• Liste Kontrolle: 493.824005

Funktion_Eins	OK	-/-
Funktion_Zwei	ERROR	-/-

End of logfile

Abbildung 8.1 Das erstellte Logfile

Hier gibt es im Grunde nichts großartig zu erklären, da einfach nur alle Memberfunktionen aufgerufen werden. Das Einzige, was es zu beachten gibt, ist das HTML-Tag in Zeile 35. Das Einzige, was man bei der Verwendung der Logfile-Klasse von HTML verstehen muss, ist dieses eine Tag (`<br>`). Immer dann, wenn man einen Zeilenumbruch einfügen möchte, muss dieses Tag verwendet werden, das eben einen solchen Umbruch erzeugt. Da es sich hier um ein HTML-File und nicht um ein Textfile handelt, kann nicht die Escape-Sequenz „\n" verwendet werden.

Nun hat man also eine sehr praktische Logfile-Klasse zur Verfügung, die man bei größeren Projekten einsetzen kann, um den Ablauf des Programms zu verfolgen und um Fehler aufzuspüren. Natürlich gibt es noch viele Dinge, die man einbauen könnte. Schließlich soll hier nur das Grundkonzept von Logfiles vermittelt werden. Es spricht also nichts dagegen, die Klasse noch zu erweitern.

8.7   Try, Catch und Assert

Es gibt glücklicherweise nicht nur viele Möglichkeiten, Fehler im Programmcode einzubauen, sondern auch einige Mittel, um diese schneller zu finden. Dazu gehören die beiden Schlüsselwörter `try` und `catch` sowie das Makro `assert`. Diese kleinen Helfer werden in diesem Abschnitt ein wenig unter die Lupe genommen, da sie zu den Kandidaten gehören, die unseren Quellcode sicherer machen und uns dabei helfen, Fehler schneller und effizienter zu finden.

8.7.1 Das Makro „assert"

Nicht selten schreiben sich Programmierer ihre eigenen assert-Makros oder assert-Funktionen, um bessere Leistungsfähigkeit zu erzielen. Trotzdem ist das in der Standardausführung zum Lieferumfang gehörende assert-Makro schon Gold wert. Schauen wir uns das einmal an:

Listing 8.16 Die Verwendung von assert

```
01: // C++ für Spieleprogrammierer
02: // Listing 8.16
03: // Die Verwendung von assert
04: //
05: #include <iostream>
06: #include <assert.h>
07:
08: using namespace std;
09:
10: // Hauptprogramm
11: //
12: int main ()
13: {
14:    // Variablen
15:    //
16:    int *pZeiger = NULL; // Ein beliebiger Zeiger
17:
18:    // Speicher reservieren
19:    pZeiger = new int;
20:
21:    // Etwas ging schief. Entweder konnte kein Speicher
22:    // reserviert werden, oder der Zeiger wurde irgendwo im
23:    // Programm auf NULL gesetzt. Das wird hier "simuliert"
24:    pZeiger = NULL;
25:
26:    // Wert zuweisen, aber vorher Zeiger prüfen
27:    assert (pZeiger);
28:    *pZeiger = 123;
29:
30:    // Speicher freigeben
31:    if (pZeiger != NULL)
32:    {
33:       delete (pZeiger);
34:       pZeiger = NULL;
35:    }
36:
37:    return 0;
38: }
```

Bildschirmausgabe:

```
Assertion failed: pZeiger, file c:\projekte\c++\Listing_8_16.cpp, line 27
```

In Zeile 16 wird ein Zeiger auf ein int deklariert und in Zeile 19 initialisiert. In Zeile 24 wird nun ein Fehler simuliert, indem der Zeiger einfach ohne mit der Wimper zu zucken auf NULL gesetzt wird. Dadurch erhalten wir zwar ein winziges Memory-Leak, aber das kann man einfach mal so in Kauf nehmen. In größeren Programmen kann so etwas natürlich recht leicht passieren, wenn beispielsweise versucht wird, auf einen Zeiger zuzugreifen, der nicht mehr existiert. Das führt in der Regel natürlich zu einem Absturz des Programms. Hier kommt nun das assert-Makro zum Einsatz, das man zur Verfügung hat, wenn man die Datei assert.h einbindet. Bevor versucht wird, in Zeile 28 den Wert von pZeiger zu ändern, wird in Zeile 27 geprüft, ob der Zeiger auf NULL steht. Man kann dem assert-Makro als „Parameter" jeden beliebigen Ausdruck übergeben, der dann vom Makro geprüft wird. Das Makro prüft dabei ausschließlich, ob der übergebene Ausdruck *falsch* (also 0) oder *wahr* (ungleich 0) ist, und reagiert entsprechend. Wenn der Ausdruck wahr ist, passiert nichts weiter. Wenn der Ausdruck allerdings 0 ergibt, so wird das Programm abgebrochen und eine entsprechende Meldung in einer Messagebox ausgegeben. Wenn man eine Konsolenanwendung verwendet (wie es bei fast jedem Beispiel in diesem Buch der Fall ist), so wird in der Konsole auch noch eine Meldung ausgegeben, wie man anhand der Bildschirmausgabe sehen kann. Das Praktische dabei ist, dass sowohl der Name der Datei als auch die genaue Zeilennummer ausgegeben werden, an der das assert-Makro angeschlagen hat. Wenn man nun also konsequent im Programmcode das assert-Makro verwendet, hat man eine recht gute Absicherung und findet Fehler wesentlich schneller. Das geht natürlich nicht nur mit Zeigern, sondern mit jedem beliebigen Ausdruck, wie folgendes Listing zeigt:

Listing 8.17 assert, die Zweite

```
01: // C++ für Spieleprogrammierer
02: // Listing 8.17
03: // assert, die Zweite
04: //
05: #include <iostream>
06: #include <assert.h>
07:
08: using namespace std;
09:
10: // Hauptprogramm
11: //
12: int main ()
13: {
14:   for (int i=0; i<10; i++)
15:   {
16:     // Die Zählvariable wurde verändert
17:     i=11;
18:
19:     // Ist die Zählvariable im gültigen Bereich?
20:     assert (i<10);
21:   }
22:
23:   return 0;
24: }
```

Bildschirmausgabe:

```
Assertion failed: i<10, file c:\projekte\c++\Listing_8_17.cpp, line 20
```

Eine praktische Sache, oder? Praktisch vielleicht schon, magst Du denken, aber was ist mit der Performance? Wenn man seinen Programmcode mit Assertions durchsetzt, so geht das doch bestimmt auf die Rechenzeit? Tja, da muss nun widersprochen werden, denn dem ist nicht so. Das assert-Makro kommt nur zum Zug, wenn man das Projekt im Debug-Modus laufen lässt. Wenn man allerdings im Release-Modus arbeitet, so wird dieses Makro gar nicht erst mitkompiliert. Somit hat man in der fertigen Version keinerlei Geschwindigkeitseinbußen.

So praktisch das assert-Makro auch ist, auf eines muss man achten, sonst stellt man sich mit der gewollten Fehlersuche selbst eine ziemlich gemeine Falle. Schau Dir den folgenden Code an und überlege, was daran falsch sein könnte:

Listing 8.18 Fehler bei Assertions

```
01: // C++ für Spieleprogrammierer
02: // Listing 8.18
03: // Fehler bei assertions
04: //
05: #include <iostream>
06: #include <assert.h>
07:
08: using namespace std;
09:
10: // Eine beliebige Funktion
11: bool Funktion ()
12: {
13:    cout << "Funktion wurde aufgerufen" << endl;
14:
15:    // Irgendwas ging hier schief, also false zurückgeben
16:    return false;
17: } // Funktion
18:
19: // Hauptprogramm
20: //
21: int main ()
22: {
23:    // Etwas Schreibaufwand sparen und Funktion testen
24:    assert (Funktion () );
25:
26:    return 0;
27: }
```

Bildschirmausgabe:

```
Assertion failed: Funktion (), file c:\projekte\c++\Listing_8_18.cpp, li-
ne 24
```

Wo soll denn hier ein Fehler stecken? Dass assert-Makro macht doch genau das, was es soll, oder etwa nicht? Nun, weiter oben wurde gesagt, dass die assert-Makros im Release-Build einfach nicht mitkompiliert werden. Und genau hier zeigt sich der gut versteckte Fehler. Wenn man „aktiven" Code als Parameter des assert-Makros verwendet, funktioniert das zwar prinzipiell, da die kleine Testfunktion in diesem Beispiel ja einen Wert zurückliefert, der somit auch als Ausdruck ausgewertet werden kann. Allerdings würde die Funktion im Release-Build gar nicht erst aufgerufen, da das gesamte assert-

Makro samt Parameter einfach nicht mitkompiliert werden würde. In diesem Fall hätte man sich einen wirklich hinterhältigen Fehler eingebaut, der nur schwer zu finden ist.

Hinweis:

Verwende niemals aktiven Code als Parameter eines assert-Makros, da dieser im Release-Build nicht mitkompiliert werden würde, was zu schwer aufzuspürenden Fehlern führt.

8.7.2 Fang mich, wenn Du kannst: try und catch

Eine etwas andere Art der „Programmabsicherung" stellen die sogenannten `try`- und `catch`-Blöcke dar. Im übertragenen Sinne könnte man es „versuchen und abfangen" nennen. Ziel des Ganzen ist es, dass nicht einfach nur eine Fehlermeldung ausgeworfen wird, sondern dass eine einfache Möglichkeit besteht, das Programm im Falle eines Fehlers noch sauber herunterzufahren. Bei dem oben gezeigten `assert`-Makro hat man ja den Nachteil, dass das Programm einfach abgebrochen wird. Somit werden geöffnete Dateien möglicherweise nicht richtig geschlossen und reservierter Speicher nicht freigegeben. Die `try`- und `catch`-Blöcke bieten dagegen einen Mechanismus, der dieses Manko umgeht. Schauen wir uns das mal in der Praxis an:

Listing 8.19 try und catch

```
01: // C++ für Spieleprogrammierer
02: // Listing 8.19
03: // try und catch
04: //
05: #include <iostream>
06:
07: using namespace std;
08:
09: // Hauptprogramm
10: //
11: int main ()
12: {
13:   // Variablen
14:   //
15:   int Version = 0; // Dateiversion
16:
17:   try
18:   {
19:     // Versionsnummer aus Datei auslesen. Hier wird
20:     // dieser Wert der Einfachheit halber manuell gesetzt.
21:     Version = 5;
22:
23:     if (Version < 3)
24:       throw "Format veraltet, kann nicht gelesen werden";
25:
26:     if (Version > 3)
27:       throw "Unbekanntes Format";
28:   }
29:
30:   // catch-Block wird durch "throw" aufgerufen
31:   catch (char *Fehlerstring)
32:   {
33:     // Fehler ausgeben
34:     cout << "Ausnahme aufgetreten: " << Fehlerstring << endl;
35:
```

```
36:        // Programm sauber herunterfahren
37:        cout << "Speicher wird freigegeben und das Programm ";
38:        cout << "sauber heruntergefahren." << endl;
39:    }
40:
41:    return 0;
42: }
```

Bildschirmausgabe:

```
Ausnahme aufgetreten: Unbekanntes Format
Speicher wird freigegeben und das Programm sauber heruntergefahren.
```

Dieses Programm soll die Situation simulieren, dass beispielsweise eine Level-Datei ge-öffnet werden soll, die aber in unterschiedlichen Formaten existieren kann. Das ist etwa dann der Fall, wenn man eine neuere Version eines Level-Editors programmiert hat oder das Spiel gepatched wurde. Natürlich gibt es für try-catch Blöcke wesentlich sinnvollere Anwendungsgebiete, denn dieses Beispiel hier könnte man auch anders lösen. Es kommt aber eben auf die einfache Erklärungsmöglichkeit an.

In den Zeilen 17 bis 28 findet man nun einen Code-Abschnitt, der in einen try-Block ge-fasst wurde. Das bedeutet für uns und den Compiler, dass innerhalb dieses Blockes Code ausgeführt wird, der möglicherweise zu einem Fehler führen könnte. In Zeile 21 wird nun die Variable Version auf einen beliebigen Wert gesetzt. Das echte Auslesen aus einem File ersparen wir uns hier einfach. In Zeile 23 wird nun geprüft, ob die ausgelesene Versi-onsnummer kleiner als 3 ist (3 ist in diesem Falle die aktuelle Version). Wenn das der Fall ist, wird in Zeile 24 mit dem Schlüsselwort throw (zu Deutsch etwa *werfen* oder *auswer-fen*) eine von uns frei wählbare Fehlermeldung weitergeleitet, und zwar an den zugehöri-gen catch-Block, der gleich noch genauer erklärt wird. Zeile 26 prüft nun, ob die ausgele-sene Versionsnummer vielleicht größer ist als drei und wirft per throw eine entsprechende Fehlermeldung aus. Immer dann, wenn das Schlüsselwort throw zum Einsatz kommt, wird der zugehörige catch-Block ausgeführt. Dabei kann man selbst bestimmen, was zur Fehlerbestimmung „übergeben" wird. In diesem Beispiel ist es ein einfacher String, aber man könnte genauso gut eine int-Variable verwenden. Man muss nur bei der Verwendung von throw darauf achten, das zu übergeben, was von catch erwartet wird.

Durch die Verwendung von throw wird also der catch-Block in den Zeilen 31 bis 39 auf-gerufen. Dieser Block dient nun dazu, die Fehlermeldung auszugeben und das Programm herunterzufahren. Man zieht also sozusagen eine kontrollierte Notbremse. Man muss aller-dings auch darauf achten, dass der Quellcode nach dem catch-Block auch noch ausgeführt wird. Nebenbei: Diese try-catch-Blöcke funktionieren nicht nur in der Debug-, sondern auch in der Release-Version.

8.8 Der Debugger

So praktisch und unverzichtbar Dinge wie Logfiles und die oben vorgestellten Möglichkeiten wie `throw`, `catch` und `assert` auch sind: Das mächtigste Werkzeug und der stärkste Verbündete bei der Fehlersuche ist der Debugger. Jede vernünftige Entwicklungsumgebung verfügt über einen mehr oder weniger guten Debugger. Für diesen Abschnitt werden wir den Debugger von Microsoft Visual Studio 2008 Express Edition verwenden, da diese Entwicklungsumgebung ja auf der Begleit-CD mitgeliefert wurde. Grundsätzlich funktionieren zwar alle Debugger gleich, allerdings ist die Bedienung eben unterschiedlich, je nachdem, welche Entwicklungsumgebung man verwendet.

Doch was ist nun ein Debugger? Nun, ein Debugger hat im Grunde nur ein Ziel: die Fehlersuche. Man kann das Programm Zeile für Zeile durchlaufen lassen, Variablen und sogar ganze Speicherbereiche anschauen, mitten im Programm Werte verändern und so den gesamten Programmablauf sozusagen in Zeitlupe verfolgen. Wenn irgendwo ein Fehler auftritt, der sich einfach nicht finden lässt, so ist es meist der Debugger, der ihm letzten Endes den Garaus macht.

8.8.1 Das Programm im Einzelschrittmodus durchlaufen

In den verschiedensten Diskussionsforen findet man immer wieder Leute, die einfach nicht bei der Fehlersuche weiterkommen und schon seit Tagen einen lästigen Bug (Fehler) suchen, aber nicht finden. Wenn man dann fragt, ob sie ihr Programm schon mal durch den Debugger gejagt haben, so erhält man oft als Antwort, dass der Debugger noch nie benutzt wurde. Dabei ist die Verwendung sehr einfach, und es lohnt sich, die Zeit zu investieren, um sich mit diesem Thema etwas auseinanderzusetzen. Die halbe Stunde, die man braucht, um die Grundlagen zu lernen, zahlen sich schneller aus, als man denkt. Also legen wir los. Doch bevor man mit dem Debuggen anfängt, braucht man erst ein kleines Listing, das man durchlaufen kann. Dazu nehmen wir das folgende Beispiel, das einen kleinen Fehler enthält:

Listing 8.20 Erste Schritte im Debugger

```
01: // C++ für Spieleprogrammierer
02: // Listing 8.18
03: // Erste Schritte mit dem Debugger
04: //
05: #include <iostream>
06:
07: using namespace std;
08:
09: // Hauptprogramm
10: //
11: int main ()
12: {
13:     for (int i=0; i<10; i++)
14:     {
15:         // Prüfen, ob die Hälfte schon erreicht wurde
16:         if (i=5)
17:         {
```

```
18:        cout << "Haelfte erreicht" << endl;
19:     }
20:
21:   }
22:
23:   return 0;
24: }
```

Bildschirmausgabe:

```
Haelfte erreicht
Haelfte erreicht
Haelfte erreicht
Haelfte erreicht
Haelfte erreicht
Haelfte erreicht
Haelfte erreicht
Haelfte erreicht
Haelfte erreicht
Haelfte erreicht
Haelfte erreicht
        .
        .
        .
Endlosschleife
```

Der Fehler, der sich hier im Beispiel versteckt, ist natürlich nicht weiter schwer zu finden: In Zeile 16 wurde eine Zuweisung statt eines Vergleichs verwendet, was zu einer Endlosschleife des Programms führt. Hier soll es ja darum gehen, den grundlegenden Umgang mit dem Debugger zu lernen und nicht die vertracktesten Fehler zu finden (das kommt mit der Zeit schon noch, keine Sorge). Stellen wir uns also vor, wir wären komplett ahnungslos, wo der Fehler steckt, und selbst mit Logfile-Ausgaben sind wir nicht weitergekommen. Höchste Zeit also, endlich den Debugger anzuwerfen. Wichtig ist, dass man die Debug-Konfiguration eingestellt hat. Um das zu prüfen, klickt man im Menü auf *Erstellen -> Konfigurations-Manager...* und stellt sicher, dass dort *Debug* eingestellt ist. Im Release-Modus kommen wir mit dem Debugger nämlich nicht sonderlich weit.

Es gibt nun unterschiedliche Vorgehensweisen, um ein Programm zu debuggen. Das oben gezeigte Beispiel ist recht klein, weshalb man es einfach mal im Einzelschrittmodus durchlaufen kann. Dazu braucht man nichts weiter zu tun, als kurz die Taste *F10* zu betätigen. Danach schaut die Entwicklungsumgebung folgendermaßen aus:

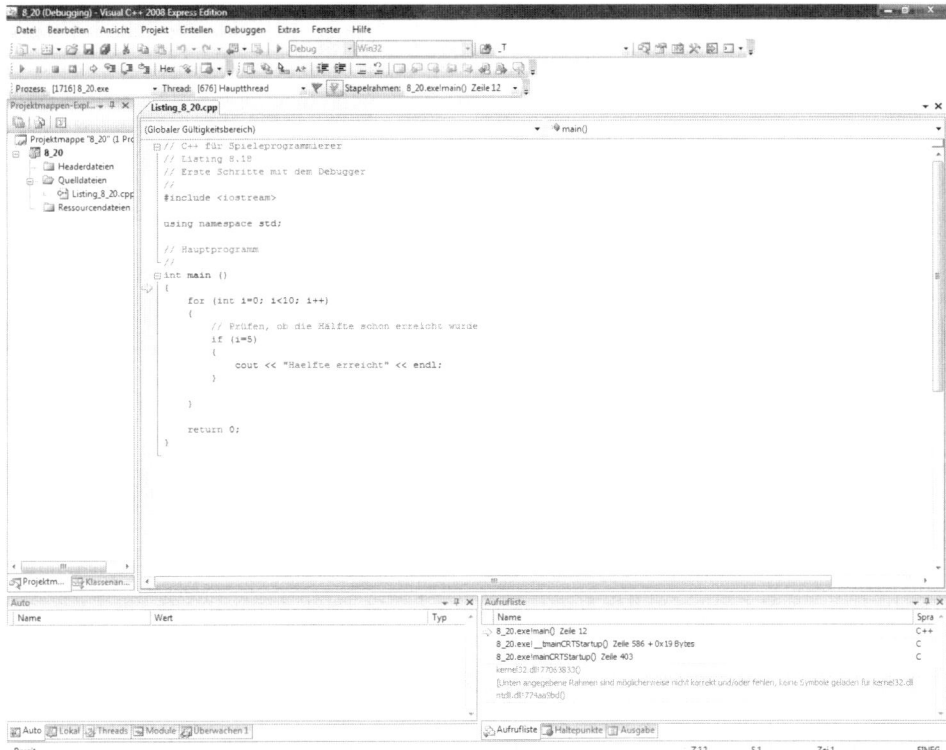

Abbildung 8.2 Starten des Debuggers

Nach dem Drücken von F10 ändert sich das Aussehen der IDE ein wenig. Was zuerst auffällt, ist der kleine gelbe Pfeil ganz links, der auf die öffnende, geschweifte Klammer der main-Funktion zeigt. Dies ist der Punkt, an dem sich das Programm gerade befindet. Nun kann man das gesamte Programm in einzelnen Schritten durchlaufen, indem man einfach wieder F10 drückt. Dadurch springt das Programm jedes Mal eine Zeile weiter. Wenn man bei der for-Schleife in Zeile 13 angekommen ist, sieht man, dass im linken unteren Fenster (dem Variablenfenster) die Zählvariable i sowie deren Inhalt hinzugefügt wurden. Die Zeile, in der sich der gelbe Pfeil befindet, wurde noch nicht ausgeführt. Das passiert erst durch erneutes Drücken von *F10*. Deshalb wurde die Zählvariable i auch noch nicht initialisiert und hat einen beliebigen Wert.

Drückt man nun wieder *F10*, so springt das Programm bis zur if-Bedingung in Zeile 16. Man kann jetzt im Variablenfenster sehen, dass die Zählvariable i auf 0 gesetzt wurde. Übrigens ist es auch möglich, mit der Maus über eine beliebige Variable zu fahren und sich so deren aktuellen Inhalt anzeigen zu lassen. Man hat also jederzeit die Möglichkeit, Inhalte von Variablen zu überprüfen.

Beim nächsten Einzelschritt passiert das „Unerwartete": Im Variablenfenster sieht man, dass die Zählvariable i plötzlich den Wert 5 angenommen hat, obwohl doch eigentlich nur ein Vergleich stattfinden sollte. Jetzt hat man einen Anhaltspunkt, um den Fehler zu finden, da hier definitiv etwas falsch läuft. Nach einem genaueren Blick stellt man fest, dass man in Zeile 16 versehentlich eine Zuweisung statt eines Vergleichs durchgeführt hat, was zu einer Endlosschleife führt. Nun hat man den Fehler gefunden, und das mit so wenigen Mitteln. Es zeigt sich also, dass man selbst mit sehr geringen Kenntnissen über den Debugger in der Lage ist, Fehler recht schnell zu finden.

Man kann nun über das Menü mit *Debuggen->Debugging beenden* oder per *Shift-F5* den Debugger beenden und dann den Fehler korrigieren.

8.8.2 Haltepunkte und Funktionsaufrufe

Bei diesem kleinen Beispiel ist es natürlich kein Problem, wenn man den gesamten Quellcode Schritt für Schritt durchläuft. Wenn man nun allerdings mehrere Quellcode-Dateien mit Tausenden von Codezeilen hat, möchte man verständlicherweise darauf verzichten, das gesamte Programm im Einzelschrittmodus zu durchlaufen. Gerade wenn man einen Fehler durch Überlegen schon eingrenzen konnte, macht es Sinn, erst an einer bestimmten Stelle in den Einzelschrittmodus zu wechseln. Für solche Situationen gibt es die sogenannten Haltepunkte, die man frei im gesamten Code platzieren kann. Schauen wir uns dazu das folgende Beispiel an:

Listing 8.21 Haltepunkte und Funktionsaufrufe

```
01: // C++ für Spieleprogrammierer
02: // Listing 8.21
03: // Haltepunkte und Funktionsaufrufe
04: //
05: #include <iostream>
06:
07: using namespace std;
08:
09: // Prototypen
10: //
11: int BerechnePunkte (int Punkte, int Bonus, int Faktor);
12:
13: // Hauptprogramm
14: //
15: int main ()
16: {
17:   // Variablen
18:   //
19:   int Punkte = 0;
20:   int Bonus = 0;
21:   int Faktor = 2;
22:
23:   // Werte abfragen
24:   cout << "Aktuelle Punktzahl: ";
25:   cin >> Punkte;
26:
27:   cout << "Bonus: ";
28:   cin >> Bonus;
29:
30:   // Gesamtpunktzahl berechnen und ausgeben
31:   Punkte = BerechnePunkte (Bonus, Punkte, Faktor);
32:
33:   cout << "Gesamtpunkte: " << Punkte << endl;
34:
35:   return 0;
```

```
36: }
37:
38: // BerechnePunkte
39: //
40: // Aufgabe: Punktestand mit Bonus verrechnen
41: //
42: int BerechnePunkte (int Punkte, int Bonus, int Faktor)
43: {
44:   int Temp;
45:
46:   Temp = Punkte+Bonus*Faktor;
47:
48:   return (Temp);
49:
50: } // BerechnePunkte
```

Bildschirmausgabe:

```
Aktuelle Punktzahl: 12500
Bonus: 200
Gesamtpunkte: 25200
```

Dieses Beispielprogramm soll einfach nur die bisher erreichte Punktzahl und den Bonus abfragen. Danach soll die Gesamtpunktzahl errechnet und ausgegeben werden. Der Bonus wird dabei noch mit einem Faktor verrechnet. Wie man nun aber an der Bildschirmausgabe erkennen kann, läuft wohl irgendwo etwas schief. Bei einem Faktor von zwei sollte bei 12500 Punkten und einem Bonus von 200 Punkten als Gesamtpunktzahl 12900 herauskommen, was aber leider nicht der Fall ist. Es wird also wieder mal Zeit, den Debugger anzuwerfen. Allerdings wollen wir ja dieses Mal nicht das gesamte Programm Zeile für Zeile durchlaufen. Als Erstes sollte man sich also einen Punkt im Programm suchen, an dem man den Fehler vermutet. Bis zur Zeile 28 wird vermutlich alles richtig laufen, da hier nur Werte abgefragt werden. Natürlich kann auch hier ein Fehler versteckt sein, aber man schaut eben zuerst an den „kritischen" Stellen. Also nehmen wir uns Zeile 31 vor, die sich ganz gut eignet, um dem Fehler auf die Spur zu kommen. Hier wird nun ein sogenannter Haltepunkt gesetzt, indem man einfach den Cursor in die betreffende Zeile bringt und dann F9 drückt. Daraufhin erscheint links neben der Zeile ein kleiner roter Punkt. Das bedeutet nun, dass das Programm bis zu diesem Punkt in einem Rutsch ausgeführt wird, ohne dabei anzuhalten. Erst ab diesem Punkt wird in den Einzelschrittmodus gewechselt. Um das Programm nun im Debug-Modus auszuführen, wählt man entweder im Menü *Debuggen->Debugging starten* oder drückt einfach F5. Nun startet das Programm erst mal ganz normal, und man kann die Werte für die Punkte und den Bonus eingeben. Sobald das geschehen ist und Zeile 31 erreicht wird, wird das Programm unterbrochen und in den Einzelschrittmodus geschaltet, was nun mit dem eingefügten Haltepunkt folgendermaßen ausschaut:

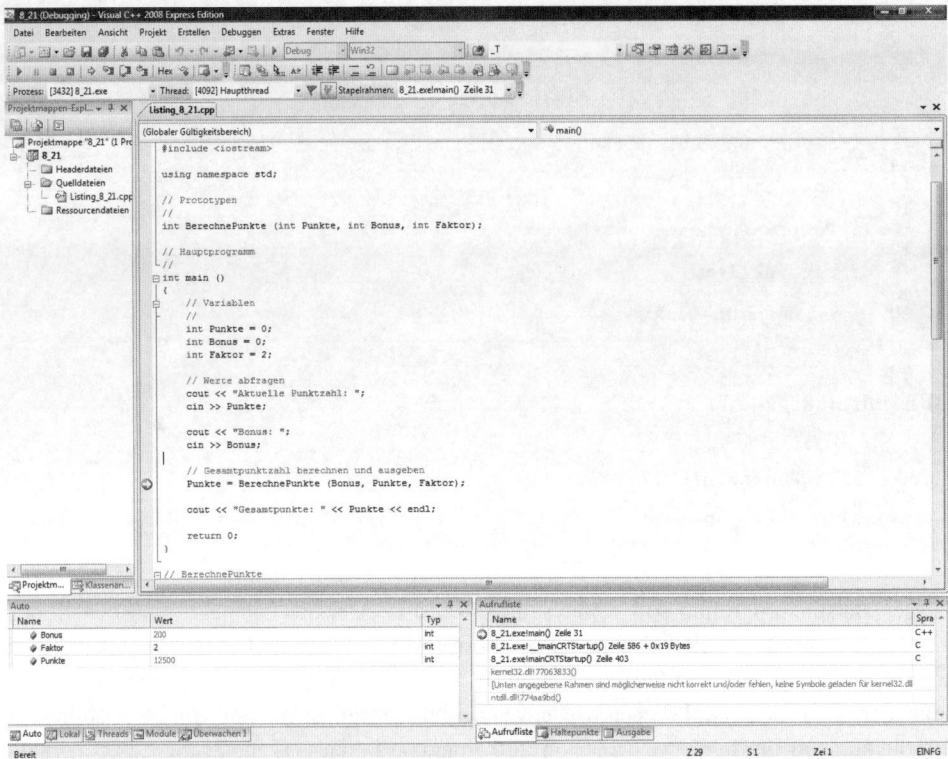

Abbildung 8.3 Haltepunkt

Wie man sehen kann, befinden sich unsere Variablen nun im Variablenfenster links unten. Bisher scheint ja alles richtig zu laufen, da die darin enthaltenen Werte den Werten entsprechen, die eingegeben wurden. Noch scheint also kein Fehler aufgetreten zu sein. Wir haben jetzt zwei verschiedene Möglichkeiten, um das Resultat der Zeile 31 zu testen: Entweder wir führen sie einfach als einzelnen Schritt durch das Drücken von *F10* aus, oder wir springen mit *F11* direkt in die Funktion hinein. Da wir ja alles ganz genau wissen wollen, drücken wir *F11* und landen damit in Zeile 43, also direkt am Anfang der Funktion `BerechnePunkte`. Bevor man nun auch nur einen einzigen weiteren Schritt ausführt, sieht man schon, dass etwas nicht stimmt, wenn man sich jetzt das Variablenfenster anschaut. Plötzlich hat die Variable `Bonus` den Wert 12500 und die Variable `Punkte` den Wert 200. Irgendwas ging hier definitiv schief. An der Funktion selbst kann es wohl kaum liegen, da ja noch keine einzige Zeile davon ausgeführt wurde. Vor dem Funktionsaufruf hat auch noch alles gestimmt. Somit bleibt nur noch eine Möglichkeit: Es muss am Funktionsaufruf selbst liegen. Also noch mal schnell Zeile 31 angeschaut. Und tatsächlich: Bei genauem Hinsehen stellt man fest, dass die Parameter vertauscht wurden. Die Funktion `Berechne-Punkte` erwartet zuerst die bisherigen Punkte und danach den Bonus. Und genau das wurde hier vertauscht!

Natürlich sind nicht alle Fehler so einfach zu finden wie die beiden hier gezeigten. Aber mit der Kombination aus Logfile und Debugger hat man mächtige Werkzeuge in der Hand, um selbst die vertracktesten und gemeinsten Fehler zu finden und zu beseitigen.

Der Debugger bietet noch viele weitere Möglichkeiten, wie etwa das Anschauen ganzer Speicherbereiche im Hex-Editor und das Verändern von Code und Variablen direkt während des Debug-Vorgangs. Dies sind allerdings Themen, die relativ selbsterklärend sind, wenn man die hier gezeigten Grundlagen beherrscht. Am besten nimmst Du Dir ein paar Listings aus diesem Buch vor und gehst sie mit dem Debugger durch. Das bringt außerdem noch den Vorteil, dass man den Code besser versteht, da man nun Schritt für Schritt sehen kann, was genau passiert. Schau Dir weiterhin die anderen Menüpunkte und Buttons an, die der Debugger zur Verfügung stellt. Das meiste ist wirklich selbsterklärend und kinderleicht zu verstehen und anzuwenden.

8.9 SAFE_DELETE – ein nützliches Makro

Zum Abschluss dieses Kapitels soll hier noch kurz ein kleines, aber sehr nützliches Makro vorgestellt werden, das eine Menge Schreibaufwand spart: SAFE_DELETE. Wie ja in Kapitel 7 über Klassen schon gesagt wurde, sollte bei der Freigabe von Speicher mittels delete der Zeiger vorher überprüft und anschließend auf NULL gesetzt werden, um keine bösen Überraschungen zu erleben. Als Erinnerung hier noch kurz die Vorgehensweise:

```
01: // Code-Ausschnitt, nicht lauffähig
02: //
03: CRaumschiff *pSpieler = NULL;
04:
05: // Instanz auf dem Heap erzeugen
06: //
07: pSpieler = new CRaumschiff;
08:
09: // Speicher freigeben
10: if (pSpieler != NULL)
11: {
12:    delete pSpieler;
13:    pSpieler = NULL;
14: }
```

Wie man sehen kann, sind ganze fünf Zeilen nötig, um eine auf dem Heap erzeugte Instanz sauber freizugeben. Erst prüft man, ob der Zeiger gültig ist, gibt dann den Speicher mittels delete frei und setzt ihn dann zur Sicherheit auf NULL. In der Regel hat man ja nicht nur eine Instanz in seinem Programm, sondern gleich Dutzende. Wenn man diese fünf Zeilen nun überall einbaut, hat man einen recht aufgeblähten Code, was allerdings nicht sein muss. Wie man sich hier Abhilfe schaffen kann, zeigt folgender Code-Abschnitt:

```
01: // Code-Ausschnitt, nicht lauffähig
02: //
03: #define SAFE_DELETE(X) {if (X != NULL) {delete (X); X=NULL;}}
```

```
04:
05: CRaumschiff *pSpieler = NULL;
06:
07: // Instanz auf dem Heap erzeugen
08: //
09: pSpieler = new CRaumschiff;
10:
11: // Speicher freigeben
12: SAFE_DELETE (pSpieler);
```

Kernpunkt ist hier die Zeile 3, denn dort wird unser Makro erzeugt. Dazu verwendet man einfach #define zusammen mit einem „Parameter" (x). Parameter ist hier eigentlich das falsche Wort, da in Wirklichkeit ja nur eine Textersetzung durchgeführt wird. Überall, wo wir nun SAFE_DELETE schreiben, wird beim Kompilieren automatisch der in Zeile 3 stehende Code platziert, wobei jedes Vorkommen von x durch den übergebenen „Parameter" ersetzt wird. So schrumpft der Aufwand von fünf Zeilen auf eine einzige Zeile zusammen. Man hat weniger Schreibaufwand, und der Code wird schlanker und leichter lesbar.

9 Die STL

9.1 STL – was ist das?

Drei Buchstaben, was kann da schon viel dran sein? Nun, bei der STL handelt es sich um die *„Standard Template Library"*, zu Deutsch also etwa *„Standard-Vorlagen-Bibliothek"*, was im ersten Moment vielleicht nicht gerade sehr aussagekräftig klingt. Um sich ein besseres Bild davon machen zu können, was die STL ist und warum sie so enorm wichtig und nützlich ist, gehen wir mal einen kleinen Schritt zurück, genauer gesagt ein paar Tausend Jahre. Da kommt so ein Typ daher und erfindet das Rad. Eine tolle Erfindung, denkt er sich, und im Laufe der Zeit werden die tollsten Dinge damit gebaut, zum Beispiel der Transporter, der dieses Buch zum Händler bringt. Kurzum: Keiner kommt auf die Idee und erfindet das Rad jedes Mal neu, wenn etwa ein neues Auto auf den Markt kommen soll. Man bedient sich also vorhandener, bewährter Technik und kann sich dann um das Wesentliche kümmern. Genauso ist das bei der STL: eine runde Sache, die man immer wieder verwenden kann. Bestimmte, oft verwendete Programmiertechniken brauchen eben auch nicht jedes Mal neu erfunden und neu implementiert zu werden.

Die STL bietet nun eine ganze Menge vorgefertigter Lösungen für immer wieder benötigte Programmiertechniken. Man braucht also keine Zeit zu verschwenden, um das Rad neu zu erfinden, sondern kann sich der eigentlichen Aufgabe widmen. Das Tolle dabei ist, dass die STL nicht an einen bestimmten Compiler oder an ein bestimmtes Betriebssystem gebunden ist, sondern in fast jeder Situation eingesetzt werden kann. Genau genommen gilt aber, dass die STL zwar seit einiger Zeit zum „Standard" gehört, aber dennoch viele Compiler ihre eigene Implementation mit sich bringen. Sie bietet enorm viele Möglichkeiten, von denen wir uns hier in diesem Kapitel allerdings nur die wichtigsten und meist verwendeten anschauen werden, um im Rahmen zu bleiben. Fangen wir also an.

9.1.1 Vektoren

Das Verwirrendste bei Vektoren ist eigentlich der Name, denn dieser lässt im ersten Moment eigentlich nicht darauf schließen, dass es sich im Grunde um ein Array mit zusätzlichen Eigenschaften handelt. Mit diesen Vektoren haben wir nun die Möglichkeit, Arrays auf eine sehr einfache Weise zu verwenden, die noch dazu einiges an Sicherheit bietet. Die „normalen" Arrays, die wir bisher verwendet haben, haben ja eine Menge Stolpersteine geboten, über die man leider sehr oft fällt. Das Programm stürzt beispielsweise ab, wenn man über das Ende des Arrays hinausschreibt oder versucht, in einem ungültigen Bereich zu lesen. Außerdem mussten wir bisher immer eine feste Größe angeben, die sich nachträglich nicht mehr so einfach ändern ließ. Und bevor wir nun hergehen und uns eine eigene Klasse zur Verwaltung von Arrays schreiben, schauen wir uns lieber die vorgefertigte Lösung an, die uns diese Arbeit abnimmt:

Listing 9.1 Einen Vektor erzeugen und verwenden

```
01: // C++ für Spieleprogrammierer
02: // Listing 9.1
03: // Einen Vektor erzeugen und verwenden
04: //
05: #include <iostream>
06: #include <vector>
07:
08: using namespace std;
09:
10: // Hauptprogramm
11: //
12: int main ()
13: {
14:    // Variablen
15:    //
16:    vector<int> vDaten(3);      // Vektor für Integer
17:    vector<int>::iterator i;    // Iterator
18:
19:    // Größe des Vektors anzeigen
20:    cout << "Aktuelle Zahl an Eintraegen: ";
21:    cout << static_cast<int> (vDaten.size () ) << endl;
22:
23:    // Daten in den Vektor schreiben
24:    vDaten[0] = 150;
25:    vDaten[1] = 200;
26:    vDaten[2] = 220;
27:
28:    // Inhalt des Vektors anzeigen
29:    cout << "Inhalt des Vektors:" << endl;
30:
31:    for (i=vDaten.begin(); i<vDaten.end(); i++)
32:      cout << (*i) << endl;
33:
34:    return 0;
35: }
```

Bildschirmausgabe:

```
Aktuelle Zahl an Eintraegen: 3
Inhalt des Vektors:
150
200
220
```

Um eines gleich vorwegzunehmen: Dieses Beispiel soll erst mal nur die grundlegendsten Dinge zeigen, die nötig sind, um einen Vektor zu erzeugen und zu verwenden. Zu den richtigen Vorteilen kommen wir dann im nächsten Listing.

Damit man überhaupt einen Vektor erzeugen und verwenden kann, muss man die Include-Datei vector einbinden, was in Zeile 6 geschieht. An dieser Stelle hätte man meinen können, dass es vielleicht eine Datei namens STL.h gibt, was allerdings nicht der Fall ist. Man bindet nur die Teile der STL ein, die man auch wirklich braucht. Zeile 16 zeigt nun, wie man sich einen Vektor erstellt, der für die Aufnahme von drei Integer-Variablen konzipiert ist. Hier ist natürlich jeder Datentyp bis hin zu Klassen erlaubt. Wie man diese hier auf drei Elemente beschränkte Größe nachträglich verändern kann, sieht man dann im nächsten Listing. Wer bei den Templates aufgepasst hat, versteht genau, was hier passiert: Es handelt sich bei vector wohl um eine Template-Klasse, da wir den gewünschten Typ ja explizit in spitzen Klammern angeben. Danach folgen der Name, den unser Vektor erhalten soll (vDaten), und die dafür vorgesehene Größe von drei Elementen.

Um später den Vektor durchlaufen zu können, ist ein bestimmter Typ nötig: ein sogenannter *Iterator*. Diesen erzeugen wir in Zeile 17. Wie dieser Iterator verwendet wird, sehen wir gleich.

Als Erstes wird nun in den Zeilen 20 und 21 ausgegeben, aus wie vielen Elementen unser Vektor momentan besteht. Da es sich ja bei vDaten um eine Instanz einer Template-Klasse handelt, können wir einfach über den Punktoperator deren spezifische Memberfunktionen aufrufen. Dazu gehört auch die Funktion size, die uns die gewünschte Information zurückliefert. Da es sich beim Rückgabetyp von size nicht um einen einfachen Integer handelt, müssen wir an dieser Stelle noch casten, um keine Warnungen vom Compiler zu erhalten. Das Ergebnis, das auf dem Bildschirm angezeigt wird, überrascht nun wirklich nicht, da wir die Größe ja selbst festgelegt haben. Dass die size-Funktion dennoch wichtig ist, sehen wir (mal wieder) etwas später.

In den Zeilen 24 bis 26 werden nun beliebige Werte in den Vektor geschrieben. Wie man sieht, kann man vDaten tatsächlich genau wie ein Array verwenden. Der Inhalt dieses Arrays wird dann im Anschluss noch auf dem Bildschirm ausgegeben, um zu zeigen, dass alles richtig funktioniert. Hier kommt nun auch der Iterator i ins Spiel. Diesen können wir in der for-Schleife jetzt einfach wie eine Zählvariable verwenden. Anfang und Ende des Vektors bekommt man über die Funktionen begin und end geliefert. Das bedeutet, dass diese Schleife immer den gesamten Inhalt des Vektors ausgibt, unabhängig von dessen Größe. Wir brauchen uns also diese Größe nicht zu merken und uns nicht weiter darum zu kümmern.

In Zeile 32 wird nun deutlich, was ein Iterator genau ist: ein Zeiger auf die Elemente im Vektor. Wie man hier sieht, muss man natürlich den Dereferenzierungsoperator (*) verwenden, um den tatsächlichen Wert ändern zu können. Auf diese Weise können wir nun auf sämtliche Elemente im Vektor zugreifen. Natürlich kann man dies auch wie bei einem „normalen" Array tun, indem man einfach den gewünschten Index innerhalb von eckigen Klammern angibt (wie in den Zeilen 24 bis 26).

Vorteile gegenüber normalen Arrays hat man mit dem eben Gelernten ja noch nicht wirklich, da man momentan noch nichts machen kann, was mit Arrays nicht auch möglich wäre (außer natürlich das einfache Ermitteln der Größe durch die `size()`-Funktion). Aber wie oben schon versprochen, werden wir das jetzt ändern. Schau Dir dazu das folgende Listing an:

Listing 9.2 Vektoren – die Zweite

```
01: // C++ für Spieleprogrammierer
02: // Listing 9.2
03: // Vektoren - die Zweite
04: //
05: #include <iostream>
06: #include <vector>
07:
08: using namespace std;
09:
10: // Hauptprogramm
11: //
12: int main ()
13: {
14:   // Variablen
15:   //
16:   vector<int> vDaten(3);     // Vektor für Integer
17:   vector<int> vMehrDaten;    // Noch ein Vektor für Integer
18:   vector<int>::iterator i;   // Iterator
19:
20:   // Größe der Vektoren ausgeben
21:   cout << "Aktuelle Zahl an Eintraegen (vDaten): ";
22:   cout << static_cast<int> (vDaten.size () ) << endl;
23:
24:   cout << "Aktuelle Zahl an Eintraegen (vMehrDaten): ";
25:   cout << static_cast<int> (vMehrDaten.size () ) << endl << endl;
26:
27:   cout << "Daten werden geschrieben.\n\n";
28:
29:   // Daten in die Vektoren schreiben
30:   vDaten[0] = 150;
31:   vDaten[1] = 200;
32:   vDaten[2] = 220;
33:   vDaten.push_back (320);
34:   vDaten.push_back (400);
35:
36:   vMehrDaten.push_back (20);
37:   vMehrDaten.push_back (40);
38:   vMehrDaten.push_back (60);
39:   vMehrDaten.push_back (80);
40:   vMehrDaten.pop_back ();
41:
42:   // Größe der Vektoren ausgeben
43:   cout << "Aktuelle Zahl an Eintraegen (vDaten): ";
44:   cout << static_cast<int> (vDaten.size () ) << endl;
45:
46:   cout << "Aktuelle Zahl an Eintraegen (vMehrDaten): ";
47:   cout << static_cast<int> (vMehrDaten.size () ) << endl << endl;
48:
49:   // Inhalt der Vektoren anzeigen
50:   cout << "Inhalt des Vektors (vDaten):" << endl;
51:
52:   for (i=vDaten.begin(); i<vDaten.end(); i++)
53:     cout << (*i) << endl;
54:
55:   cout << endl;
56:
57:   cout << "Inhalt des Vektors (vMehrDaten):" << endl;
```

```
58:
59:    for (i=vMehrDaten.begin(); i<vMehrDaten.end(); i++)
60:      cout << (*i) << endl;
61:
62:    return 0;
63: }
```

Bildschirmausgabe:

```
Aktuelle Zahl an Eintraegen (vDaten): 3
Aktuelle Zahl an Eintraegen (vMehrDaten): 0

Daten werden geschrieben.

Aktuelle Zahl an Eintraegen (vDaten): 5
Aktuelle Zahl an Eintraegen (vMehrDaten): 3

Inhalt des Vektors (vDaten):
150
200
220
320
400

Inhalt des Vektors (vMehrDaten):
20
40
60
```

In diesem Beispiel gibt es gleich zwei Vektoren, bei denen einer eine feste Startgröße und einer eine Größe von null hat. Diese Größen werden nun in den Zeilen 43 bis 47 ermittelt und auf dem Bildschirm ausgegeben. Auch die Zeilen 30 bis 32 bieten nichts Neues, da hier nur der Vektor vDaten mit ein paar Werten ausgestattet wird. Die nächsten beiden Zeilen werden nun allerdings schon wieder etwas interessanter, da hier die Funktion push_back mit ins Spiel kommt. Diese Funktion bietet nun etwas, was vorher nicht so einfach möglich war: Sie schiebt neue Elemente in den Vektor und erweitert diesen automatisch. Alle neu hinzugefügten Elemente werden dabei direkt ans bisherige Ende des Vektors angehängt. Dass das auch tatsächlich funktioniert, werden wir später noch beweisen.

Nun ist es ja häufiger der Fall, dass man zu Beginn die genaue Größe des Vektors nicht kennt. Dass man das auch nicht zwangsläufig muss, zeigen die Zeilen 36 bis 39. Wir schieben hier Daten in den Vektor vMehrDaten, dessen Größe bei der Deklaration in Zeile 17 gar nicht angegeben wurde. Das zeigt, dass man durchaus einen leeren Vektor anlegen und dann mit Daten füllen kann.

Wo es eine Möglichkeit zum Hineinschieben von Daten gibt, muss es logischerweise auch eine Möglichkeit zum Löschen von Daten geben. Wie das funktioniert, zeigt Zeile 40. Durch die Funktion pop_back wird einfach das Element, das an letzter Stelle im Vektor steht, gelöscht. Auch das wird gleich noch bewiesen.

Der Rest des Programms dient nun dazu, die Inhalte der beiden Vektoren sowie deren Größen auszugeben. Der erste Vektor, vDaten, wurde ja mit einer Größe von drei Elementen deklariert, aber in den Zeilen 33 und 34 wurden zwei weitere Elemente hineingeschoben. Anhand der Bildschirmausgabe erkennt man nun, dass scheinbar alles korrekt funktioniert hat, denn die Größe des Vektors steht nun auf fünf. Beim zweiten Vektor wurden zuerst vier Elemente hineingeschoben, danach mittels `pop_back` das letzte Element wieder gelöscht. Und siehe da: Die Ausgabe stimmt, der Vektor besitzt drei Elemente.

Zu guter Letzt erfolgt noch die Ausgabe der Inhalte der Vektoren, die sich genauso darstellen, wie man es erwartet. Wie man sieht, ist es tatsächlich kinderleicht, sich auf diese Art und Weise ein flexibles Array anzulegen. Aber auch hier gibt es noch einige Dinge zu beachten, die wir uns jetzt anschauen werden:

Listing 9.3 Vektoren – die Letzte

```
01: // C++ für Spieleprogrammierer
02: // Listing 9.3
03: // Vektoren - die Letzte
04: //
05: #include <iostream>
06: #include <vector>
07:
08: using namespace std;
09:
10: // Hauptprogramm
11: //
12: int main ()
13: {
14:   // Variablen
15:   //
16:   vector<int> vDaten(3);     // Vektor für Integer
17:   vector<int>::iterator i;  // Iterator
18:
19:   try
20:   {
21:     // Werte zuweisen und ausgeben
22:     vDaten[0] = 32;
23:     cout << vDaten.at (0) << endl;
24:
25:     vDaten[1] = 64;
26:     cout << vDaten.at (1) << endl;
27:
28:     // Diese Zeile verweist auf eine ungültige
29:     // Position und wird eine Exception auswerfen
30:     cout << vDaten.at (3) << endl;
31:   }
32:   catch (exception &e)
33:   {
34:     cout << "Exception abgefangen : " << e.what () << endl;
35:     cout << "Typ                  : " << typeid (e).name () << endl;
36:   }
38:
39:   return 0;
40: }
```

Bildschirmausgabe:

```
32
64
Exception abgefangen : invalid vector<T> subscript
Typ                  : class std::out_of_range
```

Ein kleines Listing, das aber viele neue Dinge beinhaltet. Ziel dieses Listings ist es, eine andere Zugriffsart auf die Elemente im Vektor zu zeigen. Bisher haben wir das ja genau wie bei den Arrays gemacht, indem wir einfach den Index innerhalb von eckigen Klammern angegeben hatten. Das Problem dabei ist natürlich, dass es zu einem wenig erbaulichen Absturz kommt, wenn der angegebene Index ungültig ist. Es erfolgt nämlich keinerlei Prüfung dabei. Anders ist das, wenn man die dazu vorgesehene Funktion at() verwendet. Diese kann dazu verwendet werden, um Werte zu schreiben oder zu lesen, indem man einfach den gewünschten Index als Parameter übergibt. Diese Funktion prüft dabei, ob es sich bei dem übergebenen Parameter um einen gültigen Index handelt. Wenn das nicht der Fall ist, wird eine Exception ausgeworfen, die wir natürlich abfangen und somit das Programm kontrolliert beenden können. Diese Exception ist vom unglaublich passenden Typ exception, den wir später noch genauer unter die Lupe nehmen werden. Um das Ganze zu testen, wurden sämtliche Zugriffe auf den Vektor vDaten innerhalb eines try-Blockes gepackt (Zeilen 19 bis 31, wir kommen später noch genauer auf try und catch zu sprechen). Diese Zugriffe werden alle über die Funktion at() gesteuert, die selbsterklärend sein sollte.

Der Bösewicht in diesem Programm ist nun Zeile 30. Hier wird auf ein ungültiges Element zugegriffen, was natürlich zu einem Fehler führt. Da wir die Funktion at() verwendet haben, kann dieser Fehler abgefangen werden. Diese Funktion wirft ja, wie bereits erwähnt, eine Exception aus. Abgefangen wird diese nun im catch-Block in den Zeilen 32 bis 36. Hier sieht man nun auch, wie der Typ exception verwendet werden kann. Wir haben damit die Möglichkeit, eine genaue Beschreibung des aufgetretenen Fehlers ausgeben zu können. Man braucht nur die Member what (Zeile 34) und name (Zeile 35) zu verwenden, schon erhält man eine genaue Fehlerbeschreibung. Anhand der Bildschirmausgabe sieht man nun, dass eine ungültige Indizierung stattgefunden hat (invalid vector<T> subscript). Weiterhin wird noch genau spezifiziert, was da denn so ungültig war, nämlich: class std::out_of_range, was zu Deutsch *außerhalb des Bereiches* bedeutet.

Wie man sieht, ist das eine sehr sichere Methode, um Fehlern schneller auf die Schliche zu kommen. Nun magst Du Dich vielleicht fragen, warum man es denn nicht immer auf diese Art und Weise macht. Nun, die Antwort ist relativ einfach: Alles kostet Zeit, so auch die Fehlerprüfung. Um diese zusätzliche Sicherheit gewährleisten zu können, sind natürlich intern gewisse Abfragen nötig, die eben Zeit kosten. Und Zeit ist genau das, was man bei Spielen nicht hat. Überall muss gespart und optimiert werden. Man sollte allerdings abwägen, wie wichtig eine solche Fehlerprüfung ist. Es ist jedoch ratsam, zumindest während der Entwicklungs- und Testphase des Spiels auf diesen sicheren Zugriff durch die at()-Funktion nicht zu verzichten. Vor der Veröffentlichung können diese Funktionen dann immer noch durch direkten Zugriff ersetzt werden, wenn es denn etwas bringt.

Vektoren bieten noch mehr Möglichkeiten, als hier gezeigt wurde. Dies waren jedoch die grundlegendsten und eigentlich auch wichtigsten Dinge, die man kennen muss, um mit Vektoren vernünftig arbeiten zu können.

9.1.2 Verkettete Listen

Mit den eben vorgestellten Vektoren haben wir eine Menge neuer Möglichkeiten zur Verfügung, da wir nun endlich flexible Arrays haben. Doch leider ist auch das nicht die ultimative Lösung für alle möglichen Problemstellungen. Um zu verstehen, was gemeint ist, hier ein Beispiel, das bei dem schon so oft zitierten Echtzeitstrategiespiel auftreten könnte:

Endlich sind wir so weit und können Gebäude für die Raumschiffproduktion bauen, und die Programmierung ist auch schon so weit, dass die Raumschiffe richtig herumfliegen und agieren können. Jetzt geht es darum, diese Raumschiffe vernünftig zu verwalten. Da uns die normalen Arrays nicht flexibel genug sind, überlegen wir, was es sonst noch so gibt. Na ja, da waren ja noch die Vektoren, die uns die STL zu Verfügung stellt. Eigentlich keine schlechte Idee, denn einen Vektor können wir ja beliebig vergrößern und verkleinern. Wenn der Spieler mehr Raumschiffe bauen will, dann können wir ja hergehen und die neuen Raumschiffe in den Vektor schieben. Aber was ist jetzt, wenn einige Raumschiffe in hitzigen Gefechten vernichtet werden? Irgendwie müssen die ja wieder aus dem Vektor raus. Nach ein bisschen Probieren stellt man schnell fest, dass das gar nicht so einfach ist.

Um sich das etwas bildlicher vorzustellen, könnte man an einen großen Parkplatz denken. Immer, wenn ein neuer Parkplatz benötigt wird, geht jemand mit Farbe und Pinsel los und malt eine entsprechende Markierung auf den Boden, um so mehr Platz zu schaffen. Auf diesem Platz kann nun ein beliebiges Objekt abgestellt werden. So weit, so gut, aber jetzt zu der Situation, dass ein solcher Platz irgendwann frei wird. Es wäre ja jetzt Verschwendung, wenn man diesen Platz nicht wieder nutzen würde und stattdessen immer neue Markierungen hinpinselt. Doch woher weiß man nun, welcher Platz freigeworden ist? Man müsste sich ja irgendwie merken, welche Plätze belegt und welche wieder frei geworden sind. Das riecht nicht nur nach Arbeit, sondern ist tatsächlich mit einigem Aufwand verbunden.

Eine bessere Lösung bieten hier die sogenannten verketteten Listen. Um zu verstehen, worum es sich dabei handelt, bedient man sich am besten wieder einer bildlichen Beschreibung. Eine verkettete Liste kann man sich wie einen langen Güterzug vorstellen, bei dem die einzelnen Waggons die Elemente der Liste darstellen. Jeder Waggon hat auf beiden Seiten eine Art Kupplung, womit er mit weiteren Waggons verbunden werden kann. Dieses einfache Prinzip ist jedoch wirksamer, als man auf den ersten Blick meinen könnte. Es ist nämlich jetzt nicht nur möglich, am Anfang oder am Ende dieses Güterzuges Waggons anzuhängen, sondern man kann auch zusätzliche Waggons irgendwo in die Mitte des Zuges bringen, indem man an dieser Stelle zwei Waggons abkoppelt und den neuen einfach zwischen diese beiden bringt. Umgekehrt kann man auch an jeder beliebigen Stelle des Zuges einen Waggon abkoppeln und die beiden angrenzenden Waggons wieder zusammenkoppeln. Noch dazu kann man ganz einfach vom einen Ende des Zuges zum anderen laufen, ohne auf eine Lücke zu stoßen, da ja immer alle Waggons miteinander verbunden sind.

Genau das ist es, was eine verkettete Liste macht. Jedes Element hat als Membervariable noch zwei zusätzliche Zeiger, die jeweils auf das vorhergehende und das nachfolgende

Element zeigen. Wenn wir nun Elemente aus der Mitte entfernen, so werden einfach die Zeiger der benachbarten Elemente „umgebogen", zeigen dann also auf die korrekten Elemente. Dank der STL müssen wir uns nicht selbst um diese Zeiger kümmern, sondern können uns einfach nur der gewünschten Funktionalität bedienen. Damit das jetzt nicht noch theoretischer wird, folgen hier die ersten nötigen Grundlagen in der Praxis:

Listing 9.4 Grundlagen der verketteten Liste (STL)

```
01: // C++ für Spieleprogrammierer
02: // Listing 9.4
03: // Grundlagen der verketteten Liste (STL)
04: //
05: #include <iostream>
06: #include <list>
07:
08: using namespace std;
09:
10: // Eine kleine Klasse, die der Einfachheit halber
11: // die Memberfunktionen in der Deklaration implementiert
12: // und nur simple Meldungen auf dem Bildschirm ausgibt.
13: //
14: class CRaumschiff
15: {
16:   public:
17:
18:     // Memberfunktionen
19:     CRaumschiff (int ID)
20:     {
21:       m_ID = ID;
22:
23:       cout << "Raumschiff erstellt\n";
24:     }
25:
26:     ~CRaumschiff () {cout << "Raumschiff zerstoert\n";}
27:
28:     void Starten ()
29:     {
30:       cout << "Raumschiff startet" << endl;
31:       cout << "ID: " << m_ID << endl;
32:     }
33:
34:   private:
35:
36:     // Membervariablen
37:     int m_ID;  // Identifikationsnummer des Raumschiffes
38:
39: };
40:
41: // Hauptprogramm
42: //
43: int main ()
44: {
45:   // Variablen
46:   //
47:   list<CRaumschiff*> lSchiffe;
48:   list<CRaumschiff*>::iterator i;
49:   int Anzahl = 0;
50:
51:   CRaumschiff *Temp = NULL;
52:
53:   // Abfragen, wie viele Raumschiffe erzeugt werden sollen
54:   cout << "Wie viele Raumschiffe erzeugen: ";
55:   cin >> Anzahl;
56:
57:   // Die neuen Raumschiffe erzeugen und in die Liste schieben
```

```
58:    for (int j=0; j<Anzahl; j++)
59:    {
60:      Temp = new CRaumschiff (j+1);  // Neues Raumschiff auf dem Heap
61:
62:      lSchiffe.push_back (Temp); // Raumschiff in die Liste schieben
63:
64:    }
65:
66:    // Liste durchlaufen und alle Raumschiffe starten lassen
67:    for (i=lSchiffe.begin(); i!=lSchiffe.end(); ++i)
68:    {
69:      (*i)->Starten ();
70:    }
71:
72:    // Liste durchlaufen und alle Raumschiffe löschen
73:    for (i=lSchiffe.begin(); i!=lSchiffe.end(); ++i)
74:    {
75:      delete (*i);
76:      (*i) = NULL;
77:    }
78:
79:    // Liste löschen
80:    lSchiffe.clear ();
81:
82:    return 0;
83: }
```

Bildschirmausgabe:

```
Wie viele Raumschiffe erzeugen: 4
Raumschiff erstellt
Raumschiff erstellt
Raumschiff erstellt
Raumschiff erstellt
Raumschiff startet
ID: 1
Raumschiff startet
ID: 2
Raumschiff startet
ID: 3
Raumschiff startet
ID: 4
Raumschiff zerstoert
Raumschiff zerstoert
Raumschiff zerstoert
Raumschiff zerstoert
```

So, dieses Listing zeigt nun die absoluten Grundlagen von verketteten Listen. Hier gibt es eigentlich noch nichts, was sich nicht auch mit Vektoren realisieren lassen würde, aber das holen wir später noch nach.

Wie man schon vermutet hat, muss man nun die Header-Datei list einbinden, damit man die gewünschte Funktionalität bekommt. In den Zeilen 14 bis 39 findet sich nun eine wirklich simple Klasse, die hier nur zur Demonstration der Liste dienen soll. Es wurden nur der Konstruktor, der Destruktor und eine einfache Funktion zum „Starten" des Raumschiffes implementiert, die entsprechende Meldungen auf dem Bildschirm ausgeben. Interessanter wird es dann schon wieder ab Zeile 47. Hier erzeugen wir uns eine leere, frisch verkettete Liste. Diese wird Zeiger auf Instanzen der Klasse CRaumschiff speichern. Man kann in verketteten Listen (oder auch Vektoren) natürlich nicht nur Integer oder Floats speichern, sondern auch ganze Objekte oder Zeiger. Der Iterator (Zeile 48) muss natürlich vom selben Typ sein.

Als Nächstes wird in den Zeilen 54 und 55 abgefragt, wie viele Raumschiffe erzeugt werden sollen. Die `for`-Schleife in den Zeilen 58 bis 64 sorgt nun dafür, dass eine entsprechende Anzahl von Raumschiffen erzeugt und in die Liste geschoben wird. In Zeile 60 wird dazu ein neues Raumschiff auf dem Heap erzeugt, seine Identifikationsnummer (ID) dem Konstruktor übergeben und in Zeile 62 in die verkettete Liste `lSchiffe` geschoben. Die Identifikationsnummer ist natürlich nicht weiter wichtig, sie soll nur bei der späteren Bildschirmausgabe für Klarheit sorgen. Wie man sieht, wird auch hier die Funktion `push_back` verwendet, um neue Einträge hinzuzufügen. Später lernen wir noch andere Möglichkeiten kennen, um etwas in die Liste zu schieben. Diese Schieberei können wir so lange praktizieren, bis uns der Speicher des Computers ausgeht, man muss sich also kaum Sorgen machen, wenn der Spieler, so oft er nur will und kann, Raumschiffe produziert. Was hier jetzt auffällt, ist die Tatsache, dass es kein `delete` analog zum `new` gibt, sondern der Zeiger `Temp` jedes Mal einfach überschrieben wird. Das macht allerdings nichts, da der Zeiger ja in der verketteten Liste gespeichert wird. Uns gehen somit also keine wichtigen Informationen verloren, und wir haben später immer noch die Möglichkeit, die Objekte korrekt zu löschen (wie wir auch noch sehen werden).

Jetzt wollen wir als Nächstes ja den Beweis haben, dass unsere Liste auch wirklich funktioniert. Die `for`-Schleife in den Zeilen 67 bis 70 bringt nun diesen Beweis. Wie schon bei den Vektoren verwenden wir die Funktionen `begin()` und `end()`, um die Liste korrekt von Anfang bis Ende durchlaufen zu können. Da wir ja keine Objekte, sondern Zeiger auf Objekte in der Liste speichern, müssen wir den Iterator `i` in Zeile 69 noch dereferenzieren, damit auf das eigentliche Objekt zugegriffen werden kann. In dieser Zeile rufen wir also die Memberfunktion `Starten` der Klasse `CRaumschiff` auf, die eine kleine Meldung und die zugehörige ID auf dem Bildschirm ausgibt. Wie man an der Bildschirmausgabe erkennen kann, funktioniert tatsächlich alles so, wie man es erwartet hat. Sämtliche Listeneinträge werden ausgegeben.

Auch wenn bisher alles richtig funktioniert hat, gibt es noch etwas Arbeit, damit das Ganze auch zu einem sauberen Ende kommt. Schließlich haben wir noch einige Objekte auf dem Heap, die natürlich vor dem Programmende noch freigegeben werden müssen, damit keine Memory-Leaks entstehen. Genau das passiert in den Zeilen 73 bis 77. Hier wird die gesamte Liste einfach noch einmal durchlaufen und jedes Objekt per `delete` freigegeben sowie der dazugehörige Zeiger auf `NULL` gesetzt. Dabei muss man allerdings beachten, dass die Liste selbst dadurch nicht kleiner wird. Sie enthält nach Ausführung der `for`-Schleife auch weiterhin sämtliche Einträge, die in sie hineingeschoben wurden. Wie oben schon erwähnt, kann man natürlich einzelne Elemente aus der Liste löschen, was wir allerdings erst im nächsten Beispiel machen werden. In diesem Beispiel ist das ja noch nicht nötig, weshalb wir in Zeile 80 einfach die Funktion `clear()` verwenden können, um den gesamten Inhalt der Liste zu löschen. Bevor man diese Funktion allerdings anwendet, sollte man hundertprozentig sichergehen, sämtlichen Speicher freigegeben zu haben, falls die in der Liste enthaltenen Objekte in irgendeiner Weise Speicher reserviert haben. Nachdem die Funktion `clear()` aufgerufen wurde, besteht nämlich keinerlei Zugriff mehr auf diese Zeiger, da sämtliche Elemente aus der Liste entfernt werden.

Wie bereits erwähnt, kann man mit verketteten Listen weit mehr anstellen, als das erste Beispiel gezeigt hat. Wie man Elemente auch mitten in die Liste schieben und wieder entfernen kann und was sonst noch so möglich ist, zeigt folgendes Beispiel:

Listing 9.5 Verkettete Listen – die Zweite

```
001: // C++ für Spieleprogrammierer
002: // Listing 9.5
003: // Verkettete Listen - die Zweite
004: //
005: #include <iostream>
006: #include <list>
007:
008: using namespace std;
009:
010: // Prototypen
011: //
012: void ZeigeListe (list<int> lListe); // Inhalt einer Liste anzeigen
013:
014: // Hauptprogramm
015: //
016: int main ()
017: {
018:    // Variablen
019:    //
020:    list<int> lDaten;        // Verkettete Liste
021:    list<int>::iterator i; // Iterator
022:
023:    // Ein paar Daten in die Liste schieben
024:    lDaten.push_back (1);
025:    lDaten.push_back (2);
026:    lDaten.push_back (3);
027:    lDaten.push_back (4);
028:
029:    ZeigeListe (lDaten);
030:
031:    // Daten an den Anfang der Liste schreiben
032:    lDaten.push_front (5);
033:    lDaten.push_front (6);
034:
035:    ZeigeListe (lDaten);
036:
037:    // Ausgabe des ersten und des letzten Elementes
038:    cout << "Erstes Element : " << lDaten.front () << endl;
039:    cout << "Letztes Element: " << lDaten.back () << endl;
040:    cout << endl;
041:
042:    // Elemente ab Position drei einfügen
043:    i = lDaten.begin ();  // Anfangsposition ermitteln
044:    i++; i++;             // Position um zwei hochzählen
045:    lDaten.insert (i, 7);
046:    lDaten.insert (i, 7);
047:    lDaten.insert (i, 7);
048:    lDaten.insert (i, 8);
049:
050:    ZeigeListe (lDaten);
051:
052:    // Element an aktueller Position löschen
053:    lDaten.erase (i);
054:
055:    ZeigeListe (lDaten);
```

```
056:
057:    // Liste sortieren
058:    lDaten.sort ();
059:
060:    ZeigeListe (lDaten);
061:
062:    // Liste umdrehen
063:    lDaten.reverse ();
064:
065:    ZeigeListe (lDaten);
066:
067:    // Alle Elemente mit Wert 7 löschen
068:    lDaten.remove (7);
069:
070:    ZeigeListe (lDaten);
071:
072:    // Erstes und letztes Element löschen
073:    lDaten.pop_front ();
074:    lDaten.pop_back ();
075:
076:    ZeigeListe (lDaten);
077:
078:    // Liste löschen
079:    lDaten.clear ();
080:
081:    ZeigeListe (lDaten);
082:
083:    return 0;
084: }
085:
086: // ZeigeListe
087: //
088: // Aufgabe: Inhalt einer verketteten Liste anzeigen
089: //
090: void ZeigeListe (list<int> lListe)
091: {
092:    list<int>::iterator i; // Iterator
093:
094:    // Anzahl der Elemente in der Liste ausgeben
095:    cout << "Anzahl der Elemente in der Liste: ";
096:    cout << static_cast<int> (lListe.size () ) << endl;
097:
098:    cout << "Inhalt der Liste:" << endl;
099:
100:    // Ist die Liste leer?
101:    if (lListe.empty () == false)
102:    {
103:      // Nein, dann Inhalt ausgeben
104:      for (i=lListe.begin (); i!=lListe.end (); ++i)
105:      {
106:        cout << *i << ", ";
107:      }
108:    }
109:    else
110:    {
111:      // Ja, dann Meldung ausgeben
112:      cout << "Leer." << endl;
113:    }
114:
115:    cout << endl << endl;
116:
117: } // ZeigeListe
```

Bildschirmausgabe:

```
Anzahl der Elemente in der Liste: 4
Inhalt der Liste:
1, 2, 3, 4,

Anzahl der Elemente in der Liste: 6
Inhalt der Liste:
6, 5, 1, 2, 3, 4,

Erstes Element : 6
Letztes Element: 4

Anzahl der Elemente in der Liste: 10
Inhalt der Liste:
6, 5, 7, 7, 7, 8, 1, 2, 3, 4,

Anzahl der Elemente in der Liste: 9
Inhalt der Liste:
6, 5, 7, 7, 7, 8, 2, 3, 4,

Anzahl der Elemente in der Liste: 9
Inhalt der Liste:
2, 3, 4, 5, 6, 7, 7, 7, 8,

Anzahl der Elemente in der Liste: 9
Inhalt der Liste:
8, 7, 7, 7, 6, 5, 4, 3, 2,

Anzahl der Elemente in der Liste: 6
Inhalt der Liste:
8, 6, 5, 4, 3, 2,

Anzahl der Elemente in der Liste: 4
Inhalt der Liste:
6, 5, 4, 3,

Anzahl der Elemente in der Liste: 0
Inhalt der Liste:
Leer.
```

Eine Menge Zahlen diesmal, was? Nun, das liegt daran, dass sich der Inhalt einer verketteten Liste eben besser darstellen lässt, wenn er aus einfachen Zahlen besteht. Man kann so wesentlich besser erkennen, wie die Liste aufgebaut ist und was bestimmte Funktionen bewirken. Gehen wir das Listing also mal durch:

In Zeile 1 markieren die zwei Schrägstriche einen sogenannten Kommentar. Ach halt, Moment, das hatten wir ja schon. Kommen wir also zum Wesentlichen und springen gleich mal in die Zeilen 90 bis 117 und rollen so das Feld von hinten auf. Die hier implementierte Funktion ZeigeListe dient, wie der Name schon sagt, dazu, den Inhalt einer verketteten Liste auf dem Bildschirm auszugeben. Da wir in diesem Beispiel die Liste immer wieder manipulieren, ist es praktisch, eine solche Ausgabefunktion zur Verfügung zu haben. Zusätzlich gibt uns diese Funktion auch noch aus, wie viele Elemente sich momentan in der Liste befinden (Zeile 96). In Zeile 101 lernen wir auch schon die erste neue Funktion namens empty() kennen. Diese gibt false zurück, wenn sich etwas in der Liste befindet, und true, wenn die Liste leer ist. Je nach Ergebnis dieser Funktion wird also verzweigt und entweder der Inhalt der Liste ausgegeben oder eben eine Meldung, dass die Liste leer ist.

Fangen wir jetzt also an, die verkettete Liste mit Daten zu füllen. Los geht es in den Zeilen 24 bis 27. Hier werden einfach beliebige Werte ans Ende der Liste geschrieben. Die Funktionsweise von `push_back()` ist dabei genauso zu verstehen wie schon bei den Vektoren. Die Liste vergrößert sich also auch automatisch und hat nach Ausführung dieser Zeilen folgenden Inhalt:

```
1, 2, 3, 4
```

Nun ist es natürlich nicht nur möglich, Daten ans Ende der Liste zu hängen, sondern auch am Anfang einzufügen. Dazu wird in den Zeilen 32 und 33 die Funktion `push_front()` verwendet. Das dieser Funktion übergebene Element wird direkt an den Anfang der Liste geschrieben. Nachdem die Zeilen 32 und 33 ausgeführt wurden, schaut der Inhalt der Liste folgendermaßen aus:

```
6, 5, 1, 2, 3, 4
```

Im Gegensatz zu den Vektoren kann man bei verketteten Listen nicht wie bei einem Array einfach per Index auf ein bestimmtes Element zugreifen. Dies muss über spezielle Zugriffsfunktionen geschehen. Zwei davon sind `front()` und `back()`. Mit diesen kann man jeweils auf das erste und das letzte Element in der Liste zugreifen. Wie das funktioniert, zeigen die Zeilen 38 und 39.

Als Nächstes schauen wir uns an, wie man Elemente an bestimmten Positionen der Liste einfügen kann, denn schließlich genügt es nicht immer, Elemente nur an den Anfang oder ans Ende zu schreiben. In Zeile 43 holen wir uns erst mal über die Funktion `begin()` den Zeiger auf den Anfang der Liste, den wir im Iterator `i` speichern. Diesen Iterator können wir ja auf die gleiche Weise hochzählen, wie das auch bei einer „normalen" Variablen funktioniert (das machen wir ja auch in der Funktion `ZeigeDaten()` bei der for-Schleife). In Zeile 44 wird der Iterator also sozusagen um zwei Stellen nach vorne verschoben und zeigt nun auf das dritte Element. Die Zeilen 45 bis 48 verwenden nun die Funktion `insert()`, um Elemente an einer bestimmten Position einzufügen. Man kann allerdings nicht einfach eine Zahl als Position angeben, sondern muss dazu einen Iterator verwenden. Nach jedem Einfügen rückt dabei der Iterator um eine Stelle weiter, wodurch das jeweils nächste Element direkt hinter das zuletzt eingefügte Element geschrieben wird. Nach der Ausführung der Zeilen 45 bis 48 schaut die Liste dann so aus:

```
6, 5, 7, 7, 7, 8, 1, 2, 3, 4
```

Dass der Iterator tatsächlich weiterrückt, werden wir gleich noch etwas deutlicher sehen. Zeile 53 verwendet nun die Funktion `erase()`, die dazu dient, ein Element an einer bestimmten Position aus der Liste zu entfernen. Auch dieser Funktion muss man für die Positionsangabe einen Iterator übergeben, der ja nach den eben ausgeführten `insert()`-

Funktionen auf Position 7 steht. Somit wird eben dieses Element aus der Liste gelöscht. Schaut man sich die Bildschirmausgabe an und zählt mit, versteht man, warum es gerade die „eins" erwischt hat.

Immer dann, wenn man `insert()` oder `erase()` verwendet, sollte man sich Gedanken darüber machen, ob das auch wirklich nötig ist. Diese beiden Funktionen (gerade `insert`) benötigten relativ viel Rechenzeit und können, wenn sie falsch oder zu oft eingesetzt werden, das Programm merklich ausbremsen. In der Regel ist es nur selten nötig, `insert()` überhaupt zu verwenden. Um `erase()` kommt man dagegen kaum herum, wie der nächste Absatz zeigen wird.

Nun mag man sich fragen, warum man ein Element mitten aus der Liste herauslöschen sollte und wo so etwas zur Anwendung kommt. Kehren wir dazu wieder zu unserem Echtzeitstrategiespiel zurück. Wenn wir dort nun beispielsweise eine Schiffswerft programmiert haben, in welcher der Spieler Raumschiffe bauen kann, so wäre es angebracht, die gebauten Schiffe in eine solche verkettete Liste zu schieben. In der Regel kann man diese einfach per `push_back()` oder `push_front()` einfügen, `insert()` würde dagegen kaum infrage kommen. Doch was passiert nun, wenn der Spieler seine Raumschiffflotte in die Schlacht schickt? Richtig, einige Raumschiffe werden wohl oder übel vom Gegner in die ewigen Jagdgründe befördert und müssen somit aus der Liste entfernt werden. Man kann eigentlich davon ausgehen, dass der Gegner nicht so nett ist und die Schiffe in der Reihenfolge abschießt, in der sie erstellt wurden, nur damit wir armen Programmierer es einfacher haben. Idealerweise schreibt man sich also nun eine Funktion, die einfach die gesamte Liste durchläuft und dabei jedes Raumschiff auf seinen Energielevel prüft. Ist dieser kleiner oder gleich null, so ist das Raumschiff zerstört und muss aus der Liste entfernt werden. Praktischerweise hat man ja nun die Position im Iterator stehen (genau wie bei der `for`-Schleife der Funktion `ZeigeDaten()`) und kann jetzt also einfach die `erase()`-Funktion mit dem Iterator verwenden, um den Schrottball aus der Liste zu löschen. Schaut man sich nun die Bildschirmausgabe an, so kann man erkennen, dass wirklich das „vorhergesehene" Element entfernt wurde:

```
6, 5, 7, 7, 7, 8, 2, 3, 4
```

Eine weitere, recht nützliche Funktion kommt in Zeile 58 zum Einsatz. Die Funktion `sort()` sortiert, wenn möglich, den Inhalt der Liste. Damit kommt es natürlich darauf an, von welchem Typ die Elemente in der Liste sind. Einfache Zahlen lassen sich leicht sortieren, Instanzen von Klassen dagegen natürlich nicht (es wäre ja auch nicht gerade sinnvoll, unsere Liste von Raumschiffen irgendwie zu sortieren). Realisiert man dagegen beispielsweise eine Highscore-Liste mit einer solchen verketteten Liste, so wäre die `sort()`-Funktion ideal, um sich das lästige Sortieren über einen eigenen Algorithmus zu sparen. Nach der Sortierung schaut unsere Liste folgendermaßen aus:

```
2, 3, 4, 5, 6, 7, 7, 7, 8
```

Diese Funktion kann natürlich noch etwas mehr, beispielsweise kann man bestimmte Kriterien zur Sortierung angeben. Schau dazu einfach in der MSDN oder im Internet nach, da wir hier noch eine Menge zu lernen haben und uns nicht um alles im Detail kümmern können.

Weiter geht es mit Zeile 63. Dort kommt die Funktion `reverse()` zum Zug. Diese tut nichts anderes, als einfach die Reihenfolge der gesamten Liste umzukehren. Verwendung findet diese Funktion zwar eher selten, aber da sie durchaus ihre Daseinsberechtigung hat, wird sie hier trotzdem vorgestellt. Nachdem diese Funktion aufgerufen wurde, schaut die Liste dann so aus:

```
8, 7, 7, 7, 6, 5, 4, 3, 2
```

Kommen wir jetzt zu einer recht interessanten Funktion namens `remove()` in Zeile 68. Dieser wird im Beispiel der Wert sieben übergeben. Das hat zur Folge, dass die gesamte Liste durchlaufen und jedes Element mit diesem Wert herausgelöscht wird. Möchte man also einen bestimmten Wert aus der Liste herausfiltern, so muss man sich nicht selbst eine Schleife schreiben, die das erledigt, sondern kann einfach die `remove()`-Funktion dazu verwenden. Die Bildschirmausgabe beweist, dass das auch wirklich funktioniert hat:

```
8, 6, 5, 4, 3, 2
```

Die letzten beiden Funktionen, die im Zusammenhang mit verketteten Listen vorgestellt werden, finden sich in den Zeilen 73 und 74. Die Funktionen `pop_front()` und `pop_back()` sind quasi das Gegenstück zu `push_front()` und `push_back()`. Wie man anhand der Funktionsnamen schon erkennen kann, machen diese beiden nichts anderes, als einfach das erste beziehungsweise letzte Element aus der Liste zu entfernen. Danach schaut die Liste so aus:

```
6, 5, 4, 3
```

Am Ende dieses etwas längeren Listings wird die verkettete Liste noch per `clear()` komplett gelöscht, womit dieser Abschnitt dann auch schon wieder endet. Bleibt nur noch zu sagen, dass verkettete Listen ein extrem wichtiges Thema sind und eigentlich in jedem Spiel vorkommen. Deshalb ist es besonders wichtig, dass man sich mit ihnen so lange auseinandersetzt, bis man vernünftig mit ihnen umgehen kann. An dieser Stelle lohnt es sich also besonders, etwas zusätzliche Arbeit zu investieren und mit den Beispielen zu experimentieren.

9.1.3 Strings

Dieser Abschnitt befasst sich nicht mit Kleidungsstücken der besonderen Art, sondern mit dem sinnvollen und einfachen Umgang von Zeichenfolgen. Aber keine Sorge: Auch das wird sehr interessant werden. Wenn wir bisher Namen, Wörter oder Ähnliches in Variablen speichern wollten, haben wir immer char-Arrays verwendet. Das funktioniert zwar, ist aber wirklich nicht gerade die ideale Lösung. Die Gründe dafür liegen auf der Hand: Man hat recht wenig Funktionalität und muss sich um alles selbst kümmern (zum Beispiel das Suchen nach bestimmten Teilstrings). Ganz zu schweigen von der hohen Fehleranfälligkeit. Wenn man beispielsweise feststellt, dass man den String noch erweitern muss, hat man einiges zu tun, wenn man „nur" char-Arrays dafür verwendet. Doch auch hier hilft uns die STL aus der Klemme, da sie für solche Strings hervorragende Möglichkeiten zur Verfügung stellt, die wir uns gleich mal anschauen werden:

Listing 9.6 Strings mit der STL – Grundlagen

```
01: // C++ für Spieleprogrammierer
02: // Listing 9.6
03: // Strings mit der STL - Grundlagen
04: //
05: #include <iostream>
06: #include <string>
07:
08: using namespace std;
09:
10: // Hauptprogramm
11: //
12: int main ()
13: {
14:    // Variablen
15:    //
16:    string sString1 ("Strings mit der STL sind ");
17:    string sString2 ("einfach zu benutzen!");
18:    string sString3;
19:    string sString4;
20:
21:    // Die beiden ersten Strings ausgeben
22:    cout << "sString1: " << sString1 << endl;
23:    cout << "sString2: " << sString2 << endl;
24:
25:    // String 1 und String 2 "addieren" und
26:    // int String 3 speichern
27:    sString3 = sString1 + sString2;
28:
29:    // String 3 ausgeben
30:    cout << "sString3: " << sString3 << endl;
31:
32:    // Strings aneinanderhängen
33:    sString4.append (sString1);
34:    sString4.append (sString2);
35:    sString4.append (" Und sie sind flexibel!\n");
36:
37:    // String 4 ausgeben
38:    cout << "sString4: " << sString4;
39:
40:    return 0;
41: }
```

Bildschirmausgabe:

```
sString1: Strings mit der STL sind
sString2: einfach zu benutzen!
sString3: Strings mit der STL sind einfach zu benutzen!
sString4: Strings mit der STL sind einfach zu benutzen! Und sie sind
flexibel!
```

Dieses Beispiel zeigt zwar erst nur die Grundlagen, lässt aber schon ahnen, welche Möglichkeiten die Strings der STL bieten. In den Zeilen 16 bis 19 werden nun vier Stringobjekte erstellt. Wie man sieht, kann man diese auch sofort initialisieren, wenn man möchte. Man braucht als Parameter einfach nur den gewünschten Inhalt zu übergeben. Dabei fällt sofort auf, dass man keine Größenangaben zu machen braucht, das wird sozusagen von selbst erledigt. In den Zeilen 18 und 19 werden nun zwei „leere" Strings erzeugt, die wir uns gleich noch anschauen werden.

Die Zeilen 22 und 23 geben nun die beiden Strings, die schon bei der Erzeugung initialisiert wurden, auf dem Bildschirm aus. Das ist so weit nichts Besonderes, sondern soll nur zeigen, dass dies ganz einfach per cout möglich ist. Zeile 27 wird dagegen schon wieder um einiges interessanter. Hier zeigt sich, wie flexibel diese Strings wirklich sind. Wie man sieht, ist es ohne Probleme möglich, zwei Strings miteinander zu „addieren", also aus zwei Teilstrings einen ganzen String zu machen. Für den gesamten String wird sString3 verwendet. Dieses Stringobjekt haben wir ja „leer" erzeugt. Es zeigt sich somit, dass man sich wirklich nicht mehr selbst um die Größe des Strings kümmern muss, sondern dass die Größe sozusagen automatisch angepasst wird. Man braucht also keine Angst davor zu haben, dass man verbotenerweise irgendwo in die Tiefen des Speichers schreibt.

Die Zeilen 33 bis 35 zeigen eine weitere Möglichkeit, Strings miteinander zu verbinden. Dazu wird die Memberfunktion append() verwendet, was zu Deutsch so viel wie *anfügen* oder *hinzufügen* bedeutet. In Zeile 33 wird nun also der Inhalt von sString1 ans Ende von sString4 angefügt, der momentan ja noch leer ist. Zeile 34 fügt dann noch den Inhalt von sString2 an, womit wir den gleichen Inhalt haben, wie er schon in sString3 vorhanden ist. In Zeile 35 fügen wir schließlich noch einen weiteren Teilstring dazu, den wir einfach an die append()-Funktion übergeben. Der nun fertig zusammengebaute String wird nun in Zeile 38 noch auf dem Bildschirm ausgegeben, womit das erste Beispiel schon abgeschlossen ist.

Dass das natürlich nicht alles ist, was man mit diesen Strings machen kann, sollte klar sein. Es gibt noch eine ganze Reihe an nützlichen Memberfunktionen, von denen wir uns jetzt die wichtigsten anschauen werden:

Listing 9.7 Strings mit der STL – die Zweite

```
001: // C++ für Spieleprogrammierer
002: // Listing 9.7
003: // Strings mit der STL - die Zweite
004: //
005: #include <iostream>
006: #include <string>
```

```
007:
008: using namespace std;
009:
010: // Hauptprogramm
011: //
012: int main ()
013: {
014:   // Variablen
015:   //
016:   string sString1 ("Mein String");
017:   string sString2 ("Dein String");
018:   int Position = 0;
019:
020:   // Die beiden Strings ausgeben
021:   cout << "sString1: " << sString1 << endl;
022:   cout << "sString2: " << sString2 << endl;
023:
024:   // Die beiden Strings miteinander vergleichen
025:   if (sString1 == sString2)
026:   {
027:     cout << "Die beiden Strings sind identisch\n\n";
028:   }
029:   else
030:   {
031:     cout << "Die beiden Strings unterscheiden sich\n\n";
032:   }
033:
034:   // Ersten String ausgeben
035:   cout << "sString1: " << sString1 << endl;
036:
037:   // Größe und Kapazität des ersten Strings ausgeben
038:   cout << "Groesse sString1    : ";
039:   cout << static_cast<int> (sString1.length () ) << endl;
040:   cout << "Kapazitaet sString1: ";
041:   cout << static_cast<int> (sString1.capacity () ) << "\n\n";
042:
043:   // Ersten String vergrößern
044:   sString1.append (" wird jetzt groesser.");
045:
046:   // Ersten String ausgeben
047:   cout << "sString1: " << sString1 << endl;
048:
049:   // Größe und Kapazität des ersten Strings erneut ausgeben
050:   cout << "Groesse sString1    : ";
051:   cout << static_cast<int> (sString1.length () ) << endl;
052:   cout << "Kapazitaet sString1: ";
053:   cout << static_cast<int> (sString1.capacity () ) << "\n\n";
054:
055:   // Ein String kann wie ein Array verwendet werden
056:   // (sollte es aber nicht)
057:   cout << "Erster Buchstabe sString1: " << sString1[0] << endl;
058:   cout << "Erster Buchstabe sString2: " << sString2[0] << "\n\n";
059:
060:   // Nach dem Wort "String" in sString 1 suchen
061:   cout << "Suche nach \"String\" in sString1:" << endl;
062:
063:   Position = static_cast<int> (sString1.find ("String", 0) );
064:
065:   // Prüfen, ob das Wort gefunden wurde
066:   if (Position == string::npos)
067:   {
068:     cout << "Wort nicht gefunden" << endl;
069:   }
070:   else
071:   {
072:     cout << "Wort an Position " << Position << " gefunden\n";
073:   }
074:
075:   // Nach dem Wort "Mein" in sString2 suchen
076:   cout << "\nSuche nach \"Mein\" in sString2:" << endl;
```

```
077:
078:        Position = static_cast<int> (sString2.find ("Mein", 0) );
079:
080:        // Prüfen, ob das Wort gefunden wurde
081:        if (Position == string::npos)
082:        {
083:          cout << "Wort nicht gefunden" << endl;
084:        }
085:        else
086:        {
087:          cout << "Wort an Position " << Position << " gefunden\n";
088:        }
089:
090:        // Nach dem Wort "groesser" in sString1 suchen
091:        Position = static_cast<int> (sString1.find ("groesser", 0) );
092:
093:        // Wenn gefunden, dann durch "geaendert" ersetzen
094:        if (Position != string::npos)
095:        {
096:          sString1.replace (Position, 8, "geaendert", 9);
097:        }
098:
099:        // Ersten String ausgeben
100:        cout << sString1 << "\n\n";
101:
102:        // Wort "letzter" in zweiten String an Position 5 einfügen
103:        sString2.insert (5, "letzter ");
104:
105:        // Zweiten String ausgeben
106:        cout << sString2 << endl;
107:
108:        return 0;
109: }
```

Bildschirmausgabe:

```
sString1: Mein String
sString2: Dein String
Die beiden Strings unterscheiden sich

sString1: Mein String
Groesse sString1   : 11
Kapazitaet sString1: 15

sString1: Mein String wird jetzt groesser.
Groesse sString1   : 32
Kapazitaet sString1: 47

Erster Buchstabe sString1: M
Erster Buchstabe sString2: D

Suche nach "String" in sString1:
Wort an Position 5 gefunden

Suche nach "Mein" in sString2:
Wort nicht gefunden
Mein String wird jetzt geaendert.

Dein letzter String
```

Wer seine Strings bisher immer selbst per `char`-Arrays programmiert hat, wird sich an dieser Stelle fragen, warum er noch nicht die Strings der STL verwendet hat. Man kann an diesem Beispiel sehen, wie leistungsfähig diese Strings sind und wie einfach man sie verwenden kann. Schauen wir uns also an, was hier so Tolles passiert.

Los geht's mit den Zeilen 16 und 17, in denen zwei Strings erzeugt werden. In den Zeilen 21 und 22 werden diese beiden Strings erst mal unverändert ausgegeben. Wie leistungsfähig die Strings der STL sind, zeigen alleine schon die Zeilen 25 bis 32. Hier wird der Vergleichsoperator (==) verwendet, um zu prüfen, ob die beiden Strings identisch sind oder nicht. Möchte man das mit char-Arrays realisieren, hätte man etwas mehr Arbeit vor sich, da man sich unter anderem noch mit eventuell unterschiedlichen Größen der beiden Arrays herumschlagen müsste.

Hinweis:
Um zwei Strings miteinander zu vergleichen, gibt es mehrere Möglichkeiten. In diesem Beispiel wurde die einfachste Möglichkeit verwendet, indem einfach der Vergleichsoperator zum Einsatz kam. Allerdings gibt es auch noch die Memberfunktion compare(), die eine erweiterte Funktionalität bietet. Beispielsweise kann man mit dieser Funktion auch einzelne Teile von Strings miteinander vergleichen. Schau dazu einfach im Internet oder in der MSDN nach.

Nachdem wir mit unserem Vergleich nun festgestellt haben, dass sich die beiden Strings unterscheiden, kommen wir ab Zeile 38 zu dem Speicher, den die Strings benötigen. Um genauere Informationen über den Speicherverbrauch zu bekommen, gibt es die beiden Memberfunktionen length() und capacity(), also *Länge* und *Kapazität*. Jetzt mag man sich fragen, was denn da der Unterschied sein soll, zumal die entsprechenden Bildschirmausgaben anfangs etwas verwirrend sind. Nun, die Funktion length() ist schnell abgehandelt: Sie gibt einfach nur die tatsächliche Länge des Strings aus, also wie viele Zeichen er enthält. Schaut man sich die Bildschirmausgabe an und zählt mit, so stellt man fest, dass wirklich die korrekte Länge ausgegeben wird, nämlich elf Zeichen. Doch was ist das für ein Wert, den die Funktion capacity() ausgibt? Wenn man Strings erzeugt oder manipuliert, muss ja dafür gesorgt werden, dass genügend Speicher zur Verfügung steht. Wenn man den String vergrößert, muss natürlich zusätzlicher Speicher reserviert werden. Nun ist es allerdings so, dass eine Größenänderung nicht bytegenau geschieht, sondern quasi in Blöcken. Wenn man also einen String mit beispielsweise zehn Buchstaben hat und einen Buchstaben hinzufügt, so ist die Kapazität des Strings nicht zwingend elf. Da es Zeit kostet, eine Größenänderung durchzuführen und Speicher zu reservieren, wird also gleich etwas mehr Speicher reserviert als nötig. Somit gibt die Funktion capacity() die momentan verfügbare Kapazität des Strings an. Das bedeutet, dass man so ermitteln kann, wie viele Zeichen noch in den String passen, bevor dieser vergrößert werden muss. Die Zeilen 38 bis 41 geben uns für die momentane Länge den Wert 11 und für die Kapazität den Wert 15 aus. Man könnte jetzt also noch vier weitere Zeichen zu dem String hinzufügen, ohne dass zusätzlich Speicher reserviert werden muss.

In Zeile 44 wird nun sString1 etwas vergrößert, indem einfach noch ein bisschen Text angehängt wird. Jetzt vergleichen wir noch einmal die Größe und Kapazität, indem wir in den Zeilen 50 bis 53 die entsprechenden Funktionen aufrufen. Wie man sieht, ist der String nun 32 Zeichen lang, was man durch Nachzählen leicht bestätigen kann. Der Wert für die Kapazität ist auf 47 gestiegen, was bedeutet, dass wir noch 15 Zeichen hinzufügen können, ohne dass neuer Speicher reserviert werden muss. In der Regel braucht man diese Kapazität nicht zu kennen, aber man sollte eben wissen, was intern so alles abläuft.

Dass man einen String trotzdem noch wie ein „normales" char-Array verwenden kann, zeigen die Zeilen 57 und 58. Hier wird einfach jeweils der erste Buchstabe der beiden Strings über einen Index genau wie bei einem Array ausgegeben. Normalerweise sollte es eigentlich keinen Grund geben, einen STL-String wie ein Array zu verwenden, da man sich damit auf dünnes Eis begibt. Es gibt für jede gewünschte Aktion eine entsprechende Funktion, weshalb man sich den direkten Zugriff per Index sparen sollte. Ansonsten verspielt man sich die vielen Vorteile dieser Strings und hat wieder eine Menge potenzieller Fehlerquellen in seinem Programm.

Eine weitere, sehr mächtige Funktion ist find(). Mit dieser hat man die Möglichkeit, einen String nach bestimmten Teilstrings zu durchsuchen. Zeile 63 verdeutlicht das, indem in sString1 nach dem Wort „String" gesucht wird. Dazu muss man dieser Funktion einfach nur das gesuchte Wort sowie die Position übergeben, an der die Suche beginnen soll. Gibt man hier null an, so wird logischerweise direkt am Anfang des Strings mit der Suche begonnen. Wenn die Suche erfolgreich war, so wird die Position zurückgeliefert, an welcher der gesuchte Teilstring beginnt. Kam das gesuchte Wort nicht im String vor, so wird der Wert npos zurückgeliefert, der durch die STL vordefiniert ist. Deshalb wird in den Zeilen 66 bis 73 geprüft, ob die Suche überhaupt erfolgreich war, und das entsprechende Ergebnis auf dem Bildschirm ausgegeben. Wie man sieht, kommt der Teilstring „String" in sString1 an Position 5 vor, was bestätigt, dass diese Suchfunktion tatsächlich so einfach funktioniert wie beschrieben. In den Zeilen 78 bis 88 wird nun der zweite String nach dem Teilstring „Mein" durchsucht, der allerdings nicht gefunden wird.

Häufig kommt es vor, dass man einen String nach einem bestimmten Wort durchsuchen muss, das durch ein anderes Wort ersetzt werden soll. Um eine solche Textersetzung durchzuführen, verwendet man die Memberfunktion replace(). Um das zu demonstrieren, durchsuchen wir jetzt sString1 nach dem Wort „groesser" und ersetzen dieses durch das Wort „geaendert". Zeile 91 ermittelt nun als Erstes die Position, an der das gesuchte Wort vorkommt. Sicherheitshalber wird natürlich noch abgefragt, ob das Wort überhaupt gefunden wurde. Bei Erfolg kommt Zeile 96 zum Einsatz, welche die Textersetzung durchführt. Die hier verwendeten Parameter sind anfangs etwas verwirrend, aber mit etwa Übung bekommt man das ganz leicht hin. Als Erstes muss nun die Position angegeben werden, an der die Textersetzung stattfinden soll. Das ist weiter kein Problem, da wir diese Position ja schon ermittelt haben. Der nächste Parameter gibt an, wie viele Zeichen maximal überschrieben werden dürfen. Wir wollen ja das Wort „groesser" ersetzen, das aus acht Zeichen besteht. Da dieses Wort komplett überschrieben werden soll, geben wir also als zweiten Parameter den Wert 8 an. Der dritte Parameter ist der Text, den wir gerne nach der Ersetzung in unserem String sehen würden. Dieser besteht aus neun Zeichen, was der Wert für den vierten und letzten Parameter ist. Zeile 100 gibt nun den geänderten String auf dem Bildschirm aus und bestätigt damit, dass die Textersetzung auch wirklich funktioniert hat.

Die letzte hier vorgestellte Funktion nennt sich `insert()` und dient dazu, einen Text an einer beliebigen Stelle in einem bereits vorhandenen String einzufügen. Diese Funktion erwartet als ersten Parameter die Position, ab welcher der neue Text eingefügt werden soll. Der zweite Parameter ist der Text selbst, den man gerne einfügen möchte. Zeile 106 gibt nun noch einmal sString2 aus und zeigt somit, dass auch das Einfügen von Text ohne Probleme funktioniert hat.

Natürlich gibt es auch für Strings noch mehr Funktionen als die hier vorgestellten. Zudem sind viele der hier gezeigten Funktionen mehrfach überladen und bieten somit ein breites Spektrum an Funktionalität. Um den Rahmen des Buches allerdings nicht zu sprengen, wurde nur auf die „Standardfunktionen" eingegangen. Im Internet oder in der MSDN findet man allerdings viele Informationen, was noch alles möglich ist.

9.1.4 Maps und Multimaps

Zum Abschluss dieses Kapitels möchte ich Dir noch einen weiteren nützlichen Teil der STL vorstellen: die sogenannten Maps und Multimaps. Man kann sich Maps als eine Art spezielles Array vorstellen. Speziell deshalb, weil man die Möglichkeit hat, die Indizierung nicht mehr nur durch Zahlen zu realisieren, sondern beispielsweise auch durch Strings oder Instanzen von Klassen. Klingt verwirrend? Nun, schauen wir uns mal ein kleines Beispiel dazu an:

Listing 9.8 Maps mit der STL

```
01: // C++ für Spieleprogrammierer
02: // Listing 9.8
03: // Maps mit der STL
04: //
05: #include <iostream>
06: #include <map>
07: #include <string>
08:
09: using namespace std;
10:
11: // Hauptprogramm
12: //
13: int main ()
14: {
15:    // Variablen
16:    //
17:    map<string, int> Punktetabelle; // Map
18:    map<string, int>::iterator i;   // Iterator für die Map
19:    pair<string, int> Spieler;      // Paar-Objekt für die Map
20:
21:    // Anlegen von Spielerdaten (Map mit Daten füllen)
22:    //
23:    cout << "Spielerdaten werden angelegt\n\n";
24:
25:    // Paare mit der Funktion "make_pair" erzeugen
26:    // und in die Map schieben
27:    Spieler = make_pair ("Tobi", 2500);
28:    Punktetabelle.insert (Spieler);
29:
30:    Spieler = make_pair ("Peter", 43800);
31:    Punktetabelle.insert (Spieler);
32
```

```
33:     Spieler = make_pair ("Maria", 26500);
34:     Punktetabelle.insert (Spieler);
35:
36:     Spieler = make_pair ("Nina", 22350);
37:     Punktetabelle.insert (Spieler);
38:
39:     Spieler = make_pair ("Andi", 21080);
40:     Punktetabelle.insert (Spieler);
41:
42:     // Paar "manuell" erzeugen und in die Map schieben
43:     Spieler.first  = "Marc";
44:     Spieler.second = 18400;
45:     Punktetabelle.insert (Spieler);
46:
47:     // Suche nach Spieler "Peter"
48:     cout << "Suche nach Spieler \"Peter\"\n\n";
49:
50:     i = Punktetabelle.find ("Peter");
51:
52:     // Prüfen, ob ein entsprechender Eintrag gefunden wurde
53:     if (i != Punktetabelle.end() )
54:     {
55:       // Ja, dann Spielerdaten ausgeben
56:       cout << "Spieler \"Peter\" wurde gefunden." << endl;
57:       cout << "Er hat " << i->second << " Punkte erreicht";
58:       cout << "\n\n";
59:     }
60:     else
61:     {
62:       // Nein, dann Fehlermeldung ausgeben
63:       cout << "Spieler \"Peter\" wurde nicht gefunden";
64:       cout << endl;
65:     }
66:
67:     // Anzahl der eingetragenen Spieler ausgeben sowie
68:     // deren Namen und erreichte Punkte
69:     cout << "Auflistung aller Spieler in der Tabelle:\n";
70:     cout << "(Insgesamt " << static_cast<int> (Punktetabelle.size () );
71:     cout << " Eintraege)" << "\n\n";
72:
73:     for (i= Punktetabelle.begin(); i!= Punktetabelle.end(); ++i)
74:     {
75:       cout << "Spieler " << i->first << " hat ";
76:       cout << i->second << " Punkte erreicht";
77:       cout << "\n\n";
78:     }
79:
80:     // Einen Eintrag direkt ansprechen, indem die Map wie ein
81:     // Array verwendet wird
82:     cout << "Eintrag direkt ausgeben: " << endl;
83:     cout << "Spieler \"Nina\" hat ";
84:     cout << Punktetabelle["Nina"];
85:     cout << " Punkte erreicht" << endl;
86:
87:     return 0;
88: }
```

Bildschirmausgabe:

```
Spielerdaten werden angelegt

Suche nach Spieler "Peter"

Spieler "Peter" wurde gefunden.
Er hat 43800 Punkte erreicht
```

```
Auflistung aller Spieler in der Tabelle:
(Insgesamt 6 Eintraege)

Spieler Andi hat 21080 Punkte erreicht

Spieler Marc hat 18400 Punkte erreicht

Spieler Maria hat 26500 Punkte erreicht

Spieler Nina hat 22350 Punkte erreicht

Spieler Peter hat 43800 Punkte erreicht

Spieler Tobi hat 2500 Punkte erreicht

Eintrag direkt ausgeben:
Spieler "Nina" hat 22350 Punkte erreicht
```

Also gut, machen wir uns daran, dieses Listing auseinanderzunehmen. Wir wollen ja hier Maps verwenden, also müssen wir die dazugehörige Header-Datei namens map einbinden, was in Zeile 6 geschieht. So gewappnet, können wir in Zeile 17 ein Map-Objekt erzeugen. Bevor wir jetzt aber loslegen und diese Map anwenden, müssen wir uns erst klarmachen, um was es sich bei einer Map denn nun genau handelt. Wie oben bereits erwähnt, kann man sich das am besten als Array vorstellen, das nicht nur mit Zahlenwerten indiziert werden kann. Damit das richtig funktioniert, besteht ein Eintrag in einer Map immer aus einem Paar. Ein solches Paar besitzt immer einen sogenannten *Schlüssel* (*Key*) und einen dazugehörigen *Wert* (*Value*). Bei einem „normalen" Integer-Array war ja der Index sozusagen der Schlüssel zu dem dort gespeicherten Wert. Bei einer Map kann man nun selbst bestimmen, woraus der Schlüssel und woraus der Wert besteht. In diesem Beispiel wurde die Map so erstellt, dass ein String als Schlüssel und ein int als Wert zur Verfügung steht. Der nötige Iterator in Zeile 18 muss dabei natürlich vom selben Typ sein, wie man sehen kann.

Eben wurde ja gesagt, dass ein Eintrag in einer Map immer aus einem Paar besteht (eben *Schlüssel* und *Wert*). Ein solches Paar wird nun in Zeile 19 deklariert. Doch was wollen wir hier eigentlich erreichen? Nun, in diesem Beispiel geht es darum, eine Punktetabelle anzulegen beziehungsweise eine Art Highscore-Tabelle. Ein Eintrag in einer solchen Tabelle besteht aus dem Namen des Spielers (also einem string) und der erreichten Punktzahl (gespeichert in einem int). Um nun beliebig viele solcher Einträge speichern zu können, brauchen wir die Map Punkteliste, die ja in Zeile 17 schon deklariert wurde. Das Paar Spieler, das in Zeile 19 deklariert wurde, stellt demnach einen Eintrag für die Punktetabelle dar. Immer dann, wenn wir dieses Paar „ausgefüllt" haben, können wir es in die Punktetabelle schieben, wie wir gleich noch genauer sehen werden.

Es gibt nun zwei Möglichkeiten, um ein solches Paar zu erstellen. Die erste davon sehen wir in der Zeile 27 in Aktion. Hier wird die Funktion make_pair() verwendet, die uns mit dem Einbinden der Header-Datei map zur Verfügung steht. Man braucht dieser Funktion nur den Schlüssel und den dazugehörigen Wert zu übergeben, schon wird das pair-Objekt ausgefüllt. Aus welchen Elementen ein solches Paar genau besteht, sehen wir gleich noch. Nachdem unser erstes Paar nun also mit Daten gefüttert ist, ist es bereit, in die Punktetabelle aufgenommen zu werden. Das geschieht in Zeile 28 mit der Memberfunktion insert() des map-Objektes. Wie man sieht, ähneln sich die einzelnen Klassen der STL in sehr vielen Bereichen, was deren Verwendung um einiges erleichtert. Die insert-Funktion wird hier nämlich genauso gehandhabt, wie es schon bei den Vektoren und verketteten Listen der Fall war. Einfach das gewünschte Objekt (in diesem Fall das Paar) als Parameter übergeben, fertig.

Nachdem nun einige Einträge gemacht wurden, wird in den Zeilen 43 und 44 gezeigt, welche Möglichkeit es noch gibt, um ein pair-Objekt mit Daten zu füllen. Man muss nämlich nicht zwangsläufig die Funktion make_pair verwenden, sondern kann auch direkt auf die Membervariablen first (erstes) und second (zweites) zugreifen. Bei first handelt es sich dabei um den Schlüssel, bei second um den zugeordneten Wert. Auch dieses Paar wird nun noch in die Punktetabelle geschoben.

Wie praktisch dieses Prinzip des Schlüssels ist, zeigt Zeile 50. Hier wird die Memberfunktion find() der Map dazu verwendet, anhand des Schlüssels einen bestimmten Wert zu finden. Wenn man jetzt also gerne wissen möchte, wie viele Punkte „Peter" erreicht hat, so muss man einfach nur den Namen als Parameter an die Funktion find() übergeben, schon bekommt man den entsprechenden Iterator zurück, der auf das gefundene Element verweist. Wird der gesuchte Eintrag nicht gefunden, so verweist der Iterator auf das Ende der Map. Das if-else-Konstrukt in den Zeilen 53 bis 65 prüft nun, ob der Eintrag gefunden wurde, und gibt je nach Ergebnis den Inhalt des Paares aus oder eben eine entsprechende Fehlermeldung. In Zeile 57 kann man sehen, wie leicht man auf das Paar zugreifen kann, wenn man einfach den Iterator dazu verwendet, um an die Membervariablen first und second zu kommen.

In den Zeilen 69 bis 78 wird nun der gesamte Inhalt des map-Objektes ausgegeben sowie die Anzahl der darin enthaltenen Elemente (Paare). Wie vorhin schon erwähnt, arbeiten die unterschiedlichen Klassen der STL recht ähnlich, weshalb die Funktion size() in Zeile 70 nicht wirklich neu für uns ist. Auch die for-Schleife in Zeile 73 ist im Prinzip nichts Neues für uns, da hier nur über die Memberfunktionen begin() und end() durch die Map „iteriert" wird.

Wenn man sich die Ausgabe genauer betrachtet, so stellt man fest, dass die Einträge nicht in der Reihenfolge vorliegen, in der sie in die Map hineingeschoben wurden, sondern alphabetisch sortiert sind. Diese Sortierung anhand des Schlüssels erfolgt automatisch.

Dass man eine Map auch wie ein „normales" Array verwenden kann, zeigen die Zeilen 82 bis 85. Man braucht nicht mehr zu tun, als den Schlüssel innerhalb von eckigen Klammern anzugeben, und schon kann man auf den ihm zugewiesenen Wert zugreifen. Allerdings ist diese Art des Zugriffes nicht gerade zu empfehlen, da man keine Möglichkeit hat zu prüfen, ob der gewählte Eintrag auch wirklich existiert. Man sollte also immer find() benutzen, wenn man einen bestimmten Eintrag sucht. Um ein wirklich gutes Argument zu liefern, warum man sich die Mühe machen sollte, diese Memberfunktion zu verwenden, zeigt folgendes kleine Beispiel:

Listing 9.9 Stolperstein beim direkten Zugriff auf die Elemente einer Map

```
01: // C++ für Spieleprogrammierer
02: // Listing 9.9
03: // Stolperstein beim direkten Zugriff auf die Elemente einer Map
04: //
05: #include <iostream>
06: #include <map>
07: #include <string>
08:
09: using namespace std;
10:
11: // Hauptprogramm
12: //
13: int main ()
14: {
15:    // Variablen
16:    //
17:    map<string, int> Punktetabelle; // Map
18:    map<string, int>::iterator i;   // Iterator für die Map
19:    pair<string, int> Spieler;      // Paar-Objekt für die Map
20:
21:    // Zwei Spieler hinzufügen
22:    Spieler = make_pair ("Tobi", 2500);
23:    Punktetabelle.insert (Spieler);
24:
25:    Spieler = make_pair ("Peter", 43800);
26:    Punktetabelle.insert (Spieler);
27:
28:    // Anzahl der Elemente ausgeben
29:    cout << "Elemente in der Map: ";
30:    cout << static_cast<int> (Punktetabelle.size() );
31:    cout << endl;
32:
33:    // Direkter Zugriff auf ein nicht existierendes Element
34:    cout << "Punkte von Andrea: ";
35:    cout << Punktetabelle["Andrea"] << endl;
36:
37:    // Anzahl der Elemente erneut ausgeben
38:    cout << "Elemente in der Map: ";
39:    cout << static_cast<int> (Punktetabelle.size() );
40:    cout << endl;
41:
42:    return 0;
43: }
```

Bildschirmausgabe:

```
Elemente in der Map: 2
Punkte von Andrea: 0
Elemente in der Map: 3
```

Dies ist eine stark verkürzte Version des vorhergehenden Listings und soll einen potenziellen Stolperstein zeigen, den man unbedingt kennen sollte. Dazu wird wieder eine Map angelegt und diese mit zwei Einträgen bestückt. Anschließend wird über die Memberfunktion size() noch angezeigt, wie viele Elemente in der Liste vorhanden sind. In diesem Fall sind es logischerweise zwei. Nun wird in Zeile 35 versucht, auf ein Element zuzugreifen, das allerdings nicht existiert. Wenn wir mit „normalen" Allerweltsarrays arbeiten, würde ein solcher unerlaubter Zugriff in der Regel zu einem Absturz führen, was hier allerdings nicht der Fall ist. Das bedeutet, dass hier wohl einiges etwas anders läuft. Tatsächlich ist es so, dass ein solcher Fehler abgefangen wird (also wenn versucht wird, auf einen nicht existierenden Schlüssel zuzugreifen). Was in einem solchen Falle gemacht wird, lassen die Zeile 39 sowie deren resultierende Bildschirmausgabe schon erahnen. Plötzlich hat die Map nicht mehr nur zwei, sondern gleich drei Einträge. Das zeigt, dass im Falle eines ungültigen Zugriffes ein Element mit dem gesuchten Schlüssel erstellt und der Liste hinzugefügt wird. Diese Tatsache sollte man keinesfalls vergessen, falls man nicht gerade Lust dazu verspürt, eine lange Fehlersuche in Kauf zu nehmen. Es lohnt sich also wirklich, bei reinen Lesezugriffen auf eine Map die `find()`-Funktion zu verwenden.

Hinweis:
Verwende immer die Memberfunktion `find( )`, um auf bestimmte Elemente einer Map zuzugreifen. Ein Array-ähnlicher Zugriff erzeugt ein neues Element, falls dieses nicht vorhanden ist, was zu schwer zu entdeckenden Fehlern führen kann.

Wenn Du diese beiden Beispiele durchgearbeitet und verstanden hast, dann mach mal folgendes kleines „Experiment": Probiere einfach aus, was passiert, wenn Du zwei Elemente in die Liste schiebst, die beide den gleichen Schlüssel haben. Das Resultat wird sein, dass der Versuch, ein Element mit einem bereits vorhandenen Schlüssel in die Liste einzufügen, einfach ignoriert wird. Wenn nun zwei Elemente den gleichen Schlüssel haben dürfen (was ja beispielsweise bei einer Highscore-Liste der Fall sein kann), dann hat man mit den „normalen" Maps ein Problem. Doch auch hier gibt es Abhilfe, indem man eine sogenannte Multimap verwendet. Eine Multimap kann im Gegensatz zu einer einfachen Map nämlich mehrere Elemente besitzen, die den gleichen Schlüssel haben. Das nächste Beispiel zeigt die Anwendung einer solchen Multimap. Außerdem wird noch gezeigt, wie einfach man damit auch die Instanzen von Klassen verwalten kann:

Listing 9.10 Multimaps

```
001: // C++ für Spieleprogrammierer
002: // Listing 9.10
003: // Multimaps
004: //
005: #include <iostream>
006: #include <map>
007: #include <string>
008:
009: using namespace std;
010:
011: // Eine kleine Klasse, die der Einfachheit halber
012: // die Membervariablen öffentlich hält und die
013: // Memberfunktionen innerhalb der Deklaration implementiert
014: //
015: class CMinenleger
016: {
017:   public:
018:
019:     // Membervariablen
020:     int m_Energie;           // Energie des Minenlegers
021:     int m_Geschwindigkeit;   // Geschwindigkeit des Minenlegers
022:     int m_AnzahlMinen;       // Anzahl der mitgeführten Minen
023:
024:     // Memberfunktionen
```

```
025:     void ZeigeDaten ()        // Daten des Minenlegers anzeigen
026:     {
027:       cout << "Energie          : " << m_Energie << endl;
028:       cout << "Geschwindigkeit : " << m_Geschwindigkeit << endl;
029:       cout << "Anzahl der Minen: " << m_AnzahlMinen << endl;
030:     }
031:
032: };
033:
034: // Hauptprogramm
035: //
036: int main ()
037: {
038:   // Variablen
039:   //
040:   multimap<string, CMinenleger> Flotte;        // Multimap
041:   multimap<string, CMinenleger>::iterator i;   // Iterator
042:   pair<string, CMinenleger> Typ;               // Paar-Objekt
043:   CMinenleger Minenleger;                       // Minenleger-Instanz
044:
045:   // "LowBudget" Minenleger erstellen und in die Map schieben
046:   Minenleger.m_Energie = 500;
047:   Minenleger.m_Geschwindigkeit = 300;
048:   Minenleger.m_AnzahlMinen = 10;
049:
050:   Typ = make_pair ("LowBudget", Minenleger);
051:   Flotte.insert (Typ);
052:
053:   // Zwei "Standard"-Minenleger erstellen und in die Map schieben
054:   Minenleger.m_Energie = 1000;
055:   Minenleger.m_Geschwindigkeit = 500;
056:   Minenleger.m_AnzahlMinen = 15;
057:
058:   Typ = make_pair ("Standard", Minenleger);
059:   Flotte.insert (Typ);
060:
061:   Typ = make_pair ("Standard", Minenleger);
062:   Flotte.insert (Typ);
063:
064:   // "Hightech" Minenleger erstellen und in die Map schieben
065:   Minenleger.m_Energie = 2000;
066:   Minenleger.m_Geschwindigkeit = 800;
067:   Minenleger.m_AnzahlMinen = 30;
068:
069:   Typ = make_pair ("Hightech", Minenleger);
070:   Flotte.insert (Typ);
071:
072:   // Bestandsaufnahme
073:   cout << "Flottenbestand:" << endl;
074:
075:   cout << "Anzahl der Schiffe in der Flotte: ";
076:   cout << static_cast<int> (Flotte.size () );
077:   cout << endl;
078:
079:   cout << "Anzahl der Minenleger des Typs \"LowBudget\": ";
080:   cout << static_cast<int> (Flotte.count ("LowBudget") );
081:   cout << endl;
082:
083:   cout << "Anzahl der Minenleger des Typs \"Standard\": ";
084:   cout << static_cast<int> (Flotte.count ("Standard") );
085:   cout << endl;
086:
087:   cout << "Anzahl der Minenleger des Typs \"Hightech\": ";
088:   cout << static_cast<int> (Flotte.count ("Hightech") );
089:   cout << endl;
090:
091:   // Daten des "Hightech"-Minenlegers ausgeben
092:   i = Flotte.find ("Hightech");
093:
094:   if (i != Flotte.end() )
```

```
095:    {
096:        // Wenn vorhanden, dann Daten ausgeben
097:        cout << "Typ \"Hightech\" vorhanden. Daten:" << endl;
098:        i->second.ZeigeDaten ();
099:    }
100:    else
101:    {
102:        // Wenn nicht vorhanden, Fehlermeldung ausgeben
103:        cout << "Typ \"Hightech\" nicht in der Flotte vorhanden";
104:        cout << endl;
105:    }
106:
107:    return 0;
108: }
```

Bildschirmausgabe:

```
Flottenbestand:
Anzahl der Schiffe in der Flotte: 4
Anzahl der Minenleger des Typs "LowBudget": 1
Anzahl der Minenleger des Typs "Standard": 2
Anzahl der Minenleger des Typs "Hightech": 1
Typ "Hightech" vorhanden. Daten:
Energie        : 2000
Geschwindigkeit : 800
Anzahl der Minen: 30
```

Für dieses wieder etwas längere Listing braucht es nur eine relativ kurze Erklärung, da der Unterschied zwischen Maps und Multimaps nicht wirklich groß ist. Zuerst erstellen wir in den Zeilen 15 bis 32 eine kleine Klasse, die einen einfachen Minenleger repräsentiert. Damit sich das Listing nicht unnötig aufbläht, wurde auf Zugriffsfunktionen und separate Header-Dateien verzichtet.

Als Membervariablen gibt es m_Energie, m_Geschwindigkeit und m_AnzahlMinen. Diese stellen also sozusagen die Grundausstattung unseres Minenlegers bereit. Zum Anzeigen gibt es noch die Funktion ZeigeDaten(), die einfach alles Wichtige auf dem Bildschirm ausgibt. In den Zeilen 40 und 41 sieht man, dass die Map einer Multimap gewichen ist. Der Schlüssel ist weiterhin ein String, der Wert wird allerdings durch eine Instanz der Klasse CMinenleger repräsentiert. Entsprechend ändert sich auch das pair-Objekt in Zeile 42. In Zeile 43 erzeugen wir uns noch eine leere Instanz der Klasse CMinenleger, die wir gleich noch brauchen werden.

Die Zeilen 46 bis 48 dienen nun dazu, den Minenleger mit den entsprechenden Eigenschaften zu versorgen. Wenig Energie, eine kleine Geschwindigkeit und ein sehr begrenzter Vorrat an Minen machen deutlich, dass es sich hier um einen einfachen und kostengünstigen Minenleger handelt. Aus diesem Grund bekommt der Schlüssel in Zeile 50 den Namen „*LowBudget*", was eben die Preisklasse dieser Billigvariante verdeutlichen soll. Auf die gleiche Weise wird nun noch ein mittelmäßiger Minenleger in den Zeilen 54 bis 56 erzeugt und mit dem Schlüssel „*Standard*" gleich zwei Mal in die Multimap geschoben. Damit die Flotte aus Minenlegern nicht ganz so kärglich und armselig durch das Weltall dümpelt, bekommt sie durch die Zeilen 65 bis 70 noch einen technisch weit fortgeschrittenen Minenleger mit dem Schlüssel „Hightech" spendiert.

Nachdem nun die Flotte zusammengestellt wurde, geht es an die Bestandsaufnahme. Die Zeilen 75 bis 77 geben dazu erst mal die Gesamtzahl an Raumschiffen innerhalb der Flotte aus. Wie man sieht, sind es insgesamt vier Stück, was bedeutet, dass es wohl funktioniert hat, ein und denselben Schlüssel mehrfach zu verwenden. Um das auch noch restlos zu bestätigen, treten die Zeilen 79 bis 89 in Aktion, die mittels einer neuen Funktion anzeigen, wie viele Schiffe welchen Typs sich innerhalb der Flotte befinden. Diese Funktion namens count() macht nun nichts anderes, als einfach zu ermitteln, wie viele Einträge mit dem ihm übergebenen Schlüssel innerhalb der Map vorhanden sind.

Am Ende des Programms wird in den Zeilen 92 bis 105 noch nach dem Schlüssel „Hightech" gesucht und dessen Inhalt auf dem Bildschirm ausgegeben. Dazu wird der Parameter second des Paares verwendet, um auf die Instanz der Klasse zuzugreifen.

Wie man sieht, sind Maps und Multimaps eine sehr nützliche Sache. Allerdings haben sie auch einen kleinen Haken: die Geschwindigkeit! Damit diese Funktionalität gewährleistet werden kann, ist einiges an internem Arbeitsaufwand nötig, der natürlich Rechenzeit kostet. Man sollte also darauf achten, solche Maps oder Multimaps nicht in wirklich zeitkritischen Teilen eines Spiels einzusetzen, wenn es sich vermeiden lässt.

Ähnlich wie schon bei den Vektoren, Strings und verketteten Listen gibt es auch bei den Maps und Multimaps noch viele nützliche Memberfunktionen. Die hier gezeigten Beispiele vermitteln allerdings die am meist genutzten Verwendungszwecke schon recht gut. Dennoch kann es nichts schaden, die MSDN aufzuschlagen und zu schauen, was noch so alles möglich ist.

10 Grundlagen der Windows-Programmierung

10.1 Raus aus der Konsole, rein ins Fenster

Bisher hatten wir ja immer nur die schlichte schwarze Konsole mit der mausgrauen Schrift vor uns. Mehr als ein wenig Textausgabe haben wir nie zu Gesicht bekommen. Natürlich war das für unsere Zwecke bis jetzt ausreichend, da es ja zunächst darum ging, die Programmiersprache C++ zu lernen und sich auf das Wesentliche zu konzentrieren. Allerdings wird man kaum um die Grundlagen der Windows-Programmierung herumkommen, wenn man auch irgendwann gerne mal ein richtiges Spiel programmieren möchte.

Jetzt wirst Du Dich vermutlich fragen, warum man dafür denn unbedingt irgendwelche Fenster braucht. Nun, diese Frage ist nicht ganz unberechtigt, da es in der Tat auch die Möglichkeit gibt, direkt aus einer Konsole heraus ein Spiel zu programmieren und von dort aus in den Vollbildmodus zu schalten, wie man ihn von fast allen Spielen her kennt. Da aber die meisten Grafik-APIs wie etwa DirectX oder OpenGL auf Windows-Programme aufsetzen, sollte man zumindest die wichtigsten Grundlagen der Windows-Programmierung kennen und anwenden können. Falls Du noch nie etwas von DirectX oder OpenGL gehört hast, solltest Du Dich ein wenig im Internet umschauen und Dich informieren, was man unter diesen Begriffen versteht. An dieser Stelle sei aber erst nur erwähnt, dass es sich dabei um fertige Bibliotheken handelt, mit denen man Spiele programmieren kann. Sie stellen etwa Funktionen bereit, um in den Vollbildmodus zu wechseln und 3D-Modelle anzuzeigen. Da diese Themen hier jedoch nicht weiter vertieft werden, soll uns das als Basis und Grundwissen erst mal genügen.

Solltest Du gerade etwas stutzig vor dem Buch sitzen, dann ist das noch gar nichts im Vergleich zu meiner momentanen Situation. Ich sitze nämlich gerade vor meinem Laptop, tippe diese Zeilen und überlege fieberhaft, wo ich mit der Erklärung der Grundlagen beginnen soll. Die Programmierung einer einfachen Windows-Applikation ist zwar nicht weiter schwer, aber es gibt eben eine Menge Neues, um das man sich kümmern muss, und vieles, was ineinandergreift. Dennoch bin ich der Meinung, dass die bisherige Vorgehensweise auch hier ganz gut funktionieren wird. Also wird es zuerst wieder ein komplettes Listing geben, das dann Schritt für Schritt und Zeile für Zeile auseinander gepflückt und erklärt wird. Also dann, auf los geht's los.

10.1.1 Anlegen eines Win32-Projektes

Wenn wir bisher ein neues Projekt angelegt haben, dann haben wir immer eine Konsolen-Anwendung verwendet. Dass diese Vorgehensweise hier nicht viel hilft, dürfte jedem klar sein. Es ist allerdings nicht weiter dramatisch, ein für unser Vorhaben geeignetes Projekt anzulegen. Dazu gehst Du genauso vor wie bisher auch, nur eben mit dem Unterschied, dass Du dieses Mal statt „Win32-Konsolenanwendung" eben „Win32-Projekt" wählst. Wichtig ist, dass Du ein leeres Projekt erzeugst, dem keine weiteren Dateien hinzugefügt werden. Den Pfad und den Namen des Projektes kannst Du natürlich frei wählen. Sobald das erledigt ist, fügst Du dem Projekt wie gewohnt noch eine neue .cpp-Datei hinzu, die wir gleich mit Quelltext füllen werden.

10.1.2 Ein Windows-Grundgerüst

Nachdem Du Dir das neue Projekt angelegt hast, kann es auch gleich mit dem Quelltext losgehen. Wie bereits erwähnt, wird dieser hier zuerst in seiner gesamten Pracht gezeigt. Wenn Du Dir den Quelltext anschaust, wirst Du feststellen, dass es gleich eine ganze Menge Neues gibt, was bisher noch nicht behandelt wurde. Wie schon gesagt, werden wir das gleich Stück für Stück durchgehen und uns alles genau anschauen. Doch zuerst solltest Du den Quellcode entweder abtippen oder von der beigelegten CD laden und kompilieren. Dabei gehst Du genau wie bei allen anderen Beispielen auch vor. Starte zuerst einmal das Programm und schau Dir das Ergebnis an. Für diese Menge Quellcode ist das Ergebnis zwar recht spartanisch, jedoch steckt auch hier wie immer eine Menge mehr dahinter, als man auf den ersten Blick vermuten könnte. Immerhin haben wir nun ein richtiges Fenster vor uns, das man nach Belieben vergrößern und verschieben kann. Und wie es zu diesem Fenster kommt, zeigt folgendes Listing:

Listing 10.1 Ein Windows-Grundgerüst

```
001: // C++ für Spieleprogrammierer
002: // Listing 10.1
003: // Ein Windows-Grundgerüst
004: //
005: #include <windows.h>
006:
007: // Prototyp der Callback-Funktion
008: LRESULT CALLBACK WindowProc (HWND hWnd, UINT message,
009:                              WPARAM wParam, LPARAM lParam);
010:
011: // Hauptprogramm
012: //
013: int WINAPI WinMain (HINSTANCE hInst, HINSTANCE hPrevInst,
```

```
014:                       LPSTR lpcmdline, int ncmdshow)
015: {
016:   WNDCLASSEX windowclass; // Struktur für Fenstereigenschaften
017:   HWND       hWnd;        // Fenster-Handle
018:   MSG        message;     // Nachricht
019:
020:   // Der Klassenname des Fensters ist frei wählbar
021:   const char szClassName[] = "Erstes Fenster";
022:
023:   // Struktur mit gewünschten Eigenschaften füllen
024:   //
025:
026:   // Größe der Struktur zwischenspeichern
027:   windowclass.cbSize = sizeof (WNDCLASSEX);
028:
029:   // Fenster soll beim Verschieben neu gezeichnet werden
030:   windowclass.style = CS_HREDRAW | CS_VREDRAW;
031:
032:   // Zeiger auf Callback-Funktion
033:   windowclass.lpfnWndProc = WindowProc;
034:
035:   // Keine erweiterten Einstellungen
036:   windowclass.cbClsExtra = 0;
037:   windowclass.cbWndExtra = 0;
038:
039:   // Instanz speichern
040:   windowclass.hInstance = hInst;
041:
042:   // Icons und Cursor festlegen
043:   windowclass.hIcon   = LoadIcon (NULL, IDI_APPLICATION);
044:   windowclass.hIconSm = LoadIcon (NULL, IDI_APPLICATION);
045:   windowclass.hCursor = LoadCursor (NULL, IDC_ARROW);
046:
047:   // Hintergrundfarbe festlegen
048:   windowclass.hbrBackground = (HBRUSH)COLOR_BACKGROUND+1;
049:
050:   // Ein Menü brauchen wir nicht
051:   windowclass.lpszMenuName = NULL;
052:
053:   // Klassenname angeben
054:   windowclass.lpszClassName = szClassName;
055:
056:   // Fensterklasse registrieren
057:   if (!RegisterClassEx (&windowclass) )
058:     return (0);
059:
060:   // Das Fenster erzeugen
061:   hWnd = CreateWindowEx (NULL,
062:                          szClassName,
063:                          "Das erste Fenster!",
064:                          WS_OVERLAPPEDWINDOW | WS_VISIBLE,
065:                          100, 100,
066:                          300, 250,
067:                          NULL,
068:                          NULL,
069:                          hInst,
070:                          NULL);
071:
072:   // Prüfen, ob alles glattging
073:   if (hWnd == NULL)
074:     return (0);
075:
076:   // Der "Herzschlag" des Programms.
077:   // Hier werden alle Nachrichten abgeholt,
078:   // übersetzt und weitergeleitet.
079:   while (GetMessage (&message, NULL, 0, 0) )
080:   {
081:     TranslateMessage (&message);
082:     DispatchMessage (&message);
083:
```

```
084:    }
085:
086:    // Programm beenden
087:    return (int)(message.wParam);
088:
089: } // WinMain
090:
091:
092: // Callback-Funktion zur Nachrichtenverarbeitung
093: //
094: LRESULT CALLBACK WindowProc (HWND hWnd, UINT message,
095:                               WPARAM wParam, LPARAM lParam)
096: {
097:    // Messages auswerten
098:    switch (message)
099:    {
100:      // Fenster schließen? (Auch Alt-F4)
101:      case WM_DESTROY:
102:      {
103:        // Nachricht zum Beenden schicken
104:        PostQuitMessage (0);
105:        return (0);
106:
107:      }
108:
109:      // Wurde eine Taste gedrückt?
110:      case WM_KEYDOWN:
111:      {
112:        // Ja, also je nach Taste verzweigen
113:        switch (wParam)
114:        {
115:          // Wurde "Escape" gedrückt?
116:          case VK_ESCAPE:
117:          {
118:            // Ja, also Nachricht zum Beenden schicken
119:            PostQuitMessage (0);
120:            return (0);
121:
122:          }
123:        }
124:      } break;
125:    }
126:
127:    // Die Nachricht wurde nicht von uns verarbeitet, also
128:    // von Windows verarbeiten lassen.
129:    return (DefWindowProc (hWnd, message, wParam, lParam) );
130:
131: } // WindowProc
```

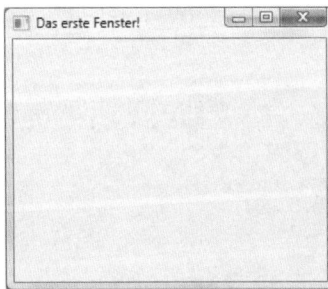

Abbildung 10.1 Das erste Fenster

Eine Menge Holz, nicht wahr? Lauter neue bunte Sachen, die wir da vor uns haben und jetzt mal genauer betrachten werden. Doch bevor es nun mit dem Zerpflücken des Quelltextes losgeht, klären wir erst einmal ein paar grundlegende Dinge über den Ablauf und die Funktionsweise einer Windows-Anwendung. Dabei wird nicht gleich auf jedes Detail eingegangen. Vielmehr werden die wichtigsten Dinge erst „grob" erklärt und dann später genauer beleuchtet, wenn auch der Code Zeile für Zeile erklärt wird.

Windows ist ein sogenanntes nachrichtenbasiertes System. Immer wenn irgendetwas passiert, werden Nachrichten verschickt. Klickt der Benutzer auf einen Knopf, wählt einen Eintrag im Menü oder verschiebt das Fenster auf dem Desktop, dann wird an die betreffende Anwendung die dazugehörige Nachricht geschickt. Das geschieht automatisch und wird vom Betriebssystem erledigt. Im Quellcode der Anwendung kann man dann auf diese Nachrichten reagieren und sein Programm die richtigen Schritte ausführen lassen. Mal Angenommen, wir hätten jetzt ein richtiges Spiel geschrieben, das im Vollbildmodus läuft und auf die oben gezeigte Windows-Applikation aufsetzt. Jetzt drückt der Spieler die Tastenkombination Alt+Tab, um auf den Desktop zurückzukehren, weil er kurz seine Mails abrufen will (ja, es gibt Leute, die machen das wirklich. Einer von ihnen schreibt gerade ein Buch). Nun wäre es ja nicht gerade toll, wenn das Spiel im Hintergrund weiterläuft. In einer solchen Situation erwartet man als Spieler, dass das Spiel anstandslos in den Pausemodus wechselt und man nur noch das kleine dazugehörige Symbol in der Windows-Taskleiste sieht, bis man durch erneutes Drücken von Alt+Tab wieder zum Spiel wechselt. Das eben angesprochene Nachrichtensystem macht nun genau das möglich. Die Windows-Anwendung, die dem Spiel zugrunde liegt, bekommt, sobald der Spieler die Tastenkombination Alt+Tab drückt, eine entsprechende Nachricht. Als Programmierer kann man darauf reagieren und das Spiel in den Pausemodus schalten. Das Verkleinern des Fensters geht dabei vollautomatisch. Also gibt es wenigstens ein paar Dinge, um die wir uns nicht selbst kümmern müssen.

Es mag an dieser Stelle nach recht viel Aufwand klingen, und man könnte denken, dass man sich in einem kompletten Spiel um wahnsinnig viele Nachrichten und deren Bearbeitung kümmern müsste. Allerdings ist es wirklich so, dass man nicht sehr viel mehr Code als in diesem ersten Beispiel braucht, um ein einigermaßen vernünftiges Grundgerüst zu erzeugen. Es kommen zwar noch ein paar Dinge hinzu, aber die machen dann nicht mehr wirklich viel aus. Bevor wir uns jetzt hier allerdings noch weiter die Theorie um die Ohren schlagen, widmen wir uns lieber mal dem Quelltext.

 Hinweis:
Windows ist ein nachrichtenbasiertes System. Jedes Ereignis ruft eine Nachricht hervor. Alle Nachrichten, die zu unserem eigenen Programm gehören, können wir im Quelltext abfangen und beliebig darauf reagieren.

10.1.3 Die WinMain-Funktion

Bevor es jetzt allerdings losgeht, möchte ich an dieser Stelle eine kleine Anmerkung machen. Wie Du sicherlich schon bemerkt hast, ist das oben gezeigte Listing nicht gerade klein und anschaulich, und man fühlt sich eventuell von der Masse an neuen Dingen ein wenig erschlagen. Der beste Ansatz ist hierbei das schrittweise Vorgehen. Am besten liest Du erst alle folgenden Erklärungen durch und versuchst, den allgemeinen Aufbau und die Funktionsweise dieses Windows-Grundgerüstes zu verstehen. Wenn einige Details nicht sofort klar sind, dann häng Dich nicht daran fest, sondern schau, ob sie sich später nicht von alleine klären. Nebenbei möchte ich erwähnen, dass wir uns nachher noch mal an dieser Stelle hier treffen. Es wird später eine kleine Anmerkung mit dem Tipp geben, dass Du noch einmal zu dieser Seite zurückblättern solltest.

Vielleicht fragst Du Dich jetzt, wie man sich das alles merken und irgendwann mal alleine programmieren soll. Die Antwort ist ganz einfach: Nicht versuchen, alles auswendig zu lernen, denn das ist gar nicht nötig! Ich habe tatsächlich schon in Foren Threads gesehen, in denen Programmierneulinge stolz verkündeten, dass sie jetzt die Erstellung eines einfachen Fensters komplett auswendig können. Tu Dir selbst einen Gefallen und versuch nicht das Gleiche. Als ich den Beispielcode geschrieben habe, habe ich auch die einzelnen Teile aus einem bereits bestehenden Projekt von mir zusammengesucht. Dieses Grundgerüst braucht man eigentlich für fast jedes Projekt, und man ist nicht der Einzige, der sich damit beschäftigt. Wenn man gerade kein Buch zur Hand hat, dann findet man diesen Code in ähnlicher Form überall im Internet oder in Beispielprogrammen. Wichtig ist also nicht, dass man alles auswendig kann, sondern dass man das Grundprinzip so weit verstanden hat, um problemlos mithilfe der MSDN Erweiterungen oder Änderungen daran vornehmen zu können. Programmieren ist eben mehr als das bloße Auswendiglernen von Quelltext.

Los geht es in Zeile 5, in der eine Header-Datei namens `windows.h` eingebunden wird. Diese Datei enthält alles, was wir für unser kleines Grundgerüst benötigen. Später wirst Du einige neue Funktionen kennenlernen. Damit diese benutzt werden können, wird eben diese Datei gebraucht.

Weiter geht es mit Zeile 8, deren Details uns momentan noch nicht weiter interessieren. Es handelt sich hierbei einfach um den Funktionsprototyp der sogenannten Callback-Funktion. Callback bedeutet auf Deutsch „Rückruf", was darauf schließen lässt, dass es sich hierbei um eine Funktion handelt, welche die oben angesprochenen Nachrichten auswertet. Doch dazu später mehr. In Zeile 13 findest du den Funktionskopf von `WinMain`, der den gleichen Zweck hat wie schon die `main`-Funktion in allen unseren bisherigen Beispielen. Der Name der Funktion macht schon jetzt deutlich, dass es sich hier wohl um ein Windows-Programm und nicht mehr um eine Konsolenanwendung handelt. Hier ist unser Einsprungspunkt, an dem das Programm seine eigentliche Arbeit beginnt. Im Gegensatz zu dem spartanischen `int main()` gibt es hier gleich vier Parameter und neben dem Rückgabetyp noch einen seltsamen Bezeichner namens `WINAPI`. Dieser steht für eine sogenannte Aufrufkonvention, was nichts anderes bedeutet, als dass er bestimmte Regeln für den Aufruf unserer neuen `WinMain`-Funktion angibt, die uns an dieser Stelle jedoch nicht weiter beschäftigen sollen. Wie schon bei den Konsolenanwendungen ist auch hier die richtige Schreibweise absolut wichtig. Diese „Startfunktion" darf man nicht so ohne Weiteres umbenennen oder die Groß-/Kleinschreibung verändern.

Bei den vier Parametern wird es schon ein wenig verzwickter. Die beiden ersten Parameter sind vom Typ HINSTANCE, was darauf schließen lässt, dass hier wohl das Wörtchen „Instanz" ins Spiel kommt, das Du ja schon von den Klassen her kennst. Das große „H" steht hierbei für „Handle". Tatsächlich ist hier der Bezug zu der Instanz einer Klasse gar nicht so weit hergeholt. Schließlich kann man ja die meisten Windows-Anwendungen mehrfach öffnen. Es ist ohne Probleme möglich, Paint oder Notepad gleich zwei oder drei Mal auf dem Desktop zu öffnen, also warum sollte das nicht auch mit unserem Programm funktionieren? Damit es nun keine Probleme mit dieser Möglichkeit gibt und alle offenen Anwendungen klar getrennt werden können, wird unserer WinMain-Funktion eben das Handle auf die eigene Instanz mitgeliefert, mit dem wir dann weiterarbeiten können. Der zweite Parameter ist vom gleichen Typ wie der erste, allerdings für unsere Zwecke völlig belanglos. Ich habe noch keinen Fall erlebt, in dem dieser Parameter verwendet worden wäre. Für eine Windows-basierte Anwendung ist dieser nämlich generell NULL, und wir haben keinen Grund, uns hier weiter damit herumzuschlagen.

Interessanter wird es schon beim dritten Parameter. Vielleicht kennst Du ja bestimmte Spiele, bei denen man einen oder mehrere Startparameter mit übergeben kann (entweder wenn man das Programm über das Startmenü und „Ausführen" aufruft oder die Startoptionen per Rechtsklick auf die .exe-Datei verändert). Diese zusätzlichen Parameter landen dann genau an dieser Stelle und können direkt ausgewertet werden. Bei dem Datentyp LPSTR handelt es sich einfach um einen Zeiger auf einen nullterminierten String.

Auch der letzte Parameter ist für uns nicht wichtig. Er kann Informationen über das Erscheinungsbild unseres Fensters enthalten. Nachher sehen wir aber eine Lösung, bei der dieser Parameter gar nicht vorkommt.

10.1.3.1 Die Struktur WNDCLASSEX

Um die nächsten Zeilen verstehen zu können, braucht man zuerst wieder ein klein wenig Theorie. Damit man überhaupt ein neues Fenster erzeugen kann, muss man erst eine sogenannte Fensterklasse erzeugen. Das bedeutet nun allerdings nicht, dass wir uns eine Klasse erzeugen, indem wir mit irgendwelchen Konstruktoren oder Memberfunktionen jonglieren. Eine solche Fensterklasse ist nichts weiter als eine Struktur, die wir mit den von uns gewünschten Werten füllen müssen. Diese geben einige genauere Informationen für unser geplantes Fenster an. Sobald diese Struktur gefüllt ist, können wir sie beim Betriebssystem registrieren und danach weiterverwenden. Man kann sich das etwa wie eine Schablone vorstellen, deren Aussehen wir festlegen und die dann später immer wieder verwendet werden kann.

Diese Struktur heißt WNDCLASSEX, wie man in Zeile 16 sehen kann. Davon erzeugen wir uns also die eine Instanz namens windowclass und fangen gleich mal an, die dazugehörigen Membervariablen mit Werten zu füllen. Dazu überspringen wir erst die nächsten paar

Zeilen, da diese momentan noch nicht von Interesse sind. Aber später kümmern wir uns noch darum. Es bleibt also nichts im Dunkeln. Du solltest während der nächsten Abschnitte auch die MSDN geöffnet haben und Dir anschauen, welche Werte man für die einzelnen Membervariablen der WNDCLASSEX-Struktur noch einstellen kann. So versteht man die Zusammenhänge besser und kann durch Experimentieren noch einige Dinge herausfinden.

In Zeile 27 wird auch schon die erste Membervariable namens cbSize gefüllt. Diese gibt noch einmal die Größe der Struktur an. Diese Angabe ist für interne Zwecke notwendig, und uns genügt es, das einfach so zu akzeptieren, da wir damit nicht mehr konfrontiert werden. Weiter geht es in Zeile 30 mit der Membervariablen style. Hier werden einige grundlegende Dinge für den Fensterstil eingestellt. Möchte man beispielsweise den „Schließen"-Button oben rechts im Fenster deaktivieren, so wird das hier angegeben. Die beiden Flags CS_HREDRAW und CS_VREDRAW sagen aus, dass das Fenster komplett neu gezeichnet werden soll, wenn sich dessen Breite oder Höhe ändert.

Etwas interessanter wird es dann in Zeile 33. Hier geben wir an, dass WindowProc unsere Callback-Funktion sein soll. Nach der Zuweisung enthält die Membervariable lpfnWndProc also einen Zeiger auf unsere eigene Callback-Funktion, die wir später noch genau unter die Lupe nehmen werden. Ach ja, da fällt mir ein: Funktionszeiger haben wir bisher ja noch gar nicht behandelt. Das muss allerdings definitiv nachgeholt werden, damit man Zeile 33 richtig verstehen kann. Allerdings bringt es recht wenig, wenn das hier einfach so mittendrin eingestreut wird, weshalb ich dieses Thema etwas weiter nach hinten verschiebe (auch wenn Du diesen Satz vermutlich schon nicht mehr hören kannst). In Abschnitt 10.1.6 gehen wir dann genauer darauf ein.

Die Werte in den Zeilen 36 und 37 sind für unser Grundgerüst momentan recht uninteressant. Hier kann angegeben werden, wie viel zusätzlicher Speicher noch für die Struktur reserviert und bereitgestellt werden soll. Das ist etwa dann wichtig, wenn man eine Dialogbox aus einer Ressource erzeugen möchte. Für den Augenblick geht das einen Schritt zu weit, und wir brauchen uns damit erst mal nicht weiter herumzuschlagen.

In Zeile 40 geben wir der Fensterklasse an, zu welcher Instanz sie gehört. Das zu erzeugende Fenster muss ja schließlich wissen, zu wem es gehört und wer die zugehörige Callback-Funktion bereitstellt. Wir haben hInst ja bereits als Parameter unserer WinMain-Funktion in Zeile 13 übergeben bekommen und können diesen jetzt einfach ruhigen Gewissens weiterverwenden. Wenn wir unser kleines Beispielprogramm mehrfach starten, dann ist diese Instanz jedes Mal eine andere, damit es kein Durcheinander gibt.

Die Zeilen 43 bis 45 eignen sich besonders gut zum Experimentieren, da sich Veränderungen in den Werten direkt auf das Aussehen unseres Fensters auswirken. Über die beiden Membervariablen hIcon und hIconSm kann man bestimmen, welche Icons für unser Fenster verwendet werden sollen. So hat beispielsweise Deine Visual C++-Entwicklungsumgebung oben links im Fenster dieses gelbe Quadrat mit zwei „+"-Zeichen darin oder das Malprogramm *Paint* ein paar Pinsel in einem Glas. Damit man nicht erst selbst ein solches Icon zeichnen muss, bietet Windows hier einige vorgefertigte Standard-Icons an, die wir verwenden können. Die Membervariable hCursor in Zeile 45 gibt – wer hätte das gedacht – den gewünschten Cursor, also das Bild des Mauszeigers für unser Fenster an. Auch hier gibt es wieder einige vorgefertigte Cursor, die wir verwenden können, wenn wir keinen eigenen zeichnen möchten. Jetzt magst Du Dich vielleicht fragen, woher denn diese Icons und Cursor kommen, egal ob selbst gezeichnet oder in den Standardausführungen. Nun, man kann für sein Windows-Programm sogenannte Ressourcen anlegen, die dann mit in die fertige .exe-Datei aufgenommen werden. Solche Ressourcen können Bilder sein, irgendwelche Sounds oder einfach nur eine Reihe von Strings oder anderen Daten. Jede Ressource bekommt dazu einen frei wählbaren Namen, über den wir sie dann später ansprechen können. Für den Zugriff auf solche Ressourcen gibt es dann spezielle Funktionen, die wir für diesen Zweck verwenden können. Diese geben uns dann in der Regel ein Handle auf die gewünschte Ressource zurück. Zwei dieser Funktionen verwenden wir ja bereits in unserem ersten Windows-Beispiel: `LoadIcon` und `LoadCursor`. Auch hier solltest Du mal wieder in der MSDN nachschlagen und schauen, was diese Funktionen genau machen und was man ihnen als Parameter übergeben kann. In unserem Fall können wir für den ersten Parameter einfach `NULL` angeben, was bedeutet, dass ein Standard-Icon geladen werden soll. Der zweite Parameter kann entweder einen String mit dem Ressourcennamen oder einen Ressourcenidentifizierer enthalten. In der MSDN findest Du auch eine Auflistung dieser Standard-Icons und Standard-Cursor, deren Auflistung ich Dir und mir hier erspare. Zum Testen kannst Du ja mal in Zeile 45 das `IDC_ARROW` durch ein `IDC_HELP` ersetzen. Wenn Du dann das Programm kompilierst und ausführst, verwandelt sich dein Cursor in einen Pfeil mit angehängtem Fragezeichen, sobald Du ihn über Dein eigenes Fenster bewegst.

Wie man sich nun eigene Ressourcen für Icons und Cursor anlegt, soll an dieser Stelle erst mal nicht weiter vertieft werden. Im Grunde ist das jedoch nicht weiter schwer, und eine kurze Suche im Internet wird schnell das gewünschte Resultat liefern.

Weiter geht es mit Zeile 48. Hier wird die Hintergrundfarbe des Fensters festgelegt, was natürlich auch wieder zum Experimentieren anregt. Für eine solche Farbangabe wird ein Handle zu einem Brush (zu Deutsch: Pinsel) benötigt. Auch hier gibt es natürlich wieder vorgefertigte Werte, die wir benutzen können. Der Wert `COLOR_BACKGROUND` gibt nun an, dass unser Fenster mit der aktuellen Hintergrundfarbe, die in Windows eingestellt ist, gefüllt werden soll. Dieser Farbwert muss dazu in einen solchen Brush gecastet werden, damit alles reibungslos funktioniert. Schaut man in der MSDN nach, so wird man dort lesen können, dass diesem Farbwert eine 1 hinzuaddiert werden muss, damit auch wirklich die richtige Farbe angezeigt wird. Warum das allerdings so ist, wird nicht beschrieben. Wie so oft akzeptieren wir das einfach und begeben uns jetzt nicht auf eine lange Suche nach dem Grund.

In Zeile 51 können wir nun angeben, ob wir ein Menü für unser Fenster haben möchten oder nicht. Ein Menü wird auch als Ressource erstellt, und somit wird an dieser Stelle der Ressourcenname erwartet. Da wir jedoch kein Menü verwenden wollen, können wir einfach `NULL` angeben, und unser Fenster bleibt ganz schlicht und einfach ohne die Menüleiste. Wie bereits erwähnt, wollen wir unser Windows-Grundgerüst ja so einfach wie möglich halten und uns keinen zusätzlichen Ballast aufhalsen. Falls Du Dich trotzdem weiter mit diesem Thema beschäftigen möchtest, hilft auch hier das Internet wieder weiter, wenn man sich nur die Zeit nimmt, um ein wenig zu suchen.

Kommen wir jetzt zur letzten Membervariablen der WNDCLASSEX-Struktur in Zeile 54. Hier vergeben wir einen eindeutigen Namen für unsere Fensterklasse, über den wir sie jederzeit ansprechen können. Dieser Name ist frei wählbar, solange er sich nicht mit einigen vordefinierten Namen überschneidet. In Zeile 21 erzeugen wir uns für diesen Zweck einen konstanten String, den wir für diesen Zweck verwenden können. Später brauchen wir den Namen noch einmal, was deutlich macht, warum wir uns einen separaten String anlegen. Auf diese Weise müssen wir nur an einer Stelle im Programm Änderungen vornehmen, falls wir auf die Idee kommen, den Namen später noch einmal zu verändern.

So, jetzt ist es geschafft, und die gesamte Struktur wurde mit passenden und gültigen Werten gefüllt. Nun ist es an der Zeit, Windows von unserer neuen Fensterklasse in Kenntnis zu setzen. Dazu rufen wir die Funktion RegisterClassEx auf, die als einzigen Parameter einen Zeiger auf unsere Struktur erwartet. Wenn alles reibungslos funktioniert hat, dann liefert die Funktion einen Wert ungleich null zurück. Zur Sicherheit prüfen wir das noch mal nach und verlassen das Programm, falls etwas schiefging. Damit ist das Erstellen und Registrieren der Fensterklasse abgeschlossen.

10.1.3.2 Erzeugen des Fensters mittels CreateWindowEx

Jetzt haben wir zwar die Fensterklasse erzeugt und angemeldet, aber sehen tun wir noch nichts. Damit das Fenster fertig erstellt und auf dem Desktop angezeigt wird, müssen wir es noch durch Aufruf der Funktion CreateWindowEx erzeugen. Diese Funktion erwartet ebenfalls wieder eine ganze Menge an Parametern, die wir uns jetzt genauer anschauen. Doch bevor es damit losgeht, eine kleine Anmerkung zur Formatierung des Quelltextes in den Zeilen 61–70. Sicher fällt Dir auf, dass fast jedem Parameter eine eigene Zeile spendiert wurde. Eine solche Formatierung verwendet man häufig dann, wenn eine Funktion sehr viele Parameter erwartet. Würde man alles in eine Zeile schreiben, dann wäre eines garantiert: Unübersichtlichkeit. Eine sinnvolle Aufteilung ist es, zusammengehörige Parameter wie etwa Koordinatenpaare in eine separate Zeile zu schreiben. Das macht den Quellcode leserlicher, und Änderungen sind leichter zu bewerkstelligen.

Mit dem ersten Parameter kann man den **erweiterten** Fensterstil bestimmen, was etwas verwirrend sein mag, da der eigentliche Fensterstil etwas später angegeben wird. Sicherlich kennst Du beispielsweise die Art von Fenstern, bei denen es oben rechts keine Symbole zum Maximieren oder Minimieren gibt und der Button zum Schließen des Fensters etwas kleiner ist. Das ist ein sogenanntes Tool-Window. Wenn wir etwa ein solches Fenster haben möchten, dann könnten wir hier das Flag WS_EX_TOOLWINDOW angeben, und schon würde unser Fenster in diesem Stil erscheinen. Fürs Erste genügt uns allerdings ein ganz normales Standardfenster, weshalb wir einfach NULL übergeben können, ohne uns um weitere Flags kümmern zu müssen.

Der zweite Parameter ist der Name der Fensterklasse, die wir weiter oben erzeugt haben. Mit dem Erzeugen der Fensterklasse haben wir uns ja quasi eine Art Schablone erzeugt, welche die grundlegenden Eigenschaften unseres Fensters bestimmt. Wir müssen hier nun also den Namen einer erzeugten und registrierten Fensterklasse angeben. Direkt danach übergeben wir einen String, der die gewünschte Überschrift, also Titelzeile unseres Fensters, repräsentiert.

Nun kommen wir zum vierten Parameter, mit dem wir den eigentlichen Fensterstil bestimmen können. Hier haben wir eine ganze Menge Möglichkeiten, die Du mal in der MSDN nachschlagen solltest. Es ist beispielsweise möglich, dem Fenster einen horizontalen und/oder vertikalen Scrollbalken hinzuzufügen, die Dicke des Randes zu bestimmen oder es unsichtbar im Hintergrund laufen zu lassen. Ich verzichte hier jedoch absichtlich auf eine genaue Auflistung aller Möglichkeiten und deren Beschreibungen, da diese für unsere Zwecke momentan nicht von Belang sind und leicht selbst nachgeschlagen werden können. Es gibt in diesem Kapitel ohnehin schon so viel Neues, dass zusätzliche Tabellen und Erläuterungen eher verwirren als helfen würden. Die beiden für uns wichtigen Flags lauten hier `WS_OVERLAPPEDWINDOW` und `WS_VISIBLE`. Das Flag `WS_OVERLAPPEDWINDOW` gibt an, dass ein Fenster mit einer Überschrift, dem Systemmenü (oben links das kleine Icon), einem dicken Rahmen und den beiden Icons zum Minimieren und Maximieren erzeugt werden soll. Es ist zwar auch möglich, für all diese Eigenschaften jeweils das dazugehörige Flag selbst zu setzen, aber diese „Sammellösung" ist wesentlich einfacher zu lesen und mit weniger Aufwand verbunden. Das Flag `WS_VISIBLE` gibt an, dass das Fenster von Anfang an sichtbar sein soll. Lässt man das Flag weg, so ist das Fenster beim Start des Programms nicht sichtbar und müsste erst durch einen zusätzlichen Funktionsaufruf eingeschaltet werden (`ShowWindow()`).

Die beiden nächsten Parameter bestimmen, an welchen Koordinaten sich die linke obere Ecke unseres Fensters auf dem Desktop befinden soll. Ursprung ist hierbei die linke obere Ecke des Desktops. Da wir hier einfach 100, 100 angeben, wird unser Fenster im linken oberen Bereich des Desktops erscheinen. Zum Testen kannst Du natürlich einfach mal diese Koordinaten verändern. Mit den beiden darauffolgenden Parametern bestimmt man die Breite und die Höhe des Fensters. Achte dabei darauf, dass der Rahmen, den das Fenster umgibt, hierbei mitgerechnet wird.

Nach der Größenangabe benötigt die Funktion Informationen darüber, ob diesem Fenster ein anderes Fenster übergeordnet ist. Das ist etwa dann der Fall, wenn ein Fenster ein weiteres Fenster erzeugt. Wenn Du beispielsweise mit Microsoft Paint ein neues Bild laden möchtest, wird ja zuerst ein Dateidialog geöffnet, mit dem Du durch Deine Verzeichnisse browsen kannst. Dieser Dialog ist dann dem Hauptfenster von Paint untergeordnet und gehört auch nur zu Paint und zu keinem anderen Programm. Da unser Fenster aber für sich alleine steht und keinem anderen Fenster untergeordnet ist, können wir hier einfach `NULL` angeben.

Als Nächstes erwartet die Funktion ein Handle eines Menüs, was an dieser Stelle etwas verwirrend sein kann, da wir ja schon beim Erzeugen der Fensterklasse angegeben haben, dass wir kein Menü haben möchten. Bei der Fensterklasse wurde allerdings ein Ressourcenname gefordert und kein Handle auf ein Menü. Auch hier können wir wieder `NULL` angeben, da wir in unserem Grundgerüst kein Menü einbauen werden.

Mit dem vorletzten Parameter wird angegeben, zu welcher Instanz das Fenster gehört. Diese Instanz bekommen wir ja schon von unserer `WinMain`-Funktion übergeben und können sie hier also einfach einsetzen. Verwendet man Windows NT, 2000, XP oder Vista, so wird dieser Parameter einfach ignoriert. Bei allen anderen Windows-Versionen muss er allerdings unbedingt mit angegeben werden.

Der letzte Parameter bereitet uns ebenfalls recht wenig Kopfzerbrechen, da wir ihn für unsere Zwecke ignorieren können. Hier kann man einen Zeiger auf einen Wert angeben, der dann beim Erzeugen unseres Fensters weitergereicht wird. Momentan brauchen wir das nicht und beschäftigen uns demnach auch nicht weiter damit.

Nachdem die Funktion nun mit allen nötigen Parametern versorgt wurde, gibt sie uns ein Handle auf unser brandneues Fenster zurück. Dieses Handle speichern wir dann zwischen, damit wir es später noch weiterverwenden können. Bevor es dann allerdings weitergeht, prüfen wir noch schnell, ob auch wirklich alles glattging. Ist unser Handle nämlich `NULL`, dann ging irgendetwas schief, und das Fenster konnte nicht korrekt erzeugt werden. Wenn das der Fall ist, dann beenden wir das Programm, indem wir per `return` den Wert 0 zurückliefern.

10.1.3.3 Übersetzen und weiterleiten von Nachrichten

Wir befinden uns ja noch in unserer `WinMain`-Funktion, die im Gegensatz zu unserer bisherigen `main`-Funktion nicht einfach so mir nichts, dir nichts beendet werden soll. Schließlich soll das Programm so lange laufen, bis der User es über den Schließen-Button, die Tastenkombination Alt+F4 oder auf eine andere Weise beendet. Wie vorhin schon erwähnt, handelt es sich bei Windows-Programmen um nachrichtenbasierte Programme. Alle Nachrichten, die unser Programm betreffen, müssen nun bearbeitet werden. Doch bevor wir uns um die Callback-Funktion kümmern, müssen wir erst mal schauen, wie wir denn die angesprochenen Nachrichten überhaupt dorthin bekommen.

Für diese Aufgabe schreiben wir uns in den Zeilen 79 bis 84 eine `while`-Schleife. Der Kernpunkt ist hier die Funktion `GetMessage`. Diese Funktion holt sich nun die nächste Nachricht vom Nachrichtenstapel. Das klingt vielleicht kompliziert, ist es aber eigentlich gar nicht. Immer dann, wenn der Benutzer mit dem Fenster interagiert (mit der Maus darüber fährt, darauf klickt, es schließt, vergrößert oder sonst eine Aktion ausführt), dann bekommt das Programm, das dem Fenster zugrunde liegt, eine entsprechende Nachricht. Dazu gibt es eine Art Nachrichtenschlange (jede Windows-Anwendung hat ihre eigene), in der alle bisher nicht verarbeiteten Nachrichten zwischengespeichert werden. Schließlich kann es ja vorkommen, dass mehrere Dinge geschehen sind, bevor das nächste Mal die Nachrichten verarbeitet werden. Die Funktion `GetMessage` holt sich nun immer die nächste Nachricht aus dieser Schlange heraus. Dazu benötigt sie einige Parameter, die wir ihr übergeben müssen. Als ersten Parameter übergeben wir einen Zeiger auf eine Nachrichtenstruktur vom Typ `MSG`, die wir in Zeile 18 angelegt haben. Die `GetMessage`-Funktion füllt diese Struktur mit den Informationen zur aktuell abgeholten Nachricht, und wir können sie gleich weiterverwenden. Glücklicherweise war das auch schon wieder der einzige Parameter, um den wir uns kümmern müssen. Die restlichen drei sind für uns momentan eher uninteressant. Mit ihnen kann man beispielsweise die Nachrichten filtern, was uns im Augenblick recht wenig beeindruckt. Die Funktion `GetMessage` liefert ein `bool` zurück, das nur dann `false` ist, wenn die Anwendung die Nachricht erhält, dass sie geschlossen werden soll. Solange der Benutzer das Fenster also nicht schließt oder wir im Programm selbst eine solche Nachricht versenden, läuft unsere `while`-Schleife immer munter weiter.

Weiter geht's innerhalb der Schleife. Dort gibt es zwei Funktionen, die unsere Nachricht weiterverarbeiten. Die erste Funktion namens `TranslateMessage` wandelt die Nachricht in ein anderes Format um, das dann später von der Callback-Funktion erwartet wird (dazu kommen wir gleich). Als Nächstes tritt die Funktion `DispatchMessage` in Aktion. Sie tut im Grunde nichts weiter, als die eben umgewandelte Nachricht weiter zu verschicken, damit sie letzten Endes dann bei unserer Callback-Funktion landet. Solange keine Nachricht eintrifft, dass das Fenster geschlossen werden soll, wird dieser Vorgang immer weiter wiederholt, und jede Nachricht nimmt auf diesem Weg ihren Lauf.

Irgendwann hat auch unser Programm einmal ein Ende, und `GetMessage` liefert null zurück, da die Nachricht zum Beenden des Programms durchgereicht wurde. Die `while`-Schleife hat die letzte Runde gedreht, und Zeile 87 wird erreicht. Hier wird nun die Membervariable `wParam` der `message`-Struktur per `return` zurückgeliefert. Schaut man sich in der MSDN-Dokumentation diese Struktur etwas genauer an, so stellt man fest, dass es neben der eigentlichen Nachricht `message` unter anderem auch noch die Membervariablen `wParam` und `lParam` gibt. Diese beiden Membervariablen enthalten zu bestimmten Nachrichten weitere, detailliertere Informationen. Wenn beispielsweise eine Taste gedrückt wird und man eine entsprechende Nachricht bekommt, dann enthält `wParam` die Information, um welche Taste es sich denn dabei gehandelt hat. Darauf gehen wir gleich genauer ein, und dann sollte das auch etwas klarer werden. Wichtig ist hier erst einmal, dass `wParam` in diesem Fall den sogenannten Exitcode enthält, den Du ja schon von allen anderen Beispielen im Buch her kennst. Dort haben wir ja immer am Ende des Programms per `return` eine Null zurückgeliefert, um zu zeigen, dass alles glattgegangen ist. Das Gleiche passiert auch hier, nur eben mit dem Unterschied, dass wir den Exitcode hier nicht direkt angeben, sondern ihn von einer anderen Stelle im Programm geliefert bekommen, die wir später noch sehen werden.

Damit ist unsere `WinMain`-Funktion abgeschlossen, und es kann direkt mit der Callback-Funktion weitergehen. Es gab eine richtige Flut an neuen Informationen, und man muss sich mit vielen neuen Dingen herumschlagen, die anfangs ganz schön verwirrend sein können. Mach Dir darüber aber erst mal keine Gedanken, denn wenn Du nach den nächsten Abschnitten selbst ein wenig mit dem Beispielcode herumexperimentierst und ihn erweiterst, dann wird recht schnell Licht in die Sache kommen.

10.1.4 Die Callback-Funktion

Bisher haben wir unser Fenster erzeugt und mit irgendwelchen ominösen Nachrichten um uns geworfen. Nun wird es langsam mal Zeit, dass wir uns näher mit diesen Nachrichten beschäftigen. Die eigentliche Auswertung der Nachrichten findet nun in der Callback-Funktion namens `WindowProc` statt, die in den Zeilen 94 bis 131 zu finden ist. Schauen wir uns auch hier wie immer zuerst einmal die Parameterliste an. Der erste Parameter ist ein alter Bekannter von uns, nämlich das Fensterhandle, dessen Bedeutung ja bereits erklärt wurde. Bei dem zweiten Parameter handelt es sich um die Nachricht, die an die Callback-Funktion geschickt wurde. Hier sollte Dir ein kleiner, aber wichtiger Unterschied zu der Nachricht in der `WinMain`-Funktion auffallen. Was wir hier haben, ist keine Struktur vom Typ `MSG`, sondern ein `UINT` (`unsigned int`). Die Nachricht kommt also nicht in einer Struktur verpackt, sondern aufgeteilt in einzelnen Parametern an, wobei `message` die eigentliche Nachricht repräsentiert. Die beiden letzten Parameter wurden weiter oben bereits angesprochen: `wParam` und `lParam`. Sie enthalten wie schon erwähnt zusätzliche Informationen zu der aktuellen Nachricht.

In Zeile 98 beginnt nun die Auswertung. Dazu wird ein größeres und recht verschachteltes `switch-case` Konstrukt verwendet. Das mag vielleicht etwas chaotisch ausschauen, hat aber bei genauerer Betrachtung durchaus Methode (es wäre ja auch schlimm, wenn nicht). Das äußere `switch` verzweigt je nach Nachrichtentyp. In den inneren `case`-Blöcken wird dann noch mal anhand von `wParam` und/oder `lParam` verzweigt (natürlich nur dann, wenn die Nachricht auch weitere Informationen liefert, anhand derer man verzweigen könnte).

Für jede Nachricht, die es im Betriebssystem Windows gibt, gibt es bereits vorgefertigte Definitionen mit aussagekräftigen Namen, welche die entsprechenden Nachrichten repräsentieren. In unserem Beispiel verwenden wir allerdings nur zwei davon: `WM_QUIT` und `WM_KEYDOWN`. Das Präfix `WM` steht dabei – wer hätte das gedacht – für „Windows Message".

10.1.4.1 Die Nachricht WM_DESTROY

Also gut, dann legen wir mal mit der ersten Nachricht los, die wir in Zeile 101 abfangen und bearbeiten wollen: `WM_DESTROY`. Unser Fenster erhält diese Nachricht, sobald der Benutzer es schließt oder über den Taskmanager beendet. Jetzt liegt es an uns, darauf zu reagieren. Bei unserer kleinen Anwendung gibt es glücklicherweise nicht allzu viel zu tun. Das Einzige, worum wir uns kümmern müssen, ist, selbst noch eine Nachricht zu verschicken, damit wir in der `WinMain`-Funktion unser Programm beenden können. Wie vorhin schon erwähnt wurde, liefert die Funktion `GetMessage` in Zeile 79 so lange einen Wert ungleich null zurück, bis eine `WM_QUIT`-Nachricht (also die Beenden-Nachricht) angekommen ist. Diese können wir nun durch einen Aufruf der Funktion `PostQuitMessage` selbst verschicken. Die Nachricht wird dann in die Nachrichtenschlange geschoben, und `GetMessage` liefert dann beim Abholen eine null zurück. Als einzigen Parameter übernimmt die Funktion `PostQuitMessage` den oben angesprochenen Exitcode, den man dann letztendlich in der Membervariablen `wParam` der Struktur `message` wiederfindet. Da wir an dieser Stelle unser Programm ja kontrolliert „herunterfahren", übergeben wir einfach eine Null, um zu signalisieren, dass alles glattgegangen ist und keine Fehler aufgetreten sind.

Nachdem wir jetzt sichergestellt haben, dass unsere `WinMain`-Funktion darüber Bescheid weiß, dass unser Programm beendet werden soll, müssen wir noch irgendwie deutlich machen, dass wir die eben angesprochene WM_DESTROY-Nachricht fertig bearbeitet und abgehandelt haben. Das funktioniert unglaublicherweise sogar mal ganz einfach: Wir geben einfach per return eine Null zurück und verlassen damit die Callback-Funktion.

10.1.4.2 Die Nachricht WM_KEYDOWN

Weiter geht es mit der Nachricht WM_KEYDOWN. Diese Nachricht wird immer dann gesendet, wenn eine Taste gedrückt wurde. Alternativ kann man auch die Nachricht WM_KEYUP verwenden, die eben nur dann versendet wird, wenn eine Taste gedrückt und auch wieder losgelassen wurde. Wenn diese Nachricht empfangen wurde, dann treten die Zeilen 112 bis 123 in Aktion. Vorhin wurde ja schon mehrfach angesprochen, dass eine Nachricht auch zusätzliche Informationen haben kann, die man dann in wParam und lParam wiederfindet. Die Nachricht WM_KEYDOWN ist so ein Kandidat, da die Information „es wurde eine Taste gedrückt" ja noch nicht aussagekräftig genug ist. Um nun herauszufinden, welche Taste gedrückt wurde, verzweigen wir anhand des Parameters wParam. Darin enthalten ist ein sogenannter virtueller Tastencode (Virtual Key Code). Auch hierfür gibt es wieder fertige Definitionen, die uns das Leben etwas leichter machen. Diese Definitionen bestehen immer aus einem VK_, gefolgt vom Namen der entsprechenden Taste. In unserem Beispiel fragen wir nur die Escape-Taste ab, wie man in Zeile 116 sehen kann. Wenn diese Taste gedrückt wurde, dann soll unser Programm einfach geschlossen werden. Wie das funktioniert, haben wir ja schon gesehen: einfach mit PostQuitMessage eine WM_QUIT-Nachricht in den Äther pusten und per return (0); die Callback-Funktion verlassen.

Das waren dann auch schon alle Nachrichten, auf die wir in unserem ersten Beispiel eingehen. Wenn Du Dir das Ganze mal etwas genauer betrachtest und noch mal in Ruhe durchgehst, dann wirst Du sehen, dass diese Nachrichtenverarbeitung eigentlich gar nicht weiter schwer ist. Es bleibt uns allerdings noch eine Kleinigkeit zu tun, bevor wir mit dem Quelltext durch sind.

In Zeile 129 findest Du die letzte neue, bisher unbekannte Funktion namens DefWindowProc. Dieser recht stark abgekürzte Funktionsname steht für *Default Windows Procedure* und erklärt sich damit fast schon von selbst. Immer dann, wenn wir eine Nachricht nicht selbst verarbeitet haben, sollten wir sicherstellen, dass die betreffende Nachricht nicht völlig unbeachtet im Nirwana verschwindet. Genau hierfür ist die Funktion DefWindowProc gedacht. Wenn sie aufgerufen wird, dann kümmert sich eine Standardfunktion von Windows um die von uns nicht beachtete Nachricht. Dazu müssen wir natürlich die Nachricht, ihre zusätzlichen Parameter und unser Fensterhandle als Parameter übergeben, da sonst ja nicht bekannt wäre, um welche Nachricht es sich handelt und von welchem Fenster sie denn überhaupt gekommen ist.

10.1.5 Zusammenfassung

Wow, das war ja nun wirklich mal eine ganze Menge an neuen Informationen und teilweise recht komplexen Dingen. Wenn Du einiges noch nicht richtig verstanden hast, dann ist das nicht weiter dramatisch, sondern eher schon verständlich. Obwohl es sich hier nur um ein ganz einfaches Grundgerüst handelt, musste man schon sehr viele neue Sachen dazulernen und versuchen, die Zusammenhänge herzustellen. Dass nach dem Durchlesen von diesen paar Seiten nicht gleich alles sitzt, ist eigentlich völlig normal, da doch schon recht viele Dinge ineinandergreifen.

Deshalb möchte ich hier an dieser Stelle noch mal das Wichtigste kurz zusammenfassen. Wenn Du diese Zusammenfassung gelesen hast, solltest Du noch mal zum Anfang dieses Kapitels zurückkehren und es einfach noch einmal lesen. Meist werden bestimmte Zusammenhänge dann deutlicher. Also dann, auf geht's:

Windows-Programme sind nachrichtenbasiert, und jedes ausgelöste Ereignis führt zum Verschicken einer Nachricht. Diese Nachrichten holen wir uns in der `WinMain`-Funktion innerhalb einer `while`-Schleife per `GetMessage` ab, wandeln sie in eine etwas andere Form um und geben sie weiter, damit sie schließlich in unserer Callback-Funktion landen. Dort verzweigen wir mittels eines großen `switch-case`-Konstruktes und behandeln alle Nachrichten, um die wir uns selbst kümmern möchten. Bestimmte Nachrichten können über zusätzliche Informationen verfügen, die in `wParam` und `lParam` abgelegt sind. Dabei handelt es sich etwa um die gedrückte Taste, den Exitcode oder um andere, spezifische und zur Nachricht gehörende Dinge. Wenn die aktuelle Nachricht nicht von uns selbst abgefangen und bearbeitet wird, lassen wir sie mittels `DefWindowProc` durch eine Standardfunktion verarbeiten, damit sie nicht unbehandelt bleibt.

Das Erzeugen des eigentlichen Fensters geschieht in der `WinMain`-Funktion. Dazu wird zuerst eine neue Fensterklasse des Typs `WNDCLASSEX` angelegt, mit Werten gefüllt und schließlich mittels der Funktion `RegisterClassEx` beim Betriebssystem registriert. Danach rufen wir die Funktion `CreateWindowEx` auf, der wir einige Parameter übergeben, mit denen wir das Aussehen und die Größe des Fensters bestimmen.

So, wenn es jetzt noch Dinge gibt, die noch nicht ganz klar sind, solltest Du die Gelegenheit nutzen und wirklich noch einmal zum Anfang dieses Kapitels zurückblättern. Am besten öffnest Du den Quellcode in Deiner Entwicklungsumgebung und verfolgst Schritt für Schritt, was wann passiert. Danach solltest Du einfach ein wenig mit dem Quelltext experimentieren, Dinge verändern und in der MSDN oder im Internet nachschauen, was man noch für Dinge anstellen kann. Praxis und Experimentieren helfen hier (wie schon so oft) am schnellsten weiter.

10.1.6 Ein kurzer Abstecher: Funktionszeiger

Wie vorhin versprochen, kommen wir jetzt zu diesem ominösen Funktionszeiger in Zeile 33. Es ist nicht nur möglich, einen Zeiger auf eine bestimmte Variable zu erzeugen, sondern auch auf eine Funktion. Doch warum sollte man das überhaupt tun? Nun, das ist ganz einfach: Mit Funktionszeigern haben wir eine recht praktische Möglichkeit, um zur Laufzeit zu entscheiden, welche Funktionen aufgerufen werden sollen. Stell Dir vor, Du hast zwei verschiedene Funktionen. Die eine addiert zwei Zahlen miteinander, die andere multipliziert zwei Zahlen. Beide Funktionen geben das Ergebnis als `int`-Wert zurück. Wenn Du nun zur Laufzeit entscheiden möchtest, welche Funktion aufgerufen wird, dann geht das bisher nur durch `if`-Bedingungen oder ähnliche Konstrukte. Je mehr Funktionen und Möglichkeiten nun zur Auswahl stehen, desto komplexer wird diese Angelegenheit natürlich. Genau hier kommen Funktionszeiger zur Anwendung. Schauen wir uns das mal anhand eines kleinen Beispiels an.

Listing 10.2 Funktionszeiger

```
01: // C++ für Spieleprogrammierer
02: // Listing 10.2
03: // Funktionszeiger
04: //
05:
06: #include <iostream>
07:
08: using namespace std;
09:
10: // Prototypen
11: //
12: int addieren       (int a, int b);
13: int multiplizieren (int a, int b);
14:
15: // Hauptprogramm
16: //
17: int main ()
18: {
19:    // Funktionszeiger
20:    //
21:    int (*pFunktion) (int a, int b);
22:
23:    // Variablen zum Rechnen
24:    //
25:    int Ergebnis = 0;
26:    int Wert1 = 3;
27:    int Wert2 = 7;
28:
29:    // Funktionszeiger auf Funktion "addieren"
30:    pFunktion = addieren;
31:
32:    // Funktion "addieren" über Funktionszeiger aufrufen
33:    Ergebnis = pFunktion (Wert1, Wert2);
34:
35:    cout << "Ergebnis: " << Ergebnis << endl;
36:
37:    // Funktionszeiger auf Funktion "multiplizieren"
38:    pFunktion = multiplizieren;
39:
40:    // Funktion " multiplizieren" über Funktionszeiger aufrufen
41:    Ergebnis = pFunktion (Wert1, Wert2);
42:
43:    cout << "Ergebnis: " << Ergebnis << endl;
44:
45:    return (0);
46: }
47:
48: // Addieren
49: //
50: int addieren (int a, int b)
51: {
52:    return (a + b);
53: }
54:
55: // Multiplizieren
56: //
```

```
57: int multiplizieren (int a, int b)
58: {
59:    return (a * b);
60: }
```

Bildschirmausgabe:

```
Ergebnis: 10
Ergebnis: 21
```

Wie Du siehst, handelt es sich bei diesem Beispiel wieder um eine gewöhnliche Konsolenanwendung. Es geht ja jetzt darum, Funktionszeiger zu erklären, weshalb eine Windows-Anwendung hier etwas zu viel des Guten wäre.

In den Zeilen 12 und 13 findest Du die Prototypen für zwei ganz einfache Funktionen, die jeweils zwei Parameter übernehmen und einen Wert zurückliefern. Die Zeilen 50 bis 60 enthalten die Implementierungen dieser beiden Funktionen. Das ist nicht weiter spektakulär, da hier nur zwei Werte miteinander addiert beziehungsweise multipliziert werden. Interessanter wird es in Zeile 21, denn hier begegnet uns zum ersten Mal unser Funktionszeiger. Die Syntax ist eigentlich recht einfach, kann aber leicht zu verwechseln sein. Der eigentliche Funktionszeiger pFunktion **muss** in runden Klammern stehen. Schaut man etwas genauer hin, wird schnell deutlich, warum das so sein muss. Lässt man die runden Klammern weg, dann hätte man einen ... Funktionsprototypen! Das wäre dann so, als würde man eine Funktion namens pFunktion deklarieren, die zwei Parameter übernimmt und einen Zeiger auf einen int zurückliefert. Diese Zeile besagt nun, dass man gerne einen Zeiger auf eine Funktion haben möchte, die zwei int-Werte übernimmt und einen int-Wert zurückliefert.

Für unser kleines Beispiel brauchen wir noch drei Variablen zum Rechnen, einmal Ergebnis in Zeile 25 und dann Wert1 und Wert2 in den Zeilen 26 und 27.

Zeile 30 zeigt nun, wie unser frisch gebackener Funktionszeiger überhaupt initialisiert wird. Das ist denkbar einfach, wie man sehen kann. Durch den Zuweisungsoperator bestimmt man, auf welche Funktion unser Zeiger zeigen soll. In diesem Fall ist das die Funktion addieren. Wichtig ist hierbei, dass die betreffende Funktion genau die gleichen Parameter und den gleichen Rückgabetyp haben muss, wie es in Zeile 21 angegeben wurde. Ansonsten funktioniert es nicht. Probiere ruhig einmal aus, was passiert, wenn du den Rückgabetyp der Funktion addieren in ein float umänderst.

In Zeile 33 wird nun die Funktion addieren über unseren Funktionszeiger pFunktion aufgerufen. Hier sieht man sehr deutlich die Ähnlichkeit zu den Zeigern, wie wir sie bisher kennen. In pFunktion ist die Adresse der Funktion addieren gespeichert, weshalb wir pFunktion hier so verwenden können, als wäre es ein ganz normaler Funktionsname. Dass wirklich alles korrekt funktioniert hat, zeigt Zeile 35, in der das Ergebnis ausgegeben wird. Der Rest des Quelltextes sollte sich von alleine erklären, da hier lediglich die gleiche Prozedur noch einmal wiederholt wird, dieses Mal allerdings mit der Funktion multiplizieren.

Wie Du siehst, ist das Thema Funktionszeiger wirklich recht einfach zu verstehen und bietet uns noch dazu eine sehr gute Möglichkeit, bestimmte Dinge zu vereinfachen. Man kann mit dieser Methode recht einfach zur Laufzeit entscheiden, welche Funktionen wann aufgerufen werden. Würden wir hier keinen Funktionszeiger verwenden, so müssten wir uns mit if-Bedingungen oder switch-case-Konstrukten behelfen, was zu wesentlich unübersichtlicherem Code und zu mehr Arbeit führen würde. Natürlich haben Funktionszeiger noch andere Anwendungsgebiete und bieten in bestimmten Situationen noch einige weitere Vorteile. Allerdings gehen wir hier an dieser Stelle nicht weiter darauf ein, da es momentan nicht wirklich wichtig ist. Wenn Du mehr zu diesem Thema wissen möchtest, dann stöbere ein wenig im Internet. Dort findest Du gute Tutorials und weiterführende Artikel.

Jetzt hätte ich doch beinahe den Grund vergessen, weshalb wir dieses Thema hier überhaupt so mitten in einem Kapitel über die Windows-Programmierung angeschnitten haben. Im ersten Listing haben wir in Zeile 33 ja einen Funktionszeiger verwendet, ohne genau zu wissen, um was es sich dabei denn handelt. Jetzt sollte diese Zeile etwas klarer sein und einen Sinn ergeben. Dort wird einfach nur ein Zeiger auf unsere eigene Callback-Funktion übergeben, damit das Betriebssystem weiß, wo unsere Nachrichten denn verarbeitet werden sollen. Sicher ist Dir aufgefallen, dass wir nicht selbst diese Funktion aufrufen, sondern dass das wohl automatisch passiert. Den Aufruf übernimmt das Betriebssystem für uns, und wir müssen uns darum nicht selbst kümmern.

10.2 Aufgabenstellung

O.k., nachdem nun das grundlegende Konzept klar sein sollte, das hinter einer Windows-Anwendung steckt, wird es mal wieder Zeit für eine kleine Aufgabenstellung. Dieses Mal geht es allerdings nicht darum, ein eigenes Programm zu schreiben, sondern das bestehende zu ändern. Außerdem hat diese Aufgabe eine kleine Besonderheit, die zur Eigeninitiative und etwas „Forscherdrang" anregen soll. Für diese Aufgabe wirst Du zwei Dinge brauchen, die in diesem Kapitel nicht im Detail besprochen wurden. Aber keine Angst, so schwer wird es nicht. Natürlich gibt es direkt im Anschluss wie immer einige Tipps, die Dir beim Lösen der Aufgabe weiterhelfen werden.

Der erste Teil dieser Aufgabe besteht darin, das Listing 10.1 so abzuändern, dass das Fenster nicht oben links auf dem Desktop erzeugt wird, sondern Windows selbst die Startposition bestimmt. Sicherlich ist Dir schon einmal aufgefallen, dass die Startposition eines Fensters davon abhängt, wie viele andere Fenster schon offen sind und wie viel Platz auf dem Desktop ist (es sei denn, die Koordinaten wurden wie in unserem Beispiel von Hand festgelegt). Ziel ist es, dass Deine Anwendung genau das gleiche Verhalten hat.

Als Zweites sollte es noch eine weitere Möglichkeit geben, das Fenster zu schließen, indem man die rechte Maustaste drückt, wenn man sich mit dem Mauszeiger über dem Fenster befindet.

Gut, zugegeben, diese Aufgabe mag auf den ersten Blick relativ wenig Sinn machen, da man sein Programm nicht wirklich sinnvoll erweitert. Das ist aber auch nicht das Ziel dieser Aufgabe. Was an dieser Stelle wichtig ist, ist die Herausforderung, bisher unbekannte Dinge selbst herauszufinden und ein Problem selbstständig zu lösen. Doch ganz ohne ein paar Tipps möchte ich Dich hier nun auch wieder nicht hängen lassen.

10.2.1 Wie geht man an die Aufgabe heran?

Vielleicht magst Du gerade denken, „wie stellt der sich das denn vor, diese Dinge haben wir doch noch gar nicht besprochen?", aber es ist extrem wichtig, dass man solche Probleme selbstständig lösen kann. Wenn man ein Spiel (oder was auch immer) programmiert, dann kommt man ständig an einen Punkt, wo das bisherige Wissen keine Lösung für ein Problem bietet. Hier muss man natürlich ansetzen und versuchen, diesen „Mangel" nachzuholen. Glücklicherweise gibt es heutzutage sehr viele praktische Mittel, und man ist nicht mehr komplett auf sich alleine gestellt. Wer eine Microsoft-Entwicklungsumgebung verwendet, der hat gleich die gesamte MSDN zu Verfügung (sofern sie installiert wurde, was man eigentlich immer tun sollte). Dann gibt es noch das Internet und viele, viele Bücher. Im Grunde gibt es eigentlich fast gar keine unlösbaren Probleme, wenn man sich nur die Mühe macht, ein wenig nach der Lösung zu suchen.

Es ist vielleicht keine schlechte Idee, wenn Du versuchst, die Aufgabe zu lösen, ohne den folgenden Abschnitt zu lesen. Solltest Du nicht weiterkommen, dann kannst Du immer noch hierher zurückkehren und Dir ein paar Tipps abholen. So löst Du die Aufgabe sozusagen unter realen Bedingungen ☺.

Beim ersten Teil geht es ja darum, die Anfangskoordinaten des Fensters automatisch von Windows angeben zu lassen. Wenn man nun nicht weiß, wie das funktioniert, sollte man zuerst schauen, wo wir denn bisher diese Koordinaten von Hand angeben. Das machen wir über zwei Parameter beim Aufruf der Funktion CreateWindowEx. Hier ist also ein guter Ansatzpunkt, um nach einer Lösung zu suchen. Wenn Du eine Microsoft-Entwicklungsumgebung verwendest, dann klicke mal mit dem Cursor auf diese Funktion und drücke die Taste F1. Sofort landet man in der Dokumentation und kann sich genau ansehen, was diese Funktion macht. Weiterhin findet man detaillierte Informationen zu den einzelnen Parametern, dem Rückgabewert und weitere zusätzliche Anmerkungen. Hier sollte man nun nach den Parametern schauen, die für uns interessant sind, und die Beschreibung dazu lesen. Dort ist auch die Lösung für unser erstes Problem versteckt.

Solltest Du keine Microsoft-Entwicklungsumgebung verwenden oder die MSDN nicht installiert haben, so ist das Internet die nächste Möglichkeit, denn dort findet man die gesamte MSDN kostenlos als Online-Version. Den Link dazu schreibe ich hier jetzt nicht, da man diesen mit jeder Suchmaschine schnell findet. Ja, ich weiß ... noch mehr suchen, aber Du wolltest ja unbedingt Spieleprogrammierung lernen ;) Wenn Du auch hier nicht weiterkommst, dann suche mit einer beliebigen Suchmaschine einfach mal nach der Funktion CreateWindowEx. Und wenn auch das nicht weiterhilft (was sehr verwunderlich wäre), dann frag in einem Forum. Nutze einfach alle Möglichkeiten aus, um zur Lösung zu kommen. Doch bevor Du in einem Forum fragst, versuche erst wirklich alles, was Dir einfällt, um selbst herauszufinden, was zu tun ist.

Weiter geht es mit dem zweiten Teil der Aufgabe. Ziel ist es, das Programm auch mit einem Rechtsklick beenden zu können. Das ist etwas einfacher als die erste Aufgabe, da wir den Code dafür im Grunde schon fertig vor uns liegen haben. Es ist recht offensichtlich, dass wir irgendwo in unserer Callback-Funktion ansetzen müssen, da ein Rechtsklick auch nur eine Nachricht ist, die an unser Programm weitergeleitet wird und die wir verarbeiten müssen. Bisher können wir das Programm ja mit einem Druck auf die Escape-Taste beenden, und es ist nun nicht weiter schwer, das Gleiche auch für einen Rechtsklick gelten zu lassen. Dazu suchst Du am besten nach einer Auflistung aller Windows-Messages (diese beginnen immer mit WM_) und schaust, welche die richtige für einen Rechtsklick ist. Hierbei gehst Du genauso vor wie bei dem ersten Teil der Aufgabe. Eigentlich sollte es nicht allzu lange dauern, bis Deine Suche zum gewünschten Ergebnis führt.

10.2.2 Lösungsvorschlag

Na, hat alles funktioniert, und war Deine Suche erfolgreich? Ich gehe einfach mal davon aus, dass Du gefunden hast, wonach Du gesucht hast. Trotzdem gibt es hier wie immer einen Lösungsvorschlag. Allerdings werde ich hier nicht noch mal den gesamten Quelltext hinschreiben, da dieser ja nicht gerade klein ist. Um die Lösung der Aufgabe nachvollziehen zu können, genügen auch die Teile des Quellcodes, in denen es relevante Änderungen gibt.

Fangen wir mit dem ersten Teil der Aufgabe an. Es wurde verlangt, dass die Koordinaten des Fensters nicht fest angegeben, sondern von Windows bereitgestellt werden sollen. Wie schon bei den eben gezeigten Tipps erwähnt, muss man dazu zwei Parameter der Funktion CreateWindowEx ändern. Mit den Parametern fünf und sechs geben wir die Position des Fensters an, und hier bietet uns Windows wieder einen vordefinierten Wert namens CW_USEDEFAULT an, den wir alternativ zu festen Koordinaten verwenden können. Folgender Code zeigt, was gemeint ist:

```
hWnd = CreateWindowEx (NULL,
                szClassName,
                "Das erste Fenster!",
                WS_OVERLAPPEDWINDOW, WS_VISIBLE,
                CW_USEDEFAULT, CW_USEDEFAULT,
                300, 250,
                NULL,
                NULL,
                hInst,
                NULL);
```

Wie man sieht, gab es nur eine kleine Änderung, die allerdings schon recht große Auswirkungen hat. Ändere Listing 10.1 einfach mal so ab wie gezeigt und schau Dir das Resultat an. Du wirst feststellen, dass die Position des Fensters beim Start immer etwas anders ist.

Wenn Du die erzeugte .exe-Datei mehrfach ausführst, solltest Du etwa folgendes Ergebnis bekommen:

Abbildung 10.2 Mehrere Fenster mit Default-Koordinaten

Verwendet man CW_DEFAULT, so kümmert sich Windows darum, dass die Fenster so angelegt werden, dass immer zumindest die Titelleiste sichtbar ist und kein Chaos entsteht. Wie man sieht, eine praktische Sache.

Weiter geht es mit dem zweiten Teil der Aufgabe. Wenn man möchte, dass sich das Programm mit einem Rechtsklick auf das Fenster beenden lässt, dann muss man logischerweise die entsprechende Nachricht abfangen und bearbeiten. Wie das gemacht wird, hast Du ja bereits im ersten Listing dieses Kapitels gesehen. Wenn man ein wenig sucht, findet man schnell heraus, dass sich die von uns benötigte Nachricht WM_RBUTTONDOWN nennt. Das Einzige, was man nun tun muss, ist, diese Nachricht abzufragen und genauso darauf zu reagieren, wie schon weiter oben bei WM_KEYDOWN. Schauen wir uns das einfach mal an einem Stückchen Quellcode an:

```
// Wurde die rechte Maustaste gedrückt?
case WM_RBUTTONDOWN:
{
  // Nachricht zum Beenden schicken
  PostQuitMessage (0);
  return (0);
};
```

Damit ist die Aufgabe abgeschlossen, und es kann weitergehen. Bevor Du Dir nun allerdings die nächsten Abschnitte vornimmst, solltest Du noch ein klein wenig mit dem vorhandenen Quellcode herumexperimentieren und ihn etwas erweitern, damit das neue Thema gut sitzt.

10.3 Ein bisschen mehr Interaktion

Unser erstes Fenster schaut zwar schon um Längen besser aus als die zweifarbige Konsole, allerdings nützt es uns noch nicht allzu viel. Was hier fehlt, ist die Möglichkeit zur Interaktion. Fast jedes Windows-Programm hat irgendwelche Buttons, Eingabefelder, Textfelder, Listboxen und ähnliche Steuerelemente. In den folgenden Abschnitten wird gezeigt, wie man solche Steuerelemente erzeugt und verwendet. Allerdings beschränke ich mich dabei auf die wesentlichen Dinge, da dieses Thema für uns nur unter gewissen Gesichtspunkten interessant ist. Trotzdem bin ich der Meinung, dass man diese Grundlagen beherrschen sollte, auch wenn man heute in der Regel diese Steuerelemente kaum noch von Hand programmiert. Wenn man allerdings die Grundlagen etwas kennt, hat man es später einfacher, wenn man Tools verwendet, die einem diese Arbeit abnehmen. Schließlich weiß man dann, was hinter den Kulissen passiert, ohne einfach nur blind irgendwelche Blackboxes zu verwenden.

10.3.1 Statischer Text

Fangen wir mal mit dem wohl einfachsten Element an: dem statischen Text. Statischer Text wird dazu verwendet, beliebige Informationen innerhalb eines Fensters darzustellen. Das können einfache Überschriften, Texte und Zahlen sein. Ein solches Element nennt man **Label**, was auf Deutsch so viel wie „Markierung", „Etikett" oder „Aufkleber" bedeutet. Ein Label (und jedes andere Steuerelement) wird fast genauso erzeugt wie unser Hauptfenster auch. Alle Steuerelemente, die man dem Hauptfenster hinzufügt, sind sogenannte Children, also „Kinder" des übergeordneten Fensters. Bewegt man das Hauptfenster nun über den Desktop, so bewegen sich alle Children mit. Wird das Fenster geschlossen, dann verschwinden auch die Children.

Schauen wir uns das einfach mal anhand eines kleinen Beispielcodes an. Dieser ist selbstverständlich nicht für sich alleine lauffähig, sondern muss in das erste Beispiel dieses Kapitels eingebaut werden. Am Ende des Kapitels wird es noch ein großes Listing geben, in dem alle hier vorgestellten Elemente mit von der Partie sind.

```
// ID des Child-Fensters
#define ID_BEISPIELTEXT 4000

// Handle für den statischen Text
HWND hText;

// Statischen Text als Child-Fenster erzeugen
hText = CreateWindow ("STATIC",
                      "Beispieltext",
                      WS_VISIBLE | WS_CHILD,
                      0, 100,
                      300, 20,
                      hWnd,
                      (HMENU)ID_BEISPIELTEXT,
                      hInst,
                      NULL);
```

Wie Du siehst, funktioniert das Erstellen eines Labels fast genauso wie das Erstellen unseres Hauptfensters. Es gibt nur wenige Unterschiede, die wir uns jetzt mal etwas genauer unter die Lupe nehmen werden. Als Erstes fällt auf, dass ein „Identifier" definiert wurde. Das ist sozusagen eine Identifikationsnummer oder Kennung, die wir später noch brauchen werden. Als Nächstes wird ein weiteres Handle benötigt, damit wir später noch Zugriff auf das erstellte Child-Fenster haben.

Jetzt haben wir alles beisammen, was wir für unser Label benötigen, und können gleich mit dessen Erstellung fortfahren. Das geschieht über die Funktion CreateWindow(), deren erweiterte Version namens CreateWindowEx() uns ja schon bekannt ist. Wie schon bei unserem Hauptfenster wird auch hier ein Klassenname benötigt. Für unser Label brauchen wir keine extra Fensterklasse anzulegen, denn die gibt es schon fertig von Windows, da es sich bei einem Label um ein Standard-Steuerelement handelt. Wir brauchen hier einfach nur „STATIC" als Klassennamen anzugeben, und Windows weiß, was zu tun ist. Damit das Label auch eine Beschriftung erhält, übergibt man als zweiten Parameter einen String mit dem gewünschten Text.

Nun folgt wieder der gewünschte Fensterstil, der sich aus mehreren Flags zusammensetzen kann. Da wir nur einen schlichten Text in unserem Fenster darstellen möchten, genügen hier die beiden Flags WS_VISIBLE und WS_CHILD. Die Angabe von WS_CHILD ist wichtig, damit Windows weiß, dass es sich bei diesem „Fenster" um ein Child-Fenster handeln soll. Lässt man dieses Flag weg, dann erscheint unser Label erst gar nicht.

Die nächsten vier Parameter brauchen nicht weiter erklärt zu werden, da man mit ihnen wie auch beim Hauptfenster die Position und Größe des Elementes bestimmt. Man muss nur daran denken, dass sich die Positionsangabe auf die linke obere Ecke unseres eigenen Fensters bezieht und nicht auf die linke obere Ecke des Desktops.

Nachdem man nun als achten Parameter das Handle des Hauptfensters übergeben hat, kommt die vorhin schon angesprochene ID oder Kennung ins Spiel. Diese ist immer dann wichtig, wenn man in der Callback-Funktion die Nachrichten bearbeiten möchte, die von diesem Child-Fenster kommen. Als ID kann man einen beliebigen Wert wählen, muss aber darauf achten, dass man diesen nur ein einziges Mal anlegt. Jedes Child-Fenster braucht seine eigene, nicht mehrfach vorkommende ID. Was hier etwas verwirrend ist, ist die Tatsache, dass wir diese ID in den Typ HMENU casten. Wenn Du Dir allerdings einmal in der MSDN den Prototyp der Funktion CreateWindowEx() anschaust, dann wirst Du sehen, dass eben dieser Typ hier benötigt wird. Somit ist es logisch, dass hier gecastet werden muss. Diese ID kommt im letzten Beispiel dieses Kapitels noch einmal ins Spiel. Dort werden wir die Messages von unseren Child-Fenstern abfragen und bearbeiten.

Was jetzt noch bleibt, ist die Fensterinstanz, die übergeben werden muss. Der letzte Parameter der CreateWindow()-Funktion ist für uns nicht weiter von Bedeutung, weshalb wir ihn einfach auf NULL setzen können. Damit ist das Erzeugen von statischem Text innerhalb eines Fensters abgeschlossen. Du kannst jetzt einmal versuchen, den Quelltext in Listing 10.1 einzufügen und es zu kompilieren. Wichtig ist natürlich, dass Du den Quelltext **nach** der Stelle einfügst, an der das Hauptfenster erzeugt wird (also ab Zeile 75).

10.3.2 Buttons und Editboxen

Um einen Button oder eine Editbox (Eingabefeld) zu erstellen, geht man im Prinzip genauso vor wie beim Erstellen eines Labels. Man muss nur einen anderen Klassennamen angeben und die Flags für den Fensterstil etwas anpassen. Alles andere bleibt gleich. Schauen wir uns das mal für einen Button an:

```
// ID des Child-Fensters
#define ID_BEISPIELBUTTON 4001

// Handle für den Button
HWND hButton;

// Button als Child-Fenster erzeugen
hButton = CreateWindow ("BUTTON",
                        "Beispieltext",
                        BS_PUSHBUTTON | WS_VISIBLE | WS_CHILD,
                        90, 150,
                        95, 40,
                        hWnd,
                        (HMENU)ID_BEISPIELBUTTON,
                        hInst,
                        NULL);
```

Wie Du siehst, hat sich wirklich nicht viel geändert. Die wohl wichtigste Änderung ist die neue ID, die für den Button verwendet wird. Als Klassenname wird – wer hätte das gedacht – einfach BUTTON angegeben. Beim Fensterstil ist lediglich das neue Flag BS_PUSHBUTTON hinzugekommen. Das Präfix BS_ steht hierbei für „Button Style". Damit geben wir an, dass wir einen ganz normalen Button haben möchten, der beim Anklicken einsinkt und wieder hervorgehoben wirkt, wenn man die linke Maustaste loslässt. Auch hier ist es wieder ratsam, einen Blick in die MSDN oder ins Internet zu werfen, um zu sehen, welche anderen Stile es noch für Buttons gibt.

Kommen wir jetzt zum letzten Element, das wir hier behandeln werden: die Editbox. Eine Editbox ist ein Eingabefeld, über das man Text und Zahlen eingeben kann. Das Erzeugen einer solchen Editbox ist denkbar einfach, wie folgender Quelltext zeigt:

```
// ID des Child-Fensters
#define ID_BEISPIELEDITBOX 4002

// Handle für die Editbox
HWND hEditbox;

// Editbox als Child-Fenster erzeugen
hEditbox = CreateWindow ("EDIT",
                         "Bitte Text eingeben!",
                         WS_VISIBLE | WS_CHILD | WS_BORDER | ES_CENTER,
                         20, 10,
                         250, 20,
                         hWnd,
                         (HMENU)ID_BEISPIELEDITBOX,
                         hInst,
                         NULL);
```

Auch eine Editbox ist kein Hexenwerk, wie man an dem Quellcode sehen kann. Es haben sich wieder nur ein paar Kleinigkeiten geändert, und schon erzeugt uns Windows eine voll funktionsfähige Editbox, wie man sie aus vielen verschiedenen Anwendungen kennt.

Als Klassenname wird dieses Mal EDIT angegeben und nicht EDITBOX, wie man zuerst vermuten könnte. Mit dem zweiten Parameter können wir einen Standardtext bestimmen, der beim Starten des Programms in der Editbox stehen soll. Gibt man hier "" an, ist die Editbox komplett leer, wenn man das Programm startet. Interessant sind noch die beiden Flags WS_BORDER und ES_CENTER, die neu hinzugekommen sind. Da wir unsere Editbox ein wenig vom Hintergrund abheben möchten, geben wir WS_BORDER an, damit um sie herum ein kleiner dünner Rahmen gezeichnet wird. Lässt man dieses Flag weg, so wird der eingegebene Text einfach direkt auf dem Fenster erscheinen, was in unserem Beispiel nicht gerade schön ausschaut.

Mit dem Flag ES_CENTER bestimmen wir die Ausrichtung des Textes, der vom Benutzer eingegeben wird. Möglich ist hier ES_LEFT (linksbündig), ES_CENTER (zentriert) und ES_RIGHT (rechtsbündig). Lässt man dieses Flag weg, dann wird der Text standardmäßig linksbündig ausgerichtet.

10.3.3 Messageboxen

Bevor es jetzt zum großen Quellcode geht, in dem alles bisher Gelernte vereint wird, möchte ich Dir noch eine nützliche Funktion vorstellen, die eine Messagebox auf den Desktop zaubert. Messageboxen sind kleine Fenster, die den Benutzer mit meist recht kurzen Nachrichten zur Interaktion auffordern. Beendet man beispielsweise seine Entwicklungsumgebung, ohne vorher seine Arbeit gespeichert zu haben, dann wird man in der Regel gefragt, ob man nicht vor dem Beenden noch speichern möchte. Das Aussehen dieser Messageboxen und die Anzahl der verfügbaren Buttons variieren dabei je nach Verwendungszweck. Jetzt könnte man meinen, dass man sich selbst um das Erstellen der Buttons, des Textlabels und der möglichen Icons dieser Messagebox kümmern muss. Glücklicherweise gibt es bereits eine fix und fertige Funktion, die uns diese Arbeit größtenteils abnimmt. Wir müssen uns nur um ein paar wenige Parameter kümmern, mehr nicht. Na, ist das nichts?

Der folgende Quelltext, der aus sagenhaften zwei Codezeilen besteht, zeigt, wie es geht:

```
MessageBox (hWnd, "Programm verlassen?", "Sicherheitsabfrage",
MB_YESNO | MB_ICONQUESTION);
```

Das ist tatsächlich schon alles, was man für eine gewöhnliche Messagebox braucht. Als ersten Parameter übergibt man das Handle des Hauptfensters. Danach folgt der Text, den die Messagebox enthalten soll, gefolgt von der gewünschten Überschrift. Der letzte Parameter wird wieder aus einigen Flags zusammengesetzt, die das genaue Aussehen der Messagebox bestimmen. Hierbei bedeutet MB_YESNO, dass wir gerne einen „Ja"- und einen

„Nein"-Button haben möchten. Weitere mögliche Flags gibt es gleich in einer Tabelle als Übersicht. Mit dem Flag `MB_ICONQUESTION` geben wir an, dass innerhalb der Messagebox ein Fragezeichen-Symbol dargestellt werden soll. Auch hierbei handelt es sich um ein Standardsymbol, das fertig für uns zur Verwendung vorliegt.

Die Messagebox, die wir erzeugt haben, ist modal. Das bedeutet, dass ihr übergeordnetes Fenster (also unser Hauptfenster) so lange inaktiv ist, wie die Messagebox geöffnet ist. Man muss also einen der Buttons der Messagebox anklicken, damit man mit dem Hauptfenster weiterarbeiten kann. Wenn Du als ersten Parameter nicht das Handle des Hauptfensters, sondern `NULL` angibst, dann ist die Messagebox nicht modal, und man kann alle Elemente des Hauptfensters weiter benutzen, egal ob die Messagebox geöffnet bleibt oder nicht.

Jetzt bleibt nur noch eine Frage offen: Wie fragt man ab, welcher Button der Messagebox angeklickt wurde? Dazu liefert die Funktion `MessageBox()` einen `int`-Wert zurück, aus dem wir genau das ermitteln können. Auch hierzu gibt es gleich eine Übersicht in Form einer Tabelle. Im gleich folgenden großen Listing wird diese Funktion noch einmal etwas genauer beleuchtet und gezeigt, wie man mit diesem Rückgabewert umgeht.

Tabelle 10.1 Mögliche Flags für die gewünschten Buttons der Messagebox

Flag	Bedeutung
MB_OK	Ein einzelner "OK"-Button
MB_OKCANCEL	Ein "OK"- und ein "Abbrechen"-Button
MB_YESNO	Ein "Ja"- und ein "Nein"-Button
MB_YESNOCANCEL	Ein "Ja-", ein "Nein"- und ein "Abbrechen"-Button
MB_RETRYCANCEL	Ein "Wiederholen"- und ein "Abbrechen"-Button
MB_ABORTRETRYIGNORE	Ein „Abbrechen"-, ein „Wiederholen"- und ein „Ignorieren"-Button

Tabelle 10.2 Mögliche Flags für das Icon der Messagebox

Flag	Bedeutung
MB_ICONEXCLAMATION	Schwarzes Ausrufezeichen in einem gelben Dreieck (Warnung).
MB_ICONINFORMATION	Blaues "i" in einer Sprechblase (Information).
MB_ICONQUESTION	Blaues Fragezeichen in einer Sprechblase (Frage).
MB_ICONERROR	Weißes Kreuz in einem roten Kreis (Fehler).

Tabelle 10.3 Mögliche Rückgabewerte der Funktion `MessageBox`

Rückgabewert	Bedeutung
IDOK	„OK"-Button wurde gedrückt.
IDCANCEL	"Abbrechen"-Button wurde gedrückt.

Rückgabewert	Bedeutung
IDYES	"Ja"-Button wurde gedrückt.
IDNO	"Nein"-Button wurde gedrückt.
IDABORT	"Abbrechen"-Button wurde gedrückt.
IDIGNORE	„Ignorieren"-Button wurde gedrückt.
IDRETRY	„Wiederholen"-Button wurde gedrückt.

10.4 Alles noch einmal zusammen

Zum Abschluss dieses Kapitels gibt es jetzt noch ein etwas größeres Beispiel, das alles Gelernte noch einmal zu einem (einigermaßen) sinnvollen Beispiel zusammenfasst. Dabei wird auch darauf eingegangen, wie man die einzelnen Steuerelemente zur Laufzeit verändern kann. Da dieses Listing recht groß wird, teile ich es in mehrere kleinere Listings auf. Du wirst auch feststellen, dass viele zusammengehörige Dinge (wie etwa das Erstellen der Buttons und Eingabefelder) in separate Funktionen aufgeteilt werden. Das macht den Quellcode übersichtlicher, und Änderungen können leichter vorgenommen werden.

Das nun folgende Programm bietet eine Editbox, einen statischen Text und zwei Buttons, einen zum Beenden des Programms und einen, um den Text von der Editbox in das Label zu kopieren. Klickt man auf „Beenden", so erscheint eine Messagebox mit einer Sicherheitsabfrage, ob das Programm wirklich beendet werden soll. Zugegeben, wirklich beeindruckend ist das nicht, aber es zeigt recht gut, wie das bisher Gelernte zusammenspielt und wie eine kleine, aber funktionierende Anwendung aufgebaut ist. Wenn Du möchtest, kannst Du auch erst das Programm von der CD aus starten und ausprobieren, bevor Du Dich an den Quellcode machst.

Dann wollen wir nicht lange um den heißen Brei herumreden und uns lieber dem ersten Teil des Quellcodes zuwenden:

Listing 10.3 Eine kleine Anwendung (Teil 1)

```
001: // C++ für Spieleprogrammierer
002: // Listing 10.3
003: // Eine kleine Anwendung
004: //
005:
006: #include <windows.h>
007:
008: // Prototypen
009: //
010: LRESULT CALLBACK WindowProc (HWND hWnd, UINT message,
011:                              WPARAM wParam, LPARAM lParam);
012:
013: HWND ErstelleHauptfenster (HINSTANCE hInst);
014: void ErstelleSteuerelemente (HWND hWnd, HINSTANCE hInst);
015:
016: // IDs der Child-Fenster
017: //
```

```
018: #define ID_STATICTEXT      4000
019: #define ID_EDITBOX         4001
020: #define ID_BTN_UEBERNEHMEN 4002
021: #define ID_BTN_BEENDEN      4003
022:
023: // Globale Variablen
024: // Don't do this at home!
025: //
026: HWND hText;        // Handle für den statischen Text
027: HWND hEditBox;     // Handle für die Editbox
028: HWND hUebernehmen; // Handle für Button "Übernehmen"
029: HWND hBeenden;     // Handle für Button "Beenden"
030:
```

Wie Du siehst, gibt es dieses Mal drei Prototypen. Einen davon kennen wir ja schon. Die anderen beiden sind die Prototypen für die Funktionen, die sich um das Erstellen des Hauptfensters und der Steuerelemente kümmern werden. Die Funktion ErstelleHauptfenster wird uns als Rückgabewert ein Handle auf das erstellte Fenster zurückliefern. Falls dabei etwas schiefgehen sollte, wird NULL zurückgeliefert. Übergeben müssen wir dieser Funktion die Instanz der Anwendung, die wir gleich zu Beginn mitgeliefert bekommen.

Die zweite neue Funktion nennt sich ErstelleSteuerelemente. Ihr müssen wir sowohl das Handle unseres Hauptfensters als auch die Instanz der Anwendung übergeben. Beide Werte benötigen wir für das Erstellen der einzelnen Steuerelemente.

In den Zeilen 18 bis 21 findest Du die IDs (Kennungen) für die später zu erstellenden Child-Fenster. Wenn wir uns nachher die Callback-Funktion (WindowProc) anschauen, sollte auch noch einmal deutlicher werden, wozu diese IDs genau dienen.

Nach den Definitionen der IDs legen wir uns die Fensterhandles für unsere Child-Fenster an. Wenn Du in den vorherigen Kapiteln aufgepasst hast, dann weißt Du, dass man globale Variablen meiden sollte, wo es nur geht (und es geht fast immer). Dass diese Regel hier gebrochen wurde, hat einen einfachen Grund. Der Grund ist einfach die Tatsache, dass ich zu faul war. Ähm ... , ich wollte eigentlich sagen, dass der Quelltext einfacher gehalten und leichter zu lesen sein sollte. Da es in diesem Kapitel keine Aufgabe mehr geben wird, wäre es nicht verkehrt, wenn Du im Anschluss versuchen würdest, das Programm so umzuschreiben, dass die globalen Variablen vermieden werden können.

Also dann. Machen wir mit unserer leicht modifizierten WinMain-Funktion weiter.

Listing 10.4 Eine kleine Anwendung (Teil 2)

```
031: // Hauptprogramm
032: //
033: int WINAPI WinMain (HINSTANCE hInst, HINSTANCE hPrevInst,
034:                     LPSTR lpcmdline, int ncmdshow)
035: {
036:   HWND hWnd;    // Fenster-Handle
037:   MSG message; // Nachricht
038:
039:   // Hauptfenster erstellen
040:   hWnd = ErstelleHauptfenster (hInst);
041:
042:   // Prüfen, ob alles glattging
043:   if (hWnd == NULL)
```

```
044:    return (0);
045:
046:    // Alle Steuerelemente erstellen
047:    ErstelleSteuerelemente (hWnd, hInst);
048:
049:    // Der "Herzschlag" des Programms
050:    // Hier werden alle Nachrichten abgeholt,
051:    // übersetzt und weitergeleitet
052:    //
053:    while (GetMessage (&message, NULL, 0, 0) )
054:    {
055:       TranslateMessage (&message);
056:       DispatchMessage  (&message);
057:
058:    }
059:
060:    // Programm beenden
061:    return (int)(message.wParam);
062:
063: } // WinMain
064:
065:
```

Das Erste, was hier auffällt, ist die Tatsache, dass die `WinMain`-Funktion gehörig abgespeckt wurde und nun wesentlich übersichtlicher und schlanker ist. Das liegt einfach daran, dass das Erstellen des Hauptfensters und der Steuerelemente nicht komplett in diese Funktion gepackt wurde, sondern in eigenen Funktionen „ausgelagert" ist. Immer dann, wenn eine Funktion über mehr als eine Bildschirmseite geht, sollte man sich Gedanken darüber machen, ob man den Quellcode nicht auf die hier gezeigte Weise auslagern kann. Das bisschen Mehrarbeit lohnt sich auf jeden Fall.

In Zeile 40 wird nun die Funktion `ErstelleHauptfenster` aufgerufen und das zurückgelieferte Handle auf `NULL` überprüft. Falls es `NULL` ist, wird das Programm einfach per `return (0);` beendet. Im Anschluss daran wird die Funktion `ErstelleSteuerelemente` aufgerufen. Ihr übergeben wir das eben erhaltene Handle `hWnd` und die Fensterinstanz. Wenn man es genau nimmt, dann müsste auch diese Funktion einen Wert zurückliefern, anhand dessen man prüfen kann, ob alles richtig funktioniert hat. Dazu müsste man dann die einzelnen Handles überprüfen, die man in der Funktion `ErstelleSteuerelemente` zurückgeliefert bekommt. Um den Quellcode nicht noch unnötig aufzublasen, wurde hier darauf verzichtet. Es ist aber nicht verkehrt, wenn Du das als kleine Aufgabe nachholst.

Der Rest der `WinMain`-Funktion bleibt unverändert und muss nicht mehr extra erklärt werden. Deshalb kann es nun direkt mit dem Erstellen des Hauptfensters weitergehen.

Listing 10.5 Eine kleine Anwendung (Teil 3)

```
066: // Erstelle Hauptfenster
067: //
068: // Hauptfenster erstellen und Handle zurückliefern
069: //
070: HWND ErstelleHauptfenster (HINSTANCE hInst)
071: {
072:    HWND        hWnd;        // Fenster-Handle
073:    WNDCLASSEX  windowclass; // Nachricht
074:
075:    // Der Klassenname des Fensters ist frei wählbar
076:    const char szClassName[] = "Zweites Fenster";
```

```
077:
078:    // Struktur mit gewünschten Eigenschaften füllen
079:    //
080:
081:    // Größe der Struktur zwischenspeichern
082:    windowclass.cbSize = sizeof (WNDCLASSEX);
083:
084:    // Fenster soll beim Verschieben neu gezeichnet werden
085:    windowclass.style = CS_HREDRAW | CS_VREDRAW;
086:
087:    // Zeiger auf Callback-Funktion
088:    windowclass.lpfnWndProc = WindowProc;
089:
090:    // Keine erweiterten Einstellungen
091:    windowclass.cbClsExtra = 0;
092:    windowclass.cbWndExtra = 0;
093:
094:    // Instanz speichern
095:    windowclass.hInstance = hInst;
096:
097:    // Icons und Cursor festlegen
098:    windowclass.hIcon   = LoadIcon (NULL, IDI_APPLICATION);
099:    windowclass.hIconSm = LoadIcon (NULL, IDI_APPLICATION);
100:    windowclass.hCursor = LoadCursor (NULL, IDC_ARROW);
101:
102:    // Hintergrundfarbe festlegen
103:    windowclass.hbrBackground = (HBRUSH)COLOR_BACKGROUND+1;
104:
105:    // Ein Menü brauchen wir nicht
106:    windowclass.lpszMenuName = NULL;
107:
108:    // Klassenname angeben
109:    windowclass.lpszClassName = szClassName;
110:
111:    // Fensterklasse registrieren
112:    if (!RegisterClassEx (&windowclass) )
113:      return (NULL);
114:
115:    // Das Fenster erzeugen
116:    hWnd = CreateWindowEx (NULL,
117:                           szClassName,
118:                           "Eine kleine Anwendung",
119:                           WS_OVERLAPPEDWINDOW | WS_VISIBLE,
120:                           CW_USEDEFAULT, CW_USEDEFAULT,
121:                           300, 135,
122:                           NULL,
123:                           NULL,
124:                           hInst,
125:                           NULL);
126:
127:    // Fensterhandle zurückgeben
128:    return (hWnd);
129:
130: } // ErstelleHauptfenster
131:
132:
```

Dieser Quelltext ist für uns nicht wirklich neu, da eigentlich alles schon besprochen wurde. Trotzdem möchte ich an dieser Stelle nicht darauf verzichten, das komplette Programm aufs Papier zu bringen, da man so wesentlich besser nachvollziehen kann, was genau passiert. Die einzigen Änderungen bestehen darin, dass für die Position des Fensters das Flag CW_USEDEFAULT angegeben wurde, damit sich Windows selbst um die richtige Positionierung kümmert. Wenn das Registrieren der Fensterklasse in Zeile 112 fehlgeschlagen ist, dann wird NULL zurückgeliefert und in Zeile 43 entsprechend darauf reagiert. Das in Zeile

116 von der Funktion CreateWindowEx ermittelte Handle können wir einfach zurückgegeben, denn wenn CreateWindowEx fehlschlägt, ist hWnd wie bereits erwähnt NULL, und
die Zeilen 43 und 44 sorgen dafür, dass das Programm beendet wird.

Nachdem nun unser Hauptfenster erstellt wurde, können wir uns um das Erstellen der vier
Steuerelemente kümmern. Folgender Quelltext zeigt, was zu tun ist:

Listing 10.6 Eine kleine Anwendung (Teil 4)

```
133: // ErstelleSteuerelemente
134: //
135: // Alle Steuerelemente erstellen
136: //
137: void ErstelleSteuerelemente (HWND hWnd, HINSTANCE hInst)
138: {
139:    // Statischen Text als Child-Fenster erstellen
140:    //
141:    hText = CreateWindow ("STATIC",
141:                          "Eingegebener Text",
142:                          WS_VISIBLE | WS_CHILD | ES_CENTER,
143:                          0, 0,
144:                          300, 20,
145:                          hWnd,
146:                          (HMENU)ID_STATICTEXT,
147:                          hInst,
148:                          NULL);
149:
150:    // Editbox als Child-Fenster erstellen
151:    //
152:    hEditBox = CreateWindow ("EDIT",
153:                          "Bitte Text eingeben",
154:                          WS_VISIBLE | WS_CHILD | WS_BORDER,
155:                          0, 20,
156:                          300, 20,
157:                          hWnd,
158:                          (HMENU)ID_EDITBOX,
159:                          hInst,
160:                          NULL);
161:
162:    // "Übernehmen"-Button als Child-Fenster erstellen
163:    //
164:    hUebernehmen = CreateWindow ("BUTTON",
165:                          "Übernehmen",
166:                          BS_PUSHBUTTON | WS_VISIBLE | WS_CHILD,
167:                          20, 50,
168:                          95, 40,
169:                          hWnd,
170:                          (HMENU)ID_BTN_UEBERNEHMEN,
171:                          hInst,
172:                          NULL);
173:
174:    // "Beenden"-Button als Child-Fenster erstellen
175:    //
176:    hBeenden = CreateWindow ("BUTTON",
177:                          "Beenden",
178:                          BS_PUSHBUTTON | WS_VISIBLE | WS_CHILD,
179:                          175, 50,
180:                          95, 40,
181:                          hWnd,
182:                          (HMENU)ID_BTN_BEENDEN,
183:                          hInst,
184:                          NULL);
185:
186: } // ErstelleSteuerelemente
187:
188:
```

Diese Funktion erweckt nun die von uns benötigten Steuerelemente zum Leben und bringt sie auf den Bildschirm. Auch hier zeigt sich wieder, was ein schön strukturierter Quelltext wert ist. Würde man diesen Quellcodeabschnitt auch noch in die WinMain-Funktion packen, hätte man eine Funktion, die sich über mehrere Seiten erstreckt und schwer nachzuvollziehen wäre. Hier erkennt man allerdings auf den ersten Blick, was passiert. Wie ein paar Abschnitte weiter oben erklärt, werden die einzelnen Steuerelemente hier mit den dazugehörigen Flags erstellt und die globalen Handels mit (hoffentlich) gültigen Werten gefüllt. Hier zeigt sich auch noch mal im Detail, was oben mit der Abfrage auf Gültigkeit gemeint war. Theoretisch kann immer etwas beim Erstellen der Steuerelemente schiefgehen. Wenn in unserem Fall eine der CreateWindow-Funktionen fehlschlägt, so wird das Programm entweder nicht richtig funktionieren oder im schlimmsten Fall sogar abstürzen. Um das zu vermeiden, sollte man jedes einzelne Handle auf Gültigkeit überprüfen und der Funktion einen bool-Rückgabewert spendieren, mit dem man beim Funktionsaufruf feststellen kann, ob alles richtig funktioniert hat.

Nachdem Du nun zweimal hintereinander mit recht bekanntem, im Vergleich zum ersten Beispiel kaum verändertem Quellcode konfrontiert wurdest, wird es im nächsten und letzten Quellcodeabschnitt interessanter. Jetzt kümmern wir uns um die Nachrichten, die von unseren Child-Fenstern in die weite Welt von Windows gepustet werden und letztendlich in unserer Callback-Funktion landen und ausgewertet werden können.

Listing 10.7 Eine kleine Anwendung (Teil 5)

```
189: // Callback-Funktion zur Nachrichtenverarbeitung
190: //
191: LRESULT CALLBACK WindowProc (HWND hWnd, UINT message,
192:                              WPARAM wParam, LPARAM lParam)
193: {
194:   // Messages auswerten
195:   switch (message)
196:   {
197:     // Fenster schließen? (Auch Alt-F4)
198:     case WM_DESTROY:
199:     {
200:       // Nachricht zum Beenden schicken
201:       PostQuitMessage (0);
202:       return (0);
203:
204:     }
205:
206:     // Ab hier die Nachrichten unserer Child-Fenster bearbeiten
207:     case WM_COMMAND:
208:     {
209:       switch (wParam)
210:       {
211:         // Wurde "Übernehmen" angeklickt?
212:         case ID_BTN_UEBERNEHMEN:
213:         {
214:           char szText[256];
215:
216:           // Text aus der Editbox holen
217:           GetWindowText (hEditBox, szText, 256);
218:
219:           // Diesen Text in das Label schreiben und
220:           // den Text der Editbox löschen
221:           SetWindowText (hText, szText);
222:           SetWindowText (hEditBox, "");
```

```
223:
224:            return (0);
225:
226:          }
227:
228:          // Wurde "Beenden" angeklickt?
229:          case ID_BTN_BEENDEN:
230:          {
231:            int Resultat; // Rückgabewert der Messagebox
232:
233:            // Messagebox für Sicherheitsabfrage
234:            Resultat = MessageBox (hWnd, "Wirklich beenden?",
235:                                   "Programm beenden",
236:                                   MB_YESNO | MB_ICONQUESTION);
237:
238:            // Wurde "Ja" angeklickt?
239:            if (Resultat == IDYES)
240:            {
241:              // Ja, also Programm beenden
242:              PostQuitMessage (0);
243:              return (0);
244:
245:            }
246:
247:            // Nein, also ganz normal weiter
248:            return (0);
249:
250:          }
251:        } break;
252:      } break;
253:    }
254:
255:    // Die Nachricht wurde nicht von uns verarbeitet, also
256:    // von Windows verarbeiten lassen
257:    return (DefWindowProc (hWnd, message, wParam, lParam) );
258:
259: } // WindowProc
```

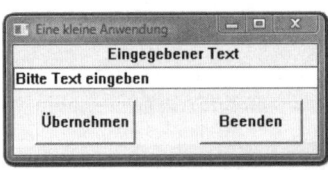

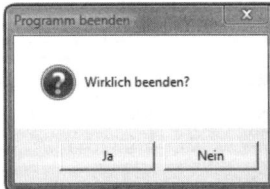

Abbildung 10.3 Eine kleine Anwendung

In diesem letzten Quellcodeabschnitt findet nun fast die gesamte Logik unserer kleinen Beispielanwendung statt. Bis Zeile 204 sollte der Quelltext für Dich selbsterklärend sein. Hier wird schließlich nur die Nachricht WM_DESTROY behandelt, die ja schon besprochen wurde. Ab Zeile 207 wird es jetzt interessant, da uns hier einige neue Dinge begegnen werden. Hier prüfen wir zuerst einmal, ob eine WM_COMMAND-Nachricht angekommen ist.

Das ist immer dann der Fall, wenn ein Child-Fenster oder ein Menüpunkt etwas zu melden hat. Wenn das der Fall ist, dann enthält `wParam` genau die ID, die wir vorhin beim Erstellen der Child-Fenster angegeben haben. Jetzt wird auch deutlich, wozu diese ID genau dient und warum sie für jedes Child-Fenster eindeutig sein muss. Anhand dieser ID können wir feststellen, welches unserer Steuerelemente für das Versenden einer Nachricht verantwortlich war. Jetzt können wir auf recht einfache Weise mittels eines `switch-case`-Konstruktes je nach Steuerelement verzweigen. Dabei sind für uns allerdings nur die beiden Buttons „Übernehmen" und „Beenden" wichtig. Dann wollen wir doch mal schauen, wie diese beiden Buttons behandelt werden und was passiert, wenn man sie anklickt.

Wenn der Button „Übernehmen" angeklickt wird, dann soll der Text, der momentan in der Editbox steht, direkt in das Textlabel kopiert werden. Dazu wird erst einmal ein `char`-Array angelegt, das wir gleich brauchen werden. Danach kommt die Funktion `GetWindowText` ins Spiel, die uns von der Win32-API zur Verfügung gestellt wird. Sie dient dazu, den aktuellen Text eines Steuerelementes zu ermitteln. Das funktioniert nicht nur bei Editboxen, sondern bei jedem Steuerelement, das einen Text enthalten kann. Wendet man diese Funktion auf einen Button an, so erhält man dessen Beschriftung. Wendet man sie auf das Hauptfenster an, dann bekommt man dessen Überschrift aus der Titelleiste zurück.

Diese Funktion benötigt drei Parameter. Der erste Parameter ist das Handle auf das Fenster, dessen Text man ermitteln möchte. Nun sollte auch deutlich werden, warum wir uns die Fensterhandles der einzelnen Steuerelemente in globalen Variablen gemerkt haben. Der zweite Parameter ist ein Zeiger auf ein `char`-Array, in das der Text des Fensters (in unserem Fall der Editbox) kopiert werden soll. Mit dem dritten und letzten Parameter gibt man an, wie viele Zeichen maximal aus dem Text des Fensters in das `char`-Array kopiert werden sollen. Möchte man also nur die ersten zehn Zeichen kopieren, dann gibt man hier 11 an. Man muss immer +1 rechnen, da die Nullterminierung mitgezählt wird. Diese Begrenzung dient natürlich auch der Sicherheit, da somit verhindert werden kann, dass übermäßig langer Text über die Grenzen des Arrays hinausgeschrieben wird, was zu Abstürzen führen würde.

Nachdem nun der Text der Editbox in unser `char`-Array kopiert wurde, können wir den Text in das Textlabel schreiben. Dazu dient – man glaubt es nicht – die Funktion `SetWindowText`. Mit dieser Funktion können wir jedem Steuerelement eine neue Beschriftung verpassen, selbst unserem Hauptfenster. Hier müssen wir nur zwei Parameter übergeben: das Handle des Fensters, das einen neuen Text bekommen muss, und natürlich den Text selbst. In Zeile 221 schreiben wir nun den Inhalt unseres `char`-Arrays in das Textlabel. Damit sich die Editbox so verhält, wie man es von diesem Steuerelement gewöhnt ist, löschen wir noch den zuvor eingegebenen Text, damit man direkt im Anschluss einen neuen eingeben kann, ohne den alten erst überschreiben zu müssen. Das passiert in Zeile 222, indem einfach ein leerer String übergeben wird.

Jetzt bleibt uns nur noch eines zu tun, nämlich die Behandlung des „Beenden"-Buttons. Auch wenn sich der Benutzer mit ziemlicher Wahrscheinlichkeit sicher ist, dass er das Programm nach dem ersten Test schnell wieder schließen möchte, werden wir ihm die Möglichkeit geben, seine Entscheidung noch einmal zu überdenken. Dazu werden wir eine

Messagebox auf den Bildschirm bringen, die den Benutzer fragt, ob er das Programm denn wirklich beenden möchte. Zeile 234 ruft nun die Funktion `MessageBox` mit den Parametern auf, die nötig sind, um eine gewöhnliche Sicherheitsabfrage zu realisieren. Was hier neu ist, ist die Tatsache, dass wir den Rückgabewert in der Variablen `Resultat` speichern. In Tabelle 10.3 wurden bereits alle möglichen Werte aufgelistet, die von der Funktion `MessageBox` zurückgeliefert werden können. Uns interessiert hier nur der Wert `IDYES`. Wenn der Benutzer „Ja" angeklickt hat, treten die Zeilen 242 und 243 in Aktion und beenden das Programm. Hat der Benutzer dagegen „Nein" angeklickt, kehrt die Callback-Funktion in Zeile 248 mit `return (0);` ganz normal zurück, und das Programm läuft weiter. Der Rest der Callback-Funktion ist wieder ein alter Hut und bedarf keiner weiteren Erklärungen, da hier nichts Neues hinzugekommen ist.

Und damit sind wir auch schon am Ende des Quelltextes und dieses Kapitels angelangt. An manchen Stellen mag die Thematik vielleicht etwas verwirrend gewesen sein, aber wenn man sich intensiv damit auseinandersetzt, dann sollte es kein Problem sein, die Abläufe nachzuvollziehen und die Beispielquelltexte zu erweitern.

Ich möchte hier noch einmal deutlich darauf hinweisen, dass dieses Kapitel sozusagen nur der „Grundlagenforschung" dient. Richtige Windows-Anwendungen wird man heute in der Regel nicht mehr komplett von Hand schreiben, sondern sich diverser Technologien bedienen, die einem das Leben wesentlich einfacher machen. Viele Entwicklungsumgebungen bieten die Möglichkeit, Anwendungen mithilfe eines Editors mehr oder weniger „zusammenzuklicken", und man muss nur noch die Programmteile schreiben, die sich um die Behandlung der Steuerelemente kümmern. Viele Dinge haben sich im Laufe der Jahre geändert, und man erstellt seine Anwendungen auf wesentlich einfachere Art und Weise. Trotzdem muss man sich beispielsweise für ein DirectX-basierendes Spiel immer noch ein Windows-Grundgerüst erstellen. Die hier gezeigten Grundlagen sollte man in jedem Fall beherrschen, da sich am Prinzip der Windows-Programmierung bis heute nicht viel verändert hat.

Windows ist immer noch ein nachrichtenbasiertes System, und wenn man mit irgendwelchen Steuerelementen interagiert, werden Ereignisse ausgelöst und Nachrichten verschickt. Selbst das beste Tool zum Erstellen von Windows-Programmen ist nur halb so viel wert, wenn man nicht weiß, was hinter den Kulissen passiert. Falls Du also einmal ein Programm schreibst, das mit Steuerelementen arbeitet, dann durchforste nicht die gesamte MSDN und erstelle alles selbst, sondern schau Dich um, welche einfacheren Alternativen es gibt. Behalte dabei jedoch die Grundlagen im Hinterkopf, die in diesem Kapitel besprochen wurden.

11 Sonst noch was?

11.1 Um was geht es in diesem Kapitel?

Ein recht seltsamer Name für ein Kapitel, nicht wahr? Da stellt sich doch gleich die Frage, worum es in einem Kapitel mit einer solchen Überschrift gehen soll. Um das zu klären, muss ich mit einem Rückblick beginnen (unglaublich, es wird nichts weiter nach hinten geschoben, sondern mal zurückgeschaut). Die bisherigen Kapitel wurden nach dem Prinzip geschrieben, dass immer ein ganz bestimmtes Thema erklärt wurde und es dazu Beispiel-aufgaben und Fehlerquelltexte gab. Verweise auf andere Themen gab es, wenn überhaupt, nur recht selten. Dieses Prinzip habe ich gewählt, damit man sich gerade als Einsteiger auf das Wesentliche konzentrieren konnte und sich nicht mit Tausend Dingen auf einmal herumschlagen musste. Wenn Du Dich vor der Arbeit mit diesem Buch noch nie mit dem Thema Programmierung beschäftigt hattest, wird es für Dich hoffentlich sinnvoll gewesen sein, dass es immer recht kleine Häppchen gab, die man gut verarbeiten konnte. Trotzdem wird Dir klar sein, dass bestimmte Themen niemals auf 20 bis 40 Seiten völlig ausführlich und erschöpfend erklärt werden können. Das war, wie Du Dir sicher denken kannst, auch nicht das Ziel.

Als ich damals selbst zum ersten Mal mit C++ konfrontiert wurde, stand ich öfter vor dem Problem, dass bestimmte Themenbereiche recht komplex waren und ich bei einigen Dingen nicht genau wusste, wozu man sie braucht und welchen Sinn sie haben. Das rührte natürlich von der Tatsache, dass mir Praxis und Erfahrung fehlten. Deshalb habe ich gewisse Themenbereiche in den vorigen Kapiteln erst einmal außer Acht gelassen und mich auf die wichtigsten Aspekte beschränkt. Um etwas genauer zu verstehen, worauf ich hinauswill, kannst Du Dir vorstellen, Du lernst beispielsweise Rollschuhfahren. Da wird auch niemand hergehen und Dir zuerst zeigen, wie Du auf einem Bein rückwärts Slalom fährst. Zuerst lernst Du, wie Du Dich überhaupt auf den Dingern bewegen kannst, ohne ständig mit den Armen rudernd auf den Boden zu fallen. Erst wenn man einigermaßen sicher geradeaus fahren kann, kümmert man sich darum, wie man gewisse Tricks macht. Bestimmte Dinge interessieren einen zu Beginn auch noch gar nicht, oder man kann sich nicht so recht vorstellen, wozu sie gut sind. Genauso ist es hier mit diesem Kapitel.

Gewisse Details habe ich bei den vorherigen Kapiteln einfach nicht erwähnt, da sie zu diesem Zeitpunkt meiner Meinung nach fehl am Platze gewesen wären. Es mag sein, dass bestimmte Themen dieses Kapitels trotzdem noch etwas verwirrend sind, obwohl Du das gesamte Buch durchgearbeitet und verstanden hast. Manche von diesen Themen wirst Du vielleicht erst dann brauchen, wenn Du mal ein größeres Projekt angehst und ganz andere Anforderungen an Dein Programm stellst als an die kleinen Beispiele dieses Buches. Oft kommt der Aha-Effekt nämlich erst dann, wenn man in eine Situation kommt, in der man die hier beschriebenen Themen wirklich braucht. Wenn Du also beim Lesen der nächsten Seiten an ein Thema gerätst, von dem Du denkst, dass Du es nicht brauchen würdest oder einfacher lösen kannst, dann kann es nicht schaden, in einigen Monaten noch einmal dieses Kapitel aufzuschlagen und es noch einmal zu lesen.

Es gibt jedoch jetzt keinen Grund, sich Sorgen zu machen. Die meisten Themen sollten sich gut in das bisher Gelernte eingliedern und recht verständlich sein. Doch bevor diese Einleitung jetzt noch länger wird, widmen wir uns lieber wieder der Praxis. Los geht's!

11.2 Standardwerte für Funktionsparameter

Also gut, beginnen wir dieses Kapitel mit leichter Kost: den Standardwerten für Funktionsparameter. Wenn Du bisher Funktionen geschrieben hast, die einen oder mehrere Parameter übernehmen, dann musstest Du beim Aufruf dieser Funktionen unbedingt darauf achten, dass Du alle Parameter angibst, die diese Funktion erwartet. Alles andere hätte zu einem Fehler beim Kompilieren geführt. Nun gibt es aber Funktionen, denen man fast immer den oder die gleichen Parameter übergibt und dabei nur selten eine Abweichung hat. Stell Dir dazu einfach einmal vor, Du würdest für Dein Spiel eine dynamische Benutzeroberfläche schreiben. Je nach Spielzustand sind andere Buttons zu sehen. Zudem können diese Buttons auch unterschiedlich groß sein. Dabei wird es wahrscheinlich so sein, dass die Buttons meistens die gleiche Größe haben, aber eben nicht immer. Wenn Du Dir jetzt eine Funktion schreibst, die unter anderem die Breite und Höhe eines Buttons erwartet, dann müsstest Du in den meisten Fällen immer die gleichen Werte übergeben. Nur dann, wenn ein Button mal aus der Reihe tanzt und größer oder kleiner werden soll, ändern sich die Werte. Für solche Situationen gibt es Standardwerte für Parameter, die einem das Leben erleichtern. Schau Dir dazu einfach den folgenden Quelltext an:

Listing 11.1 Standardwerte für Funktionsparameter

```
01: // C++ für Spieleprogrammierer
02: // Listing 11.1
03: // Standardwerte für Funktionsparameter
04: //
05: #include <iostream>
06:
07: using namespace std;
```

```
08:
09: // Prototypen
10: //
11: void ErstelleButton (const string &sText,
12:                      int Breite = 100, int Hoehe = 30);
13:
14: // Hauptprogramm
15: //
16: int main ()
17: {
18:    // Einige Buttons erstellen
19:    ErstelleButton ("Kleines Icon 1");
20:    ErstelleButton ("Kleines Icon 2");
21:    ErstelleButton ("Mittleres Icon", 150, 45);
22:    ErstelleButton ("Grosses Icon 1", 200, 60);
23:    ErstelleButton ("Kleines Icon 3");
24:
25:    return (0);
26: }
27:
28: // ErstelleButton
29: //
30: void ErstelleButton (const string &sText, int Breite, int Hoehe)
31: {
32:    // Ausgabe der Buttoninformationen
33:    cout << "Folgender Button wurde erstellt: " << endl;
34:    cout << "Text   : " << sText.c_str() << endl;
35:    cout << "Breite: " << Breite << endl;
36:    cout << "Hoehe : " << Hoehe << endl;
37:    cout << endl;
38:
39: } // ErstelleButton
```

Bildschirmausgabe:

```
Folgender Button wurde erstellt:
Text   : Kleines Icon 1
Breite: 100
Hoehe : 30

Folgender Button wurde erstellt:
Text   : Kleines Icon 2
Breite: 100
Hoehe : 30

Folgender Button wurde erstellt:
Text   : Mittleres Icon
Breite: 150
Hoehe : 45

Folgender Button wurde erstellt:
Text   : Grosses Icon
Breite: 200
Hoehe : 60

Folgender Button wurde erstellt:
Text   : Kleines Icon 3
Breite: 100
Hoehe : 30
```

Der Kernpunkt dieses Quelltextes ist der Prototyp der Funktion `ErstelleButton()` ab Zeile 11. Diese Funktion übernimmt drei Parameter, einen Beschreibungstext für den Button, die Breite des Buttons und dessen Höhe. Was an diesem Prototyp auffällt, sind die direkten Zuweisungen, wie wir sie bisher auf diese Weise noch nicht kennengelernt haben. Bei den beiden Zuweisungen handelt es sich um die bereits angesprochenen Standardwerte. Wie das genau funktioniert, sollten die Zeilen 19 bis 23 und die dazugehörige Bildschirmausgabe zeigen. Wie Du siehst, wird die Funktion `ErstelleButton()` insgesamt fünfmal aufgerufen, aber es werden nur bei zwei Aufrufen die beiden Parameter für die Breite und Höhe mit übergeben, bei den anderen drei Aufrufen aber nicht. Was hier passiert, sollte eigentlich schon fast selbsterklärend sein: Erstellt man im Prototyp einer Funktion für bestimmte Parameter Zuweisungen, so muss man diese Parameter beim Funktionsaufruf nicht mit angeben. Wenn man die Werte mit angibt, dann werden sie wie gewohnt übernommen. Gibt man sie nicht mit an, dann werden eben die Standardwerte verwendet, die man im Funktionsprototyp festgelegt hat. Natürlich kann man auch nur einen der beiden Standardwerte verwenden, indem man beispielsweise beim Funktionsaufruf für die Höhe einen festen Wert übergibt, für die Breite jedoch nicht.

Das ist doch eine praktische Sache, nicht wahr? In gewissen Situationen können Dir diese Standardwerte wirklich einiges an Tipparbeit ersparen. Allerdings gibt es hier – wie hätte es auch anders sein können – eine Sache, auf die man unbedingt achten muss. Sobald man einem Parameter einen Standardwert verpasst, müssen alle nachfolgenden Parameter ebenfalls einen Standardwert besitzen. Der folgende Codeausschnitt zeigt, was gemeint ist:

```
// Das hier funktioniert:
void ErstelleButton (string sText, int Breite, int Höhe = 30);

// Das hier allerdings nicht:
void ErstelleButton (string sText, int Breite = 100, int Hoehe);
```

Wenn Du Dir diese Zeilen etwas genauer anschaust, dann kommst Du sicher von alleine drauf, warum der zweite Prototyp nicht funktionieren kann. Überlege, was passieren würde, wenn man den zweiten Funktionsprototypen hätte und folgende Zeile schreiben würde:

```
ErstelleButton ("Ein Button", 150);
```

Na, klingelt's? Richtig, es gibt jetzt zwei Möglichkeiten, von denen eine nicht funktionieren kann. Die 150 könnte für die Höhe gelten, und für die Breite würde der Standardwert 100 verwendet, **oder** die 150 könnte den Standardwert der Breite ersetzen. Dann würde allerdings ein Wert für die Höhe fehlen, da es hier keinen Standardwert gibt.

Es gibt keine Regel, wie viele Standardwerte eine Funktion besitzen darf. Man muss jedoch darauf achten, dass die Parameter mit Standardwerten immer als Letztes im Funktionsprototyp angegeben werden, da es sonst zu Fehlern kommt. Wenn man diese kleine Regel beachtet, dann hat man hier eine schöne und einfache Möglichkeit, sich bei gewissen Funktionen einiges an Tipparbeit zu sparen.

11.3 Memberinitialisierung im Konstruktor

Nanu, was ist denn an diesem Thema neu? Wie man Membervariablen in einem Konstruktor initialisiert, hatten wir doch schon im Kapitel über Klassen besprochen. Nun, es gibt noch eine alternative Methode namens Initialisierungsliste, die wir uns jetzt einmal anschauen werden. Welche Vorteile diese Methode bietet und wo man sie anwenden kann, wird direkt nach dem folgenden Quellcode erklärt:

Listing 11.2 Memberinitialisierung im Konstruktor

```
001: // C++ für Spieleprogrammierer
002: // Listing 11.2
003: // Memberinitialisierung im Konstruktor
004: //
005: #include <iostream>
006:
007: using namespace std;
008:
009: // Klassen
010: //
011:
012: // Klasse für einen Piloten
013: class CPilot
014: {
015:   public:
016:     CPilot ();
017:     CPilot (const string &sName);
018:
019:     void ZeigeName ();
020:
021:   private:
022:     string m_sName;
023:
024: };
025:
026: // Standardkonstruktor
027: //
028: CPilot::CPilot ()
029: {
030:   m_sName = "Default";
031:
032:   cout << "Pilot " << m_sName.c_str() << " erzeugt";
033:   cout << endl;
034:
035: } // Konstruktor
036:
037: // Konstruktor mit Parameter für Namen
038: //
039: CPilot::CPilot (const string &sName)
040: {
041:   m_sName = sName;
042:
043:   cout << "Pilot " << m_sName.c_str() << " erzeugt";
044:   cout << endl;
045:
046: } // Konstruktor mit Parameter
047:
048: // Name des Piloten anzeigen
049: //
050: void CPilot::ZeigeName ()
051: {
052:   cout << "Name des Piloten: " << m_sName.c_str();
053:   cout << endl;
054:
```

```
055: } // ZeigeName
056:
057: // Klasse für ein Raumschiff
058: //
059: class CRaumschiff
060: {
061:   public:
062:     CRaumschiff     ();
063:     ~CRaumschiff    ();
064:     void ZeigeWerte ();
065:
066:   private:
067:     CPilot m_Pilot;
068:     CPilot m_CoPilot;
069:     int    m_Geschwindigkeit;
070:     int    m_xPos;
071:     int    m_yPos;
072:
073: };
074:
075: // Konstruktor
076: //
077: CRaumschiff::CRaumschiff ():
078: m_Pilot ("Jason"), m_Geschwindigkeit (0), m_xPos (100), m_yPos (100)
079: {
080:    cout << "Raumschiff erzeugt" << endl;
081:
082: } // Konstruktor
083:
084: // Destruktor
085: //
086: CRaumschiff::~CRaumschiff ()
087: {
088:    cout << "Raumschiff zerstoert" << endl;
089:
090: } // Destruktor
091:
092: // ZeigeWerte
093: //
094: void CRaumschiff::ZeigeWerte ()
095: {
096:    m_Pilot.ZeigeName ();
097:    m_CoPilot.ZeigeName ();
098:
099:    cout << "Geschwindigkeit: " << m_Geschwindigkeit << endl;
100:    cout << "x-Position    : " << m_xPos << endl;
101:    cout << "y-Position    : " << m_yPos << endl;
102:
103: } // ZeigeWerte
104:
105:
106: // Hauptprogramm
107: //
108: int main ()
109: {
110:    // Raumschiff erzeugen und Werte anzeigen
111:    CRaumschiff Jaeger;
112:
113:    Jaeger.ZeigeWerte ();
114:
115:    return (0);
116: }
```

Bildschirmausgabe:

```
Pilot Jason erzeugt
Pilot Default erzeugt
Raumschiff erzeugt
Name des Piloten: Jason
Name des Piloten: Default
Geschwindigkeit: 0
x-Position    : 100
y-Position    : 100
Raumschiff zerstoert
```

In diesem Quelltext findest Du die beiden Klassen CPilot und CRaumschiff. Die Klasse CRaumschiff verfügt über drei Membervariablen für Position und Geschwindigkeit sowie über zwei Instanzen der Klasse CPilot. Das ist so weit nichts Neues. Was hier allerdings etwas anders läuft, ist die Initialisierung dieser Membervariablen. Wenn Du Dir die Zeilen 77 und 78 anschaust, wirst Du feststellen, dass es wohl noch eine andere Möglichkeit gibt, Membervariablen zu initialisieren. Der Konstruktor selbst ist leer, aber die Bildschirmausgabe beweist, dass die Membervariablen trotzdem korrekt initialisiert wurden.

Die Syntax für diese Art der Initialisierung ist nicht weiter schwer. Man muss lediglich nach dem Funktionskopf des Konstruktors einen Doppelpunkt setzen, gefolgt von den zu initialisierenden Membervariablen. Dabei ist es wichtig, dass man keinen Zuweisungsoperator verwendet. Dieser Quelltext hätte keinen Sinn, wenn er gegenüber einer „normalen" Initialisierung keine Vorteile bieten würde. Deshalb gehen wir das Ganze jetzt mal der Reihe nach durch und schauen, was genau passiert.

Die Klasse CPilot hat sowohl einen Standardkonstruktor als auch einen Konstruktor, der einen String übernimmt, damit man dem Piloten einen Namen geben kann. In beiden Konstruktoren wird dieser String der Membervariablen m_sName zugewiesen und noch einmal auf dem Bildschirm ausgegeben. Die Memberfunktion ZeigeName() gibt diesen String noch einmal aus. Die Klasse CRaumschiff verfügt nun unter anderem über die beiden Membervariablen m_Pilot und m_CoPilot. Das eigentlich Interessante ist nun die Initialisierung dieser Member. Das Objekt m_Pilot wird in der Initialisierungsliste in Zeile 75 über den zweiten Konstruktor initialisiert, wohingegen für das Objekt m_CoPilot der Standardkonstruktor aufgerufen wird, da wir selbst keinen Konstruktor aufrufen.

Jetzt zeigt sich auch, worin der Vorteil einer Initialisierungsliste besteht. Wir haben damit die Möglichkeit, selbst anzugeben, welcher Konstruktor beim Erzeugen des Objektes verwendet werden soll (das gilt sogar für den Konstruktor einer eventuell vorhandenen Basisklasse). Wenn man m_CoPilot einen anderen Namen geben möchte, dann muss man sich eine entsprechende Memberfunktion schreiben, die einen String übernimmt und diesen dann m_sName zuweist. Trotzdem würde in unserem Fall der Standardkonstruktor aufgerufen werden. Da wir m_Pilot allerdings in der Initialisierungsliste initialisieren, können wir frei wählen, welcher Konstruktor zum Erzeugen des Objektes verwendet werden soll. Das spart natürlich etwas Rechenzeit, da der Aufruf des Standardkonstruktors wegfällt.

Das ist allerdings nicht alles, was man mit einer Initialisierungsliste anstellen kann. Vielleicht hast Du schon einmal versucht, einer Deiner Klassen eine konstante Membervariable hinzuzufügen, und dann festgestellt, dass das nicht so ohne Weiteres möglich ist. Entweder legt man diese Konstante außerhalb der Klasse an, oder man verwendet eine statische Membervariable. Legt man die Variable außerhalb der Klasse an, so ist diese global, und das soll man ja vermeiden. Statische, konstante Membervariablen kann man aber nur dann verwenden, wenn man einen sogenannten Built-in-Datentypen („eingebaute Datentypen") verwendet. Das sind Datentypen wie beispielsweise int, float, char und so weiter. Alle anderen Datentypen, die der Compiler nicht standardmäßig kennt, kann man nicht ohne Weiteres als konstante Membervariablen verwenden. Außerdem bedeutet static ja, dass alle Instanzen der Klasse den gleichen Wert für diese Konstante haben. Möchte man einzelnen Instanzen einen anderen Wert für diese Konstante zuweisen, hat man schon wieder das nächste Problem. Schau dir den folgenden Quellcode-Ausschnitt an, damit deutlicher wird, was gemeint ist:

```
class CRaumschiff
{
  private:

    // Das funktioniert:
    static const int m_Beschleunigung = 10;

    // Das nicht:
    static const string m_sKennung = "XYZ123";

}
```

Hier helfen uns die Initialisierungslisten wieder weiter. Mit ihnen haben wir nicht nur die Möglichkeit, jeden Datentyp als konstantes Member aufzunehmen, sondern dieses Member auch mit einem beliebigen Wert auf einfache Weise zu initialisieren. Der nächste Quelltext zeigt, wie es gemacht wird:

Listing 11.3 Initialisierungslisten und Konstanten

```
01: // C++ für Spieleprogrammierer
02: // Listing 11.3
03: // Initialisierungslisten und Konstanten
04: //
05: #include <iostream>
06:
07: using namespace std;
08:
09: // Klassen
10: //
11:
12: // Klasse für ein Raumschiff
13: //
14: class CRaumschiff
15: {
16:   public:
17:     CRaumschiff (const string &sKennung);
18:     void ZeigeWerte ();
19:
20:   private:
```

```
21:        const string m_sKennung;
22:
23: };
24:
25: // Konstruktor
26: CRaumschiff::CRaumschiff (const string &sKennung):
27: m_sKennung (sKennung)
28: {
29:
30: } // Konstruktor
31:
32: // ZeigeWerte
33: void CRaumschiff::ZeigeWerte ()
34: {
35:   cout << "Kennung: " << m_sKennung.c_str ();
36:   cout << endl;
37:
38: } // ZeigeWerte
39:
40: // Hauptprogramm
41: //
42: int main ()
43: {
44:   // Raumschiff erzeugen und Werte anzeigen
45:   CRaumschiff Jaeger ("Jaeger_SX_6502");
46:
47:   Jaeger.ZeigeWerte ();
48:
49:   return (0);
50:
51: }
```

Bildschirmausgabe:

```
Kennung: Jaeger_SX_6502
```

Die Klasse CRaumschiff wurde erst mal etwas abgespeckt, da wir uns in diesem Beispiel aufs Wesentliche konzentrieren wollen. Wie Du siehst, besitzt die Klasse nun als Membervariable einen konstanten String, der allerdings nicht direkt in der Klassendeklaration initialisiert wird (was ja, wie weiter oben schon gesagt wurde, auch nicht funktioniert). Wenn Du Dir den Konstruktor anschaust, dann siehst Du, dass man eine konstante Membervariable innerhalb der Initialisierungsliste initialisieren kann. Dabei ist man nicht mehr darauf angewiesen, den gewünschten Wert vorher festzulegen oder ihn statisch zu halten. Jetzt kann jede Instanz unserer Klasse CRaumschiff zur Laufzeit die Konstante initialisieren. Wie Du siehst, sind die Initialisierungslisten eine praktische Sache, wenn sie richtig eingesetzt werden.

11.4 Der this-Zeiger

Dieses Thema ist eigentlich nicht weiter schwierig und gehört im Grunde auch nicht zu den fortgeschrittenen Themen. Trotzdem habe ich es bisher bewusst außen vor gelassen, da zuerst die grundlegenden Dinge zu Klassen erklärt werden sollten. Dennoch ist dieses Thema wichtig und darf nicht fehlen.

Wenn bisher Memberfunktionen von Klassen besprochen wurden, dann wurde dabei verschwiegen, dass jede Memberfunktion (auch der Konstruktor und der Destruktor) noch einen versteckten Parameter besitzt, den wir nicht wirklich zu Gesicht bekommen: den this-Zeiger. Dieser Zeiger ist immer vom gleichen Typ wie die Klasse, zu der er gehört, und zeigt auf die Instanz der Klasse selbst. Folgendes Listing zeigt, was gemeint ist:

Listing 11.4 Der this-Zeiger

```
01: // C++ für Spieleprogrammierer
02: // Listing 11.4
03: // Der this-Zeiger
04: //
05: #include <iostream>
06:
07: using namespace std;
08:
09: // Klassen
10: //
11:
12: // Klasse für ein Raumschiff
13: //
14: class CRaumschiff
15: {
16:   public:
17:     CRaumschiff ();
18:     void ZeigeWerte ();
19:
20:   private:
21:     int m_Geschwindigkeit;
23:
24: };
25:
26: // Konstruktor
27: CRaumschiff::CRaumschiff ()
28: {
29:   this->m_Geschwindigkeit = 500;
30:
31: } // Konstruktor
32:
33: // ZeigeWerte
34: void CRaumschiff::ZeigeWerte ()
35: {
36:   cout << "Geschwindigkeit: " << this->m_Geschwindigkeit;
37:   cout << endl;
38:
39: } // ZeigeWerte
40:
41: // Hauptprogramm
42: //
43: int main ()
44: {
45:   // Raumschiff erzeugen und Werte anzeigen
46:   CRaumschiff Jaeger;
47:
48:   Jaeger.ZeigeWerte ();
49:
50:   return (0);
51: }
```

Bildschirmausgabe:

```
Geschwindigkeit: 500
```

Und schon wieder ein Vertreter unserer bekannten und oft veränderten Klasse `CRaum-schiff`. Diese Version wurde wieder etwas abgespeckt, um den Überblick zu behalten. Enthalten sind nur ein Konstruktor, die Funktion `ZeigeWerte()` und eine einzige Membervariable für die Geschwindigkeit. Was hier im Gegensatz zu den anderen Beispielen anders abläuft, ist die Art des Zugriffs auf die eigene Membervariable. In den Zeilen 29 und 36 kommt der `this`-Zeiger zur Anwendung. Diesen müssen wir uns nicht selbst erzeugen, da er automatisch für uns bereitgestellt wird. Er zeigt, wie bereits erwähnt, auf die eigene Instanz, weshalb es auch kein Problem darstellt, eine Zeile wie etwa `this->m_Membervariable` zu verwenden.

Jetzt magst Du Dich vielleicht wundern und fragen, wozu man denn diese Besonderheit nun wieder brauchen kann. Die Verwendung des `this`-Zeigers in diesem Beispiel scheint ja nicht gerade viel Sinn zu machen. Und tatsächlich: In diesem Beispiel hat die Verwendung des `this`-Zeigers keinen weiteren Sinn. Es soll erst mal nur gezeigt werden, dass dieser Zeiger existiert und wie man ihn verwenden kann.

Dann schauen wir uns jetzt einmal ein Beispiel an, das einen richtigen Verwendungszweck für diesen ominösen `this`-Zeiger hat. Stell Dir vor, Du schreibst ein Spiel, in dem es (mal wieder) verschiedene Arten von Raumschiffen gibt. Es gibt nun auch eine große Schiffswerft, die in der Lage ist, Raumschiffe zu bauen und damit die Flotte zu verstärken. Natürlich ist ein solch großes Schiff eine leichte und begehrte Beute und benötigt deshalb Schutz. Jetzt könnte man sich überlegen, dass diese Schiffswerft ihre produzierten Raumschiffe nicht alle in die Schlacht schickt, sondern auch ein gebautes Raumschiff zum eigenen Schutz an sich selbst andocken lassen könnte. Dazu würde man sich beispielsweise eine Klasse `CJaeger` schreiben, die eine Memberfunktion namens `Andocken` besitzt. Wenn nun eine Instanz eines solchen Schiffes in der Schiffswerft erzeugt wird, kann man der Andock-Funktion den Zeiger auf die Schiffswerft übergeben. Und genau das wäre ein Anwendungsfall des `this`-Zeigers. Schauen wir uns das einmal anhand des folgenden Quelltextes an:

Listing 11.5 Der this-Zeiger im Einsatz

```
001: // C++ für Spieleprogrammierer
002: // Listing 11.5
003: // Der this-Zeiger im Einsatz
004: //
005: #include <iostream>
006:
007: using namespace std;
008:
009: // Vorwärtsdeklaration
010: class CWerft;
011:
012: // Klassen
013: //
014:
015: // Klasse für einen kleinen Jäger
016: //
017: class CJaeger
018: {
019:   public:
020:     CJaeger ();
021:     void Andocken (CWerft *pWerft);
```

```
022:
023: };
024:
025: // Klasse für eine große Raumschiffwerft
026: //
027: class CWerft
028: {
029:   public:
030:     CWerft  (string sName);
031:     ~CWerft ();
032:     void ZeigeName ();
033:
034:   private:
035:     CJaeger *m_pBewacher;
036:     string m_sName;
037:
038: };
039:
040:
041: // Definition der Memberfunktionen von CJaeger
042: //
043:
044: // Konstruktor
045: //
046: CJaeger::CJaeger ()
047: {
048:   cout << "Neuer Jaeger erstellt" << endl;
049:
050: } // Konstruktor
051:
052: // Andocken
053: //
054: void CJaeger::Andocken (CWerft *pWerft)
055: {
056:   cout << "Jaeger dockt an" << endl;
057:   cout << "Die Zielwerft ist: ";
058:
059:   // Name der Zielwerft anzeigen lassen
060:   pWerft->ZeigeName ();
061:   cout << endl;
062:
063: } // Andocken
064:
065:
066: // Definition der Memberfunktionen von CWerft
067: //
068:
069: // Konstruktor
070: //
071: CWerft::CWerft (string sName)
072: {
073:   cout << "Neue Schiffswerft erstellt" << endl;
074:
075:   // Name merken
076:   m_sName = sName;
077:
078:   // Neuen Jäger erstellen und diesen zum
079:   // eigenen Schutz andocken lassen
080:   m_pBewacher = new CJaeger ();
081:   m_pBewacher->Andocken (this);
082:
083: } // Konstruktor
084:
085: // Destruktor
086: //
087: CWerft::~CWerft ()
088: {
089:   if (m_pBewacher != NULL)
090:   {
091:     delete (m_pBewacher);
```

```
092:        m_pBewacher = NULL;
093:      }
094:
095: } // Destruktor
096:
097: // ZeigeName
098: //
099: void CWerft::ZeigeName ()
100: {
101:   cout << m_sName.c_str () << endl;
102:
103: } // ZeigeName
104:
105:
106: // Hauptprogramm
107: //
108: int main ()
109: {
110:   // Eine neue Werft erstellen. Es wird
111:   // automatisch ein Jaeger erzeugt und
112:   // als Bewacher für die Werft eingeteilt
113:   CWerft ("Werft 01");
114:
115:   return (0);
116: }
```

Bildschirmausgabe:

```
Neue Schiffswerft erstellt
Neuer Jaeger erstellt
Jaeger dockt an
Zielraumschiff ist: Werft 01
```

Dieses Beispiel enthält neben dem `this`-Zeiger noch eine weitere kleine Neuerung, die für uns momentan noch unbekannt ist, nämlich die Vorwärtsdeklaration in Zeile 10. In diesem Quelltext taucht zum ersten Mal das Problem auf, dass wir zwei verschiedene Klassen haben, die sich jedoch untereinander kennen müssen. Die Memberfunktion `Andocken()` der Klasse `CJaeger` übernimmt einen Zeiger auf ein Objekt der Klasse `CWerft`, die wiederum als Membervariable einen Zeiger auf ein `CJaeger`-Objekt besitzt. Jetzt taucht natürlich das Problem auf, dass wir immer einen Compilerfehler erhalten, egal in welcher Reihenfolge wir unsere Klassen deklarieren. Die Lösung für dieses Problem nennt sich Vorwärtsdeklaration. Das ist so ähnlich wie bei den Funktionsprototypen, die wir ja schon kennen. Da hatten wir auch am Anfang des Quelltextes den kompletten Funktionskopf gefolgt von einem Semikolon angegeben. In Zeile 10 wird nun so ähnlich vorgegangen. Hier versichern wir dem Compiler, dass er in unserem Quelltext eine Klasse namens `CWerft` finden wird. Deshalb können wir in Zeile 21 ganz beruhigt diesen Typ schon verwenden, obwohl die Klassendeklaration erst später folgen wird. Das funktioniert allerdings nur, wenn man einen Zeiger auf die Klasse verwendet. Eine Instanz auf dem Stack kann man so jedoch nicht erzeugen.

Gut, dann kommen wir nach diesem kleinen Abstecher wieder zum eigentlichen Thema zurück. Schau Dir dazu zuerst einmal die Klasse `CJaeger` an, die so klein wie nötig gehalten wurde. Sie besitzt eine Memberfunktion namens `Andocken()`. Als Parameter übergibt man dieser Funktion einen Zeiger auf eine Instanz der Schiffswerft, an die dieser Jäger andocken soll. Die Klasse CWerft verwendet einen Konstruktor, der als Parameter einen String übernimmt, mit dem der Name dieser Werft festgelegt werden kann. Diese Schiffswerft kann wie bereits gesagt einen Jäger zum eigenen Schutz andocken lassen, weshalb eine Instanz eines Jägers in der Membervariablen m_pBewacher gespeichert wird.

Schauen wir uns jetzt mal die Funktion Andocken ab Zeile 54 an. Als Parameter wird ein Zeiger auf die Werft angegeben, an die der Jäger andocken soll. Um zu zeigen, dass der Jäger an der richtigen Werft angedockt ist, wird einfach die Memberfunktion ZeigeName() dieser Werft über eben diesen Zeiger in Zeile 60 aufgerufen.

Der eigentliche Kernpunkt dieses Beispiels befindet sich im Konstruktor der Klasse CWerft ab Zeile 71. Dort wird in Zeile 80 ein neuer Jäger erzeugt. Danach wird dessen Andock-Funktion aufgerufen und der this-Zeiger übergeben. Hier kann man nun deutlich sehen, worin der Sinn dieses speziellen Zeigers liegt. Es gibt sehr viele Situationen, in denen man eben einen Verweis auf die eigene Instanz braucht. Natürlich würde es für dieses Beispiel auch noch andere Lösungswege geben, aber es zeigt sehr deutlich, wie man den this-Zeiger verwenden kann.

Wie so oft gibt es aber auch bei diesem Thema eine Kleinigkeit, die man unbedingt beachten muss. Wenn man in einer Klasse statische Memberfunktionen verwendet, so besitzen diese keinen this-Zeiger. Das ist natürlich logisch, da eine solche statische Memberfunktion eben nicht zu einer bestimmten Instanz gehört, sondern quasi einmalig ist. Es gibt also keine Verbindung zwischen dieser Memberfunktion und der Instanz. Und somit kann es natürlich auch keinen this-Zeiger geben.

11.5   Der Kopierkonstruktor

Wenn man eine neue Klasse erzeugt und keinen eigenen Konstruktor schreibt, so wird bekanntlich ein Standardkonstruktor bereitgestellt. Das Gleiche gilt für den Destruktor. Erzeugt man sich keinen eigenen, so wird auch hier ein Standarddestruktor bereitgestellt. Es gibt allerdings noch einen dritten Fall: den Kopierkonstruktor. Dieser spezielle Konstruktor wird immer dann aufgerufen, wenn eine Kopie einer Klasseninstanz erzeugt wird. Das passiert beispielsweise dann, wenn man eine Klasseninstanz als Parameter an eine Funktion übergibt oder eine Funktion eine Klasseninstanz zurückliefert. Wenn man einer Funktion beispielsweise einen int-Wert übergibt, so existiert innerhalb dieser Funktion ja auch nur eine lokale Kopie, die nach dem Abarbeiten der Funktion wieder zerstört wird. Bei Klasseninstanzen ist das nicht anders.

Die Aufgabe dieses Kopierkonstruktors besteht nun darin, alle Membervariablen der Klasse zu kopieren, sodass man eine funktionsfähige Kopie hat. Da fragt man sich, wozu man sich denn einen eigenen Kopierkonstruktor schreiben sollte, wenn doch ein Standard-Kopierkonstruktor bereitgestellt wird, der uns die Arbeit abnimmt. Dass es tatsächlich nötig sein kann, soll das folgende Beispiel zeigen. Schau Dir zuerst einmal den Quellcode an, bevor Du ihn ausführst. Auf den ersten Blick schaut alles korrekt aus, und man mag keinen Fehler vermuten. Dass es sich hierbei aber um eine richtige Falle handelt, zeigt sich spätestens dann, wenn Du das Programm ausführst, denn es wird abstürzen. Versuche mal herauszufinden, woran das wohl liegt.

Listing 11.6 Die gemeine Falle

```
01: // C++ für Spieleprogrammierer
02: // Listing 11.6
03: // Die gemeine Falle
04: //
05: #include <iostream>
06:
07: using namespace std;
08:
09: // Klassen
10: //
11:
12: // Klasse für ein Raumschiff
13: //
14: class CRaumschiff
15: {
16:   public:
17:     CRaumschiff ();
18:     ~CRaumschiff ();
19:     void ZeigeWerte ();
20:
21:   private:
22:     int * m_pGeschwindigkeit;
23:
24: };
25:
26: // Konstruktor
27: //
28: CRaumschiff::CRaumschiff ()
29: {
30:   // Dass hier ein Zeiger verwendet wird,
31:   // dient nur dem Demonstrationszweck.
32:   // Es könnte hier beispielsweise auch ein
33:   // Zeiger auf eine andere Klasseninstanz
34:   // verwendet werden.
35:   //
36:   m_pGeschwindigkeit = new int;
37:   * m_pGeschwindigkeit = 1541;
38:
39: } // Konstruktor
40:
41: // Destruktor
42: //
43: CRaumschiff::~CRaumschiff ()
44: {
45:   // Wenn pGeschwindigkeit ein gültiger Zeiger ist,
46:   // Speicher wieder freigeben.
47:   //
48:   if (m_pGeschwindigkeit != NULL)
49:   {
50:     delete (m_pGeschwindigkeit);
51:     m_pGeschwindigkeit = NULL;
52:   }
53:
54: } // Destruktor
55:
56: // ZeigeWerte
57: //
58: void CRaumschiff::ZeigeWerte ()
59: {
```

```
60:    // Wenn der Zeiger gültig ist, Geschwindigkeit anzeigen
61:    //
62:    if (m_pGeschwindigkeit != NULL)
63:    {
64:      cout << "Geschwindigkeit: " << * m_pGeschwindigkeit;
65:      cout << endl;
66:    }
67:
68: } // ZeigeWerte
69:
70: // Eine beliebige Funktion, die eine Instanz
71: // der Klasse CRaumschiff übernimmt
72: void Funktion (CRaumschiff Schiff)
73: {
74:    Schiff.ZeigeWerte ();
75:
76: } // Funktion
77:
78: // Hauptprogramm
79: //
80: int main ()
81: {
82:    // Ein neues Raumschiff erzeugen
83:    CRaumschiff Jaeger;
84:
85:    // Geschwindigkeit des Raumschiffs anzeigen lassen
86:    Jaeger.ZeigeWerte ();
87:
88:    // Die Instanz an eine Funktion übergeben
89:    Funktion (Jaeger);
90:
91:    return (0);
92: }
```

Bildschirmausgabe:

```
Geschwindigkeit: 1541
Geschwindigkeit: 1541
(Fenster mit Fehlermeldung erscheint)
```

Na, schon herausgefunden, was hier schiefläuft, oder grübelst Du noch? Ich gebe zu, das ist schon etwas knifflig, aber auf den zweiten Blick eigentlich ganz logisch. Schauen wir mal, was hier genau passiert.

In Zeile 83 der main-Funktion wird eine neue Instanz der Klasse CRaumschiff angelegt. Das hat zur Folge, dass der Konstruktor ab Zeile 28 aufgerufen wird. Hier wird nun Speicher für einen int-Wert reserviert und die Adresse des reservierten Speichers im Zeiger m_pGeschwindigkeit gespeichert. Natürlich würde man für einen einfachen int-Wert keinen Zeiger verwenden, aber das Beispiel soll ja möglichst kurz und übersichtlich gehalten werden. Hier könnte man ja auch einen Zeiger auf die Instanz einer anderen Klasse speichern, beispielsweise indem man sich wie in Listing 11.2 einen Piloten erzeugt. Zeile 86 ruft nun die Memberfunktion ZeigeWerte() auf, um die aktuelle Geschwindigkeit des Jägers noch einmal anzuzeigen. Bis hierhin läuft noch alles glatt. Richtig interessant wird es ab Zeile 89. Hier übergeben wir die Instanz Jaeger an eine Funktion. Natürlich wird hier nicht die wirkliche Instanz übergeben, sondern eine lokale Kopie auf dem Stack erzeugt. Wenn man eine normale `int`-Variable an eine Funktion übergibt, dann wird ja auch nur eine lokale Kopie erzeugt.

Und genau hier kommt nun der Kopierkonstruktor ins Spiel. Da wir keinen eigenen erzeugt haben, wird der Standard-Kopierkonstruktor aufgerufen. Dieser erzeugt nun eine sogenannte flache Kopie, indem er einfach alle Membervariablen in die lokale Kopie kopiert. Bei Zeigern geht er dabei genauso vor. Wenn in unserem Fall der Zeiger `m_pGeschwindigkeit` beispielsweise auf die Speicheradresse `0x003213C0` zeigt, dann wird in der lokalen Kopie ebenfalls auf diese Adresse verwiesen. Das ist in diesem Moment noch unproblematisch, da es sich hier ja um eine gültige Adresse handelt. Kritisch wird es jetzt, wenn die Funktion wieder verlassen wird. Alle lokalen Variablen und Instanzen innerhalb der Funktion verlieren ihre Gültigkeit und werden gelöscht. Da wir es hier mit einer Instanz einer Klasse zu tun haben, wird deren Destruktor aufgerufen. Und jetzt passiert das Dramatische: Der Destruktor gibt den Speicher an der Adresse `0x003213C0` frei, aber der Zeiger `m_pGeschwindigkeit` unserer Originalinstanz verweist immer noch auf diesen Speicherbereich. Wenn nun die `main`-Funktion ihr Ende erreicht hat, wird noch einmal der Destruktor für unsere Originalinstanz aufgerufen. Die Sicherheitsabfrage in Zeile 48 hilft hier natürlich nicht weiter, da die Adresse ja noch immer im Zeiger gespeichert ist. Nun wird versucht, Speicher freizugeben, der schon längst nicht mehr reserviert ist, und das Programm stürzt ab.

Ganz schön knifflig, was? Auch wenn dieses Beispiel jetzt nicht unbedingt sehr nah an der Realität ist, zeigt es doch recht schön, wie man leicht in eine Falle treten kann. Tatsächlich kann es Situationen geben, bei denen das oben gezeigte Problem auftritt. Und genau hier setzt man mit einem eigenen Kopierkonstruktor an, der die Arbeit etwas besser erledigt als der Standard-Kopierkonstruktor. Mit einem eigenen Kopierkonstruktor können wir nämlich eine sogenannte tiefe Kopie erzeugen und den Crash sauber umgehen. Schauen wir uns das anhand des nächsten Beispiels einmal genauer an:

Listing 11.7 Der Kopierkonstruktor

```
001: // C++ für Spieleprogrammierer
002: // Listing 11.7
003: // Der Kopierkonstruktor
004: //
005: #include <iostream>
006:
007: using namespace std;
008:
009: // Klassen
010: //
011:
012: // Klasse für ein Raumschiff
013: //
014: class CRaumschiff
015: {
016:   public:
017:     CRaumschiff ();
018:     ~CRaumschiff ();
019:     CRaumschiff (const CRaumschiff &rhs);
020:
021:     void ZeigeWerte ();
022:
023:   private:
```

```
024:     int *m_pGeschwindigkeit;
025:
026: };
027:
028: // Konstruktor
029: //
030: CRaumschiff::CRaumschiff ()
031: {
032:   // Speicher reservieren
033:   //
034:   m_pGeschwindigkeit = new int;
035:   * m_pGeschwindigkeit = 1541;
036:
037: } // Konstruktor
038:
039: // Destruktor
040: //
041: CRaumschiff::~CRaumschiff ()
042: {
043:   // Wenn pGeschwindigkeit ein gültiger Zeiger ist,
044:   // Speicher wieder freigeben.
045:   //
046:   if (m_pGeschwindigkeit != NULL)
047:   {
048:     delete (m_pGeschwindigkeit);
049:     m_pGeschwindigkeit = NULL;
050:   }
051:
052: } // Destruktor
053:
054: // Kopierkonstruktor
055: CRaumschiff::CRaumschiff (const CRaumschiff &rhs)
056: {
057:   cout << "Kopierkonstruktor wurde aufgerufen.";
058:   cout << endl;
059:
060:   // Tiefe Kopie
061:   m_pGeschwindigkeit = new int;
062:   *m_pGeschwindigkeit = *(rhs.m_pGeschwindigkeit);
063:
064: } // Kopierkonstruktor
065:
066: // ZeigeWerte
067: //
068: void CRaumschiff::ZeigeWerte ()
069: {
070:   // Wenn der Zeiger gültig ist, Geschwindigkeit anzeigen
071:   //
072:   if (m_pGeschwindigkeit != NULL)
073:   {
074:     cout << "Geschwindigkeit: " << * m_pGeschwindigkeit;
075:     cout << endl;
076:   }
077:
078: } // ZeigeWerte
079:
080: // Eine beliebige Funktion, die eine Instanz
081: // der Klasse CRaumschiff übernimmt
082: void Funktion (CRaumschiff Schiff)
083: {
084:   Schiff.ZeigeWerte ();
085:
086: } // Funktion
087:
088: // Hauptprogramm
089: //
090: int main ()
091: {
092:   // Ein neues Raumschiff erzeugen
093:   CRaumschiff Jaeger;
```

```
094:
095:    // Geschwindigkeit des Raumschiffs anzeigen lassen
096:    Jaeger.ZeigeWerte ();
097:
098:    // Die Instanz an eine Funktion übergeben
099:    Funktion (Jaeger);
100:
101:    return (0);
102: }
```

Bildschirmausgabe:

```
Geschwindigkeit: 1541
Kopierkonstruktor wurde aufgerufen.
Geschwindigkeit: 1541
```

Dieser Quelltext ist fast der gleiche wie Listing 11.6, nur dass eben noch der Kopierkonstruktor hinzugefügt wurde. Und genau den schauen wir uns jetzt einmal an. In Zeile 19 siehst Du, dass der Kopierkonstruktor genauso erzeugt wird wie der normale Konstruktor, nur dass er eben als Parameter eine konstante Referenz auf eine Instanz der Klasse CRaumschiff übernimmt. Es ist zwar nicht zwingend erforderlich, dass man diese Referenz konstant hält, aber logisch. Schließlich wollen wir ja sichergehen, dass nur eine Kopie erzeugt wird und keine Änderungen vorgenommen werden. Jetzt magst Du Dich vielleicht fragen, warum der Name rhs gewählt wurde. Nun, das hat sich so eingebürgert, und rhs steht für **right hand side**, also **rechte Seite**. In der Implementierung des Kopierkonstruktors ab Zeile 55 wird auch gleich deutlich, warum diese Namensgebung gewählt wird.

Als Erstes wird nun eine Meldung ausgegeben, dass der Kopierkonstruktor aufgerufen wurde. Das soll nur noch einmal verdeutlichen, dass dessen Aufruf wirklich automatisch passiert, sobald eine Kopie einer Instanz erzeugt wird. Die Referenz rhs verweist nun auf die Originalinstanz, von der eine Kopie angelegt werden soll. Damit haben wir jetzt die Möglichkeit, eine tiefe Kopie zu erzeugen, die auch neuen Speicher für alle Zeiger anlegt. Die Zeiger werden nun nicht mehr nur blind kopiert, sondern tatsächlich wird neuer Speicher reserviert, wie man in den Zeilen 61 und 62 sehen kann. Jetzt wird auch die Namensgebung rhs deutlich. Alles, was zu rhs gehört, muss bei einer Zuweisung rechts stehen und darf nicht überschrieben werden. Wir können jetzt also einfach den Wert kopieren, der an der Adresse der Originalinstanz steht, und unserer Kopie zuweisen. Damit haben wir in der Funktion ab Zeile 82 eine lokale Kopie, die vollständig „autark" ist und die ihren eigenen Speicher besitzt. Wenn bei Verlassen der Funktion diese lokale Kopie nun zerstört wird, dann gibt der Destruktor nur den Speicher frei, der für die lokale Kopie reserviert wurde, und das Original bleibt unangetastet.

Dieses Thema war vielleicht ein bisschen verwirrend, aber es ist wichtig, es verstanden zu haben. Wenn Du noch Probleme damit haben sollst, dann erweitere den Konstruktor und den Destruktor um ein paar Textausgaben, damit Du siehst, wann ein Aufruf stattfindet. Es ist auch keine schlechte Idee, die beiden Beispielprogramme mit dem Debugger einmal Zeile für Zeile durchlaufen zu lassen. Wenn man ein Programm auf diese Weise untersucht, versteht man auch die Zusammenhänge und den Ablauf etwas besser.

11.6 Überladen von Operatoren

Nachdem nun das Thema Kopierkonstruktoren gut sitzt (das tut es doch hoffentlich, oder?), kann es direkt mit dem nächsten Thema weitergehen: dem Überladen von Operatoren. Bisher wird Dir der Begriff „Überladung" nur im Zusammenhang mit Konstruktoren und Funktionen bekannt sein. Es gibt allerdings auch noch andere Dinge, die man überladen kann. Das sind neben Autos und Benutzeroberflächen auch noch Operatoren wie etwa der Zuweisungsoperator, der Inkrementoperator oder der Dekrementoperator. Und genau darum werden wir uns jetzt einmal kümmern.

Wie bei den meisten anderen Themen steht hier zuerst die Frage im Raum, wozu man Operatoren überladen sollte. Stell Dir mal wieder die Situation vor, dass Du ein 3D-Spiel programmierst, das im Weltraum spielt. Alle Objekte brauchen nun natürlich drei Koordinaten, damit man sie überall im Raum platzieren kann: x, y und z. Da nun jede Klasse, die ein 3D-Objekt repräsentiert, diese Koordinaten braucht, würde es sich anbieten, eine neue Klasse für diese Koordinaten anzulegen. So muss man nicht jeder Klasse drei `float`-Werte für die Koordinaten spendieren, sondern kann einfach eine Instanz der Koordinatenklasse einfügen. Diese Klasse könnte man beispielsweise `CVektor3D` nennen und ihr gleich noch ein paar hilfreiche Funktionen spendieren, um etwa zwei Vektoren zu addieren oder miteinander zu multiplizieren. Da jedes 3D-Objekt natürlich auch eine Geschwindigkeit braucht, könnte man diese Vektor-Klasse auch für diesen Zweck verwenden. So schlägt man zwei Fliegen mit einer Klappe. Der Nachteil liegt allerdings auf der Hand. Für eine Addition, Multiplikation oder jede andere Art von Berechnung müsste man eine Memberfunktion für die Klasse `CVektor3D` schreiben. Jedes Mal, wenn man etwas berechnen möchte, müsste man dann diese Funktion aufrufen. Das ist natürlich nicht sonderlich schön, und man wünscht sich, dass es hier eine Möglichkeit geben würde, einfach mit den üblichen Rechenoperatoren von C++ arbeiten zu können. Folgender Quellcode-Ausschnitt zeigt, dass das bisher nicht möglich ist:

```
class CVektor3D
{
  public:
    float x;
    float y;
    float z;
};

int main ()
{
  CVektor3D Geschwindigkeit1;
  CVektor3D Geschwindigkeit2;

  // Das hier funktioniert natürlich nicht!
  Geschwindigkeit1 += Geschwindigkeit2;

  return (0);
}
```

Das kann natürlich nicht funktionieren. Wenn wir zwei Geschwindigkeiten addieren wollen, dann müssen wir uns dazu eine entsprechende Memberfunktion schreiben. Jedes Mal, wenn wir eine solche Rechenoperation durchführen möchten, müssen wir diese Memberfunktion aufrufen. Dabei wäre es so schön praktisch, einfach die Standardoperatoren verwenden zu können. Der Quellcode wäre leichter zu lesen, und man hätte weniger Tipparbeit. Natürlich gibt es auch hierfür eine Lösung, denn es ist tatsächlich möglich, die Standardoperatoren zu überladen und sie mit unserem eigenen Code zu füllen. Das ist sogar gar nicht mal so schwer, wie der folgende Quellcode zeigt:

Listing 11.8 Überladen von Operatoren

```
001: // C++ für Spieleprogrammierer
002: // Listing 11.8
003: // Überladen von Operatoren
004: //
005: #include <iostream>
006:
007: using namespace std;
008:
009: // Klassen
010: //
011:
012: // Klasse für einen 3D-Vektor
013: //
014: class CVektor3D
015: {
016:   public:
017:     CVektor3D ();
018:     CVektor3D (float x, float y, float z);
019:     void operator += (const CVektor3D &rhs);
020:
021:     void ZeigeWerte ();
022:
023:   private:
024:     float m_x;
025:     float m_y;
026:     float m_z;
027:
028: };
029:
030: // Konstruktor
031: //
032: CVektor3D::CVektor3D ()
033: {
034:   // Koordinaten mit Standardwerten initialisieren
035:   m_x = 0.0f;
036:   m_y = 0.0f;
037:   m_z = 0.0f;
038:
039: } // Konstruktor
040:
041: // Konstruktor mit Parametern
042: //
043: CVektor3D::CVektor3D (float x, float y, float z)
044: {
045:   // Koordinaten zuweisen
046:   m_x = x;
047:   m_y = y;
048:   m_z = z;
049:
050: } // Konstruktor mit Parametern
051:
052: // ZeigeWerte
053: //
```

```
054: void CVektor3D::ZeigeWerte ()
055: {
056:    cout << "Werte: " << endl;
057:    cout << "x = " << m_x;
058:    cout << ", y = " << m_y;
059:    cout << ", z = " << m_z;
060:    cout << endl;
061:
062: } // ZeigeWerte
063:
064: // Überladung des Operators +=
065: //
066: void CVektor3D::operator += (const CVektor3D &rhs)
067: {
068:    // Addieren der Werte
069:    m_x += rhs.m_x;
070:    m_y += rhs.m_y;
071:    m_z += rhs.m_z;
072:
073: } // Operator +=
074:
075: // Hauptprogramm
076: //
077: int main ()
078: {
079:    // Zwei Geschwindigkeitsvektoren
080:    CVektor3D Geschwindigkeit1 (20, 5, 10);
081:    CVektor3D Geschwindigkeit2 (40, 7, 50);
082:
083:    // Anzeige der beiden Geschwindigkeiten
084:    cout << "Geschwindigkeit 1: " << endl;
085:    Geschwindigkeit1.ZeigeWerte ();
086:    cout << endl;
087:
088:    cout << "Geschwindigkeit 2: " << endl;
089:    Geschwindigkeit2.ZeigeWerte ();
090:    cout << endl;
091:
092:    // Addieren der beiden Vektoren
093:    Geschwindigkeit1 += Geschwindigkeit2;
094:
095:    // Das Resultat anzeigen
096:    cout << "Resultierende Geschwindigkeit:" << endl;
097:    Geschwindigkeit1.ZeigeWerte ();
098:
099:    return (0);
100: }
```

Bildschirmausgabe:

```
Geschwindigkeit 1:
Werte:
x = 20, y = 5, z = 10

Geschwindigkeit 2:
Werte:
x = 40, y = 7, z = 50

Resultierende Geschwindigkeit:
Werte:
x = 60, y = 12, z = 60
```

Als Erstes erstellen wir uns die oben angesprochene Klasse `CVektor3D`, die wir für Geschwindigkeiten oder Positionen verwenden können. Für die Initialisierung gibt es zwei Konstruktoren, einen mit und einen ohne Parameterliste. Gibt man keine Parameter an, so werden die drei Membervariablen `m_x`, `m_y` und `m_z` einfach mit `0.0f` initialisiert, ansonsten eben mit den Werten, die übergeben wurden. Spannend wird es dann in Zeile 19, denn hier sehen wir, wie man einen Operator überladen kann. In diesem Beispiel beschränken wir uns erst einmal auf den Operator `+=`. Wie Du siehst, schreibt man sich dazu einfach eine spezielle Memberfunktion, die dann die Funktionsweise des Standardoperators ersetzt. Als Funktionsnamen muss man dabei nur das Schlüsselwort `operator` gefolgt von dem zu überladenden Operator angeben. Natürlich benötigen wir hier auch einen Parameter, denn irgendwoher müssen wir ja wissen, **was** denn zu unserer eigenen Instanz hinzuaddiert werden soll. Wir wollen eine andere Instanz der Klasse `CVektor3D` hinzuaddieren, weshalb wir diese als Typ angeben können. Die Namenswahl `rhs` für den Parameter macht noch einmal deutlich, dass dieser auf der rechten Seite steht und somit zugewiesen wird. Und weil die übergebene Instanz nicht verändert werden soll, verwenden wir hier zur Sicherheit eine konstante Referenz.

Von jetzt an wird immer dann, wenn wir diesen Operator in Bezug auf eine unserer Klasseninstanzen verwenden, die von uns selbst implementierte Funktion ab Zeile 66 aufgerufen. Diese Implementierung ist eigentlich schon selbsterklärend. Hier passiert nichts anderes, als dass den eigenen Membervariablen die Werte der übergebenen Instanz hinzuaddiert werden. Das war dann im Grunde schon der ganze Zauber (zumindest für das Überladen des Operators `+=`).

In der `main`-Funktion wird nun gezeigt, dass das Überladen von Operatoren tatsächlich so einfach funktioniert. Dazu werden zwei Vektoren erzeugt und mit beliebigen Werten initialisiert. Zeile 93 verwendet nun den von uns überladenen Operator. Die Inhalte von `Geschwindigkeit1` und `Geschwindigkeit2` werden zusammenaddiert und dann `Geschwindigkeit1` zugewiesen. Danach erfolgt noch eine Bildschirmausgabe dieser Werte, und man sieht, dass alles wunderbar funktioniert.

Natürlich gibt es noch mehr Operatoren, die man überladen kann. In diesem Kapitel werden wir nicht auf jeden einzelnen eingehen. Dennoch werden wir uns jetzt noch einen weiteren Operator anschauen, bei dem es etwas zu beachten gibt: den Additionsoperator. Bei diesem Operator hat man das Problem, dass folgendes Konstrukt nicht ohne Weiteres funktioniert:

```
CVektor3D Geschwindigkeit1;
CVektor3D Geschwindigkeit2;
CVektor3D Resultat;

Resultat = Geschwindigkeit1 + Geschwindigkeit2;
```

Wenn man den Operator `+` überlädt, dann stellt sich hier eine Frage. Bei dem Operator `+=` war ja klar, für welche Instanz er aufgerufen wurde. Doch hier ist nicht sofort ersichtlich, ob der Operator `+` für `Resultat`, `Geschwindigkeit1` oder `Geschwindigkeit2` aufgerufen wird. Betrachtet man sich das etwas genauer, so kommt man aber von selbst darauf: Natürlich wird der Operator für Geschwindigkeit1 aufgerufen. Doch was passiert dann? Man kann ja schlecht wie im obigen Beispiel einfach die Membervariablen von Geschwindigkeit2 zu denen von Geschwindigkeit1 hinzuaddieren und speichern, denn dann würde man Geschwindigkeit1 ändern. Es bleibt also nur eine Lösung: Man muss ein temporäres Objekt erzeugen und mit diesem die Rechnung durchführen. Dieses Objekt muss man dann zurückgeben, damit es an Resultat zugewiesen werden kann. Schauen wir uns das mal anhand eines Quellcode-Ausschnittes an, der auf Listing 11.8 aufbaut:

```
// Überladung des Operators +
//
CVektor3D CVektor3D::operator + (const CVektor3D &rhs)
{
  // Temporäres Objekt anlegen
  CVektor3D tempVektor;

  tempVektor.m_x = m_x + rhs.m_x;
  tempVektor.m_y = m_y + rhs.m_y;
  tempVektor.m_z = m_z + rhs.m_z;

  return (tempVektor);
}
```

Diese Funktion übernimmt wieder einen Vektor, dessen Membervariablen zu denen des eigenen Objektes hinzuaddiert werden. Das Ergebnis wird allerdings nicht in den eigenen Membervariablen gespeichert, sondern im temporären Vektor tempVektor, der dann als Ergebnis zurückgeliefert wird. Nun hat man die Möglichkeit, eine Rechnung wie etwa Resultat = Geschwindigkeit1 + Geschwindigkeit2 durchzuführen.

Wie Du siehst, kann das Überladen von Operatoren eine sehr praktische Sache sein. Natürlich ist man nicht darauf beschränkt, in den Überladungen einfach nur die entsprechenden Rechnungen durchzuführen. Wenn es angebracht ist, kann man hier auch beispielsweise überprüfen, ob das Ergebnis noch im gültigen Bereich ist oder nicht. Richtig eingesetzt ist das Überladen von Operatoren Gold wert, und der Code wird leichter zu lesen und zu warten. Natürlich muss man auch hier genau überlegen, wie man vorgeht. In eine Überladung gehört nur die zugehörige Berechnung und eventuell eine Prüfung des Ergebnisses, mehr nicht. Sollte es beispielsweise aus irgendeinem Grund nötig sein, das Ergebnis etwa auf- oder abzurunden, dann macht man das definitiv nicht in der Überladung, sondern schreibt sich dafür eine separate Funktion. Wenn jemand anderes Deinen Quelltext benutzt, erwartet er schließlich, dass ein Operator so funktioniert, wie man es von ihm gewohnt ist. Bekommt man plötzlich gerundete Ergebnisse, ist die Verwirrung groß, und die Suche nach der Ursache beginnt.

11.7 Mehrfachvererbung

Und weiter geht es mit dem nächsten Thema: der Mehrfachvererbung. In Kapitel 7 haben wir ja schon die einfache Vererbung angesprochen. Dort wurde eine Klasse von einer anderen Klasse abgeleitet. Wie Du am Titel dieses Abschnitts unschwer erkennen kannst, ist es auch möglich, eine Klasse von mehreren Klassen abzuleiten. Das ist nicht weiter schwer, aber es können gewisse Probleme auftauchen. Deshalb schauen wir uns mal ein Beispiel an, das die Mehrfachvererbung verwendet. In diesem Beispiel gibt es drei Klassen, die wieder Raumschiffe repräsentieren: einen Jäger, einen Minenleger und einen Hybriden. Dieser Hybrid ist eine Mischung aus Jäger und Minenleger. Damit er alle Fähigkeiten des Jägers und des Minenlegers hat, erbt er von beiden Klassen.

Da der folgende Quelltext nicht gerade klein ist, wird er in mehrere kleine Häppchen unterteilt, die immer separat erklärt werden. Den Anfang macht die Klasse CJaeger:

Listing 11.9 Mehrfachvererbung (Teil 1)

```
001: // C++ für Spieleprogrammierer
002: // Listing 11.9
003: // Mehrfachvererbung
004: //
005: #include <iostream>
006:
007: using namespace std;
008:
009: // Klassen
010: //
011:
012: // Klasse für einen Jaeger mit Raketen
013: //
014: class CJaeger
015: {
016:   public:
017:     CJaeger ();
018:     virtual ~CJaeger ();
019:     virtual void ZeigeMunition ();
020:     void Feuern ();
021:
022:   protected:
023:     int m_Raketen;
024:
025: };
026:
027: // Konstruktor
028: //
029: CJaeger::CJaeger ()
030: {
031:   // Meldung ausgeben und Munition bereitstellen
032:   cout << "Jaeger erstellt" << endl;
033:
034:   m_Raketen = 10;
035:
036: } // Konstruktor
037:
038: // Destruktor
039: //
040: CJaeger::~CJaeger ()
041: {
042:   cout << "Jaeger zerstoert" << endl;
043:
```

```
044: } // Destruktor
045:
046: // Feuern
047: //
048: void CJaeger::Feuern ()
049: {
050:   cout << "Jaeger feuert Rakete" << endl;
051:
052:   m_Raketen--;
053:
054: } // Feuern
055:
056: // ZeigeMunition
057: //
058: void CJaeger::ZeigeMunition ()
059: {
060:   cout << "Es sind noch " << m_Raketen;
061:   cout << " Raketen vorhanden" << endl;
062:
063: } // ZeigeMunition
064:
065:
```

Das ist nun also der Jäger, von dem später eine andere Klasse erben wird. Da CJaeger nun also als Basisklasse für eine andere Klasse dient, sollte der Destruktor virtuell sein, damit er in jeder Situation beim Zerstören von Instanzen aufgerufen wird. Um den aktuellen Munitionsvorrat anzeigen zu können, spendieren wir der Klasse CJaeger noch eine Memberfunktion namens ZeigeMunition(). Diese deklarieren wir auch als virtuell, da unser Hybrid diese Funktion später überschreiben soll. Mit der Memberfunktion Feuern kann unser Jäger eine Rakete abfeuern. Diese Funktion ist nicht virtuell, da wir sie nicht überschreiben werden. In der Membervariablen m_Raketen wird der aktuelle Restbestand an Raketen gespeichert.

Die einzelnen Memberfunktionen enthalten nichts, was uns nicht schon bekannt wäre, und erklären sich von selbst. Ihre Aufgabe besteht fast ausschließlich darin, per Textausgabe ihren Aufruf anzuzeigen. Die nächste Klasse CMinenleger unterscheidet sich nur durch wenige Details von der Klasse CJaeger:

Listing 11.10 Mehrfachvererbung (Teil 2)

```
066: // Klasse für einen Minenleger
067: //
068: class CMinenleger
069: {
070:   public:
071:     CMinenleger ();
072:     virtual ~CMinenleger ();
073:     virtual void ZeigeMunition ();
074:     void MineLegen ();
075:
076:   protected:
077:     int m_Minen;
078:
079: };
080:
081: // Konstruktor
082: //
083: CMinenleger::CMinenleger ()
084: {
```

```
085:    // Meldung ausgeben und Munition bereitstellen
086:    cout << "Minenleger erstellt" << endl;
087:
088:    m_Minen = 10;
089:
090: } // Konstruktor
091:
092: // Destruktor
093: //
094: CMinenleger::~CMinenleger ()
095: {
096:    cout << "Minenleger zerstoert" << endl;
097:
098: } // Destruktor
099:
100: // MineLegen
101: //
102: void CMinenleger::MineLegen ()
103: {
104:    cout << "Minenleger legt Mine" << endl;
105:
106:    m_Minen--;
107:
108: } // MineLegen
109:
110: // ZeigeMunition
111: //
112: void CMinenleger::ZeigeMunition ()
113: {
114:    cout << "Es sind noch " << m_Minen;
115:    cout << " Minen vorhanden" << endl;
116:
117: } // ZeigeMunition
118:
119:
```

Wie Du siehst, unterscheidet sich diese Klasse kaum von der Klasse CJaeger. Hier gibt es ebenfalls eine Funktion zum Abfeuern der Primärwaffe, in diesem Fall eben MineLegen(), und eine Membervariable für die verbleibende Anzahl der Munition. Auch hier findet sich wieder die Memberfunktion ZeigeMunition(), die natürlich wieder virtuell ist.

Als Nächstes folgt die Klasse CHybrid, die unsere beiden Raumschifftypen ineinander vereint. Diese Klasse wird also in der Lage sein, sowohl Raketen abzufeuern als auch Minen zu legen. Schauen wir uns das einmal an:

Listing 11.11 Mehrfachvererbung (Teil 3)

```
120: // Klasse für einen Hybriden
121: //
122: class CHybrid : public CJaeger, public CMinenleger
123: {
124:    public:
125:       CHybrid ();
126:       ~CHybrid ();
127:
128:       void WaffenLos ();
129:       void ZeigeMunition ();
130:
131: };
132:
133: // Konstruktor
```

365

```
134: //
135: CHybrid::CHybrid ()
136: {
137:    cout << "Hybrid erstellt" << endl;
138:
139: } // Konstruktor
140:
141: // Destruktor
142: //
143: CHybrid::~CHybrid ()
144: {
145:    cout << "Hybrid zerstoert" << endl;
146:
147: } // Destruktor
148:
149: // WaffenLos
150: //
151: void CHybrid::WaffenLos ()
152: {
153:    // Alle Waffensysteme abfeuern
154:    Feuern ();
155:    MineLegen ();
156:
157: } // WaffenLos
158:
159: // ZeigeMunition
160: //
161: void CHybrid::ZeigeMunition ()
162: {
163:    cout << "Verbleibende Munition:" << endl;
164:
165:    CJaeger::ZeigeMunition ();
166:    CMinenleger::ZeigeMunition ();
167:
168: } // ZeigeMunition
169:
170:
171: // Hauptprogramm
172: //
173: int main ()
174: {
175:    // Neuen Hybriden erstellen
176:    CHybrid *pHybrid = new CHybrid;
177:
178:    // Waffensysteme des Hybriden abfeuern
179:    pHybrid->WaffenLos ();
180:
181:    // Anzeigen der verbleibenden Munition
182:    pHybrid->ZeigeMunition ();
183:
184:    // Hybriden zerstören
185:    delete (pHybrid);
186:    pHybrid = NULL;
187:
188:    return (0);
189: }
```

Bildschirmausgabe:

```
Jaeger erstellt
Minenleger erstellt
Hybrid erstellt
Jaeger feuert Rakete
Minenleger legt Mine
Verbleibende Munition:
Es sind noch 9 Raketen vorhanden
```

```
Es sind noch 9 Minen vorhanden
Hybrid zerstoert
Minenleger zerstoert
Jaeger zerstoert
```

Diese Klasse ist schon etwas interessanter als die beiden vorherigen. In Zeile 122 siehst Du, wie man eine Klasse von mehreren Klassen ableiten kann. Die Syntax ist hierbei denkbar einfach, da man die einzelnen Basisklassen einfach durch Kommata getrennt angeben muss. Unsere Klasse CHybrid hat nun alle Fähigkeiten, die auch CJaeger und CMinenleger haben. Doch unsere frisch gebackene Kampfmaschine hat auch ihre Tücken, wie sich gleich zeigen wird.

Schauen wir uns zuerst einmal die Memberfunktion WaffenLos() ab Zeile 151 an. Hier werden nun nacheinander zwei Waffen abgefeuert, zuerst eine Rakete des Jägers und danach eine Mine des Minenlegers. Wie Du siehst, kann man in der Klasse CHybrid nun auf die Memberfunktionen von CJaeger **und** CMinenleger zugreifen. So weit tauchen also noch keine Probleme auf.

Jetzt wird es allerdings etwas schwieriger. Alle drei Klassen verfügen über die Memberfunktion ZeigeMunition(). Wenn diese in Zeile 182 des Hauptprogramms für ein Objekt des Typs CHybrid aufgerufen wird, ist klar, welche der drei möglichen Funktionen aufgerufen wird. Hier wird natürlich die Memberfunktion ZeigeMunition() der Klasse CHybrid aufgerufen. Was passiert aber, wenn wir diese Funktion innerhalb der Klasse CHybrid aufrufen wollen? Hier ist der Compiler natürlich ratlos, da die Klasse CHybrid von zwei anderen Klassen erbt, die beide eine Memberfunktion namens ZeigeMunition() bereitstellen. Hier haben wir eine sogenannte Mehrdeutigkeit, auf die uns der Compiler hinweist, wenn wir sie nicht auflösen. In diesem Beispiel wird in den Zeilen 165 und 166 gezeigt, wie man eine solche Mehrdeutigkeit auflösen kann. Alles, was man tun muss, ist, den vollständigen Namen der aufzurufenden Memberfunktion anzugeben. Dazu gibt man die gewünschte Klasse gefolgt von zwei Doppelpunkten und dem Funktionsnamen an. Jetzt hat der Compiler alle Informationen, die er braucht, um die richtige Funktion aufrufen zu können.

In der main-Funktion wird nun unser Multifunktions-Raumschiff in der Praxis getestet. Dazu wird eine Instanz vom Typ CHybrid erzeugt. Anhand der Bildschirmausgabe kannst Du deutlich sehen, dass dabei alle Konstruktoren unserer drei Klassen aufgerufen werden. Danach wird zuerst die Memberfunktion WaffenLos() aufgerufen. Diese sorgt dafür, dass sowohl das Waffensystem des Jägers als auch das Waffensystem des Minenlegers abgefeuert werden. Danach wird noch über die Memberfunktion ZeigeMunition() der Restbestand an Munition angezeigt und danach das Objekt wieder freigegeben.

Mehrfachvererbung ist eine nützliche Sache, sollte aber mit Bedacht eingesetzt werden. Nicht immer, wo es sich auf den ersten Blick anbietet, ist es auch sinnvoll. Verwendet man immer und überall Vererbung und Mehrfachvererbung, so erzeugt man einen Code, der schwierig zu lesen und zu warten ist. In diesem Beispiel ist die Übersicht noch recht gut. Stell Dir nun aber mal vor, wie ein Code ausschaut, in dem es Dutzende Klassen gibt, die wild voneinander erben, bloß weil man anfangs dachte, das wäre eine saubere und praktische Lösung. Es ist nicht verkehrt, erst nach Alternativen zu suchen, bevor man eine wilde Vererbungsorgie startet. Häufig finden sich gleichwertige Lösungen, die zu einem schlankeren Code führen. Wie so oft gibt es also für ein Problem mehrere mögliche Lösungen. Der Trick besteht nun darin, jeweils die geeignete Lösung zu finden und vernünftig umzusetzen.

11.8 Friend-Klassen

Auch im Folgenden dreht es sich um Klassen, wie der Titel schon verrät. In Kapitel 7 wurde mehrfach erwähnt, dass man möglichst alle Membervariablen einer Klasse privat halten sollte, damit kein unkontrollierter Zugriff von außen zu merkwürdigen Ergebnissen führt. Möchte man dennoch von außen darauf zugreifen, dann muss man sich entsprechende Zugriffsfunktionen schreiben, die eine kontrollierte Änderung der Membervariablen zulassen. Bisher haben wir also nur die Möglichkeit, entweder alles öffentlich zu lassen und den Quellcode somit fehleranfällig zu machen oder eben entsprechende Zugriffsfunktionen zu schreiben. Nun kann es aber Situationen geben, in denen diese Vorgehensweise tatsächlich etwas umständlich und eventuell auch ein bisschen unlogisch ist. Stell Dir mal vor, in dem schon so oft zitierten Echtzeitstrategiespiel könnte man nicht nur vorgegebene Einheiten bauen, sondern sich selbst Spezialeinheiten aus verschiedenen Komponenten zusammenbauen. Man könnte nun das Spielchen so weit treiben, dass man beim Zusammenstellen der neuen Raumschiffe auch aus verschiedenen Elementen wie etwa Antrieben, Bewaffnung und sogar Treibstofftanks wählen kann.

Nehmen wir einmal dieses Beispiel auf und denken uns, dass man tatsächlich wählen kann, welche Art von Antrieb und welche Art Treibstofftank das Raumschiff haben soll. Möchte man dem Spieler diese Möglichkeit bieten, so wäre es sinnvoll, für den Antrieb und den Tank jeweils eine separate Klasse zu schreiben. Dabei wird klar, dass der Antrieb natürlich vom Tank abhängig sein wird. Die Klasse für den Tank könnte beispielsweise über eine Membervariable verfügen, in der die verbleibende Treibstoffmenge gespeichert wird. Darauf muss der Antrieb natürlich zugreifen können. Jede Art von Antrieb verbraucht unterschiedliche Mengen von Treibstoff. Also könnte man sich jetzt für die Klasse des Tanks eine Memberfunktion schreiben, der man die Menge des benötigten Treibstoffes übergibt. Diese Memberfunktion zieht diese Menge vom verbleibenden Treibstoff ab und liefert `false` zurück, wenn es keinen Treibstoff mehr gibt. Wenn die Klasse für den Antrieb diese Memberfunktion aufruft und `false` zurückerhält, dann läuft der Antrieb nicht mehr weiter. Das ist zwar eine Möglichkeit, aber, wie man sieht, keine sehr komfortable. Hier könnte man alternativ eine sogenannte Friend-Klasse verwenden.

Man hat beim Erstellen von Klassen die Möglichkeit, sozusagen „freundschaftliche Beziehungen" zwischen Klassen herzustellen. Es ist zum Beispiel möglich, unserer Tank-Klasse mitzuteilen, dass die Antriebsklasse ein „Freund" ist. Diese hat dann sämtliche Rechte an allen Elementen der Tank-Klasse, selbst wenn diese `private` sind. Alle anderen Klassen sind dabei im Zugriff auf die Tank-Klasse weiterhin eingeschränkt und können nicht ohne Zugriffsfunktionen auf die privaten Membervariablen der Tank-Klasse zugreifen.

Das klingt doch schon mal gar nicht so schlecht. Scheinbar gibt es für gewisse Situationen eine gute Möglichkeit, um Zugriffsfunktionen zu umgehen, ohne dabei alle Elemente einer Klasse gleich für jeden zugänglich zu machen. Schauen wir uns das anhand des eben besprochenen Beispiels an. Die Klassen im folgenden Quelltext wurden so kompakt wie möglich gehalten, und man würde in einem richtigen Spiel eine etwas andere Vorgehensweise wählen. Allerdings zeigt das folgende Beispiel recht gut, wie man Friend-Klassen einsetzen kann.

Listing 11.12 Friend-Klassen

```
001: // C++ für Spieleprogrammierer
002: // Listing 4.12
003: // Friend-Klassen
004: //
005: #include <iostream>
006:
007: using namespace std;
008:
009: // Klassen
010: //
011:
012: // Klasse für den Tank eines Raumschiffs
013: //
014: class CTank
015: {
016:     // Die Klasse CAntrieb hat Zugriffsrechte auf
017:     // die privaten Klassenelemente
018:     friend class CAntrieb;
019:
020:     public:
021:       CTank  (int MaxTreibstoff);
022:       ~CTank ();
023:
024:     private:
025:       int m_Treibstoffmenge;
026:
027: };
028:
029: // Konstruktor
030: //
031: CTank::CTank (int MaxTreibstoff)
032: {
033:   cout << "Neue Tank-Instanz erstellt" << endl;
034:
035:   // Treibstoffmenge festlegen
036:   m_Treibstoffmenge = MaxTreibstoff;
037:
038: } // Konstruktor
039:
040: // Destruktor
041: //
042: CTank::~CTank ()
043: {
044:   cout << "Tank-Instanz freigegeben" << endl;
045:
046: }
047:
048:
049: // Klasse für einen Antrieb
050: //
051: class CAntrieb
052: {
053:   public:
054:     CAntrieb (int Verbrauch);
```

```
055:   ~CAntrieb ();
056:   void MontiereTank (CTank *pTank);
057:   void Schub ();
058:
059:  private:
060:   CTank *m_pTank;
061:   int    m_Verbrauch;
062:
063: };
064:
065: // Konstruktor
066: //
067: CAntrieb::CAntrieb (int Verbrauch)
068: {
069:   cout << "Neuer Antrieb erstellt" << endl;
070:
071:   // Verbrauch festlegen
072:   m_Verbrauch = Verbrauch;
073:
074: } // Konstruktor
075:
076: // Destruktor
077: //
078: CAntrieb::~CAntrieb ()
079: {
080:   // Montierten Tank entfernen
081:   if (m_pTank != NULL)
082:   {
083:     delete (m_pTank);
084:     m_pTank = NULL;
085:   }
086:
087:   cout << "Antrieb freigegeben" << endl;
088:
089: } // Destruktor
090:
091: // MontiereTank
092: //
093: void CAntrieb::MontiereTank (CTank *pTank)
094: {
095:   // Zeiger auf übergebenen Tank kopieren
096:   m_pTank = pTank;
097:
098:   cout << "Tank montiert" << endl;
099:
100: } // MontiereTank
101:
102: // Schub
103: //
104: void CAntrieb::Schub ()
105: {
106:   // Reicht der verbleibende Treibstoff noch?
107:   if (m_pTank->m_Treibstoffmenge - m_Verbrauch < 0)
108:   {
109:     // Nein, also kein Schub mehr möglich
110:     cout << "Tank ist leer!" << endl;
111:   }
112:   else
113:   {
114:     // Der Treibstoff reicht noch, also Menge abziehen
115:     cout << "Antrieb gibt Schub" << endl;
116:     m_pTank->m_Treibstoffmenge -= m_Verbrauch;
117:   }
118:
119: } // Schub
120:
121: // Hauptprogramm
122: //
123: int main ()
124: {
```

```
125:    // Instanzen für Tank und Antrieb
126:    CAntrieb *pAntrieb;
127:    CTank    *pTank;
128:
129:    // Neuen Tank mit 170 Einheiten Treibstoff erstellen
130:    pTank = new CTank (170);
131:
132:    // Neuen Antrieb mit Verbrauch von 35 Einheiten
133:    // Treibstoff erstellen
134:    pAntrieb = new CAntrieb (35);
135:
136:    // Den Tank an den Antrieb montieren
137:    pAntrieb->MontiereTank (pTank);
138:
139:
140:    // Antrieb gibt mehrmals Schub
141:    for (int i=0; i<5; i++)
142:    {
143:      pAntrieb->Schub ();
144:    }
145:
146:    // Antrieb freigeben. Die Tank-Instanz muss (darf)
147:    // nicht freigegeben werden, da dies im Destruktor
148:    // der Antriebsklasse geschieht
149:    //
150:    if (pAntrieb != NULL)
151:    {
152:      delete (pAntrieb);
153:      pAntrieb = NULL;
154:    }
155:
156:    return (0);
157: }
```

Bildschirmausgabe:

```
Neue Tank-Instanz erstellt
Neuer Antrieb erstellt
Tank Montiert
Antrieb gibt Schub
Antrieb gibt Schub
Antrieb gibt Schub
Antrieb gibt Schub
Tank ist leer!
Tank-Instanz freigegeben
Antrieb freigegeben
```

Die Klasse CTank wurde so nüchtern wie nur möglich gehalten, wie Du siehst. Es gibt nur einen Konstruktor, mit dem man gleich die maximale Treibstoffmenge festlegen kann, und einen Destruktor sowie eine einzige Membervariable. Wirklich neu ist nur Zeile 18, welche die Klasse CAntrieb als „Freund" deklariert. Wo diese Zeile innerhalb der Klasse steht, ist unerheblich. Für meinen Geschmack gehört sie aber gleich an den Anfang, damit man sofort sieht, welche Klassen „befreundet" sind. Durch diese Anweisung bekommt die Klasse CAntrieb nun alle Rechte an den Elementen der Klasse CTank. Erwähnenswert ist hier, dass die Klasse CAntrieb zu diesem Zeitpunkt noch nicht deklariert wurde. Aber wie Du siehst, stört sich friend nicht daran.

Ein wenig größer fällt die Klasse CAntrieb aus. Diese Klasse besitzt eine Tank-Instanz und eine Memberfunktion, um einen übergebenen Tank „anzumontieren". Zusätzlich gibt es eine Memberfunktion namens Schub(). Diese hat einfach nur die Aufgabe, etwas zu beschleunigen und die benötigte Treibstoffmenge vom Resttreibstoff des Tanks abzuziehen. Dabei wird natürlich geprüft, ob überhaupt noch genügend Treibstoff vorhanden ist. Wie Du siehst, kann die Memberfunktion Schub() ohne Probleme auf die private Membervariable m_Treibstoffmenge der Klasse CTank zugreifen. Die Memberfunktion MontiereTank() übernimmt einfach einen Zeiger auf einen bereits erstellten Tank und merkt sich diesen, sodass damit gearbeitet werden kann.

In der main-Funktion werden zuerst ein Tank sowie ein Antrieb erzeugt. In Zeile 137 wird der erstellte Tank an den Antrieb übergeben und somit „anmontiert". Die Zeilen 141 bis 144 lassen den Antrieb nun fünfmal Schub geben, der Treibstoff reicht allerdings nur viermal, wie die Bildschirmausgabe zeigt.

Was auf den ersten Blick vielleicht etwas verwunderlich ist, ist die Tatsache, dass in der main-Funktion zweimal new verwendet wird, aber nur einmal delete. Das riecht zwar verdächtig nach einem Memory-Leak, ist aber keines. Wir übergeben ja den Zeiger auf die erstellte Tank-Instanz an den Antrieb. Dort wird im Destruktor der Tank korrekt freigegeben.

Wie sollte es auch anders sein: Es gibt natürlich wie fast immer noch einige Dinge, auf die man hier achten muss. Mit der Zeile friend class CAntrieb sagen wir der Klasse CTank, dass die Klasse CAntrieb „befreundet" ist und auf alle Elemente Zugriff hat. Das bedeutet allerdings nicht, dass CTank nun auch automatisch auf alle Elemente von CAntrieb zugreifen darf. Deren privaten Elemente bleiben weiterhin privat und können ohne entsprechende Zugriffsfunktionen oder eine weitere friend-Anweisung nicht verwendet werden. Außerdem ist diese „Freundschaft" nicht vererbbar. Wenn Du nun also eine Klasse schreibst, die von CAntrieb erbt, so hat diese abgeleitete Klasse keinen Zugriff auf die privaten Elemente der Klasse CTank. Wenn man das haben möchte, müsste man eine entsprechende friend-Anweisung schreiben.

Friend-Klassen können eine praktische Sache sein, aber genauso gut falsch verwendet werden. Man wird recht schnell verleitet, einfach überall friend zu verwenden, um sich die Zugriffsfunktionen zu sparen. Das ist allerdings nur auf den ersten Blick eine bequeme Lösung, da man sich auf diese Weise leicht das Prinzip der Objektorientierung zunichte macht. Wenn zwei Klassen aber in wirklich engem Bezug zueinander stehen, so spricht im Grunde nichts dagegen, hier eine entsprechende „Freundschaft" aufzubauen. Wie immer ist das eine Erfahrungssache, und man sollte diese Technik mit Bedacht einsetzen.

So, damit ist wieder ein Kapitel abgeschlossen. Dieses Mal war es an einigen Stellen wirklich knackig, aber hoffentlich trotzdem interessant für Dich. Wie anfangs schon gesagt, erschließt sich nicht gleich der Sinn jedes Themas in diesem Kapitel, und man weiß nicht so recht, wo und wie man die neuen Kenntnisse einsetzen soll. Dennoch solltest Du Dir dieses Kapitel ab und zu mal anschauen, um zu sehen, ob gewisse Dinge dann etwas nützlicher erscheinen, denn das wird definitiv der Fall sein. Im nächsten Kapitel wird die viele Arbeit, die inzwischen hinter uns liegt, endlich Früchte tragen, denn es wird ein kleines, aber richtiges Spiel mit Grafik entwickelt.

12 Ein Spiel mit der SDL

12.1 Die SDL – was ist das?

Endlich ist es so weit: Mit dem bisher Gelernten sind wir jetzt endlich in der Lage, ein richtiges kleines Spiel mit Grafik zu entwickeln. Dass es sich hierbei natürlich nicht um den Mega-Egoshooter des Jahres handelt, sollte klar sein. Wir bewegen uns hier auch nur in zwei Dimensionen, und 3D-Elemente werden wir nicht behandeln. Es wird sich auch zeigen, dass selbst für ein kleines 2D-Spiel eine Menge Arbeit nötig ist. Trotzdem wird mit diesem Kapitel ein wichtiges Ziel verfolgt, nämlich zu zeigen, was für ein Spiel alles nötig ist und wie man hierfür das bisher Gelernte richtig einsetzt. Am Ende dieses Kapitels wirst Du in der Lage sein, das Spiel weiterzuentwickeln und es mit neuen Elementen zu versehen. Außerdem entwickeln wir hier eine Art Basis, auf die Du aufbauen und mit der Du weitere Spiele entwickeln kannst.

Für die grafische Ausgabe und die Benutzereingaben werden wir die SDL verwenden. Das ist eine kostenlose Bibliothek, mit der man auf recht einfache Art und Weise Grafik darstellen, Benutzereingaben abfragen und Sounds sowie Musik abspielen kann. SDL ist die Abkürzung für **Simple DirectMedia Layer**, was ziemlich genau beschreibt, worum es sich dabei handelt: Eine einfache „Schicht" für alle Arten von Multimedia-Anwendungen, also auch Spiele. „Schicht" deshalb, weil sich die SDL selbst darum kümmert, wie auf verschiedenen Betriebssystemen Grafik auf den Bildschirm und Sound aus dem Lautsprecher kommt. Aus diesem Satz kann man noch einen Vorteil der SDL herauslesen: Sie ist plattformunabhängig. Das bedeutet, dass man damit zum Beispiel auch unter Linux programmieren kann.

Es gibt zwar noch einige andere Bibliotheken dieser Art, wie beispielsweise DirectX oder OpenGL, aber die SDL ist einfacher zu bedienen und somit besser für ein Beispiel hier in diesem Buch geeignet. Natürlich kann man mit der SDL keine High-End-Spiele entwickeln, aber das ist ja auch nicht unser momentanes Ziel. Natürlich ist die SDL trotzdem in der Lage, 3D-Grafik auf den Bildschirm zu zaubern. Alles in allem ist die SDL somit ein guter Kompromiss, mit dem wir jetzt endlich ein schönes Ergebnis auf den Bildschirm bekommen.

Auf der Buch-CD findest Du im Ordner *SDL* das gesamte Paket mit allen Libraries (Bibliotheksdateien) und Header-Dateien, die zur SDL gehören. Wenn Du Deinem Projekt diese Dateien hinzufügst, dann steht Dir eine Vielzahl von Funktionen zur Verfügung, mit denen Du unter anderem Grafik darstellen, Sound und Musik abspielen und Benutzereingaben abfragen kannst. Der Vorteil einer solchen Bibliothek besteht darin, dass wir viele Dinge fix und fertig zum Gebrauch vor uns liegen haben, ohne dass wir uns um Details kümmern müssen. Dass wir es hier mit einer Art „Blackbox" zu tun haben, ist nicht weiter schlimm. Wir müssen uns nur darum kümmern, wie diese „Blackbox" richtig bedient wird.

Was intern passiert, interessiert uns momentan recht wenig, da wir erst ein paar Ergebnisse auf dem Bildschirm haben möchten. Immer dann, wenn es doch Dinge über interne Vorgänge gibt, die man kennen muss, werde ich darauf eingehen. Doch bevor es damit losgeht, noch einige allgemeine Worte zu diesem Kapitel.

Wenn man in die Welt der Spieleentwicklung eintaucht, dann macht man das ja nicht, um nur ein einziges Spiel zu entwickeln. Wenn ein Spiel abgeschlossen ist, möchte man vielleicht ein anderes Genre ausprobieren oder eine Fortsetzung entwickeln. Natürlich will man dann nicht immer komplett von vorne anfangen, sondern bereits funktionierende Teile weiterverwenden. Wenn man sich beispielsweise eine Klasse zur Kapselung von Grafikausgaben schreibt, dann sollte man das so machen, dass diese Klasse auch in anderen Projekten problemlos eingesetzt werden kann. Es ist also sinnvoll, klar abgesteckte und für sich abgeschlossene Teile zu schreiben, die man immer wieder verwenden kann, ohne jedes Mal alles neu zu programmieren. Genau dieses Ziel wird in diesem Kapitel verfolgt. Es wird zuerst ein sogenanntes Framework entwickelt, also eine Art Rahmenanwendung oder Basis, auf die unser eigentliches Spiel dann aufbauen wird. Dieses Framework kann dann als Basis für weitere Spiele genutzt werden, und man muss sich diese Arbeit nur einmal machen. Dabei ist es wichtig, dass man die einzelnen Elemente eines solchen Frameworks so programmiert, dass sie auch wirklich nur eine bestimmte Aufgabe erfüllen. Es ist keine sonderlich gute Idee, in einer Klasse für die Grafikausgabe einen Sound abzuspielen oder Benutzereingaben abzufragen. Somit kann man problemlos auch einzelne Teile eines Frameworks oder Spiels wiederverwerten.

12.2 Erstellen und Einrichten des Projektes

Damit man die SDL verwenden kann, muss man sie natürlich seinem eigenen Projekt hinzufügen. Außerdem sind noch einige Einstellungen in den Projekteigenschaften nötig. Wie das genau funktioniert, hängt natürlich von der verwendeten Entwicklungsumgebung ab. Ich werde hier allerdings nur auf Microsoft Visual Studio 2008 Express Edition eingehen. Wenn Du eine andere Entwicklungsumgebung verwendest, musst Du in der zugehörigen Dokumentation nachschlagen. Und nebenbei: Wundere Dich nicht, dass eine Konsolenanwendung erstellt wird, denn das hat schon seine Richtigkeit. Das Spiel wird später trotzdem in einem eigenen Fenster und auch im Vollbildmodus laufen.

Doch bevor es mit dem Erstellen und Einrichten eines Projektes losgeht, muss man erst einmal mit den Dateien der SDL jonglieren, sprich: sie an eine vernünftige Stelle kopieren. Unser Projekt braucht Zugriff auf einige Header- und Bibliotheksdateien, die zur SDL gehören. Man kann diese Dateien theoretisch in das Verzeichnis des aktuellen Projektes kopieren, was allerdings den Nachteil hat, dass man das jedes Mal machen müsste, wenn man ein neues Projekt beginnt. Es ist also besser, diese Dateien in einen separaten Ordner zu kopieren, auf den unser Projekt dann verweisen kann. So hat man die Dateien nur einmal auf der Festplatte und nicht zusätzlich zu jedem Projekt.

Ich habe es mir angewöhnt, mir direkt im Hauptverzeichnis (C:/) einen Ordner namens „Projekte" anzulegen, in dem alle meine Projekte liegen. In diesem Ordner kann man dann auch ein neues Verzeichnis für die SDL-Dateien anlegen und diese dann von der Buch-CD hineinkopieren. Man hat also im Ordner *Projekte* zwei Unterverzeichnisse, einmal *SDL1.2.13* und einmal beispielsweise *SDL_Game*, in dem unsere Quellcodedateien liegen.

12.2.1 Das Projekt anlegen und einrichten

Erstelle zuerst wie gewohnt mit *Datei->Neu->Projekt* eine neue Konsolenanwendung (ja, das ist schon richtig. Wir brauchen hier kein win32-Projekt) und achte darauf, ein leeres Projekt anzulegen, in dem Du das entsprechende Häkchen aktivierst. Als Projektnamen kannst Du beispielsweise *SDL_Game* angeben. Als Nächstes fügst Du dem Projekt eine neue Datei namens *main.cpp* hinzu, in der sich später unser Hauptprogramm wiederfinden wird.

Als Nächstes müssen wir angeben, wo die Header- und Bibliotheksdateien der SDL zu finden sind. Dazu sind zwei Schritte nötig. Wähle im Menü *Extras->Optionen* und öffne im nun erscheinenden neuen Fenster in der linken Liste den Punkt *Projekte und Projektmappen*. Es klappt eine weitere Liste auf, in der Du den Eintrag *VC++-Verzeichnisse* anwählst. Nun wählst Du in der „*Verzeichnisse anzeigen für*"-Drop-down-Box den Eintrag *Includeverzeichnisse*. Jetzt musst Du nur noch den Button *Neue Zeile* (kleiner gelber Ordner) klicken und den Ordner *include* aus dem Verzeichnis eintragen, in das Du die SDL-Dateien kopiert hast. Damit Du den Ordnernamen nicht selbst eintippen musst, kannst Du auch die drei kleinen Punkte rechts neben der neuen Zeile anklicken, um durch die Verzeichnisse zu browsen. Wähle nun in der „*Verzeichnisse anzeigen für*"-Drop-down-Box den Eintrag *Bibliotheksdateien* und füge auf die gleiche Weise den Ordner „*lib*" Deines SDL-Verzeichnisses hinzu. Bestätige nun noch mit OK, um die neuen Einstellungen zu übernehmen.

Um die SDL benutzen zu können, brauchen wir zwei Bibliotheksdateien. Das sind Dateien, die fertig kompilierte Funktionen (die SDL wurde mit purem C programmiert) enthalten, deren Prototypen man in den Header-Dateien der SDL findet. Diese werden dann mit unserer .exe-Datei verlinkt, also verknüpft. Dazu müssen wir dem Linker mitteilen, welche

Bibliotheksdateien wir verwenden wollen. Hierfür klickst Du mit der rechten Maustaste auf Deinen Projektordner (*SDL_Game*) links im Projektmappen-Explorer und im daraufhin erscheinenden Kontextmenü auf *Eigenschaften*. Bevor Du nun weitere Einstellungen vornimmst, stelle sicher, dass im Drop-down-Feld für die Konfiguration der Punkt *Alle Konfigurationen* gewählt ist. Das sorgt dafür, dass alle Einstellungen sowohl für den Debug- als auch den Release-Modus gelten.

Wähle nun in der linken Liste den Punkt *Konfigurationseigenschaften->Linker->Eingabe*. Jetzt einfach nur noch im rechten Teil des Fensters im Eingabefeld „*Zusätzliche Abhängigkeiten*" *sdl.lib* und *sdlmain.lib* eintragen, mit OK bestätigen, fertig. Eine Pfadangabe ist hier natürlich nicht mehr notwendig, da Du ja im vorherigen Schritt bereits die benötigten Pfade angegeben hast.

Damit sind alle nötigen Einstellungen abgeschlossen, und unser Projekt ist so konfiguriert, dass wir problemlos mit der SDL arbeiten können. Dann wollen wir mal loslegen.

12.2.2 Die restlichen Quellcodedateien

Ein Schritt bleibt bei beiden Entwicklungsumgebungen gleich, nämlich das Hinzufügen der später noch benötigten Quellcodedateien. Hierzu gehst Du vor wie gewohnt, indem Du einfach je eine .hpp- und eine .cpp-Datei zum Projekt hinzufügst. Das Beispiel in diesem Kapitel hat allerdings eine recht beachtliche Menge an Quelltext, und Du wirst kaum die Lust haben, alles von Hand abzutippen. Auf der beigelegten Buch-CD befindet sich natürlich das komplette Projekt, und Du musst es nur noch laden. Achte dabei aber darauf, dass Du die Verzeichnisstruktur so anlegst wie oben gezeigt. Geht das nicht (wenn Du etwa nicht auf *C:/* arbeitest), dann musst Du die Pfade für die zusätzlichen Include- und Bibliotheksverzeichnisse nachträglich noch ändern. Wie das funktioniert, wurde ja eben erklärt.

12.3 Projektübersicht

Bevor es jetzt mit dem Programmieren losgeht, müssen erst zwei Dinge geklärt werden: Was für ein Spiel wollen wir entwickeln, und welche Klassen benötigen wir? Fangen wir mal mit dem unglaublich innovativen und noch nie da gewesenen Spielprinzip an: Man steuert einen kleinen Raumgleiter, der mit zwei Laserwaffen bewaffnet ist. Vom oberen Bildschirmrand kommen aus einem mysteriösen Umstand her massenweise Asteroiden heruntergeflogen und bedrohen die Erde. Die Aufgabe des Spielers ist es nun, diese gefährlichen Asteroiden abzuwehren. Packend, oder? Natürlich wäre es jetzt cooler, ein Spiel mit mehr Inhalt zu entwickeln. Aber diese Kompaktheit hat zwei Vorteile: Das Beispiel bleibt überschaubar und zeigt trotzdem, wie viel Arbeit selbst in einem so kleinen Projekt steckt. Aufgrund der Tatsache, dass ein Kapitel für das gesamte Spiel genügen muss und es zudem noch das erste Spiel ist, wird auch auf einen Punktezähler, Explosionen und eine Lebensanzeige verzichtet. Kurzum, es gibt zwar kaum Spielspaß, doch dafür hat man ein kompaktes Projekt, das auf das Minimum reduziert ist. Und wie bereits erwähnt, sollte es kein Problem sein, das Beispiel um die eben angesprochenen Dinge zu erweitern. Und hier als kleiner Vorgeschmack schon mal ein Screenshot vom fertigen Spiel:

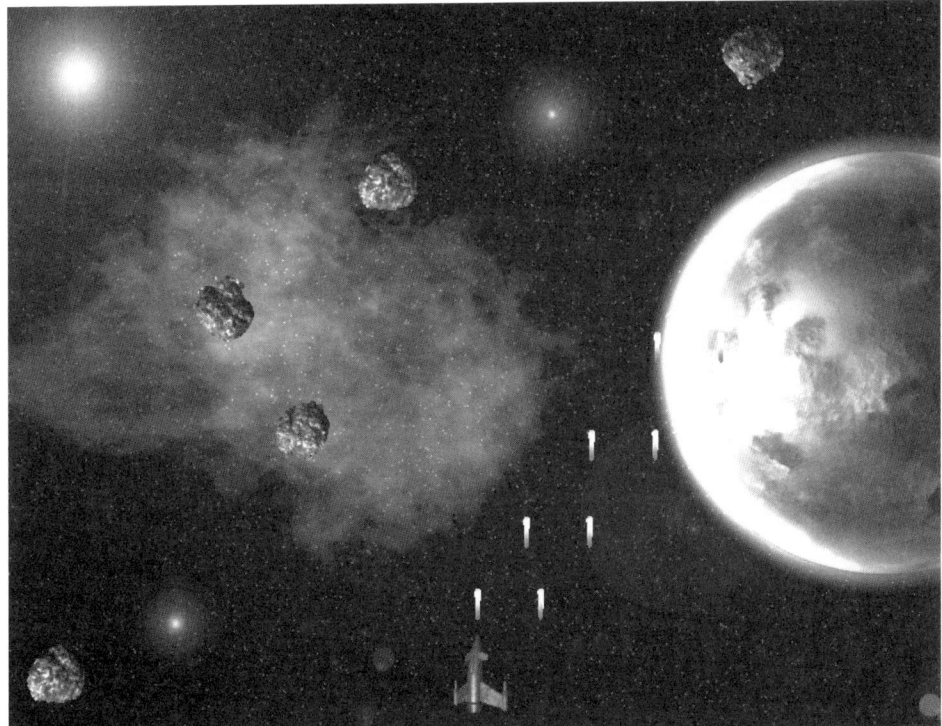

Abbildung 12.1 Das fertige Spiel

12.3.1 Warum plötzlich Englisch? Und wo sind die Zeilennummern?

Bei diesem Beispiel gibt es zwei einschneidende Änderungen gegenüber den anderen Beispielen im Buch. Zum einen sind hier alle Funktions- sowie Variablennamen auf Englisch gehalten. Und zum anderen wird der abgedruckte Quelltext nicht mit Zeilennummern versehen. Da dies wesentliche Änderungen zur bisherigen Vorgehensweise sind, möchte ich das nicht einfach so unkommentiert stehen lassen, sondern erklären, warum ich mich dafür entschieden habe.

Für die bisherigen Beispiele wurde bewusst die deutsche Sprache gewählt. Für alle diejenigen unter Euch, die nicht so fit in Englisch sind, sollte das eine Art Erleichterung sein, da man sich neben C++ nicht noch mit einer weiteren Sprache beschäftigen sollte. Bei den kleinen Beispielen war das noch in Ordnung und ein guter Kompromiss. Bei einem richtigen Projekt wie diesem hier wäre die deutsche Schreibweise aber wirklich fehl am Platz. Gewisse Funktionen und Variablen haben in fast allen Spielen die gleiche Bezeichnung, und man erkennt sie sofort wieder. Kaum jemand würde in einem echten Spiel seine Funktionen „Zeichnen" oder „Aktualisieren" nennen, sondern stattdessen eher „Render" und „Update" wählen. Es wäre also keine gute Idee, hier vom ungeschriebenen Standard abzuweichen und alles einzudeutschen. Grund zur Sorge gibt es allerdings nicht, denn es handelt sich meistens sowieso um Wörter, die schon fast alltagsüblich sind. Nebenbei erklärt sich fast alles im Quellcode selbst. Und wenn trotzdem etwas unklar ist, reicht ein kurzer Blick in ein Wörterbuch. Früher oder später muss man sich eh damit auseinandersetzen, weshalb also nicht gleich jetzt?

Die Quellcodes der vorigen Kapitel waren bis auf einige ganz wenige Ausnahmen nicht sehr umfangreich, weshalb Zeilennummern eine gute Möglichkeit waren, den Quellcode gut erklären zu können. Der Quellcode des hier vorgestellten Spiels ist dann allerdings doch ein klein wenig größer, und es macht kaum Sinn, ihn komplett am Stück abzudrucken. Deshalb werden wir so vorgehen, dass wir uns eine Klasse nach der anderen vornehmen und durchsprechen. Dabei wird das Header-File in der Regel komplett abgedruckt, die Memberfunktionen aber jede einzeln für sich. Außerdem bin ich mir sehr sicher, dass Du mittlerweile recht gut darin bist, einen Quelltext zu lesen und seinen Sinn zu erfassen. Es sollte also kaum einen Grund geben, jede einzelne Zeile anzusprechen. Vielmehr wird erklärt, wofür die gerade abgedruckte Funktion gut ist und was sie macht. Das sollte für das folgende Beispiel auch der übersichtlichere Weg sein.

12.3.2 Übersicht der Klassen

Kommen wir jetzt zum zweiten Punkt, der geklärt werden muss: Welche Klassen gibt es, und welche Aufgaben erfüllen sie? An dieser Stelle gibt es jetzt genau dafür eine Übersicht. Schließlich versteht man den Code besser, wenn man die äußeren Zusammenhänge kennt.

CTimer: Jedes Spiel braucht einen Zeitgeber, sei es für die sanfte Bewegung von Objekten, für die Spielzeit oder das Auslösen bestimmter Ereignisse. Diese Klasse hat die Aufgabe, die Zeit zu messen, die ein kompletter Durchlauf der Spielschleife benötigt. Diese Zeit wird in Sekunden gemessen und kann über eine entsprechende Memberfunktion ermittelt werden.

CFramework: Diese Klasse sorgt dafür, dass die SDL initialisiert und wieder heruntergefahren wird. Alle im Spiel gerenderten (gezeichneten) Objekte werden hier dann endgültig auf den Bildschirm gebracht (dazu später eine genauere Erklärung). Außerdem wird hier der spielinterne Zeitgeber (Timer) aktualisiert sowie der aktuelle Status der Tastatur abgefragt.

CSprite: Ein Sprite ist ein grafisches, zweidimensionales Objekt, das auf dem Bildschirm dargestellt werden kann (auch dazu später mehr). Diese Klasse kümmert sich darum, dass die gewünschte Grafik aus einer Bitmap-Datei geladen wird und auf dem Bildschirm angezeigt werden kann.

CAsteroid: Diese Klasse repräsentiert einen Asteroiden. Für die grafische Darstellung des Asteroiden hat diese Klasse ein Sprite als Membervariable. Alle Asteroiden werden in eine Liste geschoben und später nacheinander bearbeitet.

CShot: Hierbei handelt es sich um einen Schuss. Auch hier gibt es für die grafische Darstellung wieder ein Sprite als Membervariable.

CPlayer: Die Spieler-Klasse. Sie beinhaltet neben der Position und dem Sprite des Spielers auch eine Liste aus CShot-Instanzen. Die Steuerung des Spielers findet ebenfalls hier statt.

CGame: Hier findet die eigentliche Spiellogik statt. Dazu gehören unter anderem das Hinzufügen und Rendern von Asteroiden, das Rendern des Hintergrundbildes und die Kollisionsprüfung zwischen Asteroiden und Schüssen.

Neben diesen Klassen gibt es natürlich noch die Datei main.cpp, denn die darf ja nicht fehlen. Wie Du sehen wirst, gibt es in dieser Datei den wenigsten Quellcode, was anfangs etwas verwunderlich sein mag, aber durchaus sinnvoll ist. Außerdem begegnet uns hier ein alter Bekannter aus Kapitel 8 wieder: die Singleton-Klasse. Sowohl das Framework selbst als auch der Timer sind zwei typische Kandidaten für Singletons, da man nur eine einzige Instanz davon braucht.

Insgesamt haben wir es hier also mit acht Klassen und 16 Quellcodedateien zu tun. Das ist im Vergleich zu vorherigen Beispielen schon eine gewaltige Menge. Dennoch wirst Du sehen, dass es gar nicht mal so schwer ist, auch bei einem so großen Code durchzublicken. Also, worauf warten wir noch? Los geht's mit dem ersten Spiel!

12.4 Die Implementierung des Spiels

Es kam in den vorigen Kapiteln ja öfter einmal vor, dass bestimmte Erklärungen etwas weiter nach hinten geschoben werden mussten. Das wird in diesem Kapitel wohl leider wieder vorkommen, lässt sich aber nicht vermeiden. Gewisse Teile einer Klasse greifen auf andere Klassen zu, und man kann schlecht zwei Dinge auf einmal erklären. Allerdings versuche ich die Reihenfolge so zu halten, dass alles möglichst gut aufeinander aufbaut. Oft werden Instanzen von Klassen erzeugt, deren eigentlicher Quelltext erst später behandelt wird. Das sollte aber so weit kein Problem darstellen, da im vorigen Abschnitt eine Übersicht der Klassen vorgestellt wurde. Dort kannst Du jederzeit nachschauen, um welche Instanzen es sich handelt. Sollte etwas dennoch vorzeitig erklärt werden müssen, dann passiert das natürlich auch an Ort und Stelle. Oh, ich merke dass Du langsam ungeduldig wirst. Fangen wir also jetzt und sofort und ohne weitere Umschweife mit der Datei main.cpp an.

12.4.1 Die main-Funktion des Spiels

Getreu dem bisherigen Vorgehen gibt es jetzt erst einmal den gesamten Quelltext der main-Funktion. Dieser ist recht kurz und kann deshalb komplett abgedruckt werden.

Listing 12.1 Die main-Funktion des Spiels

```cpp
#include "Framework.hpp"
#include "Game.hpp"

int main (int argc, char *argv[])
{
  // Framework initialisieren
  if (g_pFramework->Init (800, 600, 16, true) == false)
    return (0);

  // Neue Instanz des Spiels
  CGame Game;

  // Spiel initialisieren
  Game.Init ();

  // Spiel laufen lassen. Diese Funktion läuft so lange,
  // bis das Spiel geschlossen oder die Escape-Taste
  // gedrückt wird
  Game.Run ();

  // Spiel beenden
  Game.Quit ();

  // Framework beenden
  g_pFramework->Quit ();
  g_pFramework->Del ();

  return (0);
}
```

Wie Du siehst, findet die meiste Funktionalität nicht im Hauptprogramm statt, sondern wird auf andere Klassen verteilt, wie es grundsätzlich auch sein sollte. Das Hauptprogramm dient nur dazu, das Framework zu initialisieren, das Spiel laufen zu lassen und danach alles wieder zu beenden. Zuerst werden die beiden Header-Dateien *Framework.hpp* und *Game.hpp* eingebunden. Mehr brauchen wir hier nicht, da wir nur auf Instanzen dieser beiden Klassen zugreifen müssen.

Was als Erstes auffällt, ist der etwas veränderte Funktionskopf der main-Funktion. Hier werden zwei Parameter angegeben, die für Übergabeparameter verwendet werden können, wie wir es schon aus dem Windows-Kapitel kennen. Benötigen werden wir diese Parameter nicht, müssen sie aber dennoch angeben. Wenn wir diese beiden Parameter nicht angeben, dann führt das zu einem Linker-Fehler, da die SDL sich einen Einsprungspunkt sucht, der genau diesen Funktionskopf haben muss. Und da wir mit der SDL arbeiten wollen, müssen wir uns eben daran halten.

Als Erstes müssen wir uns jetzt darum kümmern, unser Framework zu initialisieren. Auf das Framework müssen wir von verschiedenen Klassen aus Zugriff haben und benötigen nur eine Instanz davon. Deshalb ist die Klasse CFramework ein Kandidat für ein Singleton.

Nun können wir also gleich die `Init`-Funktion unserer Frameworks aufrufen, ohne erst eine Instanz erstellen zu müssen. Wie diese `Init`-Funktion genau ausschaut, sehen wir später. Um die benötigten Parameter können wir uns allerdings jetzt schon kümmern. Mit den ersten beiden legen wir die gewünschte Bildschirmauflösung unseres Spiels fest. Hier wurde eine Auflösung von 800 mal 600 Pixeln gewählt, damit man auch problemlos im Fenster spielen kann. Als Nächstes wird die Farbtiefe angegeben, für die hier 16 Bit gewählt wurde. Mit dem letzten Parameter wird bestimmt, ob das Spiel im Fenster- oder Vollbildmodus gestartet werden soll. Gibt man hier `false` an, so wird im Fenster gespielt, bei `true` entsprechend im Vollbildmodus. Die `Init`-Funktion liefert `false` zurück, falls beim Initialisieren etwas schiefgehen sollte. Wenn das der Fall ist, kann das Spiel nicht gestartet werden, und wir verlassen die `main`-Funktion. Eine solche Sicherheitsabfrage sollte man immer einbauen, da auf diese Weise das Programm sauber beendet werden kann, ohne dass gleich alles abstürzt.

Als Nächstes brauchen wir eine Instanz des eigentlichen Spiels vom Typ `CGame`. Es ist nicht nötig, diese auf dem Heap anzulegen, da wir die Instanz nur in der `main`-Funktion benötigen und nicht an andere Funktionen übergeben müssen. Natürlich muss auch das eigentliche Spiel erst einmal initialisiert werden, was auch gleich als Nächstes getan wird. Wie Du siehst, gibt es hierfür wieder eine spezielle Funktion mit dem Namen `Init`. Man sollte sich angewöhnen, für bestimmte Aufgaben auch immer die gleichen Funktionsnamen zu wählen, für eine Initialisierung etwa `Init` und für das Beenden `Quit`. Es ist verwirrend, wenn man einmal eine Funktion namens `Init` und einmal eine namens `Initialize` hat, da man so immer erst schauen muss, wie die Funktion zum Initialisieren heißt.

Nachdem nun sowohl das Framework als auch das eigentliche Spiel initialisiert wurden, kann das eigentliche Spiel ablaufen. Dazu hat die Klasse `CGame` eine Memberfunktion namens `Run`. Wie Du später sehen wirst, läuft in dieser Funktion eine `while`-Schleife, die erst dann beendet wird, wenn der Spieler das Fenster schließt oder das Spiel durch Drücken der Taste Escape beendet. Wenn das der Fall ist, läuft die `main`-Funktion weiter, und die beiden Instanzen von `CGame` und `CFramework` können beendet und freigegeben werden. Dabei ist es wichtig, dass man zuerst die Instanz von `CGame` beendet, da sie eventuell noch Zugriff auf das Framework hat. Nachdem das erledigt ist, verlassen wir die `main`-Funktion mit `return (0);`, und das Spiel ist endgültig beendet.

Die Kürze der `main`-Funktion macht deutlich, dass hier keine Details behandelt werden, denn das ist Aufgabe der beiden verwendeten Klassen. Würde man zu viel Funktionalität in die `main`-Funktion legen, würde diese immer weiter wachsen, und das Prinzip der Objektorientierung wäre dahin. Ein weiterer Vorteil ist die große Übersichtlichkeit, die man sich durch ein solches Vorgehen schafft. Schauen wir uns als Nächstes den Timer, also den Zeitgeber an, den wir für unser Spiel benötigen.

12.4.2 Zeit ist wichtig: Die Klasse CTimer

Es gibt fast kein Spiel, das ohne einen sogenannten Timer auskommt, denn Zeit spielt immer eine Rolle. In unserem Spiel benötigen wir für zwei Dinge einen Zeitgeber. Die Asteroiden sollen natürlich nicht einfach einer nach dem anderen chaotisch in den Bildschirm fliegen, sondern nach Ablauf einer bestimmten Zeit, damit der Spieler überhaupt eine Chance hat. Möchte man den Schwierigkeitsgrad erhöhen, so verkürzt man die Zeit, bis der nächste Asteroid erscheint und umgekehrt. Fast noch wichtiger ist der Timer bei allen im Spiel vorkommenden Bewegungen. Würden wir der Y-Position der Asteroiden beispielsweise einfach immer einen gewissen Wert hinzuaddieren, dann würde das Spiel auf unterschiedlich schnellen Rechnern unterschiedlich schnell laufen. Das ist natürlich nicht im Sinne des Erfinders. Wie eine gleichmäßige Bewegung realisiert wird, sehen wir später, wenn wir uns um die Objekte kümmern. Jetzt schauen wir uns erst einmal an, wie unsere Klasse CTimer überhaupt funktioniert. Hier die Header-Datei der Klasse:

Listing 12.2 Timer.hpp

```
#ifndef TIMER_HPP
#define TIMER_HPP

#include <SDL.h>
#include "singleton.hpp"

#define g_pTimer CTimer::Get ()
class CTimer : public TSingleton<CTimer>
{
  public:
    CTimer           ();
    void   Update    ();
    float GetElapsed () {return m_fElapsed;}

  private:
    float m_fElapsed;  // Vergangene Zeit seit dem letzten Frame
    float m_fCurTime;  // Aktuelle Zeit
    float m_fLastTime; // Zeit des letzten Frames

};

#endif
```

In einem Spiel braucht man in der Regel nur einen einzigen Zeitgeber, auf den man überall Zugriff haben möchte. Klar, dass auch hier ein Singleton eine gute Wahl ist. Und da wir in dieser Klasse eine Funktion der SDL verwenden, muss die Datei *SDL.h* eingebunden werden.

Die Klasse CTimer ist recht schlank und besteht nur aus einem Konstruktor, zwei Memberfunktionen und drei Membervariablen. Mehr ist für unser Spiel auch nicht nötig. Im Grunde dreht sich alles nur um einen einzigen Wert, nämlich die Zeit, die seit dem letzten Frame vergangen ist, gemessen in Sekunden. Was man mit diesem Wert anfangen kann, sehen wir später noch genau. Momentan ist nur wichtig, dass die Memberfunktion Update dafür zuständig ist, ihn auszurechnen. Diese Funktion muss einmal pro Frame aufgerufen werden. Über die Memberfunktion GetElapsed können wir uns diesen Wert abholen. Da diese Funktion nur aus einer einzelnen Zeile besteht, können wir sie auch direkt in der Header-Datei implementieren. Was es mit den drei Membervariablen auf sich hat, sehen wir jetzt in der Implementierung der einzelnen Memberfunktionen.

Listing 12.3 Timer.cpp – Konstruktor und Update

```cpp
#include "Timer.hpp"

// Konstruktor
//
// Aufgabe: Initialisierung
//
CTimer::CTimer ()
{
    // Initialisierung
    m_fCurTime  = 0.0f;
    m_fLastTime = SDL_GetTicks() / 1000.0f;
    m_fElapsed  = 0.0f;

}

// Update
//
// Aufgabe: Timer updaten
//
void CTimer::Update ()
{
    // Vergangene Zeit seit dem letzten Frame berechnen
    m_fCurTime = SDL_GetTicks() / 1000.0f;

    m_fElapsed = m_fCurTime - m_fLastTime;
    m_fLastTime = m_fCurTime;

} // Update
```

Eine schöne schlanke Klasse, nicht wahr? Im Konstruktor werden nun – wer hätte das gedacht – die drei Membervariablen initialisiert. Hier begegnet uns nun auch zum ersten Mal eine Funktion der SDL namens SDL_GetTicks. Diese Funktion liefert die Zeit in Millisekunden zurück, die seit dem Initialisieren der SDL vergangen ist. Da unser Timer allerdings mit Sekunden und nicht mit Millisekunden arbeiten soll, teilen wir diesen Wert durch tausend, damit wir als Einheit Sekunden erhalten. Warum wir die Membervariable m_fLastTime mit diesem Wert initialisieren, sehen wir gleich.

In der Memberfunktion Update berechnen wir nun, wie viel Zeit seit dem letzten Frame vergangen ist. Dazu muss man kein Mathegenie sein, wie sich zeigen wird. Als Erstes holen wir uns wieder die insgesamt vergangene Zeit über die Funktion SDL_GetTicks, rechnen sie in Sekunden um und speichern sie in der Membervariablen m_fCurTime. In der nächsten Zeile wird nun klar, warum wir uns im Konstruktor diesen Wert schon einmal gemerkt haben. Die vergangene Zeit errechnet sich nämlich einfach aus der Differenz zwischen der Zeit seit dem letzten Aufruf der Memberfunktion Update und der aktuellen Zeit. In der Membervariablen m_fLastTime ist die Zeit des letzten Frames gespeichert. Zieht man diesen Wert nun von der aktuellen Zeit ab, erhält man die Zeit, die seit dem letzten Frame vergangen ist. Dieser Wert wird in der Membervariablen m_fElapsed gespeichert, damit wir immer Zugriff darauf haben. Jetzt müssen wir uns nur noch die aktuelle Zeit merken und in die Membervariable m_fLastTime speichern. Im nächsten Frame geht das Spielchen wieder von vorne los, und wir haben somit immer die Zeit parat, die der letzte Frame benötigt hat.

Das war auch schon alles, was es über die Klasse `CTimer` zu erzählen gibt. Ihr Sinn mag an dieser Stelle noch nicht ganz klar werden, da noch eine Anwendung der Klasse aussteht. Aber es dauert nicht mehr lange, und wir werden sie auch in Aktion sehen. Also gleich weiter zur nächsten Klasse.

12.4.3 Die Klasse CFramework

Eines vorweg: Jetzt kommt gewissermaßen ein dicker Brocken, und es gibt viele Dinge zu lernen. Wenn wir diese Klasse allerdings durchhaben, dann ist der Rest vergleichsweise einfach. Das soll natürlich nicht bedeuten, dass die Klasse `CFramework` jetzt besonders schwierig wäre. Es ist nicht schwer, sondern nur viel. Fangen wir wie immer erst einmal mit der Header-Datei an:

Listing 12.4 Framework.hpp

```
#ifndef FRAMEWORK_HPP
#define FRAMEWORK_HPP

#include <iostream>
#include "Singleton.hpp"
#include "Timer.hpp"

using namespace std;

#define g_pFramework CFramework::Get()

class CFramework : public TSingleton<CFramework>
{
  public:
    bool  Init    (int ScreenWidth, int ScreenHeight,
int ColorDepth, bool bFullscreen);
    void  Quit    ();
    void  Update  ();
    void  Clear   ();
    void  Flip    ();
    bool  KeyDown (int Key_ID);
    SDL_Surface *GetScreen () {return m_pScreen;}

  private:
    SDL_Surface *m_pScreen;   // Surface für den Screen
    Uint8       *m_pKeystate; // Array für aktuellen Tastaturstatus

};

#endif
```

Wie Du siehst, erfüllt diese Klasse gleich mehrere Aufgaben. Sie ist unter anderem dafür zuständig, den Bildschirm mit Grafik zu füllen und die Tastatureingaben zu verwalten. Um die Membervariablen und neuen Datentypen brauchst Du Dich an dieser Stelle noch nicht zu kümmern. Was sie bedeuten und wofür sie gut sind, wird sich gleich zeigen, wenn wir uns die einzelnen Funktionen der Reihe nach anschauen. Los geht es mit der Memberfunktion `Init`, die uns ja schon einmal in der `main`-Funktion begegnet ist.

Listing 12.5 Framework.cpp – Init

```cpp
#include "Framework.hpp"

// Init
//
// Aufgabe: Framework initialisieren
//
bool CFramework::Init (int ScreenWidth, int ScreenHeight,
                       int ColorDepth, bool bFullscreen)
{
  // Alle Systeme der SDL initialisieren
  if (SDL_Init (SDL_INIT_VIDEO | SDL_INIT_TIMER) == -1 )
  {
    cout << "SDL konnte nicht initialisiert werden!" << endl;
    cout << "Fehlermeldung: " << SDL_GetError () << endl;

    Quit ();

    return (false);
  }

  // Vollbild oder Fenstermodus einstellen
  if (bFullscreen == true)
  {
    m_pScreen = SDL_SetVideoMode (ScreenWidth, ScreenHeight, ColorDepth,
                                  SDL_HWSURFACE | SDL_DOUBLEBUF |
                                  SDL_FULLSCREEN);
  }
  else
  {
    m_pScreen = SDL_SetVideoMode (ScreenWidth, ScreenHeight, ColorDepth,
                                  SDL_HWSURFACE | SDL_DOUBLEBUF);
  }

  // Prüfen, ob alles funktioniert hat
  if (m_pScreen == NULL)
  {
    cout << "Videomodus konnte nicht gesetzt werden!" << endl;
    cout << "Fehlermeldung: " << SDL_GetError () << endl;

    Quit ();

    return (false);
  }

  // Zeiger auf internes Array für Tastaturstatus ermitteln
  m_pKeystate = SDL_GetKeyState (NULL);

  // Alles ging glatt, also true zurückliefern
  return (true);

} // Init
```

Was auf Anhieb etwas verwirrend ausschauen mag, entpuppt sich gleich als recht einfach und logisch. Fangen wir mal mit der eigentlichen Initialisierung der SDL an. Dazu genügt ein Aufruf der Funktion SDL_Init. Da die SDL mehrere Teilbereiche umfasst (Grafik, Audio, Timer, CD-ROM und Joystick-Support), kann man hier Flag angeben und damit bestimmen, welche Teilbereiche initialisiert werden sollen. Da wir momentan nur das Videosystem für die Grafik und den Timer benutzen, geben wir hier einfach die beiden Flags SDL_INIT_VIDEO und SDL_INIT_TIMER an. Ob das Initialisieren richtig funktioniert hat, können wir anhand des Rückgabewertes ermitteln. Wenn eine 0 zurückgeliefert wird, hat alles funktioniert. Wenn etwas nicht geklappt hat, dann erhält man eine –1. Falls tatsächlich etwas schiefging, müssen wir uns um zwei Dinge kümmern: zuerst eine Fehlermeldung ausgeben und dann die SDL beenden. Es könnte ja beispielsweise sein, dass der Teilbereich für die Grafik initialisiert wurde, aber beim Timer ein Problem auftrat. Bevor das Programm dann beendet wird, müssen natürlich alle Teilbereiche beendet werden, die bisher korrekt initialisiert wurden. Dazu wird die Memberfunktion `Quit` der Klasse `CFramework` aufgerufen. Diese wiederum ruft die SDL-Funktion `SDL_Quit` auf, die dann sämtliche Teilbereiche beendet. Für die Fehlerausgabe stellt uns die SDL eine nützliche Funktion namens `SDL_GetError` zur Verfügung. Diese Funktion liefert einen String zurück, der eine Beschreibung des letzten Fehlers enthält. Da bei unserem Programm im Hintergrund immer ein Konsolenfenster mitläuft (egal ob wir im Vollbildmodus sind oder nicht), können wir diese Fehlermeldung einfach wie gewohnt per `cout` ausgeben. So kann man immer gleich sehen, wo genau das Problem aufgetreten ist.

Wenn alles funktioniert hat (was eigentlich immer der Fall ist), dann kann es weitergehen. Als Nächstes erstellen wir den Screen, in dem unser Spiel laufen wird, denn die Konsole ist da sicher der falsche Ort dafür. Wenn das Spiel startet, dann wird zusätzlich zum Konsolenfenster noch ein weiteres Fenster erzeugt, in dem das Spiel dann läuft. Wenn der Vollbildmodus gewählt wurde, dann „bläst" sich dieses Fenster automatisch auf. Doch auch in dieses Fenster kann nicht so einfach gerendert werden. Was man braucht, ist ein gewisser Speicherbereich, in den dann gewissermaßen hineingerendert werden kann. Das bedeutet, dass alle gezeichneten Pixel nicht direkt auf den Bildschirm kommen, sondern erst einmal in diesem Speicherbereich landen. Diese Thematik möchte ich hier nicht zu sehr vertiefen, aber ein paar Erklärungen müssen schon sein. Sicherlich weißt Du, dass es verschiedene Farbtiefen gibt. Man spricht hier beispielsweise von 8, 16 und 32 Bit. Das bedeutet nun, dass man für einen Pixel mit der Farbtiefe von 8 Bit eben genau ein Byte Speicher benötigt, um einen Pixel zu repräsentieren. Bei 16 Bit sind es 2 Byte und bei 32 Bit eben 4 Byte. In unserem Beispiel haben wir eine Auflösung von 800 mal 600 Pixeln und 16 Bit Farbtiefe. Wir brauchen dafür also einen Speicherplatz von 960 Kilobyte. Wenn nun irgendetwas gezeichnet werden soll, dann werden die Pixel also zuerst in diesen Speicherbereich geschrieben, bevor sie später auf den Bildschirm kommen.

Am Ende jedes Frames kümmert sich die SDL dann darum, dass die aus dem Inhalt des Speicherbereiches resultierende Grafik auf dem Bildschirm angezeigt wird. Ein solcher Speicherbereich nennt sich Surface, was auf Deutsch so viel wie Oberfläche bedeutet. In der Header-Datei haben wir bereits eine Membervariable namens `m_pScreen` vom Typ `SDL_Surface`. Das ist eine Struktur, die alle nötigen Informationen einer Surface enthält. Diese Struktur muss allerdings noch initialisiert werden. Und das geht mit der Funktion `SDL_SetVideoMode`. Diese Funktion übernimmt insgesamt vier Parameter, mit denen man das Aussehen und das Verhalten der Surface bestimmt.

Die drei ersten Parameter lassen sich schnell erklären. Hierbei handelt es sich nämlich um die gewünschte Höhe, Breite und Farbtiefe. Man muss hier nur unbedingt darauf achten, dass die Grafikkarte die gewünschte Auflösung und Farbtiefe auch unterstützt, denn sonst schlägt die Funktion fehl. Der vierte und letzte Parameter kann wieder aus verschiedenen Flags zusammengesetzt werden. Zuerst müssen wir festlegen, ob der Speicher für die Surface im Systemspeicher (Flag: `SDL_SWSURFACE`) oder im Videospeicher (Flag: `SDL_HWSURFACE`) der Grafikkarte reserviert werden soll. Wird der Speicher im Systemspeicher reserviert, dann muss die Grafikkarte jedes Mal beim Rendern über ihre Hardware-Schnittstelle darauf zugreifen, was natürlich recht lange dauert. Dafür wird diese Methode auch von jeder Grafikkarte unterstützt. Reserviert man den Speicher hingegen direkt im Videospeicher der Grafikkarte, dann geht das Rendern wesentlich schneller, da die Grafikkarte nicht mehr mit dem Systemspeicher „kommunizieren" muss. Für unser Beispiel wählen wir den Speicher der Grafikkarte, da fast niemand mehr eine Grafikkarte verwendet, die das nicht unterstützt. Und wenn doch, dann benutzt er sein System auch eher nicht zum Spielen.

Nachdem das geklärt ist, müssen wir entscheiden, ob wir das sogenannte Doublebuffering (das bedeutet so viel wie Doppelpufferung) aktivieren wollen oder nicht. Wenn das Doublebuffering aktiviert ist, dann wird nicht nur eine Surface erzeugt, sondern gleich zwei. Und wozu soll das gut sein? Sind wir etwa reich und haben zu viel RAM? Sicher, man braucht für zwei Surfaces natürlich auch zweimal so viel RAM, doch dafür bekommt man auch ein wesentlich ruhigeres Bild, wenn man das Spiel im Vollbildmodus laufen lässt. Die Erklärung hierfür ist recht einfach. Wenn man Doublebuffering verwendet, dann wird immer in die Surface gerendert, die gerade nicht angezeigt wird (man spricht hier vom Backbuffer). Am Ende eines Frames wird dann immer zwischen beiden Surfaces umgeschaltet. Es wird also nie direkt in die Surface gerendert, die gerade auf dem Bildschirm zu sehen ist, und dadurch wird Flackern vermieden. Wenn man das Doublebuffering aktivieren möchte, dann verwendet man das Flag `SDL_DOUBLEBUF`, ansonsten lässt man es einfach weg. Allerdings muss man darauf achten, dass das Doublebuffering nur dann funktioniert, wenn man das Flag `SDL_HWSURFACE` verwendet. Liegt der Speicher im Systemspeicher, dann funktioniert das Doublebuffering nicht.

Jetzt müssen wir nur noch angeben, ob das Spiel im Fenster- oder Vollbildmodus laufen soll. Das festzulegen ist so einfach, wie vom Baum zu fallen. Wenn es im Vollbildmodus laufen soll, dann gibt man das Flag `SDL_FULLSCREEN` an. Soll es im Fenster laufen, dann braucht man kein spezielles Flag anzugeben. Der Vollbildmodus ist dabei nicht abhängig davon, ob die Surface im Video- oder Systemspeicher liegt.

Damit ist die `Init`-Funktion auch schon fast abgeschlossen. Nachdem die Funktion `SDL_SetVideoMode` aufgerufen wurde, sollten wir in der Membervariablen `m_pScreen` einen gültigen Zeiger haben. Wenn etwas schiefging, dann ist dieser Zeiger `NULL`. In diesem Fall geben wir wieder eine Fehlermeldung aus, beenden die SDL und kehren mit `return (false);` zurück, damit das gesamte Spiel beendet wird. Danach machen wir ein betrübtes Gesicht und suchen nach dem Fehler. Möglicherweise ist der Grafikkartentreiber zu alt, oder der Computer muss rebootet werden. Hat hingegen alles funktioniert, gehen wir mit einem Lächeln direkt zur letzten Aufgabe, die unsere `Init`-Funktion zu erledigen hat. Durch den Aufruf der Funktion `SDL_GetKeyState` erhalten wir einen Zeiger auf ein SDL-internes Array, das den aktuellen Tastaturstatus widerspiegelt. Diesen Zeiger müssen wir uns nur einmal holen und können damit später unsere Tastaturabfrage realisieren.

Wenn alles richtig funktioniert hat, geben wir `true` zurück, womit die `Init`-Funktion abgeschlossen ist. Weiter geht's mit der nächsten Funktion, die erfreulicherweise recht kurz ausfällt.

Listing 12.6 Framework.cpp – Quit

```cpp
// Quit
//
// Aufgabe: Framework (SDL) beenden
//
void CFramework::Quit ()
{
  // SDL beenden
  SDL_Quit ();

} // Quit
```

Obwohl diese Memberfunktion recht kurz ist, gibt es doch etwas Wichtiges dazu zu sagen. Sicher ist Dir nicht entgangen, dass für die Membervariable `m_pScreen` durch die Funktion `SDL_SetVideoMode` Speicher reserviert wurde. Man könnte sich nun die berechtigte Frage stellen, warum dieser Speicher von uns nicht freigegeben wird, denn es riecht hier ein wenig nach einem Memory-Leak. Tatsächlich kümmert sich aber die Funktion `SDL_Quit` um das Freigeben dieses Speichers. Aus der SDL-Dokumentation kann man entnehmen, dass man diesen Speicher nicht selbst freigeben soll. Somit haben wir weniger Arbeit, und deshalb halten wir uns einfach an diesen Hinweis. Hier sieht man übrigens sehr gut, dass es sich definitiv lohnt, die der SDL beigelegte Dokumentation auch wirklich mal zu lesen.

Die Funktion `SDL_Quit` kümmert sich natürlich auch darum, alle initialisierten Teilsysteme der SDL sauber zu beenden. Dazu gehört auch, den Vollbildmodus wieder zu verlassen und alle Sounds zu stoppen, die gerade abgespielt werden, falls man das eingebaut hatte. Wenn man diese Funktion nicht aufruft, dann kann es passieren, dass man in der gewählten Auflösung „hängen bleibt" oder andere unschöne Dinge passieren. Deshalb solltest Du unbedingt darauf achten, dass diese Funktion beim Beenden des Spiels auf jeden Fall aufgerufen wird. Und weiter geht's mit der nächsten Memberfunktion:

Listing 12.7 Framework.cpp – Update

```cpp
// Update
//
// Aufgabe: Timer und Keyboardstatus updaten
//
void CFramework::Update ()
{
  // Timer updaten
  g_pTimer->Update ();

  // Tastaturstatus ermitteln
  SDL_PumpEvents ();

} // Update
```

Die erste Aufgabe dieser Memberfunktion besteht darin, den Timer auf dem Laufenden zu halten. Dazu wird einfach die Memberfunktion Update unseres Timers aufgerufen, und damit ist dieser Schritt auch schon abgeschlossen.

Unser Framework soll sich ja, wie bereits erwähnt, auch um die Tastaturabfrage kümmern. Um leicht ermitteln zu können, welche Tasten gerade gedrückt sind und welche nicht, bietet uns die SDL wie bereits erwähnt ein internes Array an, das den aktuellen Tastaturstatus widerspiegelt. Dieses Array muss nun natürlich immer auf dem neuesten Stand gehalten werden, damit unsere Tastaturabfrage auch richtig funktioniert. Dazu stellt die SDL eine Funktion namens SDL_PumpEvents zur Verfügung. Diese Funktion sammelt sozusagen alle Informationen von Eingabegeräten und kümmert sich darum, dass sie – ähnlich wie wir es von den Windows-Nachrichten kennen – später abgerufen und verarbeitet werden können. Somit wird das Array, auf das unser Zeiger m_pKeystate verweist, immer auf dem neuesten Stand gehalten. Und wie man dieses Array abfragt, sehen wir in der nächsten Funktion.

Listing 12.8 Framework.cpp – KeyDown

```
// Keydown
//
// Aufgabe: Tastendruck abfragen
//
bool CFramework::KeyDown (int Key_ID)
{
  // Prüfen, ob Taste gedrückt ist
  return (m_pKeystate[Key_ID] ? true : false);

} // KeyDown
```

Dieser Funktion kann man eine ID der Taste übergeben, die man gerne abfragen möchte. Wenn sie gedrückt ist, wird true zurückgeliefert, ansonsten false. Für die Tasten-IDs stellt uns die SDL vordefinierte Werte zur Verfügung, die wir benutzen können. Das funktioniert so ähnlich wie mit den Virtual-Key-IDs, die wir schon aus dem Windows-Kapitel kennen. Möchte man später beispielsweise prüfen, ob die Leertaste gedrückt ist, so kann man der Funktion den Wert SDLK_SPACE übergeben und bekommt dann entweder true oder false zurück. Dazu wird einfach das Array überprüft, und als Index wird die ID verwendet, die wir der Funktion Keydown übergeben haben. Mehr ist tatsächlich nicht nötig, um eine einfache Tastaturabfrage zu realisieren, also kann es direkt mit der nächsten Memberfunktion weitergehen.

Listing 12.9 Framework.cpp – Clear

```
// Clear
//
// Aufgabe: Buffer löschen
//
void CFramework::Clear ()
{
  // Buffer (Surface) mit Hintergrundfarbe füllen
  SDL_FillRect (m_pScreen, NULL,
                SDL_MapRGB (m_pScreen->format, 0, 0, 0));

} // Clear
```

Auch das ist wieder eine kurze Memberfunktion, aber trotzdem gibt es hier einiges zu sagen. Fangen wir mit der Aufgabe dieser Funktion an. Alles, was wir rendern, landet bekanntlich in der Surface, die gerade nicht angezeigt wird. Am Ende eines Durchlaufes unserer Spieleschleife wird zwischen den beiden Surfaces umgeschaltet. Das bedeutet aber auch, dass wir nach einem erneuten Umschalten wieder in die Surface rendern, in die wir vorher schon gerendert hatten, und bekommen so ein ziemliches Chaos. Man muss also zuerst die aktuelle Surface komplett löschen, bevor man wieder hineinrendert, da man sonst einfach immer das aktuelle Bild übermalen würde. Das realisiert man einfach, indem man die gesamte Surface mit einer gewählten Hintergrundfarbe füllt, in unserem Fall Schwarz. Bei diesem Spiel wäre das eigentlich nicht nötig, da wir sowieso immer einen Hintergrund rendern, der die gesamte Surface einnimmt. Möglicherweise möchte man aber mal ein anderes Spiel programmieren, in dem es keinen kompletten Hintergrund gibt. Also kümmern wir uns lieber jetzt gleich darum, als später vor dieser Aufgabe zu stehen.

Glücklicherweise erweist sich diese Aufgabe als recht einfach. Mit der SDL-Funktion `SDL_FillRect` ist es möglich, einen bestimmten Ausschnitt einer Surface mit einer beliebigen Farbe zu füllen. Als ersten Parameter erwartet diese Funktion einen Zeiger auf die Ziel-Surface. Mit dem nächsten Parameter kann man angeben, welcher Ausschnitt der Surface gefüllt werden soll. Wenn man hier `NULL` angibt, wird die gesamte Surface mit der Farbe gefüllt. Mit dem dritten und letzten Parameter bestimmt man die gewünschte Farbe.

Nun hat man allerdings das Problem, dass die Angabe dieses Farbwertes von der gewählten Farbtiefe abhängig ist. Hat man beispielsweise eine Farbtiefe von 8 Bit, so muss man einen Wert von 0 bis 255 angeben, der dann den Paletteneintrag angibt. Hat man eine höhere Farbtiefe gewählt, so gibt man einen Farbwert mit RGB-Werten an. Solltest Du nicht wissen, was ein RGB-Wert ist, dann hier eine kurze Erklärung dazu: RGB steht für Rot, Grün und Blau. Für jeden dieser drei Farbwerte kann man einen Wert angeben, der die Intensität der jeweiligen Komponente bestimmt. Dabei bedeutet ein Wert von 0, dass diese Farbe keine Rolle spielt, und ein Wert von 255 die maximale Intensität. Aus diesen drei Komponenten wird dann die tatsächliche Farbe erzeugt.

Glücklicherweise müssen wir uns jetzt nicht selbst darum kümmern, ob wir einen Palettenindex oder einen RGB-Wert angeben müssen. Dank der SDL-Funktion `SDL_MapRGB` können wir einfach immer einen RGB-Wert angeben, egal ob wir 8 Bit Farbtiefe haben oder nicht. Haben wir eine höhere Farbtiefe, so wird der von uns angegebene RGB-Wert verwendet. Bei einer Farbtiefe von 8 Bit kümmert sich die Funktion automatisch darum, den Palettenindex zurückzuliefern, der am besten zum angegebenen Farbwert passt. Damit das funktioniert, benötigt diese Funktion vier Parameter. Als ersten Parameter müssen wir angeben, welches Farbformat momentan eingestellt ist. Das ist nicht weiter schwer, da dieser Parameter bereits in der Struktur vorhanden ist, auf die `m_pScreen` zeigt. Danach geben wir noch die Werte für die drei Farbkomponenten an, und das war es dann auch schon. Möchte man beispielsweise einen gelben Hintergrund haben, dann würde man `SDL_MapRGB (m_pScreen->format, 0, 255, 255)` verwenden und für einen violetten Hintergrund entsprechend `SDL_MapRGB (m_pScreen->format, 255, 0, 255)`. Wir möchten allerdings einen komplett schwarzen Hintergrund, weshalb wir für alle drei Komponenten den Wert 0 angeben. Nun wird unsere Surface also immer erst komplett schwarz eingefärbt, bevor darauf gerendert wird. Nachdem das nun geklärt ist, können wir uns um die letzte Memberfunktion der Klasse CFramework kümmern.

Listing 12.10 Framework.cpp – Flip

```
// Flip
//
// Aufgabe: Surface umschalten (flippen)
//
void CFramework::Flip ()
{
  // Surface umschalten
  SDL_Flip (m_pScreen);

} // Flip
```

So kurz diese Funktion auch sein mag, so wichtig ist sie auch. Die SDL-Funktion SDL_Flip kümmert sich darum, dass die beiden Surfaces, die wir für das Rendern verwenden, immer umgeschaltet werden. Dabei wird natürlich nicht der gesamte Speicher umkopiert, sondern einfach immer nur ein Zeiger „umgebogen". Deshalb genügt es auch, dieser Funktion unseren Zeiger m_pScreen zu übergeben, und der Rest geschieht automatisch.

Solltest Du Dir immer noch nicht richtig vorstellen können, warum dieses sogenannte Flippen so wichtig ist, dann ändere den Quelltext einfach mal so ab, dass es nur eine Surface gibt und keine Umschaltung erfolgt. Lasse dann das Spiel im Vollbildmodus laufen und stell Dich auf eine Menge Geflackere ein.

Damit ist die Klasse CFramework auch schon abgeschlossen. Möglicherweise war dieser Abschnitt etwas trocken, da man zwar alle nötigen Initialisierungen und Update-Funktionen erstellt, aber noch nicht in Aktion gesehen hat. Dennoch ist es wichtig, dass Du verstehst, wie das Framework intern abläuft, welche Aufgaben es hat und wie es eingesetzt wird. In den nächsten Klassen wird rege von den eben vorgestellten Memberfunktionen Gebrauch gemacht, und es sollte deutlicher werden, wo und wann sie benötigt werden.

12.4.4 Bunte Bilder: Die Klasse CSprite

Nachdem nun der Grundstein gelegt ist und das Framework initialisiert wurde und läuft, können wir uns endlich darum kümmern, etwas Grafisches auf den Bildschirm zu bringen. Wir bleiben wie gesagt im zweidimensionalen Bereich, und deshalb sind für uns die sogenannten Sprites genau das Richtige. Ein Sprite ist nichts weiter als eine kleine rechteckige Grafik, die man auf dem Bildschirm anzeigen kann. Aber keine Sorge, natürlich werden unser Raumschiff, die Schüsse und die Asteroiden nicht aus viereckigen Klötzen bestehen. Zu einem Sprite gehören eine Position, die Breite und die Höhe sowie eine Grafik. Mit diesen wenigen Informationen wird die jetzt vorgestellte Klasse dann in der Lage sein, Grafik auf den Bildschirm zu zaubern. Damit unser Spiel etwas besser ausschaut, wird unsere Klasse auch animierte Sprites unterstützen. Fangen wir wie gewohnt zuerst mit der Header-Datei dieser Klasse an:

Listing 12.11 Sprite.hpp

```cpp
#ifndef SPRITE_HPP
#define SPRITE_HPP

#include "Framework.hpp"

class CSprite
{
  public:
    CSprite ();
    ~CSprite ();

    void Load        (const string sFilename);
    void Load        (const string sFilename, int NumFrames,
                       int FrameWidth, int FrameHeight);
    void SetColorKey (int R, int G, int B);
    void SetPos      (float fXPos, float fYPos);
    void Render      ();
    void Render      (float fFrameNumber);
    SDL_Rect GetRect () {return m_Rect;}

  private:
    SDL_Surface *m_pScreen;  // Zeiger auf den Screen des Frameworks
    SDL_Surface *m_pImage;   // Das eigentliche Bild des Sprites
    SDL_Rect m_Rect;         // Rect des Sprites
    SDL_Rect m_FrameRect;    // Ausschnitt für Animationsphase
    int m_NumFrames;         // Anzahl der Animationsphasen
    int m_FrameWidth;        // Breite einer Animationsphase
    int m_FrameHeight;       // Höhe einer Animationsphase
    int m_NumFramesX;        // Wie viele Anim-Phasen in X-Richtung?
};

#endif
```

Auch hier werde ich erst einmal auf die grundsätzlichen Aufgaben der Klasse eingehen, ohne die Details zu behandeln. Die Details klären wir dann bei der Erklärung der einzelnen Memberfunktionen.

Wie Du siehst, bietet die Klasse CSprite Funktionen zum Laden und Rendern eines Sprites an. Die beiden Memberfunktionen Load und Render sind überladen, wobei es sich jeweils einmal um Funktionen für animierte und nicht animierte Sprites handelt. Weiterhin kann man mit SetPos die Position des Sprites auf dem Bildschirm festlegen und mit SetColorKey eine Farbe bestimmen, die beim Rendern als transparente Farbe gehandhabt wird. Damit ist es möglich, dem Sprite alle Formen zu geben, obwohl es sich eigentlich nur um eine rechteckige Grafik handelt, doch dazu gleich mehr. Schauen wir uns jetzt der Reihe nach die einzelnen Memberfunktionen einmal genauer an.

Listing 12.12 Sprite.cpp – Konstruktor und Destruktor

```cpp
#include "Sprite.hpp"
// Konstruktor
//
// Aufgabe: Zeiger auf Screen holen
//
CSprite::CSprite ()
{
  // Zeiger auf Screen holen
  m_pScreen = g_pFramework->GetScreen ();
```

```
  } // Konstruktor

// Destruktor
//
// Aufgabe: Surface des Sprites freigeben
//
CSprite::~CSprite ()
{
  // Surface freigeben
  SDL_FreeSurface (m_pImage);

  } // Destruktor
```

Wenn doch nur alle Memberfunktionen so kurz und einfach wären wie diese beiden und die letzten drei aus dem vorherigen Abschnitt – aber man kann ja nicht alles haben. Doch was macht der Konstruktor nun? Er holt sich einfach den Zeiger auf den Screen, auf den gerendert werden soll. Unsere Klasse CFramework hat natürlich diesen Zeiger bereits, und wir können ihn uns an dieser Stelle abholen und merken, damit wir nicht bei jedem Rendervorgang auf das Framework zugreifen müssen. Wichtig ist, dass man diesen Zeiger nicht innerhalb der Klasse CSprite freigeben darf. Wir holen uns ja kein Objekt, sondern einen Zeiger. Um die Freigabe kümmert sich natürlich das Framework.

Unser Destruktor braucht sich deshalb nicht darum zu kümmern, hat dafür aber eine andere wichtige Aufgabe. Natürlich braucht unser Sprite ebenfalls eine Surface für die Aufnahme der geladenen Bitmap, weshalb wir eine Membervariable namens m_pImage vom Typ SDL_Surface anlegen. Um deren Erstellung kümmern wir uns gleich noch. Wichtig ist hier allerdings, dass wir die erstellte Surface selbst freigeben müssen, was beim Framework ja nicht notwendig war, da sich die SDL selbst darum kümmert. Die Surface wird allerdings nicht mit delete freigegeben, sondern durch den Aufruf einer entsprechenden SDL-Funktion namens SDL_FreeSurface. Dieser Funktion übergibt man den Zeiger auf die Surface, und es wird automatisch der reservierte Speicher freigegeben. Wie man die zum Sprite gehörende Surface initialisiert und eine Bitmap aus einer Datei lädt, schauen wir uns jetzt einmal an.

Listing 12.13 Sprite.cpp – Load (nicht animiertes Sprite)

```
// Load
//
// Aufgabe: Einfaches, nicht animiertes Sprite laden
//
void CSprite::Load (const string sFilename)
{
  // Bitmap laden
  m_pImage = SDL_LoadBMP (sFilename.c_str () );

  // Prüfen, ob alles glattging
  if (m_pImage == NULL)
  {
    cout << "Fehler beim Laden von: " << sFilename.c_str ();
    cout << endl;
    cout << "Fehlermeldung: " << SDL_GetError () << endl;

    // Framework herunterfahren
    g_pFramework->Quit ();
```

```
        // Gesamtes Spiel beenden
        exit (1);
    }

    // Rect initialisieren
    m_Rect.x = 0;
    m_Rect.y = 0;
    m_Rect.w = m_pImage->w;
    m_Rect.h = m_pImage->h;

} // Load
```

Diese Memberfunktion kümmert sich darum, ein nicht animiertes Sprite zu laden. Das eigentliche Laden der Bitmap ist recht einfach und benötigt nur einen einzigen Funktionsaufruf. Die SDL-Funktion SDL_LoadBMP erledigt das für uns. Man muss ihr nur den gewünschten Dateinamen übergeben und bekommt einen Zeiger zurück, den man dann in der Membervariablen m_pImage speichern kann. Dieser Zeiger verweist auf eine Surface, die unsere Bitmap enthält. Das ist zumindest der Fall, wenn die Bitmap auch wirklich fehlerfrei geladen werden konnte. Deshalb prüfen wir direkt nach dem Laden, ob wir einen gültigen Zeiger haben. Falls nicht, dann geben wir wie gewohnt eine Fehlermeldung aus. Normalerweise würde man einer solchen Ladefunktion einen Rückgabewert vom Typ bool spendieren, damit man beim Aufruf darauf reagieren kann. Allerdings gibt es in diesem Beispiel nicht viele Alternativen, wenn eine Grafik nicht geladen werden kann, weshalb wir dafür sorgen, dass in einem solchen Fall das gesamte Programm beendet wird. Dazu wird zuerst einmal die Funktion Quit des Frameworks aufgerufen, damit dessen Ressourcen korrekt freigegeben werden. Danach folgt die bisher unbekannte Funktion exit, die allerdings nicht zur SDL gehört. Mit dieser Funktion können wir an jeder Stelle das Programm beenden. Der Parameter, den diese Funktion erwartet, ist der Exitcode, mit dem wir es schon mehrfach zu tun hatten. Zugegeben, das ist eine etwas rabiate Methode und sollte in einem größeren Spiel nicht verwendet werden. Für unser kleines Spielchen ist das aber durchaus angemessen.

Wenn alles richtig funktioniert hat, müssen wir noch die Membervariable m_Rect initialisieren. Diese Membervariable ist vom Typ SDL_Rect, wobei es sich um eine Struktur bestehend aus vier Elementen handelt. Diese Struktur definiert einen rechteckigen Bereich, der durch ein Koordinatenpaar für die linke obere Ecke und eine Breite sowie Höhe definiert wird. Wenn wir unser Sprite später auf dem Bildschirm darstellen wollen, dann tragen wir dessen gewünschte Position auf dem Bildschirm in eben diese Struktur ein. Beim Initialisieren setzen wir die Koordinaten für die Position erst einmal auf 0. Die Breite und Höhe können wir über pImage ermitteln und merken uns diese Werte für später. Damit ist das Laden eines einfachen Sprites abgeschlossen, und wir können uns als Nächstes anschauen, wie man ein animiertes Sprite laden kann.

Listing 12.14 Sprite.cpp – Load (animiertes Sprite)

```
// Load
//
// Aufgabe: Animiertes Sprite laden
//
```

```
void CSprite::Load (const string sFilename, int NumFrames,
                    int FrameWidth, int FrameHeight)
{
  // Bitmap laden
  Load (sFilename);

  // Rect für Animationsphase initialisieren
  m_NumFrames   = NumFrames;
  m_FrameWidth  = FrameWidth;
  m_FrameHeight = FrameHeight;
  m_FrameRect.w = FrameWidth;
  m_FrameRect.h = FrameHeight;
  m_NumFramesX  = m_pImage->w / m_FrameWidth;

} // Load
```

Um zu verstehen, was hier passiert, muss man erst mal wissen, wie Animationen in unserem Spiel überhaupt realisiert werden. Dazu muss ich leider wieder ein wenig vorgreifen. Wenn später die Funktion zum Rendern von Sprites an die Reihe kommt, dann wirst Du sehen, dass man nicht unbedingt das gesamte Sprite darstellen muss. Man kann – ähnlich wie beim Löschen des Bildschirms – einen bestimmten Bereich angeben, der gerendert werden soll. Und genau das können wir ausnutzen, um Animationen darzustellen.

Sagen wir mal, wir möchten ein Sprite mit der Größe 100 mal 100 Pixel haben, das aus zwei Animationsphasen besteht. Mit der Vorgehensweise, wie wir sie hier verwenden, würden wir eine Bitmap erstellen, die 200 mal 100 Pixel groß wäre. Die beiden Einzelbilder der Animation würde man dann direkt hintereinander in diese Bitmap packen und das Ganze abspeichern. Sollte die Animation aus drei Phasen bestehen, dann würde man eben eine Bitmap erzeugen, die 300 mal 100 Pixel groß wäre, und dort die drei Einzelbilder hintereinander einfügen. Beim Rendern würde man dann allerdings nicht die gesamte Bitmap verwenden, sondern eben immer nur einen 100 mal 100 Pixel großen Ausschnitt. Je nach Animationsphase ändert man dann eben die Koordinaten dieses Ausschnittes. Wie das genau funktioniert, wird in der später folgenden Memberfunktion Render gezeigt.

Egal ob das Sprite nun animiert werden soll oder nicht, die Bitmap muss natürlich trotzdem geladen werden. Den Code dafür haben wir ja schon, und es gibt keinen Grund, ihn noch einmal zu schreiben. Wir können einfach die Memberfunktion Load aufrufen und ihr als Parameter nur den Dateinamen angeben. So ersparen wir uns doppelten Code, und unser Programm ist leichter zu lesen und zu pflegen. Natürlich wird durch diesen Funktionsaufruf auch die Membervariable m_Rect initialisiert. Wenn wir nur einen Ausschnitt aus einer Grafik rendern wollen, dann brauchen wir trotzdem noch zwei SDL_Rect-Strukturen. Eine, in der die gesamte Größe der Bitmap eingetragen ist (m_Rect), und eine, die Informationen über den zu rendernden Ausschnitt enthält (m_FrameRect). Wie das genau realisiert wird, sehen wir gleich. Wichtig ist erst mal, dass man zwei solche Rects benötigt.

Nachdem unser Sprite nun geladen wurde, können wir die Membervariablen initialisieren. Mit m_NumFrames wird angegeben, aus wie vielen Einzelbildern eine Animation besteht. Da wir die Breite und Höhe einer einzelnen Animationsphase als Parameter übergeben haben, können wir diese in m_FrameRect speichern und müssen diese Werte später nicht mehr auslesen oder berechnen, denn diese Werte ändern sich ja nicht. Die x- und y-Komponenten setzen wir später, wenn es ans Rendern geht.

Nun kann es ja sein, dass man beispielsweise eine Animation hat, die aus 20 oder 30 Einzelbildern besteht, die jeweils 100 Pixel breit und hoch sind. Nun wäre es ja etwas merkwürdig, wenn man dafür eine Grafik erzeugt, die 100 Pixel hoch und 2000 Pixel breit wäre. Deshalb wurde der Code für unser Spiel so geschrieben, dass man problemlos Bilder verwenden kann, deren einzelne Animationsbilder über mehrere „Zeilen" verteilt sind. Schau dir dazu einfach mal die Grafik *Asteroid.bmp* an, dann siehst Du, was gemeint ist. Damit unsere Funktion zum Rendern nachher damit zurechtkommt, müssen wir berechnen, wie viele Bilder pro Zeile verwendet werden. Dazu muss man kein Mathe-Genie sein, denn dieser Wert ergibt sich, wenn man die Breite des Gesamtbildes durch die Breite einer einzelnen Animationsphase teilt. Damit wir diesen Wert nicht immer wieder aufs Neue berechnen müssen, berechnen wir ihn hier in dieser Funktion und speichern ihn in einer entsprechenden Membervariablen zwischen. Damit ist das Laden eines animierten Sprites auch abgeschlossen. Wenn es hier an dieser Stelle noch einige Unklarheiten geben sollte, dann verschwinden diese spätestens, wenn wir ein animiertes Sprite rendern. Kommen wir aber vorher noch zu einer kurzen, aber sehr wichtigen Funktion, die es uns erlaubt, beliebige Formen auf dem Bildschirm darzustellen, obwohl unsere Sprites im Grunde immer rechteckig sind.

Listing 12.15 Sprite.cpp – SetColorKey

```
// SetColorKey
//
// Aufgabe: Transparente Farbe festlegen
//
void CSprite::SetColorKey (int R, int G, int B)
{
   // Colorkey einstellen
   SDL_SetColorKey (m_pImage, SDL_SRCCOLORKEY,
                    SDL_MapRGB (m_pImage->format, R, G, B) );

} // SetColorKey
```

Wenn wir beispielsweise unseren Asteroiden auf dem Bildschirm darstellen wollen, dann wäre es ja sehr unpraktisch, wenn man immer erkennen könnte, dass es sich um ein rechteckiges Objekt handelt, obwohl der Asteroid eher eine runde Form hat. Die Lösung für dieses Problem ist allerdings recht einfach, denn man kann einen sogenannten Colorkey festlegen. Dabei handelt es sich um einen Farbwert, der eine transparente Farbe repräsentiert. Gibt man als Colorkey beispielsweise ein reines Violett an (R = 255, G = 0, B = 255), dann werden alle Pixel des Sprites transparent dargestellt, die diesen Farbwert besitzen. Na, wenn das mal keine einfache Lösung ist! Prinzipiell kann man natürlich jeden Farbwert als Colorkey festlegen, aber es macht natürlich nicht immer Sinn. Ein reines Schwarz oder Weiß ist nicht so gut geeignet, da viele Grafiken eben einen solchen Farbwert besitzen. Ein reines Violett hingegen kommt selten vor. Der Grafiker muss dabei natürlich beachten, dass er diesen Farbwert nur für den Colorkey benutzt und für nichts anderes, damit nicht ungewollt irgendwelche Pixel transparent sind.

Um diesen Colorkey einzustellen, verwendet man die SDL-Funktion `SDL_SetColorKey`. Als ersten Parameter gibt man die Surface an, für die der Colorkey eingestellt werden soll. Der zweite Parameter kann aus einer Kombination von zwei Flags zusammengestellt werden, von denen uns momentan allerdings nur `SDL_SRCCOLORKEY` interessiert, womit festgelegt wird, dass der gleich folgende Farbwert der Colorkey sein soll. Der dritte Parameter ist – wie hätte es auch anders sein können – der Farbwert, der als Colorkey gelten soll. Hier verwenden wir wieder die bereits bekannte Funktion `SDL_MapRGB`, damit wir uns nicht selbst um die aktuelle Farbtiefe kümmern müssen. Von jetzt an „verschwinden" alle Pixel beim Rendern dieses Sprites, die eine satt violette Farbe haben. Wenn Du Dir beispielsweise die Grafik des Asteroiden anschaust, dann wirst Du sehen, dass alles außer dem Asteroiden selbst violett ist.

So, das war eine einfache, aber nützliche Funktion. Jetzt könnte es direkt mit der nächsten weitergehen, aber es ist Samstagabend kurz nach neun, und ich glaube, mit den anderen Funktionen mache ich morgen weiter. Weggehen ist heute Abend leider nicht angesagt, deshalb werde ich jetzt mit meinem Kumpel Kai ein wenig übers Internet zocken. Manchmal ist es einfach cool, ein Spiel zu spielen, für das man keine Arbeit, sondern nur rund 50 Euro investieren musste.

Diese Zeile ist zwar nur wenige Pixel entfernt, aber nun ist Sonntag, und es kann weitergehen. Schauen wir uns also die nächste Funktion an, mit der man die Position des Sprites auf dem Bildschirm festlegen kann:

Listing 12.16 Sprite.cpp – SetPos

```
// SetPos
//
// Aufgabe: Position des Sprites festlegen
//
void CSprite::SetPos (float fXPos, float fYPos)
{
  // Rect updaten
  m_Rect.x = static_cast<int>(fXPos);
  m_Rect.y = static_cast<int>(fYPos);

} // SetPos
```

Das Festlegen der Position ist denkbar einfach. Wir müssen einfach nur die gewünschten Koordinaten in das Rect `m_Rect` schreiben. Die Membervariable `m_FrameRect` bleibt hiervon allerdings unberührt, da dieses Rect nur für den Ausschnitt der aktuellen Animationsphase benötigt wird. Es sollte sich zwar von selbst verstehen, aber dennoch möchte ich erwähnen, dass diese Koordinaten relativ zur linken oberen Ecke des Fensters sind. Das bedeutet, dass ein Sprite mit den Koordinaten 0, 0 oben links gerendert wird, wohingegen ein Sprite mit den Koordinaten 400, 300 in der Mitte des Fensters gerendert wird, wenn man eine Auflösung von 800 mal 600 Pixeln hat.

Auf den ersten Blick scheint es etwas seltsam, dass die Memberfunktion `SetPos` zwei `float`-Werte übernimmt, die einzelnen Elemente des Rects aber `int`-Werte sind. Warum macht man das, wenn die Koordinaten letzten Endes doch wieder in `int`-Werte gecastet werden? Nun, die Antwort ist recht einfach. Wenn wir später unser Sprite bewegen werden, dann legen wir dafür eine bestimmte Geschwindigkeit fest. Natürlich gibt es auch Sprites, die sich nur sehr langsam bewegen. Selbst wenn man jetzt die Position des Sprites in jedem Frame nur um einen einzigen Pixel erhöht, dann kann das unter Umständen immer noch zu schnell sein. Außerdem würde dann die tatsächliche Geschwindigkeit auch von der Geschwindigkeit des Rechners abhängig sein, auf dem das Spiel läuft. Die Lösung besteht also darin, einen `float`-Wert zu verwenden. Man kann dann die Position in sehr kleinen Schritten verändern, und das Sprite bewegt sich erst dann einen Pixel weiter, wenn die nächste ganze Zahl erreicht wurde. Nachher wird es noch etwas deutlicher, wie das Ganze genau funktioniert. Doch vorher schauen wir uns erst mal an, wie ein Sprite überhaupt auf den Bildschirm gerendert wird.

Listing 12.17 Sprite.cpp – Render (keine Animation)

```
// Render
//
// Aufgabe: Sprite rendern (ohne Animation)
//
void CSprite::Render ()
{
  // Sprite rendern
  SDL_BlitSurface (m_pImage, NULL, m_pScreen, &m_Rect);

} // Render
```

Wie Du siehst, braucht man nicht mehr als eine einzige SDL-Funktion, um ein Sprite zu rendern. Doch bevor wir uns um die einzelnen Parameter kümmern, müssen wir erst klären, was diese Funktion denn überhaupt genau macht. Nun, das ist schnell erklärt. Mit der Funktion `SDL_BlitSurface` kann man eine Surface oder einen Ausschnitt davon in eine andere Surface kopieren. Mehr ist für unser kleines Spiel auch nicht nötig. Wir kopieren einfach unser Sprite (oder bei einem animierten Sprite nur einen Ausschnitt) in den Backbuffer (Du erinnerst Dich, das ist der Buffer, der gerade nicht sichtbar ist), also `m_pScreen`. Durch den Aufruf der SDL-Funktion `SDL_Flip` werden dann später die beiden Buffer getauscht, und unsere Sprites sind auf dem Bildschirm sichtbar.

Diese Funktion braucht nur vier Parameter, die nicht weiter schwer zu verstehen sind. Als Erstes muss man die Quell-Surface angeben, also die Surface unseres Sprites. Danach folgt das Quell-Rect, also der Ausschnitt des Sprites, der kopiert werden soll. Da wir allerdings das gesamte Sprite rendern wollen und keinen Ausschnitt für eine Animationsphase, geben wir hier `NULL` an. Als Nächstes müssen wir angeben, wohin unser Sprite denn gerendert werden soll, da es sich beim Ziel nicht unbedingt um den Bildschirm handeln muss. Man kann natürlich in jede beliebige andere Surface kopieren, aber in unserem Fall reicht es aus, wenn wir das Sprite direkt in den Backbuffer kopieren. Also geben wir als Ziel-Surface `m_pScreen` an, und alles ist in Butter. Der vierte Parameter ist zwar vom Typ `SDL_Rect`, aber trotzdem werden von dieser `Rect`-Struktur nur die beiden Werte x und y verwendet, womit die Position auf der Ziel-Surface bestimmt werden kann. Da wir die Koordinaten unseres Sprites immer in `m_Rect` festhalten, können wir diese Membervariable übergeben, und unser Sprite wird an der richtigen Stelle dargestellt. Schauen wir uns jetzt an, wie man mit dieser Funktion nur einen bestimmten Ausschnitt, also eine Animationsphase in den Backbuffer kopieren kann.

Listing 12.18 Sprite.cpp – Render (Animationsphase)

```
// Render
//
// Aufgabe: Ausschnitt des Sprites rendern (Animationsphase)
//
void CSprite::Render (float fFrameNumber)
{
    // Ausschnitt der aktuellen Animationsphase berechnen
    //

    // Spalte berechnen
    int Column = static_cast<int>(fFrameNumber)%m_NumFramesX;

    // Zeile berechnen
    int Row = static_cast<int>(fFrameNumber)/m_NumFramesX;

    // Rect berechnen
    m_FrameRect.x = Column * m_FrameWidth;
    m_FrameRect.y = Row * m_FrameHeight;

    // Ausschnitt rendern
    SDL_BlitSurface (m_pImage, &m_FrameRect, m_pScreen, &m_Rect);

} // Render
```

Auch das Rendern einer Animationsphase ist nicht weiter schwierig, wie man an der Tatsache erkennen kann, dass nur wenige Zeilen zusätzlich nötig sind. Wir müssen lediglich die genaue Position des Ausschnitts berechnen, der unserer Animationsphase entspricht. Damit die gleich folgende Berechnung etwas verständlicher wird, nehmen wir uns mal ein bildliches Beispiel. Stell Dir vor, Du hast ein Sprite, das aus acht einzelnen Animationsphasen besteht, die jeweils 50 mal 50 Pixel groß sind, und Dein Grafiker hat dafür eine Bitmap angelegt, die 200 mal 100 Pixel groß ist. Die acht einzelnen Animationsphasen sind dabei so angeordnet, dass es sozusagen zwei Zeilen und vier Spalten gibt, also vier Einzelsprites nebeneinander und zwei untereinander. Wenn nun Animationsphase Nummer 7 gerendert werden soll, so muss das Einzelsprite aus der dritten Spalte der zweiten Zeile gerendert werden. Dazu muss man natürlich den entsprechenden Ausschnitt ausrechnen und die Membervariable `m_FrameRect` mit den passenden Werten füllen.

Man muss also zuerst ausrechnen, in welcher Spalte (`Column`) und welcher Zeile (`Row`) sich unser Einzelsprite befindet. Hier kommt die Membervariable `m_NumFramesX` zum Einsatz, welche die Anzahl der Einzelsprites pro Zeile enthält (in diesem Fall wären das vier). Wenn man weiß, wie viele Einzelsprites es pro Zeile gibt und welches Einzelsprite man rendern möchte, dann kann man leicht ausrechnen, in welcher Zeile und welcher Spalte sich dieses Einzelsprite befindet. Doch bevor wir diese beiden Werte ausrechnen, möchte ich noch kurz darauf hinweisen, dass wir sowohl bei der Animationsphase als auch bei der Zeile und der Spalte mit dem Wert 0 beginnen. Möchte man nun beispielsweise das erste Einzelsprite der Animation rendern, dann hat `fFrameNumber` den Wert 0, genauso wie die danach berechnete Zeile und Spalte.

Um die Spalte zu berechnen, in der sich unser Sprite befindet, verwenden wir die Modulo-Rechenoperation, um den ganzzahligen Rest der Division von `fFrameNumber` durch `m_NumFramesX` herauszubekommen. Wenn wir nun die siebte Animationsphase darstellen wollen, dann hat die Variable `fFrameNumber` den Wert 6. Somit erhalten wir durch die Rechnung `6 % 4` als Ergebnis den Wert 2, befinden uns also in der dritten Spalte.

Noch einfacher ist das Berechnen der richtigen Zeile. Hier teilen wir einfach `fFrameNumber` durch `m_NumFramesX`. In unserem Fall hat `fFrameNumber` den Wert 6 und `m_NumFramesX` den Wert 4. Das Ergebnis der Division ist folglich 1,5. Da wir diesen Wert allerdings in ein `int` casten, wird das Ergebnis abgerundet, und wir erhalten den Wert 1, der dann für die zweite Spalte steht.

Nachdem wir nun wissen, in welcher Zeile und in welcher Spalte sich die von uns gewünschte Animationsphase befindet, ist es ein Leichtes, die Membervariable `m_Frame-Rect` mit den richtigen Werten, sprich den genauen Koordinaten innerhalb der Bitmap, zu füllen. Dazu müssen wir einfach nur die errechnete Spalte mit der Breite einer einzelnen Animationsphase multiplizieren und die Zeile folglich mit der Höhe. Um das Beispiel komplett zu machen, gehen wir das noch kurz anhand der eben errechneten Werte durch. Die Variable `Column` hat nun den Wert 2. Multipliziert mit der Breite eines Einzelsprites von 50 Pixeln (`m_FrameWidth`), erhalten wir den Wert 100 für die x-Koordinate. Die Variable `Row` hat den Wert 1, und multipliziert mit der Membervariablen `m_FrameHeight` erhalten wir für die y-Koordinate den Wert 50. Unsere Rect-Struktur schaut nun folgendermaßen aus:

```
m_FrameRect.x = 100;
m_FrameRect.y = 50;
m_FrameRect.w = 50;
m_FrameRect.h = 50;
```

Damit ist der richtige Ausschnitt berechnet, und wir können diesen über die SDL-Funktion `SDL_BlitSurface` in den Backbuffer kopieren. Wie Du gesehen hast, wurde für die Variable `fFrameNumber` ebenfalls wieder ein `float`-Datentyp gewählt. Der Grund hierfür ist der gleiche wie schon bei der Position eines Sprites. Wir möchten unabhängig von der Geschwindigkeit des Rechners auch langsame Animationen abspielen können. Und wie das genau funktioniert und welche Rolle unser Timer dabei spielt, wirst Du in der nächsten Klasse sehen.

12.4.5 Feuer frei: die Klasse CShot

Jetzt haben wir endlich alle nötigen Grundlagen zusammen und können uns nun langsam, aber sicher den Spielobjekten wie etwa den Schüssen, den Asteroiden und dem Spieler zuwenden. Beginnen werden wir – wie man an der Überschrift unschwer erkennen kann – mit den Schüssen. Schauen wir uns zuerst die Header-Datei der Klasse `CShot` an.

Listing 12.19 Shot.hpp

```cpp
#ifndef SHOT_HPP
#define SHOT_HPP

#include "Sprite.hpp"

class CShot
{
  public:
    void Init      (CSprite *pSpriteShot, float fXPos, float fYPos);
    void Update    ();
    void Render    ();
    bool IsAlive   () {return m_bIsAlive;}
    void SetAlive  (bool bIsAlive) {m_bIsAlive = bIsAlive;}
    SDL_Rect GetRect () {return m_Rect;}

  private:
    CSprite *m_pSpriteShot; // Zeiger auf Laser-Sprite
    float    m_fXPos;       // X-Position des Schusses
    float    m_fYPos;       // Y-Position des Schusses
    bool     m_bIsAlive;    // "Lebt" der Schuss noch?
    SDL_Rect m_Rect;        // Rect des Schusses

};

#endif
```

Diese Klasse repräsentiert einen Schuss im Spiel. Dabei fällt auf, dass der Init-Funktion ein Zeiger auf ein wohl schon existierendes Sprite übergeben wird. Das macht auch durchaus Sinn, denn im Spielverlauf wird nicht nur ein einziger Schuss erzeugt, sondern eine ganze Reihe davon. Jeder dieser Schüsse wird dabei jedoch immer vom gleichen Sprite dargestellt. Nun wäre es ja pure Verschwendung, wenn jeder Schuss eine eigene Sprite-Instanz erzeugen würde. Deshalb lösen wir es so, dass ein Schuss immer nur einen Zeiger auf ein bereits existierendes Sprite hat und keine eigene Instanz davon. Der eigentliche Schuss, der tatsächlich nur einmal existieren wird, wird von der Klasse CPlayer erzeugt und auch wieder freigegeben. Immer dann, wenn der Spieler schießt, erzeugt er eine neue Instanz der Klasse CShot und übergibt der Init-Funktion einen Zeiger auf das Schuss-Sprite. Wie das genau funktioniert, siehst Du, wenn wir uns später die Klasse CPlayer anschauen.

Die Memberfunktion Update kümmert sich darum, dass der Schuss bewegt wird. Dabei überprüft sie auch, ob der Schuss inzwischen den Bildschirm verlassen hat, denn dann kann der Schuss gelöscht werden. Da wir eine Schussinstanz schlecht löschen können, während wir uns noch innerhalb dieser Instanz befinden, greifen wir auf einen kleinen Trick zurück. Wir spendieren unserer Klasse eine Membervariable namens m_bIsAlive. Diese Variable ist so lange true, wie der Schuss sich noch auf einer gültigen Position am Bildschirm befindet. Hat der Schuss einen Asteroiden getroffen oder den Bildschirm verlassen, so wird diese Variable auf false gesetzt. Die Klasse CPlayer enthält und verwaltet eine Liste aller Schüsse. Beim Durchlaufen dieser Liste wird geprüft, ob der Schuss noch „lebt", und gegebenenfalls gelöscht. Doch dazu später mehr, wenn wir diese Klasse behandeln.

Weitere Membervariablen sind sowohl die Position des Schusses als auch dessen Rect, das wir später zur Kollisionsabfrage benötigen werden. Aber schauen wir uns zuerst einmal die einzelnen Memberfunktionen der Klasse CShot an. Los geht es mit der Init-Funktion.

Listing 12.20 Shot.cpp – Init

```cpp
#include "Shot.hpp"
// Init
//
// Aufgabe: Schuss initialisieren
//
void CShot::Init (CSprite *pSpriteShot, float fXPos, float fYPos)
{
    // Zeiger auf Sprite kopieren und Koordinaten setzen
    m_pSpriteShot = pSpriteShot;
    m_fXPos = fXPos;
    m_fYPos = fYPos;

    // Rect initialisieren
    m_Rect.x = static_cast<int>(fXPos);
    m_Rect.y = static_cast<int>(fYPos);
    m_Rect.w = pSpriteShot->GetRect().w;
    m_Rect.h = pSpriteShot->GetRect().h;

    // Schuss aktivieren
    m_bIsAlive = true;

} // Init
```

Diese Memberfunktion erklärt sich zwar fast von alleine, trotzdem soll es dazu einige Erklärungen geben. Zuerst wird also wie bereits erwähnt der Zeiger auf ein bereits bestehendes (und einziges) Schuss-Sprite kopiert. Da die Grafiken unserer Sprites ja immer nur in den Backbuffer kopiert werden, ist es kein Problem, dass man tatsächlich nur eine einzige Instanz eines Schuss-Sprites hat. Man rendert es, ändert die Koordinaten und rendert es wieder. Damit trotzdem jeder Schuss seine eigene Position hat, müssen wir uns die Koordinaten in entsprechenden Membervariablen (m_fXPos und m_fYPos) merken. Außerdem initialisieren wir noch ein Rect, das später sowohl zum Rendern als auch zum Überprüfen von Kollisionen verwendet werden kann. Als Letztes setzen wir die Membervariable m_bIsAlive auf true, damit der Schuss aktiviert wird. Damit ist die Init-Funktion abgeschlossen, und es kann direkt mit der nächsten Funktion weitergehen.

Listing 12.21 Shot.cpp – Update

```cpp
// Update
//
// Aufgabe: Schuss bewegen und Position prüfen
//
void CShot::Update ()
{
    // Schuss bewegen
    m_fYPos -= 400.0f * g_pTimer->GetElapsed ();

    m_Rect.y = static_cast<int>(m_fYPos);

    // Deaktivieren, falls außerhalb des Bildschirms
    if (m_fYPos < -15.0f)
        m_bIsAlive = false;

} // Update
```

So langsam beginnen sich die einzelnen Teile unseres Spiels zusammenzufügen, und man sieht, wie die bisher besprochenen Klassen eingesetzt werden. Bei der Bewegung des Schusses spielt nun der Timer eine entscheidende Rolle. Wie Du siehst, wird die Y-Position des Schusses auf den ersten Blick scheinbar um einen recht großen Betrag verringert (die Schüsse bewegen sich nach oben, deshalb muss die Y-Position verkleinert werden). Allerdings wird dieser Betrag mit der Zeit multipliziert, die der letzte Frame in Anspruch genommen hat. Wenn man sich nun überlegt, dass in unserem Spiel nicht gerade viel passiert, dann sollte klar sein, dass dieser Zeitwert sehr, sehr klein ausfällt. Schließlich werden ja nur einige Grafiken gerendert und ein paar Tasten abgefragt, mehr nicht. Selbst auf meinem alten Laptop beträgt die Zeit zwischen zwei Frames nur wenige hundertstel Sekunden. Wenn man also einen Wert von 400 mit einer hundertstel Sekunde multipliziert, dann bewegt sich das Sprite nur mit 4 Pixel pro Frame vorwärts. Nun wird auch deutlich, welchen Vorteil unser Timer mit sich bringt. Hat man nun einen Rechner, der zehnmal so schnell läuft wie mein Laptop, dann bewegt sich das Sprite auch nur mit 0,4 Pixel pro Frame vorwärts. Da allerdings in der gleichen Zeit auch zehnmal so viele Frames durchlaufen werden, bewegt sich das Sprite trotzdem immer gleich schnell. Wenn man also ein Spiel haben möchte, dass auf allen Rechnern gleich schnell läuft, so muss man jede Bewegung auf die hier gezeigte Art realisieren (tatsächlich machen das alle modernen Spiele so).

Nachdem die neue Y-Position nun in das Rect geschrieben wurde, müssen wir noch prüfen, ob der Schuss bereits den Bildschirm verlassen hat. Hier bekommen wir allerdings ein kleines Problem, da die Breite und Höhe eines Rects von der SDL automatisch auf 0 gesetzt werden, sobald sich das Sprite komplett außerhalb des Bildschirms befindet. Um das zu verhindern, müsste man sich eigene Funktionen schreiben, worauf wir hier aber verzichten werden. Wir tricksen an dieser Stelle einfach ein wenig und prüfen, ob sich das Sprite **fast** ganz außerhalb des Bildschirms befindet. Optisch fällt das nämlich so gut wie gar nicht auf. Wenn das der Fall ist, wird die Membervariable m_bIsAlive auf false gesetzt. Damit kennzeichnen wir, dass dieses Sprite aus der zur Klasse CPlayer gehörenden Liste (die wir später noch sehen werden) herausgelöscht werden kann. Schauen wir uns nun die letzte Funktion unserer Schuss-Klasse an.

Listing 12.22 Shot.cpp – Render

```
// Render
//
// Aufgabe: Schuss rendern
//
void CShot::Render ()
{
  if (m_bIsAlive == true)
  {
    // Koordinaten setzen und rendern
    m_pSpriteShot->SetPos (m_fXPos, m_fYPos);
    m_pSpriteShot->Render ();
  }

} // Render
```

Mit dieser – glücklicherweise recht kurzen – Funktion rendern wir nun unseren Schuss, nachdem wir zuvor geprüft haben, ob er noch aktiv ist. Dazu muss man nur dem Sprite mittels der Funktion SetPos die neuen Koordinaten mitteilen und seine Render-Funktion aufrufen. Mehr Aufgaben hat diese Klasse tatsächlich nicht zu bewältigen. Wie man prüft, ob ein Schuss einen Asteroiden getroffen hat, schauen wir uns später noch genau an. Jetzt geht es erst einmal mit der Klasse CAsteroid weiter, die der Klasse CShot zum Verwechseln ähnlich ist.

12.4.6 Die Klasse CAsteroid

Neben dem Spieler und den Schüssen brauchen wir auch noch etwas, was wir ohne schlechtes Gewissen abschießen können: Asteroiden. Genau darum kümmert sich nun diese Klasse, und wir schauen uns ohne weitere Umschweife die dazugehörige Header-Datei an:

Listing 12.23 Asteroid.hpp

```
#ifndef ASTEROID_HPP
#define ASTEROID_HPP

#include "Sprite.hpp"

class CAsteroid
{
  public:
    void Init     (CSprite *pSpriteAsteroid, float fXPos, float fYPos);
    void Update   ();
    void Render   ();
    bool IsAlive  () {return m_bIsAlive;}
    void SetAlive (bool bIsAlive) {m_bIsAlive = bIsAlive;}
    SDL_Rect GetRect () {return m_Rect;}

  private:
    CSprite *m_pSpriteAsteroid; // Zeiger auf Asteroiden-Sprite
    float    m_fXPos;           // X-Position des Asteroiden
    float    m_fYPos;           // Y-Position des Asteroiden
    float    m_fAnimPhase;      // Akt. Animationsphase des Asteroiden
    bool     m_bIsAlive;        // "Lebt" der Asteroid noch?
    SDL_Rect m_Rect;            // Rect des Asteroiden

};

#endif
```

Na, wenn das mal keine Ähnlichkeit ist! Das ist allerdings nicht weiter verwunderlich, da die Asteroiden prinzipiell genauso funktionieren wie die Schüsse. Der einzige Unterschied besteht darin, dass die Asteroiden im Gegensatz zu den Schüssen animiert sind. Aus diesem Grund bekommt unsere Klasse noch eine Membervariable namens m_fAnimPhase spendiert, in der die aktuelle Animationsphase gespeichert wird. Die Init-Funktion für unseren Asteroiden unterscheidet sich zwar nur durch eine einzige Zeile, der Vollständigkeit halber wird diese Memberfunktion hier dennoch abgedruckt.

Listing 12.24 Asteroid.cpp – Init

```
#include "Asteroid.hpp"

// Init
//
// Aufgabe: Asteroid initialisieren
//
void CAsteroid::Init (CSprite *pSpriteAsteroid, float fXPos, float fYPos)
{
    // Zeiger auf Sprite kopieren und Koordinaten setzen
    m_pSpriteAsteroid = pSpriteAsteroid;
    m_fXPos = fXPos;
    m_fYPos = fYPos;

    // Animation beginnt beim ersten Einzelbild
    m_fAnimPhase = 0.0f;

    // Rect initialisieren
    m_Rect.x = static_cast<int>(fXPos);
    m_Rect.y = static_cast<int>(fYPos);
    m_Rect.w = pSpriteAsteroid->GetRect().w;
    m_Rect.h = pSpriteAsteroid->GetRect().h;

    // Asteroid aktivieren
    m_bIsAlive = true;

} // Init
```

Wie Du siehst, siehst Du nichts, zumindest nichts wirklich Neues. Es wird lediglich die Membervariable `m_fAnimPhase` initialisiert, mehr nicht. Deshalb halten wir uns hier nicht lange auf, sondern schauen uns lieber die nächste Memberfunktion an, die wieder ein wenig interessanter wird und auch etwas Neues bietet.

Listing 12.25 Asteroid.cpp – Update

```
// Update
//
// Aufgabe: Asteroid bewegen und Position prüfen
//
void CAsteroid::Update ()
{
    // Asteroid bewegen
    m_fYPos += 200.0f * g_pTimer->GetElapsed ();

    m_Rect.y = static_cast<int>(m_fYPos);

    // Animieren
    m_fAnimPhase += 10.0f * g_pTimer->GetElapsed ();

    // Prüfen, ob die Animation am Ende angelangt ist
    if (m_fAnimPhase >= 20.0f)
        m_fAnimPhase = m_fAnimPhase - 20.0f;

    // Deaktivieren, falls außerhalb des Bildschirms
    if (m_fYPos > 590.0f)
        m_bIsAlive = false;

} // Update
```

Als Erstes kümmert sich diese Funktion darum, dass sich der Asteroid über den Bildschirm bewegt. Direkt danach wird das Sprite animiert. Dazu wird einfach die Membervariable m_fAnimPhase um einen bestimmten Betrag erhöht, der natürlich wieder mit der Zeit des letzten Frames multipliziert werden muss, damit die Animation auf jedem Rechner gleich schnell abläuft. Nun wird geprüft, ob die Animation am Ende angelangt ist. Wenn das der Fall ist, dann wird die Membervariable m_fAnimPhase nicht einfach auf 0 zurückgesetzt, sondern die Anzahl der Animationen von ihr abgezogen. Wenn Du kurz überlegst, dann kommst Du sicherlich darauf, warum das so gemacht wird. Nimm beispielsweise einmal an, m_fAnimPhase hätte den Wert 7,6, der im nächsten Frame auf 8,4 erhöht wird. Würde man nun den Wert einfach wieder auf 0 zurücksetzen, so wäre die Zeit, welche die erste Animationsphase im Vergleich zur vorherigen braucht, etwas länger. Deshalb zieht man von der m_fAnimPhase die Anzahl der Gesamtanimationen ab und erhält in unserem Beispiel den Wert 0,4. Das mag hier etwas kleinlich klingen, aber diese Vorgehensweise sorgt tatsächlich für eine weichere Animation.

Nachdem die Animation abgeschlossen ist, wird nur noch geprüft, ob sich der Asteroid noch im sichtbaren Bereich befindet oder nicht, und gegebenenfalls deaktiviert. Hier verwenden wir wieder den kleinen „Trick", der auch schon bei den Schüssen zur Anwendung kam, und deaktivieren den Asteroiden, schon kurz bevor er den Bildschirm verlässt. Damit ist diese Funktion abgeschlossen, und es kann direkt mit der nächsten weitergehen.

Listing 12.26 Asteroid.cpp – Render

```
// Render
//
// Aufgabe: Asteroid rendern
//
void CAsteroid::Render ()
{
  m_pSpriteAsteroid->SetPos (m_fXPos, m_fYPos);
  m_pSpriteAsteroid->Render (m_fAnimPhase);

} // Render
```

Diese Funktion braucht eigentlich nicht weiter erklärt zu werden, da hier nur die Position festgelegt und das Sprite gerendert wird. Der Vollständigkeit halber wurde sie natürlich dennoch abgedruckt. Damit ist auch diese Klasse schon wieder abgeschlossen, und wir können jetzt unser eigenes Raumschiff in Angriff nehmen.

12.4.7 Die Hauptfigur: Die Klasse CPlayer

Jetzt bleiben nicht mehr viele Klassen übrig, da wir die meisten davon schon hinter uns haben. Trotzdem folgt jetzt eine der wichtigsten Klassen, nämlich die des Spielers. Schauen wir uns mal deren Header-Datei an:

Listing 12.27 Player.hpp

```cpp
#ifndef PLAYER_HPP
#define PLAYER_HPP

#include <list>
#include "Sprite.hpp"
#include "Shot.hpp"

class CPlayer
{
  public:
    CPlayer       ();
    void Init     ();
    void Quit     ();
    void Render   ();
    void Update   ();
    void Reset    ();
    list<CShot> *GetShotList () {return &m_ShotList;}

  private:
    void ProcessMoving    ();
    void ProcessShooting  ();
    void CheckPosition    ();

    CSprite *m_pSpritePlayer; // Sprite für Spieler
    CSprite *m_pSpriteShot;   // Sprite für Laserschüsse
    float m_fXPos;            // X-Position des Spielers
    float m_fYPos;            // Y-Position des Spielers
    float m_fAnimPhase;       // Aktuelle Animationsphase
    bool m_bShotLock;         // Darf der nächste Schuss raus?
    list<CShot> m_ShotList;   // Liste der Schüsse

};

#endif
```

Man sieht auf den ersten Blick, dass die Klasse `CPlayer` weit mehr Aufgaben zu bewältigen hat als die Klassen `CShot` und `CAsteroid`. Natürlich benötigt die Spielerklasse ebenfalls Memberfunktionen zum Initialisieren, zum Updaten und zum Rendern, aber das ist natürlich nicht alles, denn der Spieler muss sich bewegen und schießen können. Wie bereits erwähnt wurde, verfügt die Klasse `CPlayer` über eine Liste aller momentan aktiven Schüsse. Und da jeder Schuss das gleiche Aussehen hat, wird auch nur ein einziges Sprite für den Schuss erzeugt, weshalb unsere Klasse über eine entsprechende Membervariable dafür verfügt. Außerdem sind noch einige weitere Memberfunktionen und Variablen notwendig. Um diese kümmern wir uns jetzt. Schauen wir uns dazu erst den Konstruktor, die `Init`-Funktion und die `Quit`-Funktion an:

Listing 12.28 Player.cpp – Konstruktor, Init und Quit

```cpp
#include "Player.hpp"

// Konstruktor
//
// Aufgabe: Allgemeine Initialisierungen
//
CPlayer::CPlayer ()
{
  m_pSpritePlayer = NULL;
  m_pSpriteShot = NULL;
```

407

```
  } // Konstruktor

// Init
//
// Aufgabe: Sprites erzeugen und laden
//
void CPlayer::Init ()
{
  // Spielersprite erstellen
  m_pSpritePlayer = new CSprite;

  m_pSpritePlayer->Load ("Data/Player.bmp", 11, 64,64);
  m_pSpritePlayer->SetColorKey (255, 0, 255);

  // Schuss-Sprite erstellen
  m_pSpriteShot = new CSprite;

  m_pSpriteShot->Load ("Data/Laser.bmp", 0, 64, 64);
  m_pSpriteShot->SetColorKey (255, 0, 255);

} // Init

// Quit
//
// Aufgabe: Sprites freigeben
//
void CPlayer::Quit ()
{
  // Spieler-Sprite freigeben
  if (m_pSpritePlayer != NULL)
  {
    delete (m_pSpritePlayer);
    m_pSpritePlayer = NULL;
  }

  // Schuss-Sprite freigeben
  if (m_pSpritePlayer != NULL)
  {
    delete (m_pSpritePlayer);
    m_pSpritePlayer = NULL;
  }

} // Quit
```

Im Konstruktor werden einfach nur die beiden Sprite-Instanzen auf NULL gesetzt, so wie es sich gehört. In der Init-Funktion werden nun die beiden Sprites für das Spielerraumschiff und den Laserschuss geladen. Auch hierbei gibt es nicht, was wir nicht schon kennen. Beim Sprite für den Spieler handelt es sich um ein animiertes Sprite, beim Schuss nicht. Beiden Sprites wird noch ein Colorkey zugewiesen, und damit hat die Init-Funktion ihre Aufgabe auch schon erfüllt. Die Quit-Funktion sorgt noch dafür, dass die Sprites beim Beenden des Spiels auch wieder freigegeben werden. Weiter geht's mit der Memberfunktion Reset:

Listing 12.29 Player.cpp – Reset

```
// Reset
//
// Aufgabe: Spielerwerte auf Standard setzen
//
void CPlayer::Reset ()
{
  // Startposition des Spielers
  m_fXPos = 376.0f;
```

```
    m_fYPos = 520.0f;

    // Animationsphase
    m_fAnimPhase = 5.0f;

    // Es darf geschossen werden
    m_bShotLock = false;

} // Reset
```

Diese Memberfunktion hat die Aufgabe, die Startwerte des Spielers wiederherzustellen. In unserer Version des Spiels verwenden wir diese Funktion nur einmal, nämlich bei der Initialisierung (kommt später). Wenn Du das Spiel später erweitern möchtest, dann wirst Du es vielleicht so machen, dass der Spieler nach einer Kollision mit dem Asteroiden ein Leben abgezogen bekommt und neu beginnt. Das ist dann die richtige Stelle, um diese Memberfunktion aufzurufen. In unserem Beispiel hätte man diese Werte natürlich auch in der Init-Funktion setzen können. Aber es ist natürlich keine schlechte Idee, an zukünftige Erweiterungen zu denken und bestimmte Funktionen schon im Voraus zu planen.

Aber was macht diese Funktion denn nun genau? Nun, sie sorgt zuerst einmal dafür, dass das Spielerraumschiff mittig am unteren Rand des Bildschirms platziert wird. Danach wird die Animationsphase aber nicht, wie man zuerst denken könnte, auf 0.0f, sondern auf 5.0f gesetzt. Wenn Du Dir die Datei *Player.bmp* anschaust, dann wird auch klar, warum das so sein muss. Die „Ruhephase" des Raumschiffes befindet sich in der Mitte der Animation. Bewegt man sich nach links, so neigt sich das Raumschiff ebenfalls nach links. Bewegt man sich nach rechts, so neigt sich das Raumschiff entsprechend in diese Richtung. Deshalb ist es sinnvoll, die Animationsphase für das Raumschiff ohne Neigung in der Mitte zu platzieren. Und wie das Raumschiff und die Schüsse auf den Bildschirm kommen, schauen wir uns als Nächstes an.

Listing 12.30 Player.cpp – Render

```
// Render
//
// Aufgabe: Spieler und Schüsse rendern
//
void CPlayer::Render ()
{
    // Position des Spielers setzen und Sprite rendern
    m_pSpritePlayer->SetPos (m_fXPos, m_fYPos);
    m_pSpritePlayer->Render (m_fAnimPhase);

    // Iterator für Schussliste
    list<CShot>::iterator it = m_ShotList.begin ();

    // Schussliste durchlaufen
    while (it != m_ShotList.end ())
    {
        // Schuss updaten
        it->Update ();

        // Ist der Schuss noch aktiv?
        if (it->IsAlive ())
        {
            // Ja, dann rendern
            it->Render ();
            it++;
```

```
      }
      else
      {
        // Nein, dann aus der Liste entfernen
        it = m_ShotList.erase (it);
      }

    }

  } // Render
```

Das Rendern des Spieler-Sprites funktioniert hier genauso wie schon das Rendern der Asteroiden und der Schüsse, weshalb wir uns gleich mit der Schussliste befassen können. In dieser Liste sind alle Schüsse verzeichnet, die sich momentan im Spiel befinden. Damit wir diese Liste durchlaufen können, legen wir uns den Iterator it an. Die nun folgende while-Schleife läuft so lange, bis das Ende der Liste erreicht wurde. Innerhalb dieser Schleife wird nun als Erstes die Memberfunktion Update des aktuellen Schusses aufgerufen, damit dieser bewegt und seine Position geprüft wird. Danach wird geprüft, ob der Schuss noch aktiv ist. Die Memberfunktion IsAlive liefert bekanntlich false zurück, falls der Schuss durch eine Kollision mit einem Asteroiden oder durch Verlassen des Bildschirms deaktiviert wurde. Wenn der Schuss also noch aktiv ist, wird er gerendert und der Iterator it inkrementiert. Ist der Schuss hingegen nicht mehr aktiv, so wird er per erase aus der Liste gelöscht. Hier lernen wir auch noch eine nützliche Eigenschaft der erase-Methode kennen. Diese Methode liefert uns nämlich den nächsten gültigen Iterator zurück. Somit sind wir in der Lage, Elemente aus einer Liste zu entfernen, während wir sie noch durchlaufen. Wird kein Element entfernt, so inkrementieren wir den Iterator, ansonsten lassen wir uns einfach den nächsten gültigen Iterator von der erase-Methode zurückliefern.

An diesem Beispiel sieht man nun den realen Einsatz der STL in einem Spiel. Auch wenn die Beispiele in Kapitel 9 schon recht pragmatisch waren, so erkennt man die Nützlichkeit und den Sinn bestimmter Dinge erst in einem echten Anwendungsfall, wie wir ihn hier vor uns haben. Auch wenn man sich erst ein wenig an die STL gewöhnen muss: Man sieht hier, wie nützlich sie ist. In unserem Spiel ist es jetzt nicht mehr besonders schwer oder kompliziert, viele Objekte zu verwalten. Und was die Klasse CPlayer sonst noch so treibt, schauen wir uns jetzt an.

Listing 12.31 Player.cpp – Update

```
// Update
//
// Aufgabe: Spieler updaten
//
void CPlayer::Update ()
{
  // Bewegung des Spielers
  ProcessMoving ();

  // Prüfen, ob geschossen wurde
  ProcessShooting ();

  // Position und Animationsphase überprüfen
  CheckPosition ();

} // Update
```

Über die Funktionsweise dieser Memberfunktion gibt es nicht viel zu sagen, da hier einfach nur andere Memberfunktionen aufgerufen werden. Allerdings macht diese Funktion deutlich, wie wichtig gut strukturierter und aufgeräumter Code ist. Natürlich hätte man auch darauf verzichten können, drei separate Memberfunktionen zu schreiben. Von der Funktionsweise macht es ja keinen Unterschied, ob man den Code komplett in die Memberfunktion Update schreibt oder wie hier gezeigt aufteilt. Allerdings haben wir hier eine sehr gute Übersichtlichkeit, und man sieht auf den ersten Blick, was genau passiert und welche Abläufe stattfinden. Zuerst wird der Spieler bewegt, danach wird geprüft, ob er geschossen hat, und entsprechend reagiert. Als Letztes wird noch geschaut, ob sich der Spieler auf gültigen Koordinaten befindet und ob die Animationsphase noch korrekt ist. Würde der Code dieser drei Memberfunktionen hier komplett untereinander stehen, so hätte man wesentlich weniger Übersicht und müsste genauer hinschauen, um zu verstehen, was passiert. Da wir hier allerdings gründlich waren und den Code sauber aufgeräumt und strukturiert haben, können wir uns jetzt diese drei Memberfunktionen der Reihe nach anschauen.

Listing 12.32 Player.cpp – ProcessMoving

```
// ProcessMoving
//
// Aufgabe: Bewegung des Spielers
//
void CPlayer::ProcessMoving ()
{
  // Nach links?
  if (g_pFramework->KeyDown (SDLK_LEFT))
  {
    // Spieler nach links bewegen
    m_fXPos -= 300.0f * g_pTimer->GetElapsed ();

    // Animieren
    m_fAnimPhase -= 20.0f * g_pTimer->GetElapsed ();

  }
  // Nach rechts?
  else if (g_pFramework->KeyDown (SDLK_RIGHT))
  {
    // Spieler nach rechts bewegen
    m_fXPos += 300.0f * g_pTimer->GetElapsed ();

    // Animieren
    m_fAnimPhase += 20.0f * g_pTimer->GetElapsed ();

  }
  // Spieler wurde nicht bewegt
  else
  {
    // Animation zurück zum Ausgangspunkt
    if (m_fAnimPhase > 5.0f)
      m_fAnimPhase -= 20.0f * g_pTimer->GetElapsed ();
    if (m_fAnimPhase < 5.0f)
      m_fAnimPhase += 20.0f * g_pTimer->GetElapsed ();
  }

} // ProcessMoving
```

411

Ein ganz schönes `if-else`-Gewusel, was? Alles halb so schlimm, keine Sorge. Zuerst wird geschaut, ob der Spieler die Pfeiltaste nach links gedrückt hat. Wenn das der Fall ist, dann wird das Spielerraumschiff ein Stück nach links bewegt und die Membervariable `m_fAnimPhase` dekrementiert, damit sich das Raumschiff nach links neigt. Auch hier wird natürlich wieder alles mit der Zeit des letzten Frames multipliziert, damit eine gleichmäßige Bewegung und Animation möglich sind. Wenn diese Taste nicht gedrückt wurde, dann wird geschaut, ob der Spieler vielleicht die Pfeiltaste nach rechts gedrückt hat. Wenn ja, dann wird das Raumschiff nach rechts bewegt und `m_fAnimPhase` inkrementiert, wodurch sich das Raumschiff nach rechts neigt.

Wenn der Spieler keine dieser beiden Tasten gedrückt hat, dann bleibt trotzdem noch etwas zu tun. Die Animation des Raumschiffes muss nämlich wieder auf die Animationsphase zurücklaufen, welche die „Ruhephase" des Raumschiffes darstellt. Dazu wird einfach geprüft, nach welcher Seite das Raumschiff momentan geneigt ist, und dementsprechend die Membervariable `m_fAnimPhase` inkrementiert oder dekrementiert. Weiter geht's mit dem Abfeuern der Lasersalven.

Listing 12.33 Player.cpp – ProcessShooting

```
// ProcessShooting
//
// Aufgabe: Waffe abfeuern
//
void CPlayer::ProcessShooting ()
{
    // Wurde Space gedrückt und darf geschossen werden?
    if (g_pFramework->KeyDown (SDLK_SPACE) && m_bShotLock == false)
    {
        // Neuen Schuss erzeugen und initialisieren
        CShot Shot;

        Shot.Init (m_pSpriteShot, m_fXPos, m_fYPos);

        // Schuss in Liste einfügen
        m_ShotList.push_back (Shot);

        // Schießen erst wieder erlaubt, wenn Space losgelassen
        m_bShotLock = true;

    }

    // Ist die Leertaste nicht mehr gedrückt, schießen wieder erlaubt
    if (g_pFramework->KeyDown (SDLK_SPACE) == false)
        m_bShotLock = false;

} // ProcessShooting
```

Für das Schussverhalten müssen wir uns zuerst einmal überlegen, nach welchen Regeln geschossen werden darf. Im Prinzip haben wir hier zwei Möglichkeiten. Entweder dem Spieler steht ein sogenanntes Autofire zur Verfügung, oder er muss für jeden Schuss die Leertaste erneut drücken. Beim Autofire genügt es, die Leertaste einfach festzuhalten. Dabei ist natürlich ein Timer nötig, der immer nach einer gewissen Zeit einen Schuss abfeuert. In unserem Spiel ist es allerdings so, dass der Spieler für jeden Schuss einmal die Leertaste drücken muss.

Das zu realisieren ist nicht weiter schwer. Man braucht nur eine Membervariable vom Typ `bool`. Wenn der Spieler nun die Leertaste drückt und die Membervariable `m_bShotLock` auf `false` steht, so darf geschossen werden. Dabei wird dann `m_bShotLock` auf `true` gesetzt, weshalb die if-Bedingung beim nächsten Mal fehlschlägt und nicht mehr geschossen werden kann. Im Anschluss wird geprüft, ob die Leertaste **nicht** gedrückt ist. Wenn das der Fall ist, so wird `m_bShotLock` wieder auf `false` gesetzt, und der Spieler darf wieder schießen. Damit ist sichergestellt, dass man pro Schuss einmal die Leertaste drücken und wieder loslassen muss.

Wenn der Spieler schießt, wird eine neue Instanz vom Typ `CShot` erzeugt und initialisiert. Danach wird diese Instanz über die Methode `push_back` in die Liste `m_ShotList` geschoben, und der Schuss kann sein virtuelles Leben beginnen.

Jetzt gibt es nur noch eine Memberfunktion der Klasse `CPlayer` zu behandeln. Schauen wir uns mal an, welche Aufgabe sie erfüllt.

Listing 12.34 Player.cpp – CheckPosition

```
// CheckPosition
//
// Aufgabe: Position und Animationsphase prüfen
//
void CPlayer::CheckPosition ()
{
  // Linker und rechter Rand
  if (m_fXPos < 0.0f)
    m_fXPos = 0.0f;
  else if (m_fXPos > 752.0f)
    m_fXPos = 752.0f;

  // Animationsphase prüfen
  if (m_fAnimPhase < 0.0f)
    m_fAnimPhase = 0.0f;
  else if (m_fAnimPhase > 10.0f)
    m_fAnimPhase = 10.0f;

} // CheckPosition
```

Diese Funktion sorgt dafür, dass der Spieler sich nicht über den linken und rechten Rand hinausbewegen kann. Dazu wird einfach abgefragt, ob er eine festgelegte Grenze überschritten hat. Wenn das der Fall ist, dann werden die Koordinaten auf genau diese Grenze gesetzt. Bei der Prüfung der Animationsphase wird auf die gleiche Weise vorgegangen. Auch hier wird einfach geprüft, ob eine gewisse Grenze überschritten wurde oder nicht, und dann entsprechend reagiert.

Das war's dann auch schon wieder für diese Klasse. Wir haben jetzt ein Spielerraumschiff, das sich nicht nur durch graue Textausgaben im Konsolenfenster bemerkbar macht, sondern tatsächlich auf dem Bildschirm zu sehen ist. Man kann es steuern und Laserschüsse abfeuern. Was uns aber noch fehlt, ist die Spiellogik. Und genau darum kümmern wir uns jetzt.

12.4.8 Die Klasse CGame

Wir haben jetzt alles zusammen, was wir für unser Spiel brauchen. Doch bisher ist das Ganze noch ein wenig bruchstückhaft und muss noch zu einem funktionierenden Spiel zusammengefasst werden. Für diese Aufgabe ist die Klasse CGame zuständig. Schauen wir uns mal deren Header-Datei an.

Listing 12.35 Game.hpp

```
#ifndef GAME_HPP
#define GAME_HPP

#include "Player.hpp"
#include "Asteroid.hpp"

class CGame
{
  public:
    CGame ();

    void Init ();
    void Run  ();
    void Quit ();

  private:
    void ProcessEvents  ();
    void SpawnAsteroids ();
    void RenderAsteroids ();
    void CheckCollisions ();

    CPlayer *m_pPlayer;             // Spieler-Instanz
    CSprite *m_pSpriteBackground;   // Sprite für den Hintergrund
    CSprite *m_pSpriteAsteroid;     // Sprite für die Asteroiden
    float    m_fAsteroidTimer;      // Zeitgeber für nächsten Asteroiden
    bool     m_bGameRun;            // Läuft das Spiel noch?
    list<CAsteroid> m_AsteroidList; // Liste der Asteroiden

};

#endif
```

Neben den üblichen Memberfunktionen Init, Run und Quit gibt es noch Funktionen, die sich um die Asteroiden, die Kollision und um das Verarbeiten von Events kümmern. Diese werden wir uns gleich im Detail anschauen. Sowohl der Spieler als auch die Hintergrundgrafik und das Sprite eines Asteroiden werden in dieser Klasse als Membervariablen gehalten. Zusätzlich gibt es noch einen Zeitgeber, der dafür sorgt, dass in gewissen Abständen Asteroiden auf dem Spielfeld erscheinen. Die Membervariable m_bGameRun ist so lange true, wie das Spiel läuft. Wird diese Membervariable auf false gesetzt, so wird das Spiel beendet. Zusätzlich gibt es noch eine Liste, in der alle momentan aktiven Asteroiden vermerkt sind. Wie Du gleich sehen wirst, funktioniert diese Liste im Prinzip genauso wie auch die Liste der Schüsse. Schauen wir uns jetzt einmal die Implementierungen der Memberfunktionen an. Los geht es mit dem Konstruktor, der Init-Funktion und der Quit-Funktion.

Listing 12.36 Game.cpp – Konstruktor, Init und Quit

```cpp
#include "Game.hpp"

// Konstruktor
//
// Aufgabe: Allgemeine Initialisierungen
//
CGame::CGame ()
{
  m_pPlayer = NULL;
  m_pSpriteBackground = NULL;
  m_pSpriteAsteroid = NULL;
} // Konstruktor

// Init
//
// Aufgabe: Spieler, Hintergrund und Asteroid initialisieren
//
void CGame::Init ()
{
  // Neuen Spieler initialisieren
  m_pPlayer = new CPlayer;
  m_pPlayer->Init ();
  m_pPlayer->Reset ();

  // Hintergrundbild (Sprite) laden
  m_pSpriteBackground = new CSprite;
  m_pSpriteBackground->Load ("Data/Background.bmp");

  // Sprite für Asteroiden laden
  m_pSpriteAsteroid = new CSprite;
  m_pSpriteAsteroid->Load ("Data/Asteroid.bmp", 20, 64, 64);
  m_pSpriteAsteroid->SetColorKey (255, 0, 255);

  // Timer für Asteroiden zurücksetzen
  m_fAsteroidTimer = 0.0f;

  // Spiel läuft
  m_bGameRun = true;
} // Init

// Quit
//
// Aufgabe: Instanzen freigeben
//
void CGame::Quit ()
{
  // Spieler freigeben
  if (m_pPlayer != NULL)
  {
    m_pPlayer->Quit ();
    delete (m_pPlayer);
    m_pPlayer = NULL ;
  }

  // Hintergrundsprite freigeben
  if (m_pSpriteBackground != NULL)
  {
    delete (m_pSpriteBackground);
    m_pSpriteBackground = NULL;
  }

  // Asteroidensprite freigeben
  if (m_pSpriteAsteroid != NULL)
  {
    delete (m_pSpriteBackground);
    m_pSpriteBackground = NULL;
```

415

```
        }

    } // Quit
```

Eine Erklärung des Konstruktors können wir uns hier sparen, denke ich. Also gleich weiter mit der Init-Funktion. Hier werden drei Dinge initialisiert: der Spieler, das Sprite für das Hintergrundbild und das Sprite für den Asteroiden. Nachdem eine Instanz des Spielers erzeugt und initialisiert wurde, wird noch dessen Memberfunktion Reset aufgerufen, damit er sich beim Spielstart auf seiner Ausgangsposition befindet. Im Anschluss daran wird ein Sprite für den Hintergrund erstellt und geladen. Da es für Sprites keine Größenbeschränkungen gibt, können wir ohne Probleme damit auch ein Hintergrundbild realisieren. Für dieses Sprite muss natürlich kein Colorkey eingestellt werden, da es über keine transparenten Teile verfügt. Nachdem das erledigt ist, wird noch das Sprite für einen Asteroiden erzeugt und initialisiert. Hier verfolgen wir das gleiche Prinzip wie schon bei den Schüssen. Es gibt natürlich mehrere Asteroiden, aber jeder davon hat das gleiche Sprite. Deshalb brauchen wir nur eines zu erzeugen und beim Erstellen eines neuen Asteroiden einfach den Zeiger auf dieses Sprite zu übergeben. Später sehen wir noch, wo das genau passiert.

Die letzte Aufgabe dieser Memberfunktion besteht darin, den Zeitgeber für den nächsten Asteroiden zurückzusetzen und die Membervariable m_bGameRun auf true zu setzen, um zu signalisieren, dass das Spiel nun läuft. Die Memberfunktion Quit muss hier auch nicht weiter erklärt werden, da hier nur die drei vorhin erstellten Instanzen wieder freigegeben werden. Es kann also direkt mit der nächsten Memberfunktion weitergehen.

Listing 12.37 Game.cpp – Run

```
// Run
//
// Aufgabe: Hauptschleife des Spiels
//
void CGame::Run ()
{
    // Hauptschleife des Spiels durchlaufen
    //
    while (m_bGameRun == true)
    {
        // Events bearbeiten
        ProcessEvents ();

        // Framework updaten und Buffer löschen
        g_pFramework->Update ();
        g_pFramework->Clear ();

        // Hintergrundbild rendern
        m_pSpriteBackground->Render ();

        // Spieler updaten und rendern
        m_pPlayer->Update ();
        m_pPlayer->Render ();

        // Neue Asteroiden hinzufügen
        SpawnAsteroids ();

        // Kollisionen prüfen
        CheckCollisions ();
```

```
        // Asteroiden rendern
        RenderAsteroids ();

        // Buffer flippen
        g_pFramework->Flip ();

    }

} // Run
```

Das ist er nun also, der „Herzschlag" unseres kleinen Spiels. Die while-Schleife in dieser Memberfunktion läuft so lange, bis die Membervariable m_bGameRun auf false gesetzt wird. Zuerst wird die Memberfunktion ProcessEvents aufgerufen. Sie ähnelt ein wenig der WinProc-Funktion, die wir schon aus dem Windows-Kapitel kennen. Hier werden einfach bestimmte Nachrichten ausgewertet und verarbeitet. Was dort genau passiert, sehen wir später. Danach wird unser Framework aktualisiert und der Backbuffer gelöscht. Nachdem das erledigt ist, wird das Hintergrundbild gerendert. Das muss natürlich passieren, bevor andere Dinge gerendert werden, da man ansonsten außer dem Hintergrundbild nichts sehen würde. Anschließend kommt der Spieler an die Reihe. Zuerst wird seine Update-Funktion aufgerufen, und danach wird er gerendert. Wenn auch das erledigt ist, kommen die Asteroiden an die Reihe. Dazu wird die Memberfunktion SpawnAsteroids aufgerufen. Sie sorgt dafür, dass in bestimmten Zeitabständen neue Asteroiden auf dem Spielfeld erscheinen. Danach prüft die Memberfunktion CheckCollisions, ob Schüsse mit den Asteroiden kollidiert sind. Wenn das der Fall ist, so werden sowohl der Schuss als auch der Asteroid deaktiviert. Ist diese Prüfung abgeschlossen, so werden die Asteroiden gerendert. Als Letztes wird noch die Memberfunktion Flip der Klasse CFramework aufgerufen, damit alles, was eben gerendert wurde, auch tatsächlich auf dem Bildschirm erscheint.

Wie Du siehst, wurde auch diese Memberfunktion sinnvoll in einzelne Unterfunktionen aufgeteilt. Man hätte zwar den gesamten Quelltext hier in diese Funktion packen können, hätte dafür aber eine Menge Unordnung geschaffen. Oft hört man von Leuten, dass es ja so unglaublich viel Performance kosten würde, wenn man ständig irgendwelche Unterfunktionen aufruft, und man sollte besser den Code in eine Funktion packen. Diese Leute haben dann meist noch nicht ganz begriffen, dass wir uns inzwischen im einundzwanzigsten Jahrhundert befinden und die Hardware entsprechend schnell ist. Verglichen mit der Zeit, welche die Renderaufrufe und die Kollisionsabfragen benötigen, ist ein zusätzlicher Funktionsaufruf mehr als nur zu vernachlässigen. Wenn man sein Programm auf Geschwindigkeit optimieren möchte, dann gibt es weitaus bessere Möglichkeiten, als auf Unterfunktionen zu verzichten. Man bekommt für diesen minimalen Mehraufwand einen Code, der wesentlich leichter zu lesen und zu pflegen ist. Und das ist die Sache allemal wert. Schauen wir uns jetzt nacheinander die hier erwähnten Memberfunktionen an.

Listing 12.38 Game.cpp – ProcessEvents

```
// ProcessEvents
//
// Aufgabe: Events bearbeiten
//
void CGame::ProcessEvents ()
```

417

```
  {
    SDL_Event Event;

    // Gab es ein Event?
    if (SDL_PollEvent (&Event))
    {
      // Ja, also schauen welches
      switch (Event.type)
      {
        // Beenden?
        case (SDL_QUIT):
        {
          m_bGameRun = false;

        } break;


        // Wurde eine Taste gedrückt?
        case (SDL_KEYDOWN):
        {
          switch (Event.key.keysym.sym)
          {
            case (SDLK_ESCAPE):
            {
              // Ja, also Spiel beenden
             m_bGameRun = false;

            } break;
          }
        } break;
      }
    }

  } // ProcessEvents
```

Das Verarbeiten der SDL-Events funktioniert im Prinzip genauso wie das Verarbeiten der Windows-Nachrichten. Wir brauchen lediglich eine Struktur des Typs SDL_Event, die wir dann durch die Funktion SDL_PollEvent füllen lassen. Diese Funktion schaut einfach nach, ob noch irgendwelche Events ausstehen, die bearbeitet werden müssen. Wenn das der Fall ist, so liefert diese Funktion eine 1 zurück und füllt die Event-Struktur. Ansonsten wird 0 zurückgeliefert, und wir müssen uns momentan um kein Event kümmern.

Wir kümmern uns in unserem Spiel nur um zwei Events, nämlich um SDL_QUIT und SDL_KEYDOWN. Wer im Windows-Kapitel aufgepasst hat, sollte hier eigentlich keine Verständnisprobleme haben, da die Ähnlichkeiten recht groß sind. Ist das „empfangene" Event von Typ SDL_QUIT, so wurde das Fenster geschlossen oder mit Alt-F4 beendet. In diesem Fall setzen wir einfach die Membervariable m_bGameRun auf false, und das Spiel wird im nächsten Frame beendet.

Das zweite Event, um das wir uns kümmern, ist SDL_KEYDOWN. Haben wir dieses Event „empfangen", so wurde – wer hätte das gedacht – eine Taste gedrückt. Um zu ermitteln, um welche Taste es sich gehandelt hat, verzweigen wir anhand des Elements key.keysym.sym der Event-Struktur. Dabei schauen wir nur nach, ob die Escape-Taste gedrückt wurde. Falls ja, dann wird die Membervariable m_bGameRun auf false gesetzt, damit das Spiel beendet wird. Damit ist diese Memberfunktion auch schon wieder abgeschlossen, und es kann direkt mit der nächsten weitergehen.

Listing 12.39 Game.cpp – SpawnAsteroids

```cpp
// SpawnAsteroids
//
// Aufgabe: Nach Ablauf einer bestimmten Zeit neuen Asteroiden erzeugen
//
void CGame::SpawnAsteroids ()
{
  // Timer für nächsten Asteroiden erhöhen
  m_fAsteroidTimer += g_pTimer->GetElapsed ();

  // Wenn eine halbe Sekunde vergangen ist,
  // dann einen neuen Asteroiden erzeugen
  if (m_fAsteroidTimer >= 0.5f)
  {
    // Neuer Asteroid
    CAsteroid Asteroid;

    // Zufällige X-Position
    int XPos = rand()%736;

    // Asteroid initialisieren
    Asteroid.Init (m_pSpriteAsteroid, static_cast<float>(XPos), -60.0f);

    // Asteroid in Liste einfügen
    m_AsteroidList.push_back (Asteroid);

    // Zeitgeber wieder zurücksetzen
    m_fAsteroidTimer = 0.0f;

  }

} // SpawnAsteroids
```

In unserem Spiel soll es so sein, dass jede halbe Sekunde ein neuer Asteroid erscheint. Hierfür benutzen wir unsere Membervariable m_fAsteroidTimer. Diese wird bei jedem Aufruf dieser Memberfunktion um die Zeit erhöht, die der letzte Frame benötigt hat. Ist eine halbe Sekunde oder mehr vergangen, dann wird ein neuer Asteroid erzeugt. Für die X-Position wird dabei ein Zufallswert ermittelt, der zwischen 0 und 736 liegt. Da unser Asteroid 64 Pixel breit ist, dürfen wir nicht 800 als Maximalwert für die X-Position annehmen, da der Asteroid sonst rechts über den Bildschirmrand hinausragen würde. Deshalb wählen wir als maximale X-Koordinate 736 (800 − 64 = 752).

Als Nächstes wird der Asteroid initialisiert. Für die Y-Position wählen wir –60.0f, damit der Asteroid etwas oberhalb des oberen Bildschirmrandes seinen Weg beginnt. Danach wird der fertig initialisierte Asteroid in die Liste m_AsteroidList geschoben, damit er später bewegt und gerendert werden kann. Nun muss nur noch der Timer zurückgesetzt werden, womit diese Memberfunktion auch schon wieder abgeschlossen ist. Also weiter zur nächsten Memberfunktion, bei der es etwas komplexer zugeht.

Listing 12.40 Game.cpp – CheckCollisions

```cpp
// CheckCollisions
//
// Aufgabe: Kollisionen zwischen Asteroiden und Schüssen prüfen
//
void CGame::CheckCollisions ()
{
  // Schussliste des Spielers holen
```

419

```
list<CShot> *ShotList = m_pPlayer->GetShotList ();

// Iteratoren für Asteroiden- und Schussliste
list<CAsteroid>::iterator ItAsteroid = m_AsteroidList.begin ();
list<CShot>::iterator ItShot;

// Rects für Asteroiden und Schüsse
SDL_Rect RectAsteroid;
SDL_Rect RectShot;

// Alle Asteroiden durchlaufen
while (ItAsteroid != m_AsteroidList.end () )
{
  // Rect des Asteroiden holen
  RectAsteroid = ItAsteroid->GetRect ();

  // Alle Schüsse durchlaufen
  for (ItShot = ShotList->begin ();
       ItShot != ShotList->end ();
       ++ItShot)
  {
    // Rect des Schusses holen
    RectShot = ItShot->GetRect ();

    // Überschneiden sich die Rects?
    if (RectShot.y < RectAsteroid.y + RectAsteroid.h &&
        RectShot.y + RectShot.h > RectAsteroid.y &&
        RectShot.x < RectAsteroid.x + RectAsteroid.w &&
        RectShot.x + RectShot.w > RectAsteroid.x)
    {
      // Ja, also gab es eine Kollision. Somit Schuss und
      // Asteroid deaktivieren
      ItAsteroid->SetAlive (false);
      ItShot->SetAlive (false);
    }
  }

  // Asteroid löschen, falls deaktiviert
  if (ItAsteroid->IsAlive () )
    ItAsteroid++;
  else
    ItAsteroid = m_AsteroidList.erase (ItAsteroid);

}

} // CheckCollision
```

Im Prinzip ist eine 2D-Kollisionsprüfung nicht weiter schwierig oder kompliziert. Wenn man aber das erste Mal damit konfrontiert wird, dann kann es schon recht verwirrend sein. Schauen wir uns das also mal gemeinsam und in aller Ruhe an.

Bevor wir uns um Details kümmern, klären wir erst, wie der grobe Ablauf dieser Memberfunktion funktioniert. Damit wirklich auf alle Kollisionen reagiert werden kann, ist es nötig, dass jeder Asteroid gegen jeden Schuss geprüft wird. Dazu sind zwei Schleifen nötig. Die äußere – eine while-Schleife – durchläuft alle Asteroiden. Innerhalb dieser Schleife gibt es noch eine for-Schleife. Diese durchläuft alle Schüsse. In dieser Schleife wird dann geprüft, ob der aktuelle Asteroid mit dem momentanen Schuss kollidiert ist. Wenn das der Fall ist, werden sowohl der Asteroid als auch der Schuss deaktiviert. Nach der for-Schleife wird geprüft, ob der aktuelle Asteroid noch aktiv ist. Falls nicht, wird er aus der Asteroiden-Liste entfernt. Die Schüsse selbst werden hier nur deaktiviert, aber nicht aus der Liste gelöscht, denn das passiert ja schon in der Klasse CShot.

So weit zum groben Ablauf dieser Memberfunktion. Schauen wir uns jetzt einmal an, wie man überprüft, ob ein Asteroid mit einem Schuss kollidiert ist. Dazu muss man einfach nur nachschauen, ob sich das Rect des Asteroiden und das Rect des Schusses überschneiden. Was etwas kompliziert klingt, ist im Prinzip ganz einfach. Nimm Dir einfach mal zwei quadratische Stücke Papier und lege sie so übereinander, dass sie sich etwas überschneiden. Nun stellst Du Dir vor, dass es sich dabei um die beiden Rects handelt. Jetzt sollte es Dir ein Leichtes sein, eine „Formel" zu finden, mit der man überprüfen kann, ob sich die beiden Rects überschneiden. Das Ganze lässt sich mit reiner Addition und Subtraktion lösen, und wir müssen nur vier Bedingungen prüfen. Schauen wir uns mal im Detail an, was mit den vier Bedingungen geprüft wird.

Mit der Bedingung `RectShot.y < RectAsteroid.y + RectAsteroid.h` prüft man, ob sich die Oberkante des Schusses oberhalb der Unterkante des Asteroiden befindet. Die Unterkante des Asteroiden berechnet sich einfach durch die Y-Position addiert mit der Höhe des Asteroiden. Wenn diese Bedingung nicht zutrifft, so kann auch keine Kollision stattgefunden haben. Nimm hier wieder die beiden Stückchen Papier, um das nachzuvollziehen. Wenn diese Bedingung allerdings zutrifft, so kommt die Bedingung `RectShot.y + RectShot.h > RectAsteroid.y` ins Spiel. Hier wird nun geprüft, ob sich die Unterkante des Schusses unterhalb der Oberkante des Asteroiden befindet. Wenn das der Fall ist, so schneiden sich die beiden Objekte schon mal auf der y-Achse. Das genügt allerdings noch nicht, denn man muss natürlich noch prüfen, ob sich die beiden Objekte auch auf der x-Achse schneiden. Das funktioniert von Prinzip her genauso wie bei den ersten beiden Bedingungen, nur eben mit dem Unterschied, dass man anhand der linken und der rechten Kante prüft.

Wie Du siehst, ist es nicht weiter schwer, eine Kollision zwischen zwei 2D-Objekten festzustellen. Falls Du dennoch Probleme damit hast, dann nimm noch einmal die Papierstücke in die Hand und leg sie einmal so auf den Tisch, dass sie sich überschneiden, und auch einmal so, dass sie sich nicht überschneiden. Dann gehst Du die vier Bedingungen nacheinander durch und vergleichst anhand der Papierstückchen. Mit dieser Methode sollte es sehr schnell „klick" machen. Wenn Dir die Funktionsweise dieser Memberfunktion klar ist, dann kann es direkt mit der letzten Memberfunktion dieser Klasse und somit auch mit dem letzten Teil des Quelltextes weitergehen.

Listing 12.41 Game.cpp

```
// RenderAsteroids
//
// Aufgabe: Alle Asteroiden rendern und updaten
//
void CGame::RenderAsteroids ()
{
  // Iterator für die Asteroiden-Liste
  list<CAsteroid>::iterator It;

  // Asteroiden-Liste durchlaufen
  for (It = m_AsteroidList.begin (); It != m_AsteroidList.end (); ++It)
  {
    // Asteroid rendern
    It->Render ();
```

```
        // Asteroid updaten
        It->Update ();

    }

} // RenderAsteroids
```

Nachdem die letzte Memberfunktion ein wenig knifflig war, kannst Du Dich bei dieser Memberfunktion zurücklegen und entspannen. Hier gibt es nichts, was Du noch nicht kennst oder was man groß erklären müsste. Es passiert nichts weiter, als dass einfach die Liste der Asteroiden durchlaufen und für jeden Asteroiden eben Render und Update aufgerufen wird.

Damit haben wir nun jede Zeile Code unseres kleinen Spielchens genau durchleuchtet und wissen, was an welcher Stelle passiert und wie die einzelnen Klassen zusammenarbeiten. Doch damit ist dieses Kapitel noch nicht ganz zu Ende, denn es gibt noch ein paar abschließende Worte, die ich dazu gerne loswerden möchte.

12.5   Erweiterungsmöglichkeiten

Zugegeben, das Spiel darf sich eigentlich fast nicht als solches bezeichnen, da wesentliche Elemente fehlen, die dem Spiel einen Sinn geben. Aber allein die Länge dieses Kapitels sollte deutlich werden lassen, wie viel Arbeit selbst in einem so kleinen Projekt wie diesem hier steckt. Würde man noch andere Elemente wie beispielsweise ein Hauptmenü, einen Punktestand, eine Highscore, Explosionen und Sounds einbauen, so würde sich der Umfang des Quellcodes fast verdoppeln. Damit ist klar, dass es an dieser Stelle sinnvoll war, nur den „Ansatz" eines Spiels vorzustellen. Dennoch bin ich der Meinung, dass Dich gerade dieses Kapitel um einiges weitergebracht hat, da Du gesehen hast, wie ein Spiel aufgebaut ist und was man dazu alles benötigt. Und wenn ich ganz ehrlich bin, dann hoffe ich, dass Du auch erkannt hast, dass man ein Spiel nicht an einem Wochenende entwickeln kann und dass Du nicht zu den Leuten gehörst, die demnächst in jedem Forum ankündigen, den nächsten Top-Titel mit ein paar anderen Entwicklern zu planen.

Unser hier entwickeltes Spiel wurde so programmiert, dass Du es ganz leicht erweitern kannst. Versuche nach und nach, neue Elemente hinzuzufügen, die aus dem kleinen Beispiel hier ein richtiges Spiel machen. Dazu zählen etwa Explosionen, wenn ein Asteroid getroffen wurde, verschiedene Waffensysteme für das Raumschiff, ein Punktestand, ein Menü, verschiedene Level und so weiter und so weiter. Versuche dabei auch unbedingt, die hier im Buch vorgestellten Techniken so anzuwenden, wie es Dir sinnvoll erscheint. Möglicherweise wirst Du diese Techniken nicht immer an den richtigen Stellen sinnvoll einsetzen, aber das ist kein Grund, um sich Sorgen zu machen. Es gehört nun mal dazu, dass man sich weiterentwickelt. Wenn Du also jemandem Deinen Quelltext zeigst und er meint, dass dieses und jenes umständlich gelöst oder falsch angegangen wurde, dann geh darauf ein und lass Dir Tipps und Ratschläge geben. Ich mache sehr oft die Erfahrung, dass ich denke, mein Code wäre optimal für das jeweilige Problem ausgerichtet. Dennoch gibt es Leute mit mehr Erfahrung, die mir sagen, wo man noch etwas verbessern könnte. Das ist nicht tragisch, im Gegenteil. Nur so lernt man dazu. Und das Allerwichtigste: Man lernt nie aus.

Wenn Du dieses Spiel erweitern möchtest, dann versuche dabei aber nicht immer und überall, den Code des Jahrhunderts zu schreiben, denn sonst verlierst Du leicht das eigentliche Ziel aus den Augen. Meist stellt man selbst am schnellsten fest, dass etwas nicht gut programmiert wurde, wenn man es ändern oder erweitern muss. Das ist dann genau der richtige Zeitpunkt, um sich zu überlegen, wie man den Code verbessern könnte. Vielleicht hilft an der einen Stelle eine Vererbung weiter, an der anderen Stelle sind Singletons nützlich, und wieder woanders wäre es praktisch, wenn man eine Multimap der STL verwendet. Lass also Deiner Kreativität freien Lauf und leg einfach los, sobald Du Dir ein paar Gedanken über Deine Erweiterung und deren Umsetzung gemacht hast.

Du kannst gerne den hier gezeigten Quellcode benutzen und ihn als Basis für Deine eigenen Spiele verwenden. Und wenn Du eine schöne Erweiterung gemacht hast, dann teile das Ergebnis doch mit anderen, indem Du beispielsweise auf *www.spieleprogrammierer.de* im Forum anderen Leuten Deine Erweiterung oder Dein eigenes Spiel zeigst.

Jetzt bleibt mir nur noch, Dir viel Spaß beim Experimentieren zu wünschen. Du wirst sehen, wie schnell die Motivation wächst, wenn man die eigenen Resultate auf dem Bildschirm sieht.

13 Der Einstieg in die Szene

13.1 Wie geht's nun weiter?

Es liegt jetzt zwölf Kapitel Arbeit hinter uns, und mit dem bisherigen Wissen lässt sich schon eine ganze Menge anstellen. Natürlich gibt es zum Thema C++ noch wesentlich mehr zu sagen, dennoch kann man nach dem Durcharbeiten dieses Buches behaupten, über das Grundlagenwissen hinaus zu sein. Allerdings bleibt noch eine Menge zu lernen, und wenn man ehrlich ist, hört das Lernen bei der Spieleprogrammierung nie auf. Was C++ anbelangt, sollte nun ein recht stabiles Fundament vorhanden sein. Was jedoch die eigentliche Spieleprogrammierung angeht, sehen wir mit dem hier in diesem Buch vermittelten Wissen erst die Spitze des Eisberges. Schließlich haben wir uns fast ausschließlich „nur" mit Konsolenanwendungen beschäftigt und fast noch keinerlei Wissen über Grafikprogrammierung. Der nächste Schritt besteht nun also darin, die hier erlangten Programmierkenntnisse zu vertiefen und diese sinnvoll einzusetzen. Es kann nicht bestritten werden, dass das kein leichter Weg ist und es sehr viel zu lernen gibt. Deshalb ist es besonders wichtig, dass man diesen Weg nicht alleine geht, sondern sich mit anderen interessierten Leuten zusammenschließt und sich gegenseitig unterstützt. Dabei bietet das Internet eine unglaubliche Vielfalt an den verschiedensten Möglichkeiten, dies in die Tat umzusetzen.

Zu Beginn der Homecomputerzeit war man, wenn man das Programmieren lernen wollte, meist auf sich allein gestellt. Medien wie das Internet gab es nicht, und Bücher zum Thema waren eher selten. Gerade wenn man sich dazu entschieden hatte, Spiele zu programmieren, hatte man nur sehr spärliche Informationen zur Verfügung. Heute schaut das glücklicherweise schon ganz anders aus. Im Buchladen oder in Online-Shops sind sowohl allgemeine Bücher mit großer Themenvielfalt als auch spezialisierende Bücher in Hülle und Fülle vorhanden. Das aber wohl wichtigste Medium ist das Internet. Hier gibt es über nahezu alle Bereiche der Spieleprogrammierung Informationen in Hülle und Fülle. Egal ob man etwas zum Bereich Grafik, Musik, Spezialeffekte oder künstliche Intelligenz sucht, man findet es, wenn man nur weiß, wie man suchen muss. Und selbst wenn man an einer

Stelle einfach nicht weiterkommt, bietet das Internet Hilfe. Es gibt viele Diskussionsforen und Chats, in denen man sich mit anderen Entwicklern austauschen kann.

Doch diese riesige Informationsflut verlangt auch gewissermaßen ihren Preis. Man muss lernen, effektiv nach Informationen zu suchen, und wissen, wie man zwischen brauchbaren und unbrauchbaren Informationen unterscheiden kann. Wenn man sich für interaktive Medien wie etwa Diskussionsforen und Chats entscheidet, muss man einige grundlegende Regeln beachten und nicht denken, dass man ja sowieso nur rein virtuell dort auftritt.

Leider sieht man es immer wieder, dass gerade Neulinge sich in der Szene sehr schwer tun, weshalb dieses kleine Kapitel zum Abschluss des Buches einige nützliche Tipps und Ratschläge vermitteln soll. Sicherlich willst Du, nachdem Du nun die Grundlagen der Programmierung in C++ gelernt hast, endlich damit anfangen wollen, richtige Spiele zu schreiben. Dazu gibt es kaum eine bessere Hilfe als das Internet. Nimm Dir also ein wenig Zeit und lies dieses Kapitel durch, bevor Du loslegst. Das sollte Dir dabei helfen, einen leichteren und angenehmeren Einstieg in die Szene zu bekommen.

13.2   Die Szene ... was ist das eigentlich?

Bevor man über den Einstieg in die Szene spricht, muss man erst mal wissen, was die Szene ist und wie man sie findet. Nun, als Szene bezeichnet man in diesem Fall alle Leute, die sich mit der Spieleprogrammierung beschäftigen und im Internet auf irgendeine Weise vertreten sind. Diese Szene trifft sich auf den unterschiedlichsten dafür gedachten Homepages, Diskussionsforen (Boards) und Chats. Es gibt allerdings keine zentrale Stelle, sondern mehrere „virtuelle Plätze", an denen sich auch die unterschiedlichsten Leute tummeln. Dabei spricht man von einer Community, was zu Deutsch passenderweise Gemeinschaft bedeutet. Und deren Anzahl steigt ständig. Deshalb ist es wichtig zu wissen, was die wichtigsten „Anlaufstellen" sind und wo man diese findet. Aus diesem Grund gibt es hier nun eine kleine Auflistung der größten und bekanntesten Seiten sowie Angaben darüber, was man dort findet:

http://www.scherfgen-software.net

Dies ist die Internetseite von David Scherfgen, Autor des Buches „*3D-Spieleprogrammierung mit DirectX 9 und C++*", das ebenfalls im Hanser Verlag erschienen ist und sich hervorragend als nächste Etappe und Folgelektüre dieses Buches eignet.

Hier findest Du neben Informationen über das Buch von David Scherfgen auch sehr interessante Tutorials, Spiele, Programme und ein Diskussionsforum rund um das Thema C++ und Spieleprogrammierung.

http://www.developia.de

Dieses Portal ist ein Zusammenschluss der deutschen Untergrundspiele und Quellcodes.de. Dabei handelt es sich um die größte Anlaufstelle für Hobby- und Nachwuchsentwickler in Deutschland. Hier findet man ein gut strukturiertes Diskussionsforum, massenweise Tutorials, Artikel, Beispiel-Quellcodes und Projektvorstellungen anderer Hobbyentwicklerteams. Ein Bild des Tages ist genauso vorhanden wie eine Übersicht über anstehende Events wie etwa Entwicklerstammtische, Partys und Messen. Diese URL sollte in keiner Linksammlung fehlen, und ein Besuch lohnt sich immer.

http://www.zfx.info

Hier handelt es sich um eines des größten Portale für Hobbyentwickler und solche, die es werden wollen. Auch hier findet man Tutorials, Diskussionsforen, ein Bild der Woche von aktuellen Projekten und sogar einen Chat, in dem man sich treffen und über die Spieleentwicklung unterhalten kann. Ein Blick lohnt sich also.

http://www.usf.de

Die Abkürzung USF steht für *Unterhaltungs-Software-Forum*, was gleich den Charakter dieser Internetseite beschreibt: Der Fokus liegt auf einem gut organisierten Diskussionsforum. Es gibt dort zwar auch eine Rubrik für Anfänger, jedoch tummeln sich hier hauptsächlich erfahrene und professionelle Entwickler. Dennoch sollte man auch als Einsteiger immer mal wieder reinschauen, da es stets etwas Interessantes zu lesen gibt, denn das USF stellt die Kommunikationszentrale der deutschsprachigen Entwicklerszene dar. Weiterhin organisiert das USF alle Jahre Treffen, die den Zweck haben, die Szene zu stärken.

13.3 Welche Möglichkeiten gibt es?

Wie man schon an der kleinen Linksammlung im vorangegangenen Abschnitt erkennen kann, gibt es nicht nur Diskussionsforen und Chats, sondern auch Dinge wie Tutorials, Artikel, Projektvorstellungen und vieles mehr. Die meisten Begriffe sollten allgemein bekannt sein, trotzdem soll dieser Abschnitt kurz klären, um was es sich im Einzelnen handelt.

Diskussionsforen können dazu benutzt werden, Fragen zu stellen und Fragen zu beantworten. Man kann (meist nach einer kurzen Registrierung) dort neue Themen erstellen und so mit anderen interessierten Leuten kommunizieren. Im Grunde ist dies die am meisten genutzte Möglichkeit, um mit der Szene in Kontakt zu treten. Wer nicht auf eigene Faust zu Hause im stillen Kämmerlein entwickeln will, sollte sich bei den bekanntesten Foren anmelden und dort regelmäßig mitlesen, um auf dem neuesten Stand zu bleiben.

Chats gibt es im Grunde relativ wenige. Der Vorteil eines solchen Chats liegt allerdings auf der Hand: Man kann sich direkt mit den Leuten unterhalten und braucht nicht, wie etwa bei einem Forum, länger auf die Antwort zu warten. Da es, wie schon erwähnt, nur wenige Chats gibt, ist es allerdings in der Regel so, dass dort mehr über allgemeine Dinge gesprochen wird. Um eine gute Antwort auf eine Frage zu bekommen, sollte man sich also eher eines Forums bedienen.

Tutorials sind kleine, in sich abgeschlossene Kapitel, die es kostenlos und in rauen Mengen im Internet zu finden gibt. Meist geht es um ein klar abgestecktes Thema, das erklärt wird. Man findet eigentlich für alles Mögliche ein solches Tutorial, wenn man nur richtig danach sucht (das wird später noch genauer erklärt). Diese Tutorials sind meistens von Hobbyentwicklern geschrieben, die ihr Wissen weitergeben möchten. Es spricht also nichts dagegen, selbst solche Tutorials zu verfassen und zu veröffentlichen.

Bei all dieser Vielfalt kristallisiert sich allerdings ein Problem heraus: Bei einer solchen Menge an Tutorials gibt es natürlich qualitative Unterschiede. Es gibt sehr gute, aber eben leider auch einige schlechte. Hier sollte man versuchen, so gut wie möglich zu differenzieren. Vorteilhaft sind hier solche Seiten, die gleich eine ganze Sammlung an Tutorials anbieten, die auch von den Lesern bewertet werden können. Auf eben diesen Seiten kann man sich schneller eine Meinung bilden, welcher Art von Tutorials man begegnet.

Projektvorstellungen sind eine gute Möglichkeit, das eigene Spiel (ob nun alleine oder im Team entwickelt) der Szene zu präsentieren. Einige Seiten bieten dafür eine spezielle Sektion an, in der man das Projekt eintragen kann. Man hat die Möglichkeit, nicht nur Bilder, sondern auch eine Beschreibung des Spiels und der dazu verwendeten Technik anzugeben. Wenn Du also ein Spiel entwickelt hast, dann gibt es eigentlich kaum eine bessere Möglichkeit, damit an die Öffentlichkeit zu treten, als auf einer der oben genannten Seiten.

13.4 Foren benutzen

Diskussionsforen sind eine unglaublich nützliche Sache, da sich hier extrem viele interessierte Spieleentwickler tummeln, um gegenseitig ihre Erfahrungen auszutauschen. Man findet auf (fast) jede Frage eine Antwort, kann Kontakt zu anderen Leuten knüpfen oder sich Teammitglieder suchen, um ein eigenes Projekt auf die Beine zu stellen. Allerdings gibt es auch hier einige Dinge zu beachten, die im Folgenden kurz beschrieben werden:

13.4.1 Ich sag Dir, wer ich bin

Wenn man das erste Mal ein neues Forum besucht, kann man in der Regel nur die vorhandenen Beiträge lesen, aber nicht selbst welche erstellen oder darauf antworten. Was fehlt, ist ein Account, also ein Benutzerkonto. Man muss sich also zunächst einmal anmelden beziehungsweise registrieren. Eine solche Registrierung kostet nichts weiter als ein paar Minuten Zeit. Doch hier fängt es eigentlich schon an, und man sollte sich an einige grundlegende Regeln halten. Die wohl wichtigste Entscheidung ist die Wahl des sogenannten Nicknames. Als Name wird meist nicht der richtige Name gewählt, sondern ein Spitzname (eben der Nickname). So banal das auch klingen mag, aber bereits hier sollte man überlegen, was man tut. Viele Einsteiger (und das ist man nach dem Lesen dieses Buches eigentlich immer noch, wenn man ehrlich ist) neigen dazu, sich hochtrabende Namen zu geben. Allerdings wirkt es etwas peinlich, wenn „*Meister_C++*" dann Einsteigerfragen stellt oder „*Programmier_Gott*" jede Minute ein neues Problem hat und nach der Lösung fragt. Diese Aussage mag jetzt etwas seltsam klingen, aber man kann genau dieses Phänomen sehr oft beobachten. Es versteht sich von selbst, dass Leute mit solchen Nicks etwas schräg angeschaut werden. Man kann das allerdings ganz einfach umgehen, indem man sich eben einen etwas weniger spektakulären Namen gibt.

13.4.2 Richtig posten

Ein Diskussionsforum ist in der Regel in mehrere Unterforen unterteilt, die spezielle Themen behandeln. Es gibt beispielsweise Rubriken für Einsteiger, für allgemeine C++-Fragen, Grafikprogrammierung, Spieldesign und so weiter. Die einzelnen Beiträge in einem solchen Unterforum werden *Thread* genannt, die dazugehörigen Antworten *Postings*. Damit das Ganze richtig funktioniert und nicht im Chaos endet, gibt es einige Grundregeln, die man beachten sollte, bevor man seine ersten Beiträge schreibt. Und genau darum geht es in diesem Abschnitt.

Zuerst sollte man sich mal ein Bild machen, welche Unterforen es gibt, was dort gepostet wird, um welche Themen es geht und so weiter. Wenn man eine Frage hat und einen entsprechenden Thread öffnen möchte, so sollte man unbedingt darauf achten, dies auch im richtigen Unterforum zu tun. Wenn man eine Weile „dabei ist", so fällt einem auf, dass die Hauptaufgabe der Moderatoren und Administratoren dieser Foren scheinbar darin besteht, die Threads ins richtige Forum zu verschieben, weil sie einfach wahllos irgendwo erstellt wurden. Das führt dazu, dass die Foren unübersichtlicher werden und andere Leute, die eventuell eine ähnliche Frage haben, diesen Thread nicht finden, da er sich im falschen Unterforum befindet.

Ein Punkt, der weitaus häufiger missachtet wird, ist die Wahl der Themenüberschrift, des sogenannten *Topics*. Man sollte dabei immer daran denken, dass man nicht der einzige Benutzer des Forum ist und andere Leute eben auch so schnell und effektiv wie möglich an Informationen gelangen wollen. Schau Dich einmal in den verschiedenen Foren um und achte darauf, wie die Topics gewählt sind. Man findet sehr häufig Themen mit den Namen „*Hilfe!!!!!*", „*Frage???!?!?*" oder „*Problem!!*". Es versteht sich von selbst, dass solche Topics nicht gerade sehr aussagekräftig sind. Außerdem gibt es viele Leute, die der Ansicht sind, dass zehn Fragezeichen mehr bewirken als eines, und werfen deshalb wild damit um sich. Als Benutzer des Forums ärgert man sich natürlich darüber, da nicht sofort klar wird, um was es in diesem Thread eigentlich gehen soll. Um also so schnell wie möglich eine vernünftige Antwort zu erhalten, sollte man sich kurz Zeit nehmen und versuchen, einen passenden Namen für das Topic zu finden. Wenn etwa „*Probleme mit Zeigern*" oder „*Was sind Multimaps?*" als Thema gewählt wird, so kann jeder gleich sehen, um was es geht, und entscheiden, ob er helfen kann oder nicht. Man tut mit einer vernünftigen Auswahl der Überschrift nicht nur den anderen, sondern auch sich selbst einen Gefallen.

Auch dann, wenn man einen neuen Thread eröffnet hat und sein Problem beschreibt, sollte man sich immer in die Lage der Leute versetzen, die diesen Thread lesen. Das bedeutet, dass man auf einige Dinge achten muss, wenn man sein Problem beschreibt oder eine Frage formuliert. Es geht nicht darum, einen Roman zu schreiben, sondern kurz und bündig auf den Punkt zu kommen. Damit man mit einer vernünftigen Antwort rechnen kann, sollte man sich auch etwas Mühe geben und die Frage oder das Problem klar umreißen. Oft sieht man es, dass Leute seitenweise Quellcode posten und einfach darunter schreiben, dass dort ein Fehler drin ist, den sie einfach nicht finden. In der Regel bleiben solche Threads unbeantwortet oder werden einfach vom Moderator gelöscht. Das ist verständlich, denn schließlich sitzen dort keine bezahlten Leute, die den ganzen Tag Zeit haben, Fehler zu finden. Wenn man also einen Fehler hat, den man nicht findet, so sollte man zuerst selbst versuchen, diesen so weit es geht einzugrenzen und nur den betreffenden Code-Ausschnitt zu posten. Dazu dann noch eine kurze Beschreibung, wann das Problem auftritt und was genau passiert. Wenn man sich daran hält, so bekommt man in der Regel auch eine hilfreiche Antwort.

Diskussionsforen sind nicht dazu da, einen Rechtschreibwettbewerb zu gewinnen, aber man sollte sich schon ein wenig Mühe geben, einen leserlichen Text zu schreiben. Häufig ist es so, dass generell alles außer dem Satzanfang klein geschrieben wird, um etwas Zeit zu sparen. Das ist ein häufig verwendeter „Regelbruch" der Rechtschreibung, der aber eigentlich schon fast üblich ist. Viel wichtiger als Groß- und Kleinschreibung ist die Verwendung von Satzzeichen. Was hier vielleicht etwas oberlehrerhaft klingt, ist eine wichtige Regel, an die man sich wirklich halten sollte. Viele Leute sind der Meinung, dass man im Internet ja weder Punkt noch Komma braucht, weil ja eh jeder schreibt, wie er will. Wer allerdings mal versucht hat, zwei oder drei Absätze zu lesen, die genau **null** Satzzeichen aufweisen, weiß, wovon ich rede. Wer auf einen solchen Thread stößt, schaut ihn sich in der Regel nicht mal bis zur Hälfte an, weil es einfach zu anstrengend ist, ihn zu lesen. Bevor man den Thread schließlich postet, sollte man sich noch kurz Zeit nehmen und selbst noch einmal lesen und evtl. etwas korrigieren. Wenn man die Hilfe anderer Leute in Anspruch nehmen möchte, dann sollte man selbst eben etwas Vorarbeit leisten, die beim Satzbau und der Lesbarkeit eines Threads beginnt. Auf Fragen wie „*hab zeigre programmirt und dabei gips nen feler den ich nicht finde bin am verzweiflen kann mir jemant helfen komme nicht weiter und warum geht das nicht int pZeiger = &punkte; ist doch alles rhcitig*" kommt wohl kaum eine Antwort. Für alle die unter euch, die einen solchen Satz für eine Übertreibung meinerseits halten: Schaut euch mal eine Weile in verschiedenen Diskussionsforen um, es gibt leider immer wieder solche Paradebeispiele. Um es nochmals deutlich zu machen: Es geht nicht darum, einen Rechtschreibwettbewerb zu gewinnen, aber auch nicht darum, erst Kryptographie studieren zu müssen, um bestimmte Postings verstehen zu können.

Eigentlich ist es erstaunlich, aber es gibt tatsächlich eine große Hilfsbereitschaft in den Diskussionsforen. Mit dieser Hilfsbereitschaft ist es allerdings schnell vorbei, wenn man bei jedem kleinen Problem einen neuen Thread öffnet und sich sozusagen alles hinterher tragen lässt. Es ist zwar eher selten, aber manchmal sieht man es dennoch: Der User *Programmier_Gott* erstellt einen neuen Thread und hat eine Frage. Diese wird kurze Zeit später beantwortet. Dann dauert es keine 30 Minuten, schon stellt er die nächste Frage. Nachdem auch diese beantwortet wurde, folgt im Handumdrehen schon wieder eine weitere Frage. Das vermittelt den Leuten natürlich den Eindruck, dass *Programmier_Gott* zeitlich wohl so unter Druck geraten ist, dass er sich nicht mal selbst Gedanken zu einer Lösung machen kann, geschweige denn, dies für nötig hält. Das resultiert dann meistens darin, dass er keine weiteren Antworten mehr bekommt oder darauf hingewiesen wird, es doch auch mal selbst zu versuchen. Wenn man also irgendwo beim Programmieren auf ein Problem stößt, sollte man zuerst versuchen, das selbst zu lösen. Es passiert schneller als man denkt, dass man Foren als Lösung für alles und als eine Art kostenlose Arbeitserleichterung sieht und sich selbst keine Gedanken mehr macht, sondern die anderen diese Arbeit machen lässt. Auf Dauer bringt einen das nicht weiter, da man erstens nichts dazulernt und sich zweitens einen nicht gerade guten Ruf in der Community verschafft. Man sollte also erst selbst versuchen, hinter die Lösung zu kommen und erst dann zu posten, wenn man wirklich nicht mehr weiterkommt.

Wenn man diese Dinge beachtet, ist einem in der Regel eine Antwort sicher. Das Einzige, was man noch braucht, ist etwas Geduld. Logischerweise steht selbst im bestbesuchten Forum nicht eine Horde von Leuten sprungbereit, um Fragen zu beantworten. Je nach Thematik muss man eben ein bisschen warten, bis die entsprechenden Leute sich zu dem frisch geposteten Thread vorgekämpft haben.

13.4.3 FAQs und die Suchfunktion

Jetzt hätte ich fast noch eine wichtige Sache vergessen, über die man sich noch vor dem Posten neuer Beiträge Gedanken machen sollte: Gibt es für das Problem eventuell schon eine Lösung, oder hat jemand anderes die gleiche Frage schon mal gestellt? Es ist tatsächlich so, dass sich auf die meisten Fragen schon eine Lösung oder ein passender Thread findet, wenn man nur danach sucht. Leider gibt es viele Leute, die sich gar nicht erst die Mühe machen und nachschauen. Das Resultat ist dann, dass in einem Forum die gleiche Frage mehrmals auftaucht, manchmal sogar auf ein und derselben Seite. Die Reaktionen der Forenbenutzer sind dann entsprechend gereizt, was aber relativ einfach vermieden werden kann. Die meisten Boards (Diskussionsforen) verfügen über eine gut funktionierende Suchfunktion, die man auf jeden Fall ausgiebig verwenden sollte, bevor man einen neuen Thread eröffnet. Das schont nicht nur die Nerven der anderen Benutzer, sondern spart einem selbst auch Zeit, da man eventuell gar keinen Thread schreiben und auf eine Antwort warten muss.

Zusätzlich bieten die meisten Communities eine Rubrik für FAQs an. Die Abkürzung FAQ steht für „*frequently asked questions*", was zu Deutsch „*häufig gestellte Fragen*" bedeutet. Es ist nun mal so, dass gerade Newbies (Einsteiger) immer wieder die gleichen Fragen haben. Das ist ja logisch, wenn man bedenkt, dass der Einstieg bei jedem im Grunde relativ gleich abläuft. Damit die grundlegendsten Fragen jedoch nicht immer wieder aufs Neue beantwortet werden müssen, werden diese in der FAQ-Sammlung zusammengetragen und können jederzeit angeschaut werden.

Wenn weder die Suchfunktion eines Diskussionsforums noch die FAQ die Lösung des Problems näher gebracht hat, gibt es noch eine dritte Möglichkeit, um ohne einen neuen Thread weiter zu kommen: Suchmaschinen. Wenn man den richtigen Umgang mit Suchmaschinen beherrscht, so wird man fast immer eine Lösung für sein Problem finden, wenn man sich etwas Mühe bei der Suche gibt.

Nutzt man diese drei Möglichkeiten, so wird man wohl in den meisten Fällen eine Lösung finden, ohne erst einen neuen Thread erstellen zu müssen. Leider scheuen viele eine solche Suchaktion, obwohl das im Endeffekt weniger Arbeit ist, als einen neuen Thread zu erstellen und auf die Antwort zu warten.

13.4.4 Die Kunst zu lesen

Eigentlich ist es paradox: Das Internet ist voll von Informationen, aber viele lesen sie nicht und stellen dann Fragen, die eigentlich schon fertig beantwortet vor ihnen liegen. Das beste Beispiel sind readme-Dateien, die beispielsweise den meisten Spielen von Hobbyentwicklern beiliegen. Dort stehen etwa allgemeine Informationen zur Steuerung oder momentan noch vorhandener Bugs. Es ist recht lustig, wie oft man dann sieht, dass Fragen auftauchen wie zum Beispiel *„Wie funktioniert die Steuerung?"* oder *„Da ist ja ein Bug, ist das normal?"*, obwohl diese alle in der readme-Datei beantwortet werden.

Das gleiche Phänomen tritt auch gelegentlich auf, wenn eine etwas ausführlichere Antwort auf eine Frage gepostet wird, die aus einem Beispielquellcode und einer dazugehörenden Beschreibung besteht. Es ist erstaunlich, aber es passiert dann häufig, dass der Fragende den gezeigten Quellcode verwendet, ohne die Beschreibung zu lesen, und dann etwas nicht funktioniert oder unklar ist. Kurz darauf wird dann eine Frage gestellt, die gar nicht erst aufkommen würde, wenn man die Beschreibung aufmerksam gelesen hätte. Da fragt man sich, wieso das so ist. Nun, die Antwort ist recht einfach: Wenn man eine Frage stellt, dauert es erfahrungsgemäß etwas, bis eine entsprechende Antwort gepostet wird. Oft kommt dann Ungeduld ist Spiel, und genau das ist die Quelle allen Übels, wenn ich das hier mal so dramatisch formulieren darf. Texte werden, wenn überhaupt, nur grob überflogen und deren Inhalt gar nicht richtig aufgenommen.

Was im ersten Moment nach einer Zeitersparnis ausschaut, entpuppt sich recht schnell als eine ineffiziente Methode, um Informationen zu verarbeiten. Wer nicht aufmerksam liest, macht es sich letzten Endes schwerer. Wer also die Zeit investiert und lernt, aufmerksam zu lesen und etwas Geduld zu haben, wird es auf Dauer wesentlich einfacher haben.

13.4.5 Selbst Initiative ergreifen und anderen helfen

Ein Diskussionsforum kann nur dann „leben", wenn jeder jedem hilft. Fragen werden nicht aus dem Nichts heraus beantwortet, sondern es steht immer ein hilfsbereiter User dahinter, der sich die Zeit nimmt, seine Erfahrungen weiterzugeben und bei Problemen zu helfen. Sicher, gerade dann, wenn man selbst noch zu den Einsteigern gehört, hat man wenig Zeit und zugegebenermaßen auch wenig Erfahrung und kann somit nur relativ selten anderen bei ihren Problemen helfen. Es geht jedoch schneller, als man denkt, dass der Zeitpunkt kommt, an dem man Fragen in einem Forum sieht, die man beantworten kann. Man sollte sich dann nicht scheuen, diese Frage auch wirklich zu beantworten, denn man lernt dabei selbst noch dazu.

Leider kommt es immer mal wieder vor, dass Fragen sozusagen ohne Bedacht beantwortet werden und so falsche Informationen für Verwirrung sorgen. Man sollte also nur dann posten, wenn man sich wirklich richtig sicher ist, die richtige Antwort zu kennen. So hilft man mit, die Community am Leben zu halten und anderen den Einstieg leichter zu machen. Wer es richtig anstellt, macht sich auf diese Weise in der Szene einen guten Namen und findet schneller Hilfe, wenn sie selbst benötigt wird.

13.5 Weiterbildung mit Tutorials

Wie bereits erwähnt, findet man im Internet massig Tutorials und Artikel zu allen möglichen Themenbereichen. Doch gerade dann, wenn man eine solche Informationsflut zur Verfügung hat, muss man besonders darauf achten zu lernen, gute von schlechten Informationsquellen zu unterscheiden. Der Vorteil solcher Tutorials liegt zwar darin, dass sie kostenlos zur Verfügung stehen, der Nachteil allerdings darin, dass sie nicht unbedingt eine Qualitätskontrolle durchlaufen haben. Die Tutorials, die man auf den oben genannten Seiten findet, wurden natürlich vor der Veröffentlichung von den Moderatoren und Administratoren dieser Seiten angeschaut, und somit ist sichergestellt, dass deren Inhalt qualitativ hochwertig ist. Dennoch gibt es viele Tutorials, die quer über das Netz verstreut sind und zum Teil viele Falschaussagen beinhalten. Es ist also keine schlechte Idee, erst nachzufragen, ob jemand dieses Tutorial oder den Artikel kennt. Mir selbst ist es leider auch schon passiert, dass ich mich über eine bestimmte Thematik informieren wollte und ein Tutorial gelesen habe, in dem viele Dinge einfach falsch erklärt wurden. Der Ärger ist hinterher groß, und man achtet beim nächsten Mal einfach besser darauf, was man da liest.

Leider gibt es hier kein Patentrezept, das einem dabei hilft, nützliche von unnützen Informationen zu unterscheiden. Hier hilft nur etwas Erfahrung, oder man fragt eben nach, ob dieses bestimmte Tutorial etwas taugt. Ein weiteres Indiz für Qualität ist es, wenn es sich nicht um einzelne Tutorials handelt, die verstreut auf irgendwelchen unbekannten Seiten schlummert, sondern eben um ganze Tutorialsammlungen und Reihen auf bekannteren Seiten. Dennoch sollte man sich nicht davon abhalten lassen, sich mit Tutorials weiterzubilden. In der Regel können Tutorials allerdings keine Bücher ersetzen, da es sich meistens nur um kurz abgesteckte Themenbereiche handelt. Jedoch sollte man sich das Internet auf diese Weise zunutze machen, um ein möglichst breites Spektrum an Informationen zusammen mit Büchern abzudecken.

Ähnlich wie mit den Beiträgen in Foren ist es auch mit den Tutorials. Diese wachsen ja nicht wild im Internet, sondern es gibt immer Leute, die sich die Zeit nehmen und solche Tutorials schreiben. Wenn Du also ein bestimmtes Thema gut beherrschst, über das es nicht viele Informationen gibt, dann ist es keine schlechte Idee, sich selbst am Schreiben eines Tutorials zu versuchen. Auch hierbei lernt man selbst wieder viel dazu, weil man sich beim Schreiben zwangsläufig intensiver mit der Thematik auseinandersetzt.

Wie man sieht, ist es also sinnvoll, sein Wissen nicht zu Hause im Keller einzuschließen und nur selbst davon zu profitieren, sondern es weiterzugeben. Nur so können eine Community und die Szene daraus einen Nutzen ziehen und weiterwachsen.

13.6 Anlegen einer Linksammlung

Sicherlich bist Du schon selbst auf diese Idee gekommen, es kann aber nicht schaden, diesen Tipp trotzdem noch einmal zu geben. Wenn man eine Weile in der Szene unterwegs ist, kennt man eine ganze Menge verschiedener Internetseiten zum Thema Programmierung und Spieleprogrammierung. Man kennt Links zu guten Tutorials, zu interessanten Diskussionsforen, Artikeln, Events, Chats und Hobbyentwickler-Seiten. Da die Szene in Deutschland (und natürlich in anderen Ländern) stetig wächst, wird diese Flut an Internetseiten natürlich immer größer. Es empfiehlt sich also, sich eine eigene Linksammlung anzulegen. Es gibt zwar eigentlich auf fast jeder Seite, die sich mit dem Thema Spieleentwicklung befasst, eine mehr oder weniger gut sortierte Linksammlung, aber auch diese kann logischerweise nicht immer komplett sein. Das Beste ist also, sich selbst ein Archiv an Links (nach Themen sortiert) zu erstellen und dabei auch die Linksammlungen anderer Seiten abzugrasen. Auf diese Weise schaffst Du Dir eine immer größer werdende „Wissensdatenbank", auf die Du jederzeit zurückgreifen kannst.

Weiterhin ist es extrem wichtig, immer auf dem neuesten Stand zu bleiben und sich immer zu informieren. Es ist also keine schlechte Idee, regelmäßig alle größeren Communities zu besuchen und zu schauen, was es Neues gibt.

13.7 Copy & Paste

Überall dort, wo es vorgefertigte Lösungen gibt, ist die Versuchung groß, sich einfach alles, was kostenlos ist, unter den Nagel zu reißen und in den eigenen Projekten zu verwenden. So praktisch diese Vorgehensweise auch anfänglich erscheinen mag, so viele Stolpersteine bietet sie. Aber was soll daran falsch sein –zumal in diesem Buch oft genug erwähnt wurde– dass man das Rad nicht immer neu erfinden, sondern sich fertiger Lösungen bedienen soll? Nun, die Antwort auf diese Frage gestaltet sich außerordentlich einfach: Nicht alle freien Quelltexte erfüllen ihren Zweck fehlerfrei, nicht alle sind einfach und ohne Anpassung einsetzbar und nicht alle sind einfach zu verstehen. Das, was anfangs wie eine perfekte Lösung ohne viel Arbeitsaufwand ausschaut, kann sich recht schnell als arbeitsintensiver Zeitfresser entpuppen. Egal ob man jetzt ein neues Teil in ein Auto einbaut oder fertigen Code in ein Programm einfügt: Wenn man sich nicht im Klaren ist, was dieses

Teilstück genau macht, hat man es nicht unter Kontrolle und kann einen auftretenden Fehler nur schwer lokalisieren, geschweige denn beseitigen.

Natürlich soll dieser Abschnitt nun nicht zur Aussage haben, dass fertige Codefragmente nicht verwendet werden sollten, tabu oder generell schlecht sind. Vielmehr soll vermittelt werden, dass man freien Quellcode oder Codebeispiele aus Tutorials nicht einfach kopieren und in das eigene Projekt einfügen sollte, ohne sich vorher damit auseinandergesetzt zu haben. Es spricht natürlich nichts dagegen, solchen Code zu verwenden, aber man sollte sich dabei schon die Mühe machen, diesen mal etwas genauer unter die Lupe zu nehmen und auch zu verstehen. Wer im Rahmen von Tutorials Beispielquellcode zeigt, der denkt sich meistens auch etwas dabei und liefert zusätzliche Erklärungen. Leider ist es aber in der Tat so, dass viele Leute einfach hergehen und sich bedienen, ohne auch nur eine Minute Zeit zu investieren und sich das Ganze mal anzuschauen. Wenn man Quelltexte einfach kopiert, so lernt man eben nichts dabei, und wenn dann ein Fehler auftritt, hat man sich meist in eine Sackgasse manövriert, aus der man (wenn überhaupt) nur mit sehr viel Arbeit wieder herauskommt.

Die richtige Vorgehensweise ist also, sich erst die Beschreibung vom Quellcode anzuschauen (sofern diese vorhanden ist). Danach sollte man den gesamten Quellcode durchgehen und schauen, was dort überhaupt gemacht wird. Nur dann kann man sichergehen, dass man sein Programm auch im Falle eines Fehlers noch unter Kontrolle hat und weiß, wo man suchen muss.

Es versteht sich natürlich von selbst, dass man nur Quellcode weiterverwendet, der auch dafür freigegeben wurde.

13.8 Die Sprache neben C++: Englisch

Ach ja, das leidige Thema englische Sprache. Es gibt eigentlich kein Diskussionsforum, in dem dieses Thema nicht auftaucht und darüber diskutiert wird. Eigentlich braucht man gar nicht erst in hitzigen Debatten um den heißen Brei herumzureden, denn fest steht: Ohne Grundkenntnisse in Englisch kommt man nur sehr schwer weiter. Auch wenn die Szene in Deutschland immer größer wird und somit immer mehr Bücher, Tutorials und Artikel in deutscher Sprache erscheinen, sind Englischkenntnisse sozusagen eine Grundvoraussetzung. So sind beispielsweise viele Dokumentationen nur auf Englisch zu bekommen, und es gibt natürlich auch nicht jedes Buch als deutsche Übersetzung. So gibt es beispielsweise die Dokumentation zur DirectX-API nicht als deutsche Version.

Man kommt zwar auch ohne Englischkenntnisse zu einem Ergebnis, aber eben nicht so effizient und schnell. Außerdem kann man sich eben nur an deutschen Ressourcen bedienen, was logischerweise die Vielfalt einschränkt. Wer in Englisch nicht so fit ist, sollte sich einfach ab und zu die Zeit nehmen und sich beispielsweise ein englisches Tutorial suchen und versuchen, es mal durchzuarbeiten. Im Internet gibt es mehr als genug Online-Dictionaries, die man kostenfrei nutzen kann. Wenn man unbekannte Wörter nachschlägt, lernt man recht schnell und wird mit der Zeit immer besser. Auch wenn viele Leute sich dagegen verschließen und das Gegenteil behaupten: Wer kein Englisch kann und nicht versucht, es etwas aufzupolieren, hat es wesentlich schwerer.

13.9 Auf dem Weg zum eigenen Spiel

Früher oder später hat man genügend Grundlagen, um sich an die Entwicklung eines richtigen Spiels heranzuwagen. Doch wie es nun immer so ist: Auch hier gibt es viele Dinge zu beachten, damit man am Ende ein fertiges Produkt hat und dieses nicht im Sande verläuft. Wenn man die Szene eine Weile lang beobachtet hat, so sieht man immer wieder, dass gerade Projekte von Einsteigern an den gleichen Problemen scheitern und sehr oft dieselben Fehler gemacht werden. Dieser letzte Teil dieses Kapitels soll nun zum Abschluss des Buches einige grundlegende Dinge vermitteln, die man beachten sollte, bevor man sich an das erste Spiel wagt.

13.9.1 Mein erstes Spiel: ein 3D-Online-Rollenspiel für 500 Leute

So seltsam diese Überschrift auch klingen mag: Sie spiegelt ein Phänomen wider, das oft genug beobachtet werden kann. Sobald mancher Einsteiger gelernt hat, wie er Grafiken auf den Bildschirm zaubert und Sound abspielen kann, plant er, den neuen Verkaufsschlager zu programmieren. Am besten noch alleine und an einem Wochenende (dramatisiert, muss nicht stimmen). Noch bevor es mit der Entwicklung losgeht, wird das Projekt in jedem Forum angekündigt und eventuell noch nach Leuten gesucht, die mitmachen wollen. Alle Details werden geschildert, etwa dass die Spielwelt eine nie da gewesene Größe hat, online 500 Leute gleichzeitig mitspielen können und die Story wahnsinnig komplex ist (wieder dramatisiert, muss auch nicht stimmen). Schaut man dann nach ein paar Wochen den Stand des Megaprojektes an, findet man meist die Mitteilung, dass nach der Fertigstellung des Menüs und der Credits das Projekt eingestellt wurde.

Was hier etwas übertrieben dargestellt wurde, kommt in ähnlicher Form erstaunlich oft vor. Das Ganze ist eigentlich gar nicht so ungewöhnlich, da man nach den ersten Erfolgserlebnissen meist voller Tatendrang steckt und natürlich ein richtig cooles Spiel entwickeln möchte. Was dabei jedoch meist übersehen wird, ist die Tatsache, dass enorm viel Arbeit hinter großen Spieleprojekten steht und natürlich auch einiges an Erfahrung benötigt wird. Wer noch kein komplettes Spiel entwickelt hat, sei es auch nur ein kleines, unterschätzt meist die damit verbundene Arbeit und die Probleme, die dabei auftauchen. Und so hart es auch klingen mag: Wer gleich mit einem Mammutprojekt anfängt, wird aller Wahrscheinlichkeit damit auf die Nase fallen.

Nicht umsonst hört man deshalb immer wieder von Leuten mit mehr Erfahrung, dass man als Einsteiger erst mit einem kleinen Projekt anfangen soll, das dann aber auch wirklich zu hundert Prozent fertiggestellt wird. Dabei haben diese Leute, die einem diesen Tipp geben, genau die gleiche Erfahrung schon selbst gemacht und wissen wirklich, wovon sie reden.

Man sollte wirklich auf diesen Ratschlag hören und mit einem kleinen Projekt anfangen, das man auch fertigstellen kann. Dabei wird man feststellen, dass es tatsächlich eine Menge Arbeit ist, ein komplettes Spiel zu entwickeln, selbst wenn es sich nur um ein kleines Kartenspiel handelt. Die dabei gewonnene Erfahrung macht sich schnell bezahlt, und das Erfolgserlebnis, ein Projekt vollendet zu haben, ist einfach unbezahlbar. Man kann es nicht oft genug sagen: Fange klein an, bring ein Spiel zu Ende, und wage Dich erst dann an größere Projekte.

13.9.2 Teammitglieder suchen

Es gibt zwar eine erstaunlich große Zahl an „Einzelkämpfern" und „Multitalenten", aber in der Regel hat jeder Spieleentwickler bestimmte Stärken und Schwächen. Zur Spieleentwicklung gehört natürlich nicht nur das Programmieren, sondern auch das Erstellen von Grafiken, Musik und Soundeffekten. Das alles zu erstellen ist recht viel Arbeit für eine einzelne Person, weshalb sich viele Leute einfach zu einem Hobbyteam zusammenschließen und gemeinsam ein Spiel entwickeln. Um dies zu unterstützen, gibt es in vielen Diskussionsforen separate Unterforen, die eine Jobbörse anbieten. Dort kann man nach anderen Leuten wie beispielsweise Grafikern, Level-Designern oder Musikern suchen und neue Kontakte knüpfen. Wenn man nicht alleine im stillen Kämmerlein entwickelt, sondern das im Team tut, werden die Erfolgsaussichten wesentlich besser, und es macht einfach mehr Spaß. Weiterhin lernt man dabei den wichtigen Aspekt der Teamarbeit, was gerade dann wichtig ist, wenn man später mal sein Hobby zum Beruf machen möchte und sich bei einer Spieleschmiede bewirbt.

Der einzige Nachteil dieser Geschichte ist die Tatsache, dass die Teammitglieder aller Wahrscheinlichkeit nach nicht zentral an einem Punkt wohnen, sondern quer durch Deutschland verteilt sind. Das hat zur Folge, dass die einzige sinnvolle Kommunikation über E-Mail oder Chats stattfindet. Trotzdem sollte man versuchen, sich auch mal an einem Wochenende zu treffen, um sich auch persönlich kennenzulernen. Dennoch ist es ein enormer Motivationsschub, wenn man in einem Team arbeitet.

Was auf keinen Fall vernachlässigt werden sollte, sind die Projekte anderer Teams. Auf den oben genannten Seiten findet man immer wieder Projektvorstellungen oder Downloads von den Spielen anderer Leute. Diese sollte man sich auf jeden Fall anschauen und analysieren. Oft kommt man dabei auf neue Ideen für das eigene Spiel. Natürlich motiviert es einen auch, wenn man sieht, was andere Leute so auf die Beine gestellt haben. Wichtig ist dabei auch, sich die Meinung der Community zu den Projekten anzuschauen und sich zu informieren, wie bestimmte Projekte ankommen.

13.9.3 Das fertige Spiel bekannt machen

Selbst das tollste Spiel ist nichts wert, wenn es nur zu Hause auf der eigenen Festplatte verstaubt. Wenn man ein Spiel fertiggestellt hat, möchte man es natürlich gerne der Szene vorstellen und sich Meinungen dazu einholen. Dazu gibt es sehr viele Möglichkeiten, die man nutzen sollte. So ist es etwa keine schlechte Idee, eine eigene Homepage zu erstellen, das Projekt auf den oben genannten Seiten anzumelden oder sogar an immer wieder angebotenen Wettbewerben teilzunehmen, wie etwa einem „Spiel des Monats"-Wettbewerb.

Man muss natürlich nicht mit der Projektvorstellung warten, bis das Spiel komplett fertig ist. Eine Vorab-Demo oder eine Beta-Version ist beispielsweise schon dann angebracht, wenn sich das Projekt in einer spielbaren Phase befindet. So kann man sich wertvolle Meinungen und Kritik einholen und notfalls nachbessern. Viele Dinge fallen einem selbst nicht auf und lassen sich nach Fertigstellung des Projektes nur schwer ändern, gerade wenn es um grundlegende Dinge wie zum Beispiel das Spielprinzip geht.

Wenn das Spiel besonders gut gelungen ist und die Meinungen der Szene dies bestätigten, sollte man einfach die bekannten Spielemagazine anschreiben und fragen, ob sie das eigene Spiel nicht auf einer Beilagen-CD als Freeware (also kostenlos) veröffentlichen wollen. Häufig schauen auch die Mitarbeiter solcher Magazine auf den bekanntesten Szeneseiten in die Projektsektion und suchen sich dort Freeware-Spiele heraus, um diese auf ihren CDs zu veröffentlichen. Und es gibt wohl kaum etwas Motivierenderes, als wenn man im Posteingang seines E-Mail-Programms eine solche Anfrage eines Magazins findet.

13.9.4 Besuchen von Events zum Erfahrungsaustausch

So praktisch das Internet auch ist und so viele Leute sich auch in der Szene tummeln, eines kann es nicht ersetzen: den persönlichen Kontakt zu anderen Entwicklern. Aus diesem Grund gibt es immer wieder entsprechende Events, auf denen sich Hobby-, Nachwuchs- und Profi-Entwickler treffen und austauschen, über Programmiertechniken diskutieren und Projekte vorstellen. Auf den oben genannten Seiten kannst Du Dich jederzeit informieren, wann und wo solche Events stattfinden. Das wohl größte Event für Hobby- und Nachwuchsentwickler ist die *Dusmania*. Einmal im Jahr trifft sich hier die Entwicklerszene, tauscht Erfahrungen aus und stellt Projekte vor. Außerdem werden Vorträge über alle möglichen Themen gehalten und Diskussionsrunden abgehalten. Teilnehmen kann hier jeder, der sich für das Thema der Spieleentwicklung interessiert. Weitere Informationen gibt es unter *http://www.dusmania.de*.

Wenn Du die Möglichkeit hast, ein solches Event zu besuchen, dann ergreife sie. Man knüpft dort immer wieder neue Kontakte und lernt von den anderen. Außerdem kann man auch hinter die Kulissen blicken und anderen Leuten über die Schulter schauen. Eine gute Möglichkeit also, etwas tiefer in die Szene einzusteigen.

13.10 return 0;

Das war es nun also, dies hier ist die letzte Seite des Buches, aber noch lange nicht das Ende eines weiten Weges bis zum eigenen Spiel. Ich hoffe, dass es Dir genauso viel Spaß gemacht hat, dieses Buch zu lesen, wir mir, es zu schreiben. Weiterhin hoffe ich, dass es mir gelungen ist, Dir einen guten Einstieg in die Welt der Spieleprogrammierung zu geben und die Grundlagen dazu richtig zu vermitteln. Hinter Dir liegt jetzt einiges an Arbeit, und Dir sollten nun die wichtigsten Elemente der Programmiersprache C++ vertraut sein. Damit hast Du alle nötigen Kenntnisse in der Hand, um den nächsten Schritt erfolgreich anzugehen und Dich der Entwicklung echter Spiele zu widmen. Mit etwas Geduld und Spucke, wie man so schön sagt, sollte es nicht mehr allzu lange dauern, bis das erste richtige Spiel auf dem Bildschirm zu sehen ist. Wichtig ist nur, dass Du am Ball bleibst und bereit bist, immer etwas Neues zu lernen. Auch in der Spieleentwicklung lernt man niemals aus, und es gibt immer wieder neue Themen und Techniken, mit denen man sich beschäftigen und auseinandersetzen muss.

Als nächsten Schritt in Richtung eigenes Spiel kann ich Dir das Buch „*3D-Spieleprogrammierung – Modernes Game Design mit DirectX 9 und C++*" von David Scherfgen wärmstens empfehlen, das ebenfalls im Hanser Verlag erschienen ist. Es beinhaltet eine komplette Spiele-Engine, die Du für Deine eigenen Spiele verwenden kannst. Das Entwickeln ganzer Spiele wird dort von Grund auf erklärt, und die einzigen Vorkenntnisse, die Du brauchst, hast Du in diesem Buch hier gelernt: C++

Bleibt mir nur noch, Dir viel Glück und Erfolg auf Deinem weiteren Weg in der Spieleentwicklung zu wünschen. Für Anregungen und Kritik, die das Buch betreffen, kannst Du gerne die Seite www.spieleprogrammierer.de besuchen und das dortige Forum benutzen.

Register

GUT AUFGELEGT

ICH BLEIBE OFFEN LIEGEN ;-) DANK SPEZIAL-
FORMAT UND PATENTIERTER BINDUNG

Kösel FD 351 · Patent-No. 0748702